Johns Vom Zwischen aus

Vom Zwischen aus

Weisen bildreflexiver Annäherungen an Bilderfahrung
in Wissenschaft, Kunst und Vermittlung

Stefanie Johns

kopaed

Die vorliegende Arbeit wurde von der Fakultät für Erziehungswissenschaft der Universität Hamburg im September 2019 als Dissertation angenommen.

Bibliografische Information Der Deutschen Nationalbibliothek
Die Deutsche Nationalbibliothek verzeichnet diese Publikation in der Deutschen Nationalbibliografie; detaillierte bibliografische Daten sind im Internet über http://dnb.ddb.de abrufbar.

Layout & Satz: Larissa Völker, Hamburg
Umschlag: Stefanie Johns
Korrektorat: Achim Jöhnk
Druck und Verarbeitung: druckhaus köthen

Arnulfstraße 205, 80634 München
Fon: 089. 688 900 98 Fax: 089. 689 19 12
e-mail: info@kopaed.de Internet: www.kopaed.de

ISBN 978-3-96848-028-2
eISBN 978-3-96848-628-4

~

–

<

×

≤

≥

≈

=

»

÷

;

:

…

»

ICH MÖCHTE SCHREIBEN WIE EIN[E] MALER[IN].
ICH MÖCHTE SCHREIBEN WIE MALEN.

«

HÉLÈNE CIXOUS, 2018: 90

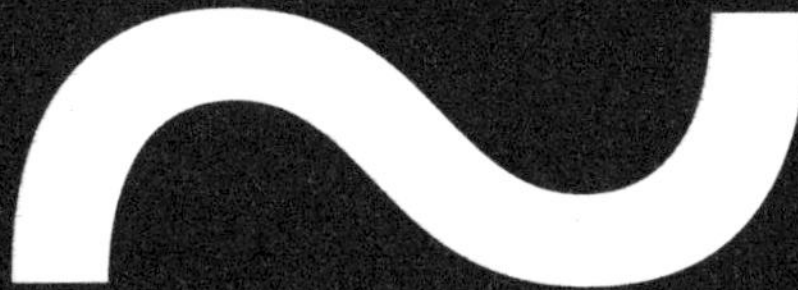

II — 23

sinnlicher Auftakt

»

TATSÄCHLICH IST DAS BILD
NICHT NUR VISUELL:
ES KANN EBENSO MUSIKALISCH, POETISCH
ODER HAPTISCH SEIN, ES KANN GEROCHEN
ODER GESCHMECKT, KINÄSTHETISCH
WAHRGENOMMEN WERDEN [...].

« JEAN-LUC NANCY, 2012: 14

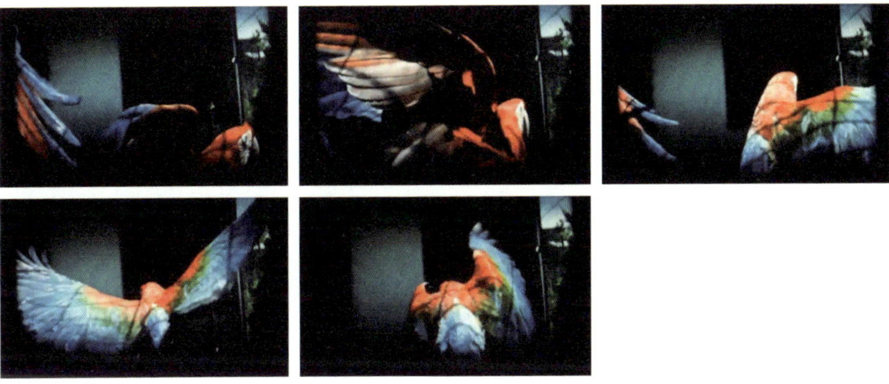

1

am Anfang war eine Bilderfahrung

Im Foyer des *KW Institute for Contemporary Art* in Berlin ertönt eine Symphonie aus hastigem Rattern einiger alter Filmprojektoren. Beim Betreten der gänzlich verdunkelten Räume wirken die Geräusche vereinnahmend und erzeugen eine vibrierende Atmosphäre. Der im Annähern zunehmend lauter werdende Klang der alten Filmprojektoren erfüllt nicht nur den Raum, sondern durchwebt meinen gesamten Körper. Die eigene Atmung erscheint im Vergleich verlangsamt und wird als ruhiger, wellenartiger Zwischentakt spürbar. Angezogen vom flackernden Licht tritt in der Dunkelheit die Projektion eines Films des portugiesischen Künstlerduos João Maria Gusmão und Pedro Paiva hervor. [# 1] Im Zusammenspiel des akustischen Ratterns der Projektoren und des visuellen Flackerns der Projektion exponiert sich die rhythmische Inszenierung im Raum und versetzt meine eigene Körperbewegung kontrastierend dazu in einen schwebenden, fast meditativen Zustand.

Auf der Leinwand zeigt sich ein imposanter, hellroter Ara mit blauen Gefiederspitzen, dessen Flügel sich in Zeitlupe minutiös entfalten. Seine Bewegungen sind anmutig und erzeugen in ihrer Langsamkeit eine sich steigernde Spannung gegenüber der akustischen und visuellen Rhythmisierung des Raums. Mein Blick folgt den tänzerisch seichten Bewegungen des Vogels, die vom Flackern des Filmes vergleichsweise stechend durchzogen werden. *GLOSSOLALIA* heißt die 2014 in Mailand produzierte, gut sieben Minuten andauernde Arbeit von Gusmão und Paiva, die gänzlich ohne Ton den Bewegungen des Aras einen Raum der Entfaltung gewähren.

in Bildern verfangen

Die von Ellen Blumenstein und Vicente Todolí kuratierte Ausstellung *PAPAGAIO*[1] zeigt 26 dieser 16-mm-Filmarbeiten des portugiesischen Künstlerduos. Im Ausstellungsraum, der durch mehrere Stellwände aufgeteilt ist, werden die Filme als Loops auf unterschiedlich große Leinwände projiziert. Die einzelnen Filmarbeiten verbindet nicht nur die kuratorische Ausstellungsinszenierung, sondern sie alle zeigen kleine alltägliche Bewegungen und Phänomene, die sich in Zeitlupe auf den Leinwänden nahezu im Mitvollzug entwickeln. Die Filme gleichen einer Knospe, die sich nach und nach öffnet und dessen Erblühung zugleich herbeigesehnt wird wie auch absehbar erscheint. Im Anblick erzeugt sich dadurch eine Erwartungshaltung, die mein Sehen vorfreudig anzieht. In einer Fülle multisensorischer Reize ragen die sich entfaltenden Bilder in den Arbeiten Gusmãos und Paivas als Verlangsamungen vertrauter Wahrnehmungen empor, die durch ihre filmische Dramaturgie in der Betrachtung herausfordern – mich herausfordern, dieser Bilderfahrung etwas zu entgegnen.

dem Bildlichen begegnen

Movens

Das Narrativ dieser Bilderfahrung mag gleichermaßen auf eine Ausstellungserfahrung, Kunsterfahrung oder Filmerfahrung verweisen, was durchaus beabsichtigt ist. Denn Bilderfahrungen bedeuten mehr als bloß das Betrachten eines Bildes. Sie sind dynamische, leibliche, mediale wie soziale Erfahrungen, in denen sich uns etwas als bildlich zeigt. Die kurze Erzählung dieser Bildbegegnung verweist auf meine Bilderfahrungen. In ihrer Exemplarität deutet sich ein Potential an, Bilderfahrung als zentrales Movens einer Forschung zum Bildlichen zu verstehen.

Bilder erfahren

Was heißt es, Bilder zu erfahren? Wie gelingt es Bildern, durch ihre Bildlichkeit etwas wahrnehmbar zu machen, etwas ins Zeigen zu bringen und wie gelingt es ihnen, dass wir sie als Bilder erfahren, wahrnehmen, identifizieren, gebrauchen und verstehen? Aus einer phänomenologisch-bildungstheoretischen Perspektive schreibt Käte Meyer-Drawe:

> » Die ikonische Wucht, in die wir uns verfangen und die uns fesselt, kommt nicht aus einer Quelle, die wir versiegeln könnten. Sie verdankt sich auch nicht einer Weihe durch den Logos. Etwas wirkt durch Bilder, gewinnt mittels ihrer einen bildlichen Charakter, nicht, indem einer bilderlosen Gegebenheit die Veranschaulichung nachgetragen wird, sondern dadurch, dass sie mit ihren imaginativen Überschüssen an sinnliche Erfahrungen anknüpfen und mit diesen eine Komplizenschaft eingehen.«[2]

Bilderfahrungen erscheinen gewissermaßen als Komplizen unserer Selbst. Wenn wir uns in Bildern verfangen, so verfangen wir uns in einem fremden Gewebe, an dem wir stets mitweben.

bildaffin

Entwickelte sich in der ersten Hälfte der 90er Jahre mit dem *imagic turn* (Fellmann 1991)[3], *pictorial turn* (Mitchell 1992)[4] und dem *iconic turn* (Boehm 1994)[5] eine besondere Aufmerksamkeit gegenüber visuellen und bildlichen Phänomenen, um diese als Gegenstandsbereich einer eigenen Wissenschaft zu etablieren, so können wir heute von einer umfassend inter- und transdisziplinären Fülle an Bildforschungen sprechen, die sich durch bestehende und neue Fragen zum Bild und zur Bildlichkeit sowie durch unterschiedlichste kleine und kleinste Wendungen hervorgebracht haben. Die Grenzen des Bilddiskurses erscheinen von heute aus betrachtet fluider denn je, insofern sich der Konnex zum Bildlichen auf unterschiedlichste Weisen (re)formiert. Das Erkenntnisinteresse am Bildlichen bringt so immer neue Fragen hervor – solange es jene gibt, die fragen.

Als Fragende ist mir die Sozialität des Forschens wichtig, gerinnen doch in unzähligen Gesprächen mit *Anderen*[6], mit Mit-Fragenden und Anders-Fragenden, auch mit jenen, die das Fragen selbst in Frage stellen, Gedanken und Denkweisen, die das eigene Fragen korrektiv oder stabilisierend beeinflussen. Eine Synchronisierung zwischen eigenen Forschungsfragen und ›dem‹ Diskurs setzt immer auch an eigenen *Selbst-, Anderen- und Weltverhältnissen*[7] an.

Sozialität

Die konstituierende Kraft von Bildern auf diese Verhältnisse gerate aber zu selten in den Blick, wie Andrea Sabisch im Rahmen ihrer Forschung zur Bilderfahrung betont.[8] An diesem von Sabisch markierten Desiderat setzt mein Erkenntnisinteresse ein. Um die konstituierende Kraft von Bildern in den Blick zu nehmen, widme ich mich ausgehend von der Frage, was es heißt, Bilder zu erfahren, Weisen der Reflexion von Bilderfahrung.

Erkenntnisinteresse

Annäherungen an Bilderfahrungen

Bilderfahrung möchte ich zunächst als sinnliches und sinngebendes Zwischen einführen, womit ich mich auf eine Formulierung von Andrea Sabisch beziehe, die sie

Zwischen

~

für ästhetische Erfahrungen herausgestellt hat.[9] Bilderfahrungen erscheinen sinn*lich*, indem sie sich innerhalb unserer sinnlichen Wahrnehmung ereignen sowie zwischen Vorgängen des Sehens, Wahrnehmens und Erinnerns verorten. Bilderfahrungen erscheinen sinn*gebend* im Sinne der minimalen Grundformel einer Bilderfahrung nach BERNHARD WALDENFELS: Von Bilderfahrung kann gesprochen werden, wenn etwas *als* etwas im Bild sichtbar werde.[10] Bilderfahrung als sinnliches und sinngebendes Zwischen zu bezeichnen, mag ein ambivalentes Gefühl der Ungewissheit hinterlassen. Die Formulierung indiziert, dass Bilderfahrung in Sprache nicht aufgehen kann, wodurch das *Sprechen* über Bilderfahrung von einem grundlegenden Mangel gekennzeichnet ist. Bilderfahrung als sinnliches und sinngebendes Zwischen zu bezeichnen gilt insofern als sprachliche Annäherung an ein nicht sagbares Phänomen.

Einsetzen

Was Bilder sind und was Bildlichkeit ist – oder anders gefragt: Wann und unter welchen Bedingungen etwas *als* bildlich betrachtet wird, zeigt sich als gewichtiger Anker bildtheoretischer Ansätze. Dabei ist Bilderfahrung *eine* mögliche Perspektive, die sich im Forschen auf das Bildliche richten lässt. Die Reflexion von Bilderfahrung wirft zudem eine Reihe weiterer Fragen auf: Was sind eigentlich Nicht-Bilder? Und wo fängt Bild an, hört Bild auf? Was unterscheidet das Bildliche vom Visuellen? Und wo ist bzw. *wird* das Bild? An der Wand oder im Kopf? Braucht es einen Bildgrund, auf dem ›Bild‹ einfällt, sich ereignet oder reflektiert? Wie überhaupt ist ein Reflektieren von Bilderfahrungen möglich?

Ziele

Ein zentraler Aspekt, dem ich nachgehe, ist die Reflexion von Bilderfahrung, die an unserem Umgang mit Bildlichkeit ansetzt. Neben den in Handlungen und Praktiken symptomatisch werdenden Umgangs- und Wahrnehmungsweisen sowie synästhetischen Erfahrungsmodi im Kontext von Bildlichkeit sind Erkenntnisse unterschiedlichster Wissensformen relevant, die in Bilderfahrungen kondensieren können. Ich untersuche das Phänomen ›Bilderfahrung‹ daher durch eine theoretische Reflexion an vorwiegend bild- und medienphilosophischen, philosophischen, kunsthistorischen und -pädagogischen Positionen und erprobe ausgehend von Inter//ventionen[11] und Bei//spielen zur Bilderfahrung andere Zugänge und eine andere Wissensgenese.[12] Darin befragt diese Untersuchung ein Empirieverständnis, welches an den etymologischen Wurzeln des Wortes ›Empirie‹ ansetzt und Empirie als Erfahrung zu verstehen sucht, welche von *methodischen Spielräumen* und *singulären Anwendung* lebt. In dieser Annäherung an Bilderfahrung erarbeite ich Bildreflexive[13], die ausgehend von Bilderfahrungen etwas über diese ins Zeigen bringen.

Perspektiven

Ein semantisch interpretierendes Sehen von Bildern erweiternd, beabsichtige ich nicht etwa weitere Formate der Bildbetrachtung darzulegen, sondern an einer theoretischen Grundlagenforschung zur Bilderfahrung anzusetzen. Im Zentrum steht daher erstens, für bildtheoretische Positionen zu sensibilisieren, die eine Performanz von Bildlichkeit betonen, und zweitens, unterschiedliche Perspektiven zusammenzudenken und darin die theoriebildende Grundlage zur Bilderfahrung weiterzuentwickeln.

Drittens wende ich mich heterogenen Bild- und Blickbeziehungen zu, um die ephemeren, dynamischen und produktiven Dimensionen eines Bildwerdens und Subjektwerdens zu befragen. Einer Bildperformanz folgend gehe ich von einem miteinander verschränkten *Bildwerden* und *Blickwerden* aus, das bildungstheoretische Anschlüsse ermöglicht und meine Untersuchung im Bereich der visuellen Bildung verortet.[14] Viertens gehe ich einer *bildtheoretisch orientierten Reflexion von Bildlichkeit* nach, die Reflexionsräume und Reflexionsmodi aufzuzeigen versucht, um dem Bildlichen an Bildern nachzuspüren. Um Potentiale und Perspektiven dieser bilderfahrungsorientierten Zugangsweise herauszuarbeiten, argumentiere ich für ein Forschen *durch* Bilderfahrungen, wodurch sich allererst Symptome von Bilderfahrung herausbilden lassen.

initiierte Hinwendungen

Unterschiedliche Reflexionspraktiken zum Bildlichen artikulieren sich als intuitive oder initiierte Befragung eigener Bilderfahrungen, deren Antwortweisen sich als ungewiss, gar unverfügbar zeigen. Als *intuitive Hinwendung* bezeichne ich Momente, in denen jemand Bilderfahrungen reflexiv verhandelt – mit sich selbst oder mit Anderen – ohne eine explizite Rahmung.[15] *Initiierte Hinwendungen* zur Bilderfahrung sind dagegen eingesetzte und veranlasste Ansprüche, in denen die Reflexion über Bildlichkeit durch jemandem initiiert, vielleicht sogar provoziert wird. Initiierte Hinwendungen weisen sich daher durch einen Anspruch *Anderer* aus, durch ein forschendes, vermittelndes oder pädagogisches Interesse. Die Unterscheidung zwischen intuitiven und initiierten Hinwendungen erscheint als notwendig, um unterschiedliche Reflexionspraktiken voneinander zu differenzieren und um insbesondere die initiierten Hinwendungen als für Forschung, Pädagogik und Vermittlung spezifische mit Erkenntnisinteressen verbundene Weisen bildreflexiven Handelns herauszustellen.

Anspruch Anderer

Reflektieren provozieren

Reflektieren benötigt Reflexionsräume, die nicht nur zur Reflexion anregen, sondern auch Möglichkeiten einer Übersetzung des Reflexionsprozesses anbieten, um Weisen gemeinsamen Reflektierens zu initiieren. Um Bilderfahrungen ausgehend *vom Zwischen* zu beforschen, das heißt ihre Performanz zentral zu setzen, braucht es Weisen der indirekten Annäherung, damit etwas ins Zeigen gerät.

vom performativen Jetzt aus

> » Denn man fängt ja nie von vorne an, sondern steht am Ende eines Weges, den Andere gegangen sind. Es liegt immer schon vieles, vielleicht sogar das meiste, hinter uns. Und das bestimmt den Punkt, an dem wir stehen und es bestimmt, was wir von diesem Punkt aus sehen können.«[16]

zum Jetzt

In der Gegenwart konstituiert sich ein *Jetzt*, das unseren jeweiligen Sichtradius auf eine Sache ausrichtet. Dieser gerät im Forschen anknüpfend, aufbauend, konstruierend oder dekonstruierend in eine fortwährend performative Dehnung. Denn die eigenen *Selbst-*, *Anderen-*, und *Weltverhältnisse*, unser jeweiliges Erkenntnisinteresse und auch der auf singuläre und spezifische Weise rezipierte Forschungsstand, erzeugen ein *Jetzt*, das sich stets uneinholbar zeitlich wie räumlich situiert ereignet. Dieses *Jetzt* zeichnet sich durch blinde Flecken, bewusste Auslassungen und auch implizite Aufmerksamkeiten aus und ist so gesehen geprägt von affektiven und intuitiven Momenten. Auch diese Untersuchung ist daher grundlegend von einem *performativen Jetzt* aus erdacht und geschrieben, einem Jetzt, welches sich im Verlauf des Forschens stetig nach vorne verschiebt und als immer wieder neues *Jetzt* meinen jeweiligen Sichtradius verschiebt.[17]

seismographisch

Fragen und Annahmen zur Bilderfahrung, die sich zunächst zirkulär und zumeist einfallend ereignen, berühren eigene Wissensstände, Anschauungen, Ansprüche wie auch Aufmerksamkeiten, die im Forschen immer wieder abgleichend, annähernd oder abweichend gegenüber einem sich stetig wandelnden Diskursfeld in Beziehung(en) gesetzt werden. Seismographisch tasten eigene Aufmerksamkeiten relevante Bezugsfelder, Fragestellungen, Themen und Leerstellen ab.

Hans-Jörg Rheinberger zeigt in Verweis auf den Wissenschaftshistoriker Thomas S. Kuhn noch eine zweite zeitliche Wende im wissenschaftlichen Arbeiten an. So sei der Forschungsprozess »von hinten getrieben« und »nicht über Vorwegnahmen, über ein Telos, über ein Ziel definierbar, das man zum vornherein kennt und auf das man geradewegs zustreben kann. Die Wissenschaften, anders gesagt, bewegen sich nicht auf etwas hin, sondern von etwas weg«.[18] So lässt sich immer nur ahnen, wo man mit seiner Arbeit angekommen sein wird.

Anschlüsse an Andere

Die Wege *Anderer*, auf die ich mich in dieser Arbeit beziehe, gehören unterschiedlichen Fachdisziplinen und Diskursen an, die sich überschneiden und dadurch grundlegend interdisziplinär erscheinen. Ich beziehe mich in den Annäherungen an Bilderfahrungen vorwiegend auf bild- und medientheoretische Positionen, die in der Philosophie verortet sind (Dieter Mersch, Emmanuel Alloa), in der Kunstgeschichte (Gottfried Boehm) bzw. sowohl in Philosophie und Kunstgeschichte (Georges Didi-Huberman). So bilden insbesondere Dieter Merschs Theorien zum Medialen[19], zum Blick[20] und zu den Epistemologien des Ästhetischen[21] sowie Emmanuel Alloas Entwurf einer Diaphänomenologie im Kontext des Bildlichen[22] grundlegende theoretische Referenzen einer performativen, sinnlichen wie ästhetischen Hinwendung zum Bildlichen, die durch zahlreiche Beispiele der Kunst einen relevanten Konnex meiner Annäherung an die Bilderfahrung darstellen. Gottfried Boehm zeigt sowohl in seinen zahlreichen Studien zur Zeitlichkeit des Bildes[23] als auch anhand von diskursbildenden Figuren wie der ikonischen Differenz[24] eine weitere entscheidende Blickachse in die Bildtheorie auf. Auch Boehms Arbeiten bestechen durch zahlreiche Beispiele der Kunst wie eigenen Visualisierungen, um sich der Bildfrage immer wieder auch *durch* Bilder anzunähern. Georges Didi-Hubermans

Position schließt für mich an die bereits angedeutete methodische Perspektive von Bildtheorie an, indem auch er durch Bildbeispiele, aber besonders durch eigene Bilderfahrungen seine Theorien entwickelt.[25] Seine intensiv blicktheoretisch reflektierte Annäherung an Bilder[26] weist ebenso eine Perspektive auf, die performative und pathische Dimensionen der Bilderfahrung betreffen.

Im Weiteren stellen Andrea Sabischs und Karl-Josef Pazzinis Positionen, die zwischen ästhetischer und visueller Bildung sowie kunstpädagogischer und bildungstheoretischer Perspektive zu verorten sind, wichtige bildtheoretische Anschlüsse dar. Pazzini zeigt aus Sicht der ästhetischen Bildung bereits 1992 in *Bilder und Bildung* und 2015 in den über einen Zeitraum von etwa zwanzig Jahren weiterentwickelten Überlegungen zur *Bildung vor Bildern* eine kunstpädagogische, bildungstheoretische und psychoanalytische Perspektive auf das Bildliche auf. Auch Sabisch hebt mit ihrer Forschung und Lehre zur *Bildwerdung* (2018) komplexe Ebenen visueller Erfahrungen hervor und sensibilisiert für Bildzwischenräume und -übergänge, visuelle Übertragungen, Anschlüsse und Assoziationen. Sabisch, die sich ebenfalls unter der Frage »Wie wir Bilder erfahren« einer Reflexion zur pathischen und performativen Dimension der Bilderfahrung zuwendet, entwickelt in ihrer Untersuchung weit mehr als eine kunstpädagogische Perspektive auf Bilder.[27] Ihre bildtheoretisch und bildphilosophisch hergeleitete Theorie zur Bildwerdung widmet sich unter anderem dem *Wie* des Bildwerdens, im Sinne einer generativen Dimension von Bilderfahrung.[28] Sowohl bei Pazzini als auch bei Sabisch findet sich ein übergeordnetes Interesse für bildungstheoretische Fragen. In diesem Sinne untersucht Sabisch, »wie Medien und konkrete Bilder an Bildungs- und Erfahrungsprozessen beteiligt sind.«[29] Pazzini widmet sich bezüglich einer Bildung durch Bilder unter anderem den Wirkungen von Bildern auf Bildungsprozesse. Dabei spricht er von einer Latenz dieser Wirkungen, die in Bilder hineingelegt sei und in Blickwechseln mit Bildern freigesetzt werden könne.[30]

Um den zentralen Begriff der Erfahrung in Hinblick auf Bilderfahrungen zu reflektieren, beziehe ich mich maßgeblich auf die Studien Bernhard Waldenfels', der mit seinem phänomenologischen Erfahrungsbegriff eine Brücke zu jenen Performanzen des Bildlichen ermöglicht und die pathisch-responsive Grunddynamik des Erfahrungsgeschehens aufgreift.[31] Seine phänomenologischen Beobachtungen und Beschreibungen setzen am Zwischen an, insofern seine Figuren der Differenz dies grundlegend konstituieren.

Darüber hinaus beziehe ich mich auf eine Reihe einzelner Positionen, wie etwa François Julliens philosophische Ansätze zum ›Dazwischen‹ und dem ›Dialog‹, Ludwik Flecks erkenntnistheoretische Lehre zum ›Denkkollektiv‹, Jörg Sommers‹ ›Dialogische Forschungsmethoden‹, Hanne Lorecks und Ursula Frohnes Ansätze zum ›Display‹, Hans-Jörg Rheinbergers Konzeption des ›Experimentalsystems‹, Sönke Ahrens' bildungstheoretische Überlegungen zum ›Experiment‹ und auch Paul Feyerabends Plädoyer für einen ›Methodenpluralismus‹.[32] Für eine Genese von

Bilderfahrungen werden so eine Reihe von theoretischen Perspektiven konvergierend in Bezug gesetzt, Relationen initiiert, daran Adaptionen vorgeschlagen und neue Vernähungen von Theorie erprobt, die in zirkulärer Wechselbeziehung zur Empirie insgesamt ein experimentell theoretisch-empirisches Vorgehen dieser Arbeit begründen.

Konzeption

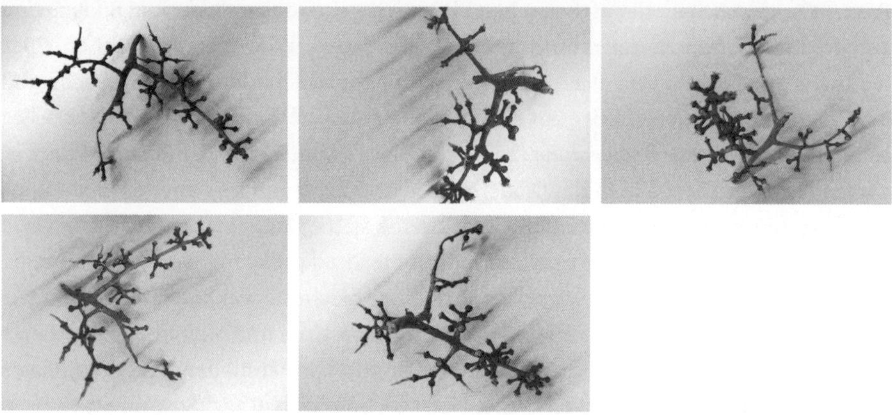

2

Momentaufnahme

Der Aufbau wissenschaftlicher Arbeiten reift mit deren Verlauf, verändert sich stetig und bricht sich an diesen Veränderungen, um in immer wieder neuen Figurationen einer sich im Entstehen befindenden Argumentationslogik zu folgen. Nimmt man diese strukturelle Zirkulation der einzelnen Teile einer Arbeit ernst, so erscheint es im Verlauf und auch am Ende einer Schrift wie dieser nahezu obskur, *eine* Struktur, *eine* Ordnung, *eine* Logik herauszustellen. Insbesondere die im Inhaltsverzeichnis abgebildete Struktur der Arbeit, die mit Kapiteln und Unterkapiteln die Ordnung und Gliederung dieser beschreibt, verharrt als Momentaufnahme *einer* möglichen, wenn auch durchaus gereiften Konstellation der Inhalte, Fragen und Bezüge.

Faltungen

In der Leseerfahrung sind Neuordnungen der Inhalte hingegen nichts Seltenes, wenn zwischen Kapiteln und Buchseiten vor- und zurückgesprungen, etwas ausgelassen, wiederholt, verknüpft oder eigene gedankliche Adaptionen eingebracht werden. Auch die durch eine nach vorne gerichtete Textlogik erzeugte Abfolge der Kapitel ließe sich anders auslegen, wenn diese aus ihrer zweidimensionalen und flächigen Konstruktion herausgelöst wird. Eine räumlich gedachte Inhaltsstruktur einer Arbeit ermöglicht verschiedene Ansichten und somit unterschiedliche Inhalte zusammen zu betrachten, einander nah oder auch fern zu sehen. Gleichzeitige Argumentationen und somit ein Nebeneinander von Gedanken erscheinen aber nicht nur von der materiellen Rahmung des Buchformats aus betrachtet als schwierig, sondern auch für jene, die diese Texte lesen wollen. Eine mögliche Rotation, Faltung oder Streckung dieser Arbeit würde als bewegtes Format im Medium Buch unter den Bedingungen unserer derzeitigen technischen Möglichkeiten wohl nur in einer sciencefictionartigen Vision existieren.

→ ← Querverweise

Innerhalb dieser Arbeit werde ich Faltungen des Textes durch Querverweise herstellen. Sie werden im Text durch Pfeile markiert und einem jedem Kapitel zugeordnetem Zeichen. Liegt ein Verweis vor der Textstelle, verweist der Pfeil zurück ←, liegt sie hinter der Textstelle, weist der Pfeil nach vorne →. In der Fußzeile der entsprechenden Seite finden sich Pfeil und Zeichen als Code mit Verweis und Seitenzahl auf das entsprechende Kapitel. Im Bundsteg der Seiten verläuft ein *Tracker* dieser Verweise, der ebenfalls durch eine linke und rechte Spalte abbildet, ob ein Verweis zurückliegend oder noch folgend verortet ist. Die Querverweise bieten Anknüpfungspunkte oder markieren bereits ausführlicher thematisierte Aspekt.

Kondensate

Das entwickelte Narrativ, um seine Forschung zur Darstellung zu bringen, empfinde ich ähnlich einer biographischen Erzählung, insofern diese nicht die Biographie repräsentiere, sondern Relationen erzeuge.[33] Die Herausforderung scheint darin zu liegen, Verknüpfungen und Knoten zu bilden, die derartige Verhältnisse herstellen. Schreiben, so stellt Hans-Jörg Rheinberger heraus, sei daher eine Versuchsanordnung, ein eigenes Experimentalsystem.[34] Was man schließlich aufschreibt, sind Kondensate des eigenen Forschungsprozesses, die von ihm erzählen und sein Ergebnis bilden.

Aufbau der Arbeit

Die Arbeit beginnt im folgenden zweiten Kapitel damit, die grundlegende theoretische Perspektive zu entwickeln. Ich setze an der Bilderfahrung **vom Zwischen aus** an, um Dimensionen zwischen Betrachter*innen und Bildern sowie temporäre, soziale und performative Momente von Bilderfahrungen in den Blick zu nehmen.Ein genuines Werden des Bildlichen, das sich vom Zwischen aus figuriert, erarbeite ich an einer Reihe theoretischer Figuren, um relevante Dimensionen eines Zwischens zu entfalten, die an einer Reflektierbarkeit von Bilderfahrungen ansetzen. Ausgehend von diesem einleitenden Theoriekapitel argumentiere ich die Forschungsfrage dieser Untersuchung: *Wie lassen sich Bilderfahrungen reflektieren?* Unter **Reflektieren, um zu erfahren?** erläutere ich deren Herleitung und ihr Spektrum. Dabei werde ich einerseits den zentralen Reflexionsbegriff beleuchten und andererseits in Rückbezug auf das einleitende Theoriekapitel die Figur des Zwischens als Movens der Reflexion befragen. In diesem Zuge erläutere ich, dass die Forschungsfrage auch auf einer methodologischen Ebene ansetzt. Anschließend werde ich unter **Methodologische (An)Wendungen. Forschung zur Bilderfahrung durch Bilderfahrung** eine Konzeption erarbeiten, die im *Displaying* den Entwurf einer methodischen Annäherung an Bilderfahrungen vorschlägt. Die wechselseitig bedingte Reflexion von Theorie und Empirie ist dabei entscheidend für die Entwicklung der methodologischen Kon-

~

zeption. Als nachträglich rekonstruiert verstanden, entwickelt sich die Fundierung dieser methodologischen Konzeption unter Bezugnahme auf unterschiedliche empirische Forschungsweisen, die hierzu befragt und assoziiert werden. Ein wesentlicher Teil – und das möchte ich betonen – entstand in einem Modus intuitiver, künstlerischer, spielerischer und experimenteller Kontingenz.

Im Anschluss entwickle ich im Hauptteil Weisen des Reflektierens von Bilderfahrungen, die eine forschende, aber auch eine pädagogische, didaktische und vermittelnde Perspektive betreffen. Unter **Bildreflexive. Wie b/Bildliches R/reflektieren?** frage ich, wie *bildliches Reflektieren* möglich werden kann und wie wir *Bildliches reflektieren* können. In sieben Unterkapiteln werde ich bildreflexive Annäherungen vorschlagen und Weisen einer Reflexion von Bilderfahrungen durch zirkuläre Bewegungen zwischen Theorie und Empirie verhandeln:

Bildwerden
Blickwerden
Bildlichkeit. Zwischen Verstehen, Empfinden und Handeln
Antwortbildung/Fragenbildung. Zwischen Besonderung und Ungewissheit
Sagen (ver)suchen. Diaikonische und dialogische Reflexionen
Metabilder. Ikonosive Reflexion durch Bildlichkeit über Bildlichkeit
Blickbegehren/Bildbelieben

Unter **Symptomräume von Bilderfahrung** zeige ich quer zu den Hauptkapiteln drei maßgebliche Perspektiven auf, wie sich Bilderfahrungen reflektieren lassen: Eine *Reflexion durch Erfahren*, eine *Reflexion durch Andere* und eine *Reflexion durch Ungewissheit*. Abschließend gehe ich unter **visionierte Anwendungen** auf kunstpädagogische und bildungstheoretische Anschlüsse ein, um einen Ausblick zu geben.

Hinweis zum wir/uns

Ich spreche in dieser Arbeit aus meiner forschenden Perspektive und trete damit in Erscheinung. Manche Gedanken und Aussagen akzentuiere ich jedoch als eine kollektive Perspektive, sodass ich oft von einem *wir* und *uns* spreche, womit ein Schirm potentieller gemeinsamer Interessen, Besonderungen, Hinwendungen, Irritationen usw. unterstellt wird.

1 João Maria Gusmão + Pedro Paiva: Papagaio im KW Institute for Contemporary Art, KUNST-WERKE BERLIN e.V. 29.11.2015–24.01.2016.

2 Meyer-Drawe, Käte: *Spiegelbilder.* 2011. S. 158.

3 Fellmann, Ferdinand: *Symbolischer Pragmatismus.* 1991.

4 Der pictorial turn wird meist als ›Wende zum Bild‹ bezeichnet und geht auf William John Thomas Mitchell (1992) zurück, der diese Wende zum Bild mit sozialen und politischen Fragen in Zusammenhang brachte. Mit dem turn verbunden ist die Absicht, das Denken in Bildern und über Bilder zu rehabilitieren. Der pictorial turn ist an der Materialität von Bildern orientiert. Mitchell, W.J.T.: *The Pictorial Turn.* 1992.

5 Die Formulierung des iconic turns, der ›ikonischen Wende‹ wird maßgeblich mit Gottfried Boehm (1994) in Verbindung gebracht und setzt am Mangel einer etablierten Bildwissenschaft in Analogie zur Sprachwissenschaft an. Boehm verdeutlicht die Relevanz einer Bildwissenschaft an der Verlagerung von sprachlicher zu visueller Information und Kommunikation. Damit gilt der iconic

turn auch als Verschiebung vom Wort aufs Bild. Zentrale Fragen, die im Kontext des iconic turns verhandelt werden, sind z.B. »Wie Bilder Sinn erzeugen?«, »Wie Bilder mit uns in Kommunikation treten?« BOEHM, GOTTFRIED: *Was ist ein Bild?* 1994.

6 »Der Andere ist einer unter anderen wie ich selbst, doch gäbe es die Anderen nicht als Andere, so wäre jeder von uns nichts weiter als einer unter anderen.« WALDENFELS zeigt in Verweis auf Lacan auf, dass die Groß- und Kleinschreibung Ausdruck einer fehlenden Eindeutigkeit des Anderen sei. WALDENFELS, BERNHARD: *Sozialität und Alterität*. 2015. S. 10. Ich verwende folgend die Großschreibung ›Anderen‹ auch dort, wo grammatikalisch die Kleinschreibung angezeigt wäre und werde dies ggf. durch Kursivierungen hervorheben.

7 In Anschluss an HANS-CHRISTOPH KOLLER werde ich konsequent von Selbst-, Anderen- und Weltverhältnissen sprechen. Vgl. KOLLER, HANS-CHRISTOPH: *Bildung anders denken*. 2012. S. 9, 58.

8 »Bilder stellen elementare Weisen des Welt-, Anderen- und Selbstbezugs dar, wobei ihre konstituierende Kraft nur selten genauer thematisiert wird.« SABISCH, ANDREA: *Antworten auf Bilder*. 2019. S. 259f.

9 »Der Begriff ›ästhetische Erfahrung‹ wurde in den letzten Jahrzehnten zu einem Chiffre für das Unsagbare in einem sinnlichen und sinngebenden Dazwischen.« SABISCH, ANDREA: *Aufzeichnung und ästhetische Erfahrung*. 2009. S. 5.

10 Vgl. WALDENFELS, BERNHARD: *Spiegel, Spur und Blick*. 2001. S. 15.

11 In den Inter//ventionen lasse ich Andere auf Bilder und bildtheoretische Fragen visuell und sprachlich »antworten« (vgl. WALDENFELS). Sie bilden Weisen des Dazwischentretens, an denen Bilderfahrung reflektierbar werden kann.

12 Die Inter//ventionen und Bei//spiele werden in dieser grafischen Schreibweise dargestellt. Vgl. zur Erläuterung →\× Displays und Displaying. S. 145.

13 Unter dem Begriff des ›Bildreflexiv‹ fasse ich Weisen der Reflexion durch und über Bilderfahrung.

14 Damit knüpfe ich an die Theorie von ANDREA SABISCH an. Vgl. insbesondere SABISCH, ANDREA: *Bildwerdung*. 2018.

15 Gemeint sind indirekte individuelle Reflexionen zur Bilderfahrung, die nicht explizit durch Interessen Anderer veranlasst sind.

16 RHEINBERGER, HANS-JÖRG: *Über die Kunst, das Unbekannte zu erforschen*. [2006] 2013. S. 144.

17 HANS-CHRISTOPH KOLLER hat im Rahmen seiner Bildungstheorie auf ein Bildungspotential für die Forschenden selbst aufmerksam gemacht, sodass die Erforschung zur Transformation der Selbst-, Anderen-, und Weltverhältnisse der Forschenden führen könne. KOLLER, HANS-CHRISTOPH: *Bildung und Biographie*. 2016. S. 180.

18 RHEINBERGER, HANS-JÖRG: *experiment, forschung, kunst*. 2012. S. 11.

19 MERSCH, DIETER: *Meta/Dia. Zwei unterschiedliche Zugänge zum Medialen*. 2010.

20 MERSCH, DIETER: *Blick und Entzug*. 2007.

21 MERSCH, DIETER: *Epistemologien des Ästhetischen*. 2015.

22 ALLOA, EMMANUEL: *Das durchscheinende Bild*. 2011.

23 BOEHM, GOTTFRIED; UBL, RALPH (Hg.): *Die Sichtbarkeit der Zeit. Studien zum Bild in der Moderne*. 2017.

24 BOEHM, GOTTFRIED: *Was ist ein Bild?* 1994; *Wie Bilder Sinn erzeugen*. 2007.

25 DIDI-HUBERMAN, GEORGES: *Sagen versuchen*. 2017.

26 DIDI-HUBERMAN, GEORGES: *Was wir sehen, blickt uns an*. 1999.

27 Vgl. SABISCH, ANDREA: *Bildwerdung*. 2018.

28 Vgl. ebd. S. 12.

29 Ebd. S. 19.

30 Vgl. PAZZINI, KARL-JOSEF: *Bildung vor Bildern*. 2015. S. 27.

31 WALDENFELS, BERNHARD: *Das Zwischenreich des Dialogs*. 1971; *Der Spielraum des Verhaltens*. 1980; *Ordnungen des Sichtbaren*. 1994; *Topographie des Fremden*. 1997; *Bruchlinien der Erfahrung*. 2002; *Phänomenologie der Aufmerksamkeit*. 2004; *Sinne und Künste im Wechselspiel*. 2010; *Hyperphänomene*. 2012; *Sozialität und Alterität*. 2015; *Grundmotive einer Phänomenologie des Fremden*. 2016; *Platon*. 2017; *Erfahrung, die zur Sprache drängt*. 2019.

32 Ich verweise an dieser Stelle auf das Literaturverzeichnis und verstehe die genannten Positionen als Übersicht zum theoretischen Referenzrahmen.

33 Vgl. PAZZINI, KARL-JOSEF: *Bio muss erst grafiert werden*. 2002. S. 308.

34 »Das Schreiben, so behaupte ich, ist selbst ein Experimentalsystem. Es ist eine Versuchsanordnung. Es ist nicht nur ein Aufzeichnen von Daten, Tatbeständen oder Ideen. Es ist auch nicht einfach der billige Ersatz für die lebendige Rede. Es ist nicht einfach das transparente Medium der Gedanken. Es gibt ihnen eine materielle Verfassung und zwar eine, die das Entstehen von Neuem ermöglicht.« RHEINBERGER, HANS-JÖRG: *Über die Kunst, das Unbekannte zu erforschen*. [2006] 2013. S. 148.

25 — 87

vom Zwischen aus

»

DIE MEISTEN BILDKONZEPTIONEN KRANKEN DARAN, DASS SIE ZU HOCH ANSETZEN, NÄMLICH AUF DER EBENE VON BILDWERKEN UND BILDMEDIEN. DAMIT GERATEN DIE KLÜFTE UND ABGRÜNDE DER BILDERFAHRUNG AUS DEM BLICK.

« BERNHARD WALDENFELS, 2003: 14

Im geologischen Vokabular dieser phänomenologischen Gravur des Bilddiskurses deutet sich ein Blick an, der Bilderfahrung als Desiderat, als blinden Fleck von Bildforschungen konturiert. Die Klüfte und Abgründe der Bilderfahrung zu übergehen, mag ihrem grundlegend performativem wie kontingentem Wesen entspringen, das Bilderfahrungen als flüchtig wie zugleich als unverfügbar markiert. Die Frage *wie wir Bilder erfahren* setzt nicht niedriger an, im Sinne einer Hierarchie, noch einer räumlichen Perspektive. Vielmehr gleicht die Frage nach Bilderfahrungen erstens einem *Zoom,* der beabsichtigt ein *Erfahren von Bildlichkeit* genauer in den Blick zu nehmen, und zweitens einer *Verlangsamung,* um Bilderfahrung als Geschehen zu ergründen und in dieser aufgespannten Perspektive Bilderfahrung *vom Zwischen aus*[1] zu betrachten.

Bilder erfahren

Zoom und Verlangsamung

BERNHARD WALDENFELS betont im Anschluss an das oben angeführte Zitat, dass »je mehr neue Bildformen unsere Erfahrung in Beschlag nehmen«, desto dringender stelle sich die Frage nach der Genese des Bildes.[2] Insofern ist vor dem Hintergrund rasanter technologischer, gesellschaftlicher, terrestrischer und kultureller Entwicklungen, die sich als Motor neuer Bildformen zeigen, notwendig, jenen vernachlässigten oder nur allzu flüchtigen Blick auf das Phänomen der Bilderfahrung zu intensivieren. Dadurch werden Zweifel an ihrer Relevanz nivelliert und vor allem die wissenschaftliche und künstlerische Sensibilität eingeholt, derer das Phänomen Bilderfahrung bedarf.

Sensibilisierung für Bilderfahrung

Das *Zwischen* einer Bilderfahrung setzt zwischen Betrachtenden und Bildern an sowie am *Zwischen* einer Bilderfahrung als temporärer, situierter Moment. Mir scheint diese Akzentuierung des Zwischens grundlegend, aber zu allgemein und zu unspezifisch. Ein erster Schritt in diesem Kapitel wird die Dehnung dieses verkürzten Blicks auf das *Zwischen* sein, indem ich ein Denken von Bilderfahrung *vom Zwischen aus* auf-

Zwischen

zeige und damit die wichtige theoretische Basis meiner Untersuchung entwickle. Ich verstehe dieses Kapitel als Konstellation spezifischer Zugänge.

eine Perspektive errichten

Anstatt einen Bildbegriff zu konturieren, der bereits denominiert, was ich mit meiner Forschung erst herausarbeiten möchte, versuche ich über die Auswahl von relevanten Figuren eine Perspektive aufzuspannen, die etwas offenhält und versucht Bezüge herzustellen sowie Verstrickungen aufzuzeigen. Das Kapitel fungiert als Verklammerung und ist in seiner Abfolge der Figuren gleichermaßen als chiastisch organisiert zu betrachten. Dieser theoretische Blickwechsel versucht erste Thesen zur Bilderfahrung aufzustellen und zugleich *etwas* zu thematisieren, das seine möglichen Anschlüsse nicht immer ausformuliert, um so einer vorzeitigen Schließung in Teilen zuwiderzuhandeln.

Denkfiguren

Die Denkfiguren werde ich zunächst verzeichnen und anschließend knapp ihre Auswahl begründen, um auf die theoretische Einführung vorzubereiten und eine Orientierung zu ermöglichen:

Erfahrung
Differenz
Abstand
Über-
durch
Ungedachtes
Denkkollektive
M/mit
ich und die Anderen
Relationen
Resonanz
Dialog
Blick
Zeit
implizit
synästhetisch

Erfahrung

Da *Erfahrung* die zentrale Perspektive meiner Hinwendung zum Bildlichen ist, kommt ihr die größte Aufmerksamkeit zu. Dies spiegelt sich nicht nur in ihrer einleitenden Position, sondern auch in der umfassenden und detaillierten Theoretisierung wider. Der an der Phänomenologie von Waldenfels entwickelte leibliche Erfahrungsbegriff durchwebt die Perspektive einer Bilderfahrung *vom Zwischen aus* grundlegend und damit die gesamte Konzeption und Anlage meiner Forschung. Durch den phänomenologischen Erfahrungsbegriff nach Waldenfels und seiner diachronen Rhythmik aus Pathos und Response ist eine Weise des Zwischens bereits von der Theorie her angezeigt.

Ein *Zwischen*, das sich zwischen *Selbst*, *Anderen*[3] und *Welt* verhält, artikuliert oder bildet, motiviert einen Blick auf die Figur der *Differenz*. Unter *Differenz* markiere ich ein konstituierendes Auseinandertreten, eine Unterscheidung, die das Zwischen begründet. Darin verlängere ich die Bezüge auf Waldenfels, indem ich einige seiner Differenzfiguren, die für meine Untersuchung relevant sind, erläutere (signifikative Differenz, appetitive Differenz, mediale Differenz, responsive Differenz, bildliche Differenz). Sie verweisen auf die Modalitäten von Differenzbildungen. Differenz

Was auseinandertritt, initiiert einen Abstand. Maßgeblich mit Bezug auf den Sinologen und Philosophen François Jullien ziehe ich die Figur des *Abstands* heran, anhand derer eine Annäherung an die dynamische und produktive Sphäre des Zwischens möglich wird. Jullien hat mit einer Verschiebung vom Unterschied auf den Abstand eine Theorie des Dazwischen entwickelt, die auf einem Alteritätsgedanken beruht. Sein Begriff des Abstands bildet einen Ansatz, der ein soziales Zwischen konturiert. Julliens Idee, das Dazwischen als Werkzeug zu betrachten, zeigt innovative Anschlussmöglichkeiten für methodologische Fragen, die das *Wie* einer Annäherung an Bilderfahrungen betreffen. Abstand

Während *Differenz* und *Abstand* Weisen des *Zwischens* begründen, verhält sich das Präfix ›*Über*‹, als performativer Indikator des Zwischens, der sich in einer Metapher der Passage artikuliert. Als *Über*gang, *Über*setzung und *Über*tragung versuche ich diese Schattierungen des Zwischens exemplarisch zu ergründen und die an den Begriffen bereits aufscheinende Bewegung in den Blick zu nehmen. Während der Übergang ein liminales Zwischen konturiert, motiviert die Übersetzung Assoziationen eines Sprungs wie auch das Motiv der Fahrt, worin sich die Er*fahrung* widerspiegelt. Die Übertragung, wesentlich als psychoanalytische Figur, setzt an der wechselseitigen Veränderung an, die auf eine Spaltung und Dezentrierung des Subjekts eingeht. So entstehen auch hier Verwebungen medialer, sozialer und alteritärer[4] Dimensionen des Zwischens. Über-

Wird das *Über* als jenes verstanden, das im Zwischen vermittelnd agiert, so indizieren Dieter Merschs medienphilosophische Überlegungen zum *Dia* und *Meta* eine essentielle Rolle für die Präposition *durch*. Erfahrung als etwas, das wir *durch*machen, konturiert eine Verkörperung durchs Mediale. Davon auszugehen, dass sich etwas *durch* Bilderfahrungen figuriert, etwas *durch* sie erscheint und erfahrbar wird, zeugt von einem Gepräge im Zwischen, dessen ambivalente Performanz anderswo beginnt, als wir sie medial erfahren können. durch

Bilderfahrung *vom Zwischen aus* zu denken, beabsichtigt eine neue Perspektive auf diese zu errichten, die epistemologisch *zwischen* bestehenden Erkenntnissen und Vermutungen von Bildtheorie agiert. Was zwischen dem aufscheint, was bereits gedacht wurde, ist *Ungedachtes*. Das Ungedachte kann aber auch als Gewebe dessen ver- Ungedachtes

standen werden, auf dem sich Figurationen unseres Denkens bilden. Zwischen Gedachtem und Ungedachtem einen zeitlichen wie neoterischen, (per)formativen Spalt anzunehmen, eröffnet einen Denkraum für Bilderfahrung, der vorwiegend auf ihre Ergründung ausgerichtet ist – unser wissenschaftliches Bemühen, die mannigfaltigen Spielarten von Bilderfahrungen offenzulegen.

Denkkollektive

Was *ich* denke, was *du* denkst, was *wir* denken umspielt in seiner Gesamtheit eine soziale Bedingtheit von Erkenntnis. Ludwik Flecks Lehre vom Denkkollektiv setzt daran an, widmet sich der Gemeinschaft wie auch kollektiven Subjekten und nimmt damit eine grundlegend auf Sozialitäts- und Alteritätsdenken gründende Position ein. Indem Fleck nicht nur metaphorisch von Wanderungen und Assoziationen *zwischen* Gedanken und Individuen spricht, bildet die Figur des Denkkollektivs eine bemerkenswerte Hinwendung zu einem sozialen *Zwischen*, das insbesondere von Vermittlung aus betrachtet eine Reibungsfläche für Weisen gemeinsamer Bilderfahrung aufzeigt.

M/mit

Daran anschließend versucht die in der Konjunktion ›*mit*‹ anvisierte Durchdringung von Intensitäten, Konstellationen und Assoziationen in der Unterscheidung eines Neben- und Miteinanders für Reflexionen jener Bindekraft des Gemeinsamen zu sensibilisieren. Was heißt es mit *Anderen* Bilder zu erfahren und wie verhalten sich gemeinsame Sehfelder gegenüber gemeinsamen Bilderfahrungen? Paradoxie? Utopie? Erneut zeigen Waldenfels phänomenologische Betrachtungen, besonders zur Sozialität und Alterität, Nahtstellen medialer wie sozialer *Zwischen*sphären.

ich und die Anderen

Unter ›*ich und die Anderen*‹ werden ergänzend die bisherigen Spuren und Gedanken zur *Alterität* aufgegriffen und verdichtet. Darüber hinaus weist die Figur des Abstands (Jullien) in diesem Zusammenhang auf einen nun *zwischen* mir und einem Bildlichen entstehenden, gegenseitigen Abstand hin. Als ein Wechselblick von anderswoher widmen sich die Überlegungen explizit alteritätsbezogenen Anschlüssen an die Bilderfahrung.

Relationen

Die Figur des Zwischens kann weiter entfaltet werden, indem das Zwischen als ein zwischenmenschliches, -leibliches und -bildliches Beziehungsgefüge in den Blick genommen wird. Relationen, die sich bilden, agieren *im Zwischen* und artikulieren sich *durch ein Zwischen*. Dem Spektrum an Relationen gehe ich exemplarisch an einem transindividuellen Gefüge einer Verbundenheit im Medialen nach und knüpfe auf einer weiteren Ebene an ein Betrachter*innen-Werden durch Bilderfahrung an. Darüber hinaus, berührt ein relationales Zwischen interbildliche Beziehungen, die sich bspw. in der Assoziation artikulieren.

Resonanz

Von den Relationen aus gehe ich über zu einer weiteren Dynamik des *Zwischens*, der *Resonanz*. Als Geste der Beziehung, der Bezugnahme, die sich metaphorisch in einem resonierenden Mitschwingen und Einschwingen hervorbringt, verhandle ich die Figur der Resonanz gegenüber Waldenfels' Konzept der Responsivität.

Dialog

Rede und Gegenrede als dialogische Wechselrede verweisen auf eine weitere Ebene eines *Zwischens*. Vermag das Dialogische als Pate der Sprache zunächst im Kontext der Bilderfahrung als konträrer Pol erscheinen, so weist es näher betrachtet auf Weisen des Gemeinsamen und des Teilens hin. Der Dialog bringt Sichten hervor, im Sinne von Sichtweisen, die in ihren reflexiven Abständen ein Zwischen aufscheinen lassen.

Ähnlich setzt das Prinzip des *Blicks* an, das zwischen dem, was wir sehen, und dem, was uns anblickt, eine Sphäre des Wechselblicks initiiert, ein *Blickzwischen* zwischen Betrachter*innen und Bildern. Bezüge zu einer Metapsychologie des Bildes nach Georges Didi-Huberman begründen eine Verquickung bild- und blicktheoretischer Positionen, an denen sich zeitliche, mediale und leibliche Weisen des Zwischens explizieren lassen. Der Blick bestärkt die performative Dimension einer Bilderfahrung und ermöglicht dadurch, sich einem *Werden der Bilder* vom Zwischen aus zu widmen. Blick

Das Werden wiederum, als *Bildwerden*, konturiert Fragen der *Zeit*lichkeit im Erfahrungsgeschehen von Bildern. Als zeitliche Distanz verstanden, modellieren sich in Anschluss an Waldenfels' phänomenologischen Erfahrungsbegriff erneut die zeitlichen Dynamiken eines Erfahrens, die den Blick auf das richten, was die Bilderfahrung als erinnerte, modifizierte, aktualisierte oder visionierte in zeitlichen Wendungen hervorbringt. Zeit

[ ] implizit

Die letzte Denkfigur setzt am *Zwischen der Sinne* an, den *synästhetischen* Spielarten der Bilderfahrung. So versuche ich an dieser Figur aufzuzeigen, wie *zwischen* den Sinnen Querverbindungen entstehen, die sich in ko-modalen und heteromodalen Wahrnehmungen ineinander übersetzen. Damit entstehen wiederum neue Sprünge zwischensinnlicher und -leiblicher Momente. synästhetisch

Die einzelnen Figuren zum Zwischen spannen eine Perspektive zur Bilderfahrung auf, die sich *vom Zwischen aus* artikuliert und figuriert. Die Denkfiguren und die daran angeschlossenen Bezüge werde ich in der weiteren Argumentation als Verdichtungen, Wiederaufnahmen, Ausführungen oder Wendungen in *angewandter* Form anschließen oder auch neue Anschlüsse bilden. Zugleich ist dieses Kapitel damit auch eine Orientierung, auf die zurückgegriffen werden kann, sodass, wenn im Lesen notwendig, Rückbezüge auf die Denkfiguren möglich sind.

Die Position dieses Kapitels vor der Forschungsfrage und der methodologischen Konzeption, begründet sich ebenfalls an der zunächst notwendigen Perspektivierung einer Bilderfahrung *vom Zwischen aus*.

Erfahrung

Pathos Diastase Response

Erfahrung alltagssprachlich vs. wissenschaftlich

Erfahrungen haben?

Das Wort ›Erfahrung‹ gilt in unserem Sprachgebrauch als etabliert. Oft wird davon gesprochen, dass man Erfahrungen macht, man Erfahrung mit etwas hat, oder etwas in Erfahrung bringt. In all diesen Aussagen wird Erfahrung mit dem Ziel verbunden, etwas zu erwerben, das sich herausbildet *als* Erfahrung im Sinne einer Fähigkeit oder einer Art Wissen. Die *Ansammlung von Erfahrung*[5], die aus dieser Überlegung motivisch heraustritt, beschreibt vielleicht am ehesten jenes alltagssprachliche Verständnis von Erfahrung.

Erfahrung als Geschehen

Aus wissenschaftlicher Perspektive kann Erfahrung abweichend davon als ein komplexes, prozessuales Geschehen betrachtet werden, das eine solch einfach gedachte Ansammlung negiert. Der Erfahrungsbegriff gilt dabei auch in den Wissenschaften eher als Mysterium und als stetige Herausforderung. Hans Georg Gadamer markierte den Erfahrungsbegriff sogar als einen der unaufgeklärtesten Begriffe, die wir besitzen.[6]

Phänomenologie als Lehre von den Erscheinungen

phänomenologisch

Eine Weise wissenschaftlichen Denkens sticht im Diskurs zur Erfahrung heraus, da sie in ihren Grundgedanken die Erfahrungsdimension zentral setzt: die Phänomenologie. Als Lehre von den Erscheinungen bietet die Phänomenologie den für das Phänomen der Bilderfahrung nötigen Umgang mit Latenz und Kontingenz durch einen sinnlich-leiblichen Zugang.

Waldenfels

Ein Verständnis von Erfahrung, auf das ich mich im Rahmen meiner Forschung zur Bilderfahrung beziehe, ist das phänomenologische Verständnis von Bernhard Waldenfels, da dieses ein Denken der Bilderfahrung *vom Zwischen aus* nicht nur ermöglicht, sondern bedingt.[7] Dieses phänomenologische Verständnis von Erfahrung errichtet damit eine bestimmte Denk- und Forschungshaltung, die ich als spezifische Blickschneise auf Bildlichkeit verstehe und dieser nachkomme.

Performanz der Erfahrung – widerfahren und antworten

durchmachen

Erfahrungen zu machen bedeute nicht, etwas herzustellen, sondern vielmehr etwas *durchzumachen*.[8] Das Durchmachen kann als ein zeitliches wie mediales Geschehen verstanden werden. Etwas zu erfahren gleicht entsprechend weniger der bereits angeführten Ansammlung von Erfahrung, sondern einem komplexen Geschehen, das sich prozessual *für* und vor allem *durch* ein Subjekt ereignet.

Die Grundannahme eines phänomenologischen Erfahrungsbegriffs nach WALDENFELS ist daher, dass mir innerhalb dieses Erfahrungsgeschehens etwas widerfährt, auf das ich antworte.[9] WALDENFELS geht in diesem Sinne von einem Doppelereignis der Erfahrung aus, das als »Zwei-Takt« so etwas wie die »Urmelodie der Erfahrung« herausbilde.[10] Dieses Geschehen ist nicht als Reiz-Reaktionsschema zu denken, sondern als komplexes zeiträumliches Gefüge, das WALDENFELS entlang der beiden Figuren *Pathos* und *Response* entwickelt und ausführt.[11]

Doppelereignis

zwischen Pathos und Response

Das, was an uns herantritt, uns widerfährt, bezeichnet WALDENFELS als Pathos. Mit Pathos ist entsprechend das *Etwas* gemeint, was das Subjekt erreicht und die Basis für Erfahrungsprozesse darstellt. Pathos, als Widerfahrnis zu verstehen und als Geschehen zu begreifen, wird von WALDENFELS als ein Getroffenwerden beschrieben, das einer genuinen Vorgängigkeit unterliege: Im Widerfahrnis »taucht etwas auf, das uns zufällt oder zustößt, bevor es als etwas aufgefaßt, verstanden oder abgewehrt wird.«[12] Die Antwort auf das, wovon wir getroffen werden, werde als Response gefasst, in der auch erst aufscheine, wovon wir getroffen sind.[13] Zwar bilden diese beiden Figuren keinesfalls dichotome Pole eines Erfahrungsgeschehens, jedoch errichtet sich durch diese Unterscheidung allererst ein *Zwischen*, das ich in der Genese von Bilderfahrung als zentral verstehe.

Widerfahrnis und Antwort

Diastase: zur diachronen Rhythmik[14] der Erfahrung

Erfahrung als ein Geschehen zu begreifen, in welchem wir mit dem, was an uns herantritt, in Dialog treten, und zwar ausdrücklich keinesfalls nur im sprachlichen Sinne, bezeichnet WALDENFELS also als pathisch-responsives Erfahrungsgeschehen. Die Metaphorik, mit der er sich diesem annähert, weist eine grundlegende Zeitlichkeit auf. Denn »im Antworten auf das, wovon wir getroffen sind, tritt das, was uns trifft, als solches zutage.«[15]

pathisch-responsiv

Die Erfahrung sei daher durch eine Vorgängigkeit des Pathischen und einer Nachträglichkeit dessen, was wir darauf antworten, gegen sich selbst verschoben: »Pathos und Response folgen nicht aufeinander wie zwei Ereignisse, es handelt sich überhaupt nicht um zwei Ereignisse, sondern um eine einzige, gegenüber sich selbst verschobene Erfahrung«.[16] Diese Verschiebung markiert WALDENFELS als Bruch im Erfahrungsgeschehen, der Diastase, die er zugleich beschreibt als »die Gestaltungskraft der Erfahrung, die etwas oder jemanden entstehen läßt, indem sie auseinandertritt, sich zerteilt, zerspringt.«[17] Während sich unter Verschiebungen zunächst räumliche Verlagerungen assoziieren lassen, meint WALDENFELS explizit auch eine Verschiebung im Zeitlichen, eine zeitliche Grundierung von Erfahrung. Das Besondere dieser zugrunde gelegten Zeitlichkeit im Erfahren, sieht er in der diachronen Rhythmik der Erfahrung:

Diastase

> » Die gleichzeitige Ungleichzeitigkeit zweier Ereignisse besagt, dass diese raumzeitlich gegeneinander verschoben sind. Was uns auffällt und überrascht, kommt stets zu früh, während unsere Antwort stets zu spät kommt, gemessen […] an einer diachronen Rhythmik der Erfahrung, die jede Synchronie ausschließt. Das Zu-früh und Zu-spät verweist auf eine unmögliche Koinzidenz, die in ihrer Unmöglichkeit erfahren wird. Diese genuine Vorgängigkeit und Nachträglichkeit entspricht einem Auseinandertreten der Erfahrung, das ich als Diastase bezeichne.«[18]

Diachronie

WALDENFELS setzt somit eine Diachronie voraus, die eine kontinuierliche Zeitstruktur auflöst[19] und die eine lineare Zeitauffassung übersteigt, denn »Vorgängigkeit impliziert eine vergangene Zukunft, Nachträglichkeit eine zukünftige Vergangenheit.«[20] Diese paradoxale Ordnung ließe sich als andauernde zeitliche Grundierung der Erfahrung verstehen, die sich als mediale Bedingung erst *durch* das Erfahrungsgeschehen ereignet. Denn die Zeit durchziehe das Erfahrungsgeschehen an sich, indem alles seinen Auftritt und Abtritt habe.[21] So gehöre zu den notwendigen Bedingungen der Erfahrung auch die Anschauungsform der Zeit, »die eine Ordnung des Nacheinander und des Zugleich konstituiert.«[22] Die Art der Zeiterfahrung, die sich in einem pathischen und responsiven Erfahrungsgeschehen verorten ließe, wäre folglich beschreibbar als andauernd und ordnend, die sich in Form einer nicht linearen Zeitlichkeit formiert, die aber der linearen Zeitlichkeit auch nicht entrinnt, sondern sich in ihr ereignet.

Auf- und Abtritt

diastatisches Denken eines Zwischens

Das Zwischen, welches in der Diastase angelegt ist, tritt immer wieder in »Gestalt eines diastatischen Denkens«[23] in WALDENFELS' Phänomenologie der gebrochenen Erfahrung auf. Das Zwischen, so betont WALDENFELS, sei nicht als Vorfindliches zu benennen, sondern erscheint vor dem Hintergrund der Dynamiken des Erfahrungsgeschehens als »Differenzierungsprozeß, in dem das, was unterschieden wird, erst entsteht.«[24] Das Zwischen, in dieser paradoxalen Verschiebung seines Ereignens, ist infolgedessen zu denken als »Riß ohne etwas, das zerreißt, als Spalt ohne etwas, das sich aufspaltet, als Pause ohne etwas, das aufhört und wieder beginnt, als Abweichung ohne etwas, das abweicht […].«[25]

Versuchen wir uns vorzustellen, was dieses diastatische Denken für die Bilderfahrung bedeutet, so weist dessen grundlegende, figurative Gestaltungskraft auf ein dynamisches *Werden* und *Wenden* im Erfahren von Bildern hin. Eine Diachronie des Geschehens zeigt auf unverfügbare Momente eines Erfahrens von Bildern.

Unverfügbares

Spalt

In der Figur der Diastase als Bruchlinie innerhalb des Erfahrungsgeschehens markiert WALDENFELS also einen Spalt, zwischen dem, was mir widerfährt, und dem, worauf ich antworte. Diese Idee einer komplexen zeiträumlichen Verschiebung von Erfahrung verweist auch auf die Unverfügbarkeit dieses Geschehens, denn Widerfahrnisse seien Ereignisse ohne vorgängiges Subjekt und Substrat, was nicht bedeute, dass sie ohne das Zutun des Subjekts auskämen, deren Tun aber übersteigen, indem Widerfahrnisse das Subjekt überkommen.[26] Um diese Macht und Spezifik eines Widerfahrnis zu kennzeichnen, ergänzt WALDENFELS ein Beispiel: »Im Gegensatz zum Schlafengehen, das wir tun und lassen können, gehören Einschlafen und Aufwachen zu den Widerfahrnissen [...]«.[27] Widerfahrnisse sind im Sinne WALDENFELS' Momente des Ereilens oder Einbrechens. Sie entziehen sich unserem Handeln. Was impliziert diese Sichtweise für Bilderfahrungen als Erfahrungen, die demgemäß als ein von unverfügbaren Momenten durchzogenes Geschehen zu denken sind?

ohne vorgängiges Subjekt und Substrat

Zunächst artikuliert sich eine eigene »Wirkmacht und Wirkkraft«[28] des Bildlichen, die in der Erfahrung »einander unseren Blick streitig machen«[29]. Wir erleben dies vielleicht genau dann, wenn unser Blick in der Bilderfahrung springt, von einer in die nächste Aufmerksamkeit übergeht, ohne dass wir den Moment des Übergangs registrieren. So können wir durch das diastatische Zwischen nicht anders, als zu verpassen, was uns in der Bilderfahrung erreicht, sodass wir eine Vorgängigkeit und Nachträglichkeit des Bildlichen nur als Erfahren von Bildlichkeit erleben. Denn wenn wir ernst nehmen, dass es, mit WALDENFELS gesprochen, ein Vorfindliches in der Erfahrung nicht gibt, so lässt sich das diastatische Zwischen als Riss, Spalt oder Abweichung *sui generis* verstehen.

Wirkmacht und Wirkkraft

Ordnung in actu

Wie ich eingangs kontrastierend aufgezeigt habe, verweisen andere Erfahrungsbegriffe oder auch das alltagssprachliche Verständnis auf ein Denken von Erfahrung als Bestand, als Aneignung, als ein Resultat von Erfahrungsprozessen.[30] Wäre Erfahrung als ein simpler Bestand in uns zu denken, dann würde dies eine feste Ordnung voraussetzen und eine absolute Verfügbarkeit über Erfahrungen. WALDENFELS widerspricht dieser Denkweise und geht entgegengesetzt davon aus, dass eine so verstandene Ansammlung sinnlicher Daten chaotisch sein müsse.[31] Die Erfahrung könnte folglich eher als eine indefinite Menge und als im Subjekt oszillierend gedacht werden. WALDENFELS prognostiziert jedoch mit der Abwesenheit von Strukturen innerhalb einer solchen Erfahrungsansammlung auch die Auflösung derselben, denn ohne Struktur könne keine Aussage über den vermeintlichen Bestand getroffen werden.[32]

chaotisch

Dies betrifft nicht nur die Erfahrung, sondern auch ihre Subjekte, wodurch sich die Performanz des Erfahrungsgeschehens auch als Subjektbildung artikuliert. Der »Versuch, die Erfahrung aus einem Zusammenspiel objektiver Daten und subjektiver Akte hervorgehen zu lassen, wurde vielfach längst aufgegeben. Für eine Phänomenologie leibhaftiger Erfahrung [...] bedeutet dies, dass Etwas und Jemand nicht als gegeben hinzunehmen sind, sondern dass zu zeigen ist, wie diese Instanzen [...] aus der Erfahrung selbst entspringen.«[33]

entspringen

Erfahrung organisiert sich

Die Ordnung von Erfahrung zeigt sich als einer ihrer herausforderndsten Aspekte, insofern sie darauf Bezug nimmt, ob Bilderfahrungen überdacht werden können, und wie etwa vergangene Bilderfahrungen in aktuelle Bilderfahrungen hineinspielen. So verwirft WALDENFELS' Negation einer Ansammlung von Erfahrung nicht grundlegend eine Ordnung dieser, sondern dient in der Argumentation vielmehr dazu, auf die Performanz der Erfahrung zurückzukommen: »Die Ordnung der Erfahrung ist als ein Prozess zu betrachten. Ordnungen entstehen so und nicht anders in Prozessen der Wiederholung, der Stilisierung, der Sedimentierung und der Verkörperung. Erfahrung organisiert sich.«[34] Deswegen entzieht sich Erfahrung einem systematischen Zugriff, ohne dabei ordnungslos zu sein. Das Register ihrer Ordnungen wird durch ein prozessuales, fortwährendes *Werden* für uns als temporäres Einsprengsel denkbar, das uns nur in actu im Widerfahrnis gegenübertritt.

pathisch initiierte Figurationen

Zur »Dramatik der Erfahrung« gehören die Einfälle, die als steuernde Kraft bildend und produktiv etwas verändern, ohne die also alles beim Alten bliebe.[35] Denn »gehen wir von einer pathischen Erfahrung aus, die darin besteht, dass uns etwas affiziert, stimuliert, uns in Erstaunen oder Erschrecken versetzt, uns anzieht oder abstößt, uns beschwingt oder belastet, so stellt sich das Ordnungsgeschehen als ein Prozess der Umsetzung und Umwandlung dar. Etwas wird zu etwas, indem es Form annimmt, sich in Feldern ausbreitet, in Horizonte eintritt und unter wandelnden Umständen wiederkehrt.«[36]

Figurationen, die sich bilden

Erfahrung bezeichne demgemäß einen *Prozess der Figuration*, der in der Fülle dessen, was uns in der Erfahrung entgegentritt, durch »Vereinfachung, eine Reduktion von Komplexität« erzeuge und darin jede Erfahrung bestimme – »[d]ieses fällt uns auf und nicht jenes.«[37] WALDENFELS versteht dieses Geschehen als die Bildung eines Reliefs, in dem »eines hervortritt, anderes zurücktritt«.[38] Figurationen dieses Reliefs, die sich bilden, sind für ihn das »Abc der Erfahrung, […] in dem sich die Sichtbarkeit, Hörbarkeit und Tastbarkeit überhaupt erst [durch Figurationen] artikuliert […]«[39]. Dies folge einer Geste der Auslassung, denn »[o]hne etwas wegzulassen, erfahren wir nichts.«[40]

Gewöhnung/ Wiederholung?

Während im diastatischen Zwischen allererst entstehe, was sich unterscheidet, sodass wir in der Erfahrung nicht von vorliegenden Gegebenheiten ausgehen, zeigt sich die Wiederholung als unerlässliches Movens des Erfahrens. Dies bedeutet nicht, dass Erfahrung wiederholbar ist[41], sondern verdeutlicht, dass wir memorierend, in einer Sphäre der Gewöhnung, fähig sind und auch sein müssen, etwas wiederzuerkennen, etwas wieder zu erinnern, das sich im Erfahrungsgeschehen aktualisiert: »Ohne Gewöhnung und ohne die ›Augen der Erinnerung‹ gäbe es keine Erfahrung, die sich bewährt, es gäbe nur eine Serie von Fulgurationen, die flugs im Nichts versänken, und ohne Gewöhnung fände sich niemand, der Erfahrung machen könnte.«[42] Insofern sei die Gewöhnung in der Erfahrung konstituierend: Sie ist es, auf deren Grund uns die Abweichung entgegentritt, durch die überhaupt etwas dem gewohnten Erfahrungsablauf entrinne.[43]

Habitualitäten

Sinn und Bedeutung

Ausgehend vom Spielraum zwischen Gewöhnung und Abweichung, Auslassung und Figuration, zeigt sich ein Blick auf »verkörperte Habitualitäten«[44], entlang derer sich Erfahrung ereignet – unausweichlich. Mit den verkörperten Habitualitäten verweist WALDENFELS auf unsere jeweiligen Einstellungen, die auf »bestimmte Sinn- und Bedeutsamkeitssphären«[45] ausgerichtet seien: »Über all das hinaus, was mir jeweils widerfährt und was ich jeweils tue, bin ich jemand, der sich durch bestimmte Dispositionen auszeichnet.«[46] Solche Habitualitäten finden jedoch ausdrücklich ihre Grenze im Doppelereignis von Auffallen und Aufmerken, womit WALDENFELS verdeutlicht, dass sich der Spalt zwischen Pathos und Response nie schließe.[47]

antwortfähig

Die Dispositionen, die mich auszeichnen, seien »Antwortbereitschaften«[48], die aktiviert werden können. Mit ihnen kommt die Frage auf, inwiefern wir »antwortfähig«[49] seien müssen, um affiziert werden zu können. WALDENFELS legt erneut am Beispiel des Einschlafens eine genaue, wenn auch zarte Differenz dar, die jene Unverfügbarkeit des Erfahrens verdeutlicht: »Zwischen Schläfrigkeit und Einschlafen liegt ein winziger Sprung, der das unversehens eintretende Widerfahrnis, also auch das Auffallen und Aufmerken, von einem antizipierbaren und erklärbaren Vorgang unterscheidet, und eben auf diesen winzigen Sprung, auf dieses ›Beinahe-Nichts‹ kommt es an.«[50] Antwortfähig zu sein, bedeutet daher wohl nicht, dass wir vorbereitet sind. Die Analogie zum Einschlafen verdeutlicht wohl aber, dass wir dies nicht selbst anfangen können. Die Frage nach der Antwortfähigkeit folge für WALDENFELS daher bereits einer unzulässigen Annahme.

zwischen Sehakten

Für die Bilderfahrung ist entscheidend, dass, wenn »Sehereignisse sich wiederholen und Sehakte sich habitualisieren«, sich spezifische »Sichtweisen« herausbilden können, die sich als ein »so und nicht anders sehen« artikulieren.[51] Insofern bilden sich diese *zwischen* Sehakten heraus und formieren sich im Entzug bzw. Vollzug ihrer noch folgenden Sehakte.

Aufmerksamkeit

Zwischeninstanzen Zwischengeschehen

Die Aufmerksamkeit erscheint bei WALDENFELS als eine relevante Figur, um das Geschehen der Erfahrung zu begründen, wenngleich es wichtig ist, zu verstehen, dass sie Teil der Erfahrung und nicht identisch mit ihr ist. Wie für das Antworten, so gilt auch für ein Aufmerken jene diachrone Verschiebung. Die Aufmerksamkeit, so stellt WALDENFELS heraus, bringe im Besonderen zum Ausdruck, »daß alles, was zwischen uns und den Dingen, zwischen mir und den Anderen vorfällt, durch mannigfache Zwischeninstanzen hindurchgeht.«[52] Die Aufmerksamkeit ist hier als wichtiges Moment zu nennen, insofern diese ihren Ort in dem Spannungsbogen habe, »der von dem, was uns widerfährt und anspricht, hinüberführt zu dem, was wir zur Antwort geben.«[53] Demgemäß bildet die Aufmerksamkeit eine Weise des Zwischens:

> » Die Aufmerksamkeit als ein Zwischengeschehen, das sich weder auf etwas stützen kann, das uns auffällt, noch auf jemanden, der aufmerkt, das also weder in objektiven Daten noch in subjektiven Akten einen zureichenden Grund findet, ist und bleibt angewiesen auf Zwischeninstanzen, die Erfahrung ermöglichen.«[54]

Insofern zwinge die Aufmerksamkeit zu einem Denken des Zwischens, das »sich zwischen mir und den Dingen, zwischen mir und den Anderen« etwas abspiele, das seinen Ursprung nicht einseitig bei mir habe.[55] In Bezug auf das Bildliche verweist dies auf eine spezifische ikonische Alterität, der ich noch nachgehen werde. →\ -

Bilderfahrung

über Bilderfahrung

Waldenfels selbst scheint von den Wirkmächten und -kräften des Bildlichen emphatisch angezogen zu sein. Er widmet sich der Bilderfahrung aus unterschiedlichen Perspektiven, wie etwa ausgehend vom Begehren, vom Entzug, oder auch als Moment der Fremderfahrung. Er geht dabei von einer minimalen Grundformel der Bilderfahrung aus, gemäß derer von Bilderfahrung gesprochen werden kann, wenn *etwas als etwas im Bild sichtbar werde.*[56] Zwischen dem einen und dem anderen ›*etwas*‹ besteht eine Differenz, die aber zugleich nicht ohne eine Beziehung beider *etwas* zueinander im *etwas als etwas* angezeigt wird. Dies ergibt ein gar paradoxales Verhältnis aus Dissoziation und Assoziation. Denn wenn etwas als etwas sichtbar werde, erscheine es als ein *solches*, das somit nicht als bedeutungsleer gelten könne.[57] Vielmehr ereignet sich innerhalb dieses Geschehens etwas, durch das sich das erste ›*etwas*‹ mit Sinn anreichert – Sinn, der nicht gegeben ist, sondern sich *durch* und *in* der Bilderfahrung bildet. Zugleich negiert sich im *etwas als etwas* ein Identisches beider ›*etwas*‹. Das *als* fungiert in dieser Formel »als Scharnier zwischen dem, was ist, und dem, als was es ist, indem es zugleich eine Kluft zwischen beiden aufreißt.«[58]

etwas als etwas

signifikative Differenz

Das Erfahrungsgeschehen sei daher als intentional zu begreifen, indem *etwas als etwas*, »also in einem bestimmten Sinn, einer bestimmten Gestalt, Struktur oder Regelung erscheint.«[59] Damit verweise Erfahrung auf *bestimmte* Ordnungen, nicht aber auf eine *einzige* Ordnung. Entsprechend der *signifikativen Differenz*, im *etwas als etwas*, zeigt Waldenfels auf, dass ohne diese Bestimmtheit, Erfahrung nicht möglich wäre: »Diese signifikative Differenz ist unhintergehbar; ein pures *Etwas*, das nicht als etwas

→\ -
ich ≠ Bild
S. 63

Bestimmtes gegeben und gemeint wäre, wäre ein Nichts, das sich jedem Blick und jeder Rede entzöge.«[60]

Werden

Indem etwas als etwas im Bild sichtbar *wird*, präsent *wird*, deutet sich eine Prozessualität von Bildlichkeit an, die sich als *Werden* des Bildes beschreiben ließe. Ein solches Verständnis von Bildlichkeit findet Anschluss in einem als prozessual gedachten Erfahrungsgeschehen, denn wenn »es eine spezifische Form der Bildwerdung gibt, so ist zu erwarten, dass sie von dieser genuinen Verspätung der Erfahrung nicht verschont bleibt.«[61] Wenn das Bild jedoch »nicht nur einen sekundären Zusatz darstellt«, womit WALDENFELS meiner Ansicht nach auf die Bildlichkeit des Bildes verweist, »sehen wir im Bild, bevor wir das Bild sehen.«[62] Nimmt man eine künstliche Trennung zwischen dem Erfahren von *Bildern* und dem Erfahren von *Bildlichkeit* vor, dann entsteht eine weitere Perspektive des *etwas als etwas*: Das Sichtbarwerden *als etwas* wird sodann auch als Sichtbarwerden von Bildlichkeit denkbar, als Erfahren von Bildlichkeit. Dies wird mit Bezug auf WALDENFELS' Verständnis von Erfahrung als Doppelereignis begreifbar, indem *ich etwas als bildlich erfahre* und *mir etwas als bildlich widerfährt*. Bilderfahrung als Erfahren von Bildlichkeit und von Bildern in den Blick zu nehmen, eröffnet eine für mich notwendige Perspektive, mit der Bilderfahrung *vom Zwischen aus* nicht erst am Bild, sondern im deutlich weiteren Feld des Bildlichen ansetzt.[63]

Sichtbarwerden ... als bildlich

Im Zuge einer Figur des *Bildwerdens*, →\≤ die sich in einem solchen Ereignen von Bildlichkeit artikuliert, erweitere ich WALDENFELS' minimale Grundformel einer Bilderfahrung: Von Bilderfahrung sprechen wir, *wenn etwas als bildlich sichtbar werde*. Mit Verweis auf den Bild- und Medienphilosophen DIETER MERSCH wird dieser Übergang als »ikonisches Als« begreifbar, das sich als ein Sichtbarwerden »im Bildlichen und mit den Mitteln der Bildlichkeit« beschreiben lässt.[64]

Differenz

Anamnese

BERNHARD WALDENFELS führt eine Reihe an Differenzen an, die das Erfahrungsgeschehen in seinen unterschiedlichen Differenz*bildungen* betrifft. Sie bieten einen Zugang, Bilderfahrung hinsichtlich ihrer sie konstituierenden, relationalen Mikrodifferenzen *vom Zwischen aus* zu beschreiben. So fungiert WALDENFELS Differenzanamnese wie eine Theorie der schematischen Entfaltung der Erfahrung, die darin ihre Faltungen erst hervorbringt. Eine solche Analogie beruft sich auf ein diastatisches Zwischen der Erfahrung, welches in den unterschiedlichen Differenzen wieder und wieder auftritt.

An dieser Stelle werde ich zunächst relevante Differenzen aufzeigen, die sich in die weitere Argumentation stetig einweben und somit eine wichtige Grundlage darstellen.

→\≤
Bildwerden
S. 181

signifikative Differenz

als Erfahrung sei, *wenn etwas als etwas auftrete.*[65] Diese Urdifferenz zwischen dem, was etwas ist und auf welche Art und Weise es gegeben, gemeint oder aufgefasst werde, bezeichnet

was → wie Waldenfels als *signifikative Differenz*, die sich im *etwas als etwas* artikuliere.[66] Diese Differenz setzt an der Modalität und Medialität der Erfahrung an, indem sie als Differenz zwischen einem »sachhaltigen Was« und einem »intentionalen Wie« zu bezeichnen sei.[67] Sodann lasse sich die signifikative Differenz als eine »originäre Verschiebung oder Versetzung« verstehen: »Etwas ist *anders* als es selbst, indem es als dieses oder jenes auftritt; aber es ist nicht *etwas anderes* als es selbst [...] [Hervorhebungen im Original].«[68]

appetitive Differenz

worin Als Ergänzung zur signifikativen Differenz verweist Waldenfels auf die *appetitive Differenz*, die unterscheidbar mache, *worin* etwas als etwas auftrete.[69] Diese Differenz nehme Bezug auf das, was wir im Auftritt des *etwas in etwas* erstreben, weshalb der appetitiven Differenz, das Begehren entspringe.[70] Waldenfels analogisiert den Auftritt *von etwas in etwas* mit einer Art Erwartung, die wir in die Erfahrung hineintragen.[71] Er führt dazu das häufig zitierte Beispiel der *Trauben des Zeuxis* an. Obwohl die Trauben nur gemalt waren, waren sie so vollkommen, dass sie Vögel anlockten, die sie versuchten aufzupicken.[72] So wird mittels des Zusammenspiels aus signifikativer und appetitiver Differenz »etwas als etwas im Bild sichtbar«[73], wobei die Besonderheit der Bilderfahrung darin bestehe, dass das Bild kein Objekt, kein weiteres *Etwas* sei, sondern »Medium des Sehens, das am Sehen selbst beteiligt ist«.[74]

mediale Differenz

wodurch Obwohl man vielleicht annehmen könnte, dass eine mediale Differenz den Wechsel oder Unterschied zwischen Medien beschreiben will, gleicht sie mehr einem konstituierenden *Durch*, das an der Erfahrung beteiligt ist – und zwar mehr als nur in Figur eines Transporteurs. Bilder, so Waldenfels, entsprängen einer medialen Differenz, einer Zweiheit von Bildendem und Gebildetem.[75] Diese Differenz unterscheidet, *was* erscheint, von dem, *wodurch* es erscheint. Insofern ereignet sich mit ihr die »Verbildlichung«, durch die Bildloses im Bild sichtbar werde.[76] Die mediale Differenz beteiligt sich damit am Bildwerden, indem sie auf dem Boden der Verbildlichung zwischen dem Zeigen und dem *Wie* des Zeigens unterscheide, was einen essentiellen Aspekt der Bildphänomenologie ausmache.[77] Die mediale Differenz erscheint mir für eine Bilderfahrung *vom Zwischen aus* äußerst relevant, da sie das *Wodurch* des Durchmachens einer Erfahrung bildet. Insofern greift sie in alle weiteren Überlegungen zum Medialen ein. Die mediale Differenz verdeutlicht, dass das Mediale mehr ist als ein Vermittelndes – vielmehr ist das Mediale ein *Bildendes*.

responsive Differenz

≤ Die responsive Differenz scheide schließlich »das Worauf des Antwortens vom Was des Antwortens«[78]. Antwortereignis und Antwortgehalt treten darin auseinander.[79] Unser Sehen, angetrieben vom Sehbegehren, bewege sich in diesem Spalt, der bezogen auf die Bilderfahrung, den Ort der Bildwirkung markiere.[80] Insofern gehe das, was uns zustößt und was wir daraus machen, durch die Bilder hindurch. Das ›Durchgehen‹ ist als Verkörperung im Bild zu verstehen, als »inkarnierte Affekte«.[81]

worauf

Waldenfels führt ein Beispiel an, welches eindrücklich die Differenz im Antwortgeschehen plausibilisiert: »Ich kann nicht nur nicht zweimal, sondern selbst nicht einmal in denselben Fluß steigen, sofern der Fluß derselbe ist und doch nicht derselbe.«[82] Als eine Redewendung oder Lebensweisheit, die auf Fragmente der Schriften des griechischen Philosophen Heraklit zurückgehen, besagt die Formulierung »man steigt nicht zweimal in denselben Fluss«, dass sich die Dinge oder Verhältnisse ständig änderten, dass nichts exakt wiederholbar sei.[83] Waldenfels' Steigerung von Heraklits Diktum provoziert eine radikale Negation des *Selben.* Denselben Fluss kann es nicht geben, da »jeder auf seine Weise darauf antwortet«.[84] Übertragen auf Bilderfahrungen, bleibt die Vereinzelung des Erfahrungsvollzugs unhintergehbar, auch vor dem Hintergrund der Konstruktion eines Gemeinsamen, das uns vergemeinschafte, indem »wir miteinander [...] antworten.«[85] →\≤

Differenz im Antwortgeschehen

bildliche Differenz

Die letzte Differenz, auf die ich an dieser Stelle eingehe, erscheint bildtheoretisch unerlässlich wie wesentlich: die *bildliche Differenz*. Als Basis phänomenologischer Bildtheorie unterscheide sie zwischen »bildlich Dargestelltem und bildlich Darstellendem« und stelle daher eine Differenz her »zwischen dem, was sichtbar wird, und dem, worin es sichtbar wird«.[86] Dies entspricht der minimalen Grundformel der Bilderfahrung, wie ich sie bereits mit Waldenfels beschrieben habe und zeigt sich demgemäß, als eine spezifische Ausprägung der anderen zuvor erläuterten Differenzbildungen nach Waldenfels. ←\-

pikturale Differenz
ikonische Differenz

Im Zentrum der bildlichen Differenz stehe das »Als«, ein *ikonisches* oder *pikturales Als*, welches »den Auftritt des Bildes als Bild« markiere.[87] Die Differenzbildung betrifft so gesehen das Einsetzen des Bildlichen im Erfahrungshorizont. Die pikturale Differenz und die ikonische Differenz sind beide begriffliche Wendungen einer bildlichen Differenz, die sich graduell unterscheiden. So beziehe sich die pikturale Differenz vor allem auf »Gemälde oder gemäldenahe Gebilde«, während die ikonische Differenz allgemeiner ansetze, wenn es um Bilder und Bildlichkeit gehe.[88] Letztere ist für weiteren Überlegungen zur Bilderfahrung essentiell, weshalb ich folgend noch genauer darauf eingehe.

→\≤
miteinander Bildwerden erfahren
S. 215

←\-
Bilderfahrung
S. 38

Die ikonische Differenz wurde im bildtheoretischen Diskurs maßgeblich durch den Kunsthistoriker Gottfried Boehm als eine prominente Figur platziert:[89]

> »[Ikonische Differenz] ist der Versuch, nachzubuchstabieren, was am Bild seine innere Strukturierung, seine ihm eigene Logik ausmacht. Also die ›ikonische Differenz‹ ist der Versuch einer ersten Bestandsaufnahme, eine Deskription der im Bild wirksamen, auf Sinnerzeugung hin ausgerichteten Mechanismen zustande zu bringen. Daran schließen sich dann sehr viel weitergehende Überlegungen an. Zum Beispiel ist ›ikonische Differenz‹ erst einmal eine Beschreibung von Phänomenen und in einem nächsten Schritt aber auch eine Reflexion darüber, in welcher Weise diese Phänomene durch den Blick des Betrachters aufgeschlüsselt werden, wie er sie wahrnimmt, kurzum die Einheit von Phänomen und Phänomenwahrnehmung in guter phänomenologischer Tradition ist im Begriff der ›ikonischen Differenz‹ mit ausgesagt.«[90]

In Boehms Überlegungen zur Figur der ikonischen Differenz scheint nicht nur der Wunsch nach einer Genese des Bildes auf, sondern der notwendige *turn*, sich bildreflexiv den Phänomenen des Bildes zuzuwenden. Die ikonische Differenz – und darin unterscheidet sie sich kaum von den zuvor aufgezeigten Differenzen – bildet modellhaft betrachtet einen *Zoom* hinein in das Feld der Bilderfahrung, wodurch für uns anhand dieser theoretischen Figur etwas ins Zeigen gebracht werden kann. Modelle zur Bilderfahrung, so verstehe ich den mit ihnen einhergehenden methodischen Anspruch, versuchen die Genese von Bilderfahrung zu beschreiben, in der Hoffnung, durch diese deskriptive oder zeigende Ebene Erkenntnisse über Bildlichkeit zu entwickeln.

Insbesondere der Figur-Grund Kontrast gehört zu den von Boehm aufgezeigten Logiken oder Strukturen des Bildlichen, die uns bei dessen Ergründung gedanklich helfen: »Was uns als Bild begegnet, beruht auf einem einzigen Grundkontrast, dem zwischen einer überschaubaren Gesamtfläche und allem, was sie an Binnenereignissen einschließt.«[91] Diese knappe Kontur des Bildphänomens verdeutlicht, dass die Kontrastbildung von Figur und Grund sich durch ein Zwischen auszeichnet. Worin und vor allem für wen sich dieser Kontrast unter welchen Bedingungen herausbildet, betrifft Momente des Erfahrens von Bildlichkeit. Sodann ist dieser sehr grundlegende Gedanke zentral für das in dieser Arbeit begründete Bildverständnis.

Auf die ikonische Differenz werde ich später weiter eingehen, wenn ich die chiastischen Strukturen von *Bildwerden* →\≤ und *Blickwerden* →\≥ reflektiere.

→\≤ Bildwerden S. 181

→\≥ Blickwerden S. 231

Abstand

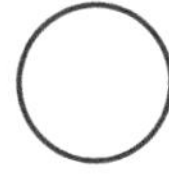
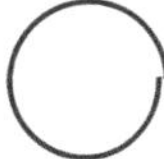
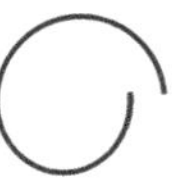
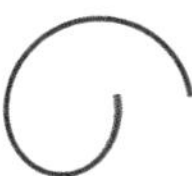

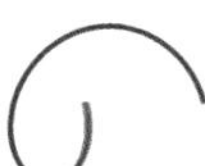
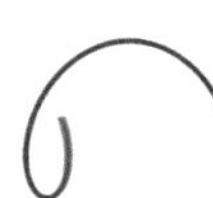
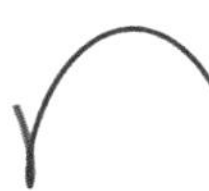
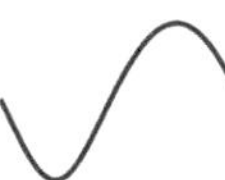

3

Ein Denken *vom Zwischen aus* beabsichtigt, dichotome Sichtweisen gegen nicht-dichotome zu ersetzen, indem nicht nur die Pole in den Blick genommen werden, sondern das oft übergangene im Verborgenen agierende *Zwischen*. So sei ein identifizierendes Denken versucht, »das Zwischen als Etwas oder Jemand zu denken, das sich als Mittelglied zwischen zwei anderen Instanzen schiebt. Doch damit wäre der Übergang stillgelegt.«[92] WALDENFELS spricht folglich abweichend von einem »fungierenden Zwischen«, welches selbst Übergang sei und als »Nicht-Etwas« sowie »Nicht-Jemand« erscheine.[93] im Verborgenen

Ein Zwischen lässt sich nur da und dann denken, wo etwas von etwas abweicht, im Lichte eines Spalts. Die zuvor aufgezeigten Überlegungen zur Differenz legen diese Notwendigkeit dar und zeigen die konstituierende Kraft der Differenzbildung für die Erfahrung. Doch wie wird diese Differenz nicht als bloße Unterscheidung, sondern als Movens eines Zwischens vorstellbar? Wie lässt sich die performative fungierende Weise eines Zwischens verdeutlichen? Die Theorien des französischen Philosophen FRANÇOIS JULLIEN bieten eine Wendung im Denken an, die ein Zwischen in seiner Potentialität und Virtualität[94] denken und zugleich einer diastatischen Gestaltungskraft nachkommen.

vom Unterschied zum Abstand

Als entscheidende Blickachse für eine solche Denkweise des Zwischens verschiebt JULLIEN ein Denken vom Unterschied zu einem Denken des Abstands.[95] JULLIEN befasst sich dazu vorwiegend mit einem Zwischen von Kulturen, etabliert damit aber allgemeiner verstanden eine Denkweise des Zwischens, die eine feine, wirkungsvolle Verschiebung ermöglicht. So führen mich die im Folgenden erläuterten Gedanken JULLIENS dazu, sie auch auf die Bilderfahrung *vom Zwischen aus* zu übertragen und mit dem Denken eines Abstands auf die dynamische und performative Gestaltkraft der Bilderfahrung zu verweisen. Verschiebung

Unterschied als Einordnung

Jullien zeigt auf, dass der Unterschied lediglich versuche zu identifizieren, um eine Essenz, das Eigentliche, etwa einer Kultur, zu markieren. Diese Herangehensweise könne jedoch nur scheitern, da die Essenz einer Kultur maßgeblich in ihrem stetigen Wandel und der Veränderung zu sehen sei. Indem wir Unterschiede festlegen, würden wir unweigerlich eine erhabene Position einnehmen, von der aus wir uns anmaßen, zwischen Gleichem und Anderem zu urteilen. Der Begriff des Unterschieds verbleibe daher einer der Einordnung, der nichts Eigenes hervorbringt.[96]

Abstand als Unordnung

Der Abstand hingegen folge einer Logik des Entdeckens, sei eine Figur der Störung und Unordnung.[97] Statt eine gemeinsame Gattung zu unterstellen, wie es der Unterschied erfordert, erzeuge sich der Abstand durch eine Stelle der Trennung, leite sich von einer Entfernung her.[98]

dynamisch, produktiv

Der Abstand, dynamisch[99] und produktiv[100], eröffne daher einen Raum des gegenseitigen Musterns des Einen durch den Anderen.[101] Diese Metaphorik Julliens erzeugt eine bildliche Vorstellung des Geschehens – eine wechselseitige Bezugnahme im Zwischen des Abstands. Jullien selbst fordert uns daher auf, die Abstände wirken zu lassen, als Räume der Reflexion, als Spannungsverhältnis, das zu denken gebe.[102] Der Abstand als folglich abenteuerfreudiges Konzept, als ein forschender Begriff, sei erfinderisch und eröffne ein fruchtbares Feld.[103] Jullien verschränkt Denken grundlegend mit der Figur des Abstands: »Alles Denken ist in sich selbst ein innerer Abstand der es arbeiten lässt.«[104]

zum Dazwischen

Zoom

Um das Potential dieses Reflexionsraums zu erläutern, zoomt Jullien uns in den Abstand hinein und entwickelt ausgehend von seiner Figur des Abstands eine Theorie des Dazwischens. Denn der »Abstand eröffnet ein Dazwischen«[105], jenen Ort des Spannungsverhältnisses, jenen produktiven und dynamischen Raum der Reflexion. Das Dazwischen wurde aufgrund seiner Eigenheit unbemerkt zu bleiben, Jullien zufolge jedoch in seiner Unauffälligkeit bisher im Denken oft übergangen.[106]

Hohlraum

Das »Dazwischen verweist immer auf etwas anderes als sich selbst. So ist es auch die Eigenheit des ›Dazwischen‹, nicht im Vollen, sondern im Hohlraum zu existieren, zu sein, ohne dass eine Bestimmung ihm zukäme […].«[107] Jullien führt uns damit nicht nur einen blinden Fleck unserer Sicht- und Denkweisen vor, sondern bemerkt ein Potential des Dazwischens, was in dessen vielleicht indexikalischer Kraft zu beschreiben wäre. Denn als hin- oder verweisend auf ein *Anderes* als sich selbst, das durch seine Unbestimmtheit existiert, die aber keine Leere oder Bedeutungslosigkeit meint, sondern vielmehr eine stetige Potentialität, lässt sich das Dazwischen als dynamisch und produktiv denken. Die Eigenheit des Dazwischen sei es, nichts Eigenes zu haben, das Dazwischen *ist* nicht.[108] Insofern setzen Julliens Überlegungen an der für das Erfahrungsgeschehen zentralen Dynamik an, dem stetigen Werden dessen, was im Dif-

das Dazwischen ist nicht

ferenzierungsgeschehen erst entsteht. Für die Bilderfahrung gewinnen wir in dieser theoretischen Schnittmenge von WALDENFELS Differenzbegriffen und JULLIENS Figur des Abstands den Gedanken einer fortwährenden Verbildlichung.

Das Dazwischen verstehe ich demgemäß in seiner Dynamik als ein stetig *Werdendes, Amorphes, Ephemeres*. Das Dazwischen werde zum Mittelpunkt, zum Ort des Geschehens, wie JULLIEN schreibt, denn zugleich sei es das Dazwischen, an dem alles passiere, geschehe und sich entfalten könne.[109] Anders, als sich vielleicht zunächst annehmen ließe, sei das Dazwischen kein bloßes Mittleres, sondern produktiver Kern, in dem etwas durch das Dazwischen zur Entfaltung komme.[110]

Werdendes, Amorphes, Ephemeres

Dazwischen als Werkzeug

JULLIENS Begeisterung für das Dazwischen führt ihn dazu, dieses als Werkzeug zu begreifen. Das Dazwischen, vom Abstand hergeleitet, ist für JULLIEN Grundlage, sich Fragen der *Andersheit* zu widmen.[111] Dabei visioniert er ein Denken, das sensibel für das Dazwischen ist.[112] Der Abstand, das Dazwischen, bildet für ihn einen *Spielraum* der Sozialität und Alterität.

Abstände, welche die Bilderfahrung betreffen, können nicht nur zwischen mir und Bildern sowie zwischen mir und meiner Bilderfahrung, zwischen meinen Bilderfahrungen und denen Anderer sein, sondern auch Abstände im Zeitlichen zwischen aktuellen und vergangenen Bilderfahrungen, im Medialen zwischen unterschiedlich mediatisierten Bilderfahrungen, synästhetische Abstände zwischen Bilderfahrungen und Hör- Tast- Geschmack- oder Sprecherfahrungen betreffen. Der Abstand selbst, so meine Lesart, eröffnet einen Zoom, indem er Weisen des Zwischens in der Bilderfahrung in das Denken hineinholt. Der Abstand errichtet damit Verhältnisse, Beziehungen und Relationen, die sich herausbilden und verändern. Bilderfahrung, so schließt die Überlegung zum Abstand wiederum an WALDENFELS an, könne demgemäß als instabil, dynamisch, fungierend[113] gedacht werden.

Über-

-gang
-setzung
-tragung

Übergang als liminales Zwischen

Das Zwischen als Übergangsort wie Übergangszeit, sei laut WALDENFELS in erster Linie ereignishaft und chronotopisch, nicht substantiell.[114] In seinen Studien stiftet er

ereignishaft, chronotopisch,

daher die Verbindung zum Begriff der *Schwelle*, aus der etwas erst hervorgehe, im Sinne einer *fungierenden Schwelle*. Im Übergang manifestiere sich jenes Fungieren der Schwelle, »das die Schwelle erst zur Schwelle macht«.[115] So verwundert es kaum, dass WALDENFELS im Zeichnen dieser Ereignishaftigkeit die Übergänge, die »*transitions*«, als Welt konstituierend versteht.[116] Denn was sich im Übergang vollziehe, nehme Gestalt eines Dritten an, das nicht vermittle, sondern *interveniere*, wie WALDENFELS betont.[117] Was ließe sich folglich unter *image transitions* fassen, verstanden als Übergangsweisen und -formen in der Bilderfahrung?

Noch-Nicht-Bild?

Ein Zwischen, das vielleicht allzu sehr auf der Hand liegt und Gefahr läuft, die Komplexität eines destabilen, *liminalen Zwischens* bei WALDENFELS zu verkürzen, mag das Einsetzen der Bilderfahrung sein – wenn mir etwas als *bildlich* widerfährt. Ist etwas bild*lich* oder bild*haft*, hat es mit einem Bildlichen zu tun. Der adjektivische Gebrauch von bildlich oder bildhaft verweist auf eine Zuschreibung, ganz im Sinne der Frage: Wie ist es? – bildlich/bildhaft.[118] Diese Zuschreibung kann als verschränkte Doppelbewegung gedacht werden: dass da *jemand* ist, der etwas Bildliches erkennt, und dass da *etwas* ist, das sich als Bildliches zeigt. Diese Überlegungen mögen als Negation einer *originären Bildlichkeit*[119] erscheinen, die damit aber keinesfalls gemeint ist, sondern ein Bemühen, der Bildlichkeit im Entstehen gedanklich nahezukommen.

bildlich/bildhaft

Ist etwas bildlich oder bildhaft, dann hat es gewissermaßen *Bild an sich*. Es scheint der Formulierung entsprechend aber nicht *nur* Bild zu sein. Denken wir bspw. an Farbbeschreibungen, so lässt sich ein Unterschied feststellen, ob etwas grün oder grünlich ist. Ist etwas grünlich, ist es nicht rein grün, wird aber im Farbfeld ›grün‹ verortet, spielt ins Grüne. Das Grünliche ist nicht ganz grün, da es vielleicht eine Trübung, eine Beimengung aufweist – allgemeiner: *ein Anderes* als Grün. Übertragen auf das Bildliche würde sich folglich von einer Koexistenz bildlicher und nicht-bildlicher Anteile sprechen lassen, deren Zuordnung aber nicht abhängig von ihrer eigenen Gegebenheit ist, sondern von einer *Zuweisung* von Bildlichkeit durch Andere. Als Drittes wäre ein Noch-Nicht-Bildliches denkbar, welches sich als *potentiell* bildlich andeutet und ins *Bildliche* übergehen kann.

ein Anderes als …

WALDENFELS beschreibt das Übergangsgeschehen einer bildlichen Erfahrung mit einer *pervasiven Bildlichkeit*.[120] Auch EMMANUEL ALLOA greift diese Gedanken WALDENFELS auf und verdeutlicht, wie sich die Unterscheidung von *Bildlichem* und *Bildern*[121] artikuliert:

pervasive Bildlichkeit

> » Ebenso wie es über die Grenzen der jeweiligen Politik hinaus ein in seinen Umrissen ständig fluktuierendes Feld des Politischen gibt, auf dessen Boden überhaupt erst verschiedene Politiken emergieren, so muss man davon ausgehen, dass Bilder als im strengen Sinne umrahmte, flächige Visualitäten in ein viel weiter reichendes

Feld des Bildlichen eingelassen sind. Wer Bildprozesse im Entstehen beschreiben will, kann sich daher nicht mit fertigen Gegenständen begnügen, sondern muss der Tatsache Rechnung tragen, dass es so etwas wie eine vorgängige und gleichsam ›pervasive Bildlichkeit‹[122] gibt, die sich ebenso wenig in einzelnen Bildern erschöpft wie das Politische in der Politik oder das Technische in der Technik restlos aufgeht. Eine Phänomenologie des Ikonischen muss damit früher ansetzen als bei der reinen Sichtbarkeit; sie kann beim noch kaum Sichtbaren und vor dem kaum mehr Sichtbaren noch nicht Halt machen.«[123]

fluktuierendes Feld des Ikonischen

Zwischen als Unentscheidbarkeit

Ein *Noch-Nicht des Bildlichen* in den Blick zu nehmen, wird daran anschließend getragen von einem erhofften Eintreten von Bildlichem. Diese Hoffnung setzt an vergangenen Bilderfahrungen an, insofern diese eine Richtung aufzeigen, in der das Noch-Nicht des Bildlichen zu einem Bildlichen *übergehen* mag. Ein solcher Blick erscheint paradox, doch bildet sich in Verweis auf Waldenfels und Alloa gerade in dieser erhofften Unterstellung die notwendige Geste, jenem Übergang vom Noch-Nicht-Bildlichen zum Bildlichen zu begegnen. Lauernd fallen insbesondere jene Phänomene auf, die von einem Zweifel über ihre Bildlichkeit geprägt sind.

Noch-Nicht des Bildlichen

Dieter Mersch greift dies als Unentscheidbarkeit auf: »Es ist nicht immer leicht zu entscheiden, ob etwas ein Bild ist oder nicht. Manche Dinge sind Bilder, die sich nicht als solche zu erkennen geben, während andere nur wie Bilder aussehen, ohne welche zu sein.«[124] Das Bildliche hat in diesem Sinne *Spiel*. Wann aber erscheint es leicht, von etwas als Bild zu sprechen? Ist es der Rahmen? Ist es der Gebrauch? Ist es die kulturelle oder soziale Übereinkunft? Welchen Phänomenen, die wir wahrnehmen können, weisen wir Bildlichkeit zu, ohne ins Zweifeln zu geraten? Oder verdeutlicht sich an diesen Fragen zunehmend, dass unter dem Mantel des Unverfügbaren einer Bilderfahrung, ein ›Spiel haben‹ im Erfahren von Bildern eine sie begründende Dimension ist?[125] Ein *fluktuierender ikonischer Status*, weist für meine Forschung eine Nahtstelle auf, die am Übergang eine Differenz bildet, die Bilderfahrungen in ihrem Ereignen und ihrem Auf- und Abtreten im Horizont unserer Erfahrung betrifft.

Spiel haben

fluktuierender ikonischer Status

Übersetzung als Über-Setzen[126]

Anders als der Übergang zeigt sich eine weitere Bewegung *vom Zwischen aus* in der Übersetzung. Die Figur der Übersetzung findet ihren Ursprung in der Verständigung, indem etwas von einem in ein anderes übersetzt wird. Dem Übersetzen eilt sein Scheitern dabei voraus, sodass zur Eigenart der Übersetzung ihre Unmöglichkeit gehöre.[127] Das Übersetzen ist daher ein *Über-Setzen*, was sich medial betrachtet nach Mersch als Sprung artikuliere.[128]

internalisiertes Scheitern

erweiterter Übersetzungsbegriff

Mit einem erweiterten Übersetzungsbegriff, wie ihn bspw. SIGRID ADORF beschreibt, werde es möglich, intermediale Praktiken, die im Medienwechsel Differenzen produzieren, zu reflektieren.[129] Dabei argumentiert ADORF für einen Medienbegriff, der das Medium nicht per se als Übersetzer denkt[130], sondern die Relation verschiebt, sodass »sich ein Medium durch seine Übersetzung in ein anderes überhaupt erst zu erkennen gibt [...].«[131] Wir können also von einer Form der Sichtbarmachung im medialen *Über*setzen sprechen, die nicht nur in der Unterscheidung der Medien selbst, wie etwa von Text zu Bild, sondern in den spezifischen Differenzbildungen hervortritt.

Eine richtungsweisende Auseinandersetzung mit dem Medialen bietet MERSCHS medien- und bildphilosophische Position, der sich das folgende Unterkapitel zum ›*durch*‹ zuwendet. Ohne dem vorzugreifen, scheitere das *Über*[132] darin, im von ihm angezeigten relationalen Ebenenwechsel eine Modalität auszuweisen. Bei WALDENFELS bleibt das ›*Über*‹ des Übergangs als fungierende Schwelle im Grunde ›in Deckung‹ vor diesem Vorwurf, da die fungierende Schwelle erst etwas hervorbringt. Obwohl das *Durch* (Dia) gewisse Vorzüge bereithält, bedeutet dies nicht, das *Über* als Figur *vom Zwischen aus* zu verwerfen. Vielmehr zeigt die Reflexion zum *Über* deren bedeutsame Aspekte für die Bilderfahrung auf, wie ich unter anderem mit der Figur der Übertragung, im speziellen der *visuellen Übertragung*[133], folgend versuche darzulegen.

Übertragung

> » In ihrem Wesen ist die wirkungsvolle Übertragung, um die es geht, ganz einfach ein Akt des Sprechens. Jedes Mal, wenn ein Mensch zu einem anderen in authentischer und voller Weise spricht, gibt es Übertragung im eigentlichen Sinn, symbolische Übertragung – es geschieht etwas, das die Natur der beiden anwesenden Menschen verändert.«[134]

psychoanalytisch

Mit diesem LACAN-Zitat konturiert KARL-JOSEF PAZZINI das Geschehen der *Übertragung*. Als psychoanalytische Figur[135] artikuliert sich Übertragung, insbesondere in Hinblick auf die zugehörige Figur der Gegenübertragung als *vom Zwischen aus* wirkend und agierend. Vereinfacht gedacht, als wechselseitige Veränderung, zeige die Übertragung eine »Dezentrierung und Spaltung des Subjekts in seiner Relation zum a(A)nderen« an, wie MICHAEL WIMMER aus bildungstheoretischer Perspektive beschreibt.[136] Was geschieht, wenn wir in dieses Geschehen das Bildliche als Anderes setzen?

als Symptome

Wie MARKUS RAUTZENBERG herausarbeitet, beschäftigen sich psychoanalytische Theorien des Bildes primär mit »Blickverhältnissen und Blickregimen«, welche »sich in Bildern als Symptome eines vorgängigen Weltverhältnisses manifestieren. Dies schließt die soziale Konstitution von Sichtbarkeit und Bildlichkeit ebenso ein wie das Verhältnis von Wahrnehmung und Affekt [...].«[137] In psychoanalytischen Bildtheorien werden Bilder demgemäß als »Manifestationen latenter Sinngehalte oder Welt-/Macht-/Seinsverhältnisse verstanden«[138], so RAUTZENBERG weiter. Unser Verhältnis gegenüber Bildern als *Anderes*, als Symptom*fänger* bzw. Symptom*bildner* und damit wörtlich verstanden als Anderes durch das Symptome sich bilden, verweist meines Erachtens auf die von ANDREA SABISCH aufgeworfene Frage der *Artikulation von Übertragung*[139]. SABISCH befragt eine Verschiebung auf das Visuelle, die ich als wichtigen Gedanken verstehen, um Anschlüsse an Phänomene der Bilderfahrung herzustellen.

Artikulationen von Übertragung

SABISCH geht in ihrem Aufsatz *Visuelle Übertragungen* der Frage nach, inwiefern es sich bei der Übertragung unter Berücksichtigung bildungstheoretischer und entgegen psychoanalytischer Implikationen, um eine Visuelle Artikulation handle.[140] Sie versteht Übertragung nicht als Wiedergabe von Vergangenem, sondern als eine »affektiv aufgeladene strukturelle Wiederholung«[141], die in Bezug auf SIGMUND FREUD als Verschiebung zu denken sei, indem im Wiederholen eine Übersetzung stattfinde, bei der etwas daneben gehe. Verschiebung

Übertragung sei an Sprechen gebunden, doch SABISCH hinterfragt die Funktion des Sprechens innerhalb der Übertragung, um zu klären, wie sich Übertragung überhaupt artikuliere.[142] Sie stellt mit Bezug auf PAZZINI heraus, dass eine Verbindung zwischen Sprachlichem und Visuellem bestehe und geht folglich davon aus, dass Übertragung gar nicht von Bildern zu lösen sei.[143] Sprache ↓ Visuelle

Mit Verweis auf SYBILLE KRÄMER, die sich mit der Verwobenheit beider medialer Zugänge, also einer Negation des reinen Bildes und der reinen Sprache, beschäftigt, führt SABISCH die *Metapher*[144] als Beispiel an, da die Metapher zwischen Sprache und Bild agiere.[145] SABISCH fasst schließlich unter visuellen Übertragungen »visuell geprägte Artikulationsweisen«[146], die im Zusammendenken von Bildern[147] aufscheinen. Ohne dazu, wie SABISCH selbst vorbringt, eine abschließende Theoriebildung darzulegen, gewinnt ihre Überlegung vor allem an Dynamik, wenn visuelle Übertragung als durch die Bilderfahrung hervorgebrachte Symptombildung von Relationen *im* Visuellen, zwischen uns und Welt, uns und Anderen, fungiert. In Kürze sei daher abschließend auf WALDENFELS' *Antwortregister*[148] verwiesen, in denen er herausstellt, dass bspw. auch aktives »Über-sehen«[149], eine Weise des Antwortens bilde.[150] Metapher Symptombildung

durch

Medien- und Bildtheorien stehen meist miteinander in Beziehung und weisen sich oft als voneinander abhängige Diskurse aus. Dies wird besonders spürbar, wenn das *Bild-* Medium *liche als Medium* hinsichtlich des ihm zugrunde gelegten Medienbegriffs in den Blick genommen wird.

das Mediale als produktives Zwischen

originäre Medialität

Bilderfahrungen *vom Zwischen aus* zu betrachten, verlangt nach einer Reflexion über das Mediale, insofern Bernhard Waldenfels etwa eine »originäre Medialität« aufzeigt, mit der er Medien als »Zwischeninstanzen« bezeichnet, die an der Ermöglichung von Erfahrungen beteiligt seien.[151] Diese Beteiligung entspreche nicht einer bloßen Wiedergabe, die das Mediale dann fälschlicherweise als Mittel der »Weitergabe vorgegebener Erfahrungsgehalte« marginalisieren würde.[152] So ist der Satz »Ich sehe etwas durch ein Medium hindurch«[153] nicht hinsichtlich eines differenzlosen Hindurchsehens zu verstehen, sondern vielmehr zeigt sich das ›durch etwas hindurch‹ als performativ – als produktives Zwischen.

Zwischeninstanz

Um sich dem Medialen – mit Waldenfels als produktive Zwischeninstanz verstanden – anzunähern, beziehe ich mich auf einen Medienbegriff, der jene von Waldenfels eingeforderte Komplexität aufweist und sich dem *Mehr* des Medialen zuwendet. Die in Dieter Merschs prominenten Aufsatz *Meta/Dia. Zwei unterschiedliche Zugänge zum Medialen* entwickelten Zugänge zum Medialen zeichnen Denkweisen auf, die das Mediale für eine Theoriebildung zur Bilderfahrung *vom Zwischen aus* entscheidend perspektivieren, indem diese selbst *vom Zwischen aus* gedacht werden.

Mediale = Virtuelles

So bezeichnet Dieter Mersch mit Verweis auf Samuel Weber das *Mediale als Virtuelles*, welches sich in Gestalt relationaler Modi entfalte, »um buchstäblich zwischen den Relata verschiedene ›Faltungen‹ zu erzeugen.«[154] Demgemäß sei dem Medialen kein präziser Ort zuweisbar, weshalb sich das Mediale vom Zwischen aus denken lässt. Als Virtuelles entrückt Mersch das Mediale von einer Stellung als bloßes Mittel und ebnet damit den Weg, sich der Beteiligung der Medien an der Erfahrung zuzuwenden. Er differenziert dazu zunächst einen radikalen, einen negativen und einen performativen Medienbegriff, um im Anschluss die Virtualität, Relationalität und Produktivität des Medialen in der Unterscheidung von *Meta* und *Dia* darzulegen.

drei Medienbegriffe

radikaler Medienbegriff

»Vermittlung« oder »Vermitteltheit«, wie Mersch mit Verweis auf Georg Wilhelm Friedrich Hegels Dialektik ausführt, gehöre zu den Grundfunktionen des Medialen.[155] Er umzeichnet darin einen radikalen Medienbegriff, der »das Mediale als ein unhintergehbares Apriori postuliert«, indem »das Medium immer schon auf das Mediatisierte einwirkt, es verwandelt, es umprägt.«[156] Mersch versteht »Vermitteln« daran anschließend als einen Grundmodus von Erfahrung, etwa indem wir Begriffe oder Distanzen zwischen uns und die Welt schieben. Das Medium halte sich so verstanden in der Mitte, um zwischen zwei Positionen *Übergänge* zu stiften, weshalb es sich vor allem dort als unverzichtbar erweise »wo wir es mit Darstellungen und Übersetzungen wie auch mit Prozessen der Kommunikation und des Gedächtnisses zu tun haben.«[157]

fehlender Ort des Medialen

MERSCH selbst deutet an, wie schwierig es sei, einen radikalen Medienbegriff zu legitimieren.[158] Denn wo das Mediale im Sinne einer Mediation lediglich den Zwischenraum besetze, markiere es zwar einen Unterschied, eine Relation zwischen dem einen und dem anderen, jedoch fehle der Ort des Medialen selbst.[159] Ähnlich, wie bei FRANÇOIS JULLIEN die Verschiebung vom Unterschied zum Abstand dazu führte, ein Dazwischen zu denken, erscheint auch das Mediale eines solchen Ortes zu bedürfen – ein Ort der nicht ist. ←\-

Faltung

Zwar führt MERSCH dies selbst nicht aus, jedoch liegt vielleicht im Begriff der Faltung, den er im Zusammenhang des Medialen als Virtuelles anführt, ein entscheidender Hinweis. Denn die Faltung, im Verborgenen, bildet eine virtuelle Struktur des Medialen, die ihren Ort möglicherweise in einer Performanz entfaltet. Dieser ergänzende Gedanke unterstützt sogar den von MERSCH im Anschluss an den *radikalen Medienbegriff* formulierten *negativen Medienbegriff*.

negativer Medienbegriff

Denn der radikale Medienbegriff setze drei Unbekannte miteinander in Beziehung, womit MERSCH formal eine Reihung skizziert, die das Mediale zwischen zwei Positionen denkt.[160] Er führt an dieser relationalen Reihung vor, dass auf Grund bestehender Abhängigkeiten eine Reihe an *Negationen* entstünden, indem etwa das Mediatisierte nicht ohne das Medium und auch das Medium nicht ohne Rückgriff auf das Mediatisierte darstellbar sei.[161] Dieser Zirkel begründe einen negativen Medienbegriff.[162] Die Faltung setzt als verborgenes, unbekanntes Zwischen ihre Performanz ein, insofern nicht die Falte, sondern die Faltung, verstanden als dynamisches Geschehen, im Spiel der Sichtbarmachung agiert. Die Faltung verbirgt nicht nur, sondern sie *bildet*.[163] Sie kann zusammenführen, was zuvor voneinander entfernt war, sie artikuliert Formen, die es zuvor nicht gab und setzt damit Übergänge anderer Art.

Übergänge anderer Art

performativer Medienbegriff

MERSCH schließt an den negativen Medienbegriff einen *performativen Medienbegriff* an, der auf das »Problem in der Identifikation der Formen selbst [verweist], weil diese [...] nicht unabhängig von ihren medialen Bedingungen existieren«, da sich das Medium durch seinen Gebrauch zeige, »ohne als solches manifest zu werden«.[164] Denn entweder müssten die einzelnen Elemente einer *intermedialen Konstellation* bereits vorliegen und damit aufzählbar sein, oder aber es gebe keine »dechiffrierbaren Elemente«.[165]

performativ

Die Komplexität, die MERSCH mit der so skizzierten Logik des Medialen aufzeigt, konstituiert das Denken einer *Performativität des Medialen*, die im Erfahren von Bildlichkeit, *deren* performative Dimension als unhintergehbar begründet. Mit MERSCHS Medientheorie setzt, möglicherweise nicht intendiert, eine spezifische Bildakttheorie ein, die das Denken eines statischen Bildes vehement negiert, denn wenn das Mediale von einer derartigen Performanz aus gedacht wird, so erscheint es mehr

←\-
Abstand
S. 43

als obskur, Bildlichkeit nicht in einer ebenso konturierten Sphäre des Performativen zu denken. Insbesondere in der abschließenden Differenzierung zwischen *Meta* und *Dia*, auf die ich eingehen möchte, stellt Mersch prägnant die Zugangsweisen zum Medialen heraus. Für eine Theoriebildung zur Bilderfahrung weisen sich diese als entscheidende Blickachsen aus.[166]

Dia und Meta

Meta Wird das Wort ›meta‹ verwendet, um etwa ein *nach, hinüber, in der Mitte* oder *unter* zum Ausdruck zu bringen, dann verdeutlicht dieser Gebrauch der Präposition die »Überschreitung einer Grenze«, eine ereignishafte »Überbrückung des Disparaten«.[167] Verstehen wir das Mediale als *Meta*, so sei es infolgedessen »einer Differenz geschuldet, deren Differenz selbst offen bleibt«[168]. Das sprachliche Partikel ›meta‹ enthalte somit einen Sprung, »wobei das Mediale den Ort des Sprungs, die nichtrationale Stelle seiner nichtkausalen Vermittlung besetzt.«[169] Mersch fragt infolgedessen nach der Weise der »Über-Springung«[170], der Undarstellbarkeit des Bruchs. Daraufhin formuliert er eine Kritik am Präfix *meta*, da dessen Richtung sprunghaft und vertikal verlaufe. Mersch schlägt vor, sich einem anderen Ausdruck zuzuwenden, der hingegen »horizontal und damit flacher und bescheidener« verlaufe.[171]

Dia Merschs Gedanke führt auf die »Materialität von Übergängen« sowie »die Praktiken der Verwandlung von etwas in etwas ›durch‹ etwas anderes« hinaus: das *Durch*.[172] Das *Durch*, im Lateinischen als *Per*, im Griechischen als *Dia* gefasst, unterscheide sich vom *Meta* nur in Nuancen.[173] Zwar bilde auch das *Dia* eine Differenz, jedoch eine, die nicht übersprungen werde, sondern durchgearbeitet werden müsse.[174] Damit setze das *Mediale als Dia* verstanden nicht nur an Waldenfels Verständnis von Erfahrung als »durchmachen«[175] an, sondern auch an die bei Jullien aufgezeigte Verschiebung eines Denkens vom Unterschied zu einem Denken des *Abstands*[176]. Alle drei Ansätze, so unterschiedlich ihre Bezüge und Absichten sind, setzen an der Performanz bzw. Dynamik und Produktivität eines Abstands (Jullien), einer Diastase (Waldenfels) und eines unüberbrückbaren Sprungs im *Dia* (Mersch) an.

Wie In Bezug auf die Performativität des Medialen bekräftigt Merschs medienphilosophischer Ansatz das *Wie* der medialen Erfahrungen, ihre Modalitäten: »Während also Meta, Trans oder Über auf eine Übertragung verweisen, deren Grund fraglich bleibt, deuten sich im Dia oder Per verschiedene Wege oder Modalitäten an, den Übergang zu gewährleisten.«[177] So ließe sich mit Mersch auch begründen, dass es in der Erfahrung zwar Differenzbildungen bedarf, da sie im Sinne eines *Dia* oder *Per*, den Übergangsbildungen konstitutiv vorausgehen, das Mediale aber nicht im Ereignis der Differenzbildung verharre.[178] Vielmehr beruhe das Mediale auf »performativen Praktiken«[179]. Mersch bezieht sich dazu auf die Unterscheidung von *transformare* von *performare.*

Verkörperung // durchmachen

So liege der Unterschied zwischen *transformare* von *performare* darin, dass Ersteres etwas von Grund auf verwandle, während *performare* als Aufführung oder Verkörperung zu verstehen sei, indem es sich der Mittel der Welt bediene.[180] Um sich den Übergängen im Medialen dem Medialen gerecht anzunähern, gehe es darum, nicht die Verwandlung, sondern die *Darstellung* in den Blick zu nehmen. So folge der Frage der Verkörperung, »durch welche etwas zur Erscheinung gelangt«, Formen des Experimentellen.[181] Vielleicht beabsichtigt Mersch mit dem Experimentellen darauf hinzuweisen, was sich in der Performanz des *Durchs* entzieht – mehr noch, dem Experimentellen einen Platz im Geschehen zuzuweisen, dessen Kräfte sich in der Verkörperung entfalten.

transformare/ performare

Verkörperung

Für die Bilderfahrung zeigt sich das *Durch*machen[182] in einer Erfahrung bereits als Verkörperung jenes *performativen Zwischens*. Vor dem Hintergrund Merschs medienphilosophischer Theorie entrückt sich die Bilderfahrung von einer bloßen Verwandlung, sodass die Frage der Medialität die Genese des Bildlichen durchwebt. Anders formuliert: Was bildlich zur Erscheinung gelangt, was als ein Bildliches erscheint, beruht nicht auf einem Über-Sprung, sondern auf einem Durchmachen. Hier lässt sich ein feiner, aber essentieller Unterschied erkennen, denn trotz Negation des Über-Sprungs, der sich im Sinne eines diastatischen Spalts verstehen ließe, lebt die bildliche Figuration von einer Auslassung. Denn in Rekurs auf Waldenfels erfolgen die »Figurationen, die sich bilden«[183] in einer Sphäre der Negation, um eine Sichtbarmachung überhaupt zu ermöglichen.

durchmachen

Figurationen

Ungedachtes

»Bildtheorie sollte […] sich manches von dem, was man zwar im Grunde längst weiß, aber dennoch nie wirklich bedacht hat, denkend zu Bewusstsein […] bringen.«[184] Eine solche Perspektive zeigt sich als Geste der Verwunderung, als Irritation des Gewohnten, indem sie das Bildliche als Fragliches inszeniert und damit eine Öffnung für bildtheoretische Fragen und Reflexion bereitet. So könnte die einleitende Anmerkung Wolfram Pichlers und Ralph Ubls das Resultat einer Kluft sein, die zwischen einem vermeintlich gewissen Umgang mit Bildern und ihrer fehlendenden Reflexion besteht. Doch was man im Grunde längst weiß, scheint im Grunde untergründig – um bei Pichlers und Ubls Vokabular zu bleiben – nicht bewusst, nicht gedacht zu sein.

im Grunde

im Grunde – was darunter liegt?

Sich dem Ungedachten anzunähern bedeute mit François Jullien gesprochen, das, »wovon wir beim Denken ausgehen, und was wir aus eben diesem Grund nicht den-

Ungedachtes denken?

ken«[185], in den Blick zu nehmen. Vergleichbar ist dies vielleicht mit einem Schatten, der das, wovon wir im Denken ausgehen, in seiner Abwesenheit da sein lässt. Dieses Paradox einer abwesenden Anwesenheit, das ein Denken des Ungedachten umgibt, wirft elementare Fragen für wissenschaftliche Erkenntnisse auf: Wie schaffen wir den epistemologischen und methodologischen Kniff, dieses Paradox produktiv zu wenden und ein Ungedachtes in den Blick zu nehmen? Wie gelangt dieses Ungedachte in (eine) Präsenz, sodass diese überhaupt relevant wird?

Subjekt

Wovon wir beim Denken ausgehen, das Unbewusste, ist auch das Subjekt, das, was darunter liegt.[186] Karl-Josef Pazzini bildet mit diesem Subjektbegriff mit Verweis auf Slavoj Zizek die entscheidende Verquickung zwischen einer dynamisch, ephemeren Subjektwerdung und einem Erscheinen heraus:

> » Das Singuläre (Einzigartige) des Subjekts ist nur zu begreifen durch die Gegen- und Kontrastbewegung einer Vergesellschaftung (Beziehungsaufnahme, Eingehen von Relationen), nicht mehr als das autonome Ich, das sich und anderen als Festung gilt und zu einer wahnhaften Verkennung der Welt neigt. Was der Mensch wahrnehmen kann, ist phänomenal, also nur in dem Bereich auffindbar, der in Erscheinung tritt. [...] Dass etwas unzugänglich bleibt, lässt eine Sphäre entstehen, die zwischen dem liegt, was erscheint (phänomenal ist) und dem, was unzugänglich ist (noumenal ist). In dieser Kluft konstituiert sich als Relation das Subjekt. Ein so verstandenes Subjekt ist jeweils ein Akt, ein immer wieder verschwindender Vermittler.«[187]

Umweg über den Anderen?

Umweg

Um einen Zugang zum Ungedachten zu entwickeln, wählt Jullien den Umweg, um einen *Abstand* zu initiieren. ←\- Diese Wendung solle ermöglichen, »[...] das Feld des Denkbaren zu entfalten und neu zu konfigurieren; oder sagen wir: Um durch eine Abkehr vom etablierten Denken gedankliche Ressourcen anderer Art, bislang unerforscht oder brachliegend, aufzubieten.«[188] Jullien versucht in *Der Weg zum Anderen* über einen Blick, der deutlich außerhalb der europäischen Kultur liegt, das eigene Denken zu verfremden und zeigt damit eine Vorgehensweise auf, blinden Flecken eigener Betrachtungen näher zu kommen.[189]

Dekonstruktion von außen

Ein solcher Rahmenwechsel gebe zu denken, fordere uns durch eine »Dekonstruktion von außen«[190] auf, eigene Vorannahmen zu überprüfen. Wie lässt sich diese Annahme in methodologische Überlegungen übersetzen, um deren Potential für wissenschaftliche Erkenntnis zu nutzen? Eine Dekonstruktion von außen kann auf unterschiedlichem Wege möglich werden. Bedeutsam erscheint das Potential, die eigene Sicht zu erweitern oder zu verschieben. Was genau ist aber unter einer Sicht zu verstehen? Übersetzt als Erfahrung, gerät man zunächst an die Problematik, dass ich die Erfahrung anderer nicht erfahren kann, wie Robert D. Laing in seiner Schrift *Phä-*

Sicht

←\-
Abstand
S. 43

nomenologie der Erfahrung darlegt.[191] An dieser Stelle sehe ich eine Reihe an Anknüpfungspunkten, denn LAING widmet sich Erfahrung unter der These, dass wir das Verhalten (ich würde den Handlungsbegriff bevorzugen) anderer Menschen, aber nicht ihre Erfahrung sehen können. Insbesondere die relationale, soziale Ebene von Erfahrung ist für ihn entscheidend, die auch im Begriff der *Intererfahrung*[192] zum Tragen kommt. Dabei geht es LAING um ein In-Beziehung-Setzen von Erfahrungen in sozialen Situationen gemäß des simplen Gedankens: »Ich erfahre dich, du erfährst mich.«[193] Den Anderen, auch wenn ich seine Erfahrung nicht erfahre, »da sie unsichtbar (unkostbar, unfaßbar, unriechbar, unhörbar) für mich ist [...]«[194], erfahre ich als Erfahrender. Auch bei LAING ließe sich von einem Umweg sprechen, der jedoch nicht im großen Abstand besteht, wie JULLIEN ihn inszeniert, sondern im Nahbereich der Erfahrung des Anderen. Insofern versucht auch LAING in seiner Formel des ›ich erfahre dich, du erfährst mich‹ eine Annäherung an Erfahrung durch den Anderen.

Intererfahrung

anders Denken / Neues denken

Um zum Begriff der ›Sicht‹ zurückzukehren, den LAING mit jenem des Handelns analogisiert (»Unser Handeln entspricht unserer Sicht der Dinge«[195]), drängt sich für jegliche Forschung, die einen solchen Erfahrungsbegriff ernst nimmt, insbesondere die methodologische Frage auf, wie ich Bilderfahrungen *Anderer* beforschen kann.

bekannt vs. erkannt

Verweisend auf GEORG WILHELM FRIEDRICH HEGEL, differenziert JULLIEN zwischen *etwas kennen* und *der Kenntnis über etwas*. So habe man von dem, was wohlbekannt ist, nicht unbedingt auch Kenntnis, insofern *be*kannt nicht *er*kannt bedeute.[196] Bilder als Kategorie, so ließe sich vorerst festhalten, gelten uns als wohlbekannt; dieser Status erlaubt jedoch nicht davon auszugehen, dass wir bereits erkannt haben, was das Bildliche an Bildern ist. EMMANUEL ALLOA beschreibt eine scheinbare Vertrautheit gegenüber dem, was Bild heißt, wie folgt: »Zwar verfügen wir über ein intuitives Verständnis dessen, was uns als Bild gilt, kämen aber in Erklärungsnot, wenn wir benennen müssten, was das Bildhafte an Bildern ist.«[197]

das Bildliche an Bildern

Das Gedachte und das Ungedachte reißen *zwischen sich* einen zeitlichen wie neoterischen (per)formativen Spalt auf und initiieren darin eine Weise des Zwischens, die sich vielleicht nur mit der *Negation des Gedachten* greifen lässt, insofern sich das Gedachte gegenüber dem Ungedachten verhält wie etwa die Erde zum sich fortwährend ausdehnenden Universum. Die Differenzbildung zwischen Ungedachtem und Gedachtem ist eine auf dem Grad des Entstehens, die JEAN-LUC NANCY folgendermaßen beschreibt:

neoterischer Spalt

> » Nicht Grund und Form, sondern Schritt, Durchgang, das Kommen, in dem sich nichts unterscheidet und alles sich auflöst. Das Entstehende hat keine Form, und dennoch ist es auch nicht der Grund, der entsteht. Denn ›entstehen‹ bedeutet, alle

entstehen

> Bestimmungen zu verwandeln, zu versetzen, zu überschreiten. Entstehen bedeutet: nicht entstanden zu sein und entstanden zu sein. Dies gilt für alle Verben: denken heißt, noch nicht gedacht zu haben und bereits gedacht zu haben. Also ist ›entstehen‹ das Verb aller Verben: das ›Dabei-sein-sich-zu-ereignen‹, das als solches weder Anfang noch Ende hat. Das Verb des Präsent-Werdens ohne Präsenz. Es ist die einzige ›Form‹ und der einzige ›Grund‹ des Seins. ›Sein‹ heißt, noch nicht gewesen zu sein und schon gewesen zu sein. Entstehen ist der Name des Seins und ist zugleich gerade kein Name.«[198]

Neues/auf neuartige Weise

Die ›Substanz‹ des Ungedachten verweist auch auf methodologische Fragen und Gedanken, die ich in Überlegungen zum *anders forschen* →\× in der methodologischen Konzeption aufgreifen werde. Die Zuwendung zum Ungedachten und die damit konstituierte Unterstellung dessen Existenz zeigt sich als Movens für ein Nachdenken über Bilderfahrung. Sodann bezieht sich der *neoterische Spalt* auf das Ungedachte, und zwar als eine Differenzbildung *neuartiger Weise* sowie von *Neuem*. Da das Ungedachte nur im Spiegel des Gedachten als von diesem different ungedacht ist, folgt es zumindest assoziativ analogisiert, dem Schema zwischen *fremd* und *vertraut*. Bedeutet eine Annäherung an das Ungedachte, den »Schatten«, das was »darunter liegt«, in den Blick zu nehmen, so geraten wir auf die Ebene der Subjektwerdung, die in Verweis auf PAZZINI nur als Akt zu begreifen sei.[199]

Für die Bilderfahrung weben die Überlegungen zum Ungedachten ein entscheidendes Netz, welches sowohl die Entwicklung neuer Dimensionen der Bilderfahrung auf Forschungsebene betrifft als auch die Bilderfahrung selbst, innerhalb derer *Neues* oder etwas *auf neuartige Weise* entsteht.[200] Setzt bildtheoretisches Denken an dem an, was man im Grunde längst weiß, setzt es an der Subjektwerdung an. Versuchen wir dies denkend zu Bewusstsein zu bringen, so betont die aufgezeigte Indirektheit eines Erfahrens, eine Herausforderung für das *Wie* und *Wodurch* des Zugangs. Die mit JULLIEN in die Überlegungen hineingeholten Figuren der Sozialität und Alterität betreffen auch weitere Dimensionen eines Zwischens, worauf ich folgend eingehe.

Denkkollektive

Vordeterminiertes übernehmen

Ein wissenschaftstheoretisches Werk an der Geschichte der Syphilis zu entwickeln, mag zunächst irritieren, doch LUDWIK FLECK – nicht nur Erkenntnistheoretiker, sondern auch Mikrobiologe und Immunologe – bringt im Einklang eine beachtliche Lehre vom Denkstil und Denkkollektiv hervor, um sich der *Entstehung und Entwicklung einer wissenschaftlichen Tatsache* zu widmen.[201] FLECK geht in dieser Schrift einführend dem wissenschaftlichen ›Begriff‹ als Ergebnis denkgeschichtlicher Entwicklung nach. Er verweist darauf, dass es keine *Generatio spontanea* der Begriffe gebe, sondern Begriffe

→\×
anders forschen?
S. 108

(bereits vordeterminiert) übernommen werden. Eine Reflexion über derartige Bindungen sei entscheidend für einen angemessenen Umgang mit Begriffen.[202]

unumgänglich kollektiv?

Gemeinschaft

Fleck betont anschließend, dass unser Wissenschaftsinhalt größtenteils »denkhistorisch, psychologisch und denksoziologisch bedingt und erklärbar«[203] sei und bestreitet, dass einzelne Forschende der Komplexität eines Forschungsfeldes allein gerecht werden können. Erst in der Gemeinschaft und in einer generationsüberdauernden Perspektive werde dies möglich.[204] Er warnt jedoch zugleich vor der Konformität und Stagnation einer Forschungshaltung, die sich in der generationsüberdauernden Perspektive verfängt: »In diesem Falle aber würden Vorbildung, technische Mittel und die Art der Zusammenarbeit die Forscher immer wieder auf den alten Pfad der geschichtlichen Erkenntnis leiten.«[205]

soziale Bedingtheit von Erkenntnis

Fleck versucht die vorherrschende Vorstellung vom Forscher*insubjekt in diesem Sinne zu verschieben und spricht neben erkennenden auch von kollektiven Subjekten. Infolgedessen widmet er sich der sozialen Bedingtheit jeden Erkennens.[206] Fleck geht von Wechselwirkungen zwischen Erkanntem und dem Erkennen aus, indem bereits Erkanntes die Art und Weise neuen Erkennens beeinflusse, erweitere und erneuere.[207] Diese Formen der Beeinflussung agieren, so meine These, im Zwischen, das ich als Wechselzone der Wirkungen verstehe. Zugleich zeigt Flecks Gedanke einer Differenzbildung zwischen *Erkennen* und *Erkanntem* einen Abstand an, der den von ihm beschriebenen Übergang zwischen beiden erst initiiert. Fleck bezeichnet Erkennen folglich nicht als individuellen Prozess, sondern als ein Ergebnis sozialer Tätigkeit, »da der jeweilige Erkenntnisbestand die einem Individuum gezogenen Grenzen überschreitet.«[208] Die Aussage »jemand erkennt etwas« sei weder vollständig noch sinnvoll, denn sie verlangt nach einem relationalen Zusatz: ein Erkennen *von* etwas in einem bestimmten Denkstil oder Denkkollektiv.[209]

dynamisch produktiver Wechsel im Denkkollektiv

Wechselwirkung

Fleck setzt damit den Fokus auf eine Relation im Geschehen, die sich durch einen Denkstil bzw. ein Denkkollektiv herausbildet und eine weitere Dimension des Zwischen öffnet. Das Denkkollektiv bezeichnet Fleck als »Gemeinschaft der Menschen, die im Gedankenaustausch oder in gedanklicher Wechselwirkung stehen«.[210] Er definiert das Denkkollektiv in einer beeindruckend klaren wie einfachen Formulierung:

Denkkollektiv

»Ein Denkkollektiv ist immer dann vorhanden, wenn zwei oder mehrere Menschen Gedanken austauschen.«[211] Denkkollektive entstehen insofern in der Summe ihrer Beteiligten. Diese treten in das Kollektiv mit ihrer Persönlichkeit ein, die Fleck in Anschluss an die Dynamik des Denkkollektivs als »Personifikation sehr vieler differenter

Augenblicks-persönlichkeiten

Augenblickspersönlichkeiten«[212] begreift. Diese dynamisch verstandenen Persönlichkeitsbildungen beziehe ich auf die bei Bernhard Waldenfels aufgezeigte Indirektheit und Variabilität von Gesprächspartnern, sodass mit Einsetzen des Gesprächs weder feststehe, wer man selbst ist, noch wer der *Andere* ist. Dies verweise im Sinne der psychoanalytischen Figur der Übertragung auf die Frage: »Wer spricht?«.[213]

Übergänge des Denkens

Wanderungen und Assoziationen

Die Annahme, von unterschiedlichen Denkstilen auszugehen, war der Grund, warum Fleck den Begriff des Denkkollektivs entwickelt hat und um im Anschluss an diese Überlegung, wissenschaftliche Arbeit als Kollektivarbeit zu behaupten.[214] Betrachte man die formale Seite des wissenschaftlichen Betriebes, so sei dessen soziale Struktur unverkennbar. Sozialität und Alterität ermöglichen demgemäß im Denken Sichtverschiebung, fortwährende Verwandlungen, *transitions*[215]: »Gedanken kreisen vom Individuum zum Individuum, jedesmal etwas umgeformt, denn andere Individuen knüpfen andere Assoziationen an sie an. [...] Nach einer Reihe solcher Wanderungen ist praktisch nichts mehr vom ursprünglichen Inhalt vorhanden.«[216]

Kollektivgedanke

Das, was weiter kreise, sei der Kollektivgedanke, der keinem einzelnen Individuum angehöre.[217] Diese radikale Negation einer Zugehörigkeit von Gedanken zu einzelnen Individuen hebt ein Zwischen von Individuen deutlich hervor. Ein kollektives Denken agiert möglicherweise trotz des erfolgten Übergangs vom Individuellen zum Kollektiven, als *wäre* es ein individuelles Denken, insofern wir gemäß einer »allmählichen Verfertigung der Gedanken im Reden«, wie Heinrich von Kleist uns lehrte, im Gedankenaustausch die Schärfung, Entschälung oder Bildung unseres individuellen Denkens erhoffen.[218]

soziales Zwischen

sozial initiiertes Wissen

Fleck betont vehement, dass die soziale Bedingtheit von Erkenntnis als eine produktive, epistemische Größe zu betrachten sei. Dies wirkt für mich ins eigene wissenschaftliche Arbeiten hinein, insofern eine soziale Bedingtheit nicht als eine »leider existierende menschliche Unzulänglichkeit«[219] anzusehen sei, sondern als ein grundlegend positives Moment in Erkenntnisprozessen. Fleck geht in seiner Position sogar soweit, dass er jede Erkenntnistheorie, die ein im Sozialen begründetes Wissen negiert, als Spielerei bezeichnet.[220] Die Theorie des Denkkollektivs ebnet damit den Weg für kollektive Forschungsarbeit und legitimiert indirekt auch die Einwirkung des Einzelnen in seine, oder ihre Forschung, die ebenso nicht länger als Unzulänglichkeit gelten kann. Auf den Aspekt der Involviertheit der Forschenden in ihre Forschung werde ich in der Reflexion meiner Forscherinrolle noch einmal eingehen. →\×

→\×
Reflexion Forscherinrolle
S. 162

Mit dem Denkkollektiv ist ein Überindividuelles, ein zwischen Individuen Entstehendes aufgerufen, das als ein *Zwischen* zwischen mir und Anderen, als ein *soziales Zwischen,* in die Überlegungen zur Bilderfahrung eintritt. Die Ebenen eines sozialen Zwischens übersteigen jedoch die im Denkkollektiv angezeigte Relation zwischen Gedanken von Individuen. Im Folgenden werde ich daher dieses in der Sozialität und Alterität begründete Zwischen weiter in den Blick nehmen. Die Relevanz dieser Perspektive deutet sich mit Verweis auf soziale Dimensionen der Bilderfahrung an. Denn ein soziales Zwischen, ein Zwischen, das sich in Alterität begründet, zeigt sich im Kontext von Bildern als relevantes Moment von Vermittlung und Pädagogik. Dies werde ich im Hauptteil umfassender erläutern →\≤ und stelle die Überlegungen nur für den Moment zurück, um zunächst weiter die Grundkonzeption einer Bilderfahrung *vom Zwischen aus* zu entwickeln.

zwischen Gedanken

M/mit

Als Verbindung, als Andeuten von Gleichzeitigkeit oder Gleichräumlichkeit, meist den Dativ anzeigend – mit Wem oder Was –, agiert das *Mit.* Demzufolge bringt das *Mit* ein Zwischen hervor, das sozial verstanden auf das Gemeinsame verweist. Fragen der Sozialität bilden für eine Bilderfahrung *vom Zwischen aus* eine Nahtstelle für Gemeinsames, Geteiltes und für ein mögliches Miteinander. Wie aber aus einer Geste des Additiven ein geteiltes Gemeinsames gebildet werden kann, will ich ausgehend von einer Befragung des *Mits* nachgehen.

Im Weiteren setzt das *Mit* als »mediale Zwischensphäre«[221] für die Bilderfahrung eine elementare, bildphänomenologisch fundierte Relation in Gang, die zwischen Sehereignis und Bildereignis ansetzt. Dies bildet die zweite Perspektive, die ich zum *Mit* aufzeigen möchte.

mit einem, der vorbeikommt[222]

> » Denn das ›Mit‹ ist das genaue Gleichzeitige seiner Termini, es ist in der Tat ihre Gleichzeitigkeit. ›Mit‹ ist geteilte Raum-Zeit, ist das Zur-selben-Zeit-am-selben-Ort, das als solches von sich selbst, in sich selbst, abgesondert ist. [...] Das ›Mit‹ deutet in keinem höheren Maße darauf hin, daß eine Situation gemeinsam geteilt wird, als wenn reine Exterioritäten nebeneinander stehen (eine Bank mit einem Baum mit einem Hund mit einem, der vorbeikommt).«[223]

nebeneinander

→\≤
vom Ich zum Wir in der Bilderfahrung – reflexive Übergänge?
S. 214

miteinander

Jean-Luc Nancys obiger Vergleich wirkt frappierend, da das *Mit*, das sich etwa in einer alltagssprachlichen Verstehensweise eines *Mit*einanders bisher als Konstruktion eines Gemeinsamen anfühlte, in einem eher additiven Nebeneinander seine kollektive Strahlkraft einbüßt. Wie überträgt sich diese Degradation des *Mits* auf Situationen, in denen wir vermeintlich etwas Miteinander tun? Wenn in Analogie zu Nancys Relation ›*Bank-Baum-Hund und einer, der vorbeikommt*‹, ›*Kunstwerk und Eine*r und ein*e Andere*r*‹ miteinander sind, so erscheint erstens die Frage nach Weisen, sowie zweitens nach dem Einsetzen eines Gemeinsamen als zentral, um das von Nancy aufgezeigte Nebeneinander zu übersteigen.

zwischen Mit*sein* und *Mit*sein

gleichzeitig

Sprechen wir davon, dass wir etwas miteinander tun, miteinander reflektieren oder miteinander betrachten, wäre dies im Sinne der einleitenden Gedanken Nancys zwar als ein gleichzeitiges Tun zu beschreiben, doch wäre jegliche Form des Gemeinsamen zunächst nur eine Annahme. Das Gemeinsame wäre vielleicht als Steigerung eines im *Mit* bloß Geteilten denkbar.

singulär plural sein

Was in Nancys Werk *singulär plural sein* in den Blick gerät, ist eine Befragung des Gemeinsamen. Nancy argumentiert dafür, dass zwar jeder Einzelne das Singuläre sei, doch da auch »jeder mit und unter allen anderen«[224] das Singuläre sei, das Singuläre nur als Plural gedacht werden könne. Es gebe daher folglich nicht *ein* Sein-mit-mehreren, sondern nur *mein* Sein-mit-mehreren, weshalb *meine* Singularität von einem Plural nicht trennbar sei.[225] Das *Mit*, welches mich an dieser Stelle interessiert, ist in einem *Mit-Sein* das bestimmende Glied meines Seins, so Nancy. Das heißt, in einem Mit-Sein bestimmt das *Mit* mein Sein, es macht mein Sein aus und kommt nicht nur hinzu.[226] Das Mit ist so gesehen keine bloße Präposition, sondern konstituiert das Mit-Sein.

Was heißt uns denken?

Ausgehend von dieser ontologischen Kategorie des Mit-Seins[227] entfaltet Nancy in einer Wechselrede mit Daniel Tyradellis die Frage *Was heißt uns denken?*[228] In Anschluss an Nancys Unterscheidung einer im *Mit* geteilten, nicht einer *gemeinsam* geteilten Gleichzeitigkeit, erscheint insbesondere Tyradellis Frage an Nancy nach dem Verhältnis von Pädagogik und Mit-Sein als entscheidende Blickachse für meine weiteren Überlegungen zur Bilderfahrung. So antwortet Nancy darauf wie folgt:

> » Sie sprachen vom ›Mitsein‹. Fügen wir hinzu: ›Mit-da-Sein‹, wir haben zusammen nicht nur ›da‹ zu sein, sondern, ›ein Da‹ zu bilden oder zu öffnen […]. Der ›Lehrer‹ und der ›Schüler‹ öffnen ein gemeinsames ›Da‹, einen ›Ort‹ oder eine ›Stätte‹ des Denkens, ein Schwingungsverhältnis, eine Frequenz. Und dieses ›Da‹ ist kein Mittel zum Zweck, sondern der Zweck selbst – ein ›Da‹, das eine Möglichkeit eröffnet zu ex-istieren [sic!].«[229]

Ein ›Da‹, mit dem angezeigt wird, dass sich ein Geteiltes allererst bilden muss, bestimmt ein gemeinsames Dazwischen als ein nicht Vorbestimmtes. Mit NANCY wird das oft so unbedachte und kaum hinterfragte Miteinander, komplex befragt. Das Miteinander eines Mits zu hinterfragen, halte ich für eine notwendige Verschiebung im Denken, insofern zu reflektieren wäre, wie sich etwa in einem *Miteinander*-Bilderfahren Gemeinsames konstituiert. nicht vorbestimmt

WALDENFELS hält es mit dem *Mit* anders als NANCY. Von den Phänomenen oder Gegenständen ausgehend wendet er das *Mit* als relevanten Aspekt des Zwischens noch weiter. So nimmt WALDENFELS in *Sozialität und Alterität* NANCYS Thesen aus *singulär plural sein* kritisch in den Blick: Verstehe man jedes Sein als ein Mit-Sein[230], wie NANCYS radikale Wendung eines ontologischen Mit-Seins es aus WALDENFELS Perspektive beabsichtige, so stehe man vor dem Problem, »wie man das Miteinander der Einzelnen vom Sein her denken will«.[231] Ein solches ontologisches Mit*sein* gehe auf die Kosten des *Mit*seins. Denn im »Mitfühlen, Mitleiden, Mittun, Mitreden, Mitdenken oder Mitspielen öffnen sich Horizonte, die unsere Mitwelt, unser Mitleben und Mitsein bestimmen.«[232] WALDENFELS ↕ NANCY

hin zum Gemeinsamen

Bei WALDENFELS wird das *Mit* zunächst in unterschiedliche Weisen aufgeschlüsselt: Er differenziert ein *partitives Mit,* welches eher seriell als Hinzukommen zu verstehen sei, von einem *kompositiven Mit.* Dieses entfalte »seine Bindekraft in allen nur möglichen Richtungen und Formen«[233] und steht für das Verbindende und Ähnliche. Ohne NANCY und WALDENFELS an dieser Stelle parallel zu führen, zeigt sich im *partitivem Mit* jedoch eine Analogie zum *additiven Mit* bei NANCY, insofern beide eher der Logik eines Nebeneinanders folgen. Das *kompositive Mit* weist sich hingegen mehr als relational aus, indem das Verbindende mit einer sich herausbildenden Beziehung einher gehe.[234] Bindekraft

Worin liegt aber der entscheidende Wendepunkt, der ein Gemeinsames konstituiert, das ein bloßes Hinzutreten übersteigt? Gemeinsamkeit, so WALDENFELS, entstehe durch das *mit Anderen*, nicht in einem additiven *Auch.*[235] Dies führe allerdings leicht auch zum erwähnten Trugschluss: »Das Denken des Sozialen neigt generell zu der Annahme, Gemeinsamkeiten entstehen aus dem Bezug auf ein und dasselbe [...].«[236] WALDENFELS führt die »Fremdheit des Pathos« an, von der aus plausibel werde, dass wir niemals von *demselben affiziert* sind noch auf *dasselbe antworten.*[237] Ein »miteinander betroffen sein« schließe die Fremdheit des Pathos nicht aus. mit Anderen

Widerfährt *uns* etwas, so trete dieses *Uns* erst im *Wir* einer gemeinsamen Antwort in Erscheinung, verdeutlicht WALDENFELS.[238] Am Beispiel einer gemeinsamen Bildbetrachtung müssten wir demgemäß nicht nur davon ausgehen, dass jeder von etwas anderem affiziert wird, sondern dass wir im gemeinsamen Antworten zu »Kor-respondenten«[239] werden, was nicht mit einem kompakten Kollektivsubjekt zu verwechseln sei. Vielmehr scheiden sich im Antworten eigene und fremde Anteile, sodass wir uns/wir Kor-respondenten uns darin unterscheiden, wie wir antworten. Bemerkenswert – insbesondere für die Frage gemeinsamer Bilderfahrungen – erscheint schließlich, das von WALDENFELS beschriebene *chiastische Mit* gemeinsamer Erfahrungssituationen, in denen »sich unsere beidseitigen Seh- und Hörfelder [überschneiden, SJ], so daß das, was in den Blick des Anderen fällt [...] von mir mitgesehen [...] wird.«[240]

chiastisches Mit

mit dem Bild

mediale Zwischensphäre

Während ich das *Mit* mit NANCY und WALDENFELS auf sozialer und leiblicher Ebene hinsichtlich der Konstitution eines Gemeinsamen diskutiert habe, weist das *Mit* in einer anderen Perspektive auf eine für die Bilderfahrung *vom Zwischen aus* entscheidende Denkweise hin: einem Sehen *mit* dem Bild. Als »mediale Zwischensphäre«[241] mittelt das *Mit* zwischen Sehereignis und Bildereignis.

im Schweife des Blicks

So geht WALDENFELS in seiner Rezeption des *Bildhaften Sehens bei Merleau-Ponty* ausgehend von der Frage, wo sich das Bild befinde, auf das Sehereignis in der Bilderfahrung ein. Er zitiert eine gar poetische Wendung MAURICE MERLEAU-PONTYS an das Bild: »ich betrachte es nicht, wie man ein Ding betrachtet, ich fixiere es nicht an seinem Ort, mein Blick schweift in ihm umher [...]. Ich sehe eher dem Bild gemäß oder mit ihm, als daß ich es sehe.«[242]

im Sehen

Das Bild vollziehe sich im Sehen, im leiblichen Vollzug des Sehens, folgert IRIS LANER aus eben demselben Zitat MERLEAU-PONTYS. Sie bezeichnet das Bild daran anschließend als *Horizont*, was nachdrücklich den Objektstatus des Bildes negiert. Bildlichkeit sei, in Rückbezug auf MERLEAU-PONTY, eine »Weise des Sehens oder der Erfahrung«.[243] Ein Denken des Sehereignisses *mit* dem Bild[244] weist auf eine Bilderfahrung hin, die im Zwischen des Seh- und Bildereignisses zirkuliert.

... gemäß dem Bilde, das *mir* widerfährt

Obwohl diese Perspektive auf das Mit von der sozialen und leiblichen abweicht, zeigt sich etwa in Bezug auf die Fremdheit des Pathos, dass ich zunächst nur gemäß dem Bilde, das *mir* widerfährt, sehen kann. Erst im gemeinsamen Antworten tritt das, was im *chiastischen Mit* (WALDENFELS) einer Erfahrungssituation mitgesehen wird, über in ein *Wir.* Weisen des gemeinsamen Antwortens fallen also in das Interesse von Überlegungen, wie wir gemeinsam Bilder erfahren. →\≤

ich und die Anderen

Die Figur der Differenz, der ich mich phänomenologisch sowie medienphilosophisch bereits zugewandt habe, zeigt im Denken von Sozialität und Alterität eine weitere Facette. ←\- Wenn Bilderfahrung bedeutet, dass *ich etwas als bildlich erfahre* und *mir etwas als bildlich widerfährt*, so weist die Differenz zwischen mir und dem Bildlichen

→\≤
miteinander Bildwerden erfahren
S. 215

←\-
Differenz
S. 39

eine Unterscheidung auf, die alteritätstheoretisch betrachtet das Bildliche als von mir dissoziiert ansieht. Zugleich ist das Bild mit mir relational assoziiert, da ich das Bildliche durch meine Bilderfahrung konstituiere.

ich ≠ Bild

Alterität gründet im Abstand zum *Anderen*, zu dessen Andersheit, ein Zwischen. Auf einer konzeptuellen, gar modellhaften Ebene, ließe sich Bilderfahrung als etwas, das sich zwischen mir und einem Bildlichen ereignet, beschreiben, wenn wir das Bildliche als *Anderen* in die Gleichung einsetzen. Dieser Gedanke versteht sich nicht als Extraktion der Bilderfahrung aus dem sinnlichen Erfahrungsgeschehen, sondern er soll dem Anliegen, die Bilderfahrung *vom Zwischen aus* zu denken, einen gangbaren Weg aufzeigen.

gegenseitiger Abstand

Sind Betrachter*in und Bild nicht identisch, weist jedes Bildliche eine Differenz gegenüber seinen Betrachter*innen auf. Dass ich nicht das Bildliche bin, eröffnet in einer Geste der Alterität einen gegenseitigen Abstand, der so etwas wie das Gewebe bildlicher Erfahrung webt. Greifbar wird dieses nur, indem wir den Blick in das Geschehen hineinholen. So formuliert Dieter Mersch, dass jedem Bild eine Beziehung zur Alterität innewohne, »wie es durch die responsive Struktur des Blickwechsels markiert ist.«[245] Mersch spricht daran anschließend von einer Blickspaltung, die sich im Blickwechsel zwischen Bild und Betrachter*innen manifestiert.

Wechselblick

Ohne an dieser Stelle auf die Figur des Blicks →\- allzu weit vorzugreifen, zeigt sich der *Wechselblick* →\- als wichtige Perspektive für eine Manifestation des Bildes *als Anderen.* Bernhard Waldenfels schreibt:

> » Im Gegensatz zur Ansicht, die eine Sache uns gewährt, setzt der fremde Anblick jemanden voraus, der mich meint, und nicht bloß etwas, das mich angeht. Lacan und nach ihm Didi-Huberman spielen mit dem Doppelsinn der französischen Wendung me regarde, die als ›blickt mich an‹, oder als ›geht mich an‹, verstanden werden kann. Dies verlockt dazu, dem Bild eine emphatische Form von Alterität zu unterschieben, als sei das Bild selbst eine Art Gesicht, *visage* [Hervorhebungen im Original].«[246]

von anderswoher

Was Waldenfels als *emphatische Form der Alterität* des Bildes aufzeigt, bündelt sich in Rückgriff auf Maurice Merleau-Ponty als ein »Blick von anderswoher«[247], wie Waldenfels kontextualisiert. Denn es bedeute anderswo zu beginnen, wenn ich auf etwas antworte, das mich angeht, oder anblickt.[248]

Eigenblick/ Fremdblick

Waldenfels versteht einen solchen fremden Blick als »Movens des eigenen Sehens, nicht als dessen Widerpart.«[249] Der Wechselblick sei daher als Verschränkung aus *Eigenblick* und *Fremdblick* zu verstehen, jedoch »ohne in einem Dritten zu konvergieren.«[250]

→\- Blick S. 72 →\- Wechselblick S. 73

Das *etwas als etwas im Bild sichtbar wird*, wie WALDENFELS die minimale Grundformel der Bilderfahrung <-\- bestimmt, bedeutet, dass beide *etwas* nicht identisch sind.[251] Alterität erscheint so als Bedingung einer signifikativen Differenz. <-\- Wie fungiert Alterität, die Andersheit eines Anderen, als Konzept, als Perspektive, als Denkweise *vom Zwischen aus?*

Alterität

gegenseitiges Mustern

Mit Verweis auf den Philosophen GEORG WILHELM FRIEDRICH HEGEL führt FRANÇOIS JULLIEN in *Der Weg zum Anderen*[252] Überlegungen zur Alterität aus. Im Kapitel zum *Abstand* <-\- habe ich bereits aufgezeigt, dass JULLIEN ein Denken vom Unterschied zu einem Denken des Abstands verschiebt. So sei es der Abstand, der einen Raum des gegenseitigen Musterns des Einen durch den *Anderen* eröffne.[253] Der Andere fungiert als Horizont, *durch* den oder *mit* dem etwas allererst für mich sichtbar, bemerkbar, ahnbar usw. wird. Denn erst im Spiegel des Anderen komme das Verdrängte, wovon wir uns abgewandt haben, oder auch das durch »aufdrängende Kohärenzen« Verschüttete, zum Vorschein.[254] Sedimentierte Selbstverständlichkeiten, die JULLIEN als »Knickstellen des Denkens« bezeichnet, könne man nur durch ein Außen und durch Konfrontation durchdringen, insofern die Figur der Andersheit ein Denken des Ungedachten bedinge.[255] Dies folgt der Strategie einer »Dekonstruktion von außen«[256].

Alterität

Andersheit sei aber nicht etwas, dass ich feststelle[257] oder dass gegeben ist, sondern in JULLIENS Augen etwas, das sich konstituiere.[258] Alterität zeigt sich damit auch als grundlegend relationale Figur, denn Andersheit artikuliert sich stets im Verhältnis. Sie eröffnet als Denkfigur betrachtet eine Sphäre, die Wege des Intersubjektiven wie des Kollektiven und des Gemeinsamen erneut aufgreifen und somit an die bereits aufgezeigten Ansätze zum *Denkkollektiv* <-\- und zum *Mit* <-\- anschließen. *Ich* und *der* oder *die Andere* seien Kontrastfiguren, sodass es Einzelne und Gemeinschaften »nur im Zuge eines doppelseitigen Prozesses gleichzeitiger Vereinzelung und Vergemeinschaftung«[259] gebe.

Relationen

Als Beziehungen, Zusammenhänge, Verhältnisse oder Verbindungen verstanden, bilden Relationen eine synaptische Matrix von Beziehungen. Ein Relationales agiert *vom Zwischen aus*. Dabei ist es möglich, dass unterschiedliche Relationen zugleich, nacheinander, übereinander, nebeneinander auftreten, was sich dann als netzartig zeigt. Relationen erscheinen als andere Weise des Zwischens, etwa im Vergleich zum Abstand oder der Differenz, insofern sie als Verbindungen ein Zwischen quasi *invertiert* besetzen. Den Figuren gemeinsam bleibt, dass sich durch sie etwas bildet.

<-\- Bilderfahrung **S. 38**

<-\- signifikative Differenz **S. 40**

<-\- Abstand **S. 43**

<-\- Denkkollektive **S. 56**

<-\- M/mit **S. 59**

Während ich bereits an den anderen Figuren einer Betrachtung *vom Zwischen aus* einige relationale Ebenen gezogen und ausgewiesen habe, verdichtet sich im übergreifenden Fokus auf Relationen noch einmal die Theoretisierung eines produktiven, dynamischen Gewebes der sie stiftenden Verbindungen. Diese rücken im Sinne einer Bilderfahrung soziale, alteritäre, mediale, ikonische sowie responsive Dimensionen in den Blick.

verbunden

Transindividuelle, das

In seinen Ausführungen zum Phänomen der Stimmung als etwas, das Beziehungen zwischen Menschen anhänge, plädiert Karl-Josef Pazzini für das *Transindividuelle:* »Es geht mir um die Mischung, die aus unbewussten Erfahrungen zwischen Menschen entsteht. Unbewusstes wird [...] als etwas [gedacht, SJ], das sich zwar im Austausch, im Verkehr der Individuen aktualisiert (Bildungen des Unbewussten), nicht aber ihnen jeweils zugehört.«[260] Pazzini eröffnet damit ein Zwischen, das der Illusion »individueller Existenzweisen«[261] ein relationales, unbewusstes Gefüge gegenüberstellt. So können wir »im Medialen, etwa einer Stimmung, verbunden [sein, SJ].«[262] Das Transindividuelle erscheint ausgehend von einem Sozialitäts- und Alteritätsdenken für eine Bilderfahrung *vom Zwischen aus* entscheidend, denn durch eine transindividuelle Perspektive entstehen Gedanken zu gemeinsamen Aktualisierungen von Bilderfahrungen oder auch transindividuellen Verwebungen *durch* Bilderfahrungen.

in image relations

Betrachter*in werden

»Was ein Bild ist, entscheidet sich in einer Relation«, schreibt Pazzini in *Bildung vor Bildern* und erläutert, dass irgendetwas ein individuelles Subjekt erst zum Betrachter oder zur Betrachterin machen müsse.[263] Insofern wohnt dieser Art der Relation eine Transformation inne, wie ich es bereits ähnlich im Kontext des Übergangs skizziert habe. ←\ -

Bild || Betrachter*in

Bilderfahrung betrifft dann die Relation zwischen Bildlichkeit und ihren Betrachter*innen. Sie zeigt sich in unterschiedlichen Dimensionen der Berührung und Verbindung, die unter anderem in der Imagination, im Affekt, in der Intuition, Assoziation, Empathie oder Irritation symptomatisch werden können. Die unterschiedlichen Perspektiven sind so verstanden grundlegend relational und verweisen auf eine Bilderfahrung *vom Zwischen aus.*

von Bild zu Bild zu Bild

Beziehungen von Bild zu Bild, wie etwa unter den Begriffen der Interpiktorialität, Serialität oder dem *hyperimage* (als Verlinkung von Bildern) nachgegangen wird[264], bilden eine weitere Relation *zwischen den Bildern selbst*. Dabei erscheint dieses ›*selbst*‹ als

←\ -
Noch-Nicht-Bild?
S. 46

visuelle Assoziation

Fiktion, denn die Relationen bestehen nicht einfach, sondern sie zeigen bzw. bilden sich für jemanden. Dieser jemand wird dabei gleichsam auch erst gebildet. Ich beziehe mich hierzu auf die von ANDREA SABISCH und MANUEL ZAHN im Kontext der visuellen Assoziation aufgezeigte *Subjektbildung*. So bilde sich das Subjekt allererst »in komplexer dynamischer Beziehung zu medialen Bildkonstellationen […].«[265] SABISCH und ZAHN begreifen die *visuelle Assoziation* demgemäß als »elementaren Prozess des Anschließens und des Trennens« und weisen diese Dynamik als eine sich aktualisierende aus.[266] Assoziieren sei folglich als »Zwischengeschehen in der Erfahrung«[267] zu begreifen, weshalb SABISCH und ZAHN die Verbform gebrauchen. Bildliches Assoziieren als Weise der Bildverknüpfung, Bildverkettung und Bildrelationen*bildung* betrifft daher ein bedeutsames Phänomen der Bilderfahrung, dem ich mich noch ausführlicher zuwenden werde. →\ ;

Resonanz

resonierend

Als Begriff und Denkfigur, auch häufig in seinen Visualisierungen, verweist *Resonanz* auf Frequenzen und Rhythmen, auf Widerhall, Nachklang und Echos. Von ästhetischen, wie sozialen Prozessen und Relationen ausgehend, zeigen sich Dynamiken, die zwischen Ansprache und Anspruch, Anerkennung und Beachtung *resonierend* agieren. Gehen wir von dezentrierten Subjekten aus, geraten eigene Verwobenheiten und die *Anderer* gemeinsam in Bewegung: *Wie* treten wir in Resonanz und erfahren diese? *Wodurch* werde ich oder werden wir in Schwingung versetzt, angeregt, angezogen oder auch abgestoßen, gestört und irritiert? *Worin* artikulieren sich Weisen des resonierenden Antwortens? Und *wie* verhalten sich die Konzepte ›Resonanz‹ und ›Responsivität‹ zueinander?

resonierendes Antworten

mit ROSA

Von BERNHARD WALDENFELS' Theorie der *Responsivität* aus zeigt sich der Resonanzbegriff[268] als eine anregende und zugleich auch anschlussfähige Perspektive. Ist von Resonanz die Rede, so meist im Zuge der umfassenden Theorie des Soziologen HARTMUT ROSAS, der darin eine Soziologie der Weltbeziehung darlegt.[269] Er widmet sich dem Gedanken, dass »sich die Verknüpfung leiblicher, affektiver und kognitiver Weltbeziehung […] als ein Prozess von Spiegelungen – oder besser: von Resonanzen – bezeichnen lässt«.[270] Verstehen, Denken, Lernen, Kommunizieren und Handeln werde insofern erst durch Resonanzverhältnisse oder Antwortbeziehungen möglich.[271] Damit knüpft der Resonanzbegriff an den Begriff der Relation an, wie ich folgend noch darlegen werde.

→\ ;
Bildantworten – diaikonische Übergänge und Assoziationen
S. 403

Resonanz ↕ Responsivität

Bereits sprachlich zeigt die Formulierung ROSAS eine Nähe zu WALDENFELS' Theorie der Responsivität[272] auf. Diese Nähe nimmt auch ROSA wahr und verweist auf die vor allem in der phänomenologischen Tradition entwickelte Vorstellung des Menschen als ein *resonanzfähiges* Wesen. Dieser Gedanke sowie die Vorstellung, »dass nicht Subjekte oder Objekte, sondern Relationen und dynamische Bezogenheiten das Ausgangsmaterial der Wirklichkeit bilden können«[273], habe das wissenschaftliche Interesse phänomenologischer und soziologischer Theorien gestiftet wie geerntet.[274] Insofern bekräftigt sich darin der Gedanke, Resonanz und Responsivität in ihrer jeweiligen Spezifik einander anzunähern. Zwar geht es mir keinesfalls darum, die Konzepte zu symmetrisieren, da ich vielmehr auf die Metaphorik der Resonanz[275] eingehen möchte, jedoch nicht ohne jene Bezüge beider Konzepte anzudeuten – auch und gerade weil sie Berührungspunkte aufweisen.

Response ≠ Resonanz?

Wie sich Response und Resonanz voneinander unterscheiden sowie sie sich einander ergänzen, greift WALDENFELS in seiner Publikation *Erfahrung, die zur Sprache drängt* explizit auf. Grundlegend äußert er sich skeptisch gegenüber der Tragfähigkeit des Resonanzkonzepts, insbesondere zu dem Versuch von ROSA. Dessen Ansatz erachtet WALDENFELS für höchst anschlussfähig, was er mit der »terminologischen Großzügigkeit« ROSAS begründet und wodurch das Konzept seiner Ansicht nach an Schärfe einbüße. Die Nähe beider Konzepte begründe sich in ihrer ähnlichen Metaphorik, sodass es so aussehen mag, als wären Response und Resonanz »ungefähr dasselbe«.[276]

Mitschwingen

WALDENFELS fragt aber kritisch, wie sich ein Antwortverhalten, das aus der Ferne komme, mit einem synchronen Mitschwingen von Resonanzkörpern verbinde.[277] Er sieht darin bereits eine Schwierigkeit, beiden Konzepten gerecht zu werden. Denn während das, was mich trifft und worauf ich antworte, anderswo beginne[278], in der Ferne, sieht WALDENFELS in der Dynamik von Resonanz entgegengesetzt eine Nähe. Das »Mitschwingen«, das in der Nähe möglich wird, erscheint problematisch für eine Theorie, die von einem leiblichen Selbst, einem Respondenten ausgeht. Nach WALDENFELS führe nämlich die Reduktion unserer Erfahrung auf bloße Resonanzwirkungen zur Auflösung des Respondenten. An dessen Stelle treten »Resonanzkörper oder Resonanzsysteme«, die WALDENFELS als »Resonatoren« bezeichnet.[279] »Dieser Selbstentzug, der das Lebendige auszeichnet, wird verwischt, wenn man das ›Antworten‹ gegen ein ›Reagieren‹ vertauscht und zwischenmenschliches Verhalten schlicht als wechselseitiges Feedback beschreibt [...].«[280] WALDENFELS geht auf ROSAS Adaption des Responsebegriffs ein, die »Responseresonanz«, in der zwei Körper aufeinander antworten.[281] WALDENFELS verdeutlicht, dass im Begriff der Antwort die gespürte Nähe beider Konzepte zum Tragen komme – ihre Deckung negiert er aber eindeutig.

verkörperte Antwort

Das insgesamt kontroverse Annäherungsbemühen WALDENFELS' an ROSAS Resonanzbegriff findet möglicherweise in einer von WALDENFELS gesetzten Differenz ihr vorläufiges Einvernehmen: »Resonanz ist verkörperte Antwort.«[282] Damit bestimme Resonanz »das Wie des Antwortens, nicht das Worauf«.[283] Response bedeute so verstanden mehr als Resonanz, was WALDENFELS in einer Analogie aufschlüsselt: Resonanz sei gegenüber der Response wie eine »Reduktion der fremden Stimme auf bloße Stimmung«.[284] Darin tritt das Motiv des Abstands erneut hervor, wie Waldenfels dies bereits mit der Ferne der Responsivität und der Nähe der Resonanz markiert hat. Die identifizierte Reduktion im Resonanzbegriff zeigt sich in Bezug auf Erfahrung daher als problematisch; wenn der Resonanzbegriff das Worauf des Antwortens nivelliert, klammert er die pathische Dimension auf eigenartige Weise aus. Übertragen auf Bilderfahrung, wäre das bloße Reagieren ein »als etwas«, was die diastatische Grunddynamik der Erfahrung entkoppeln würde. Fraglich für die Bilderfahrung wird dies, wenn ein Antworten auf Bilder nicht mehr als woanders beginnend, sondern verkürzt nur als Reaktion begriffen wird. So würde sich ein fataler Irrglaube für Bilderfahrungen konturieren, der die zwischenmenschlichen, zwischenleiblichen und ›*zwischenselbstlichen*‹ Ebenen der Erfahrung ausblendet.

Kontrastierung

Der Resonanzbegriff zeigt sich trotz – oder vielleicht auch gerade wegen – der hier ausgeführten Differenz gegenüber WALDENFELS' Konzept der Responsivität für eine Bilderfahrung *vom Zwischen aus* als relevante Figur. Erstens dient er als Kontrast, der verdeutlicht, welches Gewicht die leibliche Dimension der Erfahrung sowie das *Worauf des Antwortens* für das Geschehen der Bilderfahrung haben. Zweitens setzt der Begriff der Resonanz möglicherweise *in* der von WALDENFELS aufgezeigten Differenz als *verkörperte Antwort* und als *Wie des Antwortens* näher am Feld des Sichtbaren an, als die Response. Das werde ich im Folgenden am Begriff der Affizierung mit THIEMO BREYERS und STEFAN PFÄNDERS abweichender Lesart des Resonanzbegriffs erläutern. Die Chance des Resonanz-Konzepts könnte sein, ein bloßes Reagieren im Antwortgeschehen aufzugreifen, um das Reagieren als *Anderes* der responsiven Antwort zu betrachten. Die kontrastierende Perspektive zeigt auf, dass ein bloßes Reagieren dem Antwortgeschehen der Erfahrung nicht gerecht wird, worin ich mich an WALDENFELS Gedanken anschließe. Vielmehr veranlasst der Begriff des Reagierens (in der Resonanz) dazu, die diachrone Rhythmik der Erfahrung im Nachdenken über die Bilderfahrung immer wieder hineinzuholen, wo sie aus dem Blick fällt. Dies geschieht bspw. dann, wenn wir vorschnell versuchen, die Genese der Bilderfahrung als Reagieren auf Bilder zu verstehen.

antworten statt reagieren

affiziert werden

Affizierung

Resonanz wie auch Responsivität erscheinen vor dem Hintergrund ihrer Differenzen als Begriffe, die erst durch ein Denken des *Zwischens* sinnstiftend gedacht werden können. Während ich diesen Gedanken für die Responsivität bereits erläutert habe, trägt er im Kontext der Resonanz noch eine gewisse Skepsis mit sich, die sich in der Verkürzung der Resonanz als Reagieren artikuliert. Resonanz und Bilderfahrung zusammenzudenken, setzt aber auch an Momenten der Übertragung, Sozialität und Alterität sowie unterschiedlichsten Weisen der Affizierung ein, wie Thiemo Breyer und Stefan Pfänder in ihrer Reflexion über den Resonanzbegriff und dessen *emotive Bewegkraft* herausstellen: »Der Resonanzbegriff kommt auch dort zum Einsatz, wo Gefühle oder Gedanken von einer Person auf eine andere übertragen werden, wo entweder eine affektive Ansteckung ein Subjekt überkommt oder wo es sich aktiv auf ein Gegenüber einlässt, um mit diesem mitzuempfinden oder dessen Erlebnisse nachzuempfinden.«[285] An dieser Beschreibung kann man einen guten Eindruck der metaphorischen Strahlkraft des Resonanzbegriffs gewinnen, der in seinen Schwingungen so etwas wie den Transporteur der Übertragung spielt.

Im Kontext von Bilderfahrungen sehe ich in Breyers und Pfänders Argumentation einen wichtigen Anschluss für Fragen des Gemeinsamen, insofern mit der *Übertragung* wie mit jener der *Ansteckung* Figuren angesprochen sind, die ähnlich, wie ich bereits mit Verweis auf Karl-Josef Pazzinis Begriff des Transindividuellen herausgestellt habe, auf ein Verbindendes ausgerichtet sind. Genauer trifft es an dieser Stelle die Verbform ›verbinden‹, um zu betonen, dass es die Gemeinsamkeiten nicht bereits im Vorfeld gibt, sondern dass sich diese erst konstituieren. ←\- verbinden

Am Phänomen der Resonanz, wie Thiemo Breyer und Alexander Gerner in ihrem Beitrag über *Resonanz und Interaktion* erläutern, »lässt sich die wahrnehmungs- und handlungstheoretisch bedeutsame Frage nach Aktivität und Passivität, nach Autonomie und Fremdsteuerung des Subjekts anschaulich erörtern.«[286] Breyer und Gerner zeigen aus phänomenologischer Sicht auf, dass Resonanz eine Bewegung voraussetze, »die auf das Subjekt zukommt, seiner Reaktion also vorausgeht und es passiv affiziert. Um dann aber tatsächlich mitschwingen zu können, ist von Seiten des Angesprochenen eine Resonanzfähigkeit und ein wenn auch noch so minimales Gegenschwingen erforderlich, welches aktiv zu leisten ist.«[287] Offenkundig nivellieren Breyer und Gerner die bei Waldenfels so vehement aufgezeigte Differenz zwischen Ferne und Nähe, die für die Resonanz eine »passive Affizierung« aufzeigen. Dies ließe sich als alternativer Resonanzbegriff denken, der sich auf die emotive Bewegkraft der Resonanz bezieht oder dessen Differenz als Anlass nimmt, die Resonanz als spezifische Form der Response zu denken. Die Resonanz wäre dann passiv auf »fremde Anstöße oder Ansprüche« ausgerichtet, auf ein »Mitgehen, das fremde Bewegungsimpulse aufnimmt«.[288] resonanzfähig aktiv/passiv

Für die Bilderfahrung ist dieser gedankliche Aufriss auch auf einer anderen Ebene entscheidend, da er die Perspektive einer *agency des Bildlichen* →\≤ flankiert. Um dieser Diskussion nicht vorauszugreifen, belasse ich die Ausführungen an dieser Stelle soweit und deklariere sie als Aufschlag.

←\-
hin zum Gemeinsamen
S. 61

→\≤
Bei//spiel: ein sich einspiegelndes Bildwerden reflektieren
S. 187

Dialog

Der Begriff Dialog gehe auf das griechische Wort *diálogos* zurück und bedeutete zunächst Zwiegespräch[289], bis er dann seit dem 18. Jahrhundert allgemeiner als eine Unterredung oder ein Gespräch verstanden wurde.[290] Die ursprüngliche Bedeutung markiert, dass sich der Dialog nicht als Einheit, sondern in der Unterredung *zwischen* Personen hervorbringt. Während ich an dieser Stelle auf den Dialog als Figur des Zwischens eingehe, wird er im Verlauf meiner Annäherungen an Bilderfahrung in dieser Arbeit wesentlich und unter anderem auch methodologisch erläutert und entwickelt.

durch den Dia-log

wechselseitige Mitteilung

Der Dialog erscheint an die Rede gebunden. Ergänzend zu der eingangs angeführten etymologischen Wortherkunft bedeute Dialog im philosophischen Sprachgebrauch genauer »eine wechselseitige Mitteilung zwischen Personen, die zu einem interpersonalen ›Zwischen‹ [führt, SJ]«[291]. Die Sinnbildung im Rahmen dieser Wechselrede sei nicht auf die einzelnen rückführbar, sondern formuliere sich für alle Beteiligten gemeinsam. Insofern sei der Dialog »keine Abwechslung von Sprechakten [...], sondern ein in sich gegenläufiges Geschehen.«[292] In der Formulierung der »wechselseitigen Mitteilung« artikuliert sich zudem eine Varianz ihrer medialen Instanzen, insofern die Mitteilung auch visuell oder gestisch denkbar wird.

durch den Sinn

Das Wort ›Dialog‹ weist im Weiteren ein *Dia* aus, ein *Durch*, welches ich mit Bezug auf Dieter Mersch bereits aus medienphilosophischer Perspektive entfaltet und dem *Durch* eine entscheidende Rolle für die Bilderfahrung *vom Zwischen aus* zugewiesen habe. ←\- Der Dia*log* artikuliert sich durch den *lógos*, was ›durch das Wort‹ oder ›durch den Sinn‹ bedeutet. Als Antonym des Monologs weist sich der Dialog als das Gespräch mit *anderen* aus, sodass sich der Dialog *im Zwischen*, etwa zwischen mir und dir, entfaltet.

dialogisch reflexiver Abstand

Jullien

In seinem Buch *Es gibt keine kulturelle Identität* widmet sich François Jullien der Figur des Dialogs und verdeutlicht, wie er Dialog, Abstand und das *Dazwischen* zusammendenkt. Er zeigt ergänzend auf, dass ›dia‹ im Griechischen nicht nur ›durch‹ bedeute, sondern auch ›auseinander‹, was auf den Abstand verweise. Im aktivischen Zwischen des Dialogs, so führt Jullien aus, entstehe ein Raum, in dem sich die unterschiedlichen Positionen *aneinander* reflektieren können.[293] In Anbetracht der doppelten Bedeutung des *Dia* könnte ergänzend von einem wechselseitigen Reflektieren *durch*einander[294] gesprochen werden, was zugleich auf wechselnde Richtungen im Dialog hindeutet.

aneinander durcheinander

←\-
durch
S. 49

Das Gemeinsame sei paradoxerweise zugleich Bedingung und Ziel des Dialogs.[295] Bei dem Gemeinsamen handle es sich weder um die Resorption der Abstände noch um erzwungene Assimilation, »sondern um etwas, das durch die interne Spannung zwischen nun operierenden Abständen produziert wird.«[296] Insofern sei ein *Dia-log* umso reicher, »je mehr er Abstände ins Spiel bringt und die Konfrontation ermöglicht«.[297] Was als Idealvorstellung einer dynamischen Kommunikation erscheinen mag, ist von JULLIEN mehr als Antrieb gedacht, denn das Verständnis des Gemeinsamen belebe sich neu *durch* die sich ständig konfigurierenden Abstände.[298] Der Dialog lebe vom Abstand.[299]

das Gemeinsame

Der Dialog als *reflexiver Abstand* bringt die unterschiedlichen Positionen in einem in sich gegenläufigen Geschehen wechselseitig in Relation, sodass sich die Sinnbildung durch den Dialog in einer »Wir-Wirklichkeit des Dialogs«[300] artikuliere.

reflexiver Abstand

vom Zwischenreich des Dialogs zur Phänomenologie der Erfahrung

Der Dialog bildet nicht nur für ein Denken der Bilderfahrung *vom Zwischen aus* eine naheliegende Figur, sondern steht auch im Verhältnis zur pathisch-responsiven Erfahrung bei BERNHARD WALDENFELS. Seine Habilitationsschrift *Das Zwischenreich des Dialogs* indiziert, dass seiner *Phänomenologie der Erfahrung* eine intensive Beschäftigung mit dem Dialogischen vorausgeht. In Anschluss an die Figuren Pathos und Response bildet der Dialog eine ähnliche Rhythmik aus Rede und Gegenrede. Dieser Bezug ist nicht als Gleichsetzung, sondern mehr als Vergleich gedacht, doch es werden bereits in der 1971 erschienenen Habilitationsschrift Analogien deutlich:

WALDENFELS

> »Entscheidend ist nun, daß sowohl Rede und Gegenrede in ihrer Abfolge wie Anreden und Zuhören in ihrer Gleichzeitigkeit sich nur aus der inneren Zuordnung zu einem Gesamtgeschehen verstehen lassen. Frage und Antwort vereinigen sich zu einer gegenläufigen Doppelbewegung, einer Bewegung, die vom Fragenden ausgeht und in der Entgegennahme der Antwort ans Ziel kommt, und einer Gegenbewegung, die vom Zuhören ausgeht und sich im Erteilen der Antwort erfüllt. Subjekt dieser Bewegung ist ein ›Doppelich‹. Dabei sind Bewegung und Gegenbewegung von Anfang an durch jenes Ziel geprägt; der entscheidende Augenblick aber, der die Erfüllung der beiderseitigen Intentionen einleitet, ist der Übergang von der fragenden Hinwendung des einen zur antwortenden Rückwendung des andern.«[301]

So ähnelt die »gegenläufige Doppelbewegung« bereits sprachlich einer »diachronen Rhythmik der Erfahrung«[302] oder dem Doppelereignis der Erfahrung[303]. Auch inhaltlich tritt die Diachronie in der oben beschriebenen Bewegung hervor und deutet auf die »gleichzeitige Ungleichzeitigkeit zweier Ereignisse« hin, wie sie WALDENFELS in seinen späteren Schriften im Kontext der Erfahrung ausführt.[304]

Doppelbewegung/ Doppelereignis

vom Zwischen der Ereignisse

Als entscheidender Übergang deutet sich auch WALDENFELS' Sensibilität für das *Zwischen der Ereignisse* an. In der späteren Figur der *Diastase* als Bruch im Erfahrungsgeschehen, beschreibt WALDENFELS »die Gestaltungskraft der Erfahrung, die etwas oder jemanden entstehen läßt, indem sie auseinandertritt, sich zerteilt, zerspringt.«[305]

Bereits im *Zwischenreich des Dialogs* geht WALDENFELS ähnlich davon aus, dass dialogischem Verhalten »ein Moment der Zeugung« innewohne.[306] »[W]ir schaffen und erleben nicht nur Gemeinsames, sondern regen einander zu einem bestimmten Schaffen und Erleben an, indem wir ein Interesse im Anderen wecken und wachhalten.«[307] Das Zwischen sei als »Differenzierungsprozeß zu verstehen, in dem das, was unterschieden wird, erst entsteht«[308]. Dies greift den Moment einer Zeugung auf und konturiert auf sozialer Ebene die von WALDENFELS grundlegend angezeigte *Bildung eines Wirs*, etwa im gemeinsamen Antworten, das ein vorausgehendes *Wir* negiert.[309]

Dialog ↓ Erfahrung ↑ Dialog

Während ich bei WALDENFELS eine unter anderem vom Dialogischen ausgehende Entwicklung seiner Phänomenologie der Erfahrung annehme, ziehe ich ausgehend von WALDENFELS Phänomenologie der Erfahrung wieder die Fäden zum Dialogischen, um dieses als relevante Figur und zugleich in ihren Grundzügen mit einem phänomenologischen Erfahrungsbegriff verwobene Figur für eine Bilderfahrung vom Zwischen aus darzulegen.

Blick

Im Abschnitt *ich und die Anderen* habe ich die Figur des Blicks bereits angeschnitten und den Wechselblick als Manifestation des Bildes *als Anderen* diskutiert. ←\- Unter Eigenblick und Fremdblick, die im Wechselblick aber nicht in einem Dritten konvergieren[310], habe ich den fremden Blick, mit Verweis auf WALDENFELS, als »Movens des eigenen Sehens«[311] angeführt. ←\-

Blickzwischen

Den Blick als Zwischen einer Bilderfahrung zu verstehen, verweist auf den wechselseitigen Übergang, eine Passage des Blickwechsels zwischen Blick und Anblick. Diese werden zu Polen eines *Blickzwischens*, das zwischen Betrachtenden und einem Bildlichen oszilliert, in einer Sphäre der Bilderfahrung. →\≥ So erfordere eine Bildtheorie, die vom Blick ausgehe, eine Untersuchung dieses spezifischen Blickwechsels zwischen Bild und Betrachter*innen.[312]

Diesem Blickwechsel will ich mich intensiv widmen, sodass die Hinwendung zur Figur des Blicks als Konturierung des mit dem Blick hervorgebrachten Moments des *Zwischens* operiert. Dies werde ich folgend weiter ausführen und ergänzend eine Verknüpfung zum medialen ›durch‹ des Blicks herleiten und mit einer bildanthropologischen Perspektive unterfüttern, die das Zwischen des Blicks explizit aufgreift und vertieft.

←\- ich und die Anderen **S. 62**

←\- ich ≠ Bild **S. 63**

→\≥ Blickzwischen – zu einer Figur der verdeckten Entfaltung **S. 252**

Wechselblick

Was wir sehen, blickt uns an heißt eine der bekanntesten Schriften des französischen Kunsthistorikers und Philosophen GEORGES DIDI-HUBERMAN, der sich darin einer Metapsychologie des Bildes zuwendet. Die Formulierung ›Was wir sehen, blickt uns an‹ fordert dazu auf, sie in zwei Teilen, einem Verhältnis, einer Relation zu lesen:

Metapsychologie des Bildes

WAS WIR SEHEN ———————————— BLICKT UNS AN.

Vereinfacht formuliert stehen sich zwei Geschehnisse gegenüber: *sehen* und *anblicken*. Beides erfolgt, auch wenn der Satz nur ein Nacheinander zulässt, anscheinend nicht nacheinander und auch nicht gleichzeitig, sondern in einer eigentümlichen Weise gegen und miteinander verschränkt:

WAS WIR SEHEN ∞ BLICKT UNS AN.

DIDI-HUBERMAN nimmt im Sinne dieser Verschränkung ein dialektisches Verhältnis zwischen sehen und anblicken an: »Was wir sehen, gewinnt in unseren Augen Leben und Bedeutung nur durch das, was uns anblickt, uns betrifft. Dennoch ist die Spaltung, die in uns das, was wir sehen, von dem trennt, was uns anblickt, unausweichlich.«[313] In diesem Sinne gehe es nicht darum, zwischen dem, was wir sehen, und dem, was uns anblickt zu wählen, sondern beides dialektisch zu betrachten. Dies sei der Moment, da das, was wir sehen, beginnt, von dem, was uns anblickt, getroffen zu werden, der Moment, indem sich eine Höhlung auftut, die dadurch entstehe, dass das was wir sehen, uns anblickt.[314]

Spaltung des Blicks

INSA HÄRTEL und KARL-JOSEF PAZZINI pointieren dieses Getroffen-Sein in ihrer Publikation *Blickfänger* zu GERHARD RICHTERS *Betty* mit Verweis auf JACQUES LACAN treffend: »Es trifft etwas, das die, die davon getroffen sind, etwas angeht.«[315] →\;

Damit verweisen auch HÄRTEL und PAZZINI auf die in diesem Geschehen aufscheinende Dialektik, die ich eben mit DIDI-HUBERMAN schon angeführt habe. Vielleicht ließe sich dieses Getroffensein leichter verstehen, wenn wir HÄRTELS und PAZZINIS Beschreibung versuchen zu invertieren: Diejenigen, die nicht getroffen werden, geht daran nichts an. Denn in dieser Verneinung wird deutlich, dass der Blick von außen mich auch verfehlen kann, mehr noch, dass dieser Blick von außen erst durch mich konstituiert wird.

WALDENFELS spricht von einer Figur des *antwortenden Sehens:* So sei der Blick einem fremden Anblick ausgesetzt, der sogleich einen Anspruch erhebt. »Was unseren Blick beunruhigt, ist nicht etwas, das wir nach Belieben sehen können, sondern etwas, das uns zu sehen gibt.«[316] WALDENFELS verweist infolgedessen auf ein dialogisches Geschehen – innerhalb seiner phänomenologischen Theorie genauer als responsives, also antwortendes Geschehen zu bezeichnen. So sei es der Anspruch, auf den

antwortendes Sehen

→\;
Begehren und Belieben – Konturen einer bildreflexiven Annäherung
S. 400

wir antworten, in dem uns der fremde Blick trifft. Der fremde Blick, so verstehe ich WALDENFELS an dieser Stelle, kann als Blick aus dem Bild gelesen werden. Selbst Wegsehen oder Übersehen seien daher auch Formen des Antwortens: »Im antwortenden Sehen verkörpert sich ein Blick, der hier stattfindet, indem er anderswo beginnt, der also nie völlig an einem Platz ist.«[317]

Blick – Anblick
Sehen – Blicken

Die verschiedenen Positionen zur Figur des Blicks eint der Gedanke des Wechselblicks, doch sie trennt dessen Formulierung: Während WALDENFELS von einem Blick und Anblick bzw. fremden Blick ausgeht, sprechen PAZZINI und HÄRTEL wie auch DIDI-HUBERMAN in Rekurs auf LACAN von einer Trennung zwischen Sehen und Blicken. So grenzt LACAN im Sehen den Blick aus und verortet ihn im Außen des Subjekts. Er schreibt dem Blick in diesem Zuge zwei Funktionen zu: einerseits das Sichtbar-werden-Lassen des Subjekts und andererseits der Blick als Instrument, das die Verkörperung des Lichts zum Sichtbaren ermögliche.[318]

LACAN

der Blick
von außen

WALDENFELS kennzeichnet den Blick zwar auch als vom Bild ausgehend, verortet ihn jedoch beim Subjekt und bezeichnet diesen Blick als Anblick, der meinen Blick von außen trifft: »Der Blick ins Bild ist immer schon ein Blick, der vom Bild ausgeht, gleichwohl ist er ein Blick ins Bild. Er ist ein beunruhigter Blick […], ein Blick, der anderswo beginnt.«[319]

An-blick

Sehereignis

Daher bedeutet aus Sicht der Erfahrung *An-blick*, »daß etwas ankommt, auf uns zukommt. Anblick als Ankunft ist ein Sehereignis, das uns Sehende berührt, trifft, affiziert.«[320] Als Sehereignis sei der Blick nicht mit einem »subjektiven Sehakt« zu verwechseln. Denn sofern der Blick »durch das Bild zu uns dringt, ist abermals zu unterscheiden zwischen dem sehenden Bild, das uns anblickt, und dem gesehenen Bild, das wir unsererseits sehen.«[321] Diese Verschiebung oder Relation kennzeichne sich als eine pathisch-responsive. Somit verweist WALDENFELS auf eine zweite Ebene des Wechselblicks, nicht nur zwischen Blick und Anblick, sondern auch einem, der vergangene Blickgeschehen betreffe: »Das Bild, das wir vor uns sehen, bewahrt in sich die Spuren eines vergangenen Blickgeschehens, das niemals völlig gegenwärtig ist und war.«[322]

vergangene
Blickgeschehen

durch den Blick

zwischen ›hier‹
und ›dort‹

Die aus bildanthropologischer Perspektive vorausgesetzte Verschwisterung des Bildes mit seinem den Entstehungsort des Bildes erzeugenden Subjekt, wie sie von HANS BELTING vertreten wird, zählt zu den Positionen, die Bildlichkeit als performatives Geschehen denken. Denn es sei der Blick, so BELTING, der »die Bilder im Intervall zwischen ›hier‹ und ›dort‹«[323] erzeuge, zwischen dem blickenden Körper und einem Trägermedium. BELTING beschreibt somit ein *Werden der Bilder*, indem sich diese *durch* den Blick hervorbringen. Er eröffnet mit der sprachlichen Wendung des *hier und dort* eine zeit-räumliche Dimension von Bildlichkeit. Als räumliches Hin und Her wird eine Distanz beschrieben, die zeitlich betrachtet eine Dauer impliziert, die jene Distanz von hier nach dort durchzieht. Auch mit der Figur des Intervalls wird dieses zeit-räumliche Gefüge betont und dessen Verlauf hervorgehoben. Wenn nicht nur *durch* den Blick, sondern auch *durch* die Dauer des Blicks Bildlichkeit entsteht, kann bei Belting von einer zeitlichen und medialen Konstitution des Bildlichen gesprochen werden.

zeitliche/mediale Konstitution

korrespondieren

Die Beziehung zwischen Bildlichem und dessen Betrachter*innen stiftet sich auch dadurch, dass beide miteinander korrespondieren: Denn indem sich das Bildliche nur in Abhängigkeit, oder sagen wir in Relation, mit jemanden ereignet und beide aber voneinander als different betrachtet werden, entsteht eine Wechselbeziehung zwischen beiden. Eine ikonische Spezifik des *Wechselblicks,* wie ich bereits aufgezeigt habe, artikuliert sich entsprechend in einer eigenen Kongruenz und Differenz von einem Bildlichen und dessen Betrachter*innen.

Zeit

konstituierende Zeitlichkeit

Die Art von Zeitlichkeit, die ich innerhalb eines Erfahrens von Bildlichkeit begründet sehe und auf die ich eingehen werde, ist nicht eine messbare durch technische Apparaturen objektivierte Art von Zeitlichkeit. Vielmehr betrachte ich ein an den Konstitutionen des Bildlichen ansetzendes, zeitliches *Bildwerden* sowie eine das Erfahrungsgeschehen grundierende und originäre Zeitlichkeit von Erfahrung. Zudem bildet die zeitliche *Distanz* ein Zwischen, das vergangene und aktuelle Bilderfahrungen ins Verhältnis setzt. Die Distanz, auch als Dauer zu denken, legitimiere Bildlichkeit als zeitlichen Prozess zu begreifen. Emmanuel Alloa stellt damit heraus, dass Bildlichkeit als zeitlicher Prozess »keine extensive, sondern eine intensive Größe« sei, worin sich die Wesensfrage der Bildlichkeit als Zeitfrage artikuliere.[324]

zeitlich durchzogen

durch Zeit erscheinen

Wie bereits im Zuge des Kapitels zur *Erfahrung* erläutert, stellen Bernhard Waldenfels und Regula Giuliani heraus, dass die Zeit das Erfahrungsgeschehen an sich durchzieht, indem alles seinen Auftritt und Abtritt hat. »[Die Zeit] erscheint beiläufig, indem sie erscheinen lässt.«[325] Wir erfahren Zeit in diesem Sinne als notwendige Bedingung der Erfahrung, als deren Ordnungsmoment, die ein Nacheinander und ein Zugleich konstituiert. Iris Laner stellt in ihrem Buch *Revision der Zeitlichkeit* eine bemerkenswerte Durchdringung der Zeitlichkeit von Bilderfahrungen heraus, an die ich anschließen möchte. Mit Bezug auf Edmund Husserl führt sie das Bild als »temporal in sich hybride Gegenstandsform« ein, da sich Bilderfahrung nicht nur durch gegenwärtige, sondern auch vergegenwärtigende Momente der Wahrnehmung und Imagination auszeichne.[326]

hybrid

Modifikation

Wenn Bilder einfallen[327], einbrechen, uns verfolgen, nicht loslassen, überkommen, sich assoziativ aufdrängen und sich zwischen Dominanz und Prägnanz in der Einbildungskraft ereignen, könnte dies als Ausdruck zeitlicher Hybridität begriffen werden. ANDREA SABISCH findet für diese vage Hybridität eine Formulierung, die das Geschehen greifbarer beschreibt: »Jede Bilderfahrung ist eine Modifikation vorgängiger Bilderfahrungen und zugleich eine potenzielle Grundierung für künftige.«[328] Darin artikuliert sich ein Zwischen, welches nur mit einer zeitlichen Grundierung der Bilderfahrung denkbar wird und uns die zeitliche Verwobenheit der Bilderfahrung vor Augen führt.

Potentialität

von synaptisch bis sedimentiert

synaptische Präsenzen

Mich interessiert daran anschließend der Gedanke *von* und die damit aufkeimende Frage *nach* Möglichkeiten, eines sich immer wieder neu, immer weiter verflechtenden und zerfallenden Erfahrungsnetzes im Kontext von Bildlichkeit. Denn auch WALDENFELS verdeutlicht, dass es möglich sei, gemachte Erfahrungen zu überdenken.[329] Dieses Rückbeugen auf vergangene Erfahrungen verstehe ich als Modus der Reflexion von Erfahrung. Erfahrung müsste sich dafür zumindest in einer fragil ephemeren Präsenz aktualisieren, etwa durch Erinnerung. Erst dann wäre ein Überdenken logisch begründbar.

sedimentierte Bilderfahrung

Diese aktualisierten Präsenzen, als Modifikationen von Erfahrung, würden in Verweis auf SABISCH und LANER jene hybride Struktur aufweisen, die durch eine aktive, aktuelle Erfahrung zusammenspringt aus so etwas wie Sedimenten von Erfahrungen im Bewusstsein. Wie können solche Sedimente einer Bilderfahrung gedacht und vorstellbar werden? Sedimentierte, vergangene Bilderfahrung wäre ein Relikt vergangener Erfahrung *in* einer vergegenwärtigten Erfahrung. Als ein bloßer Bestand verstanden würden diese Sedimente aber entgegen einer Grunddynamik von Erfahrung, wie ich sie phänomenologisch mit WALDENFELS hier verstehe, eine problematische Ansammlung an Erfahrungen zum Ausdruck bringen. Hingegen wären sie als eine *Ordnung in actu* mit WALDENFELS Position vereinbar, sodass man von Erfahrung als oszillierendes Konglomerat sprechen könnte, das sich sprunghaft, einfallend, ephemer, aktiv und performativ verhält. ←\-

ikonisches Erinnern, Ikonisches erinnern

Vergangenes

Vergangenes, so WALDENFELS, werde in medial zu verarbeitende Daten verwandelt.[330] Vor allem ein durch die eigene Vorstellungskraft erzeugtes Imaginieren, gewollt oder entmächtigend, bringt ein solches Vergangenes hervor. Es können eine Reihe an Bildpraktiken benannt werden, die Vergangenes durch ein Bildliches präsent werden lassen. So werden Bilder oft als Relikte von Vergangenem angesehen oder fungieren als

←\-
Ordnung in actu
S. 35

Trigger in ein zeitliches *Zurück*. Dieses Zurück ist jedoch nicht als Wiederholung zu begreifen, sondern als Aktualisierung.

Die Vergangenheit erscheine in der Erinnerung als Bild und bedeute, bereits gewesene Wirklichkeit in der Gegenwart zu betrachten.[331] Wir erfahren darin einen zeitlichen Sprung vom *Jetzt* in ein *Nicht-Jetzt,* das wir versuchen im *Jetzt* wieder präsent werden zu lassen. Denn durch Erinnerung sei es möglich, die im Gedächtnis gespeicherten Bilder wieder zu aktivieren, so Hans Belting.[332] Doch dieses aus bildanthropologischer Perspektive von Belting beschriebene Aktivieren ist von Unverfügbarkeit annähernd durchtränkt. Denn die ›Bildaufrufung‹ kann nicht als statische oder singuläre betrachtet werden, sondern als immer wieder neue Herausbildung, was ich zuvor mit Rekurs auf Sabisch als eine Modifikation der Erfahrung bezeichnet habe.

gewesene Wirklichkeit

Waldenfels beschreibt ergänzend eine zeitliche Struktur der *Bildwirkung*, die sich als ein Wirken *durch* die Wahrnehmung des Bildlichen verstehen lässt: »Die Bildwirkung tritt nicht neben die Bildwahrnehmung, sie folgt ihr auch nicht nach, vielmehr rumort sie in ihr als eine permanente Beunruhigung.«[333] Waldenfels versucht damit möglicherweise den Konflikt einer zeitlichen Re-Präsentation der Bilderfahrung auf eine andere Ebene zu verlagern. Als permanentes Rumoren ragt die Bildwirkung in die Wahrnehmung hinein und durchwebt diese zeitlich betrachtet. Die permanente Beunruhigung verweist zudem auf die oben bereits mit Sabisch beschriebene Potentialität in der Bilderfahrung, die durch ein *zeitliches Zwischen* erst entsteht, insofern eine zeitlich betrachtet nach vorne gerichtete Potentialität nur im Kontinuum Zeit existiert bzw. dieses bereits *in sich* ausweist. Eine Potentialität ohne Zeitlichkeit würde sich jeglicher Sinnhaftigkeit entziehen.

zeitliche Struktur der Bildwirkung

vom Ereignen der Bilder

Auch Ludger Schwarte entwickelt in seinem Aufsatz *Fulgurationen. Zur Bildlichkeit der Zeit* eine beeindruckende philosophische Sicht auf die Beziehung zwischen Bildlichkeit und Zeitlichkeit. Unter *Bild-Emergenz* führt er mit Bezug auf den Kunsthistoriker und Philosophen Edgar Wind die Idee aus, Bildern eine andere als eine lineare Zeitanschauung zu unterstellen: eine konfigurale. Eine konfigurale Zeitlichkeit der Bilder bedeute, das *Jetzt* nicht als »zeitlich ausdehnungslose Schicht« zu betrachten, nicht mehr als »Punkt in einer Kette, sondern als Streuung von Ereignissen in einem ›Spielraum‹.«[334] Die im Begriff des ›Spielraums‹ aufscheinende Virtualität bzw. Potentialität verweist auf das Spiel *zwischen* Sichtbarem und Unsichtbarem, zwischen dem was sich bildlich ereignet und dem, was verborgen bleibt. Andere Bildereignisse blieben unsichtbar, beschreibt Schwarte, sodass Bilder vor dem Hintergrund dieser Dynamik, »Prozesse fortwährender Verkörperung« seien, die er als Emergenz bezeichnet.[335]

konfigurale Zeitlichkeit

Schwarte verdeutlicht schließlich am Begriff der »Fulguration«[336], die er als blitzartige Manifestation und plötzlichen Einschlag einer anderen Wirklichkeit be-

Fulgurationen

schreibt, den ephemeren Charakter der Bilder in der Betrachtung und damit auch in ihrem Ereignen.[337] Indem SCHWARTE Bilder als Fulgurationen versteht, negiert er, dass sie sich allein durch unser Sehen generieren und folgert, dass Bilder uns vielmehr entgegentreten.[338] Dies positioniert das Bildliche dann in einer paradoxalen Verschiebung als Agens der Bilderfahrung und verweist unweigerlich auf Ansätze zu einer *agency der Bilder*. Unter Formulierungen wie *agency der Bilder* →\≤ wird über eine Handlungsmacht der Bilder diskutiert, inwiefern Bilder selbst zum Akteur oder Aktanten werden, das wiederum die Frage nach ihrer Lebendigkeit und Formen eines Animismus stellt. Unter anderem HORST BREDEKAMPS intensive Überlegungen zum »Bildakt«, (2010, überarbeitet 2015) und auch SYBILLE KRÄMERS Ansätze zum »Blickakt« (2011), greifen dies auf.[339]

agency der Bilder

implizit

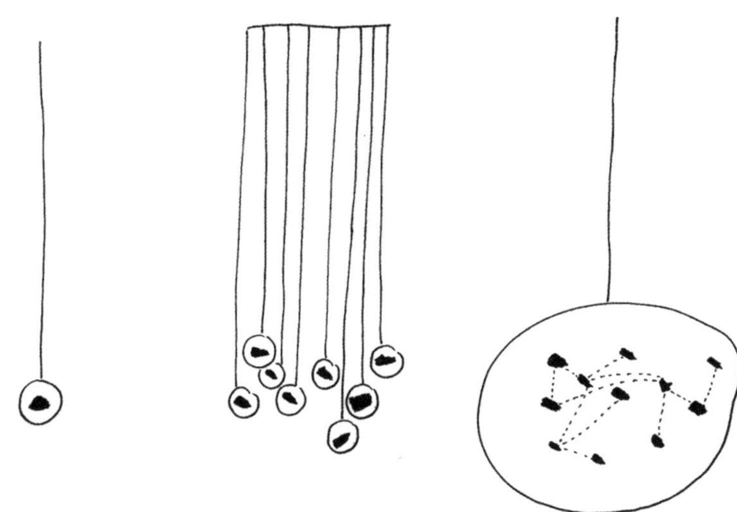

4

synästhetisch

Dominanz des Sehsinns

In den multisensorischen Ebenen von Bilderfahrungen ragt die visuelle Erfahrung meist empor. Eine Dominanz des Sehsinns, die sich in einer Artikulation des Bildlichen *im* Visuellen begründen ließe, spiegelt sich in vielen Bildtheorien wider, die sich

→\≤
Bei//spiel: ein sich einspiegelndes Bildwerden reflektieren
S. 187

auf den Sehsinn konzentrieren. Insbesondere die Verquickung zwischen bild- und blicktheoretischen Positionen erscheint als eine verbreitete wie bedeutsame Argumentationslogik in der Bildtheorie.[340]

Querverbindungen der Sinne

Das Bild, so stellt JEAN-LUC NANCY heraus, sei aber tatsächlich nicht nur visuell »es kann ebenso musikalisch, poetisch oder haptisch sein, es kann gerochen oder geschmeckt, kinästhetisch wahrgenommen werden usw.«[341] Damit sind, wie WALDENFELS beschreibt, »Querverbindungen der Sinne«[342] angesprochen, die eine weitere Perspektive einer Bilderfahrung *vom Zwischen aus* aufzeigen. Die Synästhesie, die wörtlich Mitwahrnehmung oder Mitempfinden bedeute[343], bietet jenen in der Erfahrung zusammenwirkenden Sinnlichkeiten ein theoretisches Konzept, durch welches ein bloßes Miteinander überstiegen wird, um sich einem so entstehenden *Zwischen* in der Sinneswahrnehmung zuzuwenden.[344]

Synästhesie und Synergie

Bildsinne

Die *Bildsinne* in den Blick zu nehmen, um plurale, multisensorisch-ikonische Erfahrung zu reflektieren, berührt jenes Konzept der Synästhesie, das sich phänomenologisch betrachtet als gar mystisch beschreiben ließe. Denn die Vielfalt der Sinne, so WALDENFELS, stelle uns vor das Rätsel der Synästhesie.[345] So sei der Zusammenschluss unterschiedlicher sinnlicher Qualitäten in einer »einheitlichen Erfahrung« ein bemerkenswertes wie fragwürdiges Geschehen.[346] Ausgehend von einer leiblichen Gesamterfahrung, die sich durch eine »Differenzierung in spezifische Sinnessphären« zerteilen könne, unterscheidet WALDENFELS zwischen einer *Synästhesie* im engeren und einer *Synergie* im weiteren Sinne.[347]

ko-modale Wahrnehmung

Während letztere eine »ko-modale Wahrnehmung« darstelle, »so daß wir etwas sehen und es gleichzeitig hören oder schmecken«, zeige sich die Synästhesie als »heteromodale Wahrnehmung«, bei der bspw. »Farben einen bestimmten Klang, Klänge eine bestimmte Farbe annehmen.«[348] Die Sinnessphären erscheinen demgemäß in der heteromodalen Wahrnehmung als miteinander assoziiert. Ist allgemeinhin die Rede davon, dass *etwas etwas annimmt*, so verbinden wir damit eine besondere Transformation, bei der das, was sich transformiert, als dieses erkennbar bleibt, sodass wir das Geschehen der *Annahme* nachvollziehen können. Nehmen Farben einen bestimmten Klang an oder Klänge eine bestimmte Farbe, wie uns WALDENFELS in seinem Beispiel vorschlägt, dann müsste die Heteromodalität des Geschehens einen Spalt bilden, der den Nachvollzug offenbart.

heteromodale Wahrnehmung

transversal

Auf Seiten des Leibes entspreche die Synästhesie einer Synergie, was mit der Einheit der Erfahrung einhergehe. In Bezug auf MAURICE MERLEAU-PONTY zeigt WALDENFELS dazu auf, dass die Einigung der Sinne nicht vertikal, sondern transversal verlaufe.[349] Das bedeutet, dass der Leib als »synergetisches System« agiere, in dem sich die Sinne *ineinander* übersetzen, wie MERLEAU-PONTY beschreibt.[350]

ineinander

von Koaffektion bis Diästhesie

Wie die Sinne synästhetisch zusammenspielen, lässt sich an weiteren Figuren WALDENFELS' differenzieren und spezifizieren, die sich in ihren Weisen des *Zueinanders* und *Ineinanders* unterscheiden. So gehe das Wahrnehmungsgeschehen »von einer

Koaffektion

bestimmten *Koaffektion* aus, was besagt, daß unser Sensorium gleichzeitig auf verschiedene Weisen angesprochen wird.«[351] Plausibel wird diese Figur am Beispiel der Aufmerksamkeit, wenn uns dieses auffällt und nicht jenes, was immer auf ein Kräftespiel in der Koaffektion verweise, einem Widerstreit, »der durch keinen Konsens geschlichtet werden kann«.[352]

Diästhesie

Diästhesie sei hingegen der Widerstreit zwischen den Einzelsinnen. Diästhesie trage dazu bei, die einseitige Dominanz des Sehsinns zu untergraben.[353] Für die Bilderfahrung bilden diästhetische Dynamiken damit ein zentrales Movens für synästhetische Erfahrungen durch Bilder, die den meist vorrangigen Seherfahrungen an Bildern andere sinnliche Erfahrungen entgegenstellen.

Kinästhesie

An der Wahrnehmung sei aber nicht nur unser gesamtes Sensorium, sondern auch die Motorik beteiligt. So schreibt WALDENFELS: »Aisthesis und Kinesis vereinen sich in der Kinästhesie, mit der sich der wandernde Blick, das Hinhören auf Geräusche und Klänge wie auch die tastende Hand einem globalen Antwortverhalten einfügen.«[354] VOLKMAR MÜHLEIS zeigt in seiner ebenso phänomenologischen Auseinandersetzung mit einer Ästhetik des Tastsinns auf, dass Kinästhesie »nicht allein die Wahrnehmung von Bewegung und Gleichgewicht« bedeute, »sondern auch ein Bewegtsein im positiven wie negativen Sinne.«[355] Als Beispiele für diese emotional affektive Dimension der Kinästhesie beschreibt MÜHLEIS u.A. den »Druck, der auf einem lastet«, oder »ein Gefühl, das einem ›den Magen umdreht‹«.[356] Diese Verstehensweise von Kinästhesie verweist insofern auch auf Bildwirkungen, die uns angesichts von Bildern überkommen und uns affektiv bewegen können.

taktile Blicke zum Beispiel

Wandert unser Blick genussvoll im Bildlichen und konstituiert dadurch zugleich dessen Sichtbarkeit, so gleicht der Blick einem Tasten, indem er sein Augenmerk auf dieses und jenes wirft. Über diese Analogie hinaus stellen haptische oder taktile Erfahrungen durch Bilderfahrungen ein Beispiel für die Assoziation einer anderen Sinnessphäre im Kontext des Bildlichen dar. Als Sphäre des ästhetischen Potentials erscheinen Blicke, die taktile Erfahrungen ermöglichen, als Weise synästhetischer Erfahrung, die dank einer diästhetischen Dynamik den Tastsinn in einen für diesen erfolgreichen Widerstreit mit dem Sehsinn bringen.

WALDENFELS stellt das Potential des Tastsinns wie folgt heraus: »Der Tastsinn, der in der Doppelheit von Tasten und Berühren und in der Verquickung von Berühren und Berührtwerden wie kein anderer Sinn pathische, praktische und gnostische Anteile in sich vereint, nimmt eine zentrale und fundamentale Stellung im Sensorium ein, indem er selbst dem Sichtbaren und Hörbaren haptische Qualitäten verleiht.«[357] Diese ›haptischen Qualitäten‹ spiegeln sich demgemäß in die Seh- oder Hörerfahrung ein, treten dazwischen, verbinden sich und folgen darin der von WALDENFELS deklarierten Mystik der Synästhesie, insofern ihr Auftreten pathischer Natur ist.

ein ins Sehen integriertes Tasten

GOTTFRIED BOEHM nimmt auf den Tastsinn in einer anderen Weise Bezug und skizziert eine Notwendigkeit von Sinnesinteraktionen für bestimmte Fähigkeiten, die ich abschließend mit einem Zitat darlegen möchte:

> » Die perspektivische Projektion, beispielsweise, funktioniert nur, wenn das Auge den Tastsinn ins Spiel bringt. Was eine dreidimensionale Sache der Erfahrung nach ist, wissen wir nur aus taktilen Vollzügen. Die Hand kennt das Ding, weil sie seine Kontur tastend umfahren oder seine Oberfläche berühren kann. Ohne dieses ins Sehen integrierte Tasten vermöchten wir in Teilansichten womöglich keine Ganzheiten zu erschließen. Nur der taktile Sinn, die Hand oder Haut, ist imstande, das Wahrgenommene wahrnehmend zu berühren, jene vorgängige Nähe herzustellen […].«[358]

1 Die prinzipiell umgangssprachlich anmutende Formulierung des »vom Zwischen aus« ist als »vom Zwischen ausgehend« zu verstehen; die Leerstelle im »vom Zwischen aus« ist bewusst gewählt, da sie das *Wie* offenlässt, um das es mir geht. Es markiert in dieser sprachlichen Formulierung den Einsatzpunkt meiner Annäherung an Bilderfahrungen.

2 WALDENFELS, BERNHARD: *Spiegel, Spur und Blick.* 2003. S. 14.

3 »Das Rätsel des Sozialen liegt darin, daß es Soziales gibt […]. Dies besagt nicht zuletzt, daß es Andere gibt.« WALDENFELS, BERNHARD: *Sozialität und Alterität.* 2015. S. 11.

4 Die adjektivische Form »alteritär«, die sich auf das Nomen Alterität bezieht (äquivalent wie sozial zu Sozialität), ist wenig verbreitet. Ich verwende sie in dieser Arbeit, um in Verweis auf WALDENFELS nicht nur Dimensionen der Sozialität, sondern auch der Alterität, als Modi sozialer Erfahrung in den Blick zu nehmen. Alterität verstehe ich nach WALDENFELS als »Fremdheit des Anderen«. Entscheidend sei, welche Züge die Andersheit des Anderen annehme. WALDENFELS stellt heraus, dass die Alterität des Anderen etwas sei, »das ich nicht haben kann und das sich nicht in ein Wir einschließen läßt.« Er verdeutlicht sein Verständnis von Alterität am Entzug: »Es geht nicht lediglich darum, daß mir etwas fehlt, sondern darum, daß ich mir gewissermaßen selbst fehle, daß ich mir selbst im Entzug des anderen entzogen bin. Indem ich sehe, daß du mich siehst, sehe ich mich, wie ich mich selbst nicht sehen kann. Auf indirekte Weise sehe ich, was ich nicht sehen kann.« WALDENFELS betont mehrfach ein Werden des Anderen, der nicht einfach gegeben ist: »als ein anderes Selbst ist der Andere nicht schon jemand unter anderen, er wird dazu im Zuge einer permanenten Vergemeinschaftung.« WALDENFELS, BERNHARD: *Sozialität und Alterität.* 2015. S. 61f.

5 Erfahrung als Bestand oder Erwerb gedacht findet sich bspw. im Erfahrungsbegriff bei JOHN DEWEY *Erfahrung und Natur* (1995).

6 Vgl. GADAMER, HANS-GEORG: *Wahrheit und Methode.* 1960. S. 329.

7 Die Faszination an der Theorie von BERNHARD WALDENFELS verdanke ich insbesondere der wissenschaftlichen Arbeit von ANDREA SABISCH, die WALDENFELS' Erfahrungsbegriff im Kontext ästhetischer Erfahrung und Kunstpädagogik maßgeblich etabliert hat. Vgl. dazu: SABISCH, ANDREA: *Inszenierung der Suche* (2007), *Bildwerdung* (2018).

8 Vgl. WALDENFELS, BERNHARD: *Phänomenologie des Eigenen und des Fremden.* 1997. S. 67.

9 Vgl. WALDENFELS, BERNHARD: *Bruchlinien der Erfahrung* (2002); WALDENFELS, BERNHARD: *Sinne und Künste im Wechselspiel* (2010).

10 WALDENFELS, BERNHARD: *Sinne und Künste im Wechselspiel.* 2010. S. 22.

11 »Der Versuch, die Erfahrung aus einem Zusammenspiel objektiver Daten und subjektiver Akte hervorgehen zu lassen, wurde vielfach längst aufgegeben. Für eine Phänomenologie leibhaftiger Erfahrung […] bedeutet dies, dass Etwas und Jemand nicht als gegeben hinzunehmen sind, sondern dass zu zeigen ist, wie diese Instanzen […] aus der Erfahrung selbst entspringen. Erfahrung bedeutet mehr als die Tatsache, dass da jemand ist, der etwas erkennt, etwas tut oder auch etwas fühlt. Sie manifestiert sich als ein Doppelereignis aus Pathos und Response. Dem Erfahrenden widerfährt etwas, worauf er zu antworten genötigt ist.« WALDENFELS, BERNHARD: *Gespür für die Dinge.* 2012. S. 207.

12 WALDENFELS, BERNHARD: *Bruchlinien der Erfahrung.* 2002. S. 15.

13 Vgl. ebd. S. 59.

14 Waldenfels, Bernhard: *Von der Wirkmacht und Wirkkraft der Bilder.* 2008. S. 51.

15 Waldenfels, Bernhard: *Bruchlinien der Erfahrung.* 2002. S. 59.

16 Waldenfels, Bernhard: *Grundmotive einer Phänomenologie des Fremden.* [2006] 5. Aufl. 2016. S. 50.

17 Waldenfels, Bernhard: *Bruchlinien der Erfahrung.* 2002. S. 9.

18 Waldenfels, Bernhard: *Von der Wirkmacht und Wirkkraft der Bilder.* 2008. S. 51.

19 »Die Erfahrung tritt buchstäblich auseinander, sie zerdehnt sich. Diese eigentümliche Zeitverschiebung läßt sich nicht begreifen als Abfolge von Zeitpunkten auf einer Zeitlinie und als lineare Kausalität, als käme erst das Widerfahrnis und folgte dann die Antwort. Vielmehr geht die Erfahrung sich selbst voraus; als Antwortende sind wir von Anfang an mit im Spiel, nur eben nicht als Urheber.« Die Diachronie ermöglicht allererst, sich den Dynamiken der Erfahrung zu widmen und sie eben nicht fälschlicherweise als eine bloße Reaktion zu verstehen. Waldenfels, Bernhard: *Sozialität und Alterität.* 2015. S. 24.

20 Waldenfels, Bernhard: *Bruchlinien der Erfahrung.* 2002. S. 179.

21 Vgl. Waldenfels, Bernhard; Giuliani, Regula: *Wirbel der Zeit.* 2005. S. 125.

22 Ebd. S. 129.

23 Waldenfels, Bernhard: *Bruchlinien der Erfahrung.* 2002. S. 174.

24 Waldenfels, Bernhard: *Bruchlinien der Erfahrung.* 2002. S. 174; Waldenfels, Bernhard: *Antwortregister.* [2007] 2. Aufl. 2016. S. 335.

25 Waldenfels, Bernhard: *Bruchlinien der Erfahrung.* 2002. S. 174.

26 Vgl. Waldenfels, Bernhard: *Sinne und Künste im Wechselspiel.* 2010. S. 367, 324.

27 Ebd. S. 367.

28 »Bilder fallen ins Auge wie alles, was wir sehen. Insofern wohnt ihnen eine eigene Wirkmacht und Wirkkraft inne, der wir als Sehende ausgesetzt sind.« Waldenfels, Bernhard: *Von der Wirkmacht und Wirkkraft der Bilder.* 2008. S. 46.

29 Waldenfels spricht der Wirkung des Bildlichen in diesem Sinne ein Eigenleben zu, welches erwache »wenn die Dinge der Erfahrung miteinander rivalisieren und einander unseren Blick streitig machen, wenn also immer wieder eine Sehordnung und Sehweise sich gegen die andere durchsetzt, ohne deshalb schlechthin wahrer zu sein als die andere.« Waldenfels, Bernhard: *Ordnungen des Sichtbaren.* 1994. S. 249.

30 Vgl. Dewey, John: *Erfahrung und Natur.* 1995. S. 334f.

31 Vgl. Waldenfels, Bernhard: *Phänomenologie der Aufmerksamkeit.* 2004. S. 13.

32 Vgl. ebd.

33 Waldenfels, Bernhard: *Gespür für die Dinge.* 2012. S. 207.

34 Ebd. S. 208.

35 Ebd. S. 209.

36 Ebd. S. 208.

37 Ebd. S. 216.

38 Ebd. S. 218.

39 Ebd.

40 Waldenfels, Bernhard: *Sinne und Künste im Wechselspiel.* 2010. S. 31.

41 »Die Pointe der Wiederholung liegt in einer Wiederholung des Unwiederholbaren.« Ebd. S. 261.

42 Ebd. S. 378.

43 Vgl. ebd. S. 378.

44 Vgl. Waldenfels, Bernhard: *Phänomenologie der Aufmerksamkeit.* 2004. S. 118.

45 Ebd.

46 Ebd.

47 Vgl. ebd. S. 118f.

48 Ebd. S. 118.

49 Ebd. S. 119.

50 Ebd.

51 Waldenfels, Bernhard: *Sinne und Künste im Wechselspiel.* 2010. S. 43.

52 Waldenfels, Bernhard: *Phänomenologie der Aufmerksamkeit.* 2004. S. 9.

53 Ebd.

54 Ebd. S. 137.

55 Waldenfels, Bernhard: *Grundmotive einer Phänomenologie des Fremden.* [2006] 5. Aufl. 2016. S. 100.

56 Gemäß seiner phänomenologischen Grundmotivik von Erfahrung ergänzt Waldenfels diese minimale Bedingung des Bildes um einen poetischen Vergleich: »Von Bilderfahrung sprechen wir, wenn etwas als etwas im Bild sichtbar wird. Das Bild ist also zunächst nicht etwas, das wir zusätzlich auch noch sehen; als Medium des Sehens gleicht es der Sonne, in deren Licht wir sehen, was wir sehen.« Vgl. Waldenfels, Bernhard: *Spiegel, Spur und Blick.* 2001. S. 15.

57 Vgl. Waldenfels, Bernhard: *Bruchlinien der Erfahrung.* 2002. S. 28f.

58 Ebd. S. 29.

59 Waldenfels, Bernhard: *Phänomenologie des Eigenen und des Fremden.* 1997. S. 68.

60 Ebd.

61 Waldenfels, Bernhard: *Von der Wirkmacht und Wirkkraft der Bilder.* 2008. S. 51.

62 Waldenfels, Bernhard: *Spiegel, Spur und Blick.* 2003. S. 5.

63 Vgl. zur Relation von Bild und Bildlichkeit: Alloa, Emmanuel: *Das durchscheinende Bild.* 2011. S. 272.

64 »Worauf es also ankommt, ist die Entschälung jener Konditionen, durch (dia/per) die im Bildlichen und mit den Mitteln der Bildlichkeit ein Sichtbares als Sichtbares – im Sinne des ›ikonischen Als‹ – in die Sichtbarkeit, d.h. zum ›Vor-Schein‹ gelangt.« Mersch, Dieter: *Sichtbarkeit/Sichtbarmachung.* 2014. S. 19.

65 Vgl. Waldenfels, Bernhard: *Spiegel, Spur und Blick. Zur Genese des Bildes.* 2001. S. 15.

66 Vgl. ebd.

67 Waldenfels, Bernhard: *Sinne und Künste im Wechselspiel.* 2010. S. 42.

68 Waldenfels, Bernhard: *Bruchlinien der Erfahrung.* 2002. S. 30.

69 Vgl. Waldenfels, Bernhard: *Sinne und Künste im Wechselspiel.* 2010. S. 43.

70 Waldenfels vergleicht die appetitive Differenz daher mit Freuds Unterscheidung »zwischen dem Befriedigung verheißenden Triebziel und der Variabilität affektiv besetzter Triebobjekte« Waldenfels, Bernhard: *Sozialität und Alterität.* 2015. S. 243.

71 So erwarten wir etwa den Geschmack einer Traube in dieser Traube, woran auch die Bildlichkeit ihren Anteil habe. Vgl. Waldenfels, Bernhard: *Sinne und Künste im Wechselspiel.* 2010. S. 43.

72 Vgl. zu diesem Beispiel auch: Mersch, Dieter: *Was sich zeigt.* 2002. S. 75.

73 Das »als« wie das »in« fungieren als »Transformatoren«, die jedoch weder einer Außenwelt noch einer Innenwelt zuzuordnen seien. Waldenfels deutet darin

erneut das Unverfügbare des Erfahrungsgeschehens, wie der damit verbundenen Differenzbildung, an. WALDENFELS, BERNHARD: *Sinne und Künste im Wechselspiel.* 2010. S. 42.
74 Ebd. S. 43.
75 Vgl. WALDENFELS, BERNHARD: *Sozialität und Alterität.* 2015. S. 274.
76 Ebd.
77 Vgl. ALLOA, EMMANUEL: *Das durchscheinende Bild.* 2011. S. 269.
78 WALDENFELS, BERNHARD: *Sozialität und Alterität.* 2015. S. 83.
79 Vgl. ebd. S. 270.
80 Vgl. WALDENFELS, BERNHARD: *Sinne und Künste im Wechselspiel.* 2010. S. 70.
81 Ebd.
82 WALDENFELS, BERNHARD: *Sozialität und Alterität.* 2015. S. 270.
83 *Duden. Redewendungen. Wörterbuch der deutschen Idiomatik.* S. 228.
84 WALDENFELS, BERNHARD: *Sozialität und Alterität.* 2015. S. 270.
85 Ebd.
86 WALDENFELS, BERNHARD: *Sinne und Künste im Wechselspiel.* 2010. S. 44.
87 Ebd. S. 45.
88 Ebd. Anm. 5. S. 44.
89 WALDENFELS verweist auf BOEHM, markiert aber Unterschiede gegenüber BOEHMS Figur der ikonischen Differenz bzw. des ikonischen Kontrasts. Ebd. Anm. 5. S. 44.
90 LALEG, DOMINIQUE; BOEHM, GOTTFRIED: *Bildkritik. Zur Konvergenz von Anschauung und Reflexion. Ein Interview mit Gottfried Boehm.* 2011. S. 12.
91 BOEHM, GOTTFRIED: *Die Wiederkehr der Bilder.* 1994. S. 29f.
92 WALDENFELS, BERNHARD: *Sozialität und Alterität.* 2015. S. 219.
93 Ebd.
94 MICHAELA OTT verweist in Anschluss an DELEUZE immer wieder darauf, dass sich der Begriff des Virtuellen nicht im Digitalen erschöpfe, noch ausschließlich von dessen Warte aus gedacht werden sollte; dazu betrachtet sie das Virtuelle in Verbindung mit dem Aktuellen insbesondere ausgehend von einer zeitlichen Differenz und reflektiert dies am Begriff der Wirklichkeit: »Das Virtuelle und Aktuelle sind beide wirklich, unterscheiden sich aber hinsichtlich ihres Wirklichkeitsmodus: Während das Virtuelle – wie die Zeit – unendliche Differentialität, allerdings gleichsam im Latenzzustand ist, verwirklicht sich das Aktuelle in einer bestimmten zeitlichen Differenz. Wirklichkeit ist also einerseits immer schon gegeben, andererseits immer gerade im Entstehen. Als Oszillation zwischen zwei Modi bietet sie keine Form, keine Vorlage, nichts Kopierbares, nur die Möglichkeit unbegrenzten Werdens an.« OTT, MICHAELA: *Zurück auf Anfang. Bildung als Verwunderung.* 2014. S. 11.
95 Vgl. JULLIEN, FRANÇOIS: *Der Weg zum Anderen.* 2014. S. 26.
96 Vgl. ebd. S. 27.
97 Vgl. ebd. S. 29, 31.
98 Vgl. ebd. S. 32.
99 Vgl. ebd. S. 33.
100 Vgl. ebd. S. 34.
101 Vgl. ebd. S. 33.
102 Vgl. ebd. S. 34.
103 Vgl. ebd. S. 35.
104 Ebd. S. 43.
105 Ebd. S. 49.
106 Vgl. ebd. S. 50.
107 Ebd.
108 Vgl. ebd. S. 50, 51.
109 Vgl. ebd. S. 51.
110 Vgl. ebd. S. 54.
111 Vgl. ebd. 2014. S. 59.
112 »Ich meine also, dass in Zukunft weniger das Sein zu denken sein wird als vielmehr das Dazwischen.« Ebd. S. 64.
113 Vgl. WALDENFELS, BERNHARD: *Sozialität und Alterität.* 2015. S. 219.
114 Vgl. ebd. S. 218.
115 Ebd. S. 219.
116 Ebd. S. 221.
117 Vgl. ebd.
118 »Das Bild selbst, das in der Bildvorstellung fungiert, bleibt im strengen Sinne unsichtbar. Das Bild sehen wir nicht. Es zeigt sich indirekt im Bildhaften der Dinge und des Sehens; mit der adjektivischen Wortwahl betonen wir diesen indirekten Charakter [...].« WALDENFELS, BERNHARD: *Bildhaftes Sehen.* 2010. S. 32.
119 »Bilder sind keine Zutaten, die zur Erfahrung hinzutreten, sie sind konstitutiv für das, was uns begegnet.« WALDENFELS, BERNHARD: *Phänomenologie der Aufmerksamkeit.* 2004. S. 206.
120 Vgl. ebd.
121 JÖRG STERNAGEL expliziert hingegen mit Verweis auf DIETER MERSCH die Unterscheidung von Bild und Bildlichkeit: »[...] die Unterscheidung zwischen Bild und Bildlichkeit, Medium und Medialität [...] tritt gegenüber dem Dargestellten und Sichtbaren in ein Verhältnis der Negativität, in einen Bezug auf Unsichtbares: Ohne Bildliches sieht man nichts, wie umgekehrt die Bildlichkeit des Bildes selbst unsichtbar bleibt. Bild und Bildlichkeit werden zu negativen Größen, sie erfüllen eine konstitutive Funktion, verweigern sich jedoch in ihrer Apriorität oder Transzendentalität.« STERNAGEL, JÖRG: *Sichtbarkeit – Sichtbarmachung – Unsichtbarkeit.* 2014. S. 301. Vgl. auch: MERSCH, DIETER: *Blick und Entzug.* 2007; MERSCH, DIETER: *Tertium datur.* 2008.
122 WALDENFELS, BERNHARD: *Phänomenologie der Aufmerksamkeit.* 2004. S. 206.
123 ALLOA, EMMANUEL: *Das durchscheinende Bild.* 2011. S. 272.
124 MERSCH, DIETER: *Blick und Entzug.* 2007. S. 55.
125 Verwiesen sei auf die Position von PETER GEIMER, der zu diesen Fragen an der Grenze der Bildlichkeit gearbeitet hat. GEIMER, PETER: *Was ist kein Bild?* 2002.
126 Gleichnamiger Eintrag im Sachregister von BERNHARD WALDENFELS *Bruchlinien der Erfahrung* (2002).
127 Vgl. SIGIRD ADORF nimmt an dieser Stelle Bezug auf einen Aufsatz von BORIS BUDEN *Übersetzung ist unmöglich. Fangen wir also an* (2008) zit. nach: ADORF, SIGRID: *Übersetzen.* 2015. S. 215.
128 Vgl. MERSCH, DIETER: *Meta/Dia. Zwei unterschiedliche Zugänge zum Medialen.* 2010. S. 201.
129 Vgl. ADORF, SIGRID: *Übersetzen.* 2015. S. 216.
130 SIGRID ADORF verweist auf MARSHALL MCLUHAN: *Understanding Media* (1964).
131 ADORF, SIGRID: *Übersetzen.* 2015. S. 216. Auch DIETER MERSCH setzt ähnlich, wenngleich präziser, an dieser Verschiebung des Medienbegriffs an: »Es ist diese Bestimmung der Übersetzung oder Übertragung, die für alle weitere Medientheorie leitend geworden ist – doch bildet ihre eigentliche Herausforderung die Klärung dessen, was die behauptete Transzendentalität des Medialen besagt, worin die Wirkung des Mediums, seine Kraft zur Modifikation des Denkens, Wahrnehmens oder Handeln

genau besteht.« Mersch, Dieter: *Meta/Dia. Zwei unterschiedliche Zugänge zum Medialen.* 2010. S. 187.
132 »Präpositionen referieren auf Verhältnisse; sie setzen die sich im Spiel befindlichen Substantive in eine topologische Beziehung zueinander: Zwischen, nach, über, unter, durch etc.« Mersch, Dieter: *Meta/Dia. Zwei unterschiedliche Zugänge zum Medialen.* 2010. S. 199.
133 Vgl. Sabisch, Andrea: *Visuelle Übertragungen.* 2010.
134 Lacan, Jacques: *Freuds technische Schriften.* [1953] 1978 S. 143. Zit. nach Pazzini, Karl-Josef: *Überschreitung des Individuums durch Lehre.* 2010. S. 325.
135 Karl-Josef Pazzini hat die Figur der Übertragung in der Erziehungswissenschaft als relevante Perspektive für Bildungsprozesse etabliert. Pazzini, Karl-Josef: *Überschreitung des Individuums durch Lehre.* 2010.
136 Michael Wimmer bezieht sich ebenfalls auf Jaques Lacan. Wimmer, Michael: *Übertragung – pädagogisch?* 2010. S. 257.
137 Rautzenberg, Markus: *Psychoanalytische Theorien des Bildes.* 2013. Ohne Seitenangaben.
138 Ebd.
139 Vgl. Sabisch, Andrea: *Visuelle Übertragungen.* 2010.
140 Vgl. ebd. S. 319f.
141 Ebd. S. 319.
142 Vgl. ebd. S. 319f.
143 Andrea Sabisch mit Bezug auf Siegmund Freud; Sabisch, Andrea: *Visuelle Übertragungen.* 2010. S. 322f.
144 Dieter Mersch beschreibt treffend die performative Ebene der Metapher, die er als »die ›Übertragung‹ an einen anderen Platz«, der das »Bild des Fährmanns innewohne«, bezeichnet. Mersch, Dieter: *Meta/Dia. Zwei unterschiedliche Zugänge zum Medialen.* 2010. S. 200.
145 Vgl. Sabisch, Andrea: *Visuelle Übertragungen.* 2010. S. 323.
146 Ebd. S. 325.
147 Vgl. ebd. S. 327.
148 Waldenfels, Bernhard: *Antwortregister.* 2007.
149 Waldenfels, Bernhard: *Phänomenologie der Aufmerksamkeit.* 2004. S. 264.
150 Ebd. S. 272.
151 Ebd. S. 128.
152 Ebd.
153 Ebd.
154 Mersch, Dieter: *Meta/Dia. Zwei unterschiedliche Zugänge zum Medialen.* 2010. S. 199.
155 Ebd. S. 185.
156 Ebd. S. 187.
157 Ebd. S. 185.
158 Vgl. ebd.
159 Vgl. ebd. S. 187.
160 Vgl. ebd. S. 188.
161 Vgl. ebd.
162 Vgl. ebd.
163 Ein Beispiel wäre Origami.
164 Mersch, Dieter: *Meta/Dia. Zwei unterschiedliche Zugänge zum Medialen.* 2010. S. 189.
165 Ebd.
166 Vgl. dazu auch Andrea Sabischs Anknüpfung an Merschs Medienphilosophie in: Sabisch, Andrea: *Bildwerdung.* 2018. S. 49f.
167 Mersch, Dieter: *Meta/Dia. Zwei unterschiedliche Zugänge zum Medialen.* 2010. S. 200.
168 Ebd.
169 Ebd.
170 Ebd. S. 201.
171 Ebd.
172 Ebd.
173 Vgl. ebd.
174 Vgl. ebd. S. 202.
175 Waldenfels, Bernhard: *Phänomenologie des Eigenen und des Fremden.*1997. S. 67.
176 Vgl. Jullien, François: *Der Weg zum Anderen.* 2014. S. 26.
177 Mersch, Dieter: *Meta/Dia. Zwei unterschiedliche Zugänge zum Medialen.* 2010. S. 203.
178 Vgl. ebd.
179 Ebd.
180 Vgl. ebd.
181 Ebd.
182 Vgl. Waldenfels, Bernhard: *Phänomenologie des Eigenen und des Fremden.* 1997. S. 67.
183 Waldenfels, Bernhard: *Sinne und Künste im Wechselspiel.* 2010. S. 31.
184 Pichler, Wolfram; Ubl, Ralph: *Bildtheorie zur Einführung.* 2014. S. 12.
185 Jullien, François: *Der Weg zum Anderen.* 2014. S. 20.
186 »Das Subjekt ist das, was sich unterlegt, was unterlegt ist, eine Basis bildet, was unterlegen ist, was unterworfen ist, das, was man nicht identifizieren kann, was auch nicht unbedingt als Individuum abzugrenzen ist [...].« Pazzini, Karl-Josef: *Perspektiven für die Kunstpädagogik.* 2004. S. 2.
187 Ebd.
188 Jullien, François: *Der Weg zum Anderen.* 2014. S. 41.
189 Indem er der europäischen Kultur jene Chinas gegenüberstellt, erzeugt François Jullien einen Raum, in dem »[...] das eine zugleich das andere und in diesem sich selbst betrachten könne.« Ebd. S. 18.
190 Ebd. S. 21.
191 Vgl. Laing, Robert D.: *Phänomenologie der Erfahrung.* [1969] 10. Aufl. 1979. S. 12.
192 Vgl. ebd. S. 11.
193 Ebd.
194 Ebd. S. 12.
195 Ebd.
196 Vgl. Jullien, François: *Der Weg zum Anderen.* 2014. S. 14.
197 Alloa, Emmanuel: *Das durchscheinende Bild.* 2011. S. 9.
198 Nancy, Jean-Luc: *Entstehung der Präsenz.* 1994. S. 103.
199 Pazzini, Karl-Josef: *Perspektiven für die Kunstpädagogik.* 2004. S. 2.
200 Dazu sei verwiesen auf den Begriff des »sehenden Sehens« bei Max Imdahl (Imdahl, Max: *Giotto, Arenafresken: Ikonographie – Ikonologie – Ikonik.* 1988). Der Begriff wurde unter anderem von Bernhard Waldenfels in seinem Aufsatz über die *Ordnungen des Sichtbaren* aufgegriffen und phänomenologisch interpretiert dargelegt: So bildet, wie Waldenfels beschreibt, das »sehende Sehen« bei Imdahl ein Pendant zum »wiedererkennenden Sehen«. Es »berücksichtigt den formalen Bildsinn, die Syntaktik des Bildes: die Art und Weise, wie etwas dargestellt ist«, sodass das »sehende Sehen« die Möglichkeit einbegreife, »Neues zu sehen« oder »auf neuartige Weise zu sehen«. Waldenfels, Bernhard: *Ordnungen des Sichtbaren.*1994. S. 235.
201 Fleck, Ludwik: *Entstehung und Entwicklung einer wissenschaftlichen Tatsache.* [1935] 10. Aufl. 2015.
202 Vgl. ebd. S. 31.
203 Ebd. S. 32.
204 Vgl. ebd. S. 33.
205 Ebd.
206 Vgl. ebd. S. 53f.
207 Vgl. ebd. S. 54.
208 Ebd.

209 Ebd.
210 Ebd.
211 Ebd. S. 60.
212 Ebd.
213 WALDENFELS nimmt Bezug auf den japanischen Psychiater KIMURA BIN und verweist auf fernöstliche Formen der Alterität und Sozialität. WALDENFELS, BERNHARD: *Sozialität und Alterität.* 2015. S. 220.
214 Vgl. FLECK, LUDWIK: *Entstehung und Entwicklung einer wissenschaftlichen Tatsache.* [1935] 10. Aufl. 2015. S. 57.
215 Vgl. WALDENFELS, BERNHARD: *Sozialität und Alterität.* 2015. S. 221.
216 FLECK, LUDWIK: *Entstehung und Entwicklung einer wissenschaftlichen Tatsache.* [1935] 10. Aufl. 2015. S. 58.
217 Vgl. ebd.
218 »Wenn du etwas wissen willst und es durch Meditation nicht finden kannst, so rate ich dir, mein lieber, sinnreicher Freund, mit dem nächsten Bekannten, der dir aufstößt, darüber zu sprechen. Es braucht nicht eben ein scharfdenkender Kopf zu sein, auch meine ich es nicht so, als ob du ihn darum befragen solltest: nein! Vielmehr sollst du es ihm selber allererst erzählen.« KLEIST, HEINRICH VON: *Über die allmähliche Verfertigung der Gedanken im Reden* (1805–06).
219 FLECK, LUDWIK: *Entstehung und Entwicklung einer wissenschaftlichen Tatsache.* [1935] 10. Aufl. 2015. S. 59.
220 Vgl. ebd.
221 WALDENFELS, BERNHARD: *Sinne und Künste im Wechselspiel.* 2010. S. 151.
222 NANCY, JEAN-LUC: *singulär plural sein.* 2004. S. 65.
223 Ebd.
224 Ebd. S. 62.
225 Vgl. ebd. S. 61.
226 »Also nicht das Sein zuerst, dem dann ein Mit hinzugefügt wird, sondern das Mit im Zentrum des Seins.« Ebd. S. 59.
227 THOMAS BEDORF, der JEAN-LUC NANCYS Philosophie als eine Philosophie des »Zwischen« kennzeichnete, widmet sich NANCYS Gedanken zur Gesellschaft und Gemeinschaft und zeigt darin sehr gelungen auch NANCYS Kritik an MARTIN HEIDEGGERS Begriff des ›Mitseins‹ auf, der ich an dieser Stelle keinen Raum gebe, sondern auf BEDORFS Ausführungen verweise. BEDORF, THOMAS: *Jean-Luc Nancy: Das Politische zwischen Gesellschaft und Gemeinschaft.* 2010.
228 NANCY, JEAN-LUC; TYRADELLIS, DANIEL: *Was heißt uns Denken?* 2013.
229 Ebd. S. 33f.
230 »Wenn das Sein Mit-sein ist, dann ist im Mit-sein das ›Mit‹ das, was das Sein ausmacht, es wird diesem nicht hinzugefügt.« NANCY, JEAN-LUC: *singulär plural sein.* 2004. S. 59.
231 WALDENFELS, BERNHARD: *Sozialität und Alterität.* 2015. S. 41.
232 Ebd. S. 35.
233 Ebd.
234 Vgl. ebd.
235 »Die Gemeinsamkeit besteht nicht darin, daß ich auch lerne und tue, was Andere lernen und tun, sondern darin, daß ich dies mit Anderen tue.« Ebd. S. 95.
236 Ebd. S. 93.
237 Ebd.
238 Ebd. S. 94.
239 Ebd.
240 Ebd. S. 102.
241 WALDENFELS, BERNHARD: *Sinne und Künste im Wechselspiel.* 2010. S. 151.
242 MERLEAU-PONTY, MAURICE: *Das Auge und der Geist.* 1967. S. 19.
243 LANER, IRIS: *Revision der Zeitlichkeit.* 2016. S. 350f.
244 Vgl. WALDENFELS, BERNHARD: *Spiegel, Spur und Blick.* 2003. S. 5.
245 MERSCH, DIETER: *Blick und Entzug.* 2007. S. 68 sowie: MERSCH, DIETER: *Posthermeneutik.* 2010. S. 216.
246 WALDENFELS, BERNHARD: *Sinne und Künste im Wechselspiel.* 2010. S. 155.
247 Ebd. S. 157.
248 »Antworten auf etwas, das uns affiziert, oder auf jemanden, der uns anspricht, bedeutet, anderswo beginnen, bei einer fühlbaren Abwesenheit [...].« Mit Bezug auf MAURICE MERLEAU-PONTY, WALDENFELS, BERNHARD: *Sinne und Künste im Wechselspiel.* 2010. S. 157.
249 Ebd.
250 Ebd. S. 155.
251 »Sobald wir es mit einer visuellen Erfahrung zu tun haben, besagt dies, daß etwas als etwas sichtbar wird. Von Bilderfahrung sprechen wir, wenn etwas als etwas im Bild sichtbar wird. Das Bild ist also zunächst nicht etwas, das wir zusätzlich auch noch sehen; als Medium des Sehens gleicht es der Sonne, in deren Licht wir etwas sehen.« WALDENFELS, BERNHARD: *Spiegel, Spur und Blick.* 2003. S. 4.
252 Vgl. JULLIEN, FRANÇOIS: *Der Weg zum Anderen.* 2014. S. 26.
253 Vgl. ebd. S. 33f.
254 Ebd. S. 43.
255 Ebd. S. 44.
256 Ebd. S. 21.
257 Dazu auch WALDENFELS: »[A]ls ein anderes Selbst ist der Andere nicht schon jemand unter anderen, er wird dazu im Zuge einer permanenten Vergemeinschaftung.« WALDENFELS, BERNHARD: *Sozialität und Alterität.* 2015. S. 66.
258 Vgl. JULLIEN, FRANÇOIS: *Der Weg zum Anderen.* 2014. S. 17.
259 WALDENFELS, BERNHARD: *Sozialität und Alterität.* 2015. S. 10.
260 PAZZINI, KARL-JOSEF: *Stimmungen.* 2015. S. 99.
261 Ebd. S. 96.
262 Ebd.
263 PAZZINI, KARL-JOSEF: *Bildung vor Bildern.* 2015. S. 37.
264 Vgl. dazu: ISEKENMEIER, GUIDO (Hg.): *Interpiktorialität. Theorie und Geschichte der Bild-Bild-Bezüge.* 2013; THÜRLEMANN, FELIX: *Mehr als ein Bild. Für eine Kunstgeschichte des hyperimage.* 2013; KNELLESSEN, OLAF; SCHIESSER, GIACO; STRASSBERG, DANIEL (Hgg.): *Serialität: Wissenschaften, Künste, Medien.* 2015.
265 SABISCH, ANDREA; ZAHN, MANUEL: *Visuelle Assoziationen. Zur Einleitung.* 2018. S. 14.
266 Ebd.
267 Ebd. S. 12.
268 Dank an meinen Kollegen MORITZ SCHWERTHELM, der mich erstmalig auf HARTMUT ROSAS Resonanzbegriff hinwies.
269 ROSA fragt aus soziologischer Perspektive, ob Resonanz als Antwort auf Beschleunigung, Entfremdung und Verdinglichung verstanden werden kann. Vgl. ROSA, HARTMUT: *Resonanz.* 2016.
270 Ebd. S. 246.
271 Vgl. ebd.
272 »Wenn hier von Responsivität die Rede ist, so bezieht sich diese nicht auf spezielle Verhaltensweisen wie etwa das Erteilen einer Auskunft oder die Beantwortung einer Prüfungsfrage, sondern auf einen Grundzug, der unser gesamtes leibliches Verhalten prägt und dabei eine Findigkeit des Körpers in Anspruch nimmt. Das Hinsehen, Hinhö-

ren, Phantasieren, Lächeln oder Fühlen ist davon ebenso betroffen wie das Reden, Tun, Machen oder Herstellen. Antworten bedeutet, daß wir auf Fremdes eingehen, das sich nicht mit den vorhandenen Mitteln des Eigenen und Gemeinsamen bewältigen läßt.« Waldenfels, Bernhard: *Sozialität und Alterität.* 2015. S. 19.

273 Rosa, Hartmut: *Resonanz.* 2016. S. 68.

274 Rosa führt an dieser Stelle Bruno Latours Akteur-Netzwerk-Theorie, Harrison Whites Phänomenologische Netzwerktheorie, sowie intersubjektivitätstheoretische Ansätze in Anschluss an George Herbert Mead an. Vgl. Rosa, Hartmut: *Resonanz.* 2016. S. 68. Auch Waldenfels widmet sich in Sozialität und Alterität (2015) sowohl Mead als auch Latour und führt einige kritische Aspekte aus: Vgl. Waldenfels, Bernhard: *Sozialität und Alterität.* 2015 u. A. S. 245f., 342.

275 Vgl. zur Resonanz-Metapher im kunstpädagogischen Kontext: Hallmann, Kerstin: *Zwischen Performanz und Resonanz.* 2017.

276 Waldenfels, Bernhard: *Erfahrung, die zur Sprache drängt.* 2019. S. 262.

277 Vgl. ebd. S. 261.

278 Vgl. Waldenfels, Bernhard: *Sinnesschwellen.* [1999] 3. Aufl. 2013. S. 131.

279 Waldenfels, Bernhard: *Erfahrung, die zur Sprache drängt.* 2019. S. 262.

280 Ebd. S. 264.

281 Ebd. S. 265.

282 Ebd. S. 267.

283 Ebd.

284 Ebd.

285 Breyer, Thiemo; Pfänder, Stefan: *Resonanz, Rhythmus und Synchronisierung.* 2017. S. 15.

286 Breyer, Thiemo; Gerner, Alexander: *Resonanz und Interaktion.* 2017. S. 44.

287 Ebd. S. 45.

288 Waldenfels, Bernhard: *Erfahrung, die zur Sprache drängt.* 2019. S. 285.

289 Vgl. Kluge, Friedrich: *Etymologisches Wörterbuch der deutschen Sprache.* 1963. S. 130.

290 Vgl. *Philosophisches Wörterbuch* 16. Aufl. Brugger, Walter (Hg.). 1981. S. 68.

291 Ebd.

292 Ebd.

293 Vgl. Jullien, François: *Es gibt keine kulturelle Identität.* 2017. S. 89f.

294 ›Durcheinander‹, im Sinne eines ›durch Andere‹. In diesem Zusammenhang danke ich Kristin Klein für ihren Hinweis auf Sigrid Schmitz Formulierung zu einem »durch einander lesen«. Schmitz spricht in Rekurs auf Donna Haraway und Karan Barad von einem »diffraktorischen Lesen (diffractive reading)«, bei dem es um eine »verwobene Kommunikation« gehe, um, Barad folgend, die »Wissenssubjekte« in der Genese von Wissen zu betonen. Schmitz, Sigrid: *Karen Barad. Agentieller Realismus als Rahmenwerk für die Science & Technology Studies.* 2014. S. 282f.

295 Vgl. Jullien, François: *Es gibt keine kulturelle Identität.* 2017. S. 89f.

296 Ebd. S. 90.

297 Jullien, François: *Der Weg zum Anderen.* 2014. S. 47.

298 Ebd.

299 Vgl. Jullien, François: *Es gibt keine kulturelle Identität.* 2017. S. 89f.

300 Die Wir-Wirklichkeit des Dialogs zeige sich im Sprechakt in der »›dialektischen‹ Durchdringung der Momente Ich (Redner), Du (Angeredeter), Es (Beredetes)«. *Philosophisches Wörterbuch.* 1981. S. 69.

301 Waldenfels, Bernhard: *Das Zwischenreich des Dialogs.* 1971. S. 140f.

302 Waldenfels, Bernhard: *Von der Wirkmacht und Wirkkraft der Bilder.* 2008. S. 51.

303 Vgl. Waldenfels, Bernhard: *Sinne und Künste im Wechselspiel.* 2010. S. 22.

304 Waldenfels, Bernhard: *Von der Wirkmacht und Wirkkraft der Bilder.* 2008. S. 51.

305 Waldenfels, Bernhard: *Bruchlinien der Erfahrung.* 2002. S. 9.

306 Waldenfels, Bernhard: *Das Zwischenreich des Dialogs.* 1971. S. 345.

307 Ebd.

308 Waldenfels, Bernhard: *Bruchlinien der Erfahrung.* 2002. S. 174; Waldenfels, Bernhard: *Antwortregister.* [2007] 2. Aufl. 2016. S. 335.

309 Bernhard Waldenfels fasst in *Sozialität und Alterität* (2015) den Grundgedanken seiner Studie *Das Zwischenreich des Dialogs* (1971) folgendermaßen zusammen: »Es ging mir dort um einen Umgang miteinander, der sich ganz und gar zwischen uns abspielt, ohne daß das Gemeinsame und Verbindliche sich auf separate individuelle Leistungen zurückführen ließe. Dabei unterschied ich zwischen einem passiven Zusammenhang im vereinten Mittun, den ich als ›koaktiv‹, und einen passiven Zusammenhang im vereinten Mitleiden, den ich als ›Ko-affektion‹ bezeichnete.« Waldenfels, Bernhard: *Sozialität und Alterität.* 2015. S. 75.

310 Waldenfels, Bernhard: *Sinne und Künste im Wechselspiel.* 2010. S. 155.

311 Ebd. S. 157.

312 »Kein Bild kann medientheoretisch auf seine Visualisierungstechniken reduziert werden, vielmehr erfordert die Begründung einer Bildtheorie, die vom Blick ausgeht, eine Untersuchung des spezifischen Blickwechsels und seiner Effekte [...].« Mersch, Dieter: *Blick und Entzug.* 2007. S. 68.

313 Didi-Huberman, Georges: *Was wir sehen, blickt uns an.* 1999. S. 11.

314 Vgl. ebd. S. 62.

315 Härtel, Insa; Pazzini, Karl-Josef: *Blickfänger.* 2017. S. 108.

316 Waldenfels, Bernhard: *Sinnesschwellen.* [1999] 3. Aufl. 2013. S. 131.

317 Ebd.

318 »Von Grund aus bestimmt mich im Sichtbaren der Blick [...] und über den Blick werde ich der Wirkung [des Sichtbaren, SJ] teilhaftig.« Lacan, Jacques: *Was ist ein Bild/Tableau?* 1994. S. 76.

319 Waldenfels, Bernhard: *Sinne und Künste im Wechselspiel.* 2010. S. 82.

320 Waldenfels, Bernhard: *Bildhaftes Sehen.* 2010. S. 46.

321 Waldenfels, Bernhard: *Von der Wirkmacht und Wirkkraft der Bilder.* 2008. S. 56.

322 Ebd.

323 Belting, Hans: *Blickwechsel mit Bildern.* 2007. S. 59.

324 Alloa, Emmanuel: *Das durchscheinende Bild.* 2011. S. 272.

325 Waldenfels, Bernhard; Giuliani, Regula: *Wirbel der Zeit.* 2005. S. 125.

326 Laner, Iris: *Revision der Zeitlichkeit.* 2016. S. 21.

327 Vgl. vertiefend insb. Kapitel 13 ›Einfallende Bilder‹. In: Pazzini, Karl-Josef: *Bildung vor Bildern.* 2015. S. 225–243.

328 Sabisch, Andrea: *Bildwerdung.* 2018. S. 9.

329 Vgl. Waldenfels, Bernhard: *Ein menschlicher Traum für Wachende.* 1995. S. 190.
330 Vgl. Waldenfels, Bernhard: *Grenzen der Normalisierung.* [1998] 2. erw. Ausg. 2008. S. 108.
331 Vgl. Gudehus, Christian; Eichenberg, Ariane; Welzer, Harald: *Gedächtnis und Erinnerung.* 2010. S. 202.
332 »Unsere Körper besitzen die natürliche Kompetenz, Orte und Dinge, die ihnen in der Zeit entgleiten, in Bilder zu verwandeln und in Bildern festzuhalten, die wir im Gedächtnis speichern und durch Erinnerung aktivieren.« Belting, Hans: *Bild-Anthropologie.* 2001. S. 65.
333 Waldenfels, Bernhard: *Von der Wirkmacht und Wirkkraft der Bilder.* 2008. S. 55.
334 Schwarte, Ludger: *Fulgurationen.* 2013. S. 82.
335 Ebd.
336 »Bilder erfahren wir als eine ereignishafte Präsentation von Zeit und zugleich als Gestaltung von Lebendigkeit. Noch bevor sie ein Bildobjekt zeigen oder etwas abbilden, erreichen Bilder unsere Wahrnehmung als Fulgurationen.« Ebd. S. 84.
337 Vgl. ebd. S. 71.
338 Vgl. ebd.
339 Bredekamp, Horst: *Der Bildakt.* [2010]. 2015; Krämer, Sybille: *Gibt es eine Performanz des Bildlichen?* 2011.
340 Zwei einschlägige Beispiele wären Sartre, Jean-Paul: Die Imagination (L'imagination). (1936); Lacan, Jacques: *Was ist ein Bild/Tableau?* (1994).
341 Nancy, Jean-Luc: *Am Grund der Bilder.* [2006] 2. Aufl. 2012. S. 14.
342 Waldenfels, Bernhard: *Sinnesschwellen.* [1999] 3. Aufl. 2013. S. 60.
343 Vgl. ebd. S. 58.
344 Diese Form des Miteinanders in der Synästhesie noch einmal mit der am Begriff des »Mits« aufgezeigten kritischen Betrachtung gegenzulesen, würde eine interessante Perspektive auf die Synästhesie bilden, der ich im Rahmen dieser Arbeit jedoch nicht nachgehen werde.
345 Vgl. Waldenfels, Bernhard: *Sinne und Künste im Wechselspiel.* 2010. S. 371.
346 Ebd. S. 372.
347 Ebd.
348 Ebd.
349 Vgl. Waldenfels, Bernhard: *Sinnesschwellen.* [1999] 3. Aufl. 2013. S. 60.
350 Merleau-Ponty, Maurice. *Phänomenologie der Wahrnehmung.* [1945]. übers. 1966 von Rudolf Boehm. 6. Aufl. S. 273.
351 Waldenfels, Bernhard: *Sinne und Künste im Wechselspiel.* 2010. S. 373.
352 Waldenfels, Bernhard: *Gespür für die Dinge.* 2012. S. 216.
353 Waldenfels, Bernhard: *Sinne und Künste im Wechselspiel.* 2010. S. 375.
354 Ebd. S. 170.
355 Mühleis, Volkmar: *Kunst im Sehverlust.* 2005. S. 129.
356 Ebd.
357 Waldenfels, Bernhard: *Sinne und Künste im Wechselspiel.* 2010. S. 21.
358 Boehm, Gottfried: *Augenmaß. Zur Genese der ikonischen Evidenz.* 2008. S. 28.

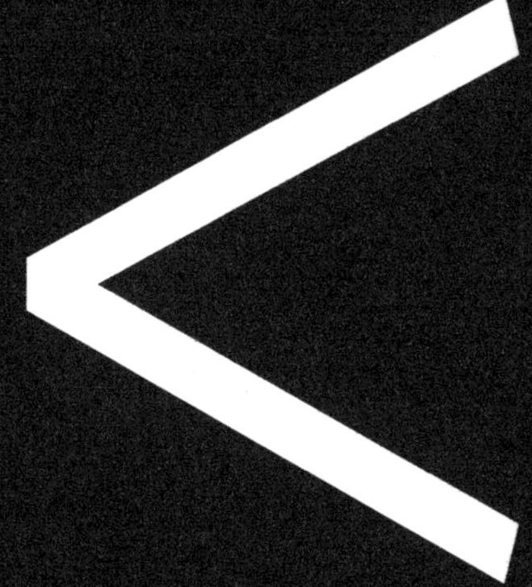

89 — 101

Reflektieren, um zu erfahren ?

I

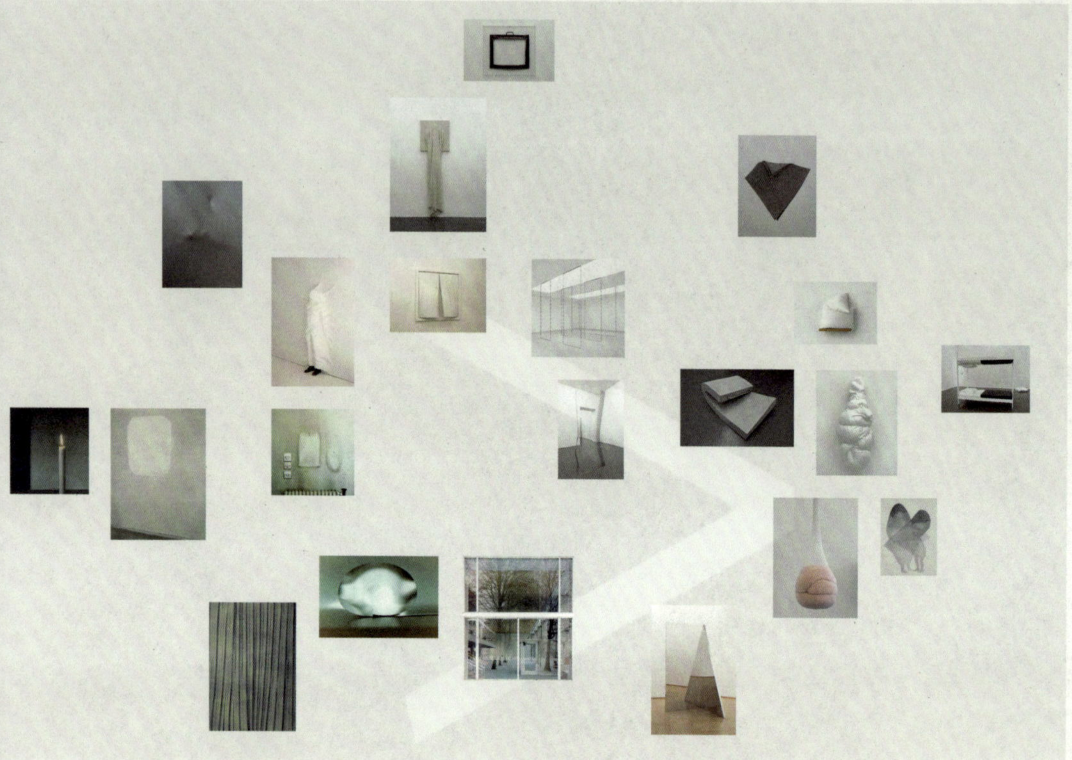

#5

Die diffuse Allgegenwart des Bildes, so zeigt GOTTFRIED BOEHM auf, sei Ausgangspunkt diverser Argumentationen und Theorien zum Bild. Am Ende verschiedenster Überlegungen stehe immer die Frage, mit welcher Art Bildlichkeit man umgehe.[2] Ich frage an BOEHM anschließend: Inwiefern bin ich mir dessen bewusst – oder kann es werden – mit welcher Art von Bildlichkeit ich umgehe? Diese Ungewissheit fordert Weisen der Reflexion über Bildlichkeit heraus, was eine entscheidende Blickachse bildet, um sich einer Genese von Bildlichkeit zuzuwenden.

Unter ›Bilderfahrung‹, so habe ich mit BERNHARD WALDENFELS im vorangegangenen Kapitel *vom Zwischen aus* dargelegt, fasse ich erstens, wenn *etwas als bildlich sichtbar wird,* und zweitens, wenn *etwas als etwas im Bild sichtbar wird.*[3] Mit dem Fokus auf ein genuines Ereignen des Bildlichen folge ich der notwendigen Berücksichtigung einer *pervasiven Bildlichkeit*[4], die nicht erst an den Bildern ansetzt, sondern bereits am fluktuierenden Feld des Ikonischen. ←\-

Forschungsfrage

Die übergeordnete Frage, welche diese Forschung grundiert, lautet daran anschließend: *Wie Bildlichkeit/Bilder erfahren?* Die grammatisch unkorrekte Formulierung umgeht zunächst bewusst eine personale Zuordnung, um in der daraus resultierenden Varianz der Frage ihr Spektrum zu deklarieren: So verhandele ich folgend nicht nur die Frage ›Wie *ich* Bildlichkeit erfahre‹, sondern widme mich unter dem Fokus der sozialen Bedingtheit von Erkenntnis auch der Frage, ›Wie *wir* Bildlichkeit erfahren‹ und

übergeordnete Frage

←\-
Noch-Nicht-Bild?
S. 46

verweise damit auf ein virtuelles Gemeinsames der Bilderfahrung. Insbesondere durch eine im Dialogischen angelegte Sozialität und Alterität, die ihre Anwendung etwa im Pädagogischen und in der Vermittlung findet, wendet sich diese Untersuchung einem Unverfügbaren von Bilderfahrungen zu. Denn vor dem Hintergrund des Doppelereignisses der Erfahrung, aus Pathos und Response, erscheint die Forschungsfrage nur als eine doppelte möglich zu sein, sodass die Frage, *wie ich/wir Bildlichkeit/Bilder erfahre/n,* immer auch die Frage impliziert, *wie mir/uns Bildlichkeit/Bilder widerfährt/widerfahren.*[5]

umgehen

BOEHMS eingangs angeführte Formulierung des ›Umgehens‹ verweist auf einer zweiten Ebene auf einen *Umgang* mit Bildlichkeit, wie wir Bildlichkeit behandeln, gebrauchen, betreiben oder auch beschreiben und versuchen zu (be)greifen. Die übergeordnete Frage ›Wie Bildlichkeit erfahren?‹ verweist für mich daran anschließend auf

spezifische Frage

die Frage nach der *Reflexion* von Bilderfahrungen – eigener und die *A/anderer.* Die spezifische Forschungsfrage, welche sowohl das Doppelereignis der Erfahrung (erfahren/widerfahren) als auch die personale und interpersonale Perspektive (ich/wir) umfasst, heißt: *Wie lassen sich Bilderfahrungen reflektieren?*

Wie können wir das Bildliche am Bildlichen sowie die Dimensionen und Symptome, die das Phänomen der Bilderfahrung hervorbringt, reflektieren?

Genese von Bildlichkeit

In BOEHMS Wortwahl ›des Um-gangs‹ artikuliert sich drittens auch ein Entzug, der bei näherer Betrachtung des Phänomens ›Bilderfahrung‹ auf eine Unverfügbarkeit *vom Zwischen aus* verweist: So bilden die medialen Übergänge zwischen Bilderfahrungen und potentiellen in der Reflexion gewendeten Verstehensweisen von Bildlichkeit *Sprünge* – mediale wie subjektive ←\- ←\- ←\- Ein Umgang mit dem Bildlichen mag in seiner Performanz bereits entstehen, doch kann die reflexive Hinwendung zum Bildlichen Momente der Besonderung veranlassen, etwa wenn wir dessen Bildlichkeit befragen. Darüber hinaus entstehen Sprünge durch die Subjektbildung, wenn wir Subjekt mit KARL-JOSEF PAZZINI als temporäre Akte von Relationen verstehen und in dieser Performanz ein Statisches des Subjekts negieren.[6]

Wie artikuliert sich Bilderfahrung durch ihre Medialität und durch ihre Performanz, auch in Anbetracht der beschriebenen Sprünge? In welcher Relation stehen Bilderfahrungen zu vergangenen und zukünftigen Bilderfahrungen? Welche Dimensionen von Bilderfahrung bilden sich heraus und wie können diese methodologisch beforscht werden?

Reflektieren, um zu erfahren?

Als sprachliche Wendung verweist die Überschrift des Kapitels *Reflektieren, um zu erfahren?*, auf GEORGES DIDI-HUBERMANS Aufsatz *Experimentieren, um zu sehen.*[7] DIDI-HUBERMAN bezieht sich darin unter anderem auf den französischen Mediziner und Experimentalphysiologen CLAUDE BERNARD, der den Terminus ›experience pour voir‹ 1865 im Rahmen seiner *Introduction à l'étude de la médecine expérimentale*[8] geprägt habe. BERNARD stelle darin Experimentieren als eine Weise des Erkenntnisgewinns heraus, bei der man immer gewinne.[9] Auf diese Annahme BERNARDS aufbauend fragt DIDI-HUBERMAN nach der Art und Weise dieses Experimentierens. Er zitiert BERNARD:

←\- Übersetzung als Über-Setzen **S. 47**

←\- Dia und Meta **S. 52**

←\- Verkörperung // durchmachen **S. 53**

> » [Tatsächlich, SJ] kann man sich nur von einer Art Intuition leiten lassen [...] und selbst wenn das Thema vollkommen obskur und unergründlich ist, darf [der Forscher] sich nicht scheuen, fast schon ein bisschen auf gut Glück vorzugehen, um zu versuchen, man möge mir diese vulgäre Ausdrucksweise nachsehen, im Trüben zu fischen. Das soll heißen, dass er hoffen kann, in der Umgebung der funktionalen Störungen, die er hervorruft, irgendein unvorhergesehenes Phänomen auftauchen zu sehen, das ihm eine Idee bezüglich der seinen Recherchen zu gebenden Richtung verschafft. Diese Arten von Experimenten des Herantastens, die extrem häufig sind [...], könnten expériences pour voir genannt werden, weil sie darauf ausgerichtet sind, eine erstmalige, unvorhergesehene, im Vorhinein unbestimmte Beobachtung auftauchen zu lassen, deren Erscheinen eine experimentelle Idee anregen und einen Weg für die Recherche eröffnen kann.«[10]

ahnende, indirekte Dynamik

Bernard zeigt demgemäß eine intuitive, (ver)suchende Haltung auf, die auf einem Hoffen gründet, dass man etwas findet, ohne genau zu wissen, was es sein wird, indem man durch Praktiken des Forschens einen Boden bildet, auf dem Unvorhergesehenes und Ungedachtes hervortreten kann. *Expériences pour voir*, als Experimente des Herantastens, weisen eine ahnende, indirekte Dynamik auf, die ich auch einem *Reflektieren, um zu erfahren* zuweisen möchte. Dies bedeutet für mich, dass ein Reflektieren über das Bildliche Erfahrungen über das Bildliche, Bilderfahrungen, ermöglichen kann, sowohl methodologisch als auch bildtheoretisch sowie in konkreten Vermittlungssituationen. Damit ist eine Umkehr von Reflektieren und Erfahren angezeigt, die in einem vorausgehenden Reflektieren Potentiale für ein Erfahren deklariert.

funktionale Störungen

Die von Bernard benannten ›funktionalen Störungen‹ verstehe ich als Momente der Irritation, die im Kleinen mit jeder Forschungspraxis entstehen können, indem jemand sich einer Sache, oder einem Phänomen zuwendet und in dieser Wendung etwas bewegt. Die Irritationen werden aber auch durch experimentelle Settings möglich, die etwas initiiert verrücken, *anders* sehen lassen, assoziieren, dissoziieren oder versuchen eine Ungewissheit zu induzieren oder herauszufordern, wo vorher Gewissheit herrschte, etwas unauffällig oder ungedacht war. Ein *Reflektieren, um zu erfahren* bezeichne ich demgemäß als eine Forschungshaltung, die für die im anschließenden Kapitel entwickelte methodologische Konzeption einen elementaren Grundgedanken bildet. →\×

Modalitäten und Medialitäten eines Reflektierens

Um sich der methodologischen Konzeption und daraus hervorgehenden Methoden zuzuwenden und auch, um die Forschungsfrage zu entfalten, werde ich folgend den zentralen Begriff der Reflexion entwickeln und aufzeigen, wie ich diesem im Kontext von Bilderfahrung begegnen möchte. Während ich dem Erfahrungsbegriff bereits umfassend in der vorangegangenen theoretischen Entwicklung einer Perspektive auf Bilderfahrung *vom Zwischen aus* ←\- nachgegangen bin, weist sich der Begriff der Reflexion im Feld des Ikonischen noch als klärungsbedürftig aus. Insbesondere dessen

→\×
Methodologische (An)Wendungen
S. 103

←\-
Erfahrung
S. 32

Modalitäten und Medialitäten werde ich dazu folgend in den Blick nehmen sowie über die Varianz in der Auslegung von Reflexionsbegriffen den Möglichkeitsraum eines Reflektierens und potentielle Praktiken betrachten.

Reflexions*be*griff entwickeln

Synonyme?

Denken, durchdenken, nachdenken, sich Gedanken machen, sinnen, nachsinnen, von allen Seiten betrachten, zurückwerfen, zurückstrahlen, projizieren, spiegeln, widerspiegeln, den Verstand gebrauchen, nachgrübeln, grübeln, überlegen oder Überlegungen anstellen – diese und viele weitere Wörter und Wendungen werden in der deutschen Sprache als vermeintliche Synonyme von ›reflektieren‹ geführt, die allesamt auf den Deutungsspielraum des Wortes und dessen Verwendungsheterogenität verweisen.[11] Geht man davon aus, dass Synonyme abweichende, spezifische Bedeutungen anführen, wird verständlich, dass die einzelnen Worte der Wortbedeutung von ›reflektieren‹ nicht genügen können. Synonyme weisen vielmehr darüber hinaus und erzeugen einen semantischen Radius, ohne den sie aber auch gar nicht synonymisch tätig wären. Insofern besteht die Beziehung zwischen einem Wort und dessen Synonymen in einer ihrer Bedeutungen betreffenden Ähnlichkeit. Während Wortbedeutungen in Wörterbüchern, historischen, etymologischen und anderen, festgelegt werden und fortan als Konstanten fungieren wollen, sind Begriffe die eigentlichen Metamorphen. Der Metamorph wird an dieser Stelle in seiner mythologischen Bedeutung gedacht, als Formen- oder Gestaltwandler, um die Beweglichkeit von Begriffen anzudeuten. Schon gemäß dem Begriff ›Be*griff*‹[12] bringen sich Begriffe durch ein Be-Greifen hervor, verändern sich durch den- oder diejenige, der oder die diesen begreift. Ein solches Begreifen zeigt sich daran anschließend als dynamisch, temporär, sozial und kulturell grundiert – als relationale Konstruktionen von Sinn. Begriffe sind, in Begriffspraxen eingebettet, als Anwendung denkbar.[13]

Metamorphen

Reflexionsbegriff entwickeln

So kann auch ein Reflexionsbegriff nicht ohne singuläre Praxen von Reflektieren gedacht werden, die den Begriff unweigerlich transformieren. Darüber hinaus werden Reflexionsbegriffe auch durch Praktiken des Reflektierens geformt, wenn wir Praktiken als »traditionsträchtig« und zugleich »in einem kulturellen und historischen Kontext« eingebettet verstehen.[14] Einen Reflexionsbegriff zu entwickeln bedeutet daher, *mögliche* Modalitäten und Medialitäten zu beschreiben, die eine Richtung aufzeigen oder eine Perspektive errichten, die keinesfalls allgemein- noch endgültig festlegt, worin die Grenzen eines Reflektierens liegen.

Dieses Nachdenken über den Reflexions*begriff* ist methodologisch wie theoretisch relevant, da andernfalls bereits umgrenzt wäre, *wann* wir von einem Reflektieren von Bilderfahrung sprechen können, womit die Weisen des Reflektierens im Vorfeld redigiert wären. Als herausfordernd erweist sich, einen Reflexionsbegriff zu entwickeln, der einer Performanz von Weisen des Reflektierens gerecht wird und diese nicht vorschnell eingrenzt. Wie genau sich Reflexion umgrenzt, artikuliert und initiiert, bewegt sich im Unverfügbaren, grenzt an die Möglichkeiten unseres Bewusstseins und hält mich doch nicht davon ab, mich fragend anzunähern.

als Denken und/oder Handeln?

Inwiefern ist Reflektieren als Denken oder Handeln zu verstehen? Denken und Handeln bilden alltagssprachlich zwei unterschiedliche Praktiken des Reflektierens, deren vermeintliche Differenzierung relevant erscheint, da sich, wie der Erziehungswissenschaftler Edgar Forster beschreibt, in der lateinischen Wortbedeutung von re-flectere, die »zurückbiegen, zurückwenden« oder genauer »animum reflectere, ›seine Gedanken auf etwas hinwenden‹« bedeute, eine Verquickung aus Denken und Handeln angezeigt wird.[15] So könnte das Zurück- oder Hinwenden von Gedanken als ein *denkendes Handeln* oder *handelndes Denken* verstanden werden, welches eine Trennung beider Modi zunächst schwerlich offenbart.

×

Denken

Denken und *sich Gedanken machen* beschreiben beide ein aktives Tun, doch sie erzeugen voneinander abweichende Perspektiven: Während der Infinitiv *denken* eher unabgeschlossen, ziellos, in sich agierend erscheint, verweist die Reflexivkonstruktion *sich Gedanken machen* auf ein Tun, das Gedanken herstellt und damit deutlich abgeschlossener auftritt, indem auch eine zeitliche Relation aufgerufen wird.[16] So holen auch Präfixe zu ›Denken‹ die relationale Dimension des Reflektierens begrifflich stärker ein: Während ein *Nachdenken* ein Reflektieren als zeitlich versetzte Denkleistung markiert, verweist ein *Durchdenken* darauf, dass wir es nicht nur mit einer zeitlichen Relation zu tun haben, sondern darin auch eine mediale Dimension des Reflektierens annehmen können. Ist demgemäß die entscheidende Frage, *wodurch* wir denken? Oder meint das ›*Durch*‹ eines *Durchdenkens* vielmehr, dass wir im Sinne Bernhard Waldenfels etwas *durchmachen* als ein pathisches Erleiden, was ein Verhältnis zum Erfahrungsbegriff ausweisen würde? Grundlegend wird mit den Präfixbildungen von ›denken‹ eine Differenz zum ›bloßen‹ Denken deutlich. Doch worin artikuliert sich diese Differenz noch, wenn nicht nur in einer Relation, wie etwa einer Nachträglichkeit?

Denken anders denken

Um den Reflexionsbegriff zu schärfen, erscheint es vielleicht hilfreich, Weisen des Denkens zu unterscheiden. Der Wirtschaftspädagoge Gerhard Minnameier unterscheidet dazu Reflektieren als ein Denken, das Überlegungen anstelle, etwas in Zweifel ziehe und somit fragliches Wissen meine.[17] Damit weist sich Reflexion als kritisch, fragend und zugleich offen für die Veränderung von Wissensbeständen aus. Der Zweifel, der auch in Figuren wie der Besonderung, Verwunderung oder Irritation in

fragliches Wissen

Zweifel

<

Augenschein tritt, führt Reflektieren als Geste der Umordnung vor, mit der etwas aus seiner Gewissheit heraus spröde, rissig, oder porös wird. Damit ist eine Entrückung vom bloßen Denken als Bekräftigung von Wissen angezeigt.

Im Kontext künstlerischer Forschung widmen sich JENS BADURA und SELMA DUBACH in ihrem Beitrag *Denken/Reflektieren* einem Denken im Medium der Kunst. Bemerkenswert erscheint, dass auch hier der Reflexionsbegriff über beide Pole, Denken und Handeln, diskutiert wird. So bezeichnen DUBACH und BADURA Denken als eine Praxis der Bildung und Verhandlung von Wissensbeständen: »Der denkende Umgang mit Wissen innerhalb des künstlerischen Forschungsprozesses, [...] ist charakterisiert durch ein stark exploratorisches, entdeckungs- und intuitionsgeleitetes und nicht primär durch ein von explizit artikulierten Hypothesen geleitetes Vorgehen.«[18]

Handeln

Facetten dieses intuitions- und entdeckungsgeleiteten Vorgehens beziehen sich auf etwas, das als *Embodied* oder *Tacit Knowledge*[19] gefasst wird. In dessen Zentrum stehen Formen impliziten Wissens[20], die vereinfacht oft als Handlungswissen[21] oder *schweigendes Wissen* bezeichnet werden. Ein einfaches Beispiel wäre Fahrrad- oder Autofahren. So werden dazu nötige Bewegungen und wiederkehrende Abläufe inkorporiert und handelnd hervorgebracht, ohne dass etwa gezielt über jeden Tritt in die Pedale oder das Kuppeln beim Schalten nachgedacht wird. Auch wenn diese Beispiele den komplexen Gedanken des impliziten Wissens verkürzen, so lässt sich über Handlungswissen ein leitendes Moment des intuitionsgeleiteten Vorgehens beschreiben.[22]

implizites Wissen

im Medium der Kunst

DUBACH und BADURA schließen an das implizite Wissen ein Denken im Medium der Kunst an. Sie gehen davon aus, dass es eine Form von Wissen gibt, die sich im Prozess des künstlerischen Tuns oder der künstlerischen Praxis zeige. Demgemäß könne sich ein Denken im Medium der Kunst, *als* Reflexion vollziehen.[23] Zu unterscheiden sei, dass Reflexion stets selbstbezüglich verlaufe und bereits Erfahrenes thematisiere.[24]

begriffliches & unbegriffliches Denken

Mit DUBACH und BADURA wird der Gedanke einer Nachträglichkeit bzw. relationalen Entrückung eines Re-Flektierens bestärkt und um den Selbstbezug erweitert. Reflektieren, das sich im Zuge eines Denkens im Medium der Kunst vollzieht, verweist auf ein Reflektieren durch Visuelles, durch ein Bildliches, durch ästhetische und künstlerische Praktiken. Deren Besonderheit artikuliere sich darin, dass begriffliches Denken mit unbegrifflichem Denken in Dialog trete.[25] Damit verschiebt sich die hier betrachtete Dichotomie von Denken und Handeln und lässt uns vielmehr nach dem Medium des Reflektierens fragen sowie nach jener Ebene der Selbstbildung.

zwischen Medium und Selbstbildung

medial grundierter Reflexionsbegriff

Auch wenn Selbstreferenz bevorzugt in sprachlichen Modi verankert sei, konturiert DIETER MERSCH eine nicht-sprachliche, eine visuelle Form des Denkens. So bezeichnet er mediale Reflexionen im Kontext von Bildern nicht als »ein Nachdenken über Bilder – das wäre trivial –, sondern ein Denken im Visuellen mit den Mitteln der Bildlichkeit selbst.«[26] Insofern perspektiviert MERSCH in seinen Überlegungen keine Verschiebung auf den Gegenstand, in diesem Fall Bild oder Kunst, sondern positioniert ein medial verstandenes Denken durch Bilder oder durch Kunst als einen medial grundierten Reflexionsbegriff. »Der stete Hinweis auf das ›Durch‹ (dia/per)«, so führt MERSCH in seinen Überlegungen zum Denken im Visuellen aus, »[ver]weist dabei auf die Medialität der Reflexion, die Spezifik ihrer ästhetischen Performanz.«[27]

Reflexion figuriert *zwischen* Medien und Subjekten, betrifft die unterschiedlichen Sinne und vollzieht sich in der Praxis. Daraus ergibt sich, dass in verschiedenen Medien auch unterschiedlich reflektiert und *Unterschiedliches* reflektiert werden kann, was dann sowohl die Modalität als auch den Gegenstand der Reflexion betrifft.

Selbstbezug

MERSCHS medialer Reflexionsbegriff, der den Begriff des Denkens mit dem Begriff der Reflexion analogisiert, greift auch den bereits mit DUBACH und BADURA angedeuteten Selbstbezug auf, insofern MERSCH von einem Reflektieren, um »sich seiner selbst bewusst zu werden«[28], spricht:

> » ›Etwas‹ sucht sich durch (dia/per) sich selbst in Besitz zu nehmen und ist dabei Medium und Mediatisiertes zugleich: Einheit, die in eine Zweiheit zerfällt, welche sich jedes Mal wieder von Neuem zur Einheit schließen muss. Sie muss sich sozusagen schon vorausgegangen sein, um sich nachgehen und einholen zu können – und kann sich doch nirgends erreichen. Es ist, als litte die Selbstreflexion an einem chronischen Ungenügen, einer Flucht, die sich umso mehr forciert, je stärker sie sich in ihrer Bewegung verfehlt.«[29]

Verfehlung des Selbst

Somit müsse sich die in der Reflexion aufscheinende »Rück-Wendung« auf das »vorgewendet« haben, »was noch nicht bzw. nicht mehr ist« – Selbstreflexion bleibe damit »chronisch unerfüllt, weil sie nicht anders kann als sich andauernd zu sich in Distanz zu halten«, was sich in einem unabdingbaren »Sprung«, artikuliere.[30] Mit MERSCH zeigt sich der Selbstbezug als Selbstreflexion, in Erweiterung zu DUBACH und BADURA, nicht als bloße Thematisierung von Erfahrung, sondern vielmehr in Verweis auf BERNHARD WALDENFELS als ein diastatischer Entzug, der meiner Ansicht nach in der Selbstteilung (Zweiheit) eine Differenzbildung vollzieht, die von der Vorgängigkeit und Nachträglichkeit des Erfahrungsgeschehens gefärbt ist. ←\-

Selbstbildung durch Reflexion

Daran anschließend sei auf die im Kontext sozialer Verständigungsprozesse von WALDENFELS hergestellte Verbindung zwischen Reflexion, Dialog und Selbstbildung verwiesen. Er verdeutlicht dort in seiner Rezeption von GEORGE HERBERT MEADS Sozialtheorie, dass der Ursprung des Selbst »nicht in einer affektiven Erfahrung des Selbstgefühls, sondern in kognitiven Akten der Reflexion liege, die das Selbst in einem Selbstbewußtsein verankern«[31]. Selbstbildung wie auch Sinnbildung seien aus dem

←\-
Diastase: zur diachronen Rhythmik der Erfahrung
S. 33

Verhalten heraus zu erklären, sodass das Selbst nicht fertig vorhanden sei, sondern sich stetig im Selbstverhalten entwickle.[32] Durch Selbstverhalten entstünde wiederum Selbstbewusstsein, das WALDENFELS an den Dialog rückbindet: »Indem wir zum Anderen reden, reden wird zugleich zu uns selbst, hören wir uns selbst und antworten wir uns selbst [...].«[33]

Ergänzt man das ›Reden‹ an dieser Stelle um ein Dialogisches, das sich auch durch Visuelles artikuliert und durch künstlerische Praxen vollzieht, bildet dies den entscheidenden Versuch eines Konnexes zwischen Praxen medialer Reflexivität (MERSCH), einem Denken im Medium der Kunst (DUBACH/BADURA) und dem diastatischen Sprung einer Selbstbildung in der Selbstreflexion (MERSCH/WALDENFELS).

vom Zwischen als Movens der Reflexion

Erfahrung
Differenz
Abstand
Über-
durch
Ungedachtes
Denkkollektive
M/mit
ich und die Anderen
Relationen
Resonanz
Dialog
Blick
Zeit
implizit
synästhetisch

Bilderfahrung *vom Zwischen aus* zu betrachten errichtet für die Forschungsfrage *Wie lassen sich Bilderfahrungen reflektieren?* eine entscheidende Sphäre. Denn das Dazwischen halte einen Spielraum aufrecht, wie FRANÇOIS JULLIEN beschreibt.[34] Mit diesem Spielraum eröffnet sich ein virtuelles Feld, das jenes Zweifeln, das fragliche Wissen (MINNAMEIER), in der Reflexion nährt. Die bereits konturierten Differenzbildungen, Performanzen, sowie Relationen, mit denen ich eine Perspektive *vom Zwischen aus* begründe, fungieren als *Movens von Reflexion*, denn der durch sie errichtete Spielraum, gewährt der Selbstbildung wie Sinnbildung einen Ort.

Das Zwischen fungiert in dieser Arbeit ähnlich wie bei JULLIEN als Werkzeug, als Weise der Betrachtung. ←\- In der Reflexion will das Zwischen jenen Bewegungen des Selbstbezugs und -entzugs gerecht werden. Der im Zwischen entstehende Spielraum ermöglicht Transformationen eines Reflexionsbegriffs, dessen Modalitäten und Medialitäten sich von seinen Praktiken wie Praxen her entwickeln. Auch die mit JENS BADURA und SELMA DUBACH umschriebene intuitions- und entdeckungsgeleitete Verhandlung von Wissensbeständen in der Reflexion kann ihre Performanz *im Spiel* artikulieren. DIETER MERSCH formuliert dazu sehr treffend:

> » Was sich derart exponiert und reflektierbar macht, ereignet sich bevorzugt zwischen den im Spiel befindlichen Elementen [...] – nicht als ihrem Zwischenraum, der immer eine Unvereinbarkeit ausstellt, sondern als die Momente ihres je besonderen Zueinanders und dem, was aus ihnen konkret hervorzugehen vermag.«[35]

Zueinander

Im singulären Zueinander als Konstellation, Konfiguration, Relation oder Assoziation tritt ein sich immer wieder neu und anders figurierendes Verhältnis hervor. Das Zwischen als Spielraum kann darin zum Ort werden, an dem sich etwas *zeigt* und *bildet*,

←\-
Dazwischen als Werkzeug
S. 45

was sich *durch* ein Reflektieren vollzieht. Die Herausforderung besteht darin, Weisen des Reflektierens von Bilderfahrung wiederum selbst forschend zu reflektieren und zu entwickeln, die diesen Spielraum aufrechterhalten und nicht vorschnell schließen. | |

Spielraum

Die methodologische und auch methodische Konzeption eines *Reflektierens, um zu erfahren,* im Kontext einer Bilderfahrung *vom Zwischen aus*, zeichnet sich damit als Gegenstand der Forschungsfrage selbst aus. Das bedeutet, dass ich der Forschungsfrage *Wie lassen sich Bilderfahrungen reflektieren?* nicht nur auf einer theoretischen, sondern auch auf einer methodologischen Ebene nachgehe. Ich werde daher erstens, vorwiegend bildtheoretisch unter dem Begriff der *Bildreflexive* Weisen der Reflexion untersuchen, die sowohl *bildliches Reflektieren* und *Bildliches reflektieren* betreffen. Auf diese doppelte Perspektive werde ich im Hauptteil explizit eingehen und diese dort näher erläutern. Zweitens impliziert die Forschungsfrage die Notwendigkeit, eine Herangehensweise zu entwickeln, mit der sogenannte *Bildreflexive* erforscht werden können. Die theoretische und methodologische Ebene sind dabei verschränkt zu denken, was sich aus dem Vorgehen heraus entwickelt: So tritt die Reflexion und Anwendung bild- und medientheoretischer Positionen als sowohl vorausgehende Erkenntnisgrundlage, als Differenz- und Konstitutionsmoment der Methodologie- und Theoriebildung sowie als Instrument in den Analysen in ein enges Verhältnis zur methodologischen Ebene, deren Konzeption ich im Folgenden unter *Methodologische (An)Wendungen. Forschung zur Bilderfahrung durch Bilderfahrung* aufzeigen werde. Dazu greife ich die bereits unter *vom Zwischen aus* immer wieder herangezogene Figur des *Spiels* auf und entwickle eine darauf aufbauende Methode des *Displayings.* →\×

theoretische & methodologische Ebene

×

Das Scharnier meiner Untersuchung bildet das Bezugsfeld ›Vermittlung‹. So untersuche ich die Forschungsfrage *Wie lassen sich Bilderfahrungen reflektieren?* in meiner eigenen kunstpädagogischen und -vermittelnden Praxis, welche ich als Forschungsfeld verstehe und somit als Zugang. Dies werde ich im Zuge der methodologischen Konzeption und insbesondere in der Reflexion meiner Forscherinrolle erläutern und reflektieren, um die Spezifik dieser Perspektive aufzuzeigen. →\×

→\×
Displays und Displaying
S. 145

→\×
Reflexion Forscherinrolle
S. 162

1 Diese von mir erstellte Bildertafel verwende ich als Bildargumentation zum Reflexionsbegriff. Sie soll eine andere Weise der Argumentation gegenüber den anschließenden sprachlichen Ausführungen aufzeigen. Darüber hinaus erzeuge ich mit dieser Bildertafel ein Beispiel, um mich im Hauptteil dieser Arbeit der Bildargumentation als Dimension von Bilderfahrung zu widmen.→\ ÷ Bildargumentation. S. 388. Die Bildertafel liegt dem Buch als Faltblatt bei. Siehe dazu Abbildungsverzeichnis S. 468.

2 Vgl. Boehm, Gottfried: *Die Wiederkehr der Bilder.* 1994. S. 11.

3 Gemäß seiner phänomenologischen Grundmotivik von Erfahrung ergänzt Waldenfels diese minimale Bedingung des Bildes um einen poetischen Vergleich: »Von Bilderfahrung sprechen wir, wenn etwas als etwas im Bild sichtbar wird. Das Bild ist also zunächst nicht etwas, das wir zusätzlich auch noch sehen; als Medium des Sehens gleicht es der Sonne, in deren Licht wir sehen, was wir sehen.« Vgl. Waldenfels, Bernhard: *Spiegel, Spur und Blick.* 2001. S. 15.

4 Vgl. Waldenfels, Bernhard: *Phänomenologie der Aufmerksamkeit.* 2004. S. 206.

5 Waldenfels führt die doppelte Dynamik von erfahren und widerfahren, vom Nominativ des ›Ich‹ zum Dativ des ›Mir‹ in Sozialität und Alterität (2015) aus. Erfahren heißt in diesem Sinne auch immer, dass mir etwas zustößt oder mich trifft, sodass die Frage nach einem Erfahren von Bildlichkeit immer auch ein pathisches, dativisches Widerfahren von Erfahrung betrifft. Waldenfels, Bernhard: *Sozialität und Alterität.* 2015. S. 81f.

6 Wie bereits im Kapitel *vom Zwischen aus* unter *Ungedachtes* angeführt: »Das Singuläre (Einzigartige) des Subjekts ist nur zu begreifen durch die Gegen- und Kontrastbewegung einer Vergesellschaftung (Beziehungsaufnahme, Eingehen von Relationen), nicht mehr als das autonome Ich, das sich und anderen als Festung gilt und zu einer wahnhaften Verkennung der Welt neigt. Was der Mensch wahrnehmen kann, ist phänomenal, also nur in dem Bereich auffindbar, der in Erscheinung tritt. […] Dass etwas unzugänglich bleibt, lässt eine Sphäre entstehen, die zwischen dem liegt, was erscheint (phänomenal ist) und dem, was unzugänglich ist (noumenal ist). In dieser Kluft konstituiert sich als Relation das Subjekt. Ein so verstandenes Subjekt ist jeweils ein Akt, ein immer wieder verschwindender Vermittler.« Pazzini, Karl-Josef: *Perspektiven für die Kunstpädagogik.* 2004. S. 2.

7 Georges Didi-Huberman bezieht sich dabei auf Claude Bernard, der das ›experience pour voir‹ 1865 im Rahmen seiner *Introduction à l'étude de la médicine expérimentale* geprägt habe. Didi-Huberman, Georges: *Experimentieren, um zu sehen.* 2012.

8 Frei übersetzt als »Einführung in die Experimentalmedizin«.

9 Vgl. Bernard, Claude: *Introduction à l'étude de la médicine* (1865). Paris. 1966. S. 50. Zit. nach: Didi-Huberman, Georges: *Experimentieren, um zu sehen.* 2012. S. 197.

10 Ebd.

11 *DUDEN. Das Synonymwörterbuch.* 2010. S. 728.

12 Vgl. zum Begriff des Begriffs Asmuth, Christoph: *Begriff.* 2015.

13 Vgl. Johns, Stefanie; Bader, Nadia: *do ~~not~~ touch.* 2018.

14 Ich beziehe mich auf die von Nadia Bader in ihrer Studie *Zeichnen – Reden – Zeigen* herausgearbeitete Unterscheidung von Praktiken und Praxis, die sie unter anderem mit Bezug auf Andreas Reckwitz und Robert Schmid dargelegt hat: Bader, Nadia: *Zeichnen – Reden – Zeigen.* 2019. S. 287.

15 Forster, Edgar: *Reflexivität.* 2014. S. 589.

16 Didi-Huberman stellt in seinem Aufsatz *Sagen versuchen* eine Unterscheidung von ›Sagen in Actu‹ und ›Gesagtem‹ heraus, die diese zeitliche und mediale Verschiebung aufgreift: »Es gibt also zwei Arten des Sagens. Gegenüber dem Sagen in actu – also in fortwährenden Versuchen, Annäherungen, tastenden Bewegungen oder Experimenten – gibt es das Gesagte der bereits abgeschlossenen Gedanken, der schon gefaßten Meinungen, der bereits geäußerten Rede, der fertigen Diskurse.« In der Bearbeitung der Forschungsfrage wird diese Unterscheidung relevant, insofern über diesen Gedanken eine Differenz im sprachlichen Reflektieren über Bilderfahrungen herausgearbeitet werden kann: »Wenn die Worte fehlen, um etwas von unserer Erfahrung auszudrücken […], ist es leicht und sogar verlockend, Zuflucht bei schon Gesagtem zu suchen.« Didi-Huberman, Georges: *Sagen versuchen.* 2017. S. 80f.

17 Diese Überlegung Minnameiers wird dem Kontext der Wirtschaftspädagogik entlehnt. Seine Begriffskonzeption erscheint in diesem Aspekt übertragbar und verallgemeinerbar, insofern auch Hans-Georg Neuwegs Band *Wissen – Können – Reflexion*, in dem Minnameiers Ausführungen erschienen sind, sich allgemeiner dem Verhältnis von Reflexion und Handlung zuwendet. Minnameier, Gerhard: *Die Genese komplexer kognitiver Strukturen.* 2000. S. 149.

18 Dubach, Selma; Badura, Jens: *Denken/Reflektieren.* 2015. S. 123.

19 Vgl. Neuweg, Hans-Georg: *Könnerschaft und implizites Wissen.* [1999] 3. Aufl. 2004.

20 Implizites Wissen bezeichnet eine Weise erfahrener Welterschließung, die nicht in einer begrifflichen, also sprachlich repräsentierten Form zu fassen ist, ohne dass wir ihren Kern, das Implizit-Sein, zur Auflösung zwingen. Dies artikuliert sich in Michael Polanyis bekannter Formulierung: »daß wir mehr wissen, als wir zu sagen wissen.« Polanyi, Michael: *Implizites Wissen.* [1985] 2. Aufl. 2016. S. 14.

21 »Wenn ich von Wissen spreche, beziehe ich mich also stets sowohl auf praktische als auch auf theoretische Kenntnisse.« Ebd. S. 16.

22 Ebenfalls in künstlerischen und ästhetischen Prozessen gehen wir von Formen des impliziten Wissens aus. Im Handbuch schweigendes Wissen haben Andrea Sabisch, Manuel Zahn und Ole Wollberg an drei unterschiedlichen Beispielen ästhetischer Praxis Dimensionen schweigenden Wissens dargelegt. Sabisch, Andrea; Wollberg, Ole; Zahn, Manuel: *Ästhetische Praxis und Schweigendes Wissen.* 2017. S. 79–91.

23 Vgl. Dubach, Selma; Badura, Jens: *Denken/Reflektieren.* 2015. S. 125.

24 Vgl. ebd.

25 Vgl. ebd. S. 126.

26 Mersch, Dieter: *Sichtbarkeit/Sichtbarmachung.* 2014. S. 37.

27 Ebd. S. 64.

28 Ebd. S. 36.

29 Ebd. S. 59.

30 Ebd.

31 Vgl. Meat, George Herbert: *Mind, Self and Society.* 1934. S. 173, 216, zit. Nach Waldenfels, Bernhard: *Der Spielraum des Verhaltens.* 1980. S. 241.
32 Vgl. Waldenfels, Bernhard: *Der Spielraum des Verhaltens.* 1980. S. 241.
33 Ebd.
34 Vgl. Jullien, François: *Der Weg zum Anderen.* 2014. S. 69.
35 Mersch, Dieter: *Epistemologien des Ästhetischen.* 2015. S. 166.

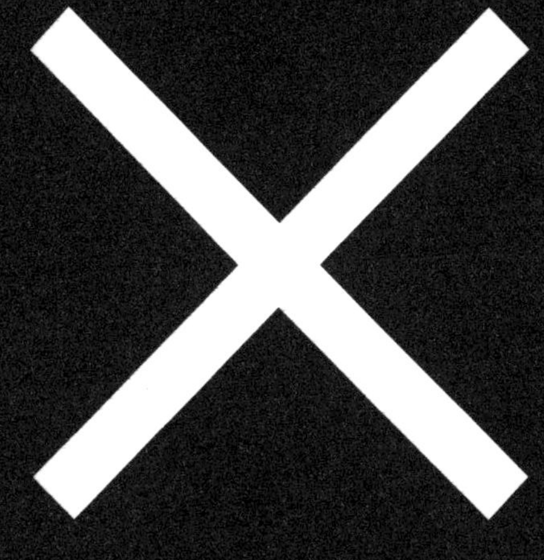

103 — 173

Methodologische (An)Wendungen.
Forschung zur Bilderfahrung durch Bilderfahrung

Formen *Anderen Wissens*[1], die sich auf ästhetische und künstlerische Forschungspraxen beziehen, weisen andere Logiken des Forschens auf, die etwa einer Linearität im Forschen emergente, konfigurale und fulgurative Praxen gegenüberstellen. Ein *Experimentieren, um zu sehen*[2], um abseits bestehender Methodenschulen »etwas zu suchen, von dem man noch nicht weiß, was es sein wird«[3], konturiert sich in einer nicht nur vom Sagen, sondern auch vom Zeigen ausgehenden visuellen Bildung, die versucht Kontingenzphänomene produktiv zu wenden.[4]

anderes Wissen

experimentieren

Ein intuitives Ahnen, das in Annahmen, Suchen und Praxen aufscheint, bildet einen ephemeren und *vor-sichtigen* Blick heraus, der für mich im Forschen als Ungewissheit spürbar wird. Doch entgegen der Annahme, dass der Mangel einer konkreten Zielvorstellung unwissenschaftliche Züge aufweist, hält insbesondere eine Virtualität[5] unser Denken für Neues offen, sodass »[w]ir finden, was wir nicht gesucht haben.«[6] Diese Produktivität und Dynamik der Ungewissheit werde ich im Rahmen der methodologischen Konzeption reflektieren und exemplarisch entlang bestehender methodologischer und methodischer Theorien entfalten, um aufzuzeigen, warum explizit kontingente Forschungspraxen für Bildforschungen eine augenfällig ergiebige Basis für das *Ungedachte*[7] bilden.

intuitives Ahnen

Virtualität

Als ein *anders Wenden* beabsichtigt ein suchender und experimenteller Zugang zu neuer Erkenntnis die etablierten Bahnen der Umschau zu verlassen, um einen Modus zu (er)finden, der den gewohnten Wissensformen und Wahrnehmungsweisen etwas *Anderes* entgegensetzt. Neues Wissen zu erhoffen artikuliert sich als Wunsch, sich dem Ungedachten ←\- anzunähern. Dies motiviert dazu, experimentelle Weisen des Forschens zu initiieren und zu inszenieren.

anders Wenden

←\-
Ungedachtes
S. 53

×

(An)Wendungen

Daran anschließend lässt sich mit der Adaption einer auf Karl-Josef Pazzini zurückgehenden These der Kunstpädagogik eine unhintergehbare Performanz im Forschen aufzeigen: Forschung existiert nicht, es sei denn als angewandte.[8] In der Anwendung steckt die *Wendung*, die mit Blick auf wissenschaftliche Diskursbewegungen (turns) auch als *Zu-* oder *Hinwendung* im Sinne einer forschenden Auseinandersetzung betrachtet werden kann. *Methodologische (An)Wendungen* verstehe ich als Ausdruck der jene Performanz *(Wendungen)* und singuläre Forschungspraxen *(Anwendungen)* aufgreift. So verwendet Andrea Sabisch den Begriff der Anwendung »als Oberbegriff für eine Praxis des Antwortens, wie auch für eine Praxis des Übersetzens [...]«.[9] Sabisch verdeutlicht mit Bezug auf Derrida, dass die Anwendung eine »immer wieder neue singuläre Hinwendung zu etwas«[10] meine. Übertragen auf das Feld der Wissenschaften, das sich keinesfalls in Gänze greifen lässt, können methodologisch tradierte Topoi implizit hinterfragt werden, indem die singuläre Hinwendung als Anwendung einen Forschungsbegriff konturiert, der Forschen als ein performatives und singuläres Vorgehen begreift. In der Wendung steckt auch eine Vorläufigkeit, ein (Ver)suchen, weshalb ich nicht von der Entwicklung einer Methodologie, sondern einer methodologischen Konzeption spreche und Konzeption in seiner zurückgenommenen Lesart des Entwurfs verstehe.

methodologische Konzeption

Die Entwicklung und Reflexion der methodologischen Konzeption dieser Untersuchung ist einer ihrer zentralen Gedanken, insofern das Wie des Beforschens eine Theoriebildung zur Bilderfahrung entscheidend beeinflusst.[11] Die methodologische Konzeption eines *Reflektierens, um zu erfahren* ist selbst Gegenstand der Forschungsfrage. Darüber hinaus liegt den methodologischen Überlegungen die Perspektive einer Bilderfahrung *vom Zwischen aus* zugrunde. Eine an der Grunddynamik von Bilderfahrung ausgerichtete, methodologische Konzeption bündelt und begründet das theoretisch-empirische Vorgehen dieser Arbeit und bildet damit einer ahnenden Neugierde eine Patin im Forschen. Genauer formuliert fordert die phänomenologisch ausgerichtete Figur der Erfahrung dazu auf, ihrer performativen wie pathischen Dimension[12] methodologisch nachzukommen. Denn sowohl das durch die »Gestalt eines diastatischen Denkens«[13] entstehende Zwischen einer Erfahrung, als auch die in einem *Werden* beschriebene Dynamik und »Dramatik der Erfahrung«[14] fordern dazu heraus, das *Wie* ihrer Beforschung anders zu denken. Dazu stelle ich in dieser methodologischen (An)Wendung die Frage nach einer Konzeption, welche die Prozesse der Figuration[15] im Erfahren als Ausgangspunkt nimmt. Ich beabsichtige also die sich mit Prozessen der Figuration erst artikulierende »Sichtbarkeit, Hörbarkeit und Tastbarkeit«[16] in ihrer Eigenart aufrechtzuerhalten, ohne sie vorschnell zu verdecken.

zur Bilderfahrung durch Bilderfahrung

Mit einer Forschung *zur Bilderfahrung durch Bilderfahrung*[17] greife ich die performativen wie pathischen Dimensionen der Bilderfahrung auf. Ich untersuche dazu initiierte *Bildbegegnungen* und *Bildreflexionen*, die ein Forschen *durch* Bilderfahrungen ermöglichen – genauer durch *Symptome von Bilderfahrungen*[18].

Mein Vorgehen weist dabei eine bi-perspektivische Konzeption auf, insofern ich erstens danach frage, wie ich als Forscherin Bildlichkeit reflektieren kann und zweitens untersuche, wie *Andere* Bilderfahrung reflektieren können. Somit betrifft die erste Perspektive meine Bilderfahrungen, die in diese Arbeit einfließen. Durch eine Reflexion meiner Forscherinrolle befrage ich die bi-perspektivische Konzeption am Ende dieses Kapitels.

bi-perspektivisch

Forscherinrolle

Um im Sinne einer (An)Wendung vorzugehen, setze ich in der methodologischen Konzeption an einer ahnenden Unterstellung an, auf *diese* Weise *etwas* – nicht jenes oder dieses – über Bilderfahrung zu erforschen. Als »vorläufige Antwort«[19] motiviert diese Unterstellung mein Sehvermögen in der Beforschung des Phänomens *Bilderfahrung*. Ich werde dazu die maßgeblichen methodologischen Geländer dieser Positionierung darlegen, um die (An)Wendungen samt einer sich daraus ergebenen Forschungslogik aufzuzeigen und zu erläutern.

motiviertes Sehvermögen

Zunächst werde ich danach fragen, inwiefern die hier aufgezeigte Argumentation dazu auffordert, *anders (zu) forschen*. Anhand der Figuren ›Staunen‹ und ›Ungewissheit‹ bewege ich mich mit dieser Frage auf die Grundzüge einer anderen Forschungslogik zu. Das Verhältnis zwischen *Theorie und Empirie* ist Ausgangspunkt der unter der Formulierung *empirische (Hin)Wendungen* diskutierten Denkweise von Empirie. Darin frage ich, inwiefern sich *Empirie anders denken* lässt, um sie als Weise der Erkenntnis für dieses Forschungsvorhaben prüfend in den Blick zu nehmen. Daher versuche ich unter *Empirie als Erfahrung* nicht nur die theoretische Perspektive eines phänomenologischen Erfahrungsbegriffs aufzugreifen, sondern auch Empirie auf ihre Wortbedeutung rückzuführen und damit eine Aktualisierung des Begriffs vorzuschlagen.

Aufbau der Argumentation

Um *andere* Wege des Forschens zu befragen, widme ich mich in Rekurs auf Paul Feyerabend unter *»anything goes«* sowohl einer *methodenkritischen Perspektive* als auch einem *Methodenpluralismus.*

Für das konkrete empirische Vorgehen frage ich danach, *Was sich zeigt* und gehe mit der Unterscheidung eines *Zeigens* und eines *Sichzeigens* auf Phänomene und Symptome von Bilderfahrung ein. Unter *zum Wie des Zeigens* lege ich darauf aufbauend die von mir ausgewählten Modi dieser empirischen Hinwendung dar.

Die aus der methodologischen Konzeption entwickelte Methode fasse ich im Begriff des *Displayings*, den ich am Begriff des Displays entfalte und in *Inter//ventionen zur Bilderfahrung* und *Bei//spielen zur Bilderfahrung* zur Untersuchung von Bildreflexiven umsetze. Ich werde verdeutlichen, dass diese Inter//ventionen und Bei//spiele nicht einfach da sind, sondern sich bilden, ebenso die Weise ihrer Bearbeitung, Darstellung und Analyse. Die methodologische Konzeption schließt mit der bereits angekündigten *Reflexion meiner Forscherinrolle.*

Die Argumentation der Methodologie setzt an einem sich am Forschungsgegenstand herausbildenden Forschungsverständnis an. Ich halte dies für notwendig, um

Wie, Wodurch, Woran, Womit, und Wogegen

die methodologischen und methodischen Entscheidungen dieser Arbeit zu reflektieren. Eine bloße Beschreibung des Vorgehens würde am *Wie* eines Reflektierens von Bilderfahrungen ansetzen, jedoch erachte ich auch das *Wodurch*, *Woran*, *Womit* und *Wogegen* der entwickelten methodologischen (An)Wendungen für relevant, um diese bspw. auch für anschließende Forschungen aufzuzeigen und um die Angemessenheit der methodologischen Konzeption und daraus hervorgehender Methoden zu diskutieren.

anders forschen?

Motiv der Abweichung oder Modifikation

Durch eine *methodologische (An)Wendung* singuläre Hinwendungen und eine damit verbundene Performanz im Forschen aufzugreifen, tritt im Motiv der Abweichung oder Modifikation zusammen und befragt darin Weisen eines *anders Forschens*. Als Frage formuliert (anders forschen?) ist es mir wichtig, dieses Vorhaben trotz der aufgezeigten Argumentation zunächst als fraglich zu bezeichnen – nicht, um es im Vorhinein zu demontieren, sondern um dies allererst als methodologische Überlegung zu befragen.

Um eine bloße Bestätigung oder Verneinung zu umgehen, widme ich mich einem ›Inwiefern‹ des anders Forschens. Dazu gehe ich auf das *Staunen* und die *Ungewissheit* als Movens meiner Forschungsfrage ein. Damit nehme ich auf die Anfänge sowie die Initiierung für ein Forschen Bezug.

und wieder dieses Staunen

Staunen

Viele, die sich daran versuchen, das Bildliche zu ergründen, haben verlernt »darüber zu staunen, daß es sowas wie Bilder gibt.«[20] Damit verweist BERNHARD WALDENFELS auf einen Mangel an Bildfaszination bei Bildforschenden und zeigt zugleich einen wichtigen Beweggrund der Faszination auf: das *Staunen*. Das Potential des Staunens, das sich in der Verwunderung darüber artikuliere, was ein Bild zu einem Bild mache[21], initiiert eine Sphäre der Ungewissheit, indem sich Fragliches bildet. Auf dem Grund von Fraglichem, als Boden der Bildfaszination, mag sich ein Staunen entzünden. Doch dass etwas erstaunlich sei, bedeute mehr als ein »ungelöstes Problem oder ein unverstandenes Sinngebilde«.[22] Denn die Erkenntnis über das, worüber wir staunen, gestalte sich paradoxerweise als dessen Nivellierung, da das Staunen wie ein Phantom verschwinden würde.[23]

Nachträglichkeit

Das Staunen sollte im Forschen demgemäß als Beunruhigung und Faszination nicht einer Schließung erliegen, sondern als Motor der Neugier fungieren. Methodologisch legitimiert sich so eine Nachträglichkeit gegenüber dem Worüber des Staunens sowie gegenüber den erst zu entwickelnden Dimensionen des Forschungsgegenstandes.

Wenn Forschung mit der Besonderung beginnt, »mit der Verstrickung in ein besonderes Material, in besondere Situationen, mit Sammeln, Ordnen und Beschreiben«[24], dann hat das Phänomen der Bilderfahrung dieses Staunen für mich entfacht. Faszination entwickelt sich insbesondere dadurch, dass wir Fragen stellen, diese aufkeimen lassen, sie wenden, immer wieder betrachten und auch immer wieder anders betrachten.

Faszination

So werden wir zu Müttern und Vätern unserer eigenen Neugierde, denn ein Fragen bestimme sich zunächst als ein Wissen-Wollen.[25] Nach etwas zu fragen, das unser Erkenntnisinteresse hervorlockt, ist als Anfang zu verstehen, als Errichten einer Perspektive und als ein entscheidender Moment im Einlassen auf einen ungewissen Forschungsprozess. Denn jede Frage a- und dissoziiert mögliche Diskurse, Begriffe oder Anschlüsse und reißt gegenüber potentiellen Antworten zugleich einen tiefen Abgrund wie konstituierenden Grund auf.

Wissen-Wollen

Etwas, das zunächst marginal erscheint, in einer Komplexität zu betrachten, bedeutet nicht nur etwas zu entfalten, das wir zuvor übersehen oder nicht gesehen haben, sondern durch einen performativen, situierten und sozialen[26] Forschungsprozess diesem *Etwas* allererst Raum zu geben. Michaela Ott spricht von einer *Umbildung*[27] im Zeichen einer nötigen Verwunderung, um »auf das Beiläufige und Unterschlagene zu achten und ein anderes Sehen mit anderen Mitteln und Methoden zu entwickeln.«[28]

anderes Sehen

Ein zu enger Fokus, der den eigenen Blick im Vorwege stark reguliert, blende zu vieles aus, da der visierte Blick nur das hervorbringe, was ihm zugestanden werde.[29] Die Suchbewegung, die sich in meiner Forschung zur Bilderfahrung findet oder formt und deren Bewegungsradius sich dynamisch neu austariert, will eine Streuung erlauben, um *Anderes* in den Blick zu nehmen. Was sich gewendet betrachtet als ein nur bedingt zielgerichtetes Vorgehen kritisieren ließe, erlaubt ein *Umsehen* im Sinne einer entdeckenden, experimentellen, von Kunst ausgehend gedachten, forschenden Haltung. Diese Suchbewegung, die ich deshalb so nenne, da sie sich durch ein Erahnen, ein Aufspüren, ein Hinsehen oder auch wieder Distanzieren gegenüber künstlerischen wie wissenschaftlichen Betrachtungsweisen artikuliert, gesteht dem Intuitiven Relevanz im Forschen zu, anstatt es als defizitäres Moment anzusehen. Darüber hinaus scheint für ein Feld wie die Bilderfahrung nichts naheliegender als Weisen *visuellen Denkens und Erkennens*, bei denen es sich um eine Wissensproduktion im Modus des Sprungs handle, wie Dieter Mersch beschreibt.[30]

Umsehen

Ungewissheit umarmen

Während das Fragen oft mutig, euphorisch bis utopisch erfolgt, umgrenzt sich die Wahl der Forschungsgegenstände oft leider enger, indem sich schwer greifbare Phänomene den klassischen Forschungsdesigns gegenüber versperren, diese gar torpedieren. In der Kunst, insbesondere in künstlerischer Praxis, sind Formen von Ungewissheit

Kontingenz

ein vertrautes Phänomen und sogar Movens, sodass sich Momente von Kontingenz, Nicht-Wissen, Ambiguität oder Irritation als wesentliche Aspekte des Künstlerischen ausweisen. Die Thematisierung von Ungewissheit hat sich jedoch auch zu einem Magnet für erziehungswissenschaftliche Forschung entwickelt und weist damit einen veränderten Blick auf Pädagogisches aus.[31]

Simulation von Gewissheit

Dies betreffe wie die Sonderpädagogin URSULA BÖING an erziehungswissenschaftlichen Positionen herausarbeitet nicht nur inhaltliche, sondern auch methodologische Fragestellungen und Herausforderungen.[32] Insofern berührt diese Wende eigens auch die Genese von Ungewissheit, Formen ihrer Sichtbarmachung und Reflexion. So werde Ungewissheit durch ihre Thematisierung dort sichtbar, wo vorher Gewissheit simuliert wurde.[33]

Verwobenheit von Selbst und Anderen

Demgemäß zeigt sich das Unverfügbare[34] zunehmend als Boden eines Forschens *zur* und *durch* Ungewissheit. BÖING zeigt mit Bezug auf den Erziehungs- und Bildungsphilosophen MICHAEL WIMMER auf, dass eine »Philosophie der Alterität«, die den Menschen »als unvergleichbar, unzugänglich, unbestimmbar und unerwartbares Wesen« verstehe, zu einer radikalen Dekonstruktion des Subjektbegriffs geführt habe.[35] »Mit Anerkennung einer radikalen Differenz in Bezug auf den Anderen wird die Möglichkeit einer Unterscheidungspraxis und damit von einem Beobachterstandpunkt, aus dem heraus Unterscheidungen getroffen werden können, in Frage gestellt.«[36] So betone hingegen die *Verwobenheit von Selbst und Anderen* eine Abkehr vom neutralen Beobachter als Garant für Erkenntnis.[37]

Niederschläge der Ungewissheit

Im Kontext kunstpädagogisch-bildtheoretischer Untersuchungen zeigt ANDREA SABISCH mit ihrem experimentellen Zugang zur Bilderfahrung eine nahezu wissenschaftstheoretische Wendung auf, indem SABISCH Verschiebungen vornimmt, die insbesondere die Relationen von Methode, Forschung und Darstellung betreffen:

> » Diese Ungewissheit findet ihren Niederschlag in der wissenschaftlichen Darstellung, denn es geht mir nicht um eine methodisch elaborierte Fallrekonstruktion, die ihren Gegenstand schon zu kennen glaubt, sondern vielmehr um den prozessierenden Versuch, entlang der Forschungsfrage einen Fall, eine Methode, ein Symptom erst herauszubilden, um so die Produktivität und Kreativität der Bildwerdung überhaupt darstellen zu können. Die methodische Arbeit besteht in dieser offenen Forschung darin, einen geeigneten Weg zu suchen, mit den Kontingenzen der Fälle umzugehen und zugleich den Gestaltungsspielraum zwischen Forschung und Darstellung hervorzuheben.«[38]

methodische Spielräume

Eine Methode nicht als vorgeordnet, sondern sich am Forschungsgegenstand herausbildend zu denken, gewährt nicht nur *methodische Spielräume*, sondern setzt an einer *dynamischen Forschungshaltung* an, die sich einer Ungewissheit bewusst zuwendet und damit jene Potentiale von Kontingenz in Schwingung versetzt.

Anderes zu denken und *anders* zu denken, um etwas Neues herauszufinden, von dem man noch nicht weiß, was es sein wird, erfordere Forschende, die den Ton der Gewissheit ablegen, um Ungewissheit und Irritation »innerhalb der Erfahrungsarbeit als treibende und initiierende Kraft reflektieren zu können«[39], wie SABISCH beschreibt.

Anderes denken & anders denken

Forschungspraxen scheinen in der Performanz ihres Ereignens zu existieren, worin erneut der Verweis auf eine Forschung als *angewandte* gezogen werden kann. Unterschiedliche *Weisen* des Forschens begründen eine Pluralität von Forschungsbegriffen, denn Forschen ist nicht nur eine wissenschaftliche Praxis, auch wenn es vordergründig damit assoziiert wird. Forschen ist gleichermaßen eine Alltagspraxis, eine »urmenschliche Tätigkeit«[40], und weist, wie HANS-CHRISTOPH KOLLER aufzeigt, ein Bildungspotential für die Forschenden selbst auf, sodass die Erforschung zur Transformation der Selbst-, Anderen-, und Weltverhältnisse der Forschenden führen könne.[41]

doing forschen

empirische (Hin)Wendungen

Während ich im vorangegangenen Abschnitt zunächst an den Grundzügen eines Forschens angesetzt habe, gehe ich nun dazu über, die Weisen einer Hinwendung und Wendung zur Bilderfahrung in den Blick zu nehmen. Insbesondere die oftmals dichotome Betrachtung von Theorie und Empirie bietet einen Anknüpfungspunkt, um später das *Wie des Zeigens* zu diskutieren. Diese Betrachtung zielt darauf ab, nicht nur das Verhältnis von Theorie und Empirie für diese Arbeit zu konturieren, sondern auch die methodologische und methodische Konzeption nachvollziehbar zu erläutern.

Theorie und Empirie

Treten Empirie und Theorie einander gegenüber als vermeintlich unterschiedliche Weisen des Forschens, als Zugänge, Werkzeuge, Methoden oder Konzepte, mit denen *etwas* in Erfahrung gebracht werden soll, dann bedient sich diese Gegenüberstellung einer wissenschaftshistorisch umfassenden Entwicklung, welche die dichotome Betrachtung von Theorie und Empirie legitimierte aber auch kontinuierlich versuchte, diese zu dekonstruieren. Insbesondere die Chronologie von Empirie und Theorie im Forschungsprozess werde zur Streitfrage.[42] Der Erziehungswissenschaftler MARK HUMME zeigt auf, dass die Entscheidung entweder Empiriker oder Theoretiker zu sein einem Paradox folge, insofern Theorie und Empirie nicht voneinander zu trennen seien.[43] HUMME argumentiert infolgedessen für ein zirkuläres Forschungsdesign, womit er nicht nur die Streitfrage der Chronologie umgeht, sondern die Verwebungen und Rückkopplungen zwischen Theorie und Empirie befürwortet. Die Zirkularität sei demgemäß »kein sich im Kreis drehen […], bei dem der Forschungsprozess wieder

dichotome Betrachtung?

Chronologie

zirkulär

×

zum gleichen Ausgangspunkt zurückkehrt; das wäre dem linearen Vorgehen ähnlich. Vielmehr vollzieht sich der Forschungsprozess über eine ›Rekursion‹.«[44] Eine solche Forschungshaltung zeigt sich in der stetigen Rekursion zwischen unterschiedlichen epistemischen Momenten, welche die entstehenden Relationen dynamisch halten, als eine ›kontingenzfreundliche‹ Weise des Forschens, die sich in der Zirkularität bewusst einer Ungewissheit aussetzt.

Neben dem Verhältnis von Theorie und Empirie sei auch ihre jeweilige Bestimmtheit, ihre Umgrenzung, die sich durch ihre singuläre *Anwendung* konturiert, eine entscheidende Blickachse methodologischer Überlegungen.

Theorie als nicht-empirisch?

Ralf Bohnsack, der wohl als einer der Hauptakteure in der Entwicklung qualitativer rekonstruktiver Sozialforschung benannt werden kann, umgeht die Gegenüberstellung von Theorie und Empirie und spricht von *nicht-empirischen* Wissenschaften:

> » Empirische Wissenschaften unterscheiden sich von nicht-empirischen Wissenschaften dadurch, daß in ihnen lediglich solche theoretischen Aussagen Anerkennung finden, die einer Nachprüfung durch die Erfahrung prinzipiell fähig sind. Das ist das sogenannte Abgrenzungskriterium, welches die empirische Wissenschaft abgrenzt vom Alltag [...] Soweit ist man sich innerhalb der empirischen Methodologie über unterschiedliche Positionen hinweg einig.«[45]

Zwei Gedanken treten daran für mich hervor: Ersterer betrifft die über eine Negation entwickelte Trennung empirischer und nicht-empirischer Wissenschaften, denn hybride Formen von Empirie und Nicht-Empirie oder Formen von *Fast-* oder *Beinahe-Empirie* würden Bohnsack gemäß auf ein Problem der Anerkennung hinsteuern. Indem Bohnsack Empirie und Alltag dadurch trennt, dass nur die Empirie nachprüfbar durch Erfahrung sei, wirft er zweitens die Frage auf, mit welcher Art Erfahrungsbegriff sich diese Unterscheidung halten lässt. Ich werde zunächst den ersten Gedanken in der Frage bzw. dem Wunsch verhandeln, Empirie anders zu denken und anschließend dem zweiten Gedanken nachgehen und Empirie *als* Erfahrung diskutieren.

Empirie anders denken?

erfolgreiche Dramaturgien

Der Wunsch, Empirie *anders zu denken*[46], ist oft getrieben von einer kritischen Haltung gegenüber etablierten empirischen Praxen. Die wiederholte Aufführung eines empirischen Zugangs von immer wieder anderen Protagonist*innen auf unterschiedlichsten Bühnen eines Forschens spricht dann zwar für deren Etablierung und für ein breites Bewusstsein gegenüber ihrer erfolgreichen Dramaturgie, jedoch verleitet die starke ›Performance‹ von manchen empirischen Praxen dazu, kritische Reflexionen etwa über ihre Relevanz und Aktualität zu vernachlässigen.

Die Verlockung, sich am reichen Buffet bestehender Methoden zu bedienen, ist nicht nur auf Grund der meist umfassenden Dokumentation dieser empirischen Zugänge oder der vielfältigen Anwendungsbeispiele so groß, sondern begründet sich auch durch wahrhaftig erfolgreiche Forschungspraxen.

verlockend erfolgreich?

Die Wahl des empirischen Zugangs ist mehr als eine in Relation zum Forschungsgegenstand und zur Forschungsfrage gewählte Denkweise von Empirie, denn sie bedeutet auch, sich in der wissenschaftlichen Community einem Empirieverständnis zuzuordnen. Die Glückseligkeit, sich in einer solchen Zuordnung angekommen zu fühlen, kann jedoch ins Wanken geraten, wenn das eigene, spezifische Verständnis von Empirie herausgefordert wird.

ankommen und loslassen

Empirie anders zu denken wird ähnlich, wie ich es für Weisen eines anderen Forschens bereits aufgezeigt habe, von einem Motiv der Abweichung oder Modifikation begleitet. Mein Anliegen ist es, analog zur Befragung eines *anderen Forschens*, das *anders Denken* einer Empirie zunächst reflexiv zu befragen.

Empirie als Erfahrung und nicht als eine Rekonstruktion oder Repräsentation[47] zu verstehen, setzt an der Etymologie des Begriffs ›Empirie‹ an. Ich sehe hierin eine Weitung oder Dehnung eines Empirieverständnisses, die ermöglicht, Empirie in einer Zirkularität zur Theorie zu denken und die Erfahrung der Forschenden für die Empirie nicht als Störmoment, sondern als einen ihrer Grundzüge zu bezeichnen.

weiter Empiriebegriff

Empirie als Erfahrung

Das Wort Empirie leitet sich etymologisch von dem griechischen Wort ἐμπειρία empeiría ab, das so viel wie Erfahrung oder Erfahrungswissen bedeutet. Insofern ließe sich sagen, dass jede Wissenschaft, die Wissen schafft oder schaffen will, von Erfahrungen ausgeht. *Empirie als Erfahrung*[48] zu verstehen, wie etwa Andrea Sabisch in Form einer von ihr vorgeschlagenen indirekten Empirie aufzeigt, initiiert das Potential tradierte Dichotomien zwischen empirischer einerseits und theoretischer Forschung andererseits in eine vielversprechende Hybridität zu überführen. Mir erscheint der phänomenologische Erfahrungsbegriff nach Bernhard Waldenfels, der meine Arbeit entscheidend ausrichtet und allererst einen Denk- und Forschungsraum für Weisen und Dimensionen der Bilderfahrung errichtet, auch methodologisch relevant. »Es gibt nicht die Erfahrung, es sei denn als angewandte«[49], adaptiert Sabisch das von Karl-Josef Pazzini etablierte Zitat, das die Anwendung als performativen Modus und als Bedingung einer Existenz von etwas beschreibt.

Hybridität statt Dichotomie

Wendet man diese Logik methodologisch, dann zeigt insbesondere ein exploratives, empirisches Forschungsvorgehen das Potential, der performativen Dimension von Erfahrung gerecht zu werden. Wenn Erfahrung zugleich unsichtbar ist und sich nicht beobachten lässt[50], wie Sabisch aufzeigt, dann fragt diese phänomenologisch begründete Perspektive nach Möglichkeiten einer empirischen Hinwendung zu Er-

Erfahrung empirisch begegnen?

×

fahrungsprozessen. Sabisch hebt in ihrer Arbeit diese methodische Herausforderung hervor: »Deswegen brauchen wir ein gedankliches Geländer, um dennoch über affektive, emotionale, vorsprachliche und vorbewusste Schattierungen kommunizieren zu können […].«[51] Für ein Forschen sei die Suche danach notwendig, *wie* Erfahrung zur Darstellung kommen könne und damit kommunizierbar werde.[52]

Erfahrung zur Darstellung bringen

Methodologisch gehe ich demgemäß in Anschluss an Sabisch davon aus, dass wir so etwas wie Projektionsflächen benötigen, Inszenierungen für mögliche Bilderfahrungen, Reflexionsanlässe und daher Zugänge zur Bilderfahrung, die sich ausgehend *von* einer und *in* einer Indirektheit artikulieren.[53] Dabei möchte ich eine Hybridität und Zirkularität zwischen Empirie und Theorie hervorheben. Das *Wie* dieser Verwebung werde ich im folgenden Kapitel aufgreifen und später unter *Displays und Displaying* einen Vorschlag für dessen konzeptionelle Denkweise ausführen. →\×

anything goes?

Begibt man sich auf die wissenschaftstheoretische Spur, Forschen, Empirie oder auch Methode anders zu denken, so mag das Herz bei Positionen wie Ludwik Flecks Denkkollektiven, Hans-Jörg Rheinbergers Experimentalsystemen und Paul Feyerabends methodenkritischer Haltung entschieden höher hüpfen. Während ich Flecks Lehre vom Denkkollektiv und Denkstil ←\- unter anderem herangezogen habe, um eine Bilderfahrung *vom Zwischen aus* zu konturieren, ziehe ich Rheinbergers Vision des Experimentalsystems und das damit verbundene Nachdenken über eine Epistemologie des Experimentierens etwas später in diesem Kapitel heran, um das Experimentelle als eine Weise des Zeigens zu beschreiben. →\×

Feyerabends methodenkritische Perspektive und seine Argumentation für eine Adaption von Methoden, die sich in einem von ihm befürworteten Methodenpluralismus artikuliert, dienen mir in meiner methodologischen Konzeption in Anschluss an einen Begriff der ›Wendung‹ als Destabilisierung bestehender Zugänge und um alternative Zugänge im Forschen aufzuzeigen.

methodenkritische Perspektive

der Weg zu etwas hin

Methode und Methodologie gehen beide auf das griechische Wort ›méthodos‹ zurück, was als Weg oder genauer ›Weg zu etwas hin‹ bezeichnet werde.[54] Die Intention, die in dieser Formulierung aufscheint, weist ein unbestimmtes ›etwas‹ aus. Demgemäß trägt die Methode jene Unterstellung, dass wir uns mit diesem Weg zu *etwas* hinbewegen. Das *Wie* des Weges ließe sich als singuläre Praxis einer Methode bestimmen, deren Entwicklung am Gegenstand jedoch oft übersprungen wird. Anstatt das *Wie*

→\×
Displays und Displaying
S. 145

←\-
Denkkollektive
S. 56

→\×
EXPERIMENT -ieren/-ell
S. 131

des Forschens zu reflektieren, ordnen wir uns aber oftmals bestehenden Methoden zu, sodass die ausgewählte Methode durch den Diskurs, große Namen oder erfolgreiche Projekte legitimiert wird.

andere Wege des Forschens

Vielleicht ist es profan, an dieser Stelle auf das bekannte Sprichwort ›Viele Wege führen nach Rom‹ zu verweisen, doch der Weg zu etwas hin, wie er etymologisch in Methode und Methodologie angelegt ist, verweigert eine solche Offenheit nicht. Ich beziehe eine methodenkritische Haltung in die methodologische Konzeption meiner Arbeit ein, da sie mich nachhaltig motiviert *andere* Wege des Forschens einzuschlagen. Eine Distanz zu bestehenden Methoden herzustellen, um allererst wieder das *Wie* eines Erforschens von Bilderfahrung in den Blick zu nehmen, bedarf dennoch einer Legitimation oder zumindest respektvoller Begründung gegenüber etablierten wissenschaftlichen Methodologien, Methoden und empirischen Praxen. Denn mein Ziel ist es nicht, andere Zugangsweisen zu demontieren oder Vergleiche anzustreben, sondern Alternativen zu durchdenken und darin den Zugang zur Bilderfahrung erprobend-experimentell zu verschieben.

Alternativen bilden

Methodenpluralismus

Feyerabend

Feyerabend, bekannt als Befürworter eines Methodenpluralismus, raut durch seine Argumentation die etablierte und glanzvolle Oberfläche bestehender Forschungspraxen an und wirft uns damit bewusst in einen Modus des kritischen Hinterfragens. Seine Position erzeugt zudem Mut zu anderen Formen der Wissens- und Erkenntnisgenese. Dabei folgt die Forschungshaltung, die Feyerabend einnimmt, einem simplen Grundsatz: »Die Welt, die wir erforschen möchten, ist etwas weitgehend Unbekanntes. Daher müssen wir uns offenhalten, dürfen uns nicht im Voraus beschränken.«[55] Feyerabends bekanntester Gedanke mag in diesem Sinne wohl dessen »anything goes« im Bezug zum methodischen Vorgehen sein. Seine methodentheoretische Position wird häufig auf diese wissenschafts-evolutionistische und revolutionäre These verkürzt, weist aber genauer betrachtet eine deutlich komplexere Kritik auf, mit der Feyerabend auch Ansätze einer eigenen Wissenschaftstheorie hervorbringt.

Modifikation + Adaption

Dabei richtet sich Feyerabends Programmatik auf eine Kritik an absoluten und verbindlichen Regulativen, die einem Forschen und Forschung als Diskurs auferlegt werden. Die damit verbundene wissenschaftstheoretische Ausrichtung bedeute nicht, dass Wissenschaft frei von Grundsätzen sei, sondern dass sich diese im Forschen von Fall zu Fall verändern können und müssen.[56]

Mut

Der Mut zur Methodenmodifikation und zum Methodenpluralismus bilden zwei Grundsätze für eine sich an Feyerabend anschließende Forschungshaltung:

> » Die Idee einer Methode, die feste, unveränderliche und verbindliche Grundsätze für das Betreiben von Wissenschaft enthält und die es uns ermöglicht, den Begriff

›Wissenschaft‹ mit bescheidenem, konkreten Gehalt zu versehen, stößt auf erhebliche Schwierigkeiten, wenn ihr die Ergebnisse einer historischen Forschung gegenübergestellt werden. Dann zeigt sich nämlich, daß es keine einzige Regel gibt, so einleuchtend und erkenntnistheoretisch wohlverankert sie auch sein mag, die nicht zu irgendeiner Zeit verletzt worden wäre. Es wird deutlich, daß solche Verletzungen nicht Zufall sind; sie entstehen nicht aus mangelndem Wissen oder vermeidbarer Nachlässigkeit. Im Gegenteil, man erkennt, daß sie für den Fortschritt notwendig sind.«[57]

Feyerabends Ansatz lässt sich als Aufruf zur Abkehr eines von ihm skizzierten, opportunistischen Wissenschaftsverständnisses lesen. Somit stellt er sich deutlich gegen etablierte als angepasst empfundene Forschungsansätze, von denen er sich in einem vielleicht auch vorwurfsvollen Ton abwendet. Kritisch ließe sich fragen, ob Feyerabends Mut zur Modifikation und zum bewussten Überschreiten von Regeln des Wissenschaftssystems nicht auch eine gewisse Erwartungshaltung impliziert, die sich an seiner Vision des Fortschritts ablesen ließe. Nicht jede Neu- und Reformulierung von Methoden führt unweigerlich zu neuen und besseren Erkenntnissen. Seine Position zeigt jedoch auch: Es gibt keine Idealprozesse.

ungeordnet unplanmäßig

Auch aus bildtheoretischer Perspektive finden sich Anschlüsse an Feyerabend. So kritisiert W. J. T. Mitchell[58] ausgehend von seinen ikonologischen Überlegungen ein methodologisches Selbstverständnis in Wissenschaft, das behaupte, es gebe die eine wissenschaftliche Methode, die allumfassend und zugleich so flexibel sei, dass sie einer Heterogenität von Selbst- und Weltverständnissen gerecht werden könne.[59] Auf Feyerabend rekurrierend legt Mitchell dar, dass wissenschaftliche Erkenntnisse maßgeblich als Ergebnisse von ungeordneten Prozessen zu verstehen seien und nicht als planmäßige Verfahren. Seine allgemeine Kritik spezifiziert Mitchell, insofern »die Autorität von ›Tatsachen‹ auf dem Umstand gründet, daß sie konstitutive Bestandteile eines Weltmodells sind, das es geschafft hat, als natürliche Gegebenheit zu erscheinen.«[60] Bemerkenswert dazu ist auch Mitchells Haltung gegenüber Theorie: Wissenschaftliche Entdeckungen seien insbesondere durch Theorie hervorgebracht worden, »die etwas erklärt, das niemals beobachtet werden kann.«[61]

Sichtbarmachung auf Umwegen

Wo in Anschluss an Mitchell sich Sichtbarkeit nicht herstellen lässt, treten für mich zwei Gedanken für Forschung hervor: Etwas *durch* ein Theoretisieren zur Darstellung zu bringen, insbesondere jenes, das sich uns sinnlich entzieht, reflexiv ins Denken zu transformieren, bedeutet eine *Sichtbarmachung auf Umwegen* zu initiieren. Ich schlage vor, dies als eine Sichtbarmachung zu verstehen, die sich *Symptomen* zuwendet, nicht nur indexikalisch verstanden, sondern auch *bildend*. Demgemäß bedarf es Weisen, die sich auf eine *Indirektheit* stützen, wie ich im Kontext der *Empirie als Erfahrung* mit Bezug auf Andrea Sabisch bereits angedeutet habe.[62]

Die Eigenschaft von Theorie etwas zu erklären, verdeutlicht sich genauer als ein etwas *so* zu erklären. Theorie soll hier jedoch keinesfalls auf diese Modellfunktion reduziert werden. Ich möchte aber deutlich hervorheben, dass der Modell-Begriff eine visuelle Spezifik ins Spiel bringt. Theorie – und so verstehe ich auch MITCHELL – bietet einem Mangel an Sichtbarkeit und einem unmöglichen Beobachten, einen Spielraum des Denkens.

×

dynamisch + performativ

Eine dynamische und performative Entwicklung des methodischen Vorgehens *an* den Forschungsgegenständen konturiert eine Forschungshaltung, die im Stande ist, auf Momente des Scheiterns als produktive Wendungen zu reagieren. Insofern entwickelt sich für mich aus FEYERABENDS Position eine Entschlossenheit, dass eigene Forschungsvorgehen *durch*, *aus*, *mit* und *entlang* des Forschungsprozesses und dem darin generierten Material sowie den *darin* und *dadurch* entstehenden Ereignissen zu entfalten. Diese Entscheidung zeigt sich vielleicht auch als Widerhall einer ›anarchistischen Erkenntnistheorie‹ im Sinne FEYERABENDS.[63] Das Entsagen einer konkreten Methode im Vorhinein des Forschen ermöglicht, den Blick auf unterschiedliche Dimensionen von Bilderfahrung offen zu halten und sich so einem Ungedachten von Bilderfahrung anzunähern.

×

manövrierendes Forschen

Methodenpluralismus mag sich im Sinne eines *polymethodischen Vorgehens*[64] ausweisen, das empirische und theoretische Zugänge zirkulär miteinander in einem *manövrierenden Forschen* verwebt.

Was sich zeigt

Zeigen verstehe ich als ›deutlich werden‹ und für eine Hinwendung zu Fragen der Bilderfahrung als ›sichtbar werden‹. Im Rahmen der methodologischen Konzeption widme ich mich folgend der Frage *Was sich zeigt*, um herauszuarbeiten, wie Bilderfahrungen reflektiert werden können, um sie zu beforschen. Einem spezifisch *ikonischen Zeigen* gehe ich zunächst nur soweit nach, wie es für die Ausführungen zur methodologischen Konzeption notwendig ist und betrachte ein ikonisches Zeigen näher im Hauptteil zu den *Bildreflexiven*. →\≤

Sich mit einem Erfahren von Bildlichkeit auseinanderzusetzen, bedeutet mit Unverfügbarem und Unfügbarem umzugehen. Daraus gehen zwei wichtige Fragen für eine Forschung zur Bilderfahrung hervor: *Was zeigt sich*, wenn sich nicht die Bilderfahrungen selbst zeigen? Wie kann etwas in ein Zeigen gebracht werden?

Während die zweite Frage im nächsten Kapitelabschnitt *zum Wie und Wodurch des Zeigens* verhandelt wird, gehe ich zunächst einem *Zeigen und Sichzeigen* nach, um die Dynamik des Zeigens zu konturieren. Darüber hinaus orientiere ich mich an einem *Phänomen- und Symptombegriff*, um Weisen des indirekten Zeigens zu diskutieren und zu entwickeln, die auf einem phänomenologischen Erfahrungsbegriff aufbauen, ohne dessen Spezifik aufzulösen.

→\≤
Bilderfahrung – wenn mir/uns Bildliches widerfährt
S. 185

×

Zeigen / Sichzeigen

am Rande des Sagbaren

Im Vorwort seiner Abhandlung über das *Was sich zeigt* legt Dieter Mersch eine Relation von Zeigen und Sichzeigen pointiert vor. Seine Überlegungen folgen einer paradoxalen Umkehr, »um beharrlich den Sinn dessen, *was* sich zeigt, zu dem hin zu verschieben, was *sich zeigt*, das Sichzeigen selbst [...] [Hervorhebungen im Original].«[65] Gegenüber einem Zeigen (dem was gezeigt werden kann, sich bezeichnen lässt) konturiert Mersch im Begriff des Sichzeigens jenes, »was am Rande des Sagbaren« operiere: »Materialität, Präsenz und Ereignis.«[66]

Verdopplung

Bernhard Waldenfels, der sich auf genau diese Schrift Merschs bezieht, umschreibt die Differenzierung im »worauf das Zeigen Bezug nimmt« und »als was es dieses aufzeigt«[67]. Diese Trennung setzt an der indirekten Hinwendung zur Bilderfahrung an, die sich als notwendig zeigt, wenn wir Bilderfahrungen nicht direkt beobachten können. Für Waldenfels verdopple sich das *Sichzeigen im Gezeigten* und *im Zeigen*, was meinem Verständnis nach in der *Medialität* des Sichzeigens begründet werden kann. Die zugleich anklingende Differenz zwischen Gezeigtem und Zeigen artikuliere sich darin, dass das, was sich zeigt, »stets mehr und anderes« sei als das, »als was es sich zeigt«.[68] ›Als was sich etwas zeigt‹, ist gewendet betrachtet im Anschluss an Waldenfels daher ›weniger‹, da sich uns immer etwas entzieht von dem, was sich zeigt. Im ›*als* was es sich zeigt‹ artikuliert sich unsere Relation, unsere Beziehung und unsere singuläre Hinwendung zu etwas.

transitiv/ intransitiv

Sowohl Dieter Mersch als auch Emmanuel Alloa unterscheiden ein transitives Zeigen von einem intransitiven Sichzeigen, das Alloa explizit als mediales Sichzeigen beschreibt.[69] »Vom Sichzeigen auszugehen«, so führt Alloa in Anschluss an Waldenfels aus, bedeute »von einer ursprünglichen Diastase auszugehen, von einem vorgängigen Auseinandertreten.«[70] Dieses Auseinandertreten plausibilisiert ergänzend den Gedanken der Verdopplung wie auch die Differenzierung im Gezeigten und Zeigen. Auffällig erscheint mir darüber hinaus, dass Alloas diastatische Färbung des Sichzeigens bei Mersch ganz ähnlich mit einem »Sprung« umschrieben wird. Der Sprung bestehe zwischen einer Deutung, Dechiffrierung oder Entzifferung im Zeigen gegenüber dem, »was erscheint, was geschieht«, verstanden als ein »Erscheinen des Erscheinens«[71].

Zeigen/Sichzeigen

Zeigen und Sichzeigen zu unterscheiden mündet offensichtlich in ihrer Verquickung. Diese arbeitet Mersch insbesondere im Rahmen seines Aufsatzes zur *Zerzeigung* heraus:

> » Die entscheidende Einsicht war darüber hinaus die Verschränkung zwischen Zeigen und Sichzeigen, ihre chiastische Konstellation, die es nahe legt, beide zu *einem* Wort, dem *Zeigen/Sichzeigen*, verschmelzen zu lassen. Sie rührt insbesondere daher, dass jeder Zeige-Vorgang an einen Körper gebunden ist, dass jedes *monstrare* eines *performare* bedarf, das seinerseits in einer Materialität wurzelt, die es an Präsenz und Erscheinen bindet.«[72]

Um diese Dynamik eines Zeigens/Sichzeigens im Folgenden methodologisch zu reflektieren, beziehe ich mich auf eine Wechselrede zwischen Dieter Mersch und Bernhard Waldenfels über *Erscheinung und Ereignis*.[73] Mersch und Waldenfels diskutieren darin die performative und responsive Dimension des Erscheinens und setzen in ihrer gemeinsamen Argumentation am Sich-Zeigen (dort in einer getrennten Schreibweise) an. Um meiner Frage zu folgen, was sich zeigt, wenn sich nicht die Bilderfahrungen selbst zeigen, verstehe ich diese Hinwendung zu den Begriffen und Phänomenen des Erscheinens und Ereignens als *Übergang*, um im Anschluss indirekte Zugänge zur Bilderfahrung zu befragen.

Phänomene und Symptome

Anonymität des Sich-Zeigens

Erscheinen bezeichne ein Geschehen, in dem etwas sichtbar werde – ohne Urheber ohne vorgängiges Substrat.[74] Sich-Zeigen, so legt Mersch dar, habe mit Ereignishaftigkeit zu tun, »etwas, das schwer fassbar ist«. Zwar zeige sich »etwas in einer bestimmten Art und Weise« (transitiv), jedoch bleibe das Sich-Zeigen »immer etwas Anonymes oder Unbestimmtes« (intransitiv).[75] Waldenfels wie Mersch stellen darin den Bezug zum Phänomenalen, den Phänomenen her. Während Mersch auf seine grundlegend performative Medientheorie eingeht, um aufzuzeigen, dass bspw. »dadurch, dass ich etwas ausspreche oder tue«[76] etwas geschieht, führt Waldenfels ein Plädoyer für indirekte Zugänge aus: »Man spricht über etwas, indem man über etwas anderes spricht.«[77] Dies gelinge über Zitation oder eine Abweichung, wobei der Prozess der Abweichung keinesfalls impliziere, »das[s] ich das benennen kann, was abweicht.«[78] Will ich mich Bilderfahrungen annähern, so erscheint also ein indirekter Zugang durch *Differenzbildung* als eine Möglichkeit: Kann ich nicht direkt über meine Bilderfahrungen sprechen, kann ich vielleicht aber Bildbegegnungen beschreiben, von Bildern die ich gesehen habe oder sehe – gleiches gilt für die Bilderfahrungen *Anderer*. Diejenigen, die sich einem Sagen *Anderer* widmen, sodass sich ihnen daran etwas zeigt, liegen wohl nicht bloß zufällig auf der Lauer, sondern versuchen daran Symptome herauszubilden.[79]

indirekt

performativ

Wie unterscheiden sich Phänomene und Symptome und welche Perspektive eröffnen die beiden Begriffe für die methodologische Konzeption? Während sich Phänomene von selbst zeigen können, somit in Erscheinung treten oder *als etwas* aufgefasst werden, das erst zum Erscheinen gebracht werden muss, ist das Symptom *re*konstruiert.[80] Phänomene und Symptome bilden daher unterschiedliche Weisen eines In-Erscheinung-Tretens. Symptome, die uns erscheinen, werden in ihrer Performanz erst ge*bildet*. Eine *Symptombildung*, wie sie Andrea Sabisch in ihrer Arbeit zur Bildwerdung vorschlägt, um sich pathischer Bilderfahrung indirekt anzunähern, zeigt eine entscheidende, für diese Forschungsarbeit relevante, methodologische Wendung auf:

*Re*konstruktion

Symptombildung

> »Meine Wegsuche orientiert sich dabei an den zu eruierenden Symptomen der Bildwerdung in Bildrezeption wie Bildproduktion, die auf Knotenpunkte und Sinnkonflikte verweisen und so die Komplexität des visuellen Erfahrungsgeschehens, das sich laufend selbst entgleitet, mitzeigen. Im besten Fall können diese Fälle und Symptome zu Beispielen für die stets unsichtbaren und nicht fassbaren Prozesse der Bildwerdung werden.«[81]

symptoms & signs

Die Figur des Symptoms übersteigt darin deutlich ihren ursprünglich medizinischen Verwendungszusammenhang. Doch bereits dort entwickelt sich in Korrelation zu seinem begrifflichen Konkurrenten, dem ›Anzeichen‹ oder ›Zeichen‹, eine Differenzierung, welche ich in die Überlegungen einbeziehen möchte. Der Pschyrembel[82] unterscheidet Symptome zunächst in *psychopathologische Symptome* (Antriebsstörung, Hoffnungslosigkeit, Wahn) und *somatische Symptome* (Gewichtsabnahme, Herzrhythmusstörungen). In diesem Zuge wird auf die im Englischen vorliegende Differenzierung zwischen *symptoms* und *signs* verwiesen. Während die *symptoms* die von Patienten subjektiv beschriebenen Beschwerden bezeichnen, sind die *signs* die objektiv erfassbaren bzw. innerhalb von Untersuchungen feststellbaren Anzeichen einer Störung oder Krankheit. Symptome figurieren sich daraus folgernd in Latenz, insofern sie für den Patienten vorhanden oder spürbar sind, aber nicht messbar in Erscheinung treten oder von anderen unmittelbar zu erfassen sind.[83]

Damit sind zwei Weisen angeführt, die auch in meinem Forschungszusammenhang relevant sind. Sich Anzeichen *(signs)* von Bilderfahrung zu widmen verstehe ich als Forschungszugang, der gemäß der Differenzierung zwischen *symptoms* und *signs* etwas objektiv messen will. Ein Beispiel wäre der Einsatz von Eye-Tracking-Kameras, wie etwa ALEXANDER GLAS' Forschung zur Bildwahrnehmung von Kindern und Jugendlichen diese nutzt. Glas untersucht mittels dieses technischen Verfahrens, um daraus Rückschlüsse auf den Umgang mit Bildern zu ziehen. Der Schwerpunkt des Forschungsprojekts besteht zwischen einem Benennen der wahrgenommenen Bildinhalte und den Bereichen eines Bildes, denen die Probanden besonderes Interesse gewidmet haben (gehäufte Fixationen des Auges).[84]

in Latenz

Symptome als latente, *re*konstruierte und herausgebildete Bezeichnungen sind hingegen subjektiv, situativ und entziehen sich einem unmittelbaren Erscheinen. Zudem zeigt sich ähnlich wie im Arzt-Patienten-Verhältnis eine doppelte Herausbildung der Symptome: So mögen Symptome, die ein*e Patient*in beschreibt, und die Symptome, die ein*e Arzt/Ärztin daran herausbildet, voneinander abweichen.[85] Diagnosen zeigen sich darin ähnlich zu Analysen im Forschungsprozess als Möglichkeiten, Wahrscheinlichkeiten – Virtualitäten.

Symptomatologie der Bilder

Einen bildtheoretischen Anschluss zeigt die Arbeit *Das durscheinende Bild* von EMMANUEL ALLOA auf. Um eine Symptomatologie der Bilder zu entwickeln, bestimmt er im Wesentlichen drei relevante Aspekte: Erstens sei die indirekte Dimension von

indexikalisch

Symptomen zu nennen und damit deren grundlegend indexikalisches Auftreten: »Auf Symptome greift zurück, wer auf die Sache selbst nicht Zugriff hat und nur indirekt Rückschlüsse über das zu ziehen vermag, was ihm vorliegt.«[86] Auf einer methodologischen Ebene ließe sich damit ein indirektes Annähern bekräftigen, das sich insbesondere für ein Phänomen wie Bilderfahrung anbietet, da weder Bilderfahrungen anderer, noch meine eigenen mir unmittelbar zugänglich sind. Was wir versuchen herauszubilden, wenn wir Bilderfahrungen reflektieren, sind ihre Symptome, denn »Symptome [...] verweisen auf etwas, was sie selbst nicht sind. Sie sind Erscheinungen von etwas, indizieren etwas, das sich selbst nicht zeigt«[87], wie die Psychologin Andrea Moldzio darlegt.

indirekte Anzeiger

In diesem Sinne sind Symptome jedoch nicht bloße Stellvertreter, sondern vielmehr differentes Eigenes, das aber in Koexistenz mit einem Anderen erst erscheint, denn ohne ein Indizieren und Verweisen wären sie vielmehr als Ereignis und nicht als Symptom aufzufassen. Indirekt heiße allerdings nicht unsichtbar, weshalb Alloa Symptome als »indirekte Anzeigen« bezeichnet, die »an bzw. durch sich anderes sichtbar machen.«[88] Symptome von Bilderfahrung begreife ich in diesem Sinne als indirekte Anzeiger, die etwas zeigen und damit etwas sichtbar machen wollen. Statt von Anzeigen von *Anzeiger* zu sprechen, betont ihre Performanz.

Indifferenz

Der zweite Aspekt, den Alloa aufzeigt, bezieht sich auf eine Indifferenz des Erkenntnisgewinns durch Symptome:

> » Symptome sind nicht notwendig (und schon gar nicht hinreichend), um eine endgültige Aussage über einen sich darin dokumentierenden Zustand treffen zu können. Weder sind sie umstandslos quantifizierbar noch bilden sie ein unmittelbar anwendbares Regelschema, vielmehr treten Symptome zu Syndromen zusammen, die über die Intensität und die spezifische Ausprägung dessen, was sich im Symptom dokumentiert, Auskunft erteilen.«[89]

Diese Sichtweise Alloas ergänzt die aufgezeigte Analogie zwischen Diagnosen und Analysen sowie ihre bereits beschriebene Virtualität.

Indizien

Drittens können Symptome als Indizien gelten, erläutert Alloa, und zeigt dabei eine wichtige Relationalität des Symptoms auf, die sich als dessen notwendige Bedingung artikuliert:

> » [Symptome, SJ] unterscheiden sich von Spuren, [...] durch die Kopräsenz des Trägers und des Symptoms. Während Spuren nur dadurch sichtbar werden können, dass sich der- oder vielmehr dasjenige, das sie hinterließ, zurückgezogen hat, treten Symptome immer an etwas oder jemandem auf, an einem Körper, der sich also in seinem Sosein exponiert. Im Unterschied zum bloß hinterlassenen Zeichen, das noch lange Zeit später ›gelesen‹ werden kann, tritt das Symptom am und nur am Patienten auf.

> In diesem Sinne setzt jede Symptomatologie eine Zusammenkunft (syn-ptōma) von Betrachtendem und Betrachtetem voraus. Symptomatologien sind daher grundlegend okkasionell.«[90]

Ohne Symptome, die an etwas oder jemandem auftreten, bliebe der- oder dasjenige, worauf sie indizieren, unsichtbar und damit unbemerkt. Die Figur des Symptoms ziehe ich gemäß der aufgezeigten Argumentation als Perspektive eines indirekten Zugangs zur Bilderfahrung heran. Zugleich markiert die indexikalische Latenz die Frage nach *Weisen des Zeigens*. Unter *zum Wie und Wodurch des Zeigens* werde ich in Anschluss an die Vision eines *anderen Forschens*, Modi *empirischer (Hin)Wendungen* aufzeigen, um dem *Was sich zeigt*, vor dem Hintergrund einer angestrebten *Symptombildung* zu begegnen.

Performanz und ›Permaterianz‹

Um zu untersuchen, wie sich Bilderfahrungen reflektieren lassen, konturiert die aufgezeigte Argumentation drei Implikationen für eine Annäherung an Bilderfahrungen: Erstens ist Bilderfahrung nicht direkt zugänglich, weshalb indirekte Zugänge notwendig sind. Zweitens ist ein Zeigen/Sichzeigen als chiastische Konstellation zu denken, das durch eine Performanz und auch »Permaterianz«[91] erscheint. Und drittens zeigt sich in der Figur des Symptoms und einer Symptombildung eine Perspektive für die Untersuchung von Bilderfahrungen an, die sowohl einer Indirektheit, einer intransitiven Indifferenz und einer indexikalischen Verweislogik folgt.

zum Wie und Wodurch des Zeigens

Andrea Sabisch ermutigt durch ihre Forschung meines Erachtens dazu, sich Utopien, Widerständigem, Fremden und Unverfügbarem zu widmen und den Blick auf jenes zu richten, das sich zunächst entzieht. Ein »Operieren an den Grenzen zum Nichtsagbaren und Nichtschreibbaren«[92] sei unverzichtbar, pointiert Karl-Josef Pazzini diesen Gedanken in Bezug auf Sabischs Arbeit *Inszenierung der Suche – Vom Sichtbarwerden ästhetischer Erfahrung*. Ausgehend von einer solchen Forschungshaltung entwickelt Sabisch den Entwurf einer wissenschaftskritischen Grafieforschung. Ich beziehe mich auf Sabisch, da sie ihren Forschungsansatz wie auch ihre inhaltliche Argumentation am phänomenologischen Erfahrungsbegriff nach Waldenfels entwickelt hat. Für Sabisch steht die ästhetische Erfahrung in der Kunstpädagogik als Chiffre jener notwendigen, mutig forschenden Gradwanderung, die sich in Sabischs eigener Forschung mannigfaltig zeigt. Insbesondere durch ihre hinterfragende Haltung gegenüber dem Erfahrungsbegriff gelingt ihr in *Inszenierung der Suche* eine komplexe Theoretisierung des nicht nur in Kunstpädagogik oft nur marginal befragten, aber für Bildungsprozesse grundlegenden Phänomens der Erfahrung. Waldenfels phänomenologischer

Erfahrungsbegriff erzeugt unterschiedliche Implikationen für Sabischs Forschungsvorgehen, das ich bereits unter Empirie als Erfahrung ←\× thematisiert habe: Erfahrung sei unsichtbar, »[w]eder können wir sie beobachten, noch ist sie direkt zugänglich. Sie entzieht sich unserem Bewusstsein [...].«[93] Folglich sind wir unweigerlich dazu aufgefordert, Möglichkeiten für ein Beforschen zu suchen, oder zu *er*finden, die auf diese phänomenologische Grunddynamik von Erfahrungen eingehen. Wissenschaftliches Arbeiten könne jedoch über Erfahrung nur das schriftlich darstellen, was von der Erfahrung schriftlich darstellbar sei, erläutert Sabisch, sodass daran nicht nur eine Grenze des Textes, sondern auch der Forschungserfahrung deutlich werde.[94]

Wie kann Bilderfahrung derartig beforscht werden, sodass performativ-responsive Phänomene von Bilderfahrung zum Anlass und Resultat einer Forschung werden? Ich widme mich entsprechend des an der Frage aufscheinenden Desiderats nicht nur einer theorie*bildenden*, sondern auch einer methodologie*bildenden* Dimension von Bilderfahrung.

Unter *zum Wie und Wodurch des Zeigens* werde ich mich Weisen möglicher Zugänge widmen, die an die entwickelte Perspektive auf Bilderfahrung *vom Zwischen aus* anschließen. Die folgend in den Blick genommenen Zugänge sind heterogen gefasst, sowohl in ihrer Formulierung als auch hinsichtlich ihrer Bedeutung für eine Beforschung. So fällt insbesondere an den formulierten Überschriften eine Differenz zwischen Verben, Adjektiven und kurzen Phrasen auf. Entgegen einer Glättung, die versucht vereinheitlichend alle Zugänge als bspw. Adjektive zu fassen, habe ich versucht in der sprachlichen Darstellung einem *Wie und Wodurch des Zeigens* zu entsprechen:

suchen
erfinden
initiieren
EXPERIMENT -ieren/-ell
intuitiv
indirekt
dialogisch
künstlerisch ::: durch Kunst ⟶

Die Zugänge greifen darüber hinaus die bisherigen im Rahmen der *methodologischen (An)Wendungen* herausgearbeiteten Implikationen auf: das *Motiv der Abweichung oder Modifikation*, das Movens eines *Wissen-Wollens*, die Verschiebungen durch ein *anders denken* und *anders sehen,* das Potential von *Umwegen* sowie eine *Indirektheit*, welche indifferente, indexikalische Weisen eines Zugangs zum Forschungsgegenstand aufzeigt und sich auf einer Ebene von *Symptomen* artikuliert.

Die Überlegungen sind mithin auch als Wendungen im wörtlichen Sinne zu verstehen, da sie versuchen, umkreisend eine Annäherung zu ermöglichen. In diesem

←\×
Empirie als Erfahrung
S. 113

Zuge sei daran erinnert, dass die methodologie*bildende* Absicht dieser Arbeit als Konzeption *Entwurfscharakter* hat.

suchen

auf der Suche nach *etwas*

Wenn Empirie durch wissenschaftliche Erfahrungen erzeugtes Wissen bedeutet, dann bilden unterschiedliche Weisen von Empirie *suchende Zugänge* zu Wissen. Als treibende Kraft tritt die Faszination am Ungedachten und Unbekannten hervor – auf der Suche nach *etwas,* das erst durch die Empirie zum Vorschein kommt. Begeben wir uns auf die Suche nach etwas, das wir noch nicht wissen, agieren wir im Fahrwasser höchster Kontingenz. Unterstellt man dieser Ungewissheit jedoch das Potential, Wissen zu erzeugen, indem das Nichtwissen eine Neugier motiviert, ebnet dies den entscheidenden Boden einer *Suche.*

zwei Arten des Suchens

Der Philosoph Manfred Sommer setzt in seiner Schrift *Suchen und Finden* an diesem Gedanken einer Leerstelle des Wissens an und deklariert sie als Movens der Suche. Das »Nichtwissen«[95] sei als ein »reflexives Wissen von der eigenen Unwissenheit«[96] zu beschreiben. Sommers Überlegungen verdeutlichen die Relevanz und auch Dominanz eines Suchens im Forschen. Mag die Tätigkeit des Suchens im Vergleich zu *hippen* Methoden eher profan erscheinen, bildet sie ein so basales wie relevantes Moment einer Erkenntnisstrategie. Sommer unterscheidet in seiner Studie zunächst zwei Arten des Suchens:

> » Wenn wir suchen, können wir, im einfachsten Falle, zweierlei im Sinn haben. Wir suchen entweder nach Dingen und nach Zeichen, die auf sie verweisen; oder wir suchen nach Stellen und nach Wegen die zu ihnen führen. Einmal denken wir an eine Sache, die wir gerade nicht sehen, das andere Mal an einen Platz, zu dem wir gelangen wollen.«[97]

Was

Die angezeigte Verweislogik Sommers in der ersten Art des Suchens schließt für mich in Rückgriff auf die im Kapitel *Was sich zeigt* hergeleitete Notwendigkeit an, Bilderfahrungen auf der Ebene von Symptomen zu begegnen. Im Moment des Verweisens auf etwas artikuliert sich ein indirekter, indexikalischer Zugang, der Indizien folgt, um schließlich zu finden was sich andeutet.[98]

Wie

Die zweite Art des Suchens markiert die Verschiebung vom *Was* (Dinge) aufs *Wie* (Wege). Zum *Wie des Zeigens* gehört damit ein Suchen, das mehr ist als eine bloße Metapher des Wegs, insofern im Suchen unsere Absicht, unser Wunsch, unser Wollen eingeschrieben ist. Hervorzuheben ist, dass dieses ›Wollen‹ keinesfalls meint, dass wir schon wüssten, was wir suchen.

abwesend/ anwesend

Mit der Figur des Nichtwissens habe ich eine erste Voraussetzung für das Suchen aufgezeigt. Sommer führt weitere grundlegende Momente an, die ein Suchen erst ermöglichen. Diese sind für die methodologische Konzeption dieser Arbeit essentiell, da sie die hier verfolgte Forschungslogik bestärken, indem sie zwischen dem, *was sich zeigt*, und dem, *was sich entzieht,* verhandeln:

> » Wir können nicht suchen, ohne bereits im [V]oraus und dabei ständig zu wissen, was wir schließlich finden wollen. Wir müssen fähig sein, uns hier und jetzt auf etwas zu beziehen, was gar nicht da ist: auf Abwesendes. Und dazu benötigen wird Anwesendes mit Verweisungscharakter.«[99]

Am Suchen hängt das Finden wie ein Schatten. Irgendetwas zu finden erscheint einfacher als das zu finden, was man sucht. Doch an SOMMERS Genese des Suchens wird deutlich, dass wir *Etwas* suchen. So finden wir nicht Beliebiges, denn wer sucht, müsse etwas wollen, jedoch zeigt sich dieser Bezug im Abwesenden und konturiert sich als Motiv oder Ahnung. SOMMER bedient sich dem Spiel aus Sichtbarkeit und Unsichtbarkeit, um daran die Suche nach *Etwas* zu erläutern. So werde Suchen dadurch möglich, dass es Unsichtbares gibt, »das gleichwohl sichtbar werden oder gemacht werden kann.«[100] Suchen könne nur der, der auch fähig sei, etwas zu erkennen. Darin markiert SOMMER die Relation zwischen *Etwas* finden und *Irgendetwas* finden: »Suchen heißt eben nicht bloß, beliebiges Unsichtbares sichtbar zu machen, sondern zuletzt dasjenige, auf welches wir uns vorab und fortwährend wissentlich und zeichenhaft bezogen hatten.«[101] Wer keine Analogien oder Assoziationen bildet, so scheint mir, kann nicht *Etwas* finden, worin auch die Beziehung zwischen Suche und Suchendem angesprochen ist.

Etwas

sichtbar/ unsichtbar

»Doch wie kann man suchen, ohne bereits zu wissen, was man sucht?« kommentierte BERNHARD WALDENFELS[102] die eingangs bereits erwähnte Arbeit ANDREA SABISCHS zur *Inszenierung der Suche*[103]. SABISCHS Arbeit bildet einen Übergang, um SOMMERS aufgezeigte Prämissen des Suchens auf die Untersuchung von Bilderfahrung zu übertragen. Ihre Suche danach, wie Erfahrung zur Darstellung kommen kann[104] treibt auch meine Überlegungen zur Annäherung an Bilderfahrungen an.

zur Darstellung bringen

MANUEL ZAHN spricht in seiner Arbeit zur ästhetischen Film-Bildung ähnlich von einem »Wahrnehmbar-machen« innerhalb seiner methodologischen Überlegungen, das er an den Phänomenen »Spur, Spüren und Spurenlesen« reflektiert.[105] ZAHNS Spur-Anamnese und SABISCHS Erkundung der Suche treffen sich in den dort artikulierten Weisen des Zeigens.

Wahrnehmbar-machen

In Verweis auf SYBILLE KRÄMER legt ZAHN unter anderem die etymologische Bedeutung von Spur als »Fußabdruck« dar.[106] So lassen die Spuren »zwar Rückschlüsse auf die Szene ihrer Verursachung zu, erlauben aber beispielsweise als Abdrücke niemals eine zweifelsfreie Identifikation dessen, was sich abdrückte.«[107] ZAHNS Überlegungen zum Attribut der Abwesenheit mögen sich vielleicht nicht widerspruchsfrei mit einem suchenden Zugang in Beziehung setzen, jedoch verstehe ich die Spur nach ZAHN als Movens des Suchens, indem sie sich als Geste des Indirekten konturiert. Die

Spur

Spur weist indexikalische Züge auf, die sich in einem Vermuten über die Spurverursachung artikulieren. Spuren können unsere Aufmerksamkeit also gewissermaßen anlocken, halten und lenken, was im Forschen eine nicht zu vernachlässigende Grunddynamik darstellt.

Sabisch – und hier sehe ich die angedeutete Verbindung zu Zahn sehr deutlich – markiert in ihren Überlegungen zum Suchen die Aufzeichnung als zentralen Gedanken einer »Zeugenschaft«, die etwas erscheinen lasse[108], als einen Moment der Vergegenwärtigung[109]. In Rekurs auf Karl-Josef Pazzinis Studien zum Biographischen stellt Sabisch im Weiteren eine Analogie zwischen der Grafie und dem Abdruck heraus. Mit Bezug auf Jaques Derrida[110] bestärkt Sabisch diese Analogie, indem sie den Begriff der Spur explizit anführt.

harmonische Geste der Annäherung

Wenn die Spur ihre Verursachung nie zweifelsfrei preisgibt und Spuren jene Abdrücke bilden, die wir als *Etwas* finden, das unsere Suche antreibt, verstehe ich Suchen als eine Hinwendung zur Bilderfahrung, die dessen phänomenologischen Grundzügen entgegenkommt und einen harmonischen Modus bildet. Suchen, wie ich mit Sommer, Zahn und Sabisch aufgezeigt habe, als eine indirekte indexikalische Annäherung zu verstehen, da sie andernfalls ihre eigenen Prämissen aufgeben würde, sehe ich als begründete Geste einer Annäherung an Bilderfahrungen.

search/research

Die Verklammerung zwischen Suchen und Forschung legt Sabisch an einer Praxis der Suche dar: »Erst eine sich wiederholend modifizierende Suche, die wir auch ›Re-search‹ oder ›Re-cherche‹ nennen, heißt dann ›Forschung‹«[111]. Analog zeigt auch Sommer auf, dass im ›*search*‹ »Verfahren der wissenschaftlichen Forschung angelegt und vorgeformt sind«[112], die sich im ›*research*‹ artikulieren. Das Präfix ›*re*‹ wird im Englischen meist dann verwendet, wenn zum Ausdruck gebracht werden soll, dass etwas *wieder* oder *erneut* geschieht. Ein ›*wieder-suchen*‹ bringt folglich zum Ausdruck, dass in die Suche etwas hineingelegt wird, das diese von einer Willkür enthebt. Zudem verdeutlicht sich daran eine transitiv-intransitive Struktur, die sich als paradoxales Moment eines Suchens von *etwas* beschreiben ließe.

recherchieren

Als ein ›*noch einmal Suchen*‹ zeigt sich eine Analogie zum Begriff des Recherchierens auf. Recherchieren als Wissensintensivierung beschreibt der Künstler Uriel Orlow im Rahmen von Praktiken künstlerischer Forschung als »retikulares, verzweigtes Abtasten von zum Teil bereits vorhandenem, latentem Wissen, das nicht unmittelbar sichtbar oder zu erfassen ist und im Prozess der Recherche neu zugänglich gemacht und kombiniert wird.«[113] Orlow markiert damit das epistemische Potential eines Recherchierens in dessen rhizomatischen Prozessen, die abhängig von den zu bildenden Konstellationen ihre epistemische Kraft entfalten würden.[114] Als Research oder Recherchieren gewinnt der suchende Zugang eine andere Färbung, die ich als intensivere Form der Suche beschreiben würde, insofern unterschiedliche Wissensstände und -formen ineinander fließen können.

Abtasten

latent, kombiniert, rhizomatisch

erfinden

×

> »Wenn ich forsche oder entwerfe, will ich zunächst nicht immer wissen, was ich will – oft will ich nicht mal wissen, was ich wissen will. Wenn ich das nämlich schon ganz genau wüsste, bräuchte ich erst gar nicht mit dem Forschen oder Entwerfen zu beginnen. Für mich macht das nur dann Sinn, wenn ich eben nicht genau weiß – ja, gar nicht wissen kann, wohin das Forschen und Entwerfen führen könnte.«[115]

Forschen als Entwurfspraxis?

Stephen Craig verweist ausgehend von seiner eigenen Praxis darauf, dass Entwurfs- und Forschungspraktiken auf ähnlichen Grundbedingungen aufbauen. Für × beide deklariert er ein *Nicht-Wissen-Können* und ein *Nicht-Wissen-Wollen* der Ziele als notwendig, indem nur ein zieloffenes Vorgehen das Potential für Unerwartetes habe. Es sei dabei allzu verführerisch, sich geleitet von einem Ziel vorschnell Möglichkeiten anzuschließen.[116] Bezüge zu Weisen des Suchens artikulieren sich nicht nur am Mo- ≥ ment des Nicht-Wissens, sondern auch in einer sich daran anschließenden Problematik, dass ein eng transitives Vorgehen von vornherein ausschließt, zu was es fähig wäre.

Ein forschendes Entwerfen, so Craig, bedarf eines grundlegenden Hinterfragens, das sich vom Zwang des Etablierens emanzipiert habe.[117] Wie aber ist dieses für Craig ineinandergreifende Verständnis von Forschung im Sinne eines künstlerischen Entwerfens argumentierbar? Während für diese wie auch für andere Praktiken künstlerischen Arbeitens die von Craig eingeforderte und für ihn unumgängliche Offenheit anerkannt wird, so setzt im wissenschaftlichen Forschen – zumindest als Vorurteil – ein immer wieder spürbarer Widerstand ein.

forschendes Entwerfen

Möglichkeiten eines Beforschens zu finden, die der Offenheit des Entwurfs sowie dessen intransitivem Charakter nachkommen und zugleich einem phänomenologischen Erfahrungsbegriff gerecht werden, bedarf meiner Ansicht nach Weisen des *Er*findens.

Henri Poincarés Entdeckung der Chaostheorie, Alexander Flemings Erfindung des Penicillins oder Wallace Hume Carothers Entwicklung von Nylon sind willkürlich gewählte exemplarische Beispiele für *große Erfindungen*, die Eingang in die Geschichte gefunden haben. Historisch betrachtet werden Erfindungen oft auch als Entdeckungen bezeichnet, worin sich ihr manchmal spontanes Ereignen begrifflich widerspiegelt. Der Spruch »Not macht erfinderisch« erinnert an ein gewichtiges Movens des Erfindens: Entgegen der großen Erfindungen erfinden wir stetig im Kleinen, wo etwas mit dem Gegebenen nicht oder unzureichend lösbar erscheint – Erfinden als Modi oder als Methode, als Weise etwas allererst herzustellen, *mit* dem oder *durch* das etwas ermöglicht wird. Insofern lassen sich die mit Manfred Sommer aufgezeigten zwei Arten des Suchens, die sich in einem *Was* und einem *Wie* unterschieden haben, auch auf das Erfinden übertragen. ←\× Wir erfinden Dinge, mit denen wir bspw.

große Erfindungen, kleines Erfinden?

mit dem/durch das

←\×
suchen
S. 124

×

etwas tun können und wir erfinden Wege, mit denen wir etwas erreichen, gestalten oder darstellen können.

erfinden/Fund

Auch innerhalb WALDENFELS' Phänomenologie der Aufmerksamkeit zeigt sich eine gewichtige Differenzierung, die allerdings an der zeitlichen Unterscheidung bzw. der Performanz eines Erfindens und der Entstehung einer Erfindung ansetzt: »Vorweg ist zu unterscheiden zwischen der Erfindung als einem Prozeß des Erfindens und dem Fund als dem Resultat dieses Prozesses.«[118] Erfindungen seien WALDENFELS zufolge zu kennzeichnen durch eine »Wiederholbarkeit«, eine »Neuartigkeit« sowie eine »Findigkeit«.[119] Mit diesen Figuren lässt sich meine Lesart eines Erfindens im Rahmen der methodologischen Konzeption erläutern:

Wiederholbarkeit

Der Gedanke der *Wiederholbarkeit* setzt an einem zunächst paradox wirkenden Zusammenhang an: »Erfundenes wiederholt sich, indem es erfunden wird, und nicht erst, nachdem es erfunden ist.«[120] Verständlich wird diese Sichtweise im Zuge einer immer wieder anderen Aufführung des Erfundenen im Erfinden, welche Möglichkeitsfelder eröffne.[121] Damit agieren Erfindungen als *Zwischeninstanzen*, die »Halt und Gestalt verleihen« und »bloße Funde« und »bloßes Spiel« beschränken.[122] Ich verstehe Erfindungen daher als Gesten des Kalküls und der Seriosität wie auch Serialität, worin sich eine annähern ambiguitäre Denkweise von ›Erfindung‹ manifestiert.

Neuartigkeit

Die *Neuartigkeit*, im Sinne einer Innovation, setze eine »Um-arbeitung«, »Umstrukturierung« oder »Um-gestaltung« in Gang, die auf eine »konfliktträchtige Dynamik« verweise, die »jede Annahme eines kontinuierlichen Fortschritts« untergrabe.[123] Jede Erprobung schließe daher eine Veränderung ein und figuriere sich »zwischen den beiden Polen der Kreation und der Reproduktion«.[124] Damit ist angezeigt, dass Erfinden zwar dem Neuen zugewandt ist, jedoch in Relation zum Alten seine Flüchtigkeit relativiert und damit den Fortschritt erst markiert, d.h. zum Ausdruck bringt.

Findigkeit

Die *Findigkeit* stelle uns schließlich vor die Frage »wie es zugeht, daß wir etwas erfinden«[125], sodass sie »zwischen dem Finden dessen, was es schon gibt, und dem Erfinden dessen, was es noch nicht gibt«[126] schillere. ANDREA SABISCH stellt in Anschluss an WALDENFELS heraus, dass die Findigkeit bedeutsam und unverzichtbar sei, »wenn es darum geht, den gewohnten Erfahrungsraum zu verlassen.«[127]

Praxis des Entwerfens

Darüber hinaus gebe es auch die Findigkeit nur als angewandte.[128] SABISCH konturiert daran anschließend eine »Praxis des Entwerfens«, womit wir bei den einführenden Überlegungen von CRAIG angekommen sind. Bei SABISCH setzt die Praxis des Entwerfens erweiternd und durchaus sehr anschlussfähig zu CRAIG an einer »Heuristik für die Kunstpädagogik« an. Damit schlägt SABISCH Findigkeit als heuristisches Vorgehen vor, welches sowohl eine »Konstitution des Selbst« [129] als auch eine situative und damit singuläre Dimension von Inventionen mitdenkt.

entwerfend, neoterisch, innovativ

Erfinden als eine Hervorbringung von Zwischeninstanzen verstanden eröffnet in Form von Inventionen Weisen des Zeigens, die entwerfend, neoterisch und innovativ auf eine Ermöglichung von Erfahrungen ausgerichtet sind.

initiieren

Suchen und Erfinden können beide in ihrer Ausrichtung auf ein *Was* (Gegenstand) und ein *Wie* (Weg) differenziert werden. Um danach zu fragen, wie sich beide Geschehen in Gang setzen, möchte ich ein Initiieren ins Spiel bringen, das eine intentionale Errichtung von Möglichkeitsfeldern meint. Etwas zu initiieren setzt an einem Einsetzen an, das etwas ins Feld bringt, das meinen Sichtweisen, Wünschen, Ansprüchen und Hoffnungen entspringt und in der Begegnung mit *Anderen* in *Inter*aktionen etwas ins Zeigen bringen kann. So ist einem Initiieren auch ein Inszenieren nahe.

Inszenierungen setzen etwas in einer bestimmten Weise in Szene. Als bestimmte Weise ist mit einer Inszenierung eine Intention verbunden. Diese Intention verstehe ich mit BERNHARD WALDENFELS als »dirigierte Aufmerksamkeit«[130], insofern er Inszenierung als eine »Aufmerksamkeitskunst« beschreibt, als »eine Kunst, die uns hinsehen und hinhören läßt und unsere Aufmerksamkeit wachhält«.[131] Inszenierungen *von* und *in* Forschungsprozessen können so gesehen ein Movens unserer Aufmerksamkeit bilden.

Inszenierung

Dabei sind Intentionen oder inszenierte Aufmerksamkeiten auf jemanden zurückzuführen, das heißt, sie werden in die Inszenierung hineingelegt. Wer etwas inszeniert, folgt damit eigenen Vorstellungen, einem eigenen Wunsch oder Anspruch, der in Szene gesetzt wird. Das »Schau-spiel« als singuläre Aufführung einer Inszenierung reduziere sich dadurch nicht auf ein »pures Schau-Werk«, worin WALDENFELS hervorhebt, dass die Inszenierung das Schauspiel zwar in Gang setze, uns grundlegend aber immer wieder überrasche.[132] Insofern sei jede Aufführung unvorhersehbares Ereignen und Aktualisierung der Inszenierung, beschreibt WALDENFELS weiter.[133] Ergänzend dazu sei die Inszenierung nach ERIKA FISCHER-LICHTE der Theatralität einer Aufführung zuzuordnen, während die Aufführung selbst auf ihre Performativität verweise. FISCHER-LICHTE zeigt an der Unterscheidung auf, dass die Inszenierung durch die Wahrnehmung anderer (Zuschauer*innen) geschehe, während die Aufführung sich als »Wechselwirkung körperlicher Handlungen aller im Raum Anwesenden« vollziehe.[134]

überraschend

Die von WALDENFELS und FISCHER-LICHTE am Theater ausgeführten Gedanken zur Inszenierung weisen für mich über diesen Kontext hinaus, weshalb ich ein Inszenieren auf Zugänge im Forschen übertrage, verstanden als Weisen eines Zeigens und eines Erscheinenlassens. Damit schließe ich auch erneut an ANDREA SABISCHS methodische Überlegungen zur Inszenierung an, die sie in *Inszenierung der Suche* mit Bezug auf MARTIN SEEL[135] an dessen Begriff des Erscheinenlassens ausführt. So negiert SABISCH bewusst den Begriff der Re-präsentation für die von ihr gesetzten Aufzeichnungspraxen, die sie als Darstellungsmodi ästhetischer Erfahrung wählt, und betont damit den konstruktiven Aspekt einer Inszenierung.[136] Allgemeiner beschrieben folgt ihr Vorgehen einer initiierten, also bewusst darauf angelegten Betrachtung eines zu untersuchenden Phänomens – in SABISCHS Studie die ästhetische Erfahrung.

Erscheinenlassen

Hervorlockung

Sabisch nimmt im Weiteren Bezug auf Douglas Harpers Methode der »fotogeleiteten Hervorlockung«, um daran ihre Datenerhebungs- und Datenproduktionsmethode »Hervorlockung von Grafien« zu schärfen. Ein wesentlicher Gedanke dieser Annäherung an die Erfahrungen *Anderer* bestehe darin, »eine einseitige Repräsentation der Anderen« zu vermeiden, um die Anderen[137] selbst antworten zu lassen.[138]

Impuls

Damit die Hervorlockung gelingt, bedarf es eines Lockmittels, das sich methodisch als Impuls begreifen ließe.[139] Impulse initiieren im besten Falle etwas, indem sie provozieren, irritieren, herausfordern und damit Aufmerksamkeit erzeugen. Sie sind wie die kleine Schwester der Inszenierung, indem sie im Kleinen etwas in Gang setzen, das je nach Rahmung ähnlich intensiv wie eine umfassende Inszenierung wirken mag. Der Impuls erscheint dennoch mehr als Geste des Anstoßes, der sich zugleich selbst zurücknimmt und in eine ›Schauhaltung‹ übergleitet, um abzuwarten, was er anrichtet und ausrichtet. Impulse können laut und direkt sein und sozusagen ihren Namen auf der Stirn tragen oder verdeckt ermitteln wie ein Flüstern, das wir erhaschen und uns fragen, ob es eventuell der eigene Gedanke war.[140]

Situation

Interaktion

So wie jede theatrale Inszenierung einen »bestimmten Zeit-Ort« vorzeichne, der sich in einem konkreten Bühnenraum und einer konkreten Bühnenzeit artikuliere[141], bildet auch eine initiierte Inszenierung innerhalb von Forschung eine solche Situation heraus. Die Situation wird damit zum Boden von *Interaktionen*, die sich z.B. einer Sache, einer Frage usw. zuwenden können: »Indem eigene und fremde Aktionen sich in der Interaktion verschränken und ergänzen, gelangen wir zu einer mehr oder weniger tiefgreifenden, mehr oder weniger gelingenden Verständigung in einer Sache.«[142]

methodische Implikationen

Methodologisch von Interesse ist folglich die im Initiieren liegende Geste, etwas durch eine bestimmte Haltung, ein bestimmtes Setting oder eine Fragestellung, in den Blick zu nehmen. Das *Wie* dieser Hervorlockung erscheint entscheidend daran beteiligt zu sein, was in Erscheinung tritt. Insbesondere in der Annäherung an Erfahrungen Anderer, bietet dabei ein gesetzter Impuls ein Scharnier, welches einerseits sowohl Intentionen der Forschenden inszeniert als sich andererseits auch in der konturierten Situation offen für die Antworten Anderer verhält. Die hergestellte Nähe zwischen Praxen des Inszenierens und Initiierens, modelliert den Gedanken einer immer wieder anders in Szene gesetzten Intention von Forschenden, sodass sich durch die spezifische Konstellation der interagierenden Individuen und den durch eine Initiierung einsetzenden Variablen ein jeweils situativer Zugang zum Forschungsfeld oder -gegenstand herausbildet. Der Ereignischarakter dieses Zugangs bezeugt dessen Ungewissheit, die ich im positiven Sinn als überraschend betrachte, insofern etwas ins Zeigen gebracht wird, das ich nicht habe erwarten können. Dieses Unvermögen agiert als Gegenspieler einer Vorwegnahme dessen, was sich zeigen soll, hin zu jener gewünschten Offenheit dessen, was sich zeigt. Initiieren, wie ich es hier verstehe, tritt annähernd als ein gewolltes Versuchen auf, dass demgemäß auf Spielarten des Experimentierens verweist.

EXPERIMENT -ieren/-ell

Das Wort ›experimentieren‹, dessen etymologische Wurzeln sich im lateinischen *experimentare* wiederfinden, bedeute so viel wie »versuchen, erproben, in Erfahrung bringen«.[143] Der forschend erkundende Charakter des Experimentierens tritt in der Wortherkunft deutlich hervor. Wer experimentiert, möchte etwas ver*suchen*, um im Modus der Suche erprobend etwas in Erfahrung zu bringen. Ein Experimentieren weist sich darin vielleicht als besondere Form des Suchens aus, die ich folgend erläutern möchte.

in Erfahrung bringen

Im Adjektiv ›experimentell‹, das »auf Erfahrung beruhend, mit Versuchen arbeitend«[144] bedeute, wird eine interessante Chronologie von Erfahrung aufgerufen: Während das ›Experimentieren‹ etwas erst in Erfahrung bringen will, verweist das Adjektiv ›experimentell‹ darauf, dass etwas auf Erfahrung beruhe, das als experimentell gelte. Der etymologische Bezug verdeutlicht etwas, das sich nicht ausschließlich an der Wortbedeutung zeigt, sondern eine paradoxale Spannung im Experimentieren betont: Experimentieren beruht auf Erfahrungen oder Erkenntnissen, die im Experimentieren aufscheinen, hineinspielen, aktualisiert werden oder sich modifizieren, während das Experimentieren zugleich selbst erst etwas in Erfahrung bringen soll. Diese Sichtweise konturiert Experimentieren als *durch*einander bildend, insofern Experimentieren auf etwas von wo anders her Bezug nimmt, um in dieser Bewegung Erkenntnisse zu generieren.

auf Erfahrung beruhend

Im alltäglichen Sprachgebrauch verknüpfen wir das *Experimentelle* nicht nur mit einem Versuchen, sondern auch mit Neuartigem oder vielleicht auch Ungewöhnlichem. Das Experimentelle weist darin eine Nähe zum Außerordentlichen[145] auf, etwas, das außerhalb einer Ordnung liegt, abweicht und damit als fremd, eigen oder besonders erscheint. Diese Strahlkraft mag ein Grund sein, warum experimentelle Formen der Welterschließung, des Forschens oder auch künstlerischen Arbeitens so reizvoll erscheinen.

Außerordentliches

Sprechen wir von unterschiedlichen Formen *experimenteller Empirie*, so möchte ich den Begriff des *Experimentalsystems* nach Hans-Jörg Rheinberger einbringen, um daran aufzuzeigen, dass eine experimentelle Haltung im Forschen den fruchtbaren Ort einer ahnenden Suche bilden kann. Im Modus eines spielerischen Zeigens bilden experimentelle Inszenierungen ein Geländer, das unsere Suche im Forschen rahmt. Im Aufsatz *Über die Kunst, das Unbekannte zu erforschen* nimmt Rheinberger eine Verortung von Experimentalsystemen vor, die einer suchenden Empirie folgend von einer fragenden und offenen Haltung gegenüber dem Unbekannten ausgehen. Dabei stellt Rheinberger die doppelte Rhythmik des Experimentalsystems als Konkretion und Dilatation heraus: »Experimentalsysteme verengen den Blick, sie erweitern ihn aber im gleichen Atemzug.«[146] In diesem Sinne seien Experimentalsysteme fähig, Neues hervorzubringen und daher als »Orte der Emergenz« zu bezeichnen.[147]

experimentelle Empirie

Experimentalsystem

Das Experimentalsystem scheint bei Rheinberger nicht nur als eine Methode gedacht zu werden, sondern übergeordnet als ein Forschungssystem oder eine For-

zur Virtualität im Experimentellen

schungshaltung. Dies wird insbesondere deutlich in seinem Verständnis, dass das Experimentalsystem ein trickreiches Ding sei, das »wir uns ausgedacht haben, um nicht Ausdenkbares einzufangen.«[148] RHEINBERGER pointiert den Gedanken von Virtualität, der im Experiment aufscheint: »[Experimentalsysteme] sind wie Spinnennetze. Es muss sich in ihnen etwas verfangen können, von dem man nicht genau weiß, was es ist, und auch nicht genau, wann es kommt. Es sind Vorkehrungen zur Erzeugung von unvorwegnehmbaren Ereignissen.«[149] Weitergedacht zeigt sich am Vergleich zum Spinnennetz, dass neben einer suchenden Dimension auch eine ahnende, *intuitive Empirie* daran begründet werden könnte. Manchmal ist etwas ins Netz gegangen – um bei RHEINBERGERS Metaphorik zu bleiben – und wir, als Spinnen, schlagen darauf an, auf das, was sich im Netz windet, ohne (noch nicht) sagen zu können, was es ist. RHEINBERGERS Position folgt in diesem Sinne einem gängigen Paradoxon der Wissensgenese, nämlich »dass man nicht genau weiß, was man nicht weiß.«[150] Folglich gehe es im Forschen »um das Gewinnen von neuen Erkenntnissen, und was wirklich neu ist, ist definitionsgemäß nicht vorhersehbar, es kann also auch nur begrenzt herbeigeführt werden. Was wirklich neu ist, muss sich einstellen, und man muss Bedingungen dafür schaffen, dass es sich einstellen kann.«[151]

intuitive Empirie

Alle Bedingungen, unter denen sich Dimensionen und Symptome von Bilderfahrung bilden lassen, unterliegen folglich einer permanenten Unterstellung, dass sich durch sie etwas einstellt oder einfällt, an dem sich neue Erkenntnisse generieren lassen. Das man nicht wissen kann, was man sucht, bleibt darin ständig virulent. Insofern schaffe sich der/die Forschende in seinem/ihrem Experiment »eine empirische Struktur, eine Umgebung, die es erlaubt, in diesem Zustand des Nichtwissens um das Nichtwissen handlungsfähig zu werden.«[152] Diese Perspektive RHEINBERGERS verstehe ich als Aufforderung und Legitimation, Formen experimenteller Empirie als Geste des Ermöglichens aufzufassen.

Epistemologie des modernen Experimentierens

In seiner ausführlichen Abhandlung über *Experimentalsysteme als epistemische Dinge* hat RHEINBERGER eine umfassende und für die methodologischen Überlegungen anschlussfähige »Epistemologie des modernen Experimentierens« entworfen.[153] Experimentalsysteme seien ergänzend zu den bisherigen Darstellungen jene »dynamischen Gebilde«, innerhalb deren Grenzen Wissenschaftler*innen den epistemischen Dingen Gestalt gäben, worin eine relationale Beziehung zwischen Experimentalsystem und epistemischen Dingen hervortrete.[154]

epistemische Dinge

Epistemische Dinge »sind die Dinge, denen die Anstrengung des Wissens gilt«, denn sie verkörpern das, was man noch nicht weiß. Sie sind keine Objekte im engeren Sinn und zeichnen sich durch einen »prekären Status« aus, denn sie sind in ihrer »experimentellen Präsenz abwesend«.[155] Epistemische Dinge weisen darin eine Ähnlichkeit zu Symptomen auf, indem sie beide erst *re*konstruiert werden müssen. Mit beiden ist die Herausbildung eines Wissens verbunden: Symptome verkörpern etwas, was sie selbst nicht sind und inkorporieren damit ein Wissen über *Anderes*, während epistemische Dinge verkörpern, was man noch nicht weiß, wodurch sie als Genese dessen agieren, was wir Wissen-Wollen, als Pendant unseres Nicht-Wissens.

×

Unschärfe

RHEINBERGER nimmt in seiner Studie Bezug auf LUDWIK FLECKS Lehre zum Denkstil und Denkkollektiv, dem ich mich bereits im Kapitel *vom Zwischen aus* zugewandt habe. ←\- FLECK demontiert einen verbreiteten Mythos des Experiments, den er darin sieht, dass man bloß etwas beobachten oder ein Experiment machen müsse und schon wüsste man, was man wissen wollte.[156] Wäre ein Experiment demgemäß *klar*, »so wäre es überhaupt unnötig: denn um ein Experiment klar zu gestalten, muß man sein Ergebnis von vornherein wissen, sonst kann man es nicht begrenzen [...].«[157] Experimente seien nach FLECK daher eher »gerichtete Beobachtung«, die sich durch ihre Unschärfe erst beleben.[158] Diese Unschärfe denke ich auch als Ungewissheit, als zwar verbunden mit Ahnungen, mit Intuitivem und dennoch gewissermaßen auf das Ungedachte und Unvorhersehbare eingestimmt.

gerichtete Beobachtung

×

Das Experiment zu denken, so stellt SÖNKE AHRENS in seiner bildungstheoretischen Untersuchung zum Experiment heraus, sei bereits häufig gescheitert.[159] Die systematische Erkundung und Entrückung des Experiments von den Naturwissenschaften möchte ich ergänzend zu RHEINBERGER ausführen, um die wissenschaftliche Relevanz des Experiments für meine Forschung zu bekräftigen.[160] Dazu beziehe ich mich auf die bildungstheoretische Position von AHRENS sowie exemplarisch auf Überlegungen des Soziologen GERHARD KLEININGS zum qualitativen Experiment.

≥

Experiment und Exploration

Experimentieren ist nach AHRENS weniger eine Methode, sondern »eine Art Erkenntnisstrategie, genauer: eine voraussetzungsvolle und zielgerichtete Form der Welterschließung, die sich durch die Abwesenheit eines intentional anstrebbaren Ziels auszeichnet.«[161] Dies schließt sowohl an den Gedanken der Unschärfe (FLECK) als auch an das unvorwegnehmbare Ereignispotential des Experiments an (RHEINBERGER). Eine besondere Leistung AHRENS sehe ich darin, dass er das meist hyponyme Verhältnis zwischen Experiment und Exploration negiert und durch ein antonymes Verhältnis ersetzt. Das Experiment sei in diesem Sinne kein Spezifisches eines allgemeinen Forschens (das AHRENS in der Exploration ausgedrückt sieht), sondern das Gegenteil der Exploration.[162] Im Zuge dieser Differenzierung wird die Erkenntnisstrategie des Experiments geschärft.[163]

Gesten der initiierten, erfinderischen Suche

Kritisch sehe ich, dass AHRENS die aus der Perspektive der Künste hervorgegangene freie, spielerische und kreative Form des Experiments ablehnt.[164] Ich vermute in AHRENS Haltung hoffnungsvoll keine grundlegende Ablehnung des Potentials von experimentellen künstlerischen Formen der Erkenntnis, sondern führe die Ablehnung vielmehr auf sein Bemühen zurück, das Experiment als ernsthafte Form der Welterschließung zu bearbeiten. Für mich besteht kein Widerspruch zum Spielerischen oder Kreativen des Experiments – im Gegenteil, ich sehe es als Entsprechung dessen, was FLECK mit Unschärfe und RHEINBERGER mit seiner Metapher der Spinnennetze evoziert. Es sind Gesten der initiierten sowie erfinderischen Suche, die versuchen im

←\-
Denkkollektive
S. 56

×

Experiment andere Formen der Welterschließung, der Wissensbildung und der Genese von Phänomen zu erproben.

Qualitatives Experiment (Kleining)

An dieser Stelle lohnt sich ein kurzer Blick in die Sozialforschung, auch wenn die von mir aufgezeigten Bezüge damit selbst zunehmend experimentell werden: Was sich nämlich nicht durch »bloßes Hinsehen« intuitiv erschließen lasse, könne durch »Qualitative Experimente« erschlossen werden, wie der Ansatz Kleinings[165] aufzeigt, dem Begründer qualitativ-heuristischer Sozialforschung. Ein entscheidender Gedanke bei Kleining ist die intervenierende und somit grundlegend transformative Eigenschaft des Experiments. Der Eingriff, der alle Arten von Experimenten kennzeichne, verändere den Gegenstand, worin sich das Experiment maßgeblich von der Beobachtung unterscheide.[166] Ob ich dieser absoluten Haltung Kleinings folge, bleibt für mich vorerst unentschieden.

transformatorische Empirie

Worin ich Kleining aber zustimme und was seine Position für meine methodologischen Überlegungen leistet, betrifft das Potential des Experiments, eine *transformatorische Empirie* hervorzubringen. Ergänzend dazu – und das sehe ich entgegen Kleining für die Beobachtung *und* das Experiment geltend – verändert sich nicht nur der Gegenstand, sondern es verändern sich auch die Beteiligten. Ich als Forschende bin als Beteiligte am Experiment nach dem Experiment nicht mehr dieselbe, was sich mit Fleck pointieren ließe als: »Das Erkennen verändert den Erkennenden [...].«[167] ×

Entwerfen von Bedingungen

Zugleich zeigt sich daran auch, dass bei aller Vermutung mir als Forschende eine Gestaltbarkeit der Bedingungen obliegt, die ich systematisch, kategorisch, intuitiv oder spielerisch angehen oder auch im Sinne einer künstlerischen Gestaltungspraxis als ein Entwerfen von Bedingungen auffassen kann. ←\× Dieser »prozessierende Versuch«[168], der die Bedingungen in experimenteller Weise erprobt, geschieht nicht ohne meine Bilderfahrungen, die in meiner Forscherinrolle und überhaupt unhintergehbar bleiben. ×

Experiment als Empirie

Um sich Symptomen von Bilderfahrung zuzuwenden, dient das Experiment nicht als Beweis. Vielmehr ist es Möglichkeitsfeld für Ereignisse. Das Experiment verstehe ich in diesem Sinne als Empirie. Experimentieren als Praktik verstanden weise sich als ein »intensives, assoziatives Erkunden und Ermitteln« aus, wie Uriel Orlow beschreibt, das »Wissensfragmente, also kleines Wissen anstrebt«[169]. Dem gegenüber stehe die Forschung als eine »extensive, systematische Bemühung um neue wissenschaftliche Erkenntnisse«.[170]

assoziatives Erkunden

Ein Ermitteln in die falsche Richtung (wie z.B. bei Krimis) erzeugt Reibung, Abgrenzung und Rahmungen in der Ermittlungsarbeit. Assoziatives Erkunden, das sich methodologischer Korsette entledigt, bedarf eines Diskurses, der zu einem Wandeln im Forschungsfeld ermutigt und einlädt. Das sprunghafte Auftauchen neuer nicht erdachter und nicht erdenkbarer Verbindungen wird z.B. der Zettelkastensystematik von Niklas Luhmann zugrunde gelegt. Die zunächst augenfällige Differenz und sogar Gegensätzlichkeit zwischen einem bei Orlow an künstlerischen Praktiken ange-

←\×
erfinden
S. 127

lehnten Experimentieren gegenüber einem systemtheoretischen Ansatz Luhmanns konvergiert meines Erachtens in der Figur der *Assoziation*. Denn das retikulare und verzweigte Abtasten von vorhandenem und latenten Wissen, das nur im Prozessieren zugänglich gemacht werde, beschreibt Orlow als Modi des Experimentierens.[171] Diese Geste des Verzweigens und Herstellens von Bezügen und bilden von Relationen, weist assoziative Züge auf.

intuitiv

autopoietisches Movens

Der Gedanke einer intuitiven Empirie ist im Kontext des Experimentellen bereits zur Sprache gekommen. Nicht nur in künstlerischer Praxis kann das, was sich in unseren Blick drängt, ohne dass zunächst oder jemals spürbar wird, warum es dies tut, als autopoietisches Movens verstanden werden. Auch wissenschaftlich betrachtet nimmt der Intuitionsbegriff eine zwar sich wandelnde, aber relevante Position ein, die Petra Maria Meyer in dem von ihr herausgegebenen Band zur Intuition aufzeigt.[172] Als »ahnendes Erfassen«, als »spezifische, unmittelbare Erkenntnisform« zeichnet Meyer eine prozesshaft exemplarische Genealogie des Intuitionsbegriffs nach, die jedoch ausdrücklich keine umfassende Zusammenschau leistet – dieses Vorhaben, so Meyer, bleibe aufgegeben.[173]

zur Genealogie des Intuitionsbegriffs

epistemologische Kraft

Das Potential oder die Kraft der Intuition »als Erinnerungs-, Erkenntnis- und Entscheidungsfähigkeit der Künste« liege insbesondere darin, auch störend einzuwirken, verfestigte Strukturen zu verflüssigen oder gar Wahrnehmungsschemata aufzubrechen.[174] Was bei Meyer vorwiegend auf die Künste bezogen bleibt, kann für Forschung als eine gar notwendige epistemologische Größe neuer Erkenntnisse verstanden werden.

Das Verhältnis zum Intuitiven im Kontext von Wissenschaften ist ambivalent. Bernhard Waldenfels zeichnet dies in Rückgriff auf den Begriff des Gespürs im Rahmen seiner Schrift über Modi ästhetischer Erfahrung pointiert nach: Die Problematik eines Intuitionismus, der eine irrationale Form der Intuition hervorbringe, artikuliere sich, wenn wir uns auf Gefühle berufen, auf »blitzartige Erleuchtungen« und den »mühseligen Weg des Dis-kursiven« überspringen.[175]

an den Bruchstellen der Erfahrung

Was Waldenfels hingegen vorschwebt, wenn er den Begriff der Intuition phänomenologisch bekräftigt, seien »Formen der Intuition, die an den Rändern, in den Lücken und an den Bruchstellen der Erfahrung auftauchen«, die insbesondere im Kontext der künstlerischen »Entregelung der Sinne« relevant seien.[176]

intuitive Einsprengsel

Der Intuitionismus, so Waldenfels weiter, der hinter jeder Intuition lauere »wie ein voreiliges Versprechen oder wie eine Heilsbotschaft, verliert sein falsches Prestige, wenn wir Intuition nicht als Ausgeburten höherer Mächte betrachten, sondern als Einsprengsel, die in unsere Erfahrung eingelassen sind.«[177] Das Intuitive in einer Annäherung an Bilderfahrungen verstehe ich in Anschluss an Waldenfels als unhintergehbares Moment, wenn wir uns der Erfahrung zuwenden. »Ich bin mir selbst vorweg«[178], schreibt WALDENFELS und erläutert, dass die pathische Dimension der Erfahrung von Vorahnungen und Einfällen geprägt sei, die mich affizieren *werden*, ohne dass ich bereits hinreichend eine Antwort darauf habe.[179]

»so krümmen sich die Wege«

WALDENFELS ist sich der Verschiebungen bewusst, die sich ergeben, wenn das Intuitive als Figur des Gespürs in unser Denken Einzug hält und weist zugleich auf jene Bewegungen hin, die für uns dabei spürbar werden:

> » [Indem Intuitionen, SJ] unsere Erfahrung verzögern, aber auch beschleunigen und beflügeln, entfernen sie sich zwar vom normalen Gang der Erfahrung, nicht aber von dieser selbst. Ihnen allen ist gemeinsam, daß sie durch die gewohnten Ordnungsraster fallen. Was in ihnen zum Vorschein kommt, unterliegt keiner linearen Kausalität, die sichere Rückschlüsse erlaubt; es lässt sich nicht zerlegen in abzählbare Elemente und nicht verarbeiten wie ein gefügiges Material. Es sperrt sich gegen geläufige Gegensätze wie aktiv/passiv, subjektiv/objektiv, formal/material, innen/außen, mit denen wir die Erfahrung zur Ordnung zu rufen pflegen. Erwarten wir schroffe Gegensätze, so treten Faltungen auf; glauben wir uns auf festem Boden, so tun sich Abgründe auf; verlangen wir nach Geradlinigkeit, so krümmen sich die Wege.«[180]

Brüche

Mit WALDENFELS' Überlegungen treten für methodologische Wendungen *zum Wie und Wodurch des Zeigens* zwei zentrale Gedanken hervor: Erstens erinnert uns WALDENFELS daran, dass unser Wunsch nach einer möglichst widerspruchsfreien Einordung von Forschungszugängen, erhobenem Material oder auch entwickelten Ergebnissen entgegen einer Dramatik der Erfahrung besteht. Zugleich ermutigt dies, die oftmals nicht herzustellende Linearität im Forschen[181] nicht länger als Mangel zu betrachten, sondern entgegen einer Glättung (um Linearität zu erzwingen) als Brüche zu markieren und auszuhalten.

erworbenes Gespür

So ergänzt anschließend die von dem Bildungstheoretiker SÖNKE AHRENS beschriebene Figur des *erworbenen Gespürs*[182] den Gedanken, dass sich durch den Forschungsprozess auch Bildungsprozesse vollziehen. AHRENS weist darauf hin, dass »jede Wissenschaft immer im Kontakt mit dem steht, was nicht ganz wissenschaftlich sein kann, ohne deshalb gleich irrational oder gar mystisch zu werden«.[183] Das Intuitive, so AHRENS weiter, ließe sich folgend nicht aussperren, selbst dann nicht, wenn wir versuchen dieses als »epistemologisch irrelevant« zu ignorieren.[184] So zeigt AHRENS mit Verweis auf LUDWIK FLECK und HANS-JÖRG RHEINBERGER auf, dass der Begriff der Intuition zu rehabilitieren sei.[185]

Nicht zufällig erscheint auch, dass sich WALDENFELS im Kontext des Intuitiven Weisen *indirekter Empirie* zuwendet. Die Übergänge markieren sich im Konnex seines phänomenologischen Erfahrungsbegriffs und lassen erahnen, dass auch WALDENFELS das *Wie* seines Forschens in zirkulärer Relation zu den Phänomenen seiner Betrachtung versteht, bspw. wenn sich etwas anscheinend intuitiv zeigt, aber auf zurückliegenden Erfahrungen beruht.

×

Bei aller Euphorie, einen intuitiven Zugang zu legitimieren, kommt man nicht umher, die gewaltige und verstetigte Kritik intuitiver Erkenntnis zumindest noch einmal zu erwähnen. JENS BADURA verdeutlicht in seiner Kontur eines (sinnlichen) Erkenntnisbegriffs die historische Problematik einer Erkenntnis, die auf Behauptungen fußt.[186] Es bedürfe eines »übergeordneten Referenzpunktes«, der den Anspruch auf intuitive Erkenntnis ausweise.[187] Dahinter verberge sich ein Erkenntnisbegriff, der auf eine »rational-begriffliche Argumentation« ausgerichtet sei.[188]

wenn der Schein des Intuitiven bröckelt …

Warum ich an dieser Stelle gerade BADURA heranziehe, begründet sich in seinem an diesen Problemaufriss anschließenden Entwurf, intuitive und diskursive Erkenntnis miteinander zu verweben.[189] Dies setzt meinem Verständnis nach am Potential einer epistemologischen Annäherung *durch* Erfahrung an. Befinden wir uns nicht mehr nur in der diskursiven und damit rational-begrifflichen Erschließung von Phänomenen, sondern begegnen Phänomenen in ihrer Sinnlichkeit, so verschiebt sich die diskursive Geste eines Nachvollzugs zu einer des »Mitvollzugs«[190]. BADURA beschreibt im Mitvollzug einen Erkenntnisanspruch durch Impulse eines spezifischen Erfahrungsangebots. Hierin artikuliert sich für mich eine vielversprechende Neuverhandlung sinnlichen, erfahrungsbasierten Wissens, das in spezifischen, initiierten und inszenierten Erfahrungsangeboten entstehen kann.

× ≥

der Silberstreif … vom Nachvollzug zum Mitvollzug

indirekt

Das Potential und die Notwendigkeit indirekter Zugänge zur Bilderfahrung sind bereits zur Sprache gekommen. Insbesondere vor dem Hintergrund eines phänomenologischen Erfahrungsbegriffs nach WALDENFELS habe ich dessen Argumentation für das Indirekte[191] aufgegriffen. ←\× Auch die bei ANDREA SABISCH in ihrer Forschung zur ästhetischen Erfahrung sowie im Speziellen zur Bildwerdung entwickelte Position einer indirekten Empirie habe ich als relevante Bezüge meiner *methodologischen (An) Wendungen* deklariert und möchte dies nun explizit vertiefen.

SABISCH entwickelt an der phänomenologischen Erfahrungskonzeption von WALDENFELS zunächst eine doppelte Implikation, insofern WALDENFELS' relationales Denkmodell aus Pathos und Response nicht nur in theoretischer Hinsicht leitend für SABISCH wirkt, sondern auch den methodologischen Rahmen in ihrer Arbeit aufspannt.[192] Die konzeptionelle Idee ihrer Methodologie zur *Bildwerdung* wird auf drei Ebenen sichtbar, die jeweils unterschiedliche situative und soziale Bedingtheiten aufweisen:

situative und soziale Bedingtheiten

> » Die responsive Erfahrungskonzeption […] bietet ein relationales Denkmodell für das, was sich erstens zwischen den Bildsequenzen und den Antwortweisen der

←\×
Phänomene und Symptome
S. 119

×

> Schüler*innen auf die Bilder ereignet, zweitens für das, was sich zwischen den Antworten der Schüler*innen und meinen eigenen Antworten als Forscherin, in der Situation wie auch retrospektiv, aktualisiert und drittens für das, was ich übergreifend als Ebene einer responsiven Forschungspraxis bezeichnen würde, die u.a. auch die Auswahl der Bilderbücher betrifft.«[193]

Antwortweisen

Auf einer ersten Ebene markiert SABISCH ein Zwischen, das sich zwischen dem bildlichen Impuls und den Antwortweisen der Beforschten erzeugt. Ein zweites Zwischen bezieht sich auf die soziale Interaktion während der Erhebung sowie die sich am dokumentierten Forschungsmaterial retrospektiv erst herausbildenden *Antwortweisen* aller Beteiligten. Letztlich zeigen sich bereits in der Auswahl der bildlichen Impulse und der Inszenierung der gesamten Erhebung *Weisen des Antwortens*, die im Zusammenhang mit theoretischen Annahmen wie auch eigener Bilderfahrungen SABISCHS zu verorten sind.

Zwischen

Indem SABISCH Dimensionen des *Zwischens* in den Blick nimmt, folgt sie damit WALDENFELS' Gedanken zu einer indirekten Empirie.[194]

> » Sofern es nämlich um die pathische Dimension der Bilderfahrung geht, können wir demnach nicht einfach aufzählen und etikettieren, was wir sehen, wie wir etwas sehen und wann etwas zum Bild wird, denn dann hätten wir die Fremdheit bereits durch unsere Beschreibung überschrieben und damit getilgt.«[195]

indirekte Empirie

WALDENFELS legt in diesem Sinne eine Forschungspraxis nahe, die »[...] mit ihren eigenen Praktiken jene Fremderfahrung wahrt, von der sie ausgeht.«[196] Insofern müsse die Fremderfahrung in der Forschung vorkommen, was durch eine indirekte Annäherung, eine sich »erst zu entwickelnde indirekte Empirie«[197] möglich sei.

zarte Empirie

WALDENFELS spricht im Rekurs auf GOETHE von einer zarten Empirie.[198] Diese durchaus latent methodenkritische Sichtweise auf Empirie entspricht einem von Intuition und Erfahrung ausgehenden Auf- und Nachspüren als empirische Praxis: »Die Tatsache, daß intuitive Momente, in denen sich ein besonderes Gespür für die Dinge entfaltet, in die Erfahrung eingesprengt sind, spricht für eine ›zarte Empirie‹, die Raum lässt für das, was sich dem methodischen Zugriff und den Modellen der jeweiligen Theorie entzieht.«[199] Mit einer so verstandenen Empirie greift WALDENFELS die paradoxale Differenz zwischen Wissen und Erfahrung auf: »Was wir wissen von dem, was wir erfahren, deckt sich nicht mit dem, was uns widerfährt.«[200] Die Intuition selbst trage dazu bei, dass sich »die Schere zwischen Wissen und Erfahrung«[201] nicht schließe. Zarte Empirie, indirekte Empirie oder intuitive Empirie bezeichne ich als Weisen, Empirie *anders* zu denken. Diese Ansätze werden durch eine Unterstellung getragen, dass sich im Intuitiven eine »positive Unbestimmtheit«[202] entfalte, die ein emergentes Potential aufweist.[203]

Wissen ↕ Erfahrung

dialogisch

× Wenn wir etwas über die Erfahrungen *Anderer*[204] erfahren wollen, dann benötigen wir Weisen des Forschens, an denen sich Symptome der Erfahrungen *Anderer* herausbilden lassen. Einen Anlass für ein Zeigen sehe ich in dem gemeinsamen Boden des Dialogs. Auf den Dialog habe ich mich bereits in meiner Betrachtung der Bilderfahrung *vom Zwischen aus* bezogen. ←\- Mit Bezug auf Dieter Merschs medienphilosophische Position habe ich unter anderem auf einen reflexiven Abstand *durch* den Dialog verwiesen und in Anlehnung an François Jullien ein *aneinander* und *durcheinander* Reflektieren im Dialogischen herausgearbeitet. Das Dialogische als Weise des Zeigens zu verstehen, setzt am Gedanken an, etwas *durch* Dialoge zu beforschen.

× Dies verweist auf den Kern der dialogischen Forschungsmethoden nach Jörg Sommer, eine Position, die bisher zumindest im erziehungswissenschaftlichen und bildtheoretischen Kontext kaum Eingang gefunden hat. Sommer verknüpft in seiner psychologischen Position das dialogische Prinzip neben der Hermeneutik und Dialektik mit der Phänomenologie, wodurch sich seine Position als anschlussfähig an einen phänomenologischen Erfahrungsbegriff zeigt. Auch das mediale ›durch‹, von Sommer nicht als solches gedacht, sehe ich als Nahtstelle für meine Überlegungen.

dialogische Forschungsmethoden

Der Dialog wird bei Sommer zunächst als Gespräch über ein wichtiges Thema verstanden, das zwischen Forschenden und ihren jeweiligen beforschten Personen geführt werde.[205] Dies erscheint auf den ersten Blick ganz ähnlich zu gängigen Erhebungsinstrumenten wie dem Interview, jedoch geht es Sommer um ein Forschen *durch* Dialoge, womit nicht nur die Forschenden, sondern auch die Beforschten am Erkenntnisprozess beteiligt werden sollen. Beforschte und Forschende sollen darin als gleichwertige Dialogpartner verstanden werden. Dazu hebt Sommer ein »Aufeinander-Eingehen« hervor, welches er nicht nur sprachlich denkt, sondern in das er auch Mimik, Gestik und Körperhaltung einschließt.[206]

durch Dialoge

Bemerkenswert erscheint mir daran, dass das Dialogische aus seiner sprachlichen Verankerung ein Stück weit gelöst wird. Dies verstehe ich als Ansatzpunkt, um sich im Feld der Antwortregister (Waldenfels) neu auszutarieren. Im Kapitel *vom Zwischen aus* habe ich daher im Kontext des Dialogs eine *Varianz* der medialen Instanzen von Mitteilungen beschrieben.

Wird der Dialog mit Rekurs auf Sommer als Forschungsinstrument, als Erkenntnismethode verstanden, agiert der Dialog als Weise, etwas ins Zeigen zu bringen und neue Einsichten zu ermöglichen. Ich verstehe und verwende Sommers Gedanken als Anregung, um Forschungsweisen zu (er)finden, die Dialogpartner*innen zu Mitforscher*innen[207] erheben und zwar in dem Sinne, dass Dialogpartner*innen nicht nur beforscht werden, sondern durch ihre Gedanken, ihre Beiträge im Dialog am Forschungsprozess mitwirken, indem sich ihre Sichten und die der Forschenden erweitern.

Dies schließt an die Überlegungen von Christina Thürmer-Rohr und Ines Lechleitner zu *Kontroverse und Dialog* an. Die Kontroverse sei zunächst als Gegen-

Erweiterung der eigenen Sicht

←\-
Dialog
S. 70

×

stück zum Dialog zu verstehen, indem dort ein *Sprechen gegeneinander* geschieht, während der Dialog in dieser Gegenüberstellung zu einem tendenziell unkritischen Austausch degradiert wird: »Der Dialog ist auf Aufnahme, Austausch, Ausgleich, Einvernehmen, möglichst Einigung aus. Die Kontroverse dagegen spitzt Unterschiede zu, sie legt konträre Positionen offen, sie besteht auf ihre Abgrenzung.«[208] Damit zeigen sich Dialog und Kontroverse unterschiedlich in ihrem Umgang mit Differenz. So werden in der Kontroverse Unterschiede »als Unvereinbarkeiten, als Entweder-oder ausgetragen«, während der Dialog »ein Nebeneinander oder Sowohl-als-auch« impliziere.[209] Dabei ist der Dialog nicht bloß Geste einer Einigung, die nur auf die Verallgemeinerung aus ist, sondern kann mit Thürmer-Rohr und Lechleitner verstanden als Erweiterung der eigenen Sicht »durch die Sichten anderer« betrachtet werden. Der Dialog »macht Unterschiede in ihrer Vielfalt sichtbar und lässt die Dinge so mehrdimensional werden, wie sie sind« und versuche daher durch diese Mehrdimensionalität, das Denken zu verändern. [210] Die Kontroverse, auch wenn von Thürmer-Rohr und Lechleitner nicht ausgeführt, bildet entgegen dieser Pluralität von Sichten ein eher aggressives Verharren auf dem Unterschied.

durch die Sichten anderer

Umgang mit Differenz

Hier sehe ich Anknüpfungspunkte an die mit François Jullien aufgezeigte Verschiebung von einem Denken des Unterschieds zu einem Denken des Abstands.[211] So wäre der unterschiedliche Umgang mit Differenz bei Thürmer-Rohr und Lechleitner übertragbar auf Julliens Argumentation für die Denkfigur des Abstands. Der Dialog wäre dann im Sinne der Erweiterung der eigenen Sicht durch die Dynamik der entstehenden Abstände zwischen jenen, die sich im Dialog befinden, gekennzeichnet. ←\ –

umwegig

Ergänzend zeigt Cornelia Muth in ihrem Aufsatz *Der Gender-Dialog aus Sicht des Dialogischen Denkens* mit Bezug auf Martin Bubers dialogtheoretische Ansätze daran anknüpfende Gedanken zum dialogischen Prinzip. Sie entwickelt eine Anthropologie dialogischen Denkens und legt in Verweis auf Thürmer-Rohr dar, dass der Dialog »umwegig« sei, sodass er »Lust auf Chaos, Begeisterung und Zündstoff« mache.[212] Lebendige Dialogpraxis zwischen »Anderheiten« produziere »bewegende Erkenntnistheorie«, wie Muth im Kontext des Beitrags ausführt und dabei das Motiv der Anerkennung aufbringt.[213] Dazu bezieht sich Muth auf die dialogphilosophische Unterscheidung eines »Ich-Du« und eines »Ich-Es« Bubers.[214] Während ein »Ich-Es« bedeute, dass ich die Anderen festlege, ihnen eine »fixierte Identität« zuweise, artikuliere sich im »Ich-Du« eine wirkliche Begegnung, sodass das Ich am Du der Anderen teilnehme. Muth führt weiter aus, dass mir mein Gegenüber »[e]rst im ›Begebnis‹, im Zwischen begegnet […]«[215], worin sie eine Perspektive aufzeigt, die sowohl an Jörg Sommers Forschen durch Dialoge anschließt als auch ein Plädoyer für ein Forschen in konkreten Erfahrungssituationen liefert.

bewegende Erkenntnistheorie

Zwischenreich des Dialogs

Während die vorangegangenen Positionen insbesondere das Potential des Dialogischen ausgewiesen haben, stellt sich anschließend die Frage nach der Art und Weise einer damit anvisierten Empirie. Dazu beziehe ich mich auf eine Passage im letzten

←\ –
Abstand
S. 43

Kapitel der Habilitationsschrift von BERNHARD WALDENFELS. Er deutet unter *Theorie des Dialogs und dialogische Praxis* eine Abhängigkeit zwischen Theorie und Praxis an: »Nur wenn der philosophische Betrachter sich selbst in die Theorie mit einbezieht und seine theoretischen Gebilde auf die Lebenspraxis zurückbezieht, gelangt er zu einem radikalen Verständnis dessen, was er sich vornimmt.«[216] Während eine »Abschnürung des theoretischen Lebens von der Praxis«[217] kein Ausweg sei, plädiert WALDENFELS hier indirekt für eine *beteiligte Empirie*, die beobachtende Theoretiker*innen in Beziehung zur Performanz ihres Gegenstandes setzt. Die *beteiligte Empirie* verstehe ich nicht als Datenerhebung, sondern als Moment des wachen Blicks, der befähigt, Symptome am Forschungsgegenstand herauszubilden. Der Begriff findet sich bei WALDENFELS selbst nicht, sondern ist eine Formulierung, die versucht, dessen Argumentationslogik auf einen Begriff zu bringen.

beteiligte Empirie

Der sich in WALDENFELS' Überlegungen zeigende Wechselbezug zwischen dem, worüber eine Theoriebildung erfolgen soll, und einer Involviertheit in die Praxis dieses *Worübers*, erscheint grundlegend am Erkenntnisgewinn beteiligt zu sein. Für WALDENFELS und seine Theorie zum Dialog bedeutet dies: »Die Theorie entfaltet sich selbst in einem potenzierten Dialog« und sie vollende sich daher erst in der Rückkehr zum Dialog.[218]

Sich dialogisch den Erfahrungen *Anderer* zuzuwenden und *durch den Dialog* einen *reflexiven Abstand* einzuholen, der ein *aneinander* und *durcheinander* Reflektieren meint, kann sich als Forschungsinstrument beweisen, das per se keine methodische Neuerung proklamiert, in dieser spezifischen Betrachtungsweise aber neue Facetten des Dialogischen aufbringen kann. Die sprachliche Medialität des Dialogischen zu erweitern erzeugt einen relevanten Impuls für die Auseinandersetzung mit Bilderfahrung im Register des Visuellen. Als Weise des Forschens konturiert die Pluralität von Sichten durch den Dialog eine mehrdimensionale Hinwendung, die einer Glättung durch produktive Umwegigkeit entgeht und eine Erkenntnispraxis durch »Anderheiten«[219] beabsichtigt. Dies fordert mich als Forschende dazu heraus, die im Anschluss an eine indirekte Empirie beschriebene Sensibilität im *Wie und Wodurch des Forschens*, ergänzend auch im Sinne einer beteiligten Empirie, vor dem Hintergrund eines Sozialitäts- und Alteritätsdenkens zu betrachten.

vorläufige Implikationen für eine Forschungspraxis

künstlerisch ::: durch Kunst ⟶

Formen künstlerischer Forschung bilden – und das mag ihrem Namen entsprechend zunächst kaum für Verwunderung sorgen – eine entscheidende Schnittstelle zwischen Kunst und Forschung. Künstlerische Forschung betrifft auf den ersten Blick vereinfacht ein Forschen *mit* oder *durch* die Kunst, die in einer Vielzahl an heterogenen *art-based-research* Ansätzen Praktiken eines Denkens durch Kunst aufzeigen, die übergreifend als Formen eines kunstbasierten Forschens verstanden werden können.

künstlerische Forschung

Künstlerische Praktiken werden im Rahmen künstlerischer Forschung als wissenschaftliche Erkenntnisweisen anerkannt – und zwar als gleichwertige Erkenntnisweisen gegenüber etablierten Erkenntnisformen. Mit dem Moment der Etablierung richtet sich das Augenmerk zugleich auf die Frage, wann etwas als forschend verstanden wird und wo überhaupt Grenzen von Forschung gezogen werden können.

Wann ist Forschung?

Während Julian Klein in seiner intensiven Auseiandersetzung mit künstlerischer Forschung danach fragt, »Wann ist Forschung künstlerisch?«[220], wäre bezogen auf einen allgemeinen Forschungsbegriff gewendet danach zu fragen: Wann ist Forschung wissenschaftlich? Wann ist sie unwissenschaftlich oder auch prekär, lustvoll, etc.? Die Fragen tangieren den Modus von Forschung und rufen zugleich das phänomenologische ›als‹ ins Bewusstsein, wodurch die Fragestruktur auf die Performanz eines jeweiligen Forschens verschoben wird: Wann *wird* Forschung *als* künstlerische, wissenschaftliche, unwissenschaftliche, allgemeine, utopische oder exzellente aufgefasst oder praktiziert?

als

Nichtwissen

Klein orientiert sich zunächst an der UNESCO-Definition von Forschung, die »jede kreative systematische Betätigung zu dem Zweck, den Wissensstand zu erweitern, einschließlich des Wissens der Menschheit, Kultur und Gesellschaft sowie die Verwendung dieses Wissens in der Entwicklung neuer Anwendungen«[221] fasst. Forschen bedeute, so Klein, demnach »Nichtwissen, besser: Nochnichtwissen und Erkennenwollen.«[222] An Klein anschließend könnten die Wege des Erkennenwollens in unterschiedlichen Forschungspraxen einem Nochnichtwissen entgegenkommen. Wir haben es sozusagen plötzlich mit einer Diversität zu tun, die jegliches Denken eines Singulars von Forschung kategorisch ausschließt.[223] Insofern erscheint es nicht verwunderlich, dass Klein Forschung als »kollektive Plurale« bezeichnet.

Verklammerung

Die Frage, wann Forschung künstlerisch *wird*, sehe ich als entscheidende Perspektive einer Verklammerung von Kunst und Wissenschaften.[224] Wie die Kunsttheoretikerin Ute Vorkoeper herausarbeitet, ist der Forschungsbegriff für die Kunst trotz der »Verstrickung der bildenden Kunst ins Feld des Wissens und in die Gefilde der Wissenschaft« eine Herausforderung, die sich im komplizierten Verhältnis von Kunst und Wissenschaft manifestiere.[225]

Modi von Wahrnehmung

Klein versteht Kunst und Wissenschaften als zwei Dimensionen eines miteinander geteilten, also gemeinsamen kulturellen Raumes, als zwei Modi von Wahrnehmung.[226] In Bezug auf Forschung verhalten sich Kunst und Wissenschaften folglich wie Attribute, die »einen gemeinsamen Träger modulieren, nämlich das Erkenntnisstreben der Forschung.«[227] Kleins Überlegungen erzeugen einen Korridor, in dem künstlerische und wissenschaftliche Forschung gemeinsam existieren und gegenseitig zum jeweiligen Attribut des anderen werden können, sodass wissenschaftliche Forschung als künstlerische Forschung und künstlerische Forschung als wissenschaftliche Forschung aufgefasst oder praktiziert werden könne.[228]

wechselseitige Attribute

Kunst als reflexive Praxis

Vorangegangenes führt zu der Frage, welches Potential ein Forschen *von Kunst aus* aufweist. Um allererst Dimensionen von Bilderfahrung entwickeln zu können, die vom Bildlichen aus gedacht werden, also ausgehend von einem sinnlichen Zwischen, stellt »Kunst als reflexive Praxis im Ästhetischen eine eigenständige Form der Wissensproduktion«[229] dar, worin KATRIN BUSCH den Aspekt des ästhetischen Denkens in der künstlerischen Forschung hervorhebt. Dies folge, wie der Konzeptkünstler THOMAS LOCHER beschreibt, einem »Denken des Dissenses, ein Denken, das Vielheiten will anstatt Einheit.«[230] Künstlerische Forschung zeigt sich damit als Weise des stetigen Suchens, um ihrem Anspruch auf Verschiedenheit nachzukommen und sie zeigt sich auch als Weise der Differenzbildung, von der aus Verschiebungen im Denken akzentuiert werden können.

Denken des Dissens

ereuna und zētēsis

In den *Epistemologien des Ästhetischen* entwirft DIETER MERSCH eine zugleich symbiotische wie auch differenzierende Betrachtung zwischen den Künsten und den Wissenschaften. Dabei nähert er sich unter anderem den Forschungsmodi beider Felder an und entwickelt an den Begriffen *ereuna* (ἔρευνα EREVNA) und zētēsis (ζήτησις ZITISIS) Weisen des Forschens. Während *ereuna* ein Nachforschen, eine Detektion, eine Extraktion von Kenntnissen aus dem Rohen und Ungebildeten meint, beschreibe die zētēsis die nachdenkende Suche ohne Ausgang, eine Selbsterforschung im Sinne einer Forschung, die sich selbst erforsche. Zētēsis bilde dann »keine Forschung im eigentlichen Sinne, sondern eine Passage oder Passion, in der nicht das Resultat im Vordergrund steht, sondern eine anhaltende Skepsis.«[231] Zetetisches Forschen teile folglich das Wahrnehmbare auf immer neue Weise auf, um andere Grenzen und andere Schneisen zu ziehen, um bislang Unsicht- bzw. Unhörbares, das kaum Wahrgenommene, in die Sichtbarkeit zu überführen.[232] Zetetische Forschung basiere, so MERSCH weiter, auf einer grundlegenden »Offenheit für ein Unbekanntes, Unerwartetes und Verwickeltes, in das sie sich im gleichen Maße ständig wieder von Neuem hineinziehen und verwickeln lässt.«[233]

Paradoxien und Brüche

Diese beiden Weisen des Forschens erscheinen mir insofern für eine Auseinandersetzung mit Phänomenen und Symptomen von Bilderfahrung als fruchtbar, als dass sich im Zusammenspiel ereunistischer und zetetischer Forschung *Spielräume* entfalten, die Forschen als Praxis verstehen und zugleich eine philosophisch gefärbte theoretische Wendung und Faltung der Forschungsgegenstände einbeziehen. So bewegen sich Strategien künstlerischen Forschens aktiv und vorfreudig auf Paradoxien und Brüche zu, weil sie in diesen überhaupt erst jenes Potential vermuten, sich unter dem Vorzeichen der Unbestimmtheit anderem Wissen zuzuwenden. So folgert MERSCH bereits einige Jahre zuvor: »Kunst als Forschung bedeute, diese spezifische Erkenntnisarbeit, zu der das Experiment, die Probe, das tacit knowledge gehört und die anders nicht vollzogen werden kann, die darum auch des fortwährenden Spiels der Gegensätze bedarf.«[234]

Riss

Die Frage nach den daraus hervorgehenden methodologischen Implikationen ist herausfordernd, insofern man eine systematische, konkrete Methodologie erhofft. Davon Abstand nehmend zeigt sich im andauernden *Spiel* des künstlerischen Forschens eine Weise der forschenden Hinwendung, die zugunsten des Zaubers, jenem produktiven Riss, am Dissens eine Vielheit entzündet und einlädt.

Singularität Für MERSCH ist dies notwendig, weshalb er an der Singularität ansetzt: Kunst avanciere »zu einem anhalten Forschungsprozess, der seine Methoden erst entdecken und ihre Möglichkeiten und Grenzen am Exempel austesten und reflektieren muss, und zwar auf eine Weise, die weder durch Anleitung noch durch Diskurse gedeckt ist. [...] Was darum Forschung im künstlerischen Sinne meint, kann so wenig ausgemacht wie vorherbestimmt werden [...].«[235] Eine Forschungspraxis, die sich an diesen Prä-
kontingent missen orientiert, agiert kontingent und unbestimmt, folgt nicht bestehenden Praxen und erhebt nicht den Anspruch aus ihrer eigenen singulären Praxis eine allgemeingültige Methodologie zu entwickeln, sondern eher methodologische Entwürfe. Auf unterschiedliche Weisen künstlerischen Forschens Bezug zu nehmen, steht nicht im Widerspruch zur Singularität des Forschungsprozesses, sondern betont vielmehr das im künstlerischen Forschen angelegte exemplarische Moment, das auch die erwähnte Vielheit der Praxen begünstigt.

bis etwas ins Zeigen gelangt Das künstlerische Forschen, so erläutert MERSCH die Intention dieser Forschungsweise, inszeniere Inkompetenzen, die anderes in den Blick nehmen wollen, vom Gewohnten abrücken und im Extremfall durch »Störung und Zufall systematische Instabilitäten« erzeugen.[236] Sie orientiere sich am Umweg, »bis etwas ins Zeigen gelangt«[237], am »Scheitern«, an der »Erkundung von Lücken«, einem »Gespür für die Relevanz des Details, den Eigensinn jeder Präsentationsweise, jedes Materials oder jeder medialen Darstellungsform«.[238] MERSCH verdeutlicht mit diesem Vokabular auch die Sinnlichkeit eines solchen Vorgehens, das sich so manchem bedient und so manches forciert, was sich in wissenschaftlicher Forschung als das Vermeidbare ausweist (z.B. Störungen).

mehr, als das bloß ›Andere‹ Die stetige Gegenüberstellung künstlerischer und wissenschaftlicher Forschung, die alles Künstlerische als *Anderes* und *anders* ausweist[239], etabliert damit einen ebenso tradierten Blick der Abgrenzung. Die Herausforderung liegt für mich im Mut, dieser Dichotomie entgegenzutreten und MERSCHS Konturen eines künstlerischen Forschens auf Forschen im Allgemeinen zu übertragen. Nicht, um ihr einen allgemeinen oder allgemeingültigen Platz zuzuweisen, sondern um Forschen wirklich als »urmenschliche Tätigkeit«[240] nicht in bestimmten Registern zu verhaften, die ihren eigenen Auftrag, nämlich sich dem Unbedachten zu widmen, in ihrer Anlage bereits aufgibt.

So versuche ich im Folgenden, MERSCHS Gedanken zur künstlerischen Forschung ein Stück weit zu entrücken, um daran darzulegen, dass künstlerische Forschung eine Weise des Forschens aufzeigt, die nicht mehr in der Unterscheidung zum wissenschaftlichen Forschen stehen sollte:

Es bedarf eines Forschens,

... das sich »nicht der exakten Begründung oder des Diskurses bedient, sondern mit den Sinnen im Wahrnehmbaren arbeitet und die Materialien, die immer singulär sind, aufeinander reagieren und sich zeigen lässt.« mit den Sinnen

... das nicht nur einer Logik des Sagens, sondern auch des Zeigens folgt, »das einer anderen Ordnung gehorcht, das gleichwohl auf seine Weise Reflexionen zu statuieren vermag – z.B. indem es kraft seiner Singularität auf Rückseiten oder Ausgegrenztes verweist, sich in den Weg stellt, Versuchsanordnungen vereitelt oder das Absurde mancher Fragestellungen offenbar macht.« Logik des Zeigens

... dessen Untersuchungsgegenstand nicht vorliege, »er wird vielmehr in jedem Augenblick erst erschaffen und auf die Probe gestellt. [Ein solches Forschen, SJ] beruft sich darum auf keine Methodik, die sich zuvor bewährt und legitimiert hat, sondern sie bedeutet allererst die Entwicklung eines Verfahrens, das gleichsam im Prozess des Testens laufend im Entstehen begriffen ist.«[241] laufend im Entstehen

Displays und Displaying

In den bisherigen Gedanken zur methodologischen Konzeption und zu meinem methodischen Vorgehen habe ich ausgehend vom Phänomen der Bilderfahrung herausgearbeitet, dass es *etwas* bedarf, *an dem* und *durch das etwas* ins Zeigen gebracht wird, *woran* und *wodurch* sich Symptome von Bilderfahrungen bilden lassen. Dies artikuliert sich als ein Vorgehen, das sich Phänomenen der Bilderfahrung nicht nur durch Theorie, sondern auch empirisch annähert. Dazu habe ich eine ausführliche Diskussion zu Weisen *anderen Forschens* geführt, um eine Verschiebung im Denken von Empirie herzuleiten. *etwas* ins Zeigen bringen

Ausgehend von dem *Was sich zeigt* und *Wie und Wodurch es sich zeigt*, skizziere ich am Begriff des *Displays* eine Anwendung der vorgeschlagenen methodologischen Konzeption. Diese bezeichne ich als ein *Displaying*, welches ich am Begriff des ›Displays‹ folgend entfalte und in *Inter//ventionen* und *Bei//spielen* zur Bilderfahrung für die Untersuchung von *Bildreflexiven* erprobt habe. Die Inter//ventionen sind Fragen, Impulse, Settings oder Inszenierungen, in denen ich mit *Anderen* über Bilderfahrungen ins Sagen oder Zeigen gelange. Die Bei//spiele sind Bilder, Bücher, Kunst oder Erlebnisse, die mich veranlassen, daran etwas zur Bilderfahrung zu problematisieren, zu thematisieren und zu erkennen. Ein *Displaying* begründet sich an der *vom Zwischen aus* entfalteten Sichtweise auf Bilderfahrung. Displaying als flektierte Form des Verbs ›display‹ deutet wie jede Partizip-Präsens-Bildung im Englischen an, dass etwas jetzt gerade als eine aktive Handlung passiert. Der Begriff Displaying soll damit bereits in seiner Formulierung eine Performanz seines Vorgehens verdeutlichen. Display Displaying

×

diachrone Rhythmik im Forschen

Als *Methode in actu*[242] entwickelt sich mein Vorgehen an den Gegenständen, die es hervorbringt. Zu dieser diachronen Rhythmik im Forschen veranlasste mich wesentlich BERNHARD WALDENFELS' Phänomenologie der gebrochenen Erfahrung: Sodann folgen meine Hinwendungen zur Bilderfahrung einer nur indirekt möglichen Annäherung, einer Verwobenheit mit meinen Bilderfahrungen als Forschende sowie einer Nachträglichkeit des Zeigens, die ihre Vorgängigkeit in Figuren des Ahnens, des Gespürs und des Intuitiven findet.

Die aus der methodologischen Konzeption entwickelte Methode wende ich in *Inter//ventionen* und *Bei//spielen zur Bilderfahrung* an, um Bildreflexive zu bilden und zu untersuchen. Ich werde folgend aufzeigen, wie diese beiden Spielarten des Displayings methodisch gefasst werden können. Neben den *Inter//ventionen* und den *Bei//spielen* stellt die Arbeit mit Texten eine gewichtige Ebene des Erkenntnisgewinns dar.[243] Auch wenn dieser Zugang keine Neuerung ist, so verstehe ich auch das Arbeiten mit Text als Weise des *Displayings*. Mir ist es wichtig, diesen epistemologischen Zugang im Rahmen der methodologischen und methodischen Konzeption explizit zu erwähnen, um auf die zirkulären Verwebungen im *Displaying* einzugehen. In diesem Zusammenhang befrage ich die Grenzen des Displayings, insofern diese im Vorhinein nicht festgelegt sind. In einer Zusammenschau der unterschiedlichen *Zugänge zur Bilderfahrung durch Bilderfahrung* verdichte ich relevante Aspekte des methodischen Entwurfs, um die Abgrenzung und Konzeption zu explizieren.

methodische Displays

Der Anglizismus ›Display‹ weist eine Bedeutungsvarianz[244] auf, die sich in den uns umgebenen ›Bildschirmen‹ als digitale Zeigeflächen begründet; der Displaybegriff findet sich ebenso im Kontext von Schaufenstergestaltung wieder und wurde längst auch allgemeiner auf Verfahren und Ästhetiken des Ausstellens übertragen.[245]

LORECK

Methode und ihr Resultat

HANNE LORECKS Überlegungen zum Display entspringen ihrer kunst- und kulturwissenschaftlichen Perspektive. LORECK stellt heraus: »Beim Display handelt es sich ebenso um eine Methode wie um ihr Resultat. To *display*, so die englische Etymologie, leitet sich von dem lateinischen Verb ›displicare‹ ab, übersetzt mit ausbreiten oder entfalten.«[246] LORECK konturiert damit einen Ansatz, der von einer Geste des Zeigens her gedacht ist und dem Display als Weise und Ziel des Sichtbarmachens eine doppelte Funktion zukommen lässt. Ist etwas Methode und *ihr* Resultat zugleich, bringt es Ins-Zeigen, was noch nicht gezeigt wurde, sich noch nicht gezeigt hat. Hier ließe sich augenscheinlich ein Bezug zu WALDENFELS' Figur der *medialen Differenz* herstellen, die das, *was* erscheint, von dem unterscheidet, *wodurch* es erscheint. ←\- Das Display nach LORECK, so könnte man vorschnell annehmen, nivelliere durch seine doppelte Funktion eine mediale Differenz. Genauer betrachtet weist das Display bei

←\-
mediale Differenz
S. 40

LORECK seine doppelte Funktion jedoch nur *durch* die Differenz auf, indem es das *Was* und *Wodurch* eines Erscheinens zugleich hervorruft.

Auch wenn er keiner umfassenden Argumentation oder Theoretisierung entspringt, zeigt sich LORECKS Display-Begriff anschlussfähig an die Konzeption einer *vom Zeigen aus* gedachten Annäherung an Bilderfahrungen. LORECKS Überlegungen zum Display sehe ich in Korrelation zu einer *Methode in actu*, indem das Display als Weg zu etwas hin jenes, auf das es sich richtet, in dieser Gerichtetheit mit hervorbringt. Ein Display, das etwas entfaltet und ausbreitet, betrachte ich auch als metaphorische Geste, den Faltungen des Sichtbaren zu begegnen – stets in Betonung eines Hervorbringens und somit performativ und transformativ gedacht.

methodische Displays

Um am Display meine methodischen Überlegungen zu bündeln und zu begründen, nehme ich für diese Konzeption von *methodischen Displays* weitere theoretische Anleihen vor, um daran eine methodologische und methodische Kontextualisierung des Displays für eine Annäherung an Bilderfahrung allererst zu initiieren.

FROHNE

HAUPT-STUMMER

Erstens beziehe ich mich dazu auf die Gedanken zum Display der Kunsthistorikerin URSULA FROHNE und zweitens auf CHRISTINE HAUPT-STUMMERS kuratorisch perspektivierte Genese des Displays. Die von den Autorinnen ausgeführten Argumentationen adaptiere ich, sodass sie als Anlässe einer methodischen Skizze des Displays fungieren.

1. Anleihe

Als umfassende und im Konnex ästhetischer Erfahrungen betrachtete Theoretisierung zum Display ist der von URSULA FROHNE, LILIAN HABER und ANNETTE URBAN herausgegebene Band *Display | Dispositiv – Ästhetische Ordnungen* anzuführen. FROHNE legt darin in ihrem Beitrag die Potentialität filmischer Aufführungspraxen in situativen Verknüpfungen dar.

Herausgelöst aus ihrer spezifischen Betrachtung versuche ich FROHNES Argumentation zum Display als eine allgemeinere Theorie des Displays zu betrachten. Für das Display aus methodologischer und methodischer Sichtweise ergeben sich nach FROHNE folgende Aspekte:

Instrument des Zeigens

⟶ das Display agiere als Instrument des Zeigens und steht für die Potentialität eines Zeigens

⟶ das Display biete eine variabel bespielbare und an die vorgefundenen Bedingungen sich immer wieder anpassende Oberfläche

⟶ die prinzipielle Verknüpfbarkeit und Anschlussfähigkeit des Displays mit unterschiedlichen Medien, Formaten und räumlichen Gegebenheiten biete die Voraussetzung, um visuelle Materialien und Artefakte nach Belieben anzuordnen, miteinander zu kombinieren und zu gliedern.[247]

Konstruktion durch Adaption

FROHNES Thesen in eine methodologische und methodische Perspektive zu verschieben erzeugt eine Differenz, die kritisch betrachtet einer Neukontextualisierung gleicht. Doch wo weder anschlussfähiges Vokabular noch methodologische und methodische Konzeptionen bestehen, zeigt sich dieser Weg der *Anleihe* oder *Entlehnung* als theoretisch experimentelle Geste einer *Konstruktion durch Adaption*.

Handlungs- und Denkraum

Als Instrument des Zeigens bildet das Display durch seine Variabilität einen Handlungs- und Denkraum in der Annäherung an Bilderfahrung. Die Anschlussfähigkeit setzt an einem Experimentieren an und kann unterschiedliche Konstellationen und Formate hervorbringen. Diese mediale, soziale und situative Varianz von Displays eröffnet einen Gestaltungsspielraum, wie ich an einem *zetetischen Forschen* ←\ × nach MERSCH beschrieben habe: Forschen *durch* Displays teilt das Wahrnehmbare auf immer neue Weise auf, um andere Grenzen oder Schneisen zu ziehen, um bislang Unsichtbares und Unhörbares, kaum Wahrgenommenes, in eine Sichtbarkeit zu überführen.[248] Ein Forschen durch Displays ist als ein Forschen durch Praxis zu verstehen. In Anschluss an den eingeführten Symptombegriff sei noch einmal darauf verwiesen, dass nicht die Bilderfahrung in die Sichtbarkeit geführt wird, sondern etwas, das auf sie verweist, an dem eine Symptombildung zu Bilderfahrungen möglich wird.

2. Anleihe

CHRISTINE HAUPT-STUMMERS Beitrag arbeitet drei Verstehensweisen des Displays in der Ausstellungsgestaltung heraus: als *Oberfläche*, als *Präsentationsmittel* und als *Handlung*. Die Ansätze HAUPT-STUMMERS werde ich ähnlich wie bei FROHNE direkt adaptieren, um weitere Anleihen für eine methodische Reflexion des Displays vorzunehmen. Dieser Übergang zwischen Ausstellungsgestaltung und Forschungsmethode mag zunächst irritieren; er tut dies aber zu Gunsten einer Neukontextualisierung des Displays, als Annäherung an Bilderfahrung.

⟶ als *Oberfläche* bilde das Display eine ordnende Schnittstelle zwischen Forschungsgegenstand, Forscher*in und ggf. Beforschten. Das Display bestimme darin die Schwelle von Sichtbarkeit und Unsichtbarkeit.

⟶ als *Präsentationsmittel* vereine das Display einzelne Elemente zu einem Setting; entstehende Wechselbeziehungen führe in der Rezeption zur Sinnbildung bei Forschenden und ggf. Beforschten. Ein so verstandenes Display agiere als Leitsystem, das über aktive oder passive Haltung der Forschenden und ggf. Beforschten entscheide und in ihr Verhalten eingreife im Sinne einer Handlungsanweisung.

⟶ als *Handlung* hänge das Display mit »Kulturpraktiken und Gesten des Zeigens« zusammen. Das Display sei damit nicht nur »aktive Tätigkeit des Präsentierens und Überzeugens«, sondern ziele auf ein Sichtbarmachen und eine Verführung ab.[249]

←\ ×
künstlerisch ::: durch Kunst ⟶
S. 141

Anschließend an dieses Bedeutungsspektrum konturiert HAUPT-STUMMER das Display als Dialograum, um ergänzend die »Interaktion zwischen Gestalter*innen und Besucher*innen ebenso wie zwischen Objekten und Subjekten« aufzugreifen, sodass der Dialograum ›Display‹ »durch soziale Strukturen, ein sich ständig im Prozess befindendes Produkt sozialer Beziehungen« sei.[250] Dieser Gedanke der Sozialität und Alterität betrifft übertragen auf Forschung Interaktionen zwischen Forschenden und Beforschten sowie gegenüber dem sich herausbildenden Forschungsgegenstand.

Display als Dialograum

In Korrelation zu LORECKS doppelter Funktion des Displays als Methode und ihr Resultat entsteht im Dialograum zudem eine selbstreflexive Ebene des Displays. Diese sehe ich darin begründet, dass das Resultat auf Interaktionen im Dialograum verweist, wodurch quasi interne Wechselbeziehungen zwischen dem Display als Methode und ihrem Resultat in den Blick geraten.

selbstreflexiv

An die von mir anhand von theoretischen Anleihen aufgezeigte Konzeption des *methodischen Displays*, schließen die Fragen an, wo sich Displays herausbilden bzw. herausbilden lassen und inwiefern Displays als verbindende und entscheidende methodische Figur, die entfaltete Perspektive eines *Wie und Wodurch des Zeigens* aufgreifen und weiterentwickeln. Dazu verdichte ich versuchsweise die bisher geführte methodologische und methodische Argumentation, um einen gebündelten Entwurf einer Neukontextualisierung des Displaybegriffs vorzuschlagen:

Displaybildung

Im Sinne eines Suchens sind Displays aufgespannte Zeigefelder, die versuchen dasjenige sichtbar zu machen, auf das Bezug genommen wird. Indem wir Analogien und Assoziationen zu dem herstellen, wonach wir suchen, bietet das Display eine Möglichkeit, etwas zu finden. ←\× Das Display weist ergänzend, nicht nur in seiner von LORECK markierten doppelten Funktion, auf die am Erfinden aufgezeigte Entwurfspraxis hin, sodass wir mit Displays etwas tun und Wege erfinden, mit denen wir etwas erreichen, gestalten oder darstellen können. ←\×

Vorschlag zu einer methodischen Lesart des Displays

Displays verstehe ich als initiierte und simulierte, weniger oder stärker gestaltete Oberflächen im übertragenen Sinn, an denen sich Symptome bilden lassen. Für Symptome als indirekte Anzeiger, die einer beschriebenen Verweislogik folgen, fungiert das Display als Möglichkeitsfeld, das beabsichtigt, etwas ins Zeigen zu bringen, was sich auf diese Weise nur so zeigt. ←\× Sowohl die Variabilität als auch die Anschlussfähigkeit von Displays eröffnen experimentellen wie künstlerischen Weisen der Gestaltung von Displays einen Raum. Wer Displays initiiert, mag seinem Gespür für die Dinge, einem intuitiven Ahnen folgen, mag sie auf theoretische Annahmen stützen oder auf empirische Befunde zurückbeugen. Displays sind durch diese Intentionen grundlegend von ihren Initiator*innen – im Kontext einer Methodologie von den Forscher*innen – durchwoben. *Ihre* Fragen, *ihr* Wissen (implizites wie explizites), *ihre* Erfahrungen spiegeln sich in einer *Displaybildung* (mehr oder weniger bewusst) ein.

Beschreibt eine Displaybildung übergreifend gefasst ein Herausbilden von Displays, so artikuliert sich dies in einem *Displaying*. Der Begriff betont die Prozessualität,

Displaying

←\× suchen S. 124

←\× erfinden S. 127

←\× Phänomene und Symptome S. 119

die ein Forschen durch Displays beabsichtigt. Mit einem *Displaying* sollen auch die für den Dialograum ›Display‹ aufgezeigten sozialen Bezogenheiten mitgedacht werden, weshalb ein Schwerpunkt auf dem Dialogischen (im weitesten Sinne, also über Sprache hinaus) als Erweiterung der eigenen Sicht liegt, als Umgang mit Differenz und als wechselseitiges *durch* einander Reflektieren. ←\×

Dazwischentreten

Displays verstehe ich als ein *Dazwischentreten*. Sie übersteigen ein bloßes Hinsehen, indem sie versuchen etwas hervorzulocken und Aufmerksamkeit zu inszenieren. Im Displaying erzeugt sich demgemäß ein Gedanken- und Handlungsraum, um sich im Forschen Bilderfahrungen durch das Dazwischentreten eines Zeigefeldes anzunähern. Die Displays sind nicht nur initiiert, sondern intendieren etwas, das von meinem theoretischen Blick und meinen Bilderfahrungen als Forschende geprägt ist, ohne dass ich im Vorfeld weiß, worauf diese Hinwendung hinausläuft. Ein Displaying zeigt sich als Anlass und als ein Moment intuitiven Ahnens, dass durch ein Displaying *etwas* über Bilderfahrungen ins Zeigen gerät. Die Displays ließen sich auch als Widerstände verstehen, Hindernisse, die überwunden werden müssen, worin sich durch sie etwas produzieren lässt.[251] Displays weisen daher kein genau konturiertes Feld auf.

Um der so entstehenden Fragilität des methodischen Entwurfs entgegenzuwirken führe ich im Weiteren relevante Aspekte zusammen, die ein *Displaying* präzisieren. Auch problematisiere ich in der Angemessenheit dieser Methode ihre fluktuierende Varianz.

zum PLAY in Displaying

spielerisch

Zusammenspiel

Spielraum

Spiel haben

Display ⟶ play

Displaying ⟶ playing

spielerische Annäherung
ausprobieren ⟶ ›Proben‹

←\×
dialogisch
S. 139

Inter//ventionen zur Bilderfahrung

Eine Weise des Displayings in meiner Arbeit bilden Inter//ventionen. Um die Bedeutung der Inter//ventionen für eine Beforschung von Bilderfahrung *vom Zwischen aus* zu erläutern, möchte ich zunächst aufzeigen, wie ich ›Intervention‹ verstehe und daran anschließend auf das Konzept und die Durchführung der Inter//ventionen als *Displaying* eingehen.

Ich habe eine Reihe an Interventionen durchgeführt, die ich als Inszenierungen verstehe, die durch »dirigierte Aufmerksamkeiten«[252] Displays bilden, an denen etwas über Bilderfahrung ins Zeigen gerät. Die Intervention als Weise des Displays bezeichne ich explizit als ein *Dazwischentreten*, als Anlass für Symptombildungen und damit Anlass eines *Reflektierens, um zu erfahren.* ←\<

Dieses Dazwischentreten markiere ich folgend in der Schreibweise *Inter//vention*, die das *Zwischen* des Dazwischentretens betont, indem sie den Zwischenraum grafisch in den Schrägstrichen *(Slashes)* aufgreift. Damit soll auch die Abweichung dieser methodischen Inter//vention gegenüber etablierten Formen, etwa der pädagogischen Intervention[253] verdeutlicht werden. //

Die Inter//ventionen erzeugen für mich performative Rahmungen (Settings), in denen vom Bildlichen aus z.B. unterschiedliche Bildpraktiken und -verständnisse thematisch werden. Durch die Inter//ventionen beabsichtige ich eine Auseinandersetzung mit Bilderfahrung zu initiieren. Ich arbeite daher mit den Inter//ventionen unter der Annahme, dass sie methodisch betrachtet als Projektionsflächen (Displays) für die Symptombildung von Bilderfahrung fungieren und dass sich dadurch etwas über ein Erfahren von Bildlichkeit explorieren lässt, das eine theoretische Herleitung allein nicht erzeugen kann. Entsprechend ist mein Blick in den Inter//ventionen von der Theorie aus auf mögliche Symptome von Bilderfahrung gerichtet, die ich dann wieder an Theorie reflektiere. Daraus resultiert eine chiastische Betrachtung unterschiedlicher Erkenntnisfelder (z.B. Theorie und Inter//ventionen), die im Forschungsverlauf theoretische Positionen und empirische Erkenntnisse miteinander verschränkt.

performative Rahmungen

Welche Dimensionen von Interventionen sind entscheidend für ihren methodischen Zusammenhang? Mit dem Begriff ›Intervention‹ können allgemein betrachtet Eingriffe, Einmischungen, Aktionen, ein Dazukommen, Vermittlung, gezieltes Handeln oder auch eine geplante Maßnahme assoziiert werden.[254] Interventionen sind dementsprechend als aktiv, performativ, ereignend zu betrachten – es geschieht etwas – sodass erstens die *Ereignishaftigkeit* einer Intervention eine relevante Dimension darstellt.

Dimensionen von Interventionen

Ereignishaftigkeit

Als geplante und gezielte Maßnahmen folgen Interventionen einer Intention. Auch als Geste eines Eingreifens, Einmischens oder Vermittelns wollen Interventionen etwas bezwecken oder erwirken – aber: ein Intervenieren, das *etwas* intendiert, intendiert nicht zwangsläufig etwas Bestimmtes. Grundlegend ist damit zweitens eine *Relationalität* der Intervention aufgerufen, die sich erst herausbildet und die sich auch

Relationalität

←\<
Reflektieren, um zu erfahren?
S. 89

×

in der jeweiligen Relation der Beteiligten einer Intervention artikuliert: Wer oder was interveniert gegenüber wem oder was?

Medialität, Materialität, Modalität

Drittens bestimmen sich Interventionen durch ihre *Medialität, Materialität und Modalität*: Wodurch oder womit, also in welchem oder durch welches Medium ereignet sich die Intervention? Was ist Gegenstand der Intervention im Sinne all ihrer Parameter und Bedingungen wie auch ihrer Situiertheit (zeitliche wie räumliche Konstituierung)?

Entwicklung

Die Entwicklung der *Inter//ventionen zur Bilderfahrung* setzt an meiner eigenen Praxis, eigenen Erfahrung, meinem Wissen wie Nicht-Wissen an, von wo aus ich Erfahrungsmöglichkeiten für *Andere* annehme, um daraus Forschungs- und Vermittlungskonzeptionen zu bilden.

Die Inter//ventionen werden für mich als Forschende zunächst zu einem Möglichkeitsfeld für Erkenntnisse *über* Bilderfahrung *durch* ein Initiieren von Bilderfahrungen und Weisen ihrer Reflexion. Sie sind Hinwendungen zur Bilderfahrung, die auf unterschiedlichen Ebenen für eine Reflexion von Interesse sind: Erfahrungsebenen können sowohl im Konzept als auch in der Durchführung einer Inter//vention thematisch werden.

Durchführung

Die Inter//ventionen habe ich innerhalb meiner eigenen kunstpädagogischen Vermittlung in Schule und Hochschule durchgeführt sowie im Rahmen eigener wissenschaftlicher Vorträge. Ich initiiere u.A. Situationen, die das Bildverständnis, Bildempfinden und die Bildpraxen befragen und herausfordern, sich Bildlichkeit reflexiv zuzuwenden. Als ein *Reflektieren, um zu erfahren*, agieren die Inter//ventionen als Bil*derfahrzeuge*. Aby Warburgs Begriff der Bilderfahrzeuge (1929, Mnemosyne) möchte ich auf sprachlicher, nicht auf dessen inhaltlicher Ebene heranziehen. Bild-*erfahr*zeuge, in Analogie zu Spielzeugen oder Hilfsmitteln, werden denkbar als Werkzeuge im Bilder erfahren, als Zeugen der Bilderfahrung in zweifacher Weise, indem sie erzeugen und bezeugen.[255]

bi-perspektivisch

Die Inter//ventionen sind nicht nur Displays für Symptombildungen, sondern weisen bei ihrer Durchführung in pädagogischer vermittelnder Praxis ein bi-perspektivisches Moment auf, indem sie sowohl für mich als Forschende als auch für die Beteiligten an den Inter//ventionen relevant werden können. Dabei entstehen Wechselverhältnisse der Sichtverschiebung, insofern die Inter//ventionen zur Bilderfahrung mir im Forschen als Moment der Sichtverschiebung dienen und bspw. die Schüler*innen und Student*innen – vielleicht erstmalig – dazu aufgefordert sind, z.B. zu versprachlichen, was sie unter einem Bild verstehen. Dies deutet die forschende wie zugleich pädagogische bzw. didaktische Ebene der Inter//ventionen an.

pädagogisch-didaktische Perspektive

Die bi-perspektivische Grundanlage ermöglicht, die durch die Inter//ventionen hervorgebrachten Beispiele als Konzepte fachdidaktischen Handelns zu betrachten. Ich verstehe die Inter//ventionen vordergründig als singulär, weil es mir nicht um verallgemeinerbare didaktische Konzeptionen geht (auch wenn diese nicht ausgeschlossen sind) und als exemplarisch, weil die Inter//ventionen Beispiele sind für die Inszenierung reflexiver Bilderfahrungen bzw. Reflexionen über Bilderfahrung. Auf der Ebene der Vermittlung sehe ich die Inter//ventionen zur Bilderfahrung als *Eingriffe* pädagogischen und didaktischen Handelns. Die bi-perspektivische Konzeption impliziert auch eine Überlagerung meiner Rollen als Forscherin, Lehrende und Künstlerin. Unter *Reflexion: Forscherinrolle* reflektiere ich Momente meiner Verstrickung sowie Besonderheiten dieses Vorgehens und daraus entstehende Herausforderungen. →\×

Inter//ventionen als Displaying

Die Inter//ventionen ermöglichen durch ein *Displaying* eine Reflexion *an* etwas und *durch* etwas, im Sinne von unterschiedlichen künstlerischen, ästhetischen, forschenden und experimentellen Praxen. Indem die Inter//ventionen geteilte und kommunikative Erfahrungsräume initiieren, deutet sich ihr Potential als Mittler, Vermittler oder Erzeuger von Leerstellen an. So wie ich übergreifend für das Display aufgezeigt habe, arbeiten auch die Inter//ventionen als Weisen des Displayings mit den Wechselbeziehungen zwischen jenen an ihr Beteiligten und der ihr zu Grunde gelegten Konzeption.

Für mich als Forschende, die sich bereits mitten im Feld eigener und fremder bildtheoretischer Überlegungen befindet, ermöglichen die Inter//ventionen, dass etwas *dazwischen tritt*[256], das andere Antworten und auch Antworten *Anderer* ins Spiel bringt. So initiieren die Inter//ventionen auf Basis eines *ästhetischen Denkens*[257] ein *Displaying*, das *Modi künstlerischer Reflexivität*[258] berührt und als *Experimentalsystem*[259] nicht vorwegnehmen kann, was durch die Inter//vention erst ins Zeigen gebracht wird.

singuläres Ereignen

Weisen, sich einer Reflexion von Bilderfahrung im Forschen anzunähern, die sich an initiierten Begegnungen mit Bildern oder Bildlichkeit bilden könnte, zeichnen sich durch ihr singuläres Ereignen aus. Zugleich erzeugen sich ›Muster‹, die zur Wiederholung und Modifikation verleiten oder eigene Bilderfahrungen evozierend in die Inter//vention hineinholen. Inter//ventionen weisen darin wie Displays eine Variabilität und Anschlussfähigkeit auf.

Dokumentation

Die Dokumentationen der Inter//ventionen operieren als *empirisches Material*, anhand dessen ich mich der Genese einer Bilderfahrung *vom Zwischen aus* widme. Die Weisen der Dokumentation sind gemäß den jeweils initiierten Reflexionsanlässen zur Bildlichkeit, sehr heterogen. Dadurch entsteht eine entscheidende mediale Varianz in der Beforschung.

heuristisch

Die Inter//ventionen zur Bilderfahrung weisen darüber hinaus als »Such- und Findeverfahren zur Gewinnung von Erkenntnis durch Empirie« eine heuristische Dimension auf, von der sie sich zugleich distanzieren, insofern die heuristische Forschung einen systematisierten Einsatz dieser Verfahren folge.[260] In Anschluss an Andrea Sabischs *Inszenierung der Suche* habe ich bereits auf ihren Vorschlag verwiesen, Findigkeit als Heuristik für die Kunstpädagogik zu verstehen.[261] Sie sei insbesondere dann bedeutsam und unverzichtbar, wenn es darum gehe, den gewohnten Erfahrungsraum zu verlassen, worin ein Anschluss für ein Forschen durch Inter//ventionen gesehen werden kann.

→\×
Reflexion Forscherinrolle
S. 162

×

Folgende Inter//ventionen bilden im Rahmen meiner Untersuchung von *Weisen bildreflexiver Annäherungen an Bilderfahrung in Wissenschaft, Kunst und Vermittlung* Anwendungen eines Displayings:

Inter//vention: inszeniertes Bildwerden — **S. 194**
Inter//vention: zwischen Bildverstehen, Bildempfinden und Bildhandeln — **S. 270**
Inter//vention: sprachliche Fassungsversuche – Notationen als Antwortbildung — **S. 294**
Inter//vention: Fragen bilden – Hervorlockung des Ungewissen — **S. 306**
Inter//vention: Sagen (ver)suchen — **S. 326**
Inter//vention: assoziative Bilderreihe – Grenzen, Fragen, Ansätze — **S. 413**

Bei//spiele zur Bilderfahrung

Bei//spiele

Eine zweite Weise von Displays sehe ich in *Bei//spielen* zur Bilderfahrung. Diese grenzen sich von den Inter//ventionen dadurch ab, dass sie weder etwas inszenieren noch situativ eingreifen. Ähnlich zu den Inter//ventionen betrachte ich die Eigenart des Beispiels *dazwischenzutreten.* Um beide als Zugänge *vom Zwischen aus* zu kennzeichnen, greife ich auch für den Begriff des Beispiels die grafische Markierung des Dazwischentretens durch die *Slashes* auf. So kann ich folgend eindeutig aufzeigen, wann ich von einem Beispiel spreche und wann die spezifischen *Bei//spiele* zur Bilderfahrung als Momente des Dazwischentretens gemeint sind. Zudem tritt durch die grafische Teilung des Wortes das *Spiel* hervor, das mich im Sinne des Dis*play*ings methodisch interessiert.

zur Konstitution von Beispielen

Das Beispiel tituliert Miriam Schaub in ihrer Studie über *Das Singuläre und das Exemplarische* als »zwittrig' Ding«, da es der Theorie nach in der Praxis gefunden werden müsse und in der Praxis auch »gewählt, verworfen, zugespitzt oder neu erfunden« werde. »Ein Besonderes soll es sein, um durch sich selbst ein Allgemeines auszusagen – singulär und exemplarisch zugleich. Es sagt das eine, aber zeigen soll es das andere.«[262] Beispiele, so Schaub weiter, zirkulieren daher zwischen Unersetzbarkeit und Austauschbarkeit.

zirkuläre Scharniere

Beispiele bilden so gesehen Scharniere zwischen Theorie und Praxis bzw. Empirie, womit sie gelungene Mitspieler zirkulärer Forschungsdesigns sind, die ihre Weise des Forschens auf Verwebungen und Rückkopplungen zwischen Theorie und Empirie ausrichten. Sie sind Ausdruck »performativer Theoriebildung«[263]. Indem Beispiele sich durch eine innere Verschiebung auszeichnen, zwischen dem, was sie sagen, und dem, was sie zeigen sollen, verweisen sie und folgen somit Grundzügen einer indirekten Annäherung an Bilderfahrungen.

Simulation, Imagination, Virtualität

Schaub weist dem Beispiel innerhalb eines philosophischen Textes die Fähigkeit zu, »Spielräume für den Einsatz von Urteils- wie Einbildungskraft«[264] zu eröffnen. Zudem erlauben Beispiele »die Simulation von Realitätskontakt und eröffnen auf miniaturisierte Weise Erfahrungen«.[265] Sie »suggerieren Zugänglichkeit und Begehbarkeit«, bieten sich »als virtuelle Räume« an, die nicht nur zum gedanklichem Wandeln einladen, sondern auch versprechen, »dass sich in ihnen etwas Neues, Überraschendes über die Theorie selbst und ihre Triftigkeit« entdecken ließe.[266]

miniaturisierte Zugang zur Erfahrung

SCHAUB liefert damit ein gewichtiges Argument, durch *Bei//spiele zur Bilderfahrung* zu forschen: Der miniaturisierte Zugang zur Erfahrung durch Beispiele, den ich vor allem durch SCHAUBS Verweis auf den *Spielraum* auch als (ver)suchende, experimentelle, spielerische Geste begreife, zeigt eine Weise der Hinwendung zur Bilderfahrung auf, die ergänzend zu den Inter//ventionen ein epistemologisches Potential der Simulation, Imagination und Virtualität bekräftigt. Die Wirkmacht des Beispiels, »beim Lesen – in actu die Simulation von Erfahrung [zu]erlauben«[267], konturiert nicht eine initiierte Empirie (Inter//ventionen), sondern eine *simulierte Empirie*. Durch Beispiele gerät etwas in einer Geste des Exemplarischen ins Zeigen, das sonst ungezeigt bliebe. EVA SCHÜRMANN nennt dies »exemplarisches Denken«, was sie an der Ästhetik entwickelt. Sie weist ergänzend eine Zeigekraft dieses exemplarischen Denkens aus, durch das etwas »aisthetisch erfahrbar« werde, das »ohne die Aisthetisierung unzureichend bliebe.«[268]

Zweckbündnisse auf Zeit

Die Variabilität, etwas als Beispiel zu verwenden, zu inszenieren und es damit als solches zu gebrauchen, erscheint unbeschränkt, indem die aufscheinende *als-Struktur* anzeigt, dass Beispiele stets »Zweckbündnis[se] auf Zeit«[269] sind. ANDREA SABISCH zeigt in ihrer Forschung zur Bilderfahrung auf, dass Fallbildung als »Anwendungen einer Umwandlungsarbeit der Erfahrung im Horizont des Bildlichen«[270] verstanden werden können. Diese innovative Sichtweise, die ich unter anderem bereits im Verweis auf eine indirekte Empirie erläutert habe, ermöglicht eine performative Beispielbildung. ←\× Konkret vertritt SABISCH damit eine Kasuistik der Bilderfahrung, deren Vorschlag ich folgen möchte, insbesondere hinsichtlich einer performativen Beispiel*werdung*, die sich »im performativen Prozess ihrer Versprachlichung oder Verbildlichung« ereignet.[271]

Zwei der Formen von Bei//spielen zur Bilderfahrung möchte ich abschließend explizieren, da sie augenfällig als Spezifikationen des Bei//spiels betrachtet werden können, die auf unterschiedliche Weisen an der Reflexion von Bilderfahrungen ansetzen: Das *Gedankenexperiment* und das *Bild-Beispiel*.[272] Beide werde ich heranziehen um ihr Potential für eine Reflexion von Bilderfahrungen aufzuzeigen. Augenfällig ist meines Erachtens zunächst ihre mediale Öffnung zwischen Sagen und Zeigen, die ich folgend in Rekurs auf SCHAUB ausführen möchte.

Gedanken-experiment

»Ist das noch ein Beispiel oder schon ein Gedankenexperiment?«[273], fragt SCHAUB und verweist damit auf eine nahe liegende Verbindung zwischen einem Beispiel als virtuellen Raum und dem Gedankenexperiment[274], das sie in philosophischen Texten als Konkurrentin des Beispiels deklariert. In Gedankenexperimenten gehe es wesentlich »um die Folgenabschätzung einer gedanklichen Konstruktion«, weshalb sie auch »seltener auf die Simulation von Erfahrungen als auf die Inszenierung von Ideen« ab-

←\×
indirekt
S. 137

×

×

zielen würden.[275] Das Ideal eines Gedankenexperiments artikuliere sich darin, »automatisch und sukzessive ganz bestimmte, wohl definierte Gedanken« zu entwickeln, die »ähnliche, ja gleich lautende gedankliche Inhalte produziere«.[276] Gedankenexperimente weisen sich darüber hinaus durch ein »Realisierungsversprechen des Fiktiven oder Kontrafaktischen« aus, indem sie sich Möglichkeiten zuwenden und konsequent durchdenken – durch*spielen.* Gedankenexperimente werden darüber hinaus demonstrierend zu einer direkten Darstellung gebracht, wodurch sie anders als Beispiele an möglichen Übertragungs- und Vergleichsmoment einbüßen.[277] Das Gedankenexperiment erscheint, wenn man es mit den Vorzügen des Beispiels kombiniert, als prädestiniert für eine Reflexion von Bilderfahrungen, da es besonders in dialogischen Ausführungen mit Anderen unterschiedliche Erfahrungen in einer simulierten, virtuellen Umgebung in Austausch bringen kann. Das Forschen mit Gedankenexperimenten setzt damit an einer Forschung zur Bilderfahrung *durch* Bilderfahrung an.

Bild-Beispiele

Bild-Beispiele in wissenschaftlichen Aufsätzen nehmen unterschiedliche Funktionen ein. In manchen Fällen inszenieren die Bilder eine eigene *Bildargumentation*, →\÷ die zwar durch den Text aufgegriffen wird, die jedoch spezifische Dimensionen der jeweils zu theoretisierenden Aspekte versucht, in einem Zeigen zu artikulieren.[278] Sodann der theoretische Umgang mit Bildern zumeist einer »Logik des Exemplarischen« gehorche, welche die Allgemeinheit der Argumente an die konkrete Gegebenheit eines Anschaulichen binde, zeige sich Bildlichkeit im Sinne einer visuellen Epistemologie, als andere Weise der Erkenntnisbildung und -vermittlung, wie ANDREAS CREMONINI und MARKUS KLAMMER im Kontext von Bild-Beispielen beschreiben.[279]

Bild-Beispiele zeigen uns etwas. Während Zeigen unmissverständlich in eine Richtung weise, bleibe das, worauf gezeigt wird, unterbestimmt, was DIETER MERSCH als Indifferenz des Zeigens deklariert.[280] Indem sich Zeigen einer Translation in Sprache verweigere, kann ein Sprechen über Bild-Beispiele[281] nie in der Bilderfahrung des Bild-Beispiels aufgehen. Bild-Beispiele in textuellen Werken, so ließe sich behaupten, entziehen sich damit immer einer bloß illustrativen Funktion, die so oft als Marginalisierung des Bildlichen bezeichnet wird. Inmitten unseres Aushandelns zwischen Text und Bild, Sagen und Zeigen, entfalten Bild-Beispiele ihre epistemologische Bedeutung, die am Exemplarischen singulär verläuft.[282]

Die Bild-Bei//spiele ziehe ich heran, um Bilder *als* Produzenten von Wissen in ihrer sinnlichen Struktur im Sinne einer visuellen Epistemologie[283] ernst zu nehmen und um *durch* Bilder Erkenntnisse zu bilden.

Folgende Bei//spiele bilden im Rahmen meiner Untersuchung von *Weisen bildreflexiver Annäherungen an Bilderfahrung in Wissenschaft, Kunst und Vermittlung* Anwendungen eines Displayings:

Bei//spiel: ein sich einspiegelndes Bildwerden reflektieren — **S. 187**
Bei//spiel: zwischen Durchblick und Anblick — **S. 211**

→\÷
Bildargumentation
S. 388

Bei//spiel: zwischen Nichtssehen und Anderssehen — **S. 234**
Bei//spiel: Widerstand im Sehen — **S. 247**
Bei//spiel: mimetischer Mitvollzug durch Metabildliches — **S. 378**
Bei//spiel: Bildtheorie durch Metabilder vermitteln? — **S. 380**
Bei//spiel: Bildbegegnungen reflektieren — **S. 385**
Bei//spiel: ikonosives Verhandeln — **S. 390**
Bei//spiele: Bildfindungen – Antworten durch Bilder — **S. 409**

Texte zur Bilderfahrung

Als Weisen eines Displayings habe ich die *Inter//vention* und das *Bei//spiel* eingeführt und ihre jeweilige methodische Nahtstelle im Sinne einer Displaybildung beschrieben. Displays habe ich unter anderem als initiierte und simulierte Oberflächen im übertragenen Sinne bezeichnet, an denen sich Symptome bilden lassen.

mediatisierte Gedanken

Sowohl die *Inter//vention* als auch das *Bei//spiel* habe ich als methodische Anwendungen aufgefasst, durch die etwas *dazwischentritt*. Dieses Potential sehe ich auch in Texten, die durch die mediatisierten Gedanken ihrer Verfasser*innen ebenso etwas erscheinen lassen. Ich behandle das Arbeiten mit Text folglich ebenso als Displaying. Die typografische »Hochstellung« von Text folgt den für die anderen Displays ebenso vorgenommenen grafischen Markierungen, die ich in einer für das Medium Text würdigenden Hochstellung kennzeichne.

So basal die theoretische Arbeit mit Text in Wissenschaften erscheinen mag, gebührt ihr ebenso eine methodische Reflexion wie den anderen Weisen des Displays (Inter//ventionen, Bei//spiele). Dazu beziehe ich mich exemplarisch auf Insa Härtels Überlegungen zur Forschungsbeziehung, die aufzeigen, dass das Arbeiten mit Texten mehr ist als eine Wissensentnahme.

animistisch

Text als *ein* Medium für Theorie werde nicht nur ge- und bedeutet, sondern in der Beziehung zwischen Forscher*in und diesem Display entsteht etwas, das Härtel als Positionsverschiebung bezeichnet.[284] Am Beispiel des Mediums Text, das ich als eine Weise des Displays verstehen möchte, verdeutlicht Härtel jene Form einer Anwendung auf den Forschenden: »Nicht legt der Forschende den Autor [eines Textes, eines Bildes, etc., SJ] auf die Couch, sondern er liegt, analysiert durch den Text, selbst darauf.«[285] Zwar erscheine es zunächst schwer, »Wunschobjekt in Beziehung zu einem Text zu sein; nicht zuletzt, weil dieser in historischer Unterscheidung als unbelebt bezeichnet ist und als solcher kaum initiativ«[286], jedoch entstehe so eine Art imaginärer Dialog zwischen mir und dem Textobjekt. Dieses antworte nie direkt, auch lasse es sich nichts sagen, doch »[e]rst durch die aus ihnen sprechende Mitteilung eines Anderen wird Forschungsinteresse für Dinge geweckt.«[287]

Wissensfigurationen

So erfahre nicht nur das Textobjekt eine Belebung, sondern auch das forschende Denken sei stets animistisch, wie Härtel weiter ausführt.[288] Eine »objekthafte Verstrickung«[289] der Forschenden sei relevantes Moment im forschenden Prozess, insofern Härtel in ihrer psychoanalytischen Perspektive diesem eine Potentialität für Wissensfigurationen unterstellt: »Sich ansprechen, verführen, verformen lassen, damit das Denken von genau dort aus einen Weg auch in unbekannte Realitäten und Bezugnahmen des Gegenstandes finden und ein Erkennen figurieren kann […]«.[290]

asymmetrisches Denkkollektiv

Was dort geweckt wird, belebt uns auf eine besondere Weise. Diese textuellen, medialen Erzeugnisse schenken uns nicht den Atem, aber sie performieren unser Denken. Sie sagen uns etwas, das uns komplexe Erkenntnisse ermöglicht, die bei einem *Anderen* beginnen. Dies ist Zeichen einer Kollektivarbeit, die unsere Vorstellung von Kollektiven vielleicht augenfällig nicht trifft. Mit Ludwik Flecks Lehre des Denkkollektivs habe ich die soziale Bedingtheit der Erkenntnis bereits aufgezeigt. ←\- Indem ich durch einen Text in Dialog trete, ein *Anderer* durch den Text zu mir spricht, entsteht jene soziale Bedingtheit von Erkenntnis, insofern ich mit dem/der Autor*in des Textes indirekt in ein *asymmetrisches Denkkollektiv* trete. Dieses bezeichne ich als asymmetrisch, um den fehlenden Wechselbezug dieser Denkgemeinschaft zu markieren, wie er bspw. in »konkreten Wir-Beziehungen«[291] wie dem Gespräch möglich ist.

Einen anderen Bezug möchte ich abschließend mit Sönke Ahrens einbringen, der ergänzend zu der mit Härtel aufgezeigten relationalen Beziehung zum Text unsere Begegnung mit ihm paradoxal grundiert sieht:

> » Wenn man es z.B. mit einer nicht zu bewältigenden Komplexität zu tun hat, wie es bei den Lektüremengen im Wissenschaftsbetrieb der Fall ist, lässt es sich nicht vermeiden, Veröffentlichungen aus Gründen zu ignorieren, die nicht auf der vollständigen Berücksichtigung aller Einwände und Argumente beruhen – schon deshalb, weil man dafür gelesen haben müsste, was man ignorieren will. Dieses Paradox (man müsste kennen, was man ignoriert) wird in der wissenschaftlichen Praxis (die selbstverständlich auch die Praxis der Theorieentwicklung einschließt) nicht dadurch aufgelöst, dass man oszilliert zwischen Subjektivismus (man liest nur noch, was gefällt) und Zufall (man liest, was einem in die Hand fällt), sondern über ein theoretisch selbst nicht vollständig einholbares und erworbenes Gespür dafür, was sich zu lesen lohnt und was nicht.«[292]

erworbenes Gespür im Umgang mit Text

Ahrens' Gedanken zum erworbenen Gespür hatte ich im Kontext einer intuitiven Empirie bereits angedeutet. ←\× Seine Beobachtung führt etwas vor Augen, was methodische und methodologische Konzeptionen oft nicht greifen können – entweder aus absichtsvoller Ignoranz gegenüber dem, was sich einer Planbarkeit entzieht, oder, weil die ›Netze‹ die sie aufspannen (um erneut auf Hans-Jörg Rheinbergers Plädoyer für das Experimentalsystem zu verweisen), nicht dazu gemacht sind, solche Beobachtungen, wie Härtel und Ahrens sie auf so unterschiedliche Weisen artikulieren, im Rahmen von wissenschaftlichen Arbeiten zu verhandeln.

←\- Denkkollektive **S. 56**

←\× intuitiv **S. 135**

Texte können in ihrer Rezeption durchs Lesen eine vergleichbare Dynamik entwickeln, wie SCHAUB sie für das Beispiel herausgestellt hat. Als Adaption von SCHAUBS Gedanken würde dies bedeuten: Ein Text kann das *Eine* sagen und uns zugleich ein *Anderes* evozieren, assoziieren und transformieren lassen.[293] Dies gilt auch für den Forschungsgegenstand der Bilderfahrung: nicht zuletzt bedingt sich auch die bildphilosophische Frage *dieser* Arbeit, einer im Diskurs der Bildtheorie hergestellten und somit dirigierten Aufmerksamkeit (WALDENFELS) gegenüber Phänomenen von Bildlichkeit. Die Sozialität zeigt sich erneut am Begriff des Denkkollektivs »Gedanken kreisen von Individuum zu Individuum«, schreibt FLECK und markiert mit diesen Wanderungen deren soziales Gepräge.[294]

Der Verweis auf den Text, soll die Gedanken zur Displaybildung im Rahmen der Methodologie keinesfalls ›verwässern‹. Die Notwendigkeit, ihn als relevantes Erkenntnisfeld an dieser Stelle würdigend in die methodische Reflexionen hineinzuholen, ist für mich zugleich Ausdruck singulärer Forschungserfahrung, zirkulärer Verstrickungen von Theorie und Empirie sowie einer »performativen Theoriebildung«, die andere Weisen der »Verknüpfung zur Theoriebildung« ermögliche, wie ANDREA SABISCH herausgearbeitet hat.[295]

Displaying. Zugänge zur Bilderfahrung durch Bilderfahrung

1. Displaying bedeutet, etwas absichtlich herbeizuführen oder in den Blick zu nehmen, weil man beobachten und wissen will, ohne zu wissen, was man herbeiführt und was man beobachten will. Diese paradoxale Struktur artikuliert sich im Forschen als Virtualität und Latenz.
2. Displaying wird getragen von der Unterstellung, anderes Wissen zu bilden, das entwerfend, neoterisch, innovativ und inszenierend etwas hervorlocken möchte.
3. Ein Displaying zeigt sich als konfigurale und fulgurative Praxis, insofern es einer etablierten Vorgängigkeit der Erhebungs-, Analyse- und Auswertungsmethoden entsagt und eine Methode in actu bildet. Als Methode in actu ist ein Displaying grundlegend als Anwendung zu verstehen, das heißt ein Displaying artikuliert sich, indem es angewandt wird und sich immer wieder singulär zu etwas hinwendet.
4. Ein Displaying *zur* Bilderfahrung zeigt sich als ein Displaying *durch* Bilderfahrungen, indem es auf Erfahrungen beruhend etwas in Erfahrung bringen will und durch Simulation und Imagination (eigener und anderer) miniaturisierte Zugänge zur Erfahrung konstituiert.
5. Displaying ist auf die Erweiterung der eigenen Sicht aus, nimmt dazu wörtlich einen Umweg über den Anderen und folgt damit einer grundlegend sozialen Bedingtheit von Erkenntnis. Die Perspektive dieser Sichterweiterung durch den An-

deren kann die Sicht der Forschenden wie der Beforschten (z.B. Schüler*innen) betreffen. Dies kennzeichnet die bi-perspektivische Konzeption des Vorgehens.

6. Momente von Ungewissheit sind Movens eines Displayings, insofern es durch ein Staunen und eine Faszination, ein Wissen-Wollen motiviert ist.
7. Ein Displaying eröffnet methodische Spielräume. Indem etwas dazwischentritt, wird ein anderes Denken und anders Denken initiiert, das zugleich als Handlungs- und Denkraum ein Instrument des Zeigens bildet (Methode und ihr Resultat).
8. Durch den Spielraum weist sich ein Displaying als zirkulär aus, wodurch theoretische und empirische Weisen der Erkenntnis in Dialog treten. Das Display als Dialograum will durch ein Displaying etwas ins Zeigen bringen, indem es ein durcheinander Reflektieren anregt (vgl. 5. zur bi-perspektivischen Sichterweiterung).
9. Als ›Weg zu etwas hin‹ verstehe ich ein Displaying als andere Weise des Forschens, die z.B. durch Modifikation und Adaption dynamisch und performativ eine Sichtbarmachung auf Umwegen ermöglicht – umwegig, im Sinne einer Indirektheit und umwegig, als Response auf das, was dazwischentritt.
10. Insofern agiert ein Displaying als Displaybildung, als Einsetzen eines Screens, eines Displays, um Erfahrungen indirekt zur Darstellung zu bringen und anhand von Symptombildungen eine indexikalische, indifferente, indizierende Hinwendung zur Bilderfahrung zu ermöglichen – Displaying tritt spielerisch dazwischen.

Angemessenheit der Methode

Die Konzeption eines Displayings als methodischer Entwurf der methodologischen (An)Wendungen dieser Arbeit, bildet den Versuch die singuläre Hinwendung zur Bilderfahrung in meiner Forschung nachzuzeichnen und sie dadurch ausgehend von ihrer Praxis in einer Konzeption allererst zu bezeichnen.

an-gemessen

An-gemessen ist das Vorgehen am Forschungsgegenstand, insofern ein Displaying als Methode in actu dieser Arbeit nicht voraus ging, sondern sich durch die Annäherung an Bilderfahrungen herausgebildet hat.[296]

angemessen

Fragt man nach einer Objektivität, Reproduzierbarkeit, Reliabilität oder Validität dieses methodischen Vorgehens, so möchte ich diese Frage nach etablierten Gütekriterien methodischen Vorgehens wenden, da ich sie für einen solchen methodischen Entwurf für zwingend unzureichende Kriterien halte. *Angemessen* erscheint mir die methodische Konzeption, insofern sie in ihrer Variabilität und Anpassungsfähigkeit den heterogenen Dimensionen von Bilderfahrung nicht im Vorfeld im Wege steht, indem sich das Displaying *mit* ihnen figuriert. Die methodische Konzeption weist darin eine Sensibilität gegenüber dem Phänomen der Bilderfahrung auf, da sie am Gegenstand entwickelt wurde und sich auf Theorien zur Bilderfahrung begründet, wie zugleich durch empirische Hinwendungen zur Bilderfahrung eine Nähe zum Phänomen herstellt.

Kritik

Die begründete Offenheit dieses Vorgehens kann zugleich als ihre Achillesferse gesehen werden, indem sich Anwendungen eines Displayings in diversen Varianten denken ließen, die in dieser Varianz die Kongruenz und Präsenz des methodischen Vorgehens, nahezu nivellieren können. Das heißt, die Methode markiert sich als solche nicht von sich aus, wie etwa andere methodische Zugänge, die wiederkehrende Muster bilden, die immer wieder anders ›aufgeführt‹, ihre strukturelle Ähnlichkeit preisgeben (z.B. Codierung).

etablierte Methoden

Die im Displaying beschriebene methodische Hinwendung zur Bilderfahrung weist sich gegenüber etablierten und ausgearbeiteten Methoden, wie der Dokumentarischen Methode (u.A. Garfinkel 1967, Bohnsack 2008) als qualitativ-rekonstruktive Sozialforschung oder einer Theorieentwicklung und -modifikation durch die Grounded Theory oder der Datenauswertung mittels qualitativer Inhaltsanalyse nach Mayring (2000), ausdrücklich als Entwurf aus.[297]

Rekonstruktive Sozialforschung Bohnsack

Am Beispiel von Ralf Bohnsacks rekonstruktiver Sozialforschung möchte ich exemplarisch aufzeigen, wie diese als Anlass zur Reflexion eigener methodologischer Überlegungen fungieren kann. Die erste These Bohnsacks, die mich beschäftigt, betrifft die Wirkmacht einer rezipierten Theorie im Forschen, insofern ich »Beobachtungen immer schon selektiv im Lichte dieser Theorie«[298] wahrnehme. Während Bohnsack dies eher als negativen Einfluss konnotiert, möchte ich die durch Theorie erzeugte Selektivität im Forschen als produktives Moment wissenschaftlichen Erkenntnisinteresses betrachten, insofern Erfahrungen am Material, Beobachtungen usw. durch die ›Brille‹ einer Theorie sich immer wieder anders ereignen können. So kann auch die Beobachtung gewendet betrachtet das ›Licht‹ der Theorie beeinflussen. Während Bohnsack zwar berechtigt vor einer Engführung des eigenen Blicks warnt, einer Gefahr vor blinden Flecken, ließe sich aus phänomenologischer Perspektive entgegnen, dass wir ohne etwas wegzulassen nichts erfahren[299], womit ich auf den Prozess der Figuration im Erfahren verweisen möchte.

am Gegenstand

Bohnsack zeigt im Weiteren auf, dass ein Erkenntnisfortschritt nur durch eine neu generierte Theorie möglich sei. Er folgert, dass Erkenntnisfortschritt an Theoriegenerierung gebunden sei.[300] In Bezug auf Barney G. Glaser und Anselm L. Strauss zeigt er auf, dass eine Theorie ihrem Gegenstand nur angemessen sei, wenn sie aus ihm heraus entwickelt werde.[301] Diesen Gedanken teile ich uneingeschränkt und würde anlässlich meines methodischen Entwurfs eines Displayings ergänzen, dass auch die Methode ihrem Gegenstand an-gemessen ist, wenn sie aus ihm heraus entwickelt wird. Bohnsacks Verquickung von Erkenntnisfortschritt, Theoriebildung und Gegenstandsbezug plausibilisiert das epistemische Potential eines Displayings, das als Methode in actu ermöglicht, dass sich Dimensionen von Bilderfahrung herausbilden, die ich als Forschende nicht vorhersehen, allerhöchstens erahnen, aber nicht bereits wissen kann.

harmonische Geste

Wie bei jeder anderen Methode auch können meine Urteile und Thesen Fehler sein, indem ich bspw. Kontraste aufzeige, die *Andere* für konstruiert halten oder ich Aspekte assimiliere, die *Andere* für relevant und sich geradezu aufdrängend erachten. Diese Einsicht erscheint mir als gar harmonische Geste, denn sie öffnet sich für das, was Paul Feyerabend im Postulat *Wider dem Methodenzwang* für möglich beschreibt. ←\×

Auch bin ich mit dem Vorgehen eines Displayings nicht vertraut und kann es im Sinne dieses Vorgehens und seiner heterogenen, singulären, kontingenten Weise auch nicht werden, sodass ich dauerhaft Laie bleibe und mit der fehlenden Vertrautheit konstruktiv operiere. Vorteilhaft mag sein, dadurch einem routinierten Vorgehen zu entkommen und damit meine blinden Flecke in meiner Laienhaftigkeit immer wieder anders zu konturieren.

Reflexion Forscherinrolle

Aus der Gesamtanlage der Arbeit wird für mich notwendig, die eigene Forscherinrolle noch einmal explizit und gesondert zu reflektieren. Insbesondere da die Inter//ventionen nicht nur im Rahmen eigener wissenschaftlicher Vorträge, sondern auch überwiegend innerhalb meiner kunstpädagogischen Vermittlung in Schule und Hochschule erfolgt sind, habe ich sie nicht nur als Forscherin, sondern auch als Pädagogin erlebt. Dieses Verhältnis erzeugt Reibungspunkte, da beide Rollen überschneidende wie auch unterschiedliche Verhaltensweisen, Regeln, Ansprüche und Begehren unterliegen. Die folgende Reflexion betrifft vorwiegend meine Involviertheit aus Perspektive der Forschung.

eigene Bilderfahrungen

unhintergehbares Moment

Meine eigene Bilderfahrung ist die einzige Bilderfahrung, die mir auf diese Weise zugänglich ist. Dies bedeutet nicht, dass sie mir unmittelbar zugänglich ist, sodass sie das pathische Grundaxiom aushebeln könnte. Auch geht es keinesfalls darum, diese eigene Bilderfahrung in irgendeiner Weise überzuordnen oder sie herauszustellen. Vielmehr erkenne ich vor dem Hintergrund einer Bilderfahrung *vom Zwischen aus* an, dass ich meine Bilderfahrungen auch im Forschungskontext nicht ausklammern kann, sodass ich sie als unhintergehbares Moment meiner Forschung betrachte. Sie wirken sowohl bei der Konzeption und Gestaltung der Inter//ventionen und Herausbildung von Bei//spielen zur Bilderfahrung ein als auch in der Rezeption von Theorie, deren Auswahl, kritischer Betrachtung und Darstellung.

←\×
anything goes?
S. 114

beteiligt

Indem ich als Forscherin und in den Inter//ventionen zur Bilderfahrung auch zumeist als Pädagogin beteiligt bin, wirken mein Handeln, mein Anspruch, mein Interesse usw. in die Erhebung ein. Ich bin damit nicht nur Teilnehmende, sondern insbesondere in meiner pädagogischen Rolle auch beteiligt.

teilnehmende Beobachtung

In seinen Gedanken zu den *Paradoxien ethnographischer Fremddarstellung* artikuliert Bernhard Waldenfels eine von der Figur des Fremden ausgehende Sichtweise auf die teilnehmende Beobachtung. Waldenfels verdeutlicht, dass der/die Forschende zugleich mit denen rede, »über die er [/sie, SJ] forscht und schreibt.«[302] Dieses Zusammenfallen begründe ein gemeinsames Feld, das Waldenfels als »Erfahrungsboden und Gesprächsrahmen«[303] bezeichnet. Das Feld sei aber nicht nur rahmender Ort der Begegnung, sondern legitimiere und begründe Beobachtungsraum wie Beobachtungsposition.[304]

gemeinsames Feld

Doppelspiel

Waldenfels führt im Weiteren aus, dass Feldforscher*innen eine Art *Doppelspiel* treiben: »er [oder sie, SJ] spielt mit, doch in der Absicht, aus dem Spiel einen eigenen Erkenntnisgewinn zu ziehen. Diese Doppelstellung gleicht dem Versuch, gesprächsweise etwas zu antworten oder sich anzuhören, was sich alsbald in ein Zitat verwandelt.«[305] Feldforscher*innen, die das Doppelspiel im Feld in einer *Doppelrolle* ausführen, geraten in eine gesteigerte Komplexität ihrer Involviertheit. Diese Beobachtung erscheint mir dort spürbar, wo Situationen z.B. durch Audioaufnahmen aufgezeichnet werden. Dann spiegeln sich nicht nur Ansprüche aus dem Forschungsvorhaben in die Erhebung ein, sondern auch allgemeine Aspekte vermeintlich korrekten Verhaltens in Erhebungen.[306]

Für die Inter//ventionen, die ich erst *als* Inter//vention für meine Arbeit betrachtet habe, nachdem ich diese versuchsweise durchgeführt hatte, verschiebt sich das Doppelspiel abschwächend ins Pädagogische, insofern die Inter//ventionen im Moment ihrer Durchführung, oftmals eine Aufgabe, ein Setting oder Gespräch in meiner Vermittlungspraxis darstellten, sodass das Doppelspiel auf Forschungsebene für mich (noch) nicht spürbar wurde. Ihre Nachträglichkeit ist Geste der *Bildung* von Inter//ventionen oder Bei//spielen.

beteiligte Beobachtung

An Waldenfels' Figur des Doppelspiels deutet sich auch an, dass durch die Inter//ventionen zur Bilderfahrung eine Veränderung im jeweiligen Feld stattfindet. Mit dem Ansatz einer pädagogischen Ethnographie nach Jürgen Zinnecker kann der intervenierende Charakter der Inter//ventionen aufgezeigt werden. Das Beforschen eigener pädagogischer Praxis werde nach Zinnecker nicht als teilnehmende Beobachtung, sondern vielmehr als eine »beteiligte Beobachtung« aufgefasst, die sich als Steigerung der Teilnahme zeige.[307] Wie ist das zu verstehen und woran schließt diese besondere ethnografische Perspektive an?

ethnografische Autorität?

Laut Zinnecker habe sich die Anwendung ethnografischer Feldforschung verschoben »von der Beschreibung fremder Kulturen weg, hin zur Selbstbeschreibung der eigenen [Kulturen, SJ]«, womit jedoch eine »Epoche verwirrender Spiegelungen« begonnen habe.[308] ZINNECKER spricht damit auf die Möglichkeit des *flexiblen Perspektiv- und Positionswechsels* von Beobachtenden und Beobachteten an. Dieser Möglichkeitsraum eröffnet allererst die Frage nach der »ethnographischen Autorität«[309] im Feld, wem die umstrittene Rolle, die Expertise des Beobachtenden, zugesprochen wird. ZINNECKERS Überlegungen gehen im Kontext von Schule so weit, dass er zumindest fragend in den Raum stellt, ob die ethnografische Autorität »dem externen Sozialwissenschaftler, sei er Anthropologe, Soziologe oder Psychologe, dem Erziehungswissenschaftler, dem Didaktiker, dem Lehrer, oder etwa dem Schüler«[310] gebührt. Diese »Pluralisierung der ethnographischen Autorität«[311] erschwere die Bestimmung von pädagogischer Feldforschung. ZINNECKER richtet seinen Bestimmungsversuch daher an den pädagogischen Handlungsfeldern aus und nicht an den Professionen der Beobachtenden. Die zunächst randständige Positionierung pädagogischer Ethnografie in der modernen Erziehungswissenschaft sei in Zusammenhang mit einem verhältnismäßig späten Etablieren einer qualitativ-rekonstruktiven Forschungsmethodik zu sehen.[312] In seiner eigenen Forschung beteiligt zu sein, kennzeichnet sich insbesondere im Konnex von Forschung und Pädagogik als eine naheliegende, oftmals bereits gegebene, wenn auch komplexe Position.

mit mir

unerwünscht: Neutralität

Um diese Komplexität der Rolle als Forscherin und der Rolle als Pädagogin zu reflektieren, widme ich mich ihren Verstrickungen. Ich nehme Bezug auf BEATE HOFSTADLER, die in ihrem Buch *forschen – entdecken – erzählen*[313] eine Anwendung der Psychoanalyse für die qualitative Sozialforschung darlegt. Sie führt darin unterschiedliche Register vor, an denen sich eine Reflexion des eigenen Forschungsvorgehens und der eigenen Forscher*innenrolle differenzieren und systematisieren lässt. HOFSTADLER betont die Subjektivität der Forscher*innen und hebt dies als Stärke einer Forschung heraus. Sie eröffnet damit eine Position, die nicht darum bemüht ist die Perspektive der Forschenden aufzulösen oder zu verdecken. Eine fehlende Neutralität der Forscher*in wird hingegen als etwas Positives bekräftigt. So bestehe bspw. zwischen den Forscher*innen und ihrer Methodenwahl ein dialektisches Verhältnis, das uns zeige, wie Forscher*innen die Welt befragen und begreifen.[314] Insofern bildet meine Subjektivität als Forscherin einen das gesamte Forschungsvorhaben durchwebenden und anzuerkennenden Einfluss.

Sehvermögen und Sehverleugnen

Unter Bezug auf die etymologischen Wurzeln des Begriffs ›Theorie‹ bezeichnet HOFSTADLER Theoretiker*innen als Zuschauer*innen, weshalb zwischen Theorien über die Welt und der Wahrnehmung von Welt auch ein dialektisches Verhältnis bestünde.[315] In diesem Zusammenhang spricht HOFSTADLER vom *Sehvermögen* und *Sehverleugnen* der Forscher*innen, also das, was im Forschungsprozess in den Blick falle oder sich entziehe.[316] Was sich nicht zeigt, kann demgemäß auch als das, was sich nicht zeigen soll verstanden werden bzw. was ich nicht in den Blick nehmen kann, da es sich mir entzieht.

Für Bildforschungen erscheinen mir HOFSTADLERS Gedanken elementar, insofern auch meine Bilderfahrungen – aber auch meine Theorieauswahl, meine methodologische und methodische Haltung – jenes *Sehvermögen* und *-verleugnen* betreffen. Auch die bereits gewendeten Fragen danach, was sich zeigt und wie und wodurch es sich zeigt, berühren HOFSTADLERS Ansätze. Die bereits verhandelte Grunddynamik eines Zeigens/Sichzeigens und die damit einhergehende genaue Unterscheidung dessen, *als was* sich mir etwas zeigt, schließt bspw. daran an.←\× Denn wie ich etwas wahrnehme, deute oder bedeute, verbleibt unter der Prämisse, was sich mir entzieht und was mir auffällt. Dies ist hochgradig subjektiv – unabänderlich. Jede Tätigkeit des Forschens sei subjektiv, pointiert ELENA HAAS in ihrer Arbeit zur künstlerischen Forschung in der Kunstpädagogik und zeigt auf, dass es nicht mehr darum gehe, ein neues Verständnis von Objektivität zu erarbeiten, sondern um den reflexiven Umgang mit Subjektivität.[317]

zirkulär

Das Verhältnis zwischen Erhebung und Auswertung, so HOFSTADLER, sei im gesamten Forschungsprozess als zirkulär zu betrachten.[318] Mit dieser pervasiven Zirkulation verweise ich auf die Verflechtungen zwischen den unterschiedlichen Zugängen zur Bilderfahrung in meiner Arbeit. Die zeitliche und eigentlich auch räumliche Struktur, die eine solche Zirkulation aufruft, nimmt Bezug auf Dynamiken, die sich zwischen Material und mir als Forschende, aber auch im Zeigen und Sprechen über dieses Material mit *Anderen* entwickeln.

pervasive Zirkulation

×

Diese Dynamiken zwischen Material und Auswertung entziehen sich einer genauen Planbarkeit und werden damit als Kontingenz im Forschen spürbar. Im Auswerten geht es zudem nicht nur um ein Prüfen, um daraus Erkenntnisse zu gewinnen, sondern die Auswertungen bildet eine Passage, einen Übergang, den ich eher als suchend denn als prüfend empfinde. Dies ist meiner Ansicht nach anschlussfähig an die mit DIETER MERSCH bereits angeführte Figur einer zetetischen Forschung.←\× Das bedeutet nicht, dass ich in der Auswertung keine Resultate erzeugen möchte, doch erscheint mir MERSCHS Gedanke einer andauernden Skepsis und das zirkuläre Verhältnis zwischen Erhebung und Auswertung bei HOFSTADLER (wenn Erhebung nicht einen abgeschlossenen Akt der Datenaufzeichnung meint) als eine wissenschaftstheoretische und auch methodologische Haltung, die eine *gesteigerte* Prozessualität und Offenheit im Forschen generieren könnte – und zwar zu Gunsten von Wendungen, Irritationen, Ungewissheiten und Fraglichem, die somit zu Anlässen neuer Erkenntnisse werden können.

unvorhersehbare Dynamik

÷

←\×
Zeigen/Sichzeigen
S. 118

←\×
künstlerisch ::: durch Kunst ⟶
S. 141

×

unentdeckt bleiben?

forschungsethische Fragen

Ein weiterer Aspekt, der mir durch HOFSTADLERS Ansatz bewusst geworden ist, betrifft forschungsethische Fragen zu den Inter//ventionen. Diese sind überwiegend ohne das Wissen der Beteiligten erfolgt. Sie wussten nicht, dass ich ein Forschungsinteresse verfolge, sodass ich weder den Bezug zur Forschung hergestellt noch kenntlich gemacht habe, dass ich die von mir angefertigten Dokumentationen der Inter//ventionen in eine Forschung einbeziehe. Zu den Beteiligten meiner Interventionen stehe ich damit vorrangig nicht in einem Forschungsverhältnis, sondern im Rahmen der pädagogischen (Erhebungs)situation in einer pädagogischen Beziehung.[319] Diesen Gedanken habe ich an der Figur des Doppelspiels, die WALDENFELS' ethnografischem Exkurs entsprungen ist, bereits erläutert.

verdeckte Forschung

Ein Forschungsvorgehen, in dem die Forscher*innen sich nicht als solche einführen, kann auch unter dem Begriff der verdeckten Forschung gefasst werden.[320] Dieses Vorgehen werde in Betracht gezogen, wenn die Konstruktion »Forschung« dazu führt, dass das beobachtete Phänomen unbrauchbar wird. Während ein solch verdecktes Forschen vor allem bei sensiblen, wie etwa tabuisierten Themen, als legitim verstanden werde, steht es in anderen Fällen einem offenen Forschen aufgrund reduzierter Objektivierbarkeit und Transparenz nach. Wie lässt sich dies vor dem Hintergrund der pädagogischen Situation in den betreffenden Inter//ventionen argumentieren und reflektieren?

doppelter Anspruch

forschende Pädagog*innen

pädagogische Forscher*innen

Betonen wir in einer pädagogischen Situation, dass etwas zu Forschungszwecken getan wird, dann erzeugen wir für unsere etablierte Rolle der/des Pädagog*in innerhalb dieser Situation eine zweite Rolle, deren Status noch zur Disposition steht: Sind wir nun forschende Pädagog*innen oder Forscher*innen, die pädagogisch agieren? Daran anschließend ist anzunehmen, dass das Motiv ›Forschung‹ bei allen Beteiligten auf kontingente Weise Implikationen erzeugt, die sich in die Erhebung oder Beobachtung einspiegeln.

befangen

als Subjekt der Wahrnehmung

Die klassische Idee der Objektivität platziere Wissenschaftler*innen außerhalb des Sozialen, sodass seine oder ihre Wahrnehmung und Reflexion als Subjekt nicht relevant werde, es sei denn, er oder sie werde als »Teil der für die Untersuchung relevanten sozialen Welt« verstanden.[321] Erst dann sei seine oder ihre Wahrnehmung und Beeinflussung des Feldes nicht mehr per se als Fehlerquelle anzusehen. »Damit wird erst möglich, dass [ein*e Wissenschaftler*in, SJ] als Subjekt der Wahrnehmung und damit auch im geschriebenen Text in Erscheinung tritt bzw. sichtbar wird.«[322]

HOFSTADLER vertritt die Ansicht, dass eine Befangenheit vorliege, wenn ich die Befragten kenne. Wie also argumentiere ich, dass die Beziehungsebene aber wichtig ist? Eine Begründung wird für mich aus dem doppelten Rollenverständnis als Lehrende und Forschende plausibel und ließe sich etwa mit HERBERT ALTRICHTERS und PETER POSCHS Position zu *Lehrerinnen und Lehrer beforschen ihren Unterricht* aufzeigen. Während bei ALTRICHTER und POSCH Motive von Aktionsforschung stets unter Optimierungsgedanken und unter dem Ziel der Qualitätssteigerung von Unterricht und Lehre geäußert werden, weshalb Lehrer*innen ihren eigenen Unterricht beforschen, um »Probleme der Praxis selbst zu bewältigen und Innovationen durchzuführen und selbst zu überprüfen«[323], könnte man stattdessen die Synergien einer bi-perspektivischen Sichtweise hervorheben. Auch die Inter//ventionen weisen eine solche *Bi-Perspektivität* auf, indem ich sie zwar als Forschungsvorgehen betrachte, sie aber auch eine didaktische Dimension aufzeigen. bi-perspektivisch

Eine Auflösung oder Zuordnung der Perspektiven steht nicht im Fokus meiner Arbeit, sodass ich nicht explizit ausweise, inwiefern etwas auf Forschungsebene (theoretisch, methodologisch, methodisch) oder Vermittlungsebene (pädagogisch, didaktisch) ein Reflektieren von Bilderfahrung betrifft. In einer solchen Auflösung des Bi-perspektivischen sehe ich hingegen eine Reduktion des Potentials, eine Engführung. Es obliegt denen, die diese Arbeit lesen, ihre Perspektive zu ermitteln und zu entscheiden, was sich für sie auf welcher Ebene als anschlussfähig zeigt.

1 Vgl. BUSCH, KATHRIN (Hg.): *Anderes Wissen*. 2016.

2 Vgl. DIDI-HUBERMAN, GEORGES: *Experimentieren, um zu sehen*. 2011.

3 SABISCH, ANDREA: *Bildwerdung*. 2018.

4 »Die Anerkennung einer Ungewissheit angesichts von Bildern und die durch Symptome hergestellte Öffnung zwischen Ereignis und Virtualität wären neue Dimensionen der visuellen Bildungsforschung.« SABISCH, ANDREA: *Bildwerdung*. 2018. S. 81.

5 Der Begriff des ›Virtuellen‹, verstanden als Potentialität, betont den ahnenden, durchaus Zielvisionen imaginierenden Modus im Forschen und meint eine neugierige Haltung. Zum Begriff des Virtuellen beziehe ich mich auch auf MICHAELA OTT, die in Rekurs auf GILLES DELEUZE das Virtuelle wie auch das Aktuelle, als »wirklich« versteht, die sich beide hinsichtlich ihres Wirklichkeitsmodus unterscheiden: »Während das Virtuelle […] unendliche Differentialität, allerdings gleichsam im Latenzzustand ist, verwirklicht sich das Aktuelle in einer bestimmten zeitlichen Differenz.« Virtualität sei, so OTT, zudem nicht mit dem Digitalen zu verwechseln. Vgl. OTT, MICHAELA: *Zurück auf Anfang. Bildung als Verwunderung*. 2014. S. 11.

6 WALDENFELS, BERNHARD: *Sinne und Künste im Wechselspiel*. 2010. S. 379.

7 Vgl. JULLIEN, FRANÇOIS: *Der Weg zum Anderen*. 2014. S. 20.

8 »Kunst existiert nicht, es sei denn als angewandte.« KARL-JOSEF PAZZINIS These steht im Zeichen einer Legitimationsdebatte der Kunstpädagogik, die er als mögliche Anwendung der Kunst versteht. PAZZINI, KARL-JOSEF: *Kunst existiert nicht, es sei denn als angewandte*. 2000. S. 39.

9 SABISCH, ANDREA: *Inszenierung der Suche*. 2007. S. 27.

10 Ebd. S. 226.

11 Die methodologische Konzeption dieser Arbeit wurde an seinem Forschungsgegenstand entwickelt und stand ihr nicht voraus.

12 Vgl. WALDENFELS, BERNHARD: *Phänomenologie des Eigenen und des Fremden*. 1997. S. 67.

13 WALDENFELS, BERNHARD: *Bruchlinien der Erfahrung*. 2002. S. 174.

14 WALDENFELS, BERNHARD: *Gespür für die Dinge*. 2012. S. 209.

15 Vgl. WALDENFELS, BERNHARD: *Sinne und Künste im Wechselspiel*. 2010. S. 31.

16 WALDENFELS, BERNHARD: *Gespür für die Dinge*. 2012. S. 218.

17 Zu der Formulierung »zur Bilderfahrung durch Bilderfahrung« regte mich insbesondere MANUEL ZAHNS Arbeit zur ›Ästhetischen Film-Bildung‹ an. In seinen methodologischen Überlegungen geht ZAHN einer Medialität des Films durch ihre »Erforschung vom Film aus« nach. Er entwickelt dort die Haltung des Spurenlesers, die ich als Konzeption verstehe, Erfahrungen des Forschenden aufzugreifen. So will ZAHN »als Spurenleser« »der Medialität des Filmes auf die Spur kommen«. Auch in ZAHNS Filmauswahl spiegelt sich seine Filmerfahrung als Kriterium wider: »Das Kriterium meiner Auswahl der Filme war […] ein völlig subjektives: das der Irritation, der Störung wie der Affizierung durch die Filme. Die verwendeten Filme

sind solche, die vor dem Hintergrund meiner Forschungsfragen mein Interesse weckten und weitere Fragen anregten.« ZAHN, MANUEL: *Ästhetische Film-Bildung.* 2012. S. 106, 112.

18 Bei den Symptomen von Bilderfahrung handelt es sich um eine Konstruktion, mit der ich der Grundlogik eines phänomenologischen Erfahrungsbegriffs (WALDENFELS 2002) folge. Erfahrung ist unsichtbar, wir können sie nicht beobachten (SABISCH 2007), weshalb der Symptombegriff diese Leerstelle aufgreift (SABISCH 2018).

19 »Unterstellungen geben vorläufige Antworten auf offene Fragen.« PAZZINI, KARL-JOSEF: *Überschreitung des Individuums durch Lehre.* 2010. S. 319.

20 WALDENFELS, BERNHARD: *Sinne und Künste im Wechselspiel.* 2010. S. 40.

21 Vgl. ebd. S. 42.

22 WALDENFELS, BERNHARD: *Phänomenologie des Eigenen und des Fremden.* 1997. S. 76.

23 Vgl. WALDENFELS, BERNHARD: *Topographie des Fremden.* [1997] 7. Aufl. 2016. S. 44.

24 MEYER, TORSTEN; SABISCH, ANDREA (Hg.): *Kunst Pädagogik Forschung.* 2009. Vorwort.

25 Vgl. WALDENFELS, BERNHARD: *Vielstimmigkeit der Rede.* [1999] 2. Aufl. 2015. S. 75.

26 Forschende und ihre Gegenstände, Methoden und Perspektiven, aber auch ihre Mitforschenden, bilden ein spezifisches, singuläres Netzwerk heraus.

27 Umbildung setze den »Wunsch nach Befremdung voraus.« OTT, MICHAELA: *Zurück auf Anfang. Bildung als Verwunderung.* 2014. S. 17.

28 Ebd.

29 Aus einem Gespräch mit der Künstlerin ANDREA TIPPEL, bei der ich in meinem Grundjahr an der Hochschule für bildende Künste in Hamburg studierte.

30 Vgl. MERSCH, DIETER: *Visuelles Denken. Konjunktionale versus propositionale Assoziierung.* 2018. S. 37 und Ders: *Epistemologien des Ästhetischen.* 2015. S. 166ff.

31 Vgl. WIMMER, MICHAEL: *Pädagogik als Wissenschaft des Unmöglichen.* 2014; HELSPER, WERNER; HÖRSTER, REINHARD; KADE, JOCHEN (Hgg.): *Ungewissheit. Pädagogische Felder im Modernisierungsprozess.* 2003; PASEKA, ANGELIKA; KELLER-SCHNEIDER, MANUELA; COMBE, ARNO (Hgg.): *Ungewissheit als Herausforderung für pädagogisches Handeln.* 2018; BÄHR, INGRID et al. (Hgg.): *Irritation als Chance. Bildung fachdidaktisch denken.* 2018; ECER Konferenz 2019 – Bildung in Zeiten der Ungewissheit. Beiträge erziehungswissenschaftlicher Forschung für die Zukunft (2. – 6. September 2019, Universität Hamburg); »Ungewissheit als Dimension pädagogischen Handelns« als Forschungsschwerpunkt der Fakultät für Erziehungswissenschaft der Universität Hamburg (die Querschnittaufgabe des Forschungsschwerpunkts widmet sich der methodischen Entwicklungsarbeit, was die Erfassung von Ungewissheit durch gegenstandsadäquate Forschungsmethoden bedeute. Vgl. https://www.ew.uni-hamburg.de/forschung/ungewissheit.html).

32 Vgl. BÖING, URSULA: *Ungewissheit – Implikationen einer nicht ausgrenzenden Pädagogik.* 2016. S. 96.

33 Vgl. ebd. S. 97.

34 Dem ›Unverfügbaren‹ widmet sich der gleichnamige Band und geht darin der Figur des Unverfügbaren in ihren unterschiedlichsten Erscheinungsformen nach: »Das Unverfügbare ist Ärgernis und Ferment für jede pädagogische und vermittelnde Arbeit. Es taucht inmitten des vermeintlich Bekannten und Habhaften auf, widersetzt sich der gesicherten Kommunikation, spielt sich zwischen Wissen und Nicht-Wissen ab, markiert Autoritäten, löst Ängste aus, weil es nicht verstanden werden kann, weckt Sehnsucht, Neugier und Verantwortung. Es markiert eine Aporie, die sich überall zeigt, wo Wissen sich als Macht- und Gestaltungsinstanz gibt: an den Grenzen der Machbarkeit als Prognostik und als Kontrolle des Anderen.« (aus dem Klappentext) PAZZINI, KARL-JOSEF; SABISCH, ANDREA; TYRADELLIS, DANIEL: *Das Unverfügbare. Wunder, Wissen, Bildung.* 2013.

35 BÖING, URSULA: *Ungewissheit – Implikationen einer nicht ausgrenzenden Pädagogik.* 2016. S. 101.

36 Ebd.

37 Vgl. ebd.

38 SABISCH, ANDREA: *Bildwerdung.* 2018. S. 14f.

39 SABISCH, ANDREA: *Antworten auf Bilder.* 2019. S. 286.

40 BARDMANN, THEODOR M.: *Die Kunst des Unterscheidens.* 2015. S. 25.

41 Vgl. KOLLER, HANS-CHRISTOPH: *Bildung und Biographie.* 2016. S. 180.

42 »Das Verhältnis zwischen Theorie und empirischer Forschung wird seit jeher kontrovers diskutiert. Die einen Wissenschaftler_innen nehmen an, dass erst die intensive empirische Arbeit den Weg zu einer (erziehungswissenschaftlichen) Theorie ebnet. Andere behaupten, dass empirische Forschung ohne vorhergehende, umfassende theoretische Reflexion nicht möglich ist.« HUMME, MARK: *Eine Diskursanalytik sozialpädagogischer Praxis.* 2015. S. 7.

43 Mit Verweis auf JOAS et al. 2004. S. 16 zit. nach HUMME, MARK: *Eine Diskursanalytik sozialpädagogischer Praxis.* 2015. S. 7.

44 Den Begriff der ›Rekursion‹ entlehnt HUMME aus der Linguistik. HUMME, MARK: *Eine Diskursanalytik sozialpädagogischer Praxis.* 2015. S. 7f.

45 BOHNSACK, RALF: *Rekonstruktive Sozialforschung.* 1999. S. 12.

46 HANS-CHRISTOPH KOLLER hat im Rahmen seiner transformatorischen Bildungstheorie versucht, Bildung anders zu denken und mit der Formel des »anders Denkens« angezeigt, nicht nur den Bildungsbegriff anders zu denken, sondern auch »das Bildungsgeschehen selbst als ein Andersdenken oder Anderswerden zu begreifen«, womit er auf den Prozess der Erfahrung verweist, aus dem das Subjekt verändert hervorgehe. Diese betreffe nicht lediglich eine Veränderung im Denken, sondern die Selbst-, Anderen- und Weltverhältnisse. Ich schließe Kollers Gedanken zum »anders denken« an meine Überlegungen zur Empirie an. Vgl. KOLLER, HANS-CHRISTOPH: *Bildung anders denken.* 2012. S. 9.

47 Vgl. SABISCH, ANDREA: *Bildwerdung.* 2018. S. 54.

48 Vgl. ebd.

49 KARL-JOSEF PAZZINI setzte mit diesem Zitat ursprünglich an der Relation zwischen Kunst und Kunstpädagogik an und verwies auf einen unhintergehbaren Status beider als Anwendungen: »Kunst existiert nicht, es sei denn als angewandte«. Vgl. SABISCH, ANDREA: *Inszenierung der Suche.* 2007. S. 224f. und PAZZINI, KARL-JOSEF: *Kunst existiert nicht, es sei denn als angewandte.* 2000.

50 Vgl. SABISCH, ANDREA: *Aufzeichnung und ästhetische Erfahrung.* 2009. S. 14.

51 Ebd.

52 SABISCH wählt die Aufzeichnung oder Grafie als Darstellungsform einer inszenierten Suche nach ästhetischen Erfahrungen. Vgl. SABISCH, ANDREA: *Aufzeichnung und ästhetische Erfahrung.* 2009.

53 Vgl. dazu SABISCH in Anschluss an BERNHARD WALDENFELS. SABISCH, ANDREA: *Bildwerdung.* 2018.

54 Vgl. Beer, Bettina: *›Methode‹, ›Methodik‹ und ›Methodologie‹ in der Ethnologie*. 2008. S. 9.
55 Feyerabend, Paul: *Wider den Methodenzwang*. 1986. S. 17.
56 Vgl. Oeser, Erhard: *Popper, der Wiener Kreis und die Folgen*. 2003. S. 172.
57 Feyerabend, Paul: *Wider den Methodenzwang*. 1986. S. 21.
58 Da William John Thomas Mitchell sich in seinen Publikationen stets als W.J.T. abkürzt, folge ich dieser Abkürzung.
59 Vgl. Mitchell, W.J.T.: *Bildtheorie*. 2018. S. 66.
60 Mitchell, W.J.T.: *Bildtheorie*. 2018. S. 65f (mit Bezug auf Paul Feyerabend *Wider den Methodenzwang* 1986).
61 Ebd. S. 66.
62 Vgl. zum Begriff der Symptombildung im Kontext der Bilderfahrung: Sabisch, Andrea: *Bildwerdung*. 2018.
63 Vgl. Feyerabend, Paul: *Wider den Methodenzwang*. 1986.
64 Ein polymethodisches Vorgehen bedeutet für mich mehrere Methoden oder Fragmente von Methoden in der Untersuchung von Bilderfahrung einzubeziehen.
65 Mersch, Dieter: *Was sich zeigt*. 2002. S. 9.
66 Ebd.
67 Waldenfels, Bernhard: *Antwort auf das Fremde*. 1998. S. 39.
68 Ebd.
69 Vgl. Mersch, Dieter: *Die Zerzeigung*. 2014. S. 20; Alloa, Emmanuel: *Das durchscheinende Bild*. 2011. S. 77, 296.
70 Alloa, Emmanuel: *Das durchscheinende Bild*. 2011. S. 188.
71 Mersch, Dieter: *Was sich zeigt*. 2002. S. 9, 23.
72 Mersch, Dieter: *Die Zerzeigung*. 2014. S. 41.
73 Mersch, Dieter; Waldenfels, Bernhard: *Erscheinen und Ereignis*. 2015.
74 Vgl. ebd. S. 173.
75 Ebd.
76 Ebd. S. 180.
77 Ebd. S. 181.
78 Ebd.
79 ›Symptom‹ könne auch Zufall heißen, worin sich die Symptombildung um eine andere Ebene ergänzen ließe; dann reicht vielleicht doch ein »auf der Lauer liegen«, bei dem sich zufällig etwas als etwas zeigt. Ich danke Karl-Josef Pazzini für diesen Hinweis.
80 Vgl. Moldzio, Andrea: *Philosophie der Psychosen – vom Symptom zum Phänomen*. 2004. S. 75.
81 Sabisch, Andrea: *Bildwerdung*. 2018. S. 14.
82 Bekanntes medizinisches Wörterbuch, das zentrale und gebräuchliche Fachbegriffe der Medizin versammelt und meist als Standardwerk für Mediziner bezeichnet wird.
83 Vgl. *Pschyrembel Psychiatrie*. Margraf, Jürgen; Maier, Wolfgang (Hgg.). 2012. S. 873.
84 Vgl. dazu Alexander Glas Darstellungen seiner Forschungsschwerpunkte auf der Webseite der Universität Passau. http://www.phil.uni-passau.de/die-fakultaet/lehrstuehle-professuren/kunstpaedagogikaesthetische-erziehung/kunstpaedagogik/forschung.html.
85 Beschreibt ein*e Patient*in z.B. einseitigen Kopfschmerz, begleitet von Übelkeit, mag der/die behandelnde Arzt/Ärztin, Symptome einer Migräne erkennen (Diagnose).
86 Alloa, Emmanuel: *Das durchscheinende Bild*. 2011. S. 273.
87 Moldzio, Andrea: *Philosophie der Psychosen – vom Symptom zum Phänomen*. 2004. S. 75.
88 Alloa, Emmanuel: *Das durchscheinende Bild*. 2011. S. 273.
89 Ebd.
90 Ebd.
91 Pazzini, Karl-Josef: *Bildung vor Bildern*. 2015. S. 24.
92 Pazzini, Karl-Josef: *Einleitung*. In: Sabisch, Andrea: *Inszenierung der Suche*. 2007. S. 12.
93 Sabisch, Andrea: *Aufzeichnung und ästhetische Erfahrung*. 2009. S. 14.
94 Vgl. Sabisch, Andrea: *Inszenierung der Suche*. 2007. S. 50.
95 Vgl. Sommer, Manfred: *Suchen und Finden*. 2002. S. 19.
96 Ebd. S. 21.
97 Sommer, Manfred: *Suchen und Finden*. 2002. S. 7.
98 Ich werde mit Sommer aufzeigen, dass sich nicht irgendetwas andeutet, sondern etwas, das von unserem Wissen-Wollen ausgeht.
99 Sommer, Manfred: *Suchen und Finden*. 2002. S. 17.
100 Ebd.
101 Ebd.
102 Bernhard Waldenfels in seinem Vorwort *Antworten*. In: Sabisch, Andrea: *Inszenierung der Suche*. 2007. S. 9.
103 Sabisch setzt in *Inszenierung der Suche* unter anderem an Helga Kämpf-Jansens Konzeption der Ästhetischen Forschung (2001) an und negiert den dort postulierten Grundsatz, dass am Anfang einer Forschung bereits eine Frage stünde (Vgl. Kämpf-Jansen, Helga: *Ästhetische Forschung*. [2001] 3. Aufl. 2012. S. 19). Sabisch erkundet hingegen, wie eine Frage allererst entstehe. Dazu setzt sie am Moment der Suche an, der für Sabisch wesentlich diffuser ist, als der Forschungsprozess selbst. Sabisch, Andrea: *Inszenierung der Suche*. 2007. S. 18. Ich werde darauf im Rahmen der Inter//vention *›Fragen bilden‹* Bezug nehmen. S. 306.
104 Die Suche selbst bleibe irrelevant, »sofern wir sie nicht erscheinen lassen, sie inszenieren.« In der Grafie sieht Sabisch eine Weise, wie die Suche zur Darstellung kommen kann. Sabisch, Andrea: *Inszenierung der Suche*. 2007. S. 18.
105 Zahn, Manuel: *Ästhetische Film-Bildung*. 2012. S. 91.
106 Ebd. S. 93.
107 Mit Verweis auf Sybille Krämer: Zahn, Manuel: *Ästhetische Film-Bildung*. 2012. S. 95.
108 Sabisch, Andrea: *Inszenierung der Suche*. 2007. S. 83.
109 Ebd. S. 81.
110 Andrea Sabisch verweist auf Derrida, Jacques: *Randgänge der Philosophie*. 1988. S. 49.
111 Sabisch, Andrea: *Inszenierung der Suche*. 2007. S. 18.
112 Sommer, Manfred: *Suchen und Finden*. 2002. S. 8.
113 Dieses latente Wissen sei z.B. im kollektiven Gedächtnis und nicht in Archiven zu finden. Vgl. Orlow, Uriel: *Recherchieren*. 2015. S. 201.
114 Vgl. ebd. S. 204.
115 Craig, Stephen: *Entwerfen/Entwurf*. 2015. S. 131.
116 Ebd.
117 Vgl. ebd.
118 Waldenfels, Bernhard: *Phänomenologie der Aufmerksamkeit*. 2004. S. 163.
119 Waldenfels kontextualisiert diese Figuren im Zuge seiner Auseinandersetzung mit der Findigkeit des Körpers in der Technik. Da er die Technik als Beispiel betrachtet, sind Waldenfels Gedanken vom Technikbegriff an dieser Stelle gut zu trennen und somit allgemeiner zu verstehen. Ebd. 2004. S. 163.f
120 Ebd. S. 165.
121 Vgl. ebd. S. 164.
122 Ebd. S. 162.
123 Ebd. S. 165.
124 Ebd.
125 Ebd. S. 166.
126 Ebd. S. 162.
127 Sabisch, Andrea: *Inszenierung der Suche*. 2007. S. 257.

128 Eine weitere Adaption von KARL-JOSEF PAZZINIS These: PAZZINI, KARL-JOSEF: *Kunst existiert nicht, es sei denn als angewandte*. 2000.

129 SABISCH, ANDREA: *Inszenierung der Suche*. 2007. S. 239.

130 Dort mit Bezug auf die Intervention, auf die ich noch zu sprechen komme. WALDENFELS, BERNHARD: *Phänomenologie der Aufmerksamkeit*. 2004. S. 228 f.

131 WALDENFELS, BERNHARD: *Sinne und Künste im Wechselspiel*. 2010. S. 244.

132 »[...] die Überraschung, die darin liege, daß uns das eine Mal dieses, das andere Mal jenes auffällt, lebt davon, daß sich das Sichtbarwerden nicht im Sichtbarmachen, das Sehen nicht im Gesehenen erschöpft.« WALDENFELS, BERNHARD: *Sinne und Künste im Wechselspiel*. 2010. S. 244.

133 Vgl. WALDENFELS, BERNHARD: *Sinne und Künste im Wechselspiel*. 2010. S. 244.

134 FISCHER-LICHTE, ERIKA: *Performativität*. 2012. S. 56.

135 SEEL, MARTIN: *Inszenieren als Erscheinenlassen. Thesen über die Reichweite eines Begriffs*. 2001.

136 Vgl. SABISCH, ANDREA: *Inszenierung der Suche*. 2007. S. 49 f.

137 In diesem Zusammenhang verwendet ANDREA SABISCH den Begriff des Otherings. »Othering bezeichnet die Einsicht, daß die Anderen nicht einfach gegeben sind, auch niemals einfach gefunden oder angetroffen werden – sie werden gemacht.« FABIAN, JOHANNES: *Präsenz und Repräsentation*. 1993. S. 337 zit. nach WALDENFELS, BERNHARD: *Vielstimmigkeit der Rede*. [1999] 2. Aufl. 2015. S. 135. Der Begriff ist jedoch nicht unproblematisch: »Mit Othering wird ein Prozess beschrieben, in dem Menschen als ›Andere‹ konstruiert und von einem ›wir‹ unterschieden werden. Diese Differenzierung ist problematisch, da sie mit einer Distanzierung einhergeht, die ›das Andere‹ als ›das Fremde‹ aburteilt. Prozesse des Othering können sich auf die soziale Stellung eines Menschen in der Gesellschaft wie etwa Klassenzugehörigkeit oder Glaubensvorstellungen beziehen, auf race/Ethnizität, Sexualitäten, Geschlechter oder Nationalitäten. Dabei werden auch biologistische Argumente geltend gemacht, die essentialisierend sind.« https://www.zhdk.ch/forschung/ehemalige-forschungsinstitute-7626/iae/glossar-972/othering-5894.

138 HARPER, DOUGLAS: *Fotografien als sozialwissenschaftliche Daten*. 2003. Zit. nach: SABISCH, ANDREA: *Inszenierung der Suche*. 2007. S. 91 und 217.

139 ANDREA SABISCH zeigt auf, dass neben erzählgenerierenden Impulsen, wie sie etwa in narrativen Interviews eingesetzt werden, auch andere Formen der Impulssetzung möglich sind, wie z.B. ein »grafie-generierender Impuls«. SABISCH, ANDREA: *Inszenierung der Suche*. 2007. S. 91.

140 Eine radikale Form, die Inception, wird im gleichnamigen Film von CHRISTOPHER NOLAN (2010), gezeigt. Dieses Konzept, dass sich im Film in einer vorgeführten Fiktion eines gemeinsamen Träumens darstellt, bedeute das Einpflanzen eines Gedankens in das Unterbewusstsein Anderer, was nur dann gelingt, wenn der Gedanke auf seine einfachste Form reduziert wird.

141 WALDENFELS, BERNHARD: *Sinne und Künste im Wechselspiel*. 2010. S. 244.

142 WALDENFELS, BERNHARD: *Der Spielraum des Verhaltens*. 1980. S. 194.

143 »Experiment«, in: WOLFGANG PFEIFER et al.: *Etymologisches Wörterbuch des Deutschen* (1993), digitalisierte und von WOLFGANG PFEIFER überarbeitete Version im Digitalen Wörterbuch der deutschen Sprache, https://www.dwds.de/wb/Experiment, [abgerufen am 20.10.2018].

144 Die Experimentalphysik bedeutete den Experimentbegriff als Versuch; das Adjektiv experimentell leitete sich davon ab. Begriff ›Experiment‹ in: WOLFGANG PFEIFER et al., *Etymologisches Wörterbuch des Deutschen* (1993), digitalisierte und von Wolfgang Pfeifer überarbeitete Version im Digitalen Wörterbuch der deutschen Sprache, https://www.dwds.de/wb/Experiment, [abgerufen am 20.10.2018].

145 Zum ›Außerordentlichen‹ sei auf WALDENFELS' Ausführungen innerhalb seiner *Studie zur Phänomenologie des Fremden* hingewiesen: WALDENFELS, BERNHARD: *Das Ordentliche und das Außer-ordentliche*. In: *Vielstimmigkeit der Rede*. [1999] 2. Aufl. 2015. S. 171–185.

146 RHEINBERGER, HANS-JÖRG: *Über die Kunst, das Unbekannte zu erforschen*. [2006] 2013. S. 145.

147 Ebd.

148 Ebd.

149 Ebd.

150 Ebd. S. 146.

151 Ebd.

152 Ebd.

153 RHEINBERGER, HANS-JÖRG: *Experimentalsysteme als epistemische Dinge*. 2006. S. 7.

154 Ebd. S. 9.

155 Ebd. S. 28.

156 FLECK, LUDWIK: *Entstehung und Entwicklung einer wissenschaftlichen Tatsache*. [1935] 10. Aufl. 2015. S. 111.

157 Ebd. S. 114.

158 Ebd. S. 115.

159 Vgl. AHRENS, SÖNKE: *Experiment und Exploration*. 2011. Klappentext.

160 Weitere wichtige Positionen zum »EXPERIMENT -ieren/-ellen« sehe ich u.A. auch in EVA SCHÜRMANNS Theorie zum »Exemplarischen Denken«, in der sie Verschränkung aus ästhetischer Wahrnehmung und theoretischem Philosophieren aufzeigt, Gedanken zum Exemplarischen und Spezifischen konkretisiert und Philosophieren mit Kunst statt über Kunst bestärkt; MARGARETE PRATSCHKES Ausführungen zum »Gestaltexperiment unterm Bilderhimmel« (2016), die sich den Wahrnehmungsexperimenten der Berliner Gestaltpsychologie im Berliner Stadtschloss widmet; LAMBERT WIESINGS Gedanken zu einer experimentellen Ästhetik (2012), die er mit einer phänomenologischen Ästhetik zusammendenkt, in Form von mentalen Selbstexperimenten.

161 AHRENS, SÖNKE: *Experiment und Exploration*. 2011. S. 64.

162 Vgl. ebd.

163 Ein Anliegen SÖNKE AHRENS' in seiner Arbeit mündet in der These, dass in der Erschließung von Bildungsprozessen experimentell vorzugehen sei, wenn wir Bildung als experimentelle Form der Welterschließung verstehen. Ebd. 2011. S. 301.

164 Vgl. ebd. S. 65.

165 GERHARD KLEINING widmet sich dem »Qualitativen Experiment«, um bestehende Auffassungen von Experiment zu korrigieren und insbesondere abseits von naturwissenschaftlicher Forschung den Status unterschiedlichster Experimentformen zu stärken, um diese als wissenschaftlich anzuerkennen. Mit dem Begriff des »Qualitativen Experiments bezeichnet KLEINING Eingriffe in einen (sozialen) Gegenstand, um sich dessen Struktur anzunähern. Insofern sei das qualitative Experiment eine explorative und heuristische Form des Experiments. Im Sinne KLEININGS könnte von einem explorativ-experimentellen Zugang gesprochen werden, womit zwei durchaus konträre Pole produktiv miteinander verbundenen wären. Unklar bleibt, was für KLEINING qualitativ heißt; es kann vielleicht als Kennzeichen einer Differenzierung gegenüber bestehenden Auffassungen von Experiment

gelesen werden. Vgl. Kleining, Gerhard: *Das qualitative Experiment.* 1986.

166 Vgl. ebd. S. 724.

167 Fleck, Ludwik: *Entstehung und Entwicklung einer wissenschaftlichen Tatsache.* [1935] 10. Aufl. 2015. S. 114.

168 Sabisch, Andrea: *Bildwerdung.* 2018. S. 14.

169 Orlow, Uriel: *Recherchieren.* 2015. S. 201.

170 Ebd.

171 Uriel Orlows Beitrag analogisiert ein ›Recherchieren‹ und ›Experimentieren‹. Damit verdeutlicht Orlow die »Ermittlungsarbeit« eines Experimentierens. Orlow, Uriel: *Recherchieren.* 2015. S. 202.

172 Vgl. Meyer, Petra Maria: *Intuition zwischen Begriff und Schöpfung.* 2012. S. 43.

173 Vgl. ebd. S. 16f.

174 Vgl. ebd. S. 44.

175 Waldenfels, Bernhard: *Sinne und Künste im Wechselspiel.* 2010. S. 19.

176 Ebd. S. 20.

177 Ebd. S. 24.

178 Ebd. S. 27.

179 Ebd.

180 Ebd. S. 24.

181 Bspw. wenn wir uns fragen, ob etwas einer Analyse als Vorannahme vorausgeht oder bereits ihr Ergebnis ist.

182 Vgl. Ahrens, Sönke: *Experiment und Exploration.* 2011. S. 204.

183 Ebd. S. 205.

184 Ebd.

185 Vgl. ebd.

186 Vgl. Badura, Jens: *Erkenntnis (Sinnliche).* 2015. S. 44.

187 Ebd.

188 Ebd.

189 »Es geht darum, das Verhältnis von intuitiver und diskursiver Erkenntnis als ein Verhältnis wechselseitiger Spannung, Irritation und Ergänzung zu kultivieren, und zwar [...] offensiv mit Blick auf eine Revision der Wissensordnung.« Ebd. 2015. S. 47.

190 Ebd.

191 »Man spricht über etwas, indem man über etwas anderes spricht.« Mersch, Dieter; Waldenfels, Bernhard: *Erscheinen und Ereignis.* 2015. S. 181.

192 Vgl. Sabisch, Andrea: *Bildwerdung.* 2018. S. 13.

193 Ebd.

194 »Um die Fremderfahrung innerhalb der Forschung vorkommen zu lassen, bedarf es also einer indirekten Annäherung bzw. einer erst zu entwickelnden indirekten Empirie.« Waldenfels, Bernhard: *Hyperphänomene.* 2012. S. 178.

195 Sabisch, Andrea: *Bildwerdung.* 2018. S. 13.

196 Waldenfels, Bernhard: *Vielstimmigkeit der Rede.* [1999] 2. Aufl. 2015. S. 150.

197 Waldenfels, Bernhard: *Hyperphänomene.* 2012. S. 178.

198 Vgl. Waldenfels, Bernhard: *Sinne und Künste im Wechselspiel.* 2010. S. 38.

199 Ebd.

200 Ebd. S. 39.

201 Ebd.

202 Waldenfels, Bernhard: *Gespür für die Dinge.* 2012. S. 223.

203 »Was sich rationalen Methoden entzieht, läßt sich durchaus fassen, freilich nur indirekt in der Form von Abweichungen und Überschüssen. Mit dem direkten Zugriff beginnt die Normalisierung, die ständig Gefahr läuft, ihre pathischen Herkünfte an eine fertige Normalität zu verraten. Sobald wir wissen, was wir erfahren, erfahren wir nur noch, was wir schon wissen.« Waldenfels, Bernhard: *Sinne und Künste im Wechselspiel.* 2010. S. 39.

204 Bernhard Waldenfels legt in seinen Überlegungen zum »Dilemma der Fremdkonstruktion« mit Verweis auf den Ethnologen Johannes Fabian den generativen Aspekt einer Konstruktion des Anderen mit dem Begriff des »Otherings« dar. Vgl. zum Begriff »othering« Endnote 137.

205 Vgl. Sommer, Jörg: *Dialogische Forschungsmethoden.* 1987. S. 1.

206 Ebd. S. 90.

207 Vgl. ebd. S. 103.

208 Thürmer-Rohr, Christina; Lechleitner, Ines: *Kontroverse und Dialog.* 2017. S. 151.

209 Ebd.

210 Ebd.

211 Vgl. Jullien, François: *Der Weg zum Anderen.* 2014. S. 26.

212 Muth, Cornelia: *Der Gender-Dialog aus Sicht des Dialogischen Denkens.* 2017. S. 117.

213 Ebd. S. 124.

214 Ich beziehe mich hier auf Cornelia Muths Lesart der auf Martin Buber zurückgehenden Unterscheidung des »Ich-Du« und des »Ich-Es«. Buber, Martin: *Ich und Du* (1974); *Das dialogische Prinzip* (1984).

215 Muth, Cornelia: *Der Gender-Dialog aus Sicht des Dialogischen Denkens.* 2017. S. 116.

216 Waldenfels, Bernhard: *Das Zwischenreich des Dialogs.* 1971. S. 409.

217 Ebd.

218 Ebd.

219 Muth, Cornelia: *Der Gender-Dialog aus Sicht des Dialogischen Denkens.* 2017. S. 124.

220 Klein, Julian: *Was ist künstlerische Forschung?* 2011. S. 1.

221 OECD Glossary of Statistical Terms 2008 zit. nach: Klein, Julian: *Was ist künstlerische Forschung?* 2011. S. 1.

222 Klein rekurriert hier auf Rheinberger (1992) und Dombois (2006). Vgl. ebd.

223 »[...]›die Forschung‹ im Singular existiert genauso wenig wie ›die Wissenschaft‹ oder ›die Kunst‹[...].« Klein, Julian: *Was ist künstlerische Forschung?* 2011. S. 1.

224 Vgl. Vorkoeper, Ute: *Das Fragliche des Forschens.* 2009. S. 126.

225 Ebd.

226 Vgl. Klein, Julian: *Was ist künstlerische Forschung?* 2011. S. 2.

227 Ebd.

228 Vgl. ebd. S. 3.

229 Busch, Kathrin: *Wissenskünste.* [2009] 2. Aufl. 2012.

230 Locher, Thomas: *Künstlerische Forschung. Statement von Thomas Locher.* 2011: »1980 kommt alles, was anders ist, alles, was irgendwie ›modern‹ ist, aus Frankreich. Alles gerät in Bewegung: Subjekte und Objekte, Identitäten und Differenzen. Neue Begriffe werden wichtig: Begehren, Wunsch, das Unbewusste, Intensitäten, Repräsentation, Öffentlichkeit, das Politische. Ein anderes Denken wird erforderlich, das das zusammendenkt, was so bisher nicht zusammengehörte. Ein Denken des Dissenses, ein Denken, das Vielheiten will anstatt Einheit. Ein Denken, das nicht aufhören soll und gelegentlich auch kein Ende findet. Es ging darum, eine Kunst zu entwickeln, die frei sein wollte, aber nicht unverantwortlich; um Exaktheit bemüht und gleichermaßen poetisch, zaghaft und anmaßend, alles aufnehmend, alles verschlingend, gelegentlich lächerlich, vor allem schrankenlos. Aber auch eine Kunst des Diskurses: kommunikativ und emanzipatorisch. Hergestellt ohne Geheimwissen; die das zeigt, was sie zeigt, und

nicht mehr […].« https://www.textezurkunst.de/82/kunstlerische-forschung/.

231 Mersch, Dieter: *Epistemologien des Ästhetischen.* 2015. S. 68.

232 Vgl. ebd.

233 Ebd.

234 Mersch, Dieter: *Paradoxien, Brüche und Chiasmen.* 2007. S. 94.

235 Ebd. S. 96.

236 Ebd. S. 97.

237 Ebd. S. 98.

238 Ebd. S. 97.

239 »Die künstlerische Forschung ist eine andere Art Forschung […].« Ebd.

240 Bardmann, Theodor M.: *Die Kunst des Unterscheidens.* 2015. S. 25.

241 Mersch, Dieter: *Paradoxien, Brüche und Chiasmen.* 2007. S. 96, 97.

242 Ich ziehe den Begriff der Methode jenem der Methodik vor, da Methode ›den Weg zu etwas hin‹ beschreibt, anstatt ›die Kunst eines planmäßigen Vorgehens‹, was der Begriff der Methodik etymologisch bedeutet. Mersch, Dieter: *Paradoxien, Brüche und Chiasmen.* 2007. S. 96.

243 Auf die Schreibweisen Inter//vention, Bei//spiel und den ›hochgestellten‹ Texten werde ich in den jeweiligen Abschnitten eingehen. Sie sind Markierungen spezifischer Zugänge im Rahmen des Displayings.

244 »Je nach Selbstverständnis seiner Autorinnen liest sich Display als Architektur, Gestaltung, Inszenierung, Installation, Exponat oder Narration.« Haupt-Stummer, Christine: *Display – ein umstrittenes Feld.* 2013. S. 93.

245 Vgl. Loreck, Hanne: *Display.* 2013. S. 40.

246 Ebd.

247 Frohne, Ursula: *Situative Displays eines Kinos im ›erweiterten Feld‹.* 2019. S. 103.

248 Vgl. Mersch, Dieter: *Epistemologien des Ästhetischen.* 2015. S. 68.

249 Haupt-Stummer, Christine: *Display – ein umstrittenes Feld.* 2013. S. 97f.

250 Ebd. S. 98.

251 Vgl. zum Widerstand: Pazzini, Karl-Josef: *Bildung vor Bildern.* 2015. S. 75f.

252 Waldenfels, Bernhard: *Phänomenologie der Aufmerksamkeit.* 2004. S. 228f.

253 Die (pädagogische) Intervention setze Diagnostik voraus und betreffe jede gezielte Veränderung oder jeden gezielten Eingriff im System. Vgl. Leutner, Detlev: *Perspektiven pädagogischer Interventionsforschung.* 2013. S. 17f. Die Inter//ventionen grenzen sich zu der verbreiteten Interventionsforschung ab.

254 Vgl. von Borries, Friedrich; Hiller, Christian; Kerber, Daniel; Wegner, Friederike; Wenzel, Anna-Lena (Hgg.): *Glossar der Interventionen. Annäherungen an einen überverwendeten, aber unterbestimmten Begriff.* 2012.

255 Warburgs, Aby: *Mnemosyne.* 1929.

256 Intervention, französisch ›intervention‹, nach lat. ›interventio‹ bedeutet ›Vermittlung‹ oder ›Einmischung‹. Das Verb ›intervenieren‹ bedeutet ein ›dazwischen- oder dazukommen, vermittelnd einzugreifen‹. Vgl. Etymologisches Wörterbuch des Deutschen. Deutscher Taschenbuch Verlag. München. [1995] 3. Aufl. 1997. S. 589.

257 Vgl. Mersch, Dieter: *Epistemologien des Ästhetischen.* 2015. S. 147.

258 Vgl. ebd. S. 142.

259 Rheinberger, Hans-Jörg: *Experimentalsysteme als epistemische Dinge.* 2006.

260 Während Such- und Findeverfahren im Sinne eines Displayings als Weisen der Sichtbarmachung und Hervorbringung von Erkenntnis verstanden werden können, liegen im systematischen Zugang deutliche Brüche zwischen Ansätzen qualitativer Heuristik und den Inter//ventionen vor. Kleining, Gerhard: *Qualitative Heuristik.* 2010. S. 66.

261 Vgl. Sabisch, Andrea: *Inszenierung der Suche.* 2007. S. 239f. mit Bezug auf Bernhard Waldenfels' *Überlegungen zur Findigkeit des Körpers* (2002).

262 Schaub, Miriam: *Das Singuläre und das Exemplarische.* 2010. S. 11.

263 Andrea Sabisch hat die Figur der »performativen Theoriebildung« im Kontext einer »Symptombildung als Spur der Erfahrungsarbeit« entwickelt, die an Bernhard Waldenfels' phänomenologischer Perspektive einer »Theorie im Vollzug« anschließt. Vgl. Sabisch, Andrea: *Bildwerdung.* 2018. S. 387.

264 Schaub, Miriam: *Das Singuläre und das Exemplarische.* 2010. S. 384.

265 Ebd.

266 Ebd.

267 Ebd.

268 Schürmann, Eva: *Ästhetik als exemplarisches Philosophieren mit Kunst.* 2017. S. 4.

269 Schaub, Miriam: *Das Singuläre und das Exemplarische.* 2010. S. 21.

270 Sabisch, Andrea: *Bildwerdung.* 2018. S. 384.

271 Ebd. S. 385.

272 Drittens könnte auch Miriam Schaubs Kategorie des Suchbeispiels eine Verknüpfung *zum Wie und Wodurch des Zeigens* herstellen; in Anbetracht der bereits umfassenden methodologischen und methodischen Überlegungen führe ich diesen Verweis nicht weiter aus: »Suchbeispiele […] umspielen ihr Sujet. Ob es sich bei ihnen überhaupt um Fallbeispiele handelt, ist noch gar nicht ausgemacht. Sie versuchen die alternative, behelfsweise Vergegenwärtigung und Verdeutlichung in Gestalt von Fällen, die um eine gemeinsame, leere Mitte kreisen. Sie suchen etwas, was zunächst weder begrifflich noch regulativ noch schematisch fasslich ist, sich also nicht einfach auf oder unter einen Nenner bringen lässt. Suchbeispiele haben daher testenden Charakter. Der Form nach handelt es sich dabei häufig um Aufzählungen, d.h. um denkbar heterogene Beispielkaskaden, die gerade auf die (unabgeschlossene) Suche nach einem einenden Begriff verweisen.« Schaub, Miriam: *Das Singuläre und das Exemplarische.* 2010. S. 53.

273 Ebd. S. 128.

274 »Berühmte Beispiele für rein gedankliche Experimente, an denen sich zugleich Theorieentscheidungen entzünden, sind Schrödingers Katze, Einsteins Aufzug, Maxwells Dämon oder Putnams Zwillingserde […].« Schaub, Miriam: *Das Singuläre und das Exemplarische.* 2010. S. 385.

275 Ebd. S. 386, 390.

276 Ebd. S. 387.

277 Ebd. S. 389.

278 Ein Beispiel bildet Georges Didi-Hubermans Buch *Was wir sehen, blickt uns an. Zur Metapsychologie des Bildes* (1999).

279 Cremonini, Andreas; Klammer, Markus (Hg.): *Bild-Beispiele. Zu einer pikturalen Logik des Exemplarischen.* 2020. (aus dem Ankündigungstext).

280 Vgl. Mersch, Dieter: *Epistemologien des Ästhetischen*. 2015. S. 134.
281 Vgl. Cremonini, Andreas; Klammer, Markus (Hg.): *Bild-Beispiele. Zu einer pikturalen Logik des Exemplarischen*. 2020. »Der Band beleuchtet in systematischer und historischer Perspektive Funktionen der Verwendung von Bildern als Beispielen, Illustrationen und Exempla.« (aus dem Ankündigungstext).
282 »Ein Beispiel, aus dem jeder etwas anderes lernt (auch einander Ausschließendes), organisiert einen neuen Typus von Erkenntnis – eine Bekenntnis-Erkenntnis.« Schaub, Miriam: *Das Singuläre und das Exemplarische*. 2010. S. 19.
283 Vgl. Fliescher, Mira; Vogman, Elena: *Dekonstruktion: Bilder als Sinnverschiebung*. 2014. S. 86.
284 Härtel, Insa: *Übertragen – Übergreifen – Wünschen. Über Forschungsbeziehungen*. 2010. S. 39.
285 Ebd.
286 Ebd.
287 Ebd. S. 40.
288 Vgl. ebd.
289 Ebd. S. 41.
290 Ebd.
291 Schütz, Alfred: *Strukturen der Lebenswelt*. 1979. S. 92.
292 Ahrens, Sönke: *Experiment und Exploration*. 2011. S. 204.
293 Schaub, Miriam: *Das Singuläre und das Exemplarische*. 2010. S. 11.
294 Fleck, Ludwik: *Entstehung und Entwicklung einer wissenschaftlichen Tatsache*. [1935] 10. Aufl. 2015. S. 58.
295 Sabisch, Andrea: *Bildwerdung*. 2018. S. 387.
296 Maßanzüge.
297 Den Zugang eines Displayings bspw. an den genannten methodologischen und methodischen Konzepten zu reflektieren, würde die Beurteilung zur Angemessenheit der Methode vertiefen.
298 Bohnsack, Ralf: *Rekonstruktive Sozialforschung*. 1999. S. 29.
299 Waldenfels, Bernhard: *Sinne und Künste im Wechselspiel*. 2010. S. 31.
300 Vgl. Bohnsack, Ralf: *Rekonstruktive Sozialforschung*. 1999. S. 29.
301 Vgl. ebd.
302 Waldenfels, Bernhard: *Vielstimmigkeit der Rede*. [1999] 2. Aufl. 2015. S. 129.
303 Ebd.
304 Vgl. ebd. S. 129f.
305 Ebd. S. 130.
306 Wie etwa die Vermeidung von bestätigenden Äußerungen und Gesten gegenüber Redebeiträgen Anderer, z.B. das verlockende ›Mhhm‹. Das bestätigende ›Mhhm‹ führt tendenziell zur Verkürzung von Äußerungen der Dialogpartner*innen, indem es signalisiert, dass ich bereits verstanden habe, wie es auch ein Nicken ermöglichen kann. Eine angestrengte Vermeidung verändert dann mein Verhalten im Dialog.
307 Zinnecker, Jürgen: *Pädagogische Ethnographie*. 2000. S. 382.
308 Ebd.
309 Ebd. S. 383.
310 Ebd.
311 Ebd.
312 Vgl. ebd. S. 384.
313 Hofstadler, Beate: *forschen – entdecken – erzählen*. 2012. S. 79.
314 Vgl. ebd.
315 Vgl. ebd.
316 Vgl. ebd.
317 Vgl. Haas, Elena: *Künstlerische Forschung in der Kunstpädagogik*. 2018. S. 83.
318 Vgl. Hofstadler, Beate: *forschen – entdecken – erzählen*. 2012. S. 82.
319 Nur in zwei der Inter//ventionen habe ich diese als Teil meiner Forschung deklariert: Inter//vention ›*Sagen (ver)suchen*‹. S. 326; Inter//vention ›*assoziative Bilderreihe – Grenzen, Fragen, Ansätze*‹. S. 413.
320 Przyborski, Aglaja; Wohlrab-Sahr, Monika: *Qualitative Sozialforschung*. 2014. S. 42.
321 Ebd. S. 403.
322 Ebd.
323 Altrichter, Herbert; Posch, Peter: *Lehrerinnen und Lehrer erforschen ihren Unterricht*. 2007. S. 13.

175 — 421

Bildreflexive. wie b/Bildliches R/reflektieren?

Wie können wir *Bildliches reflektieren* und was bedeutet ein *bildliches Reflektieren*, also ein Reflektieren durch Bildliches? Dies sind die beiden Fragerichtungen, die in der Formulierung ›*wie b/Bildliches R/reflektieren?*‹ angelegt sind. Sie beziehen sich auf die Forschungsfrage: *Wie lassen sich Bilderfahrungen reflektieren?* ←\<

Der Neologismus ›Bildreflexive‹ bezieht sich auf Dimensionen und Symptome von Bilderfahrung unter dem Fokus ihrer Reflektierbarkeit. Ich bezeichne folgend etwas als bildreflexiv, um auf *Weisen* bildlicher Reflexion und einer Reflexion des Bildlichen Bezug zu nehmen (z.B. bildreflexive Potentiale, bildreflexive Annäherungen).

bildreflexives Paradox

Für eine Annäherung an die Forschungsfrage ist es relevant zu verstehen, dass die Dimensionen von Bilderfahrung nicht einfach vorliegen, sodass man bloß noch nach Weisen eines Reflektierens fragen müsste. So werden Dimensionen von Bilderfahrung durch Weisen des Reflektierens allererst herausgebildet. Darin artikuliert sich ein *bildreflexives Paradox*, welches ich bereits im Kapitel *Reflektieren, um zu erfahren?* angedeutet habe. ←\< Die methodologische Konzeption des *Displayings* setzt an diesem *Paradox* an, sodass sich in der Annäherung an Bilderfahrung eine sich wechselseitig bedingende Suche zwischen Weisen eines Reflektierens und sich daran artikulierender Dimensionen von Bilderfahrung ergibt. Vor diesem Hintergrund agieren die in der methodologischen Konzeption aufgezeigten Modi des Zeigens: Ich suche, (er)finde, initiiere oder experimentiere auf intuitive, indirekte, dialogische oder künstlerische Weise, um *Bildreflexive* zu bilden.

dynamische Zirkulation

Im Forschen erzeugt das bildreflexive Paradox eine *dynamische Zirkulation* zwischen eigenen Bilderfahrungen und denen *Anderer*, zwischen theoretischen Bezügen, Einfällen, Zufällen, Ansprüchen und einem untergründig wirksamen Begehren. Was zunächst herausfordernd erscheint, möchte ich als Potential dieses Vorgehens behaup-

←\<
Forschungsfrage
S. 91

←\<
vom Zwischen als Movens der Reflexion
S. 98

ten. Erst indem theoretische Perspektiven, Inter//ventionen und Bei//spiele zur Bilderfahrung miteinander und durcheinander in Beziehung treten, entstehen *(An)Wendungen* über und durch Bilderfahrungen.

Aufbau des Kapitels

Mögliche Bildreflexive zum Zweck ihrer Darstellung zu separieren, sodass sie eine sinnhafte Struktur dieser Arbeit bilden, kann nur annähernd geschehen, denn die Bildreflexive setzen Schneisen und inszenieren Dimensionen von Bilderfahrung, die sich in ihrer Dynamik nicht so isoliert zeigen. Der Aufbau samt gewählter Darstellung des Kapitels versteht sich daher als möglicher, wenn auch gereifter Zustand.

Displaying

Ich zeige folgend sieben *Bildreflexive* auf, die ich durch ein *Displaying* entwickelt und erforscht habe. Als *Methode in actu* stand das Displaying als methodische Konzeption einer Bildung dieser Bildreflexive nicht voran, sondern hat sich zirkulär durch das Forschen gemeinsam mit den Bildreflexiven entwickelt. ←\× Indem ein Displaying einer etablierten Vorgängigkeit der Erhebungs-, Analyse- und Auswertungsmethoden entsagt, entstehen durch immer wieder singuläre Hinwendungen unterschiedlichste Weisen der Anwendung dieser Methode. Dies artikuliert sich in den Kapiteln im Aufbau, ihrer Darstellung, der Visualisierung, der Argumentationslogik, der gewählten Narrative sowie den Zugängen zum Material.

modulare Struktur

Die Kapitel zu den unterschiedlichen Bildreflexiven verhalten sich modular zueinander, das heißt sie können jeweils für sich gelesen werden und bauen nicht aufeinander auf. Die Voranstellung der Kapitel *Bildwerden* und *Blickwerden* ist allerdings nicht zufällig so gewählt, da sie grundlegende Dynamiken der Bilderfahrung bearbeiten. Die anderen Kapitel nehmen daher in besonderem Maße Bezug auf die dort explizierten Perspektiven zur Bilderfahrung, sodass es sich empfiehlt, diese Kapitel auch vorangehend zu lesen. Um den modularen Aufbau zu unterstützen, beschreibe ich die Kapitel jeweils einleitend detailliert bezüglich ihres Aufbaus, ihrer Intentionen und ihrer Verschränkungen zu den Inter//ventionen und Bei//spielen. An dieser Stelle gebe ich daher eher den notwendigen Überblick über die Relationen zwischen den Kapiteln und versuche ihre jeweiligen ›Anbahnungen‹ an die Forschungsfrage nachvollziehbar zu erläutern. Im an die Bildreflexive anschließenden Kapitel *Symptomräume von Bilderfahrung* werde ich den Blick ›quer‹ durch die Kapitel zu den Bildreflexiven legen.

Bildreflexive
≤ ≥ ≈ = » ÷ ;

Unter *Bildwerden* setze ich zunächst an einer Bildperformanz an und gehe der Frage nach, was es heißt, Bilder zu erfahren. Ich markiere dort Differenzen, von denen aus eine Reflexion von Bilderfahrung einsetzen mag. Darüber hinaus verhandle ich reflexive Übergänge in einem gemeinsamen Erfahren von Bildern, um Implikationen für Bildbegegnungen herzuleiten. Daraufhin gehe ich auf ein *Blickwerden* ein und spüre Momenten des Anderssehens, eines Umschlagens des Blicks und einer Umarbeitung des Sehens nach, um die Blickbeziehungen zwischen Betrachter*innen und Bildern bildreflexiv zu befragen. Im Rahmen des Kapitels schlage ich eine Adaption von LUDWIK FLECKS Denkkollektiv vor, in Form eines Blickkollektivs. *Bildlichkeit. Zwischen Verstehen, Empfinden und Handeln* bildet den dritten bildreflexiven Einsatzpunkt. Ich

←\×
Displays und Displaying
S. 145

setze an einer Reflexion ausgehend von Bildbegriffen an und arbeite die unterschiedlichen Ebenen eines Verstehens, Empfindens und Handelns heraus. In diesem Zuge nehme ich die Gedankenprobe als reflexiven Zugang in den Blick und diskutiere ihr Potential, einen ›Bilddiskurs miniature‹ zu bilden. Eine andere Weise sprachlicher Hinwendung bildet auch im anschließenden Kapitel den bildreflexiven Zugang. Unter *Antwortbildung/Fragenbildung. Zwischen Besonderung und Ungewissheit* folge ich jedoch einer induzierten Verrätselung, indem das eigene Bildverstehen fraglich wird. Ausgehend von Georges Didi-Hubermans Ansatz eines *Sagen versuchens*, der das Potential eines Sagens als Intensivierung einer Betrachtung beschreibt, gehe ich unter *Sagen (ver)suchen. Diaikonische und dialogische Reflexionen* Verwebungen zwischen Annäherungen durch ein Sagen und durch Bilder (diaikonisch) nach. Wenn Bilder zur Sprache drängen oder diese verhindern, zeigen sich bildreflexive Momente insbesondere auch in Annäherungen durch *Andere,* die als transindividuelle Kollektivierungen angesichts von Bildern eine Pluralisierung von Sichten betreffen. Wenn Bilder beginnen, sich selbst oder andere Bilder zu reflektieren, so meist in einer Metabildlichkeit. Dieses Potential für Theoriebildung, für Verschränkungen zur Kunst und einem epistemologischen Potential des ›Ikonosiven‹, verhandle ich im folgenden Kapitel *Metabilder. Ikonosive Reflexion durch Bildlichkeit über Bildlichkeit.* Die letzte bildreflexive Annäherung setzt an einem *Blickbegehren/Bildbelieben* an und versucht die Blickbeziehungen zu Bildern angesichts einer Geste der Zuneigung zu verhandeln. Dafür werde ich mich auf Bildantworten beziehen, einem Antworten durch Bilder am Beispiel der visuellen Assoziation.

Die einzelnen Kapitel sind unterschiedlich umfangreich angelegt. Dies begründet sich in ihrer jeweils spezifischen Dramaturgie, die Theorie, die Inter//ventionen sowie die Bei//spiele so miteinander zu verknüpfen und zu inszenieren, dass sie auch in der Leseerfahrung eine Argumentation aufbauen, die einen Mit- bzw. Nachvollzug der bildreflexiven Aspekte ermöglicht. Dieser Anspruch ließe sich als eine didaktische Dramaturgie des Textes verstehen. Die unterschiedlichen Weisen der Verknüpfung der Inter//ventionen und Bei//spiele mit dem Text werden auch daran ersichtlich, dass sie in den Ebenen der Kapitelstruktur springen. Ich habe hier absichtlich keine Glättung vorgenommen, um die Inter//ventionen und Bei//spiele in den Text einzuweben und diesen dadurch keine exponierte Stellung zuzuweisen. Nur so wird es meines Erachtens möglich, die zirkulären Verwebungen zur Darstellung zu bringen.

Anmerkungen

Wie ich in der Reflexion meiner Forscherinrolle aufgezeigt habe, ist meine Bilderfahrung die einzige Bilderfahrung, die mir auf diese Weise zugänglich ist. So bilden meine Erfahrungen und beteiligten Beobachtungen bei den Bei//spielen und Inter//ventionen relevante Einsatzpunkte, um Bilderfahrungen zu reflektieren.

Indem ich mit dieser Arbeit auch versuche ein Vokabular zu entwickeln, um eine Reflexion von Bilderfahrung sprachlich zu verhandeln, werde ich sowohl eine Reihe an Adaptionen von Begriffen vornehmen als auch Neologismen einführen.

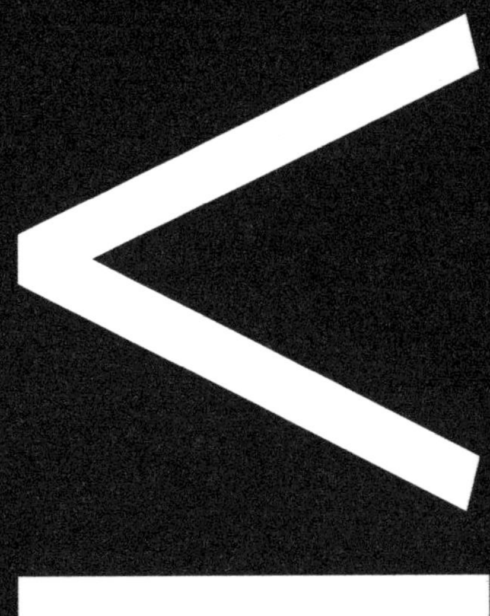

181 — 229

Bildwerden

»Bild ist wieder aufgetaucht.«

»Wo war es?«

Dieser Dialog zweier Kuratoren um ein Bild, das abhandengekommen war und dann wieder aufgetaucht ist, erscheint bildtheoretisch betrachtet so profan wie bizarr zugleich. Die folgenden in godotischer[1] Tradition angeführten Überlegungen zu einer gar nichtigen Notiz eines Kurators an seinen Kollegen weisen sich als eine ungewöhnliche Annäherung an Bilderfahrung aus.

szenische Nahtstelle eines Bild- und Blickwerdens?

Der eine Kurator informiert den anderen darüber, dass *das Bild* wieder aufgetaucht sei, was ein vorausgegangenes Verschwinden des Bildes impliziert. »Wo war es?«, fragt der andere Kurator, um etwas über den zwischenzeitigen Verbleib des Bildes in Erfahrung zu bringen, über den er offenbar nichts weiß. Dasselbe Bild, wie es scheint, war beiden Kuratoren zugleich abhandengekommen. Dass das Bild wieder aufgetaucht ist, nachdem es abgetaucht war, rührt sowohl an der Frage, wie es verschwand, als auch daran, wie der Kurator das Bild als *dieses* identifizieren konnte. Wie konnte er sich sicher sein, dass das Bild, das abhandengekommen war, wirklich *wieder* aufgetaucht ist und dass es sich dabei nicht um ein anderes Bild handelt? Der zweite Kurator hegt daran auch keinen Zweifel, obwohl er bis vor Kurzem gar nicht wusste, dass das Bild *wieder* aufgetaucht ist. Wir bekommen den Eindruck, er konnte sich selbst noch nicht davon überzeugen. Stattdessen fragt er, wohin das Bild abgetaucht war – in etwa so, wie man nach einer streunenden Katze fragt, die wieder aufgetaucht ist.

die zwei Kuratoren …

Wo war das Bild, als es beiden Kuratoren nicht zugänglich war, und was befähigte nun den einen Kurator, seine Wiederkehr zu bemerken und sogar als Anlass einer Bekundung dessen zu nehmen? Wenn etwas *wieder* auftaucht, so heißt das, dass es etwas an sich hat, das uns nicht gänzlich fremd ist, etwa in dem wir etwas Vertrautes oder Bekanntes erkennen, was dieses Geschehen zu einem *Wieder*erkennen wendet. Während die Pointe der Wiederholung in einer Wiederholung des Un-wiederholbaren liege[2], trage das, was sich wiederholt, »den Index des ›Noch-einmal‹ an sich.«[3]

abwarten

Mag sich das bizarre Moment dieser Beschreibung vorerst in der Irritation seiner Augenfälligkeit artikulieren, so wird es begleitendes Moment dieses Kapitels, dessen Reflexion zu einem *Bildwerden* die humorvolle Geste dieser einleitenden Szenerie abschließend noch um*spielen* wird.

Bildwerden

Dieses Kapitel wendet sich unter dem Begriff des *Bildwerdens*[4] einer Performanz der Bilderfahrung zu und vertieft darin das bisher vage umschriebene Verständnis eines Bildwerdens. In diesem Zuge zeige ich die Kontur meines Bildbegriffs auf, der das Bildliche als dynamisch und performativ begreift. Eine historische Darstellung zum Bildbegriff wird vernachlässigt und auch eine nach einzelnen Bezugsdisziplinen separierte, isolierte Betrachtung. Hingegen wird in der Korrelation unterschiedlicher, teils divergierender, theoretischer Ansätze eine Diskussion zum Bildlichen initiiert, die das Phänomen der Bilderfahrung am Moment ihres Einsetzens, Einfallens und Ereignens zu entfalten versucht. Synergetische Effekte zwischen den Erkenntnissen einzelner Bezugsdisziplinen können so einer bloßen Gegenüberstellung entrinnen und im Zusammenklang unterschiedlicher Thesen erwachsen. Grenzen zwischen Forschungsansätzen werden damit nicht überwunden, aber eine Umgebung ihrer Begegnung geschaffen.

Werden

Die Perspektive eines *Werdens* von Bildern fordert dazu auf, den ›Ort‹ und die Weisen dieses Werdens mitzudenken: Wo und wie entstehen Bilder? Wo und wie figurieren sich Bilderfahrungen? Begreifen wir Bilder als Objekte an der Wand, auf einem Screen, in einem Medium oder als Imaginationen in unserem Kopf, als Spiegelungen unserer Netzhäute, oder als Erscheinungen, die uns plötzlich ereignend, affektiv, *von sich aus* agierend gegenüberspringen? Diese Fragen rühren unweigerlich an den Konstitutionen des Bildlichen und an bildtheoretischer Grundlagenbildung. Die Bilderfahrung *vom Zwischen aus* zu betrachten, wirft Spuren und Ansätze einer *Bildperformanz* auf, die ich vertiefend im Rahmen dieses Kapitels entwickeln möchte. Ich verstehe in diesem Zusammenhang den *Blick* als zentralen Spieler der Bilderfahrung, sodann sich jeder Bildakt als singulärer, uneinholbarer Blickakt zeige.[5] Ein Konnex bild- und blicktheoretischer Hinwendungen zum Bildlichen erscheint insbesondere durch eine dynamische und performative Ausrichtung auf Bildlichkeit ein naheliegender Anknüpfungspunkt für Fragen zur Bilderfahrung. Dies begründet eine Perspektive, die das Subjekt zentral setzt und damit pathisch-responsive Dimensionen der Bilderfahrung berührt – »nicht Augen, sondern Subjekte, also Personen, blicken«.[6] Was Sybille Krämer damit beschreibt, konturiert eine grundlegende Verwebung von Blick- und Bildakten. Dies betrifft eine Bildperformanz, die sich zwischen Subjekt und Bild artikuliert. Ich sehe dies als gewichtiges Argument, Fragen zum Reflektieren von Bilderfahrung, ausgehend von einem annährend synergetisch verwobenen *Bildwerden* und *Blickwerden* zu stellen. Anstelle von einem bloßen Reagieren auf

Bilder zu sprechen, versuche ich komplexe und heterogene Dimensionen der Bilderfahrung allererst zu entfalten.

Bildlichkeit im Kontext philosophisch, insbesondere phänomenologisch grundierter Bildtheorie, als sinnliches Ereignen zu begreifen, als ein Einstellen und Einfallen von Phänomenen, die sich *als* ein Bildliches zeigen und erfahren werden, berührt eine Verquickung zwischen Bildlichkeit und Blick. Das *Blickwerden* →\≥ begleitet ein Bildwerden wie ein Schatten – auch dort, wo die Rede vom Blick nicht explizit zur Sprache drängt. Ihr chiastisches Ereignen verhindert eigentlich, diese bildtheoretischen Figuren getrennt zu betrachten. Aus diesem Grund werden immer wieder wechselseitige Bezugnahmen zwischen Bild und Blick hergestellt. Dennoch widmet sich dieses Kapitel vorwiegend der Figur des *Bildwerdens*.

zur Verquickung von Bildwerden und Blickwerden

Zunächst werde ich auf die Bilderfahrung ausgehend von ihrer pathisch-performativen Dynamik eingehen, um Anschüsse an meine theoretische Grundlage zu markieren. Anhand des Bei//spiels *›ein sich einspiegelndes Bildwerden reflektieren‹* versuche ich diesem nachzuspüren. Was es bedeuten kann, wenn mir/uns Bildliches widerfährt, betrachte ich zweitens anhand einer Zeitlichkeit des Bildwerdens, die ich entlang der Inter//vention *›inszeniertes Bildwerden‹* entfalte. Mit der Figur der *Bildperformanz* setzte ich drittens an einer Reflexion zum Ereignen von Bildlichkeit an. Viertens verhandle ich ein *Anderes des Bildes* als dessen Reflexionsfläche, um Bilderfahrung im Werden unter anderem von ihrer Negation her zu denken. So bilden fünftens die Übergänge, wenn etwas als Bild erfahren wird, eine Sphäre *liminaler Bildlichkeit*, die ich als bildreflexives Movens befrage. Sechstens nehme ich eine mögliche Verschiebung *vom Ich zum Wir in der Bilderfahrung* als Anlass, ein gemeinsames Erfahren von Bildwerden zu diskutieren. Siebtens werde ich abschließend einige *Implikationen eines Bildwerdens* für reflexive Bildbegegnungen konturieren. Dieser Schritt erscheint mir in diesem Kapitel deshalb so notwendig, da das Bildwerden auch für alle weiteren bildreflexiven Überlegungen außerordentlich relevant ist.

Struktur und Argumentationslinie des Kapitels

Bilderfahrung – wenn mir/uns Bildliches widerfährt

Die Bilderfahrung als ein sich bildendes Gewebe unser Bildbegegnungen zu verstehen, wirft Fragen ihrer Verwebungsstrategien auf, ihrer medialen und leiblichen Manöver, die uns etwas *als* bildlich erfahren lassen. Am Begriff und Phänomen der *Bilderfahrung* scheint somit etwas auf, das ich zunächst als eine performative und dialogische Symptomatik des Bildlichen bezeichnen möchte. Dies betrifft erstens die Beziehungen zwischen uns und Bildern und zweitens, wie Bildliches allererst in eine solche hinübertritt, sich figuriert. Was machen Bilder mit uns, wenn wir sie erfahren und was machen wir mit ihnen?

performative und dialogische Symptomatik des Bildlichen

→\≥
Blickwerden
S. 231

Den unter *vom Zwischen aus* bereits explizierten, an der Phänomenologie von Bernhard Waldenfels orientierten Erfahrungsbegriff, greife ich auf und führe relevante Aspekte für eine Reflexion zum Bildwerden zusammen. ←\- Darauf aufbauend vertiefe ich die Überlegungen, indem ich am Bei//spiel einer eigenen Bilderfahrung ein sich einspiegelndes Bildwerden reflektiere.

von Erfahrung aus

... einen Teller Suppe zum Beispiel

»Sie würden ja einen Teller Suppe nicht als Bild betrachten, oder?« Diese annähernd in ein Entsetzen übergleitende, durchaus provokant-rhetorische Frage, stellte mir eine Zuhörerin im Anschluss an einen meiner Vorträge zur Bilderfahrung. Die Frau zeigte sich überzeugt davon, dass sich das, was Bilder sind, auf ganz bestimmte Weise artikuliert und der Spielraum dessen, was *als* Bild betrachtet werden kann, einen Teller Suppe niemals einschließen könne.

als-Struktur

Ihre Frage zeigt sich für mich keinesfalls als eine rhetorische, sondern als eine essentiell *bildreflexive*. In ihrer Formulierung tritt hervor, was sich als phänomenologische *als-Struktur* betiteln ließe: Wie kann ich etwas *als* Bild betrachten, das also unter bestimmten Bedingungen oder Einstellungen für mich bildlich erfahrbar wird, indem es mir *als* ein Bildliches widerfährt? Die Bedingungen und Einstellungen weisen sich als zunächst opake, den Kern verdeckende Kategorien aus, die mich in Anbetracht der Frage nach einer Reflexion von Bilderfahrung aber in Anspruch nehmen.

etwas als bildlich erfahren

An Waldenfels' Grundformel einer Bilderfahrung wird die relationale Dynamik der *als-Struktur* spürbar. So könne dann von Bilderfahrung gesprochen werden, wenn *etwas als etwas* im Bild sichtbar werde.[7] Dies markiert einen Übergang und eine Transformation – etwas verwandelt sich, zeigt sich und tritt als Bilderfahrung auf. An einer Genese der Bilderfahrung orientiert habe ich bereits vorgeschlagen, Waldenfels' Formel um eine Ebene des Bildwerdens zu ergänzen, die das grundsätzliche Ereignen von Bildlichkeit betrifft. Damit ist der Blick auf bildtheoretische Grundfragen gerichtet, die sich dem *Wie* des Bildlichen widmen: Von Bilderfahrung kann gesprochen werden, wenn *mir etwas als bildlich widerfährt* bzw. wenn *ich etwas als bildlich erfahre.* ←\-

Diese Formulierungen greifen die bei Waldenfels aufgezeigten Perspektiven eines Erleidens im Widerfahrnis und eines Durchmachens im Erfahren auf. Sie bestärken in ihrer pathisch-responsiven Dynamik die angezeigten Bahnen einer Bildperformanz. Was genau unter dieser paradigmatischen Figur der Bildtheorie zu verstehen ist, werde ich etwas später erläutern und die Spur, Bildlichkeit ausgehend von ihrem Ereignen zu denken, bildreflexiv befragen. →\≤

Ordnungen des Sichtbaren

... bildhaftes Sehen?

Wenn ich etwas als bildlich erfahre, stellt sich vor dem Hintergrund einer Sozialität und Alterität die Frage, ob *Andere* dieses etwas auch als bildlich erfahren oder als etwas Anderes. Den Teller Suppe etwa. Dies betrifft Ordnungen, wie etwas in einer bestimmten Art und Weise erscheint.[8] Unabhängig davon, ob etwas als Bild oder et-

←\-
Erfahrung
S. 32

←\-
Bilderfahrung
S. 38

→\≤
Bildperformanz reflektieren, oder: vom Ereignen der Bilder ausgehen
S. 198

was anderes erfahren wird, sind die Grundbedingungen – und damit meine ich die Welt – die gleichen. So pointiert WALDENFELS:

> »Die Bäume vor meinem Fenster und das Baumgestänge auf Cézannes Bildern gehören nicht zwei Welten an, [...] sondern sie gehören zu einer einzigen Welt, die sich auf verschiedene Weise darstelle, darunter eben auch in einer bildhaften Gestalt, die den Dingen anliegt wie eine Haut, und in Bildnissen, die sich von ihnen ablösen.«[9]

Die Metapher der Haut suggeriert unweigerlich eine zarte, nahezu luzide ikonische Schicht, der man mit Vorsicht begegnen sollte, insofern sie in ihrer Statik die Dynamik eines Bildwerdens kaum aufzugreifen vermag.

Das folgende Bei//spiel setzt an einer eigenen Bilderfahrung an und versucht daran, einem Reflektieren von Bildwerden nachzugehen. Die theoretischen Anlässe und Anschlüsse markieren eine zirkuläre Wendung zwischen Beispielbildung und dessen Einbeziehung in die Theorie. Die narrative Weise, in der das Bei//spiel vorgestellt wird, beabsichtigt die situative Bildbegegnung zu spiegeln.

Bei//spiel: ein sich einspiegelndes Bildwerden reflektieren

In einer Kantine fällt mein Blick im Trubel des Mittagsgeschäfts auf einen kleinen, schwarzen Bilderrahmen an der Wand [#6], der ein ebenso wie die Wand weißes, leeres Blatt Papier einfasst. Verstärkt durch den schwarzen Kontrast des Rahmens ragt die glänzende Oberfläche des Rahmenglases erhaben aus der matten Wand empor. Sie fängt die Lichtreflexe und das Treiben in der Kantine spiegelnd ein – was wohl zugleich meinen Blick einfing. Eine Form der *Mediatisierung* entrückt den Bilderrahmen von seiner eigentlichen Funktion, ein Bild einzufassen, zu stabilisieren und zu präsentieren. Gemeint ist eine Mediatisierung, die im Sinne BERNHARD WALDENFELS' »nicht um eine Mitte kreist, sondern als ein Drittes interveniert, dazwischen tritt, ähnlich wie das Medium des Lichts oder der Luft, in dem sich Farben und Klänge brechen.«[10] Der Rahmen verwandelt sich zu einem *Screen*, der eine Art Live-Übertragung des Kantinentreibens ins Bild zu bringen scheint. Er motiviert meinen Blick, dem Spiel auf seinem Screen wie einem Film zu folgen, als würde sich die Spiegelung von dem, was sie widerspiegelt, entkoppeln und eine eigenständige Partitur spielen.

getroffen

Mediatisierung

Als *Bildfänger* und zugleich *Blickfänger* inszeniert der Rahmen mir eine Erfahrung, die fortwährend Gestalt annimmt, etwas ins Zeigen bringt. Das weiße Blatt Papier im Rahmen, das eigentlich drohte durch seinen »gestaltlose[n] Grund« ins »Abgründige« zu versinken, da es nichts als seine ›Weiß-heit‹ in den Ring warf, verwandelt seine *figurative Abstinenz* in ein Bildwerden.[11] Doch die weiße Fläche agiert als Verstärker, ist wie der Rahmen Teil dieses *Bildwerdungsapparats*, der durch seine spiegelnde Oberfläche Resonanzen einwirbt, die ein Bildwerden umspielen.

Bildwerdungsapparat

6

Interventionen des Bildlichen

Bildbereitschaft

Andreas Cremonini sprach ähnlich von einem »psychischen Resonanzboden des Betrachters«, der mit einer »Quasi-Handlung« der Bilder korrespondiere.[12] Indem im Bei//spiel so etwas wie *Interventionen des Bildlichen* mit einer *Bildbereitschaft* korrelieren, wird zunehmend fraglich, was oder wer intervenierend dazwischentritt, sodass sich mir in dieser Situation ein Bildwerden ermöglichte.

Aufmerksamkeit

Cremonini setzt mit seinen Überlegungen explizit am Glanzreflex an, dem er eine stimulierende Eigenschaft zuweist, sodass er ihn als in die Augen stechend oder springend bezeichnet.[13] Die Aggressivität des reflektierenden Glanzreflexes analogisiert er mit einem Blick als »Erfahrung eines Angeblicktwerdens«.[14] Waldenfels hat in ähnlicher Weise sowohl von einem »Blickfang«[15] als auch von einem »Blickwirbel«[16] gesprochen, in den uns bestimmte Bilder hineinziehen. Er hat damit meiner Ansicht nach stärker auf die chiastische Überkreuzung eines Blickens und Angeblicktwerdens verwiesen, wobei auch Cremonini in seinem Lacan-Bezug, diese Chiastik mitdenkt. Auf die chiastische Bild-Blickbeziehung werde ich noch detaillierter eingehen. →\≥ Der Glanz, den ich auf die reflektierende Oberfläche des Bilderrahmens beziehe, sei »bevorzugtes Medium des Blicks«, was Cremonini relativierend abschwächt, indem der Blick den Glanz lediglich bewohne.[17] Die Bezüge zu Cremonini und Waldenfels plausibilisieren vielleicht die Aufmerksamkeit, die ich dem Bilderrahmen entgegengebracht habe. Doch wie wird das *cineastische Spiel* auf der Oberfläche des Rahmens als Moment des Bildwerdens reflektierbar?

Sichtbarkeit und Bildbarkeit

Emmanuel Alloa geht dazu auf das Sehvermögen und eine »originäre Zusammengehörigkeit von Sicht- und Bildbarkeit«[18] in seinen Überlegungen zu einer medialen Phänomenologie ein. Seine Argumentation sehe ich auf eine grundlegend phänomenologische *als-Struktur* der Bilderfahrung bezogen, die er mit den physikalischen Bedingungen der Spiegelung zusammenbringt:

> » Damit sich etwas an der Dingoberfläche spiegelt, bedarf es bestimmter invarianter Lichtverhältnisse, damit hingegen aus einer Spiegelung (νάκλασις) eine Bilderscheinung wird (μφασις), bedarf es mehr als nur des Lichtes: es bedarf eines aktiven, lebendigen Sehens, dem das Bild erscheint. Dieses Auge ist, als Adressat des Erscheinens, am Erscheinungsprozess konstitutiv beteiligt, ohne dass diese Konstitution auf eine Projektion hinausliefe.«[19]

durch jemanden

Die konstitutive Beteiligung verstehe ich nicht nur als Präsenz von Augen, sondern als Verweis auf ein *Begehren*, das weniger das Auge denn einen Blick motiviert.[20] Alloa verdeckt aber an dieser Stelle gewissermaßen ein das Bildwerden bedingendes Individuum hinter Formulierungen wie einem »lebendigen Sehen«, einem »Auge« und einem »Adressat des Erscheinens«. Die gewählte sprachliche Ebene entrückt eine Theoretisierung von Bilderfahrung auf gefährliche Weise von ihrem Bezug auf Individuen, auf Sozialität und Alterität in Richtung einer Theorie der Sicht- bzw. Bildbarkeit, die ihren Agens

→\≥
zur Reflexion von Blickbeziehungen
S. 251

oder ihre Agenzien verbirgt. Bildwerden sollte, wie ich daraus folgere, nicht unabhängig von der Frage geklärt werden, für *wen* ein Bild wird. Insofern seien auch Bildwerdung und Subjektbildung wechselseitig miteinander verwoben, wie ANDREA SABISCH herausstellt.[21] Insbesondere bildtheoretischen Argumentationen mit Bezug zur Bildungstheorie scheint es zu gelingen, das Blickgeschehen der Bilderfahrung *als* Bildung durch Bilder zu konturieren, wie dies bspw. durch ANDREA SABISCH und KARL-JOSEF PAZZINI vertreten wird.[22]

Begehren und Anrührung

ALLOAS Beschreibung ist dennoch deshalb so gewinnbringend für die Überlegungen zum Bildwerden, da er auf ein Begehren und eine Anrührung verweist. Dass der Bilderrahmen mit mir dieses Spiel des Bildwerdens spielt, hat, wie ich eingangs mit einer Mediatisierung aufgeworfen habe, vielleicht auch damit zu tun, dass er sich in diesem Moment für mich von seiner eigentlichen Funktion ablöst und zu einem »zweiten Etwas« wurde.[23] Fraglich ist, *wie* mein bildreflexives Forschungsinteresse an dieser Ablösung des Bilderrahmens von seiner eigentlichen Funktion beteiligt war. Beschreibt man es so, dass mich der Bilderrahmen anrührte, so ließe sich mit WALDENFELS argumentieren, dass der Bilderrahmen dies bereits tat, noch bevor ich ihn als Bildwerdungsapparat in den Blick nahm: Denn »[i]n der Berührung geschieht mehr, als daß etwas ins Licht tritt oder zur Sprache kommt. Wir rühren *an etwas*, bevor wir es *als etwas* verstehen, und dabei *auf etwas* aus sind [Hervorhebungen im Original].«[24]

intentio imaginis

Diese Gedanken spielen auf die Frage nach einer *agency* der Bilder an, so wie ich CREMONINIS Vorstellung einer »Quasi-Handlung« bereits als *Interventionen des Bildlichen* bezeichnet habe. ←\- PHILIPP STOELLGER spricht in diesem Sinne von der Metapher einer »intentio imaginis«, argumentiert aber gegen eine eigene *agency* der Bilder und für eine immer von uns ausgehende, zugewiesene Handlungsfähigkeit. Sie mögen als Bilder agieren, wenn man sie als Bilder beschreibt.[25] Darin seien Bilder aber »bereits Patienten, an denen gehandelt wird.«[26] Ein so verstandener Bildakt gleicht einem Agieren *mit* Bildern, nicht einem Agieren der Bilder, was STOELLGER mit einer gerichteten Aufmerksamkeit auf Bilder begründet. Bei STOELLGERS recht vehementem Negieren einer *agency* der Bilder, fällt eine kleine Bemerkung am Rande auf: So räumt er ein, dass es so etwas wie eine »ikonische Energie« geben könne, »die mehr und anderes bewirkt, als gewusst oder gewollt sein mag«.[27] Während ich allzu versucht bin, dies als ein Indiz zu deuten, dem Unverfügbaren eines Agierens von Bildern quasi eine Hintertür offen zu halten, begründet STOELLGER dieses Phänomen mit einer Eigendynamik und Prägnanztendenz der Aufmerksamkeit.

... der Bildakt

Der Diskurs über ein Leben oder eine *agency* der Bilder weist vor dem Hintergrund eines phänomenologischen Erfahrungsbegriffs einen relevanten Anschluss in der Auseinandersetzung mit Bilderfahrung auf. Üblicherweise wird dann von einem Bildakt gesprochen (die unweigerliche Ko-Präsenz des Blickakts habe ich bereits angemerkt). Unter umgekehrten Vorzeichen, wie HORST BREDEKAMP beschreibt, gehe der Bildakt auf einen Sprechakt mit vertauschten Akteur*innen zurück. Das heißt, dass das Bild nicht an die Stelle der Wörter, sondern an die der Sprechenden gesetzt werde.[28] Dieser Positions-

←\-
vom Ereignen der Bilder
S. 77

wechsel betreffe die »Latenz des Bildes«, sodass das Bild im Wechselspiel mit seinen Betrachter*innen »von sich aus eine eigene, aktive Rolle« spiele.[29] So eine »aktive Qualität des Bildes«[30] bleibt ein äußerst umstrittenes Anliegen jener bildtheoretischer Positionen, die dies postulieren.[31] Meiner Beobachtung nach, ermöglicht diese Ambivalenz aber eine äußerst produktive und andauernde Beunruhigung bildreflexiver Überlegungen.

Ko-Konstrukteure

So treibt mich diese Frage in der Reflexion von Bilderfahrung sehr nachdrücklich um und gerne hätte ich mit Veröffentlichung dieser Schrift eine eindeutige Antwort darauf gefunden. Während mir vieles an der Kritik gegenüber einer *agency* der Bilder nachvollziehbar erscheint, so machtvoll hüllen mich Erfahrungen ein wie die vor dem leeren Bilderrahmen in der Kantine. Sie lassen mich intuitiv bejahen, an eine *agency* des Bildlichen zu glauben. Denn ein Bildwerden, das Betrachter*innen maßgeblich an der Entstehung der Bilder beteiligt betrachtet, konstituiert sie als deren *Ko-Konstrukteure*.

Beweggründe eines Begehrens nach Bilderfahrungen?

Eine Bemerkung Karl-Josef Pazzinis verdeutlicht das ko-konstruktive Moment, insofern die Art des Bildaktes von Betrachter*innen abhängig sei. Sein Vorschlag, dass der Bildakt »einer Bereitschaft, einer Suche, eines Begehrens beim Betrachter«[32] bedürfe, möchte ich mich anschließen und ergänzen, dass wir uns die Frage nach den *Beweggründen* dieser Bereitschaft oder dieses Begehrens stellen müssten, um den Bildakt zu verstehen. Ein Vorschlag, den ich mache, setzt am Blick an und versucht mit einer Figur des *Blickwerdens,* jenen Dynamiken des Bildwerdens nachzuspüren, um sich den Beweggründen weiter zuzuwenden. →\≥

Entzug

Der *artefakte* Charakter des leeren, spiegelnden Bilderrahmens veranlasst mich beim Verlassen der Kantine, selbst ins Bild zu bringen, was meine Faszination über Minuten hielt – wohl wissend, dass sich das beschriebene cineastische Spiel darin nivellieren würde. Stattdessen bringe ich mich in Form meines Spiegelbildes ins Bild, wie ich das Smartphone auf den Rahmen richte. Meine Bilderfahrung lässt sich mit diesem Bild [# 6] nicht konservieren, doch abseits seiner indexikalischen auf diesen Moment verweisenden Funktion inszeniert das Foto eine weitere Ebene eines *Bildwerdens als Sichtbarwerden*, welche die Zeitlichkeit seines Erscheinens betrifft.

zwischen Sehen und Bilden

Im Foto entgleiten die eingespiegelten Figurationen, sie oszillieren im Grund und ins Abgründige. Eine solche Dynamik in der Bilderfahrung lasse »den Blick umschlagen« wie eine Kippfigur, die vom »imaginierenden zum defigurierenden Sehen, vom wiedererkennenden zum sehenden Sehen, vom Sehen zum Bilden« übergehe, wie Andrea Sabisch formuliert.[33] Die Zeitlichkeit spielt an dieser Stelle insofern eine Rolle, als dass sich mit der Dauer des Blicks ein Boden für das immer wieder aufs neue Umschlagen des Blicks inszeniert. Es handelt sich gleichermaßen auch um ein Umschlagen des Bildlichen. Als Moment einer ikonischen Differenz *im Werden,* werden in der Bilderfahrung Performanzen spürbar »zwischen dem, was sichtbar wird, und dem, worin es sichtbar wird«[34] – und um das erfahrene Subjekt zu betonen – für *den* oder *die* es sichtbar wird.

→\≥
Blickwerden
S. 231

zur Zeitlichkeit eines Bildwerdens

fundamentale Kategorie eines Bildwerdens

Von einem *Werden* auszugehen und nicht von einem Sein des Bildlichen, umkreist in meinen bisherigen Ausführungen die Zeitlichkeit des Bildlichen meist indirekt oder lediglich am Rande. Das Zeitliche bildet aber gleichwohl eine zentrale, man könnte sogar sagen fundamentale Kategorie eines Bildwerdens und somit auch der Bilderfahrung. Dies habe ich in Anbetracht einer Performanz des Erfahrungsgeschehens unter *vom Zwischen aus* herausgearbeitet. ←\-

Um Zeitlichkeit als einen gewichtigen bildreflexiven Ansatzpunkt zu befragen, werde ich auf meine bisherigen Argumentationen zur zeitlichen Dimension von Bilderfahrungen eingehen und diese vertiefen. An einem kleinen Bei//spiel versuche ich einen Widerstand im Denken zu setzen, mit dem ich zugleich vorschlagen möchte, ikonischer Temporalität reflexiv durch Inszenierung zu begegnen.

Bilderfahrung – Zeiterfahrung

zeitliches Dazwischen

Der Gedankenstrich in seiner Funktion als Satzzeichen verweist auf ein kurzes Innehalten von Gedanken oder simuliert die Trennung zweier sich im Textgefüge gegenüberstehender Satzteile. Der Gedankenstrich wird dort verwendet, wo in der gesprochenen Sprache eine deutliche Pause zu setzen wäre. Als Pause kann dieser Gedankenstrich einen Moment des Zeitstopps andeuten, eine Unterbrechung oder eine Phase des Wartens. Darin mag sich ein *Dazwischen* auffalten, verstanden nicht nur als räumliche, sondern auch als zeitliche Differenz. Die einander gegenübergestellten Begriffe *Bilderfahrung* und *Zeiterfahrung* offenbaren so zugleich eine Ordnung, eine Relation, die auch als Verhältnis, oder intensiver verstanden, als Beziehung zwischen beiden aufgefasst werden kann.

Gedankenraum

Im Folgenden möchte ich einen Gedankenraum zur Bilderfahrung *als* Zeiterfahrung eröffnen, durchwandern und in dieser Performativität konturieren. Sich auf dem Gedankenstrich bewegend, diesen verlängernd, betrachte ich, inwiefern ein Erfahren von Bildlichkeit *als* zeitliches Erfahren reflektiert werden kann und frage nach der Beziehung der beiden Erfahrungsdimensionen Bilderfahrung und Zeiterfahrung.

Bilderfahrung ———————————————— Zeiterfahrung

Dabei erscheint mir die Verwobenheit von Bildlichkeit, Zeit und Erfahrung, von Bilderfahrung und Zeiterfahrung, auf Grund der angelegten Performanz-Perspektive auf Bildlichkeit bereits so eng, dass sich anscheinend alles bedingt und zugleich aufeinander folgt. Der Textlogik entrinnend müsste ich meine Überlegungen nicht nur in einem Nacheinander, sondern auch in einem Zugleich anbieten.

←\-
Zeit
S. 75

Verortung und Absicht der Argumentation

Die Art von Zeitlichkeit, die ich innerhalb eines Erfahrens von Bildlichkeit begründet sehe, habe ich bereits unter *vom Zwischen aus* als eine an den Konstitutionen des Bildlichen ansetzende beschrieben. Die Rede von einem zeitlichen *Bildwerden* versucht so gesehen, eine originäre Zeitlichkeit von Bilderfahrung zu markieren. Ich habe unter *vom Zwischen aus* insbesondere *gegenwärtige und vergegenwärtigende Momente der Bilderfahrung*, Weisen ihrer *Aktualisierung* und wechselseitigen Beeinflussung zwischen aktuellen und so etwas wie ›gemachten‹ Bilderfahrungen in den Blick genommen, indem ich von *synaptischen* und *sedimentierten Bilderfahrungen* sowie einem *ikonischen Erinnern* und einem *Erinnern von Ikonischem* gesprochen habe. ←\- Im Sinne einer bildreflexiven Perspektive schließe ich an ein Ereignen der Bilder an, das ich dort bereits unter zeitlichen Aspekten konturiert habe. Maßgeblich setzt die Argumentation daran an, die Art der Zeitlichkeit zu befragen, die ich mit Bezug auf LUDGER SCHWARTE als eine konfigurale und fulgurative beschrieben habe. ←\- Da ich dem Ereignen der Bilder im folgenden Kapitel noch einmal gesondert Raum geben werde, um bildreflexive Momente einer *Bildperformanz* zu betrachten und zu diskutieren, versuche ich mich an dieser Stelle – so herausfordernd es erscheint – auf die zeitlichen Aspekte zu konzentrieren.

ikonisches Einstellen

Um sich der Bilderfahrung bildreflexiv durch ihre Zeitlichkeit anzunähern, möchte ich mich auf eine Argumentation von JEAN-PAUL SARTRE beziehen, die in ihrer modellhaften Kontur eine recht präzise Vorstellung eines Bildwerdens einfasst. So bezeichnet SARTRE Bilder nicht als Dinge, sondern als Akte.[35] SARTRES Ansicht rekurriert auf eine aktive Veränderung, ein Hinzukommen, durch welches das Bildliche erst performativ hervorgebracht wird. »Nichts ist per se Bild, sondern wird durch einen aktiven Einstellungswechsel zum Bild für ein Bewusstsein«.[36] An dieser Sichtweise einer sich einstellenden Bildlichkeit ließe sich grundlegend verdeutlichen, dass Bildlichkeit zeitlich betrachtet keine konstante Präsenz meint, sondern dass sich Bildlichkeit als performatives Geschehen ereignet.

provozierte Einstellungswechsel?

Ein Bildwerden als ikonisches Einstellen zu bezeichnen, weist unweigerlich auf die Bedingungen dieses Einstellungswechsels zurück. Zwei Fragen interessieren mich daran maßgeblich: Inwiefern können diese Wechsel provoziert werden? Inwiefern können diese Wechsel – provozierte wie nicht-provozierte – reflektiert werden? Die Fragen sind durchaus miteinander verwoben. Denn insofern eine Hervorlockung dieses Wechsels nicht heuristisch durch ein ›*Trial and Error*‹- Prinzip angegangen wird, müsste sich ein reflexives Wissen über Weisen der Initiierung dieses Wechsels herausbilden. Mit einer anvisierten Provokation des Wechsels unterstelle ich meiner Frage bereits indirekt, dass ein solch initiierter Wechsel *anders* und *Anderes* als ein nicht-provozierter Einstellungswechsel aufdecken könnte. Inwiefern sich dieses Moment einer Zeitlichkeit von Bildwerden weiter entfalten lässt, versuche ich an der Inter//vention ›*inszeniertes Bildwerden*‹ nachzugehen.

←\-
ikonisches Erinnern, Ikonisches erinnern
S. 76

←\-
vom Ereignen der Bilder
S. 77

Inter//vention: inszeniertes Bildwerden

#7

situative Rahmung

Die folgend beschriebene Inter//vention hat im Rahmen eines Vortrages stattgefunden. Ich betrachte diese als Weise bildreflexiver Hinwendung zu einem Bildwerden und versuche in diesem Zusammenhang einen weiteren zeitlichen Aspekt der Bilderfahrung herauszuarbeiten.

Während eines Vortrages über *Bilderfahrung als Zeiterfahrung* im Hamburger *Warburg-Haus* ließ ich parallel zu meinen Ausführungen auf einer Leinwand eine Präsentation projizieren. Dem Auditorium kündigte ich eingangs an, dass ich folgend eine etwa *zweiminütige Bildsequenz* zeigen würde, auf die ich mich im Vortrag beziehen würde. So war dramaturgisch die Wichtigkeit dieser Sequenz betont und auch die Erwartungen dessen, was sich zeigen würde, vorgezeichnet.

Material & Medialität

Was ich an die Leinwand warf, war eine Zeichnung des australischen Künstlers Teo Treloar, die mir zufällig in einem Magazin für zeitgenössische Zeichnungen begegnet war [#7]. Sofort regten mich Treloars Arbeiten zu bildtheoretischen Überlegungen an, indem sie auf ihrer Darstellungsebene zur Projektionsfläche meiner theoretischen Annahmen zum Bildlichen wurden.[37]

Die ausgewählte kleinformatige Arbeit zeigt mir auf einem verwitterten Papier ein schwarzes, leicht abgerundetes Rechteck, in dessen Mitte schemenhaft das Gesicht einer

Person und ein weißer Kragen erkennbar werden. Die Anordnung auf dem Papier erinnert mich an einen alten Röhrenfernseher, sodass die schwarze Fläche als Bildschirm erscheint.

… was sich beobachten ließ

Während ich vorne am Rednerpult stehend schweigend ins Auditorium blickte und versuchte die Bewegungen der Augen meiner Zuhörerschaft wie zugleich ihre Reaktionen zu beobachten, nahm ich vereinzelnd ein Schmunzeln, aber überwiegend ein geradewegs gebanntes Starren auf die Leinwand und die Arbeit Treloars wahr, so als würde man nichts verpassen wollen. Ob das Auditorium stattdessen ins Leere sah oder Treloars Arbeit nur scheinbar zugewandt war, kann ich nicht wissen, aber es verändert für die Überlegungen vorerst nichts. Nach den zwei Minuten ließ ich das Bild ausblenden in eine weiße Folie und setzte mit meinem Vortrag fort.

Teil zwei

Nach knapp 25 Minuten, in denen ich mich zu keinem Moment auf die gezeigte Arbeit Treloars bezog, forderte ich das Auditorium unter Angabe der mittlerweile vergangenen Zeit auf, sich an diese Bildbegegnung zu erinnern. Den Vortrag beendete ich mit fragmentarischen Gedanken zu einer Weise der *erfahrenen Erfahrung*. Zwischen Präsenz und Re-Präsenz oszillierend versuchte ich mit der Figur der *erfahrenen Erfahrung* eine zeitliche Hinwendung zu bewältigen, die sich annähernd nur entgleitend in ihrem Entzug manifestiert. Dies betrifft ein für mich aufkeimendes Paradox: Wir können Erfahrungen nicht noch einmal erfahren und dennoch sei es möglich, Erfahrungen zu überdenken[38], wie Waldenfels annimmt, wofür sie aber in irgendeiner Weise präsent werden müssten. Die Figur der *erfahrenen Erfahrung* versucht einen Moment des Rekurrierens auf Erfahrungen, auf Bilderfahrungen, in den Blick zu nehmen. Sie bleibt schwierig, insofern sie vorerst ein sprachliches wie gedankliches Konstrukt ist.

erfahrene Erfahrung

Konzeption der Inter//vention

Mit der Konzeption des Vortrags, und der zeitlichen Distanz zwischen der Bildbetrachtung und der Aufforderung, sich an Treloars Arbeit zu erinnern, hatte ich beabsichtigt, eine Situation zu inszenieren, in der man aufgefordert war, sich an eine vergangene Bilderfahrung zu erinnern. Aber inwiefern war nun das Auditorium dazu angehalten, sich an Treloars Arbeit *nur* zu erinnern, diese einzubilden oder aktualisiert präsent werden zu lassen?

im Verborgenen

Auch wenn ich versuchte erfahrbar werden zu lassen, was ich theoretisch entwickelte, blieben die Erfahrungen meiner Zuhörerschaft für mich verborgen. Diese Bemerkung halte ich für essentiell, wann immer wir vermittelnd agieren wollen, denn meine aus der eigenen Erfahrung und dem eigenen Kenntnisstand generierten Weisen der Hervorlockung, operieren immer im Virtuellen, sodass ich ähnlich wie es für Bildung gilt, nicht beobachten kann, wie ein solch konzeptuelles Vermittlungsbemühen, andere Subjekte erreicht. Karl-Josef Pazzini hat in seinem Aufsatz *Überschreitung des Individuums durch Lehre* für das Verhältnis von Lehrprozessen und Bildung festgehalten, dass »[w]enn wir es in Lehrprozessen mit mindestens zwei Individuen zu tun haben, meist mit mehr, also einer Gruppe, dann heißt das, dass das Lehren im Wesentlichen für alle zur gleichen Zeit am gleichen Ort stattfindet, Bildungen aber womöglich anders, woanders und zu einer anderen Zeit«[39]. So kann ich analog für die Inter//vention nur vermittelnd hoffen, dass für mein Auditorium etwas erfahrbar wurde, »denn zu mehr hat man nicht die Macht«[40]. Auch spreche ich bewusst an dieser Stelle nicht von einer gemeinsamen Bilderfahrung, da ich diese oft vorschnell angenommene Kollektivierung und damit auch Verallgemeinerung, erst befragen möchte. →\≤

Irritation unter falschen Vorzeichen?

Der zweite Aspekt, der an der Vergegenwärtigung der Zeichnung Treloars hängt, betrifft die Bildbegegnung selbst. Hatte ich mit meiner dramaturgischen Einbettung versucht, das Auditorium vermeintlich in die Irre zu leiten? Ich nahm an, dass meine Zuhörerschaft und *Zuseherschaft* unter einer zweiminütigen Bildsequenz etwas Bewegtbildliches erwarten würde, während ich ›nur‹ eine Zeichnung Treloars zeigte. In dieser Annahme steckt bereits eine behauptete Differenz zwischen *ihrem* und *meinem* Bildbegriff, eine Differenz, die ich vielleicht erhoffte.

zu meiner Bilderfahrung

Von Treloars Zeichnung ausgehend ließe sich anmerken, dass die schemenhafte Andeutung des Gesichts, vielleicht auch der fleckige, unruhige Hintergrund, mir das Gefühl einer *analogen Animation* vermittelt.[41] Die Gesichtszüge der dargestellten Person treten vor und zurück, verändern sich, sodass das Gesicht zwischen Assoziation und Entzug gleitend hin und her springt. Für mich ist da ein Flirren in dem angedeuteten Gesicht wahrnehmbar, was ich in seiner mangelnden Prägnanz auch als mögliches Movens für ein bewegtbildliches Empfinden markieren möchte. So zeigt sich auch hier ein Moment, in dem der Blick beginnt umzuschlagen, wie ich bereits mit Andrea Sabisch hinsichtlich figurativer Herausbildungen im Bildwerden beschrieben habe.[42] Gottfried Boehm hat von einer »Sensibilität für das Unbestimmte« gesprochen, die einer »sich darbietenden Offenheit« , einer »tiefgründigen Absenz«, standhalte.[43] Er erläutert mit Bezug auf Leonardo da Vinci die »hypnagogische Fähigkeit des Auges«[44], womit ich auf einen theoretischen Anschluss verweisen möchte:

hypnagogische Fähigkeit des Auges

> » Vollends erreicht ist die Mobilisierung des Unbestimmten bei Bildwerken, die sich des kontingenten Flecks als visueller Wurzel, als ihres Schematismus bedienen. Leonardo da Vincis Denkfigur der ›Macchia‹, oft zitiert, hat die damit verbundenen Möglichkeiten erstmals reflektiert. Wenn er die genaue Betrachtung unwillkürlicher Flecken empfiehlt, wie sie sich auf dem Putz alter Wände intentionslos ausgebildet haben, deckt er damit eine ›hypnagogische‹ Fähigkeit des Auges auf. Es liest aus den ungeformten Wolken, Monster, Gesichter, Fratzen etc. heraus oder liest sie hinein. Indem sich derartige Strukturen aus fest gefügten Referenzen befreien und dem Unbestimmten eine nachhaltige Aufmerksamkeit widmen, in den Raum eines abwesenden Sinnes eintauchen, bringen sie – momenthaft – Evidenzen an die Oberfläche. Mit nachlassender Konzentration pflegen sie wieder zu verschwinden.«[45]

zu Erfahrungen Anderer

»Jetzt müssen sie mir aber verraten – hat sich da was bewegt oder nicht?« Die anschließende Diskussion nach meinem Vortrag im Warburg-Haus gab Hinweise darauf, dass die antizipierte Bilderfahrung einer Bewegung in der Bildsequenz möglicherweise

→\≤
miteinander Bildwerden erfahren
S. 215

tatsächlich erfahrbar wurde. Dass ein Zuhörer mich aufforderte, die Wahrheit über das Gezeigte zu sagen, veranlasst mich anzunehmen, dass er sich unsicher war. Zugleich artikuliert sich eine Neugierde, um die Irritation seiner Bilderfahrung vielleicht einordnen zu können, so als wäre sie ihm ein Rätsel. »Also ich habe da ein Gesicht werden sehen«, bemerkt eine andere Zuhörerin und fügt hinzu, dass sie aber schon verstanden hätte, dass sich da »eigentlich nichts bewegt«. Offenbar hatte sich ein Moment der strategischen Inszenierung mitartikuliert, der möglicherweise die Bilderfahrung jener Zuhörerin durchbrach, die das Spiel trotz Entlarvung mitspielte – mit BOEHM gesprochen: den momenthaften Evidenzen eine Chance gab.[46]

sequenzielles Bündnis

Im Sinne eines Bildwerdens, das davon ausgeht, dass Bilder in der Dauer des Blicks erfahren werden, scheint der Sequenz-Begriff, den ich in der Inter//vention verwendet habe, relevant. So erweitert er die zeitliche Perspektive, denn als Abfolge gleichartiger Abschnitte würde es für ein Bildwerden sowohl die stetige und performative Veränderung dessen bedeuten, was wir als Bild erfahren, als auch ein *sequenzielles Bündnis*, das sich als ein Werden des Bildes manifestiert.

Die Dramaturgie dieser inszenierten Bildbegegnung mit TRELOARS Zeichnung wirkte vielleicht wie ein Verstärker. Im Bild- und Sichtbarwerden war durch den Gedanken einer von mir markierten Dauer dieses Bildes gelungen, ein anderes Medium vorzutäuschen. Diese Lenkung auf ein bewegtbildliches Medium ist wiederum mit unseren Bilderfahrungen durch unterschiedlichste Medien verbunden.

zeitliche Distanz als Reflexionsmovens sequenziellen Bildwerdens

Die Zeitlichkeit des Bildwerdens, so möchte ich in einem kurzen Zwischenfazit festhalten, bildet nicht nur ein wichtiges Moment, um das Werden eines Bildes zu begründen, sondern auch um diesem reflektierend zu begegnen. So inszeniert eine zeitliche Distanz gegenüber vergangenen Bilderfahrungen ein Spannungsmoment jedweden Bildwerdens, insofern die vergangene Bilderfahrung nahezu sequenziell an der aktuellen und auch einer potentiell zukünftigen Bilderfahrung hängt. Um so größer die zeitliche Distanz dieser sequenziellen Bildwerdungen ist, desto naheliegender ist der Gedanke, von einem ikonischen Erinnern zu sprechen, das aber immer wieder auf die Frage zurückführt, an *welches* Bild man sich erinnert.

ikonischer Temporalität inszenierend begegnen

Inszenierte Bildbegegnungen können versuchen, an den unterschiedlichen Momenten ikonischer Temporalität anzusetzen, um das Bildwerden reflexiv zu verhandeln. Die Inter//vention zeigt beispielhaft, wie durch ein vorgetäuschtes Medium die bewegtbildliche Assoziation verstärkt wurde. Die Illusion einer Bewegung im Bild gerät ins Spiel mit einer medialen Sozialisation, die im Konnex der Unbestimmtheit der verwendeten Zeichnung dieses annähernd halluzinatorische Moment initiierte.

Bildperformanz reflektieren, oder: vom Ereignen der Bilder ausgehen

Objektstatus überwunden

Das Bildliche konnte durch die Entwicklung zahlreicher bildtheoretischer sowie bild- und medienphilosophischer Ansätze, insbesondere Konzepte zur *Performanz des Bildlichen*, seinen Objektstatus weitestgehend abstreifen und als Phänomen verstanden die Eigenlogiken seiner heterogenen Materialitäten und Medialitäten hervorbringen. Doch die sich hartnäckig haltende Illusion eindeutiger, totalitärer Bilder, die in diesem Sinne als Objekte in einer oftmals kunsthistorisch grundierten Bedeutungskonstruktion verharren, taucht immer wieder auf, besonders dort, wo abseits von den Errungenschaften der Bildtheorie über Bildlichkeit gesprochen wird.

Das, was bild- und medientheoretisch unter *Bildperformanz* verhandelt wird, als Anlass für bildreflexive Annäherungen zu betrachten, bedeutet die Genese der Bilderfahrung in ihren performativen Dimensionen zu befragen: Was heißt es vom Ereignen der Bilder auszugehen?

performatives Bildwerden

Entscheidend wurde der Begriff ›Bildperformanz‹ und die darunter gefassten performativen Dimensionen des Bildlichen 2011 in einem von Ludger Schwarte herausgegebenen Band zur *Bild-Performanz* verhandelt und entwickelt.[47] Insbesondere durch die Beiträge von Emmanuel Alloa, Dieter Mersch und Sybille Krämer werden zentrale Aspekte der Bildperformanz deutlich, mit denen ich ein performatives Bildwerden in der Bilderfahrung erläutern möchte. Die Beiträge werfen entscheidende Momente auf, an denen sich Reflexionsweisen zur Bilderfahrung entwickeln lassen. Zudem setzen die Positionen von Alloa, Mersch und Krämer feine bild- und medientheoretische Unterscheidungen ein, die mittels modellhafter Versprachlichung eines Ereignens von Bildlichkeit ein epistemisches Potential dieser Hinwendung zur Bilderfahrung andeuten.

liminale Bildperformanz als relationaler Akt

... als Sichtbarmachung

Emmanuel Alloa zeigt in seinem Beitrag auf, wie Bildperformanz als Sichtbarmachung verstanden werden kann und dass das »Vexierspiel von Bildlichkeit und Performanz« den Bildbegriff erstaunlich beeinflusse.[48] Drei Aspekte sehe ich in Alloas Ausführungen als gewichtig und bemerkenswert für die Reflexion von Bilderfahrung, die ich folgend als Anlass meiner bildreflexiven Überlegungen nehme.

liminale Züge

Alloa arbeitet heraus, dass die Wahrnehmung eines Bildes *liminale Züge* trage, sodass sich Bildlichkeit »niemals endgültig dingfest machen [lässt], sondern [...] sich erst im Blickwechsel zwischen Binnenraum und Umraum« herstelle.[49] Er verweist damit auf einen *ikonischen Rahmen*, verstanden als Umgrenzung des Bildes, der es als solches in der Wahrnehmung hervortreten lässt. Das Gepräge des Rahmens ist in Anbetracht der Performanz mehr als *rahmend* zu verstehen, worin sich seine Vorläufigkeit, Variabilität, sein Werden artikuliert. →\≤

→\≤
liminale Bildlichkeit als bildreflexives Movens
S. 208

relationaler Akt

Bildlichkeit sei, wie Alloa weiter ausführt, daher keine »Gegenstandseigenschaft«, sondern wie bereits seine Rede vom Blickwechsel markiert, ein »Korrelationsverhältnis«: »Bildlichkeit lässt sich an keinem Gegenstand festmachen, sondern verdankt sich einer vorgängigen Setzung, sie ist damit keine Objekt-, sondern eine Aktqualität.«[50] Alloas Argumentation bekräftigt die Perspektive auf Bilderfahrung *vom Zwischen aus*, insofern sich Bildlichkeit als relationales Geschehen beziehungsstiftend artikuliert. Als Akt verstanden bildet sich allererst durch diese Prozessualität die Möglichkeit, dass Reflexionsweisen eingreifen können, indem sie etwas dazwischentreten lassen. Wäre Bildlichkeit eine bloße Gegenstandseigenschaft, wären ihre Spielarten nivelliert, sodass ein *ikonisches ›Als‹*, mit dem wir etwas *als* Bild erfahren können, sich jeglicher Grundlage entziehen würde. Der Blickwechsel in der Bilderfahrung zeigt sich als Gewebe des Akts, insofern er das Bildwerden bedingt.

Vollzüge

Wenn Bilder mit Alloa verstanden »Vollzüge« sind und keine »konstatierenden, die Wirklichkeit feststellenden und verdoppelnden Repräsentationen«, markiert die Figur der Bildperformanz, dass Bilder Ereignisse sind, »die überhaupt erst erzeugen, was sie zeigen«.[51] Für eine Theorie der Bildperformanz bedeute dies nach Alloa, dass das »Paradigma der Abbildlichkeit« zugunsten einer »neuen Form von Generativität« aufgegeben werde: »Bilder nehmen auf keine unabhängig existierende Realität Bezug, sondern bringen das, was sie zeigen, überhaupt erst hervor.«[52]

Generativität

An der von Alloa markierten Generativität einer Bilderfahrung geht jedoch zu leicht verloren, was diesen Akt erst zu einem relationalen Akt macht. Denn das, was Bilder erst zeigend hervorbringen, bringen sie *durch und für jemanden* hervor. Sie nehmen damit Bezug auf unsere jeweilige Realität. Das Paradox dieser Formulierung fällt schnell auf: Da es *unsere* gemeinsame Realität nur als Unterstellung gibt. Insbesondere in der Vermittlung und im Pädagogischen wird diese Unterstellung von einem Wunsch getragen, dass wir eine gemeinsame Realität, Wahrnehmung oder Erfahrung haben, über die wir uns bloß noch auszutauschen bräuchten.[53] Dieser Gedanke verdeutlicht aber hingegen, dass wir in Situationen der Vermittlung mit mehreren Bildakten, mehreren relationalen Verhältnissen und Bezügen auf Realitäten *ihrer Subjekte* zu tun haben. Das Ereignen des Bildes ist ein Ereignen von *Bildern* unterschiedlicher Individuen, das im Pädagogischen dazu herausfordert, *potentielle Passagen des Transindividuellen* zu initiieren.

potentielle Passagen des Transindividuellen

bildreflexive Anschlüsse an bildperformative Dynamiken

Bildreflexive Überlegungen müssen folglich mit Berücksichtigung dieser Ereignishaftigkeit des Bildlichen erfolgen, um zu klären, wie eine Generativität der Bilderfahrung für ihre Subjekte reflexiv gewendet werden kann. Zum einen erscheint es notwendig, den Raum für die Bildungen je eigener Korrelationsverhältnisse zu schaffen, und zum anderen, die Aktqualität des Bildlichen als bildperformative Dynamik in die Reflexion hinzueinholen. Denn »[a]ls Sichtbarmachungen sind Bilder stets performativ, ihre Performativität hat wiederum einzig und allein die Phänomenalität zur Bühne.«[54]

zur Medialität des Bildlichen

an den Konstitutionen

Das Bildliche an Bildern betrifft ihre Bildlichkeit. Da es *das* Bild aber nur als »Pluralismus, als Spiel unterschiedlicher Bildverfahren, Sichtbarmachungen und Gebrauchsweisen sowie in Gestalt disparater Bildformate und Bildprozesse« gebe, postuliert Dieter Mersch, dass auch Bildtheorie plural zu denken sei.[55] Um eine medientheoretisch motivierte Dynamisierung der medialen ›Gründe‹ des Bildlichen anzuzeigen, setzt er an der Bildlichkeit anstatt an den Bildern an.[56] Die Problematik des Pluralismus des Bildlichen koinzidiert dabei mit einer Problematik der Zuschreibung: Wenn wir das Bild als Medium begreifen, unterstellen wir bereits, dass es eines gebe, worin der Blick auf die Konstitutionen des Bildlichen verdeckt werde.[57]

Praxis der Substitution

Die Frage, wie wir Bilderfahrungen reflektieren können, will und muss aber an genau diesen Konstitutionen ansetzen. Sie *will* es, um sich dem Bildlichen der Bilder reflexiv anzunähern und sie *muss* es, weil alle Bemühungen anderenfalls an der Oberfläche der durch eine vorschnelle Zuschreibung verdeckten Bildlichkeit abperlen. Indem Mersch Medialität und Bildlichkeit als sich konstituierende beschreibt, weist er Gedanken zur Bildperformanz einen gangbaren Weg, insofern diese als abstrakte Kategorien ermöglichen, ikonischen Prozessen nachzuspüren.[58] Das bedeutet, dass die Perspektive auf Bildlichkeit, oder wie Mersch sagt »Ikonizität«, zu einer Schneise konzeptueller Hinwendungen zum Bildlichen wird, verstanden als eine »Praxis der Substitution«.[59]

Geste der Faltung

Die Medialität des Bildlichen betrifft ihre Bedingungen. Die Medialität zeichnet damit eine Spur bildreflexiver Ansätze vor, die versucht diese erfahrbar zu machen. Anders formuliert bedarf die Reflexion von Bilderfahrungen einem *Mitvollzug der Bildlichkeit*, der schwerlich einholbar ist, vielleicht sogar unmöglich, da nach Mersch die Medialität *im Entzug* in einer Unmöglichkeit ihrer Darstellung verbleibe.[60] Als eine *Geste der Faltung* wird dieses Verhältnis plausibel, sodann sich die Oberfläche des Mediums »stets ›ein-faltet‹, indem es das Mediatisierte ›aus-faltet‹, ohne im Anwesenden selbst anwesend zu werden.«[61]

Ikonizität

Bildlichkeit Bildkeit?

Von Ikonizität zu sprechen verdeckt auch etwas, wenn diese als der wohlklingendere, fachliche Begriff für Bildlichkeit aufgefasst wird. Worauf ich anspiele, ist das »lich« in Bild*lich*keit. Bedeutet Bildlichkeit, dass etwas *bildlich* ist und nicht, dass etwas *Bild* ist, so hat es *Bild an sich*. Dass nicht von einer *Bildkeit* gesprochen wird, bestärkt vielleicht erneut die *ikonische als-Struktur*, sodass Bildlichkeit stets eine potentielle Virtualität aufzeigt. Mit Ikonizität ist durchaus eine Bildlichkeit gemeint, wenn auch eine spezifische. Denn sie sei, wie Mersch herausstellt, der Entwurf einer Bildphilosophie, »die sich strikt auf die Seite des Medialen schlägt, um das, was die Eigenart des Bildes jenseits des Zeichenschemas ausmacht, genauer in Augenschein zu nehmen«.[62] Mersch bezeichnet Ikonizität daher als »Differenzialität zwischen dem Sichtbaren und Unsichtbaren«, weshalb sie ein »dispositionäres Regime« sei.[63] Dies lässt sich mit einer Ermöglichung oder Verunmöglichung von Bildwerden übersetzen.

Angeblicktwerden

Sybille Krämer diskutiert in ihrer bildtheoretischen Reflexion über eine Performanz des Bildlichen die *Machtpolaritäten des Blicks*. Ihre Position ergänzt die Alloas und Merschs insofern, als dass sie Alloas Ansatzpunkt des Blickwechsels vertieft und dabei auch Merschs medialer Grunddynamik des Bildlichen nachkommt.

Blickbeziehung

Krämer geht dazu auf die Blickbeziehung ←\- zum Bildlichen ein: »Etwas anzublicken, ist ein Akt der Ermächtigung; das Angeblicktwerden jedoch, vielleicht gar: diesem Blick auszuweichen, ist – nicht selten – das Erlebnis einer Entmächtigung. Das soziale Wechselspiel der Blickbeziehung birgt Macht und Ohnmacht, Herrschaft und Unterordnung – jeweils unterschiedlich verteilt.«[64] Neben einem Ereignen des Bildlichen zeigt sich demgemäß ein Ereignen des Blicks, der ebenso wie das Bildliche einer Performanz unterliegt. Das chiastische Spiel einer Blick- und Bildperformanz kann vor dem Hintergrund des von Krämer verwendeten Macht-Begriffs vielleicht als pathisches Moment begreiflich werden, insofern die Entmächtigung als Facette einer Widerfahrnis betrachtet wird. Ich denke dabei an Bernhard Waldenfels' eingängiges Beispiel des Schlafengehens, über das man selbst entscheidet, während uns Einschlafen und Aufwachen überkommen, worin es unser Tun übersteige.[65] Analogisiert man das Anblicken eines Bildes mit einem Schlafengehen und das Angeblicktwerden mit einem Einschlafen oder Aufwachen, so wäre eine Weise dieses Machtwechsels markiert. Der Blickakt erscheint als gewichtiges Moment der Bilderfahrung, weshalb er auch unweigerlich in eine Reflexion der Bilderfahrung hineinspielt.

Interaktionsverhältnis

Krämer arbeitet in Bezug auf Jean-Paul Sartres blicktheoretische Überlegungen Aspekte jenes Interaktionsverhältnisses zwischen Bildlichem und Betrachter*innen in der Bilderfahrung heraus. Erstens sei von einer Verschränkung zwischen einem Anschauen von Bildern und einem gleichzeitigem Angeblicktwerden durch das Bild selbst auszugehen. Krämer spricht auf Basis dieser Blickverschränkung dem Bild zweitens einen *Akteurstatus* zu. ←\≤ Dies legitimiere sich darin, dass den Betrachter*innen in der Bilderfahrung etwas widerfahre, das nicht der eigenen Kontrolle unterliege und das, obwohl der eigene Blick das Blickgeschehen allererst ermögliche. Die zuvor hergestellte Analogie zu Waldenfels' Begriff der Widerfahrnis sehe ich hierin bestätigt. Blicken vollziehe sich drittens in einem somatischen Milieu, »das mit unserer Körperlichkeit ebenso verknüpft ist, wie mit der Materialität des Bildes«[66] Mich erinnert diese Formulierung Krämers stark an molekulare Strukturen, so als käme es in dem somatischen Milieu zu einem Austausch zwischen Molekülen des Bildes und denen der Betrachter*innen. Viertens sei die Blickbeziehung pathischer Natur und einem Fühlen näher als einem Denken. Im Angeblicktwerden stecke fünftens daher die Magie des Bildes, eine distanzlose Anwesenheit zu erzeugen, das heißt, seine eigene Medialität, die eine Unterscheidung zwischen Bild und nichtbildlicher Realität herstelle, in diesem Moment ein Stück weit außer Kraft zu setzen. Diese Symptomatik konstituiere ein Bildsehen grundlegend, so Krämer.[67]

←\-
Wechselblick
S. 73

←\≤
Bei//spiel: ein sich einspiegelndes Bildwerden reflektieren
S. 187

Machtpolaritäten bildreflexiv aufdecken

Die Unschuld einer Bilderfahrung scheint somit passé (wenn es sie jemals gegeben hat), denn diese Machtpolaritäten rufen eine neue Dimension bildreflexiver Hinwendungen auf: Diese müsste erstens versuchen, die Polaritäten einer chiastischen Blickkreuzung ansatzweise aufzudecken, indem die Blickbeziehung als eine ernsthafte Kategorie der Bildreflexion betrachtet wird, und zwar nicht bloß vor den Gesetzen der Gestaltungslehre, sondern ausgehend von den die Blickbeziehung begründenden Subjekten.

Paradoxie des Bildes

Dies kann meiner Ansicht nach erst gelingen, wenn man die »Paradoxie des Bildes« thematisiert, die laut KRÄMER darin liege, »dass das, was wir erzeugt haben und zwar durch und durch, uns seinerseits zu entmachten vermag«.[68] Dass wir Bilder performativ erzeugen oder hervorbringen, verdeutlicht in diesem Sinne auch, dass Bildung vor Bildern, ethische und moralische Fragen betreffe, wie KARL-JOSEF PAZZINI aufzeigt.[69] Denn das, was im Pädagogischen oder in der Vermittlung herangezogen wird, woran Bilderfahrungen möglich werden, umspielt damit leichtfertig Verknüpfungen zur Körperlichkeit der betreffenden Subjekte. Wenn die eigene Medialität des Bildersehens, um noch einmal KRÄMERS Aspekte heranzuziehen, in ihrer distanzlosen Anwesenheit in einem Chiasmus der Blicke *Passagen* bildet, derer machtvollen Symptomatik sich das Subjekt nicht entziehen kann, haben Pädagog*innen und Vermittler*innen »Eingriffe oder Übergriffe«[70] initiiert.

moralische und ethische Fragen

Passagen

das Andere des Bildes als Reflexionsfläche

Allgegenwart des Bildes

Mittlerweile sei es selbstverständlich, »dass die gesamte Oberfläche der Welt zum Bild wird: jeder beliebige Ausschnitt, und sei er noch so geringfügig.«[71] Neben einer *potentiellen Allgegenwart des Bildes* führen GOTTFRIED BOEHMS Überlegungen vor Augen, dass sich das Bildliche nur durch die Individuen, welche etwas als bildlich erfahren, seiner Virtualität entledigen kann. So erscheint es als Vermögen des Individuums, eine derartige Omnipräsenz des Bildlichen entstehen zu lassen. Unsere Bildbegriffe erheben einen nicht unwesentlichen Anteil an dieser Allgegenwart. So könnten wir uns darauf einigen, oder verständigen, dass Bilder nur das sind, was in einem Goldrahmen im Museum hängt. Diese überzeichnete Vorstellung verdeutlicht, dass die Selbstverständlichkeit, mit der wir etwas als bildlich betrachten, eine *gewordene* ist.

Gegenspieler & Mitspieler

Das Bild als Ausschnitt zu begreifen, der dank einer umlaufenden Begrenzung über den Sehsinn wahrnehmbar ist, verweist in dieser *Differenzbildung* auf das *Andere des Bildes*. Ausgehend davon, dass etwas auch nicht als bildlich, sondern als etwas Anderes erfahrbar werden kann, zeigt sich eine Auseinandersetzung mit Bilderfahrung von ihrer *Negation* her als relevant. Um überhaupt einen Übergang, eine Passage zu denken, die eine Sichtbarwerdung in der Bilderfahrung legitimiert, konturiert sich das

Andere des Bildes als dessen notwendiger *Gegenspieler*. Das Andere des Bildes besetzt dabei nicht nur eine gegenläufige, konträre Funktion, sondern auch eine konstituierende, was es zum *Mitspieler des Bildes* macht.

im Spiegel des Visuellen

ein konstituierendes Anderes

Wenn »alles Bild ist, was uns unter die Augen kommt, dann entzieht sich der Begriff einer sinnvollen Definition«[72], wie der Bildanthropologe Hans Belting betont und damit das notwendige *Andere* des Bildes als dessen symbiotischen, konstituierenden Gegenpart hervorhebt. Das Andere des Bildes, das Nicht-Bild, setzt Jacques Rancière sogar als Bedingung für Bild voraus und verortet es in Gestalt des *Visuellen*.[73]

Pfade der Annäherung

Das Verhältnis zwischen Visualität und Bildlichkeit erscheint als bildreflexiv relevantes Moment, da es an der Nahtstelle des Bildwerdens einsetzt. Sich die Differenzen beider Modi zu vergegenwärtigen, nimmt diese Nahtstelle unter die Lupe. Insofern ist von ihrer jeweiligen Kontur zu erwarten, dass sie *Pfade der Annäherung* an die Bilderfahrung markieren.

Bild als Spezialfall des Visuellen

Seinen Ursprung findet der Begriff des Visuellen unter anderem im spät-lateinischen »visualis«, welches zum Sehen gehörend bedeutet.[74] Das Visuelle wird dementsprechend als das, was über das Sehen wahrgenommen werden kann, verstanden. Auch Bilder sind mit dem Sehsinn verknüpft, übersteigen diesen in ihrem Spektrum aber, etwa in Gedankenbildern. Versucht man das Verhältnis zu benennen, das sich im Konnex des Sehens andeutet, so könnte das Bildliche als *Spezialfall des Visuellen* gelten. Dies markiert das Bildliche als ›konjugierte‹ Form eines ›infinitiven‹ Visuellen. Diese Assoziation zur grammatikalischen Beugung indiziert ein Bildliches, welches sich vom Visuellen zugleich abweichend wie abhängig zeigt.

Selbstbezogenheit des Visuellen

Die Differenz zwischen Visuellem und Bildlichem bestehe auch darin, dass das Bild sich auf ein Anderes, das Visuelle sich hingegen nur auf sich selbst beziehe, wie Rancière herausarbeitet.[75] Durch fehlende Referentialität wird das Visuelle demgemäß allein dem Sehen zugeordnet. Auf eine solche *Selbstbezogenheit des Visuellen* verweist auch Michael Wetzels Essay *Das Bild und das Visuelle*. In Wetzels Auseinandersetzung mit dem französischen Filmkritiker Serge Daney greift er auf dessen Differenzierung zwischen dem Visuellen und dem Bild zurück. Während das Visuelle, dem Lesen, dem Decodieren den Vorzug gebe, fordere das Bild die Betrachter*innen heraus, es mit anderem zu montieren.[76] Insofern habe das Bild »etwas Spiel, etwas unvollendetes, Angerissenes, offen Klaffendes«[77], dem Visuellen hingegen fehle es an nichts, es sei »kreisförmig und in sich zurücklaufend«[78].

zwischen Sehbegehren und Bildbegehren

Eine derart trennscharf und insbesondere an der Weise ihrer Bezogenheit bzw. kalkulierten Offenheit artikulierte Unterscheidung zwischen Visuellem und Bildlichem deutet verschiedene Implikationen an: Wenn das Bild fähig ist, zum Montieren herauszufordern, so müsste bereits etwas da sein, das der Bilderfahrung vorausgeht.

Dieser Gedanke ist aggressiv, insofern vor dem Hintergrund einer stets performativen Bilderfahrung, in der ein Bildwerden eine Einsetzung des Bildlichen[79] markiert, die angenommene Vorgängigkeit nicht ohne Weiteres zu erklären wäre. Damit geraten wir an die übergeordnete Frage, von *wo* aus *wer* oder *was* zu etwas herausfordert. Ist es das Bild? Oder sind wir es selbst, wenn wir in die Gleichung das *Sehbegehren*[80] hineinholen, das unser Sehen motiviert. Um die mühsam aufgezeigte Unterscheidung zwischen Visuellem und Bildlichem aufrechtzuerhalten, müsste anstelle eines *Sehbegehrens* ein *Bildbegehren* angezeigt werden. So fordern wir uns vielleicht gewissermaßen selbst zum Montieren auf, indem wir die Bilder in unserem Blick hervorbringen. Dann wäre jenes, was wir mit dem Bild montieren, eine symptomatische Spur zu uns selbst bzw. ein Verweis auf unser Bild- und Sehbegehren.

Einen zweiten Anlauf, Implikationen aus der Unterscheidung zwischen dem Visuellen und dem Bild herzuleiten, möchte ich an einem Beispiel ausführen. Betrachten möchte ich jenen Moment, wenn mit dem Smartphone eine Foto- oder Videoaufnahme gemacht und damit etwas ins Bild gebracht wird. Der Blick fällt dabei zugleich *auf den Bildschirm*, an dem etwas zur Sichtbarkeit gelangt, aber auch *durch die Oberfläche des Bildschirms* hindurch auf das Dahinterliegende, was ins Bild gebracht wird [# 8]. In einem solchen Moment erscheint die Differenz zwischen der *visuellen Erfahrung* am Bildschirm des Smartphones vorbei und einer *Bilderfahrung* am Bildschirm äußerst gering.[81] Die sich artikulierende Schwelle zwischen Visuellem und Bild sinkt anscheinend ab, wird gar durchlässig, auch wenn die Bestimmtheit des Smartphone-Screens die ikonische Stabilität an sich nicht schmälert, indem sie eine bildliche Differenz aufrecht hält.

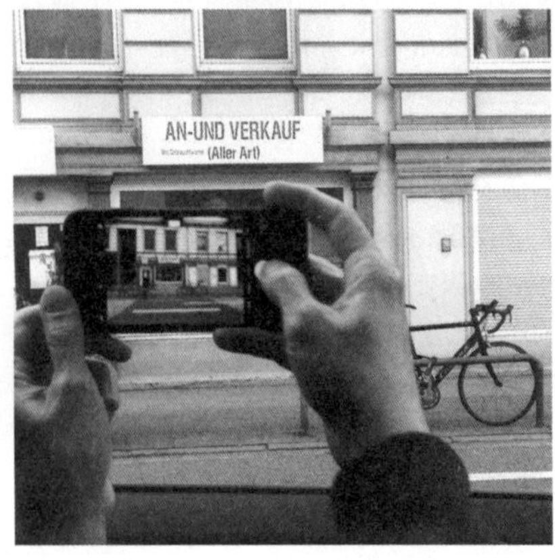

8

Übergang von visuell zu bildlich

Auch EMMANUEL ALLOA widmet sich in seiner medialen Phänomenologie der herausfordernden Figur des Visuellen. Anders als bspw. RANCIÈRE das Visuelle abgrenzt, setzt ALLOA am *Übergang* von einer visuellen zu einer bildlichen Erfahrung an, die eine durchaus relevante Reibungsfläche für bildreflexive Überlegungen bildet, insofern sie das Einsetzen der Bilderfahrung umkreist.

Sichtigkeit

Mit Rückgriff auf JEAN-FRANÇOIS LYOTARD unterscheidet ALLOA zunächst das Visuelle vom Sichtbaren. Dazu entzieht er dem Visuellen die analog gedachte Eigenschaft des Sichtbaren und unterstellt diesem hingegen eine *Sichtigkeit*. ALLOA bezeichnet das Visuelle als das *nicht aktuell sichtbare Sichtige*.[82] Für mich öffnet ALLOAS Perspektive das Denken eines relationalen Spiels im Feld des Sichtigen – vielleicht eine Form des *Displayings*, insofern hier eine Zeigedynamik hervortritt, die immer wieder *Anderes* und *anders* sichtig macht.

Nähe zum Virtuellen

Diese Dynamik begreift Alloa als *Potenzialität*, die er einem nicht aktuell sichtbaren Sichtigen unterstellt. In Rekurs auf Georges Didi-Huberman arbeitet er heraus, dass sich das Visuelle in einer grundlegenden Verschwisterung zum *Virtuellen* auffassen ließe, sodass es jedem nicht aktuell sichtbaren Sichtigen möglich wäre, zu einem aktuell sichtbaren Sichtigen zu *werden*. Visuelles enthalte in diesem Sinne zwar kein Unsichtbares, aber aktuell Ungesehenes oder Übersehenes.[83]

dynamischer Abstand

Der Abstand zwischen Gesehenem und Ungesehenem oder Übersehenem erweist sich meiner Ansicht nach als ein produktives Zwischen, das gleichsam auch an einer Bilderfahrung ansetzt: Wie lassen sich Weisen der Reflexion inszenieren, die an diesem dynamischen Abstand ansetzen, diesen herausfordern und erfahrbar werden lassen? Diese Frage fordert dazu auf, das Potentielle genauer zu betrachten, da es so etwas wie einen Umschlagplatz des Sehens konstituiert.

Latenz

Die Potentialität des *nicht aktuell sichtbaren Sichtigen* könnte als fortlaufend bezeichnet werden, indem ein unterstelltes *Next* im Potentiellen sein Ende nicht preisgibt. In dieser Weise erscheint das nicht aktuell sichtbare Sichtige als zugleich unbestimmt. Alloas Formulierung des ›Übersehenen‹ suggeriert dies durchaus, weshalb sein Gedanke umso relevanter ist, dass das Potentielle von einer spezifischen Art der Negativität geprägt sei, die dem Auge nie eine Richtung vorgebe, sondern Sinnmatrizen eröffne, »in denen eine figurative Kraft im Latenzzustand ruht«.[84]

Entzug

Das relationale *Spiel*, was sich hier andeutet, ereignet sich im Feld des Sichtigen zwischen dem potentiell und dem aktuell sichtbaren Sichtigen. Diese Spannung weist auf einen Moment des Entzugs hin, vielleicht sogar eines wechselseitigen Entzugs, der das Sichtige betrifft. Bernhard Waldenfels setzt dazu ähnlich wie Alloa aber nicht am Ungesehenen oder Übersehenen, sondern am Unsichtbaren an, welches sich dem Blick entziehe: »Was nicht sichtbar ist, wartet auf den Blick, der es aufdeckt.«[85] Auch Waldenfels spricht also von einer potentiellen Sichtbarkeit, sodass etwas *durch* Blicke oder *in* Blicken zur Sichtbarkeit gelangt.[86] Von einem ›Aufdecken‹ zu sprechen, ist allenfalls metaphorisch passend, denn ich würde vorschlagen, hier immer von einem Herausbilden oder Konstituieren zu sprechen. Nur dann wird die Reflexion von Sehstilen oder Betrachtungsweisen sinnvoll.

in der Hohlform des Visuellen

Übertragen – als Wendung von einem Visuellen zu einem Bildlichen – wäre in diesem Übergang das Bildliche als das aktuell sichtbare Sichtige zu beschreiben. Die Differenz zwischen aktuell sichtbar und nicht aktuell sichtbar konfiguriert sich im Register der Zeitlichkeit: So wäre Sichtbarwerden als ein Präsens zu verstehen, das Ungesehenes als Vergangenes oder Zukünftiges negiert. Um Figurationen des Bildlichen *als* Bildliches zu entwerfen, müssten sich auf dem Grund des Visuellen sozusagen zunächst Negationen des Visuellen erzeugen, deren Hohlform einer Bilderfahrung Raum gewährt.

visual natives – oder wie wir Bildwerden indirekt ermöglichen

Das Visuelle, als zum Sehen gehörend, mag, wie es den Anschein macht, noch weniger befremden als das Bildliche. Neben der bildtheoretischen Kontur seiner Differenzen zum Bildlichen scheint uns das Visuelle als luzider, diaphaner Schleier zu umgeben, als wäre es für die Augen wie die Luft zum Atmen.

Befragen wir unser Verständnis von Visualität, spüren wir der Praxis nach, mit der wir ihr begegnen. Fragen wir, wie gerade vorgeführt, nach den Grenzen des Visuellen oder nach einem *Wie* von visuellen Erfahrungen, gerät im Sinne einer Verrätselung ins Wanken, was uns zunächst vertraut erschien.

Um das Andere des Bildes als dessen notwendigen, konstituierende Gegen- und Mitspieler zu betrachten, zeigt sich das *Visuelle*, die *Visualität*, als abgrenzendes wie bestimmendes Moment.

bildreflexive Differenzqualität des Visuellen

In einem Seminar unter dem Titel ›visual native‹[87] habe ich die teilnehmenden Studierenden gebeten, zu notieren, was für sie Visualität bedeutet, um auf die vermutete bildreflexive Differenzqualität Bezug zu nehmen. Damit verbunden war das Interesse, wie die sprachliche Annäherung an ein visuelles Phänomen abseits bildtheoretischer Grundlagen umgesetzt wird, die ich bei den Teilnehmer*innen nicht voraussetzte. Auch der Gedanke, dass dieser Impuls an einer vertrauten Gewissheit gegenüber Visualität rütteln könnte, war tragend, indem ich fragend hervorzulocken versuchte, was vielleicht das Register der Sprache noch nie betreten hatte. So beugen sich die Übersetzungen in Sprache einer Sinnlichkeit des Visuellen, worin die gestellte Aufgabe Facetten eines kalkulierten Scheiterns in sich trägt, insofern sich dieser mediale Sprung durch Sprache nicht einholen lässt. In den Antworten der Studierenden zeigen sich durchaus suchende Annäherungen über eine Sinnlichkeit, die insbesondere Wahrnehmung, Sehen und Sichtbarkeit miteinander verquicken. Ich möchte einen exemplarischen Einblick geben:

»
Visualität bedeutet für mich... Wahrnehmung über die Augen.

»
Individuelle Wahrnehmung des Sichtbaren.

»
Visualität kann ich mit meinen Augen begreifen [...] solange ich es sehen kann ist es Visualität.

»
Visualität ist für mich Präsenz durch Sichtbarkeit erlangen.

Visualität sagen versuchen

Die ersten beiden schriftlichen Notationen analogisieren Visualität und Wahrnehmung. Während die erste die Weise des Zugangs, nämlich »über die Augen« umkreist, bezieht sich die zweite Beschreibung auf den Bezugspunkt der Wahrnehmung, »das Sichtbare«. Indem die Wahrnehmung als eine »individuelle« hervorgehoben wird, lässt sich der Eindruck gewinnen, dass auch die Visualität nicht als eine allgemeingültige verstanden wird. So spielt insbesondere die dritte Beschreibung auf eine gleichermaßen massive Setzung der individuellen Sichtweise an, indem Visualität durch das eigene Sehvermögen umgrenzt wird. Die vierte Notation markiert am deutlichsten eine Performanz, die im »Präsenz erlangen« ein dynamisches Geschehen assoziieren ließe. Anders als in der zweiten Notation, welche das Sichtbare als Gegenstand einer Wahrnehmung deklariert, wird die Sichtbarkeit in der vierten Notation möglichenfalls als eine mediale Sichtbarkeit verstanden, indem Präsenz »durch Sichtbarkeit« erlangt werden kann.

In diesen Beispielen geht es keinesfalls darum, zu beurteilen, ob eine Definition gelungen oder richtig ist. Die Notationen sind vielmehr Spiegel einer sprachlichen Annäherung, die sich auf unsere Selbst-, Anderen- und Weltverhältnisse beziehen, insofern sich Visualität als eine erhebliche Größe artikuliert, zu deren Reflexion wir aber sprachlich wenig Anlass haben. Mir erscheint dies als eine weitere bildreflexive Weise einer Hinwendung zum Bildlichen, die quasi versucht ›über Bande‹ von unserer visuellen Sozialisation aus ›Sichtkontakt‹ zur Bildlichkeit herzustellen.

visual native

Unter der Begriffskonstruktion ›visual native‹, die an den 2001 von Marc Prensky[88] geprägten Begriff des ›digital native‹ angelehnt ist, beabsichtigte das Seminar, sich exemplarisch mit Wirkungen und Potentialen des Visuellen zu beschäftigen.

veränderte Bedingungen

So wie die von Prensky bezeichneten *digital natives*, die als ›native speakers‹ in die digitale Welt hineingeboren werden, mag es übertragen auf die visuelle Welt und Visualität so etwas wie *visual natives* zu geben. Wo Prensky eine scharfe Grenze zwischen einer pre-digitalen und einer post-digitalen Welt aufzeigt, die maßgeblich die »natives« von den »immigrants« scheidet, ließen sich dieser dichotomen Markierung von digitaler und nicht-digitaler Welt eine Reihe an Mikroveränderungen entgegensetzen. Führen wir uns die Spanne vor Augen, in der bereits Kohorten an *digital natives* in *die* digitale Welt hineingeboren wurden, können doch die veränderten Bedingungen dieser digitalen Welt als Anlass verstanden werden, von sehr unterschiedlichen *digital natives* auszugehen, statt von einer homogenen Gruppe.

Umweg

Dieser Umweg über Prenskys sprachlich und gedanklich nicht unproblematischer Figur des *digital natives*[89] und meiner adaptierten Form des *visual natives* ist deshalb für die Überlegungen zur Visualität als Anderes des Bildes so wesentlich, weil an ihr die Dynamik des Visuellen und Bildlichen herausgestellt werden kann: Werden alle, sofern sie zur visuellen Wahrnehmung fähig sind, als *visual natives* betrachtet, so brüchig wird diese Perspektive vor dem Hintergrund unserer jeweiligen Sozialisation im Visuellen und durch das Visuelle. Visualität ist veränderlich und verändert sich. Veränderte visuelle Bedingungen, ohne die Beweggründe ihrer Veränderungen an dieser Stelle zu entfalten, bringen unterschiedlichste *visual natives* hervor. Ihr *native-Status* erscheint zunächst nicht allgemeingültig, sondern auf ihre jeweilige visuelle Welt bezogen. In Analogie zur Sprache (native speaker) könnte man mit seiner visuellen Erfahrung im gleichen ›Sprachraum‹ bestehen.

»Guck mal, die Wolke sieht aus wie ein Hase«

Treten mehrere Individuen zusammen, wie für pädagogische oder vermittelnde Situationen nicht unüblich, und geraten bspw. in Dialog über ihre visuelle Wahrnehmung, so wird fraglich, wie und ob sich ihre visuellen Welten berühren, in denen sie jeweils *visual natives* sind. Übersetzt man ›Welt‹ an dieser Stelle durch ›Sicht‹, so mag daran das Potential hervortreten, durch *Andere* in andere visuelle Welten zumindest zeitweise, oder auf Probe, zu migrieren, etwa wenn jemand unsere Aufmerksamkeit auf etwas lenkt.

PRENSKY hatte in seiner Annäherung an die durch eine digitale Welt veränderten Individuen mit Bezug auf den amerikanischen Psychiater BRUCE D. PERRY herausgestellt, dass andere Arten von Erfahrung andere Gehirnstrukturen erzeugen und somit auch physische Veränderungen vermutet werden können. PRENSKY war sich sicher, dass diese anderen Erfahrungen die Denkstrukturen verändern. Auch wenn neurophysiologische Ansätze sich von meiner theoretischen Perspektivierung unverkennbar entrücken, so verweist PRENSKYS Überlegung darauf, dass wir nur so etwas wie *visual natives auf Probe* sein können. Dies veranlasst dazu, die dichotome Figur des *immigrant* erneut heranzuziehen. Während PRENSKY, bezogen auf die digitale Welt, sich dieser Unterscheidung wohl bemühte, um allererst einen Kontrast zu setzten, so scheint bezogen auf die Visualität doch ein ständiges *Migrieren*, durch das wir uns visuell bilden, der Dynamik näher zu kommen.

Mit dieser Überlegung versuche ich zu zeigen, dass das Andere des Bildlichen in Gestalt des Visuellen weder in sich eine stabile Größe ist, noch dass ihre Relation zum Bildlichen eine verallgemeinerbare ist. Der so markierte Spielraum entzündet sein Potential meiner Ansicht nach an immer wieder neuen Befragungen und Infragestellungen dieses Verhältnisses, sodass die Visualität qua Umweg eine Hintertür bildreflexiver Hinwendungen bildet.

liminale Bildlichkeit als bildreflexives Movens

Vorträglichkeit

Zurück nach vorn, auf Anfang – um sich einer Reflexion der Genese von Bilderfahrung zuzuwenden, müsse man früher ansetzen als bei der reinen Sichtbarkeit.[90] Einer solchen nahezu unmöglichen Vorträglichkeit der Bilderfahrung zu begegnen, kann vielleicht am ehesten an den Rändern ihres Ereignens möglich werden. So habe ich bereits unter *vom Zwischen aus* zum *Über* auf ein Zwischen als Unentscheidbarkeit verwiesen, das in einem *Noch-Nicht des Bildlichen* auf den möglichen Übergang zu einem Bildlichen verweist. ←\- Diese Differenzbildung konturiert sich als fragil, als situativ und subjektiv. Noch nicht einmal die Überlegung, was mir gestern als Bild erschien, mag mir heute als etwas Anderes erscheinen, trifft den Kern des Bildwerdens. Denn so wäre das, was sich mir zeigt, ein Selbiges, das nur durch meine Konstitution in sei-

Übergang

←\-
Noch-Nicht-Bild?
S. 46

nem Status als Bild fluktuiert. Dieses Übergangsgeschehen fasse ich unter einer *liminalen Bildlichkeit.*

ikonische als-Struktur

Ein zweiter Aspekt artikuliert sich in der Unsichtbarkeit dieser Differenz, die auf einer *als-Struktur* beruht: *ich/wir erfahre/n etwas als Bildliches.* Eine bildliche Differenz als ikonische Differenz lässt sich an zwei Aspekten phänomenal übersetzen und erläutern, die beide auf einer Differenzbildung gründen, die sich graduell unterscheidet: *Kontrast* und *Rahmung.* Sie zeigen sich als Mittel des Bildlichen, indem sie es zur Sichtbarkeit bringen.[91] Die ikonische Differenz ist als Versuch einzuordnen – ein erfolgreicher dazu –, der modellhaft das Unverfügbare einer Bilderfahrung beschreiben will. ←\-

artikulierend

Wenn Bilder als »sich artikulierende Größen«[92] verstanden werden, erscheint mir herausfordernd, *wie* die Artikulation *durch ihre Artikulation* oder darüber hinaus reflektierbar wird. Die Überlegungen zu einer liminalen Bildlichkeit als bildreflexives Moment schließen sowohl an die vorausgegangenen Aspekte zeitlicher wie performativer Dimensionen der Bilderfahrung an, als auch an den Mitspieler ›Visualität‹, insofern das Visuelle einem *Noch-Nicht des Bildlichen* einen Platz zuzuweisen vermag.

Kontrast und Rahmung: Schwellen zum Bildlichen

Kontrast

Der von Gottfried Boehm im Kontext der ikonischen Differenz formulierte Bildbegriff scheint eine ganze Epoche bildtheoretischer Ansätze beeinflusst zu haben. Als bildtheoretischer *Influencer* legt Boehm, ausgehend von einem relationalen wie differenzbildenden Geschehen, eine variable und zugleich in sich stabile Markierung des Bildes vor: »Was uns als Bild begegnet, beruht auf einem einzigen Grundkontrast, dem zwischen einer überschaubaren Gesamtfläche und allem, was sie an Binnenereignissen einschließt.«[93] [#9] Die begründete Überschaubarkeit des Bildes stellt eine Rückkopplung zu unseren physiologischen Konstitutionen her, indem *wir* fähig sein müssen, diese Überschaubarkeit mit unseren Blicken einzuholen. Die Gesamt*fläche* setzt Boehm zunächst anscheinend wortgemäß als eine Flächigkeit ein, die ich jedoch in einer Folgebemerkung, bei der er von einem »anschaulichen Ganzen«[94] spricht, weitestgehend nivelliert sehe, sodass seine Formel einer ikonischen Differenz den Sprung in den Raum ermöglicht und Bilder nicht auf eine flächige Eigenschaft reduziert. Indem Boehm von Ereignissen spricht, die eingefasst werden und nicht etwa von Elementen, suggeriert er eine Performanz und Variabilität dieser Ereignisse. Daher besticht ein Spiegel, der immer wieder anderes einfasst, als eine *bildreflexive Apparatur,* die in ihrer Rahmung etwas in be-

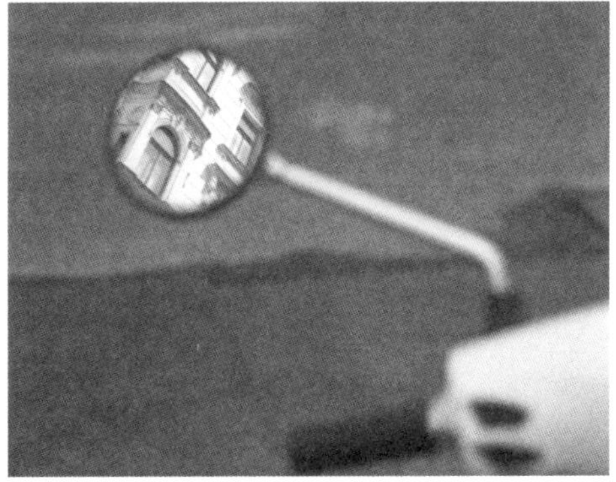

#9

←\-
bildliche Differenz
S. 41

stimmter Weise aus der Visualität herauslöst. Der Philosoph Gernot Böhme verweist darauf, dass die »Verbildlichung eine Steigerung von Wirklichkeit darstellt.«[95] Dies begründet er am Beispiel der Landschaft: Die Natur werde erst zur Landschaft, wenn sie in eine Einheit gefasst werde. Der im Rückspiegel eines Autos gefasste Ausschnitt der Wirklichkeit begrenzt sich in der Fläche des Spiegels. Damit erzeugt sich der von Gottfried Boehm erläuterte Grundkontrast zwischen umgrenzter Fläche und darin eingefassten Binnenereignissen, der das Bild ausmacht.

Rahmung

Was Boehm als Grundkontrast markiert, bezeichnete Dieter Mersch ganz ähnlich als »Setzung eines Unterschieds«, der für die Bildlichkeit konstitutiv sei.[96] Die Rahmung, die Mersch in diesem Zusammenhang anführt, sei nicht eine vordergründige Einfassung des Bildes, sondern eher ein Differenzmoment, insofern es das Bild »gegen Anderes, das nicht Bild ist, abscheidet«.[97] Es lohnt sich Merschs Rahmenbegriff genauer zu betrachten, der bei ihm ein zentrales Merkmal seiner medialen Theorie des Bildlichen bildet, insofern die Rahmung ein eindringlich bildreflexives Moment darstellt. Ich versuche dies folgend zu verdeutlichen und beschränke mich dabei zunächst auf jene Aspekte, die den Übergang zu einem Bildwerden betreffen. Die bei Mersch ebenso bemerkenswerten Gedanken zum Blick, die ausdrücklich nicht vom Bildwerden zu trennen sind, werde ich erst im Kapitel zum *Blickwerden* in meine bildreflexiven Überlegungen einbeziehen. →\≥

Differenzmoment

aktivisches Moment der Rahmung

Das Bild markiert eine Grenze und kein Bild, betont Mersch, komme ohne die Trennung zwischen Innen und Außen, ohne Differenz aus.[98] Die Differenz macht dabei die eigentliche *Rahmung* aus, indem sie das Bildliche konstituiert. Wir können mit Mersch die Rahmung als *aktivisches Moment*, als Erzeugung eines Unterschieds denken, die eine Abgrenzung zwischen dem Eingefassten und Ausgeschlossenen darstellt.

doppelt besetzt

Die Rahmung, wie auch die mit ihr einhergehende Differenz, bezieht sich auf mehrere Ebenen. Auf einer ersten Ebene sei die Rahmung *doppelt besetzt*, indem sie das Eingefasste definiert und sich selbst als Rahmung markiere. Auf einer zweiten Ebene sei eine in die Rahmung eingeschriebene *Kippfigur* zu nennen, die Mersch als »reflexive Vexierung« bezeichnet: Rahmendes wie auch das Gerahmte können vom Blick besetzt werden.[99] Auf einer dritten Ebene sei daran anschließend von einer *Indifferenz der Rahmung* zu sprechen, die sich als »Variabilität der Rahmenfunktion« zeige: Die Rahmung zeichne den Bildraum aus, während auch der Rahmen selbst, wenn er in den Blick gerate, wieder durch anderes gerahmt werden könne.[100] Mersch verdeutlicht dies am Beispiel von Kasimir Malewitsch' Arbeit *Schwarzes Quadrat auf weißem Grund* (1915), welches unabhängig von seinem Titel als schwarzes Quadrat auf weißem Grund, aber auch als weißer Rahmen auf schwarzem Grund betrachtet werden könne. Bildreflexiv weist das Beispiel auf korrespondiere Vorzüge eines Bildersehens hin, die uns im Sehen entscheiden lassen, welchem Bildwerden wir folgen. Wir können aber auch die Indifferenz der Rahmung genießen, sodass Figur und Grund in einen spielerischen Wechsel geraten, oder wir nehmen nur eine der beschriebenen Weisen wahr.[101]

reflexive Vexierung

Indifferenz der Rahmung

→\≥
ikonischer Blick – Anlässe und Ansprüche
S. 240

als Spielball

Die Rahmung avanciert darin, wie ich vorschlagen möchte, zum Spielball einer liminalen Bildlichkeit, indem sie wellenartig mit der Wahrnehmung eines Rahmens die Virtualität eines Bildwerdens initiiert. Sie verbleibt meines Erachtens deshalb virtuell, weil nicht jeder Rahmen eine Bilderfahrung bedingt. Wellenartig erscheint mir diese Rahmen-Dynamik aus dem Grund, als dass sich jenes vexierende Spiel zwischen Eingerahmtem und der Rahmung selbst fortwährend im Unterschied artikuliert und damit nie stillsteht.

als Wurf

Indem der Rahmen die »Bildlichkeit des Bildes« *ent-wirft,* wie Mersch weiter ausführt,[102] erlaubt die in der Worttrennung angedeutete Analogie zum Wurf, die raumgreifende Dimension des Rahmens in den Blick zu nehmen. So hat Horst Bredekamp in Rekurs auf Peter Sloterdijk den Wurf als Radius beschrieben, als einen Raum, der geworfen werde, als Raum der Erkenntnis.[103] Der Raum, den der Rahmen wirft, ist ein ikonischer Raum. Dieser Gedanke erlaubt zu entfalten, dass wir es in diesem Rahmen mit Prozessen zu tun haben – etwas gelangt in die Sichtbarkeit. Während sich Sichtbarkeit als Resultat betrachten lässt, steckt in der Sichtbarmachung, die Mersch in diesem Zuge anführt, ganz deutlich ein Geschehen, in dem etwas sichtbar wird, das vorher nicht sichtbar war. Die darin mitschwingenden Unsichtbarkeiten seien im Bild anwesend, im ikonischen Raum. Insofern verdanke sich das Bildliche erst einer Differenz zwischen Sichtbarkeit und Unsichtbarkeit.[104]

Bei//spiel: zwischen Durchblick und Anblick

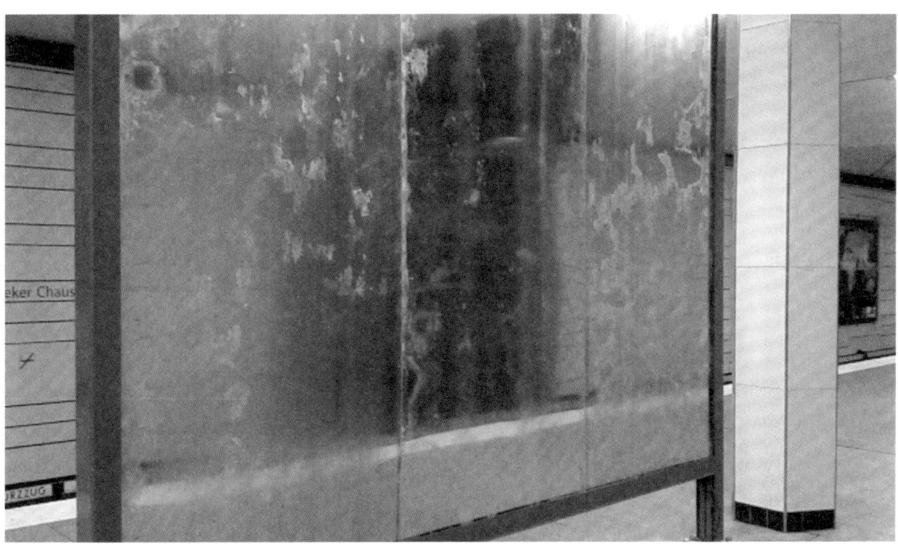

#10

Durchblick

An einem Hamburger U-Bahnsteig sah ich eine der großen Plakatwände, auf denen für gewöhnlich Werbeanzeigen zu sehen sind, in ihrer nackten Form [#10]. Wie ein riesiger Rahmen gewährte die Plakatwand einen transparenten Durchblick auf die andere Seite des Bahnsteigs. Dieser war ›triptychal‹ unterteilt und zeigte eine unruhige Oberfläche (wohl einige Klebereste der Plakate), sodass im Durchblick das Dahinterliegende etwas milchig verschwommen erschien. Damit fungierte dieser Rahmen anders als ein bloßes Fenster, eher wie ein Filter, der mich das Dahinterliegende *anders* sehen ließ. Mein Blick schien vor- und zurückzutreten, womit ich versuche das Gefühl zu beschreiben, welches sich als ein Hin und Her zwischen Seh- und Bilderfahrung aufdrängte, was wohl dem von Mersch beschriebenen reflexiven Vexierspiel nahekommt. Der Bildraum schien sich rechts und links durch die Paneele des U-Bahn-Tunnels fortzusetzen. Wie ein riesiges Display agierte die Plakatwand als Instrument des Zeigens.

Anblick

Als sich das donnernde Rauschen einer U-Bahn näherte, imaginierte ich bereits eine Veränderung im Display, doch die einfahrende Bahn brachte erschütternd den *Durchblick* zum Erliegen [#11]. Dieser wich einem opaken *Anblick*, der ein Dahinterliegendes plötzlich zurückwerfend als ein Gegenüberliegendes inszenierte, worin sich ein Richtungswechsel vollzog. Die Scheibe transformierte sich zum Spiegel, der assoziierte Bildraum brach rechts und links ab.

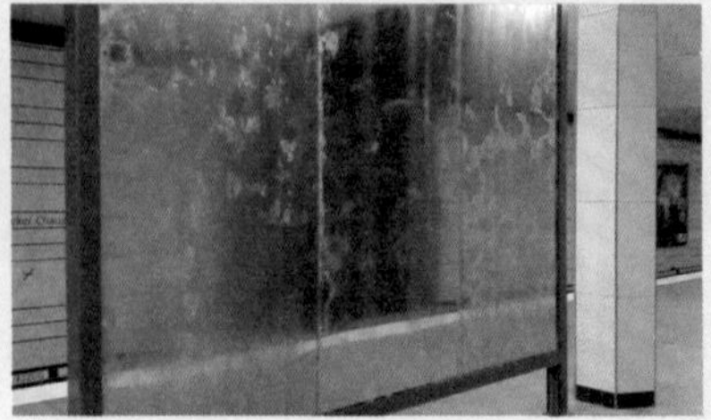

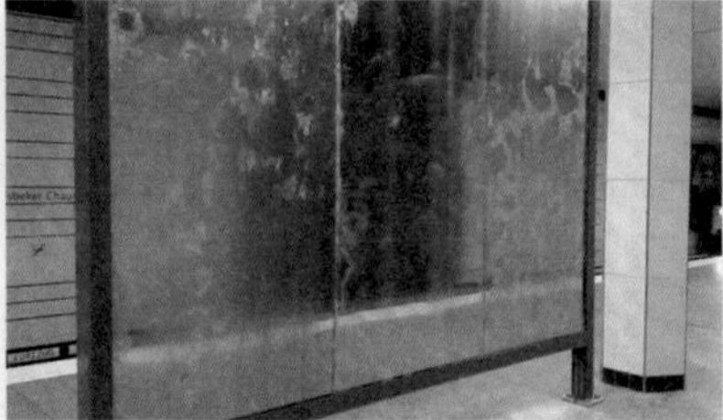

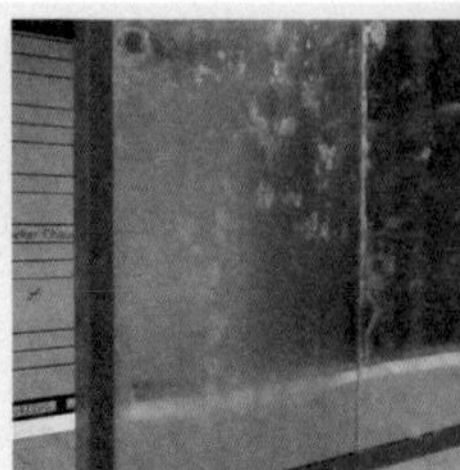

Umschlagen im Blick

Ein nur geringfügig veränderter Standpunkt hätte bereits vor der einfahrenden U-Bahn die Illusion des Durchblicks aufgelöst, was das Umschlagen von einem Durchblick zu einem Anblick jedoch nur minimal abgeschwächt hätte. Das Bei//spiel wirft Fragen auf, die sich auf eine Praxis der Bildlichkeit beziehen: War die Bilderfahrung abseits des beschriebenen Richtungswechsels als ein metaphorisch verstandenes Umklappen im Blick von dieser Dramaturgie unberührt geblieben? Bernhard Waldenfels zeigt auf, dass das Spiegelbild ein »prototypisches Bild« sei, insofern Sichtbarwerden und Bildwerden nicht zusammenfallen, jedoch sorge der Spiegel dafür, dass sich das Sichtbarwerden im Bildwerden vollziehe.[105] Wie verhielten sich Sichtbarwerden und Bildwerden, bevor sich die Plakatwand in ein Spiegelbild transformierte? Waldenfels' Ausführungen zum Spiegelbild betreffen vorrangig das indirekte Sichtbarwerden eines Sehereignisses, welches mit einer "leiblichen Selbstverdoppelung" einhergehe, indem wir uns spiegeln.[106] Diese Unterscheidung ist insofern gewichtig, als dass mein Blickwinkel auf den Spiegel (die leere Plakatwand) mich selbst nicht erblicken ließ. Jene bei Waldenfels zitierte

≥

Stelle zum Spiegelbild, lässt ihn folgend auf MAURICE MERLEAU-PONTY Bezug nehmen, um zu verdeutlichen, dass sich im Spiegel die ikonische Differenz nicht nivelliere.[107] Mit MERLEAU-PONTY zeigt WALDENFELS auf, dass das Bildliche eine mediale Zwischensphäre bildet, die uns dem Bild gemäß sehen lasse, wie ich unter *vom Zwischen aus* bereits erläutert habe. ←\- Dies zeigt eine mögliche Erklärung auf, die jene mediale Zwischensphäre als verbindendes Moment zwischen Anblick und Durchblick versteht.

mediale Zwischensphäre

Von wo kam aber der Anblick, der mein Sehen, wie WALDENFELS formulieren würde, *anhob*[108] und dieses Bildwerden veranlasste? Die spiegelnde Oberfläche der Plakatwand war streng genommen von Beginn an da, nur hatte ich sie als etwas *Anderes* erfahren und eingeordnet, als transparente Glasscheibe. Das Bildwerden war als Medium des Sehens am Sehen beteiligt, sodass sich annehmen ließe, dass es meinen Blick verführte. War doch die Plakatwand zuvor für mich nie ›nackt‹ gewesen, sodass sie in dieser Gestalt erstmalig preisgab, wie sie unter den sonst geschichteten Plakaten aussah. So könnte mein Sehbegehren Grund der luziden Glasscheiben-Illusion gewesen sein, sodass mich etwas traf, das mich etwas anging.[109]

Was dieses Bei//spiel aufwirft, sind komplexe sowohl pathische als auch responsive Dynamiken. So ließe sich mutmaßen, dass das, was pathisch durch den Anblick auf mich zukam, meinen Blick überraschte; denn ich antizipierte bereits, dass sogleich die U-Bahn

pathische und responsive Dynamiken

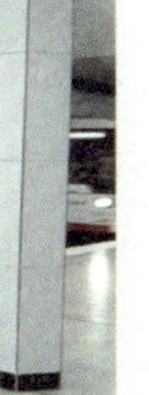
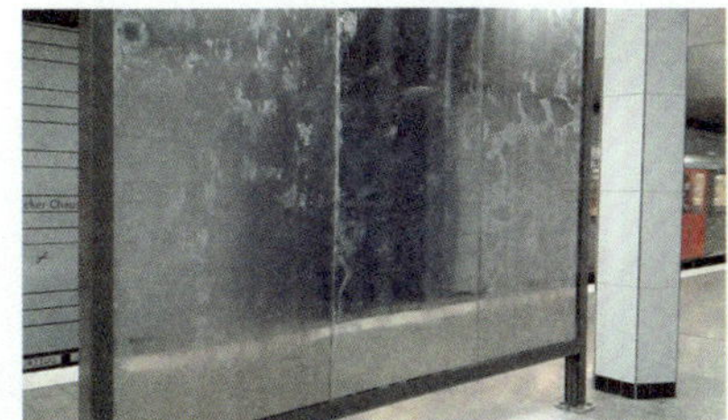
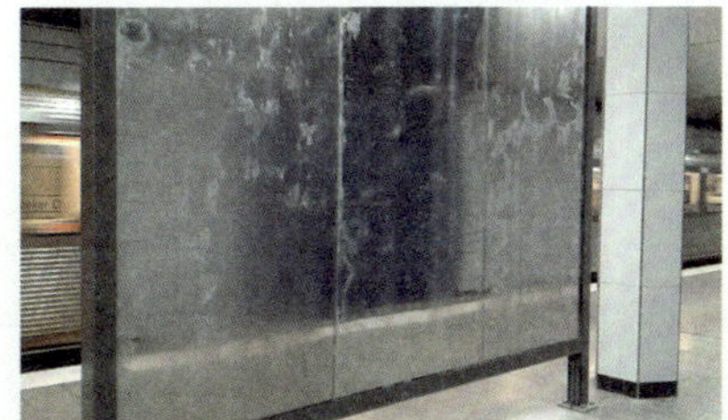

11

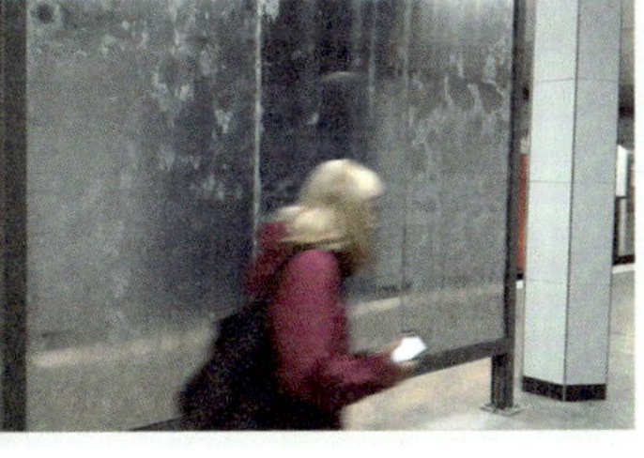
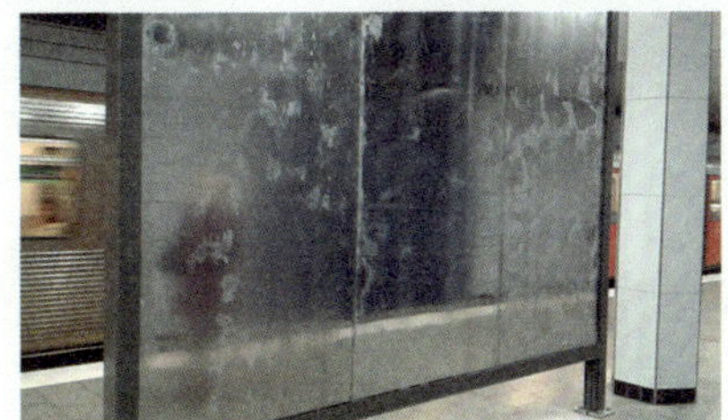
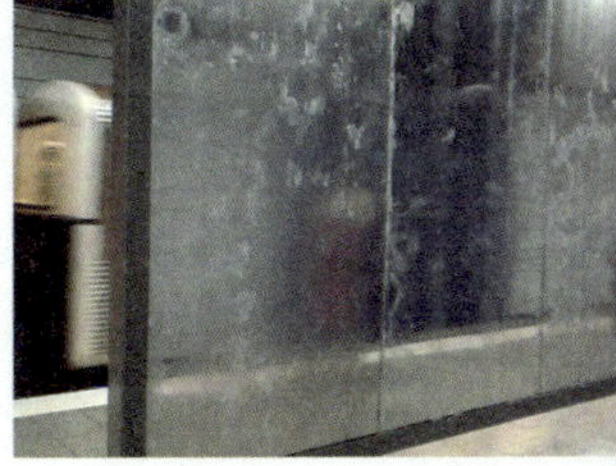

durch den Rahmen fahren würde, sodass mein Blick förmlich von der unerwarteten Wendung abprallte. Auch ließe sich vermuten, dass der veränderte Anblick mein Antworten änderte, mich zu einer anderen Antwortbildung herausforderte. Als die U-Bahn einfährt, scheint es zu einem Sprung im Grund des Bildlichen zu kommen, der nicht in einem verringerten Abstand zur Plakatwand besteht, sondern in einem medialen Sprung, der die Bildwerdung neu kartiert.

←\-
mit dem Bild
S. 62

≥ ≤

Reflexion eines dialektischen Blickgeschehens

Das Bei//spiel besticht darüber hinaus als Reflexion eines dialektischen Blickgeschehens, welches uns durch die Verwechslung qua Irritation gewissermaßen vorgeführt wird. Der im Sehen sich artikulierende Widerstand wird auch anhand des von mir aufgenommenen Videos nachvollziehbar, wie ich in der Lehre und in Vorträgen mehrfach ausprobiert habe.

Zeigen

Ausgehend von einem Bildwerden, das durch Kontrast und Rahmung einer Differenzbildung ent*springt* – ein medialer Sprung ist damit markiert –, weist sich Bildliches durch seine Erscheinungsweise im Modus des Zeigens aus. Bei einem Bildwerden gehe es um die Errichtung von Sichten durch Weisen des Zeigens und Sichzeigens, die es erst ermöglichen, dass Betrachter*innen mit ihrem Blick darauf antworten können, wie MERSCH beschreibt.[110] Die sich errichtenden Sichten an der Plakatwand zeigen damit einen *indirekten Sichtwechsel* an. Dieser ist insofern indirekt, als dass sich das *Was* des Zeigens nicht ändert, wohl aber das *Wie* des Zeigens, was ich mit dem medialen Sprung bereits versucht habe zu erläutern.

Das Errichten solcher Sichten markiert die Macht des Bildes. Diese bedeute, wie BOEHM beschreibt, »zu sehen geben, die Augen zu öffnen. Kurzum: zu zeigen.«[111] Was bildreflexiv interessant erscheint, ist die darin bereits aufscheinende genuin doppelte Zeigefunktion, die ich bei ALLOA treffend formuliert finde: »Bilder zeigen nicht nur etwas, sie zeigen auch stets, *wie* sie zeigen.«[112] Zwar sehen wir die Medialität des Bildes nicht, jedoch könnte ein medialer Wechsel, wie ich ihn im Umschlagen des Blicks beschrieben habe, zumindest einen ›Ruck‹ initiieren, der uns aufmerken lässt und möglicherweise symptomatisch greifbar werden kann.

exemplarische Fälle

ALLOA bezeichnet im Zuge der Verdopplung der Zeigefunktion Bilder daher als »exemplarische Fälle«[113], was für eine Kasuistik der Bilderfahrung eine bemerkenswerte Perspektive aufzeigt. Denn betrachten wir Bilder als Fälle, so gewinnt ihre empirische Facette sowie ihr theoriebildendes Potential an Gewicht. Auch bildreflexiv könnten sie als solche Fälle zu ›Displays‹ einer Reflexion ihrer Bildlichkeit werden. ANDREA SABISCH hat mit ihrem Vorstoß, eine »Beispielbildung als indirektes Zeigen« zu verstehen, bereits im Kontext der Bilderfahrung eine Weise der Fallbildung aufgezeigt, die ausgehend von einem Bildwerden auch ein »Werden der Beispiele« aufgreift, indem Fälle im Prozess ihrer Versprachlichung wie Verbildlichung zu solchen werden.[114]

vom Ich zum Wir in der Bilderfahrung – reflexive Übergänge?

gemeinsames Erfahren?

In der Vermittlung *von* Bildern und *durch* Bilder entstehen oftmals Situationen mutmaßlich *gemeinsamen Erfahrens*. Im Dialogischen findet sich dann eine naheliegende Weise, um z.B. in einer gemeinsamen Betrachtung zu versuchen, ein *Miteinander* zu initiieren, das über eine physische Anwesenheit hinausgehen will. Wir tauschen uns dann im Gespräch durch Sprache über das aus, was wir jeweils erfahren. Dadurch ein *Zwischen* zu inszenieren, um über Erfahrungen *mit Anderen* und über Erfahrungen *Anderer* zu reflektieren, beruht zunächst auf einer Annahme, dass sich unsere Sehfelder und Hörfelder überkreuzen. Wie ich phänomenologisch mit einem *chiastischen Mit* aufgezeigt habe, kann ein bloß additives Nebeneinander im Miteinander überstiegen werden. ←\- Die Situation gemeinsam Bilder zu erfahren, erscheint hochgradig kontingent. Diesem Gedanken will ich folgend nachgehen, um Weisen kollektiver Bildbegegnungen von einem starken Erfahrungsbegriff aus zu überdenken. Wie wird Bildwerden gemeinsam reflektierbar?

miteinander Bildwerden erfahren

Überkreuzen von Erfahrungen

Vor dem Hintergrund einer Unverfügbarkeit von Erfahrungen – eigener, wie auch anderer –, sind Zugänge zur Bilderfahrung nur als indirekt, also symptomatisch, zu verstehen. Indirekte Zugänge zur Bilderfahrung als *Praxen des Antwortens* aufzufassen, verweist auf ein Potential, unterschiedliche Formen von *Displays* zu finden und erfinden, an denen sich Bilderfahrungen symptomatisch herausbilden. Es tritt etwas dazwischen, so wie ich im Sinne eines *Displayings* erläutert habe, das metaphorisch als ›Schirm‹ einem chiastischen Überkreuzen in den Erfahrungen Einzelner versucht entgegenzukommen. ←\× Das bedeutet auch, dass die bloße Überkreuzung von bspw. Sehfeldern noch kein gemeinsames Erfahren bildet. Zugleich spielt aber der Gedanke, dass das, was ich sehe, von *Anderen* mitgesehen wird, eine zentrale Rolle, wenn z.B. die Bilderfahrungen von Mitsehenden imaginierend und simulierend in meine Erfahrung eines Bildes übertreten.

Mit imaginierten simulierten Erfahrungen *Anderer* sind z.B. Momente gemeint, in denen ich durch Gestik, Mimik oder auch Äußerungen Anderer etwas über ihre Bilderfahrung mitgeteilt bekomme oder darüber mutmaße, das mich dann in meiner Bilderfahrung beeinflusst. Dieser Effekt ist nicht zu unterschätzen, insbesondere als Irritationsmoment. So kann etwa der kritische Blick oder ein fassungsloses Kopfschütteln eines Anderen mich in meiner Bilderfahrung zu einer Einordnung seiner Artikulation auffordern.

Störsender

Im Pädagogischen oder in Vermittlung können auf einer Beziehungsebene weitere Dynamiken angenommen werden. Etwa vermutete oder auch direkt benannte Bildbelieben Anderer oder auch vorangestellte Themen und Inhalte können wie Störsender in der Bilderfahrung fungieren.

dynamisches und produktives Zwischen

Wenn wir von jemandem aufgefordert werden, uns ein Bild anzusehen und wir auch gebeten werden, zu erzählen, was wir in dem Bild sehe können, dann bezeichne ich diese Situation als inszenierte Bildbegegnung, die von Intentionen Anderer geprägt ist. Wird Vermittlung als Inszenierung verstanden, in der wir beabsichtigen, Anderen etwas zu vermitteln oder uns in einer Situation befinden, in der uns jemand etwas

←\-
hin zum Gemeinsamen
S. 61

←\×
methodische Displays
S. 146

vermitteln möchte, so zeigen sich beide Geschehen als Momente, die einen *Übergang* initiieren. Dieser stellt keine Schneise der bloßen Weitergabe dar, sondern ein *dynamisches und produktives Zwischen des Performativen.* ←\-

Praxis des Antwortens

Inszenierungen

In Anschluss an den phänomenologischen Erfahrungsbegriff nach BERNHARD WALDENFELS zeigt ANDREA SABISCH auf, wie mit Inszenierungen »eine Praxis des Antwortens beginnen [kann], die pathische Repräsentationen als Spuren sichtbar macht. Die Antworten auf das, was uns widerfährt, setzen so einen Anfang, den es ›an sich‹ nie gegeben haben wird. Sie produzieren Haltestellen, Stillstellen, Risse und Grenzen, die eine Kommunikation und eine Reflexion erst ermöglichen [...].«[115] Miteinander Bilder zu erfahren wäre von unterschiedlichen Spurbildungen gezeichnet, die je nach Weise ihrer (Re)präsentation kommunizierbar und reflektierbar werden. Dass solche Inszenierungen also produktive Nahtstellen auch für bildreflexive Ansätze bilden, steht außer Frage. Wie sie dies tun und was die Dramaturgie dieser Inszenierung angeht, erscheint als die entscheidende Blickachse, um danach zu fragen, wie wir vom Ich zum Wir in der Bilderfahrung gelangen.

idealisierte Intersubjektivität

Aus meiner eigenen Schulzeit erinnere ich mich an zwei Weisen sehr unterschiedlichen Bemühens um eine derartige Kollektivierung vor Bildern. Diese spiegeln keinesfalls aktuelle kunstpädagogische oder kunstvermittelnde Ansätze wider, sondern sollen helfen, eine Problematik samt ihrem Motiv herauszubilden. Erstere deckt sich mit dem bisherigen Umriss gemeinsamer Bildbegegnungen, die im Gespräch umkreisen »Was das Bild zeigt« – pardon: »Was das Bild *uns* zeigt.« In diesem ›*Uns*‹ besteht die Problematik, um überhaupt eine Bildbeziehung herzustellen[116], was zugleich ein Reflektieren über Bilderfahrungen verhindert. Warum aber neigen gemeinsame Bildbetrachtungen dazu, den singulären Erfahrungen mit einem gemeinsamen Standpunkt zu begegnen? Zeigen sich diese Bemühungen als Ausdruck einer idealisierten Intersubjektivität? Mir scheint darin eine relevante Spur zu liegen. Eine andere könnte man im Mythos der Vergleichbarkeit suchen, den es vor allem dann und dort benötigt, wo Ergebnisse der Feststellung »betoniert« werden müssen.[117] Gemeinsam über Bilder zu sprechen ist großartig, man möge mich nicht falsch verstehen, doch vor dem Hintergrund einer Bilderfahrung vom Zwischen aus, die Bildwerden als situative, subjektive Weisen eines Bildererfahrens markiert, gelingt mit einer idealisierten Intersubjektivität allerhöchstens eine harmonisierende Geste. Gewendet betrachtet ließe sich dem beschriebenen Vorhaben, sprachlich aufzulösen, »Was das Bild uns zeigt.«, eine äußerst abstruse Intention unterstellen, da diese Sehnsucht homogenen Bildwerdens utopisch bleibt.

»Was das Bild uns zeigt.«

Zeichnen zu Bilderfahrungen Anderer

Die andere Erinnerung aus meiner Schulzeit betrifft vielmehr einen nie eingelösten Wunsch. So erzählte mir ein Freund aus seinem Kunstunterricht von einem ›Spiel‹, bei dem einer seiner Mitschüler ein Bild betrachtete, welches nur er sah. Er begann zu beschreiben, was er sah. Alle anderen erhielten ein Blatt Papier, auf dem sie nach den Beschreibungen ihres Mitschülers eine Zeichnung anfertigten. Mich hatte diese Si-

←\-
Verkörperung // durchmachen
S. 53

tuation immer fasziniert. Rückblickend erscheint mir diese Situation gerade deshalb so glanzvoll, als dass sie unter dem Vorzeichen des ›Spiels‹ irgendwie *out of order* war, im Sinne: außerhalb des gewohnten Betriebs im Kunstunterricht. Aus meiner Sicht handelt es sich dabei um eine andere Weise, gemeinsam ein Bild zu erfahren, die sich erstens an der Aufmerksamkeit und dem Bildwerden des Mitschülers entfachte und zweitens zugleich mehrere mediale Sprünge vor sich hat: von der Versprachlichung des Mitschülers zu den *jeweiligen* Imaginationen der *Anderen*, zu ihren Entscheidungen und Übersetzungen in die Zeichnung, die sich mit jedem Strich auf dem Blatt Papier figurierten. Dieses Zeichnen zu den sprachlichen Spuren der Bilderfahrung eines *Anderen* markiert *ein* Beispiel für einen anderen Einsatzpunkt des Gemeinsamen.[118]

bildreflexive Annäherungen – Symptome einer Sozialität und Alterität

soziale Dimension von Reflektieren

Ein Reflektieren, das den Umweg über *Andere* vollzieht, kann hinsichtlich seiner Dimensionen von Sozialität und Alterität befragt werden. Das Reflektieren mit *Anderen* über ein *Anderes* oder *Andere* verweist auf diese Ebene der Bilderfahrung. Etwas zu reflektieren ist nicht notwendig sozial bedingt, wenn auch oft sozial grundiert, indem z.B. Interaktionen mit Anderen zur Reflexion anregen. Situationen gemeinsamer Reflexion unterstellen wir oft, dass sich der individuelle Standpunkt hin zu einem sozialen Denkraum öffnet. Gemeinsames Reflektieren wird von dieser Unterstellung getragen, verbleibt jedoch eigentlich stets in einem vermutenden Modus, insofern wir vorab weder wissen können, wohin das gemeinsame Reflektieren führt, noch *wie* und sogar *ob* die Anderen dieses gemeinsame Reflektieren erfahren – schon gar nicht, wie sie *ihr* jeweiliges Reflektieren erfahren. Situationen gemeinsamen Reflektierens sind daher gesteigert kontingent, nicht nur in ihrer Realisierung, sondern auch in ihren möglichen Zielsetzungen. Wozu wollen wir überhaupt gemeinsam reflektieren?

gesteigertes Potential

Gemeinsames Reflektieren als ein gesteigertes Potential und somit als ein produktives Moment auszuweisen, erhebt einen Anspruch. Inwiefern wird die mit der Unterstellung verbundene Hoffnung eines gemeinsamen Reflektierens von Bilderfahrungen möglich? Woran und wie zeigt sich gemeinsames Reflektieren? Woran und wie können wir über die Erfahrungen von Anderen reflektieren? Und gewendet betrachtet – wie artikuliere ich meine Reflexion gegenüber Anderen?

Potential kollektiver Wissensbildung

Situationen, denen wir gemeinsames Reflektieren unterstellen, zielen einerseits oft auf die Selbstreflexion des Einzelnen ab und betreffen andererseits das Potential kollektiver Wissensbildung. In Anschluss an den Erkenntnistheoretiker Ludwik Fleck sei Erkenntnis überhaupt nicht anders möglich als im Rahmen von Denkkollektiven. Jedes einfache Beobachten sei an eine Denkgemeinschaft gebunden, weshalb Denken grundlegend eine soziale Tätigkeit sei.[119] ←\- Damit wäre eine Perspektive aufgezeigt, mit der sich auch einem Reflektieren eine solch soziale Bedingtheit unterstellen ließe. Entgegen der Annahme, dies könnte bereits die Lösung für Ansätze gemeinsamen

←\-
Denkkollektive
S. 56

Reflektierens über Bilderfahrung sein, markiert die soziale Bedingtheit meiner Ansicht nach viel eher ein Potential, das die Abstände zwischen den Einzelnen betrifft.

transindividuelle Verwebungen

So gilt es wesentlich in den Blick zu nehmen, wie die Abstände zwischen Einzelnen in einem gemeinsamen Reflektieren über Bilderfahrung *wirken* können. ←\- Dazu benötigt es Passagen, Verbindungen, Relationen, die etwa ein Transindividuelles bilden, als ein Gefüge der Verbundenheit. ←\- Transindividuelle Verwebungen durch Bilderfahrungen verstehe ich als Gegenbewegung einer idealisierten Intersubjektivität, insofern dieses Gewebe ein Wir *bildet*, anstatt es zu setzen.

Stimmung

Während Karl-Josef Pazzini aufzeigt, dass wir etwa in einer Stimmung[120] verbunden sein können, schließt Andrea Sabisch mit einem konkreten Beispiel an, mit dem sie die Stimmung als »atmosphärisches Zusammenspiel der bildlichen Konstellation«[121] bezeichnet. Die Stimmung verbleibe darin indirekt, »dennoch durchwirkt sie unsere Erfahrungen grundlegend und spielt in das Antwortverhalten hinein.«[122]

Gemeinschaft durch Stimmung?

Versuche ich dies auf Situationen gemeinsamen Erfahrens und auch Reflektierens vor Bildern zu beziehen, so gelingt zunächst die Vorstellung eines je individuellen Zusammenspiels der bildlichen Konstellationen, die unterschiedliche Stimmungen hervorbringen. Unterstellt man den bildlichen Konstellationen bereits, dass sie ähnliche Stimmungstendenzen entwickeln, berührt dies abseits dessen, wie sich ein Bildwerden jeweils vollzieht, einen zweiten Kanal der Stimmung. Pazzini verdeutlicht am Beispiel »bekannterer Bilder«, warum die Stimmung vor Bildern verbinden kann, ohne das jeweilige Bildwerden zwangsläufig zum Erliegen zu bringen (wenn die Stimmung eine vereinnahmende, verallgemeinernde Sinnbildung vorgaukelt). Pazzini verweist auf das »merkwürdig berührende Phänomen« einer Gemeinschaft, wenn wir ein Bild betrachten, was bereits schon Goethe gesehen habe – und Pazzini ergänzt:»[w]as natürlich nicht so einfach ist.«[123] So erscheint mir naheliegend, dass die jeweilige Aktqualität des Bildlichen uns niemals erlaubt, ein Bild zu sehen, was auch Goethe sah. Die dennoch erhoffte, durch das Bild geknüpfte Beziehung, ließe sich nur auf einer Materialebene des Bildes denken. W.J.T. Mitchells Unterscheidung von *picture* und *image* ist dabei hilfreich. Während das *picture* ein materielles Objekt sei, »etwas, das man verbrennen oder zerbrechen kann«, sei das *image* etwas, »das in einem *picture* erscheint und dessen Zerstörung überlebt«.[124] Mitchells Unterscheidung von *picture* und *image* ermöglicht eine materielle und mentale Dimension des Bildlichen zu differenzieren, sodass Goethe vielleicht selbiges *picture* sah, nicht aber selbiges *image*, um noch einmal auf Pazzinis Beispiel zu verweisen.

Es erscheint mir dabei als ein anregender Gedanke, die bildlichen Konstellationen und die Figur der Stimmung als relationales Gewebe zwischen *picture*, *image* und Betrachter*innen zu verstehen. Um sich diese gewebeartigen Verflechtungen der Bilderfahrungen mehrerer Individuen, die etwa in einer Stimmung verbunden sein können, vorzustellen, assoziiere ich die Arbeiten von Gertrud Goldschmidt (Gego), wie bspw. *Esfera No. 5* [#12]. Die netzartige Struktur, die sich durch zahlreiche Kno-

←\- Abstand **S. 43**

←\- Relationen **S. 64**

tenpunkte bildet, suggeriert trotz ihrer materialen Statik eine Dynamik des Gebildes. Anscheinend von der Decke hängend, imaginiere ich die Drehung, Faltung, Verschiebung des Gebildes als ein dynamisches Geflecht. Die Abstände scheinen insofern ins Wirken zu geraten, als sie Figurationen hervorbringen. Die Arbeit lebt somit von den Zwischenräumen, den Leerstellen und den Distanzen. Die Assoziation von Gegos Werk mit der Frage bildreflexiver Annäherungen an Bilder scheint bereits einen Ansatz gemeinsamer Reflexion durch Bilderfahrungen anzudeuten, insofern meine Bezugnahme einen Moment bildlichen Reflektierens markiert.

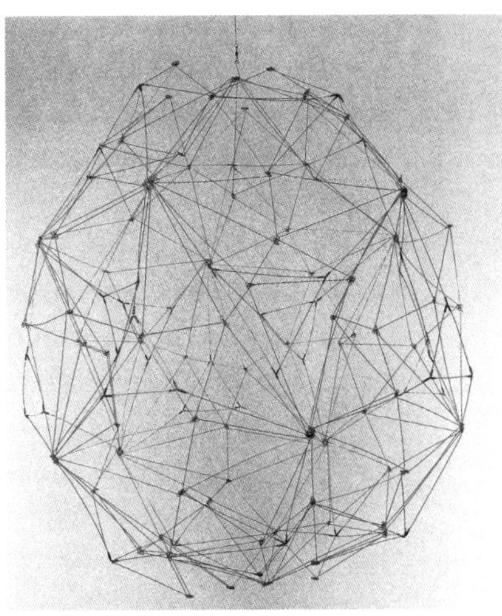

12

Weiterhin erscheint es naheliegend, sich dem Dialogischen zuzuwenden. Dialogisches Verhalten, das Bernhard Waldenfels als einen Moment versteht, dem Zeugung innewohne[125], deutet sich als mediales Movens eines Gemeinsamen, als Passage des Austausches an. Es ist nicht nur *eine* Weise, sondern auch eine, die ihrem Gelingen nicht vorauseilt. Wir können Dialoge führen, ohne einander zu verstehen . →\» Gerät das klassische Gespräch vor Bildern in Verruf, weil es etwa zu wenige mediale Spielarten mit Bildern gebraucht, so begründet sich dies nicht prinzipiell am Dialogischen, sondern – wie so oft – an der Weise seiner Praxis. Mir erscheint diese Anmerkung notwendig, um nicht den Eindruck zu erwecken, dass ich dem Gespräch vor Bildern kritisch gegenüberstehe – wohl kommt es mir aber ausdrücklich auf die Prämissen und Paradigmen an, die in diesen Situationen *in Anspruch* genommen werden.

dialogisch

Soziale Dimension eines Reflektierens werfen die Frage auf, *wie* wir von einem *Ich zu einem Wir* in der Reflexion über Bilderfahrungen nachdenken und auch gelangen können, wenn wir mit Ludwik Fleck an die soziale Bedingtheit von Erkenntnis glauben, ←\- aber in Verweis auf Bernhard Waldenfels auch die Subjektgebundenheit von Erfahrung ernst nehmen. ←\-

vom Ich zum Wir

Die Perspektive der Sozialität legt nahe, sich bei dieser Frage auch auf soziologische Theorien zu beziehen. Insbesondere erscheint das dort entwickelte Vokabular weiterführend für ein Nachdenken und Beschreiben von Weisen des gemeinsamen Reflektierens zu sein. Als Begründer einer phänomenologischen Soziologie widmet sich Alfred Schütz in *Strukturen der Lebenswelt*[126] der Erfahrbarkeit des Anderen, indem er Strukturen einer »Wir-Beziehung« darlegt. Ein relevanter Ausgangspunkt seiner Argumentation ist die Unterscheidung von »unmittelbarer Erfahrung eines Anderen« und einer »mittelbaren Erfahrung der Sozialwelt«.[127] Die Unmittelbarkeit von Erfahrung stellt aus Perspektive einer Phänomenologie der gebrochenen Erfahrung nach Waldenfels im ersten Moment keine widerspruchsfreie Theorie dar, jedoch zeigt Schütz selbst auf, dass es sich nicht wirklich um eine unmittelbare Erfah-

soziologische Anschlüsse

→\»
Verstehen, Verständnis und Verständigung – Momente der (De)Synchronisierung mit Anderen?
S. 356

←\-
Denkkollektive
S. 56

←\-
Erfahrung
S. 32

rung handle, sondern dass wir den Anderen immer nur ›mittelbar‹ erfassen können. SCHÜTZ relativiert an späterer Stelle die Unmittelbarkeit der Erfahrung des Anderen, legitimiert die Verwendung dieses Ausdrucks aber mit einer geringen Mediatisierung der Begegnung mit Mitmenschen:

> » Obwohl wir von der ›unmittelbaren‹ Erfahrung des Mitmenschen sprechen, ist natürlich auch diese Erfahrung im strengsten Sinne des Wortes ›vermittelt‹. Den Erlebnisablauf des Mitmenschen erfasse ich nur ›mittelbar‹, indem ich seine Bewegungen, seinen Ausdruck, seine Mitteilungen als Anzeichen von subjektiv sinnvollen Erfahrungen eines fremden Ich auslege. Unter all meinen Erfahrungen eines fremden Ichs ist aber die Begegnung des Mitmenschen in der Gleichzeitigkeit der Wir-Beziehung die gleichsam am wenigsten mediatisierte. So sprechen wir weiterhin, wenn auch inexakt, von einer unmittelbaren Erfahrung des Mitmenschen.«[128]

Dass sich SCHÜTZ entscheidet, den Ausdruck der ›unmittelbaren Erfahrung‹ trotz seiner Ungenauigkeit zu verwenden, verweist nicht nur darauf, dass die damit gemeinte »face-to-face Situation«[129] (etwa von mir und einem Anderem) eine Spezifische ist, sondern auch, dass die Versprachlichung dieser Differenz schwierig, wie zugleich notwendig ist.

Zuwendung als Du-Einstellung

SCHÜTZ legt dar, dass die unmittelbare Erfahrung des Anderen dann möglich sei, wenn wir lebensweltlichen Raum und Weltzeit teilen, ich so die Leiblichkeit des Anderen erfahren kann, vorausgesetzt, ich wende meine Aufmerksamkeit dem Anderen zu.[130] Eine Situation etwa, in der sich mehrere Individuen vor einem Gemälde, einer Zeichnung oder einer Projektion befinden und diese betrachten, könnte ein solch lebensweltliches wie leibliches Teilen darstellen.

Die benannte *Zuwendung*[131] bezeichnet Schütz mit dem Ausdruck der *Du-Einstellung*, als eine »allgemeine Form, in der ein Anderer in Person erfahren wird.«[132] Weisen wechselseitiger Zuwendung stellen die für eine Wendung *vom Ich zum Wir* relevante Perspektive in SCHÜTZ' Theorie der sozialen Beziehung her:

Wir-Beziehung

> » Die Du-Einstellung kann entweder einseitig oder wechselseitig sein. Es ist möglich, daß ich mich dir zuwende, du aber mein Dasein nicht beachtest. Es mag aber auch sein, daß ich mich dir zuwende, wie auch du dich mir. Im Fall der wechselseitigen Du-Einstellung konstituiert sich eine soziale Beziehung, die wir mit dem Ausdruck Wir-Beziehung bezeichnen wollen.«[133]

plurale Wir-Beziehungen

Die Bildung eines *Wir* tritt bei SCHÜTZ stark hervor. Ein Wir, das sich wechselseitig konstituiert, ließe sich vielleicht in unterschiedlichen Intensitäten denken, sodass Wir-Beziehungen von einem bloßen Beachten bis hin zu einer intensiven Auseinandersetzung mit Anderen reichen. Sowohl die Du-Einstellungen als auch die Wir-Beziehungen können vermutlich nur als temporäre Einstellungen denkbar werden, sodass sie entstehen und sich auch wieder auflösen. Mit SCHÜTZ wird deutlich, dass wenn viele Individuen zusammenkommen, die jeweils unterschiedlichste Du-Einstellungen miteinander bilden, dies auch mehrere Wir-Beziehungen zur Folge haben müsste. Das also allzu gern herangezogene Wir, um eine Gemeinschaft, ein kollektives Gemeinsames zum Ausdruck zu bringen, wäre ein gewaltiges Gewebe relationaler Gefüge (man denke erneut an GEGO #12).

Hatte es sich LUDWIK FLECK also zu einfach gemacht, als er im Zusammentreten zweier Individuen bereits deren Denkkollektiv begründete?

SCHÜTZ führt weiter aus, dass ich in einer »konkreten Wir-Beziehung«[134], wie etwa dem Gespräch, »an der schrittweisen Konstitution« des Sprechens des Anderen teilnehme und nur solange in einer Wir-Beziehung bleibe, wie »ich am gemeinsamen Ablauf unserer Erfahrung teilhabe.«[135] Die Worte des Anderen versteht SCHÜTZ als Anzeichen, als *Symptome* für den subjektiven Sinn, den alle Erfahrungen einschließlich des aktuellen Sprechens für den Anderen haben.[136] Insofern folgt SCHÜTZ' Symptombegriff einer Logik des Verweisens, indem das, was ich durch meine Erfahrung der Worte des Anderen von diesem erfahre, auf seine Erfahrung bzw. seine Sinnkonstruktionen verweisen kann.

Symptome

Für Situationen gemeinsamen Reflektierens zeigt sich demgemäß im Dialogischen eine *Bühne für Symptome von Zuwendungen zum Anderen*. Entscheidend wirkt aber, dass durch die Reflexion einer gemeinsamen Erfahrung, ich mich laut SCHÜTZ aus der Wir-Beziehung entferne und auch der Andere für mich umso entfernter werde – er werde vom »Mitmensch« zum »Nebenmensch«, wie SCHÜTZ beschreibt.[137] SCHÜTZ zeigt hierin einen Moment des *Abstands zum Anderen* auf, der in *meiner* Reflexion über *unsere* gemeinsame Erfahrung entsteht. Jede Zuwendung zum Anderen verändert sich folglich durch die Reflexion des *Uns*, sodass SCHÜTZ von einer Wir-Beziehung spricht, die sich in ihrer Bestimmtheit unserer wechselseitigen Beziehung immer wieder aktualisiere.[138] Da sich in der Wir-Beziehung die Intersubjektivität der Lebenswelt ausbilde und fortwährend bestätige, weist diese Beziehung dynamische, performierende Züge auf. Das heißt, anstelle eines additiven Zusammentretens entstehe ein eigenes singuläres Drittes in der Wir-Beziehung.[139]

Mitmensch
↓
Nebenmensch

Ich habe versucht mit SCHÜTZ eine allzu leicht verdeckte Dynamik eines sich *performierenden Wir* aufzudecken. Dieser Gedanke nimmt sozusagen mit Anlauf Bezug auf Situationen, die ein gemeinsames Reflektieren von Bilderfahrung intendieren. Die gewonnene Komplexität fordert dazu heraus, die mit einem Wir verbundenen Ansprüche zu befragen. Verbleiben diese bei einer Geste der Übereinstimmung dessen, was wir an Bildern erfahren, oder gelingt es, die gemeinsame Situation vor einem Bild mit *Anderen* als Feld heterogener Beziehungsbildungen zu begreifen, die auf ein Bildungspotential verweisen? Bildende Beziehungen zu einem Bild aufzubauen, die sich an den vielfältigen Wir-Beziehungen entwickeln, könne aus der Chance hervorgehen,

performierendes Wir

»

Fremdes wahrzunehmen »an sich oder dem Bild«[140], worin ich im »Umweg über den Anderen« ←\- eine Weise bildreflexiver Hinwendung vorschlagen möchte.

Schütz ⟷ Jullien

Schütz' Theorie bietet mir an dieser Stelle, wie sich bereits andeutet, erneut die Möglichkeit, an Überlegungen des französischen Philosophen François Jullien anzuknüpfen und zugleich die bei Schütz als Beispiel einer konkreten Wir-Beziehung angeführte Situation des Dialogs zu vertiefen. Wenngleich Jullien weniger auf die Einheit von lebensweltlichem Raum und Weltzeit drängt, wie Schütz dies in der Wir-Beziehung als notwendige Bedingung darlegt, zeigt sich bei Jullien sowohl am Dialog als auch am Begriff des »Gemeinsamen«, was sich in seiner Rede vom *Abstand zum Anderen* bereits andeutete. ←\-

Dialog ↕ Reflexion

das Gemeinsame

In seinem Werk *Es gibt keine kulturelle Identität* widmet sich Jullien ausführlich dem Dialog als eine Form des Übergangs, wie ich es im Kapitel *vom Zwischen aus* dargelegt habe. ←\- Der Dialog lebe vom Abstand, sodass im aktivischen Zwischen des Dialogs ein Raum entstehe, in dem sich die unterschiedlichen Positionen *aneinander* reflektieren können. Das Gemeinsame sei dabei Bedingung und zugleich Ziel des Dialogs.[141] Ähnlich erscheint dies bei Schütz: Erst die Wir-Beziehung ermöglicht mir die Symptome der Sinnbildung des Anderen wahrzunehmen, wodurch sich die Wir-Beziehung als Bedingung wie Resultat einer Zuwendung zum Anderen zeigt. So seien in der Wir-Beziehung »unsere Erfahrungen voneinander nicht nur koordiniert, sondern auch wechselseitig bestimmt und aufeinander bezogen. Ich erfahre mich selbst durch den Mitmenschen, und er erfährt sich durch mich. Die Spiegelung des Selbst in der Fremderfahrung – genauer in meinem Erfassen der Erfahrung des Anderen von mir – ist ein konstitutives Element der Wir-Beziehung. [...] Erfahrungen in der Wir-Beziehung sind gemeinsame Erfahrungen.«[142] Schütz' Ausführungen beziehen sich keinesfalls nur auf Situationen des Dialogs. Vielmehr zeigt sich im Dialogischen ein relevantes Beispiel. Ein weiterer Aspekt, der sich zwischen Schütz und Jullien konstituieren lässt, artikuliert sich am Gemeinsamen. Bei dem Gemeinsamen handle es sich weder um die Resorption der Abstände, wie Jullien beschreibt, noch um erzwungene Assimilation, »[...] sondern um etwas, das durch die interne Spannung zwischen nun operierenden Abständen produziert wird.«[143]

Die Überlegungen Schütz' bestärken das Potential gemeinsamer Bildbegegnungen, insofern die »gemeinsamen Erfahrungen« nur in dieser spezifischen Weise einer Wir-Beziehung entstehen. Jene Spiegelung des Selbst in der Fremderfahrung verstehe ich mit Waldenfels als ein Antworten, das anderswo beginnt.[144] Antworten als eine dialogische Äußerung setze aber bereits ein Selbst oder ein Subjekt voraus, das antwortfähig und antwortbereit sei.[145] Versteht man Bilderfahrungen mit Pazzini als Nähmaschinen des Subjekts[146], so ist meine These, das eine performierende gemeinsame Erfahrung durch Bilder das Potential aufweist, neue Fäden in unsere Subjekt-Gewebe einzuschleusen.

←\- Umweg über den Anderen? S. 54

←\- Abstand S. 43

←\- Dialog S. 70

Warum aber verliert eine intersubjektive Idealisierung in Bildbegegnungen ihre Anhänger nicht? SCHÜTZ zeigt eine an das Phänomen anschließende Perspektive auf: Ein erstes Grundaxiom der sozialisierten natürlichen Einstellung bestehe in einer Erfahrbarkeit der Gegenstände der Lebenswelt, die für meine Mitmenschen prinzipiell ähnlich meiner Erfahrung sind.[147] Die Erfahrung der »räumlichen Gliederung der Lebenswelt«, der »eigenen Wirkzone« und der »biographischen Artikulation«, bilden zusammen ein zweites Grundaxiom, welches eine Differenz zwischen meinen Erfahrungen und denen Anderer aufzeigt.[148] Für »alle praktischen Zwecke des Alltags« werde dieses zweite Grundaxiom jedoch durch »pragmatisch motivierte Idealisierungen«, die sich in einer »Generalthese der wechselseitigen Perspektiven« verbinden, aufgehoben[149]: dies artikuliere sich als eine »Vertauschbarkeit der Standpunkte«[150] und eine »Kongruenz von Relevanzsystemen«[151]. Kurz: Intersubjektive Idealisierungen erscheinen als schützender Pragmatismus, dessen Motor so etwas wie ein höfliches, nicht exkludieren wollendes Erfahrungsverständnis zu sein scheint – was ich erfahre, kann auch ein anderer erfahren.

Warum Idealisierungen?

Abschließend möchte ich auf den Ansatz der Proflexionsphilosophie[152] von FRANZ FISCHER verweisen, welche dieser von 1962 bis 1970 als freier Wissenschaftler entwickelte und die sich vielleicht als Konzept einer *Reflexionstheorie der Alterität* bezeichnen ließe. Ich verstehe diese Bemerkung als »große Fußnote«, die eine noch zu verfolgende Spur bildet.

Große Fußnote: Proflexion

FISCHERS Vorschlag, anstelle von Reflexion von Proflexion zu sprechen, verschiebt meiner Ansicht nach nicht nur eine Zeitlichkeit, sondern auch eine *Dynamik des Reflektierens*. FISCHERS Beweggründe für diesen Neologismus scheinen die in seiner Theorie grundlegende Ebene einer Alterität zum Ausdruck zu bringen: »Das Ich müsste sich dem Anderen in Proflexion zuwenden. [...] Die Proflexion finde Sinn im Erkennen des Anderen.«[153] Wie EPHRAIM MEIR, Professor für moderne jüdische Philosophie, über FISCHERS Theorie herausarbeitet, handle es sich um eine neue Art des Denkens, »[...] das nach einem Sinn sucht, der nicht im Selbst, sondern in dem Anderen liege, dem wir begegnen.«[154] Auf Alterität ausgerichtet zeigt MEIR (selbst auch über das dialogische Denken forschend) auf, dass sich das Ich in der Proflexion in einer dynamischen Bewegung auf *Andere*, nicht auf sich selbst zurückkehre.[155]

Bildwerden – Implikationen für reflexive Bildbegegnungen

»*Das Bild ist wieder aufgetaucht.*« – »*Wo war es?*« Mit diesem Dialog habe ich meine Überlegungen zum Bildwerden eingeleitet und sie bildtheoretisch als profan, wie zugleich bizarr ausgewiesen. Die Erzählung über den Dialog zweier Kuratoren endet unspektakulär, wenn wir das wieder aufgetauchte Bild als *picture* begreifen, so als

... der Dialog der zwei Kuratoren

würden wir bloß von einem Gegenstand sprechen. Warum der Dialog aber auch wie der Beginn einer Reihe karikaturesker Witze unter Bildtheoretiker*innen erscheinen mag, begründet sich in einem vom Ereignen ausgehenden Bildwerden. Was bedeutet es, wenn wir das wieder aufgetauchte Bild als *image* begreifen? Wie können Bilder ein- und wieder ausfallen? So erscheint die Frage nach dem Aufenthalt des Bildes in seiner Lesart als *image* bildtheoretisch essentiell.

Bildwerden als dynamisches Geschehen

Ein Bildwerden anzunehmen, das in der Bildtheorie vielerorts vertreten wird und in unterschiedlichen Modellentwürfen davon ausgeht, dass sich Bildlichkeit ereignet, Bilder sich einstellen, mit JEAN-PAUL SARTRE gesprochen Bilder eher Akte als Dinge sind und eines Einstellungswechsels bedürfen[156], zeigt sich als eine weitreichende Entrückung von Praxen der Bildbeschreibung, die auf eine verallgemeinerbare oder sogar allgemeingültige Be-*zeichnung* des Bildlichen aus sind wie auch einem statischen Verständnis von Bildern. Bildwerden als Begriff, der einer Performanz des Bildlichen gerecht wird, artikuliert sich als *dynamisches Geschehen im Zwischen.*

die Bilderfahrung gibt es nicht

Indem *ich* ein Bildwerden ermögliche, verstehe ich dieses als dialogisch – dialogisch zwischen mir und einem Bildlichen, anderen Bildern, aber aus einer transindividuellen Perspektive auch zwischen mir und anderen Subjekten. In Analogie zum Erfahrungsbegriff nach BERNHARD WALDENFELS ließe sich das dialogische Verständnis auch gegen ein responsives ersetzen, sodass mir in der Bilderfahrung etwas widerfährt, das ich *als* Bildliches erfahre. Ein vom Subjekt aus gedachtes pathisch-responsives Erfahren von Bildlichem bedeutet aber auch, dass es *die* Bilderfahrung nicht geben kann – weder subjektiv noch intersubjektiv. Mehr noch: Bilder sind so etwas wie Symptome vergangener Widerfahrnisse. WALDENFELS formuliert: »Angesichts der Tatsache, daß es Widerfahrnisse sind, die sich in Bilder umsetzen, sind Bilder niemals bloße Einbildungen.«[157]

Performanz und ›Permaterianz‹

Bildlichkeit ausgehend von ihrer Performanz und Permaterianz[158] als eine Aufführung zu verstehen, die ein unverfügbares *Zwischen* zwischen mir und dem Bildlichen entfaltet, hat etwas mit meinen Blickweisen, mit Blickregimen[159], Blickerfahrungen oder mit den Bildschirmen (in Verweis auf LACAN) zu tun; gleichzeitig verweist eine so verortete Bildlichkeit auf ein nahezu Interventionales, vom Bildlichen her auf mich Gerichtetes.

erste Implikation: ikonisches Als

Eine erste Implikation setzt daran an, ein *ikonisches Als* als Nahtstelle bildreflexiver Hinwendungen zum Bildlichen zu betrachten, insofern ihre Kontingenz allererst einen Spielraum eröffnet, um Relationen zum Bildlichen zu bilden. Bildfänger und Blickfänger sind keine statischen Akteure, denen wir nur begegnen müssen, sondern sie weisen sich vielmehr als Impulse aus, einem Begehren oder Mangel, einer Anrührung, Affizierung oder Irritation nachzuspüren. Bilder als Ko-Konstrukteure unserer Bilderfahrungen zu verstehen, spiegelt sich in einer Bildbereitschaft und Aufmerksamkeit unsererseits wider. So möchte ich bestärken, dass bildreflexive Annäherungen einen unhintergehbaren Bezug zu den Subjekten eines Bildwerdens benötigen.

Erst dann gelingt die Entrückung von einer antizipierten hin zu einer kontingenten Bilderfahrung, die bspw. ein Fragen ermöglicht.

zweite Implikation: Dramaturgien ikonischer Temporalität

Zweitens ließe sich anhand der Zeitlichkeit eines Bildwerdens eine genauso notwendige Zeit für Bilderfahrung aufzeigen. Es bedarf Zeit, dass etwas sich als ein Ikonisches einstellt, dass es sich entfaltet, windet und wendet. Ich habe vorgeschlagen, mit zeitlichen Distanzen als Reflexionsmovens sequenziellen Bildwerdens zu experimentieren, wie ich es an der Inter//vention ›*inszeniertes Bildwerden*‹ gezeigt habe. Ein zweiter Aspekt, der aus dieser Inter//vention hervorgeht, betrifft den Umgang mit einer ikonischen Temporalität. Die in der Inter//vention aufgezeigte Irritation eines vorgetäuschten Mediums zeigt sich als Chance, Dramaturgien der Bildbegegnung von ihrer Medialität her zu denken. Das bedeutet, nicht an der Oberfläche ihrer vermeintlichen Bildgehalte anzusetzen, sondern in Anbetracht wissenschaftlicher, künstlerischer oder pädagogischer Fragestellungen, den Blick auf die Weisen der Bildlichkeit des Bildlichen zu richten.

dritte Implikation: Bildperformanz – Ansätze eines Mitvollzugs des Bildlichen

Drittens erscheint daher insbesondere eine Bildperformanz Anschlüsse aufzuzeigen. So weist sich die relationale Aktqualität einer Bilderfahrung, die anstelle einer Abbildlichkeit dessen Generativität herausstellt, als mögliches Einsetzen bildreflexiven Hinwendens. Es erscheint notwendig, Raum für Bildungen eigener Korrelationsverhältnisse zu schaffen, wie zugleich die Aktqualität des Bildlichen in reflexiven Zugängen hineinzuholen. Unter einem Mitvollzug der Bildlichkeit habe ich daher vorgeschlagen, unter Vorbehalt des Entzugs der Medialität, sich den medialen Bedingungen zuzuwenden, so schwer diese auch einholbar sind. Für weitere Überlegungen erscheint darüber hinaus relevant, die Machtpolaritäten, die sich in Blickbeziehungen eines Interaktionsverhältnisses zwischen Bildlichem und Betrachter*innen verorten, bildreflexiv aufzudecken, indem wir moralischen wie ethischen Fragen nachgehen und diese z.B. auch an unseren jeweiligen Begehren und Ansprüchen explizieren, wenn wir Bilder in pädagogischer, vermittelnder, wissenschaftlicher oder künstlerischer Praxis einsetzen.

vierte Implikation: Übergänge inszenieren

Viertens erscheint der Übergang vom Noch-Nicht-Bild zum Bild als gewichtiger Ansatzpunkt, insofern er eine starke Kontrastwirkung inszeniert, durch die der Übergang vielleicht stärker hervortritt als in den gewohnten Bahnen eines Sehens. Das Visuelle als zugleich Gegen- und Mitspieler des Bildlichen habe ich als Pfad der Annäherung beschrieben. Das Bildliche von seiner Negation her zu reflektieren, betrachte ich als starkes Moment eines bildreflexiven Ansatzes, insofern dieser ein Bündnis wie auch eine Differenz von Seh- und Bilderfahrungen umspielt. Durch ein Denken des Abstands gelingt es, Differenz, so spezifisch sie hinsichtlich ihrer Relationen jeweils ausgeführt wird, nicht länger pauschal, sondern in ihren Intensitäten des Abstands zu betrachten. Dies impliziert, dass Übergänge einer Bilderfahrung vom Zwischen aus anders reflektiert werden können, wenn Phänomene in den Blick genommen oder inszeniert werden, die an einer liminalen Bildlichkeit ansetzen.

fünfte Implikation: Umschlagen des Blicks

Fünftens habe ich daher versucht ausgehend von den *bildlichkeitskonstituierenden* Figuren Kontrast und Rahmung, Schwellen zum Bildlichen reflexiv zu wenden. Mit der Inter//vention ›*zwischen Durchblick und Anblick*‹ habe ich ein Beispiel gegeben, wie möglicherweise ein Umschlagen des Blicks, das ich ausgehend von einem medialen Sprung gedacht habe, ein dialektisches Blickgeschehen pathisch-responsiver Dynamiken einer Bilderfahrung reflektierbar werden lässt. Mein Vorschlag, die Inszenierung des Sprungs als einen *Zoom* in die mediale Zwischensphäre zu denken, nivelliert nicht den Entzug des Medialen, sondern setzt an den Dynamiken seiner Performanzen an, die in der Inter//vention möglichenfalls verstärkt werden.

sechste Implikation: Reflexion sozialer und alteritärer Dimensionen

Eine Verschiebung vom Ich zum Wir in der Bilderfahrung habe ich versucht an einer grundlegenden Befragung eines Gemeinsamen, aus einer Gewissheit eines bloß einzusetzenden Wir herauszulösen. Als sechste Implikation zeigt sich folglich, dass nicht nur in Anbetracht einer soziologischen wie phänomenologischen Perspektive stets von einem sich bildenden Wir auszugehen ist, sondern dass auch vor dem Hintergrund eines Bildwerdens, glättende wie zugleich verallgemeinernde Gesten einer sich wie auch immer artikulierenden Vergemeinschaftung vor Bildern nicht möglich erscheinen. Anstatt einer idealisierten Intersubjektivität auf den Leim zu gehen, habe ich dafür argumentiert, transindividuelle Verwebungen und damit das Potential kollektiver Wissensbildung in den Blick zu nehmen. Greifen bildreflexive Hinwendungen die Bilderfahrungen Einzelner sowie die sich relational herausbildenden gemeinsamen Erfahrungen unterschiedlicher instabiler *Wirs* auf, kann es gelingen, Bildwerden ausgehend von Sozialität und Alterität zu reflektieren und ihre Potentiale weiterzuentwickeln.

1 Und Godot kommt nicht.
2 Waldenfels, Bernhard: *Sinne und Künste im Wechselspiel.* 2010. S. 261.
3 Waldenfels, Bernhard: *Phänomenologie der Aufmerksamkeit.* 2004. S. 164.
4 Neben dem Begriff des Bildwerdens sei auch jener der Bildwerdung benannt, der sich ebenso auf die performative und responsive/dialogische Struktur des Erfahrens von Bildlichkeit bezieht: »Im Prozess der Bildwerdung vollzieht sich einerseits ein Übergang vom Sichtbaren zur Virtualität und andererseits ein Übergang vom Bild zum Subjekt bzw. zur Sozialität und umgekehrt.« Sabisch, Andrea: *Bildwerdung.* 2018. S. 10. Die Bildwerdung wird von Andrea Sabisch im Kontext ihrer Theorie zur Bilderfahrung jedoch stärker an bildungstheoretische Überlegungen vom Visuellen aus geknüpft. Sabisch, Andrea: *Bildwerdung.* 2018. S. 11.
5 Vgl. Krämer, Sybille: *Gibt es eine Performanz des Bildlichen?* 2011. S. 68f.
6 Ebd. S. 69.
7 Vgl. Waldenfels, Bernhard: *Spiegel, Spur und Blick.* 2001. S. 15.
8 Bernhard Waldenfels entwickelt dazu einen bemerkenswerten Ansatz zwischen Bilderfahrung und Seherfahrung mit Rekurs auf Max Imdahl. Waldenfels, Bernhard: *Ordnungen des Sichtbaren.* 1994.
9 Waldenfels, Bernhard: *Bildhaftes Sehen.* 2010. S. 34.
10 Waldenfels, Bernhard: *Phänomenologie der Aufmerksamkeit.* 2004. S. 113.
11 Waldenfels spricht von merkwürdigen Schwellenbildern, die mit einer »Lösung der Figur vom Grund« agieren, »dem Extrem eines Grunds ohne Figur, der alle Konturen einbüßt«. Waldenfels, Bernhard: *Phänomenologie der Aufmerksamkeit.* 2004. S. 223.
12 Cremonini, Andreas: *Was ins Auge sticht.* 2008. S. 93.
13 Vgl. ebd. S. 94.
14 Ebd. S. 95.
15 Waldenfels, Bernhard: *Die Anomalität von Kunstbildern und Patientenbildern.* 2014. S. 41.
16 Waldenfels, Bernhard: *Phänomenologie der Aufmerksamkeit.* 2004. S. 223.
17 Ebd.
18 Alloa, Emmanuel: *Das durchscheinende Bild.* 2011. S. 75.
19 Ebd.
20 Hans Belting schreibt: »Der ›desir‹, wie ihn die Franzosen nennen, ist der Motor des Blicks« Belting, Hans: *Zur Ikonologie des Blicks.* 2005. S. 52.
21 »Wie etwas erscheint und wie etwas zum Bild wird, ist

nicht unabhängig von der Frage zu betrachten, für wen es erscheint. Bildwerdung und Subjektbildung sind wechselseitig miteinander verwoben.« SABISCH, ANDREA: *Bildwerdung*. 2018. S. 11.

22 Insbesondere in folgenden Publikationen der Autor*innen: SABISCH, ANDREA: *Bildwerdung* (2018) und PAZZINI, KARL-JOSEF: *Bildung vor Bildern* (2015).

23 »Das worin etwas als etwas erscheint, wird zu einem zweiten Etwas, wenn man es aus seiner Funktion herauslöst.« WALDENFELS, BERNHARD: *Bruchlinien der Erfahrung*. 2002. S. 36.

24 Ebd. S. 78.

25 STOELLGER, PHILIPP: *Die Aufmerksamkeit des Bildes*. 2011. S. 125f.

26 Ebd.

27 Ebd. S. 137.

28 Vgl. BREDEKAMP, HORST: *Der Bildakt*. 2015. S. 59.

29 Ebd.

30 Ebd.

31 So wurde an HORST BREDEKAMPS 2010 veröffentlichten Buch *Theorie des Bildaktes* bspw. moniert, dass es sich mehr um eine Phänomenologie, denn um eine Theorie des Bildaktes handle, weshalb BREDEKAMP die Neufassung 2015, auf die ich mich hier beziehe, bloß mit »Der Bildakt« betitelte. Vgl. BREDEKAMP, HORST: *Der Bildakt*. 2015. S. 11.

32 PAZZINI, KARL-JOSEF: *Bildung vor Bildern*. 2015. S. 27.

33 ANDREA SABISCH formuliert diese bemerkenswerte Beobachtung im Kontext eines Bildwerdens und Sichtbarwerdens anhand der weißen Bilder des chinesischen Malers QUI SHIHUAS, die ich in meiner Erfahrung am leeren Bilderrahmen in ähnlicher Weise wahrgenommen habe. SABISCH, ANDREA: *Bildwerdung*. 2018. S. 58.

34 WALDENFELS, BERNHARD: *Sinne und Künste im Wechselspiel*. 2010. S. 44.

35 Vgl. SARTRE, JEAN-PAUL: *Die Imagination*. 1994. S. 227.

36 Ebd.

37 Als Modelle oder Bei//spiele bilden sie über diese Inter//vention hinaus vielleicht ein recht prägnantes Beispiel für jene in der methodologischen Konzeption beschriebenen »Zweckbündnis[se] auf Zeit« SCHAUB, MIRIAM: *Das Singuläre und das Exemplarische*. 2010. S. 21.

38 Vgl. WALDENFELS, BERNHARD: *Ein menschlicher Traum für Wachende*. 1995. S. 190.

39 PAZZINI, KARL-JOSEF: *Überschreitung des Individuums durch Lehre*. 2010. S. 309.

40 Ebd.

41 GOTTFRIED BOEHM negiert die statische Anmut der Bilder und verweist auf eine Lebendigkeit, wie die Animation als ein ›zum Leben erwecken‹, ebenfalls in sich trägt: »Was wir als Bild erfahren, ist nicht nur statisch und starr, sondern erweckt zur gleichen Zeit den Atmen einer, wie auch immer gearteten Lebendigkeit.« BOEHM, GOTTFRIED: *Die Sichtbarkeit der Zeit und die Logik des Bildes*. 2017. S. 273.

42 Vgl. SABISCH, ANDREA: *Bildwerdung*. 2018. S. 58.

43 BOEHM, GOTTFRIED: *Augenmaß*. 2008. S. 37.

44 Der Begriff ›hypnagogisch‹ wird von GOTTFRIED BOEHM traum-assoziiert, im Sinne einer Halluzination oder Illusion verwendet. Meinem Verständnis nach geht es um Momente sich bildender Figurationen im Sehen, indem etwas als etwas erfahrbar wird.

45 Ebd.

46 GOTTFRIED BOEHMS Zugang zum Bildlichen zeigt ausgehend von einer Singularität einzelner Bilder und Darstellungen immer wieder neue Anbahnungen zu einer Genese des Bildlichen, die folglich auch in seiner Forschungshaltung einer Zeitlichkeit des Bildes gerecht werden. Die Beiträge, in denen der Kunsthistoriker GOTTFRIED BOEHM einer Zeitlichkeit des Bildlichen nachgeht, sind in dem von RALPH UBL herausgegebenen Band *Die Sichtbarkeit der Zeit* erstmalig gebündelt aufzufinden. BOEHM, GOTTFRIED: *Die Sichtbarkeit der Zeit und die Logik des Bildes*. 2017. RAHEL VILLINGER, die diesen Band mit einem Nachwort begleitet, stellt an der paradoxalen Herausforderung dieses Vorhabens eine Beobachtung zu BOEHMS theoretischen Ansatz heraus, welche die Besonderheit seines Denkens einer Zeitlichkeit des Bildlichen umschreibt: BOEHMS Ansatz bestehe in einem »durch und durch exemplarischen Verfahren«, das »unablösbar von den singulären Formen der Darstellung der jeweiligen Bilder« seinen Gehalt immer wieder neu verhandle. Sie konturiert daran die Herausforderung, BOEHMS Begriff des zeitlichen Bildes zur Darstellung zu bringen. VILLINGER, RAHEL: *Der Übersetzer der Bilder*. 2017. S. 292.

47 Die Beiträge des Bandes gehen vorwiegend auf eine Vortragsreihe an der Universität Basel im Jahr 2006 zurück. SCHWARTE, LUDGER (Hg.): *Bild-Performanz*. 2011.

48 Vgl. ALLOA, EMMANUEL: *Darstellen, was sich in der Darstellung allererst herstellt*. 2011. S. 34.

49 Ebd. S. 38f.

50 Ebd. S. 39.

51 Ebd.

52 Ebd. S. 47.

53 KARL-JOSEF PAZZINI geht auf den Wunsch ein, sich der eigenen Wahrnehmung in einer gemeinsamen Wahrnehmung versichern zu wollen. PAZZINI, KARL-JOSEF: *Bildung vor Bildern*. 2015. S. 71.

54 ALLOA, EMMANUEL: *Darstellen, was sich in der Darstellung allererst herstellt*. 2011. S. 47.

55 MERSCH, DIETER: *Ikonizität*. 2011. S. 111.

56 »Das Bildliche lässt offenbar keine exakte Zuschreibung zu einem Medium zu. Entsprechend trifft die jeweilige Wahl des Paradigmas- das Bild als Ikone, als Tableau, als Objekt oder auch als technische Formen wie Fotografie, Film oder digitale Visualisierungen – nicht selten irreführende Vorentscheidungen« Ebd.

57 Vgl. ebd. S. 112.

58 Vgl. ebd.

59 Ebd.

60 Ebd.

61 Ebd. S. 122.

62 MERSCH, DIETER: *Sichtbarkeit/Sichtbarmachung*. 2014. S. 22.

63 Ebd. S. 21.

64 KRÄMER, SYBILLE: *Gibt es eine Performanz des Bildlichen?* 2011. S. 69.

65 Vgl. WALDENFELS, BERNHARD: *Sinne und Künste im Wechselspiel*. 2010. S. 367.

66 KRÄMER, SYBILLE: *Gibt es eine Performanz des Bildlichen?* 2011. S. 71.

67 Vgl. ebd.

68 Ebd. S. 76.

69 Vgl. PAZZINI, KARL-JOSEF: *Bildung vor Bildern*. 2015. S. 69.

70 »Blicke sind nicht ungefährlich. Wenn den Betrachter etwas angeht oder wenn Künstler dafür sorgen, dass eine Arbeit, jemanden etwas angehen solle, dann geschehen zumindest Eingriffe oder Übergriffe, vielleicht sogar Verletzungen der bisherigen Integrität.« Ebd.

71 Boehm, Gottfried: *Wie Bilder Sinn erzeugen.* [2007] 2. Aufl. 2008. S. 11.
72 Belting, Hans: *Die Herausforderung der Bilder.* 2007. S. 11.
73 Vgl. Rancière, Jacques: *Politik der Bilder.* 2005. S. 8.
74 Vgl. *Etymologisches Wörterbuch des Deutschen.* 1997. S. 1519.
75 Vgl. Rancière, Jacques: *Politik der Bilder.* 2005. S. 8.
76 Vgl. Daney, Serge: *Devant la recrudescence des vols de sacs à main. Cinéma, télévision, information.* Aléas Éditeur. S. 194. Zit. nach: Wetzel, Michael: *Das Bild und das Visuelle.* 2003. S. 181.
77 Ebd.
78 Ebd. S. 177.
79 Denn wenn »Bildlichkeit noch nicht in ihrer Physis liegt, sondern erst gestiftet werden muss, verdankt sich jedes Bild einer vorgängigen Einsetzung« Alloa, Emmanuel: *Darstellen, was sich in der Darstellung allererst herstellt.* 2011. S. 42.
80 Vgl. Waldenfels, Bernhard: *Sinne und Künste im Wechselspiel.* 2010. S. 70.
81 Vgl. dazu ausführlicher: Johns, Stefanie. *Über hybride Live-Bilder.* 2019.
82 Vgl. Alloa, Emmanuel: *Das durchscheinende Bild.* 2011. S. 315.
83 Vgl. ebd.
84 Ebd. S. 316.
85 Waldenfels, Bernhard: *Hyperphänomene.* 2012. S. 108.
86 Vgl. ebd. S. 110.
87 Seminar im Wintersemester 2015/16 an der Universität Hamburg, Fakultät für Erziehungswissenschaft, an der Forschungs- und Le[ ]rstelle Kunstpädagogik und Visuelle Bildung.
88 Marc Prensky hat in seinem äußerst anregenden Aufsatz über *Digital Natives, Digital Immigrants* darauf verwiesen, dass sich die Lernenden verändern und dass das derzeitige Bildungssystem nicht für diesen neuen Typus Lernender entwickelt wurde. Er bemerkt, dass eine digital geprägte Generation auf eine andere Weise denken und Informationen verarbeiten würde. Prensky, Marc: *Digital Natives, Digital Immigrants.* 2001.
89 Problematisch empfinde ich die koloniale Färbung des Begriffs ›Natives‹.
90 Vgl. Alloa, Emmanuel: *Das durchscheinende Bild.* 2011. S. 272.
91 Vgl. auch Mersch, Dieter: *Posthermeneutik.* 2010. S. 214f.
92 Boehm, Gottfried: *Die Sichtbarkeit der Zeit und die Logik des Bildes.* 2017. S. 276.
93 Boehm, Gottfried: *Die Wiederkehr der Bilder.* 1994. S. 30.
94 Ebd.
95 Böhme, Gernot: *Theorie des Bildes.* [1999] 2. Aufl. 2004. S. 92.
96 Mersch, Dieter: *Posthermeneutik.* 2010. S. 214.
97 Ebd.
98 Mersch, Dieter: *Sichtbarkeit/Sichtbarmachung.* 2014. S. 20
99 Ebd. S. 26.
100 Vgl. ebd. S. 26f.
101 Neurophysiologische Ansätze wie der Wolf Singers weisen in solchen Zusammenhängen auf Automatismen unseres Sehsystems hin. Singer spricht von Vorwissen aus individuellen Seherfahrungen, aber auch von evolutionären Prozessen. So gehe unser Sehsystem bspw. davon aus, dass Licht von oben komme. Strukturen, die Schatten nach unten werfen, werden somit als hervortretende, konvexe wahrgenommen, während obenliegende Schatten gegenteilig als konkave Vertiefungen erscheinen. Singer, Wolf: *Das Bild in uns.* 2009. S. 114f.
102 Mersch, Dieter: *Sichtbarkeit/Sichtbarmachung.* 2014. S. 25.
103 Horst Bredekamp »Vom Wurf zur Sammlung zur Form«. Vortrag an der Hochschule für Bildende Künste in Hamburg. Aula. 02.02.2017.
104 Vgl. Mersch, Dieter: *Sichtbarkeit/Sichtbarmachung.* 2014. S. 20.
105 Waldenfels, Bernhard: *Sinne und Künste im Wechselspiel.* 2010. S. 153.
106 Ebd. S. 150.
107 Vgl. ebd. S. 151.
108 Vgl. ebd.
109 Vgl. Insa Härtel und Karl-Josef Pazzini zur Dialektik des Blickgeschehens: »Es trifft etwas, das die, die davon getroffen sind, etwas angeht.« Härtel, Insa; Pazzini, Karl-Josef: *Blickfänger.* 2017. S. 108.
110 Vgl. Mersch, Dieter: *Sichtbarkeit/Sichtbarmachung.* 2014. S. 19.
111 Boehm, Gottfried: *Wie Bilder Sinn erzeugen.* [2007] 2. Aufl. 2008. S. 39.
112 Alloa, Emmanuel: *Das durchscheinende Bild.* 2011. S. 266.
113 Ebd.
114 Sabisch, Andrea: *Bildwerdung.* 2018. S. 385f.
115 Sabisch, Andrea: *Inszenierung der Suche.* 2007. S. 258.
116 »Es fällt schwer, eine bildende Beziehung zu einem Bild aufzubauen, wenn ein Betrachter schon genau weiß, was er sehen wird, oder was er gesehen haben muss. Er spiegelt nur sich oder das Bild, das er meint abgeben zu müssen. Er lässt sich keine Chance, etwas noch nicht Bekanntes, Fremdes wahrzunehmen, an sich oder dem Bild.« Pazzini, Karl-Josef: *Bildung vor Bildern.* 2015. S. 38.
117 Vgl. dazu Pazzini, Karl-Josef: *Überschreitung des Individuums durch Lehre.* 2010. S. 310f.
118 Andreas Schoppe hat in seinem 2011 herausgebrachten Band »Bildzugänge« diesen Bildzugang übrigens als »Bilddiktat« beschrieben. Schoppe versucht darin im Weiteren eine Vielzahl unterschiedlicher Weisen der Bildbegegnung in methodischen Impulsen aufzuzeigen. Gelungen erscheint mir seine einleitende Kritik an längst überholten Weisen der »klassischen Analysemethoden«, die linear verlaufend Schritte der »Selbstkonstruktion« unterlaufen. Werkimmanentes Vorgehen sei nicht mehr möglich, insofern es die »Interessen und Vorerfahrungen« der Schüler*innen ausklammere. Schoppe erhofft sich von einer individuellen Konstruktion von Bildgehalten eine entscheidende Veränderung im Bildzugang. Auch sein Appell, sich methodische Wege selbst auszudenken, den er mit seiner eigenen Praxis begründet, erscheint mir sympathisch und anregend. Seine methodischen Impulse sind anwendungsorientiert und bieten gewiss Anregung. Kritisch erscheint mir dennoch, dass sich sowohl ein Bildwerden als auch chiastische Blickbeziehungen einer Bilderfahrung im dort vorzufindenden Bildverständnis nicht artikulieren. Anstelle von »Vorerfahrungen« zu sprechen als wäre dies ein bloß abrufbares Wissen, sehe ich eine Verschiebung auf die Bilderfahrungen als gewichtigen Schritt einer visionierten »Selbstkonstruktion«, die dann nämlich einer Subjektbildung weichen könnte. Schoppe, Andreas: *Bildzugänge.* 2011.
119 Vgl. Fleck, Ludwik: *Entstehung und Entwicklung einer wissenschaftlichen Tatsache.* [1935] 10. Aufl. 2015. S. 129.
120 Vgl. Pazzini, Karl-Josef: *Stimmungen.* 2015. S. 99.
121 Sabisch, Andrea: *Bildwerdung.* 2018. S. 359.
122 Ebd.
123 Pazzini, Karl-Josef: *Bildung vor Bildern.* 2015. S. 39.
124 Mitchell, W.J.T.: *Vier Grundbegriffe der Bildwissenschaft.* 2009. S. 322.

125 Vgl. WALDENFELS, BERNHARD: *Das Zwischenreich des Dialogs*. 1971. S. 345.
126 Der Bezug auf diese frühe Theorie SCHÜTZ' wird hier nur exemplarisch für Überlegungen zu Weisen gemeinsamen Reflektierens aufgebaut. Insbesondere SCHÜTZ' Differenzierung von Sinnschichten/Sinnstufen bleibt an dieser Stelle unbeachtet.
127 SCHÜTZ, ALFRED: *Strukturen der Lebenswelt*. 1979. S. 90.
128 Ebd. S. 92.
129 Ebd. S. 91.
130 Vgl. ebd.
131 Auch BERNHARD WALDENFELS verwendet den Begriff der Zuwendung im Kontext seiner Überlegungen zum Aufmerksamkeitsgeschehen, den er jedoch nicht nur in Bezug auf Mitmenschen, sondern umfassender als »aufmerkende Hinbewegung« versteht, die einer Anziehung unterliege. Vgl. WALDENFELS, BERNHARD: *Grundmotive einer Phänomenologie des Fremden*. [2006] 5. Aufl. 2016. S. 93.
132 SCHÜTZ, ALFRED: *Strukturen der Lebenswelt*. 1979. S. 91.
133 Ebd.
134 Ebd. S. 92.
135 Ebd. S. 93.
136 Vgl. ebd. S. 92.
137 Ebd. S. 93.
138 Vgl. ebd. S. 94.
139 »Die Lebenswelt ist weder meine private Welt, noch deine private Welt, auch nicht die meine und die deine addiert, sondern die Welt unserer gemeinsamen Erfahrung.« Ebd. S. 98.
140 PAZZINI, KARL-JOSEF: *Bildung vor Bildern*. 2015. S. 38.
141 Vgl. JULLIEN, FRANÇOIS: *Es gibt keine kulturelle Identität*. 2017. S. 89f.
142 SCHÜTZ, ALFRED: *Strukturen der Lebenswelt*. 1979. S. 96.
143 JULLIEN, FRANÇOIS: *Es gibt keine kulturelle Identität*. 2017. S. 90.
144 Vgl. WALDENFELS, BERNHARD: *Bruchlinien der Erfahrung*. 2002. S. 188.
145 Vgl. ebd.
146 Vgl. PAZZINI, KARL-JOSEF: *Bildung vor Bildern*. 2015. S. 172.
147 Vgl. SCHÜTZ, ALFRED: *Strukturen der Lebenswelt*. 1979. S. 88.
148 Ebd.
149 Ebd.
150 »Wäre ich dort, wo er jetzt ist, würde ich die Dinge in gleicher Perspektive, Distanz, Reichweite erfahren wie er; und wäre er hier, wo ich jetzt bin, würde er die Dinge in gleicher Perspektive erfahren wie ich.« Ebd.
151 »Ich und er lernen es als gegeben hinzunehmen, daß Unterschiede der Auffassung und Auslegung, die sich aus der Verschiedenheit meiner und seiner biographischen Situation ergeben, für seine und meine, für unsere gegenwärtigen praktischen Zwecke irrelevant sind, daß ich und er, daß wir so handeln und uns so verständigen können, als ob wir die aktuell und potentiell in unserer Reichweite stehenden Objekte und deren Eigenschaften in identischer Weise erfahren und ausgelegt hätten.« Ebd. S. 89.
152 FRANZ FRISCHER orientierte sich in seinen Theorien unter anderem an dialogtheoretischen Überlegungen MARTIN BUBERS. BUBER, MARTIN: *Ich und Du* (1974); *Das dialogische Prinzip* (1984).
153 FISCHER, FRANZ: *Proflexion*. 1985. S. 357.
154 MEIR, EPHRAIM: Zu einer ›proflexiven‹ Philosophie und ›Proligion‹. 2015. S. 95.
155 Vgl. MEIR, EPHRAIM: Zu einer ›proflexiven‹ Philosophie und ›Proligion‹. 2015. S. 95, 97. EPHRAIM MEIR stellt im Weiteren Bezüge zwischen den Ansätzen von FRANZ FISCHER und MARTIN BUBER her, auf den sich FISCHER bezog: »Für Buber und Fischer ist der Andere nicht Objekt meines Denkens oder meiner empirischen Erfahrung, was den Anderen zum Selbst reduzieren würde. Sie fanden einen Weg, an den Anderen zu denken, ohne unverändert zum selbst zurückzukehren. Die Identität des Ich ist somit mit dem Anderen verbunden; Subjektsein bedeutet in Verbindung zu stehen.« MEIR verdeutlicht weiter: »Beide Denker wenden ihr dialogisches Denken auf etwas an, das mehr ist als Inter-Subjektivität. Sie erweitern die Perspektive auf Gesellschaft als solches, auf die Interaktionen innerhalb einer Gruppe und auf die Interaktionen zwischen Gruppen.« MEIR legt dar, das sowohl FISCHER als auch BUBER die unhintergehbare Diskrepanz zwischen Wirklichkeit und ihrer Transformation in Sprache anerkennen. MEIR, EPHRAIM: *Zu einer ›proflexiven‹ Philosophie und ›Proligion‹*. 2015. S. 104.
156 Vgl. SARTRE, JEAN-PAUL: *Die Imagination*. 1994. S. 227.
157 BERNHARD WALDENFELS scheint damit eine Figuration des Pathischen zu beschreiben: Die Produktivität der Verbildlichung bestehe nicht in einer Verdopplung von äußerer Realität in inneren Bildern, sondern darin »[...] daß wir das, was uns widerfährt, in Bildern sehen und ins Bild bringen.« WALDENFELS, BERNHARD: *Sozialität und Alterität*. 2015. S. 144.
158 Vgl. PAZZINI, KARL-JOSEF: *Bildung vor Bildern*. 2015. S. 24.
159 Vgl. dazu auch KAJA SILVERMANS Überlegungen zum Blickregime nach JAQUES LACAN. SILVERMAN, KAJA: *Dem Blickregime begegnen*. 1997.

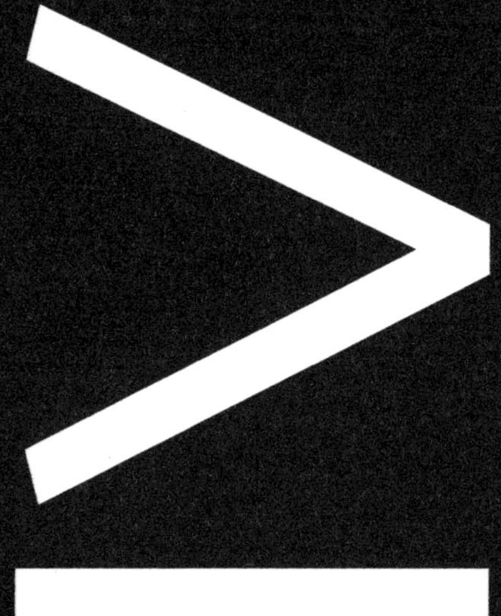

231 — 263

Blickwerden

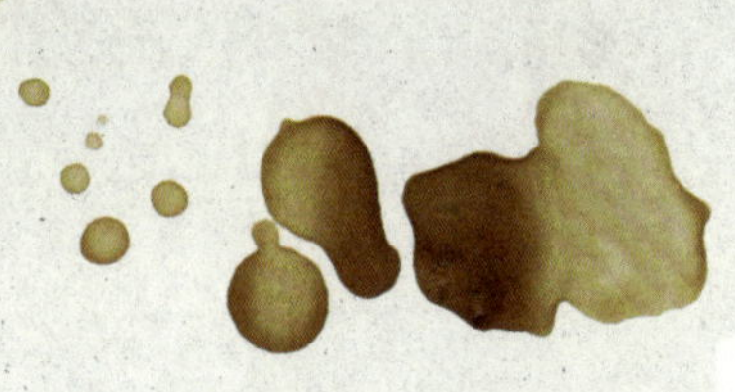

In der Genese bildtheoretischer Forschung stehen die pathisch-responsiven Eigenlogiken zwischen Bildern und Subjekten nicht nur im Lichte einer Aktqualität von Bilderfahrungen, sondern entfalten sich in einer Verquickung zwischen Bildern und Blicken. Dies einzuholen und artikulierbar zu machen, markiert die Herausforderung, Bilderfahrungen zu reflektieren. Ausgehend von einem annährend synergetisch verwobenen *Bildwerden* und *Blickwerden* weist ihr wechselseitiger Bezug ein dynamisches Zwischen aus. Die Rede von *Blickbeziehungen*, *Blickverschränkungen* oder einem *Chiasmus der Blicke* weist dabei prinzipiell über den Bilddiskurs hinaus, hat sich aber in einer Reihe bildtheoretischer Ansätze etabliert.[1] Insbesondere bildphilosophische Positionen durchdringen die leiblichen wie medialen Dispositionen und entwerfen darin Ansätze und Ansprüche bildreflexiver Hinwendungen zum Bildlichen.

Bilder als durch den Blick Werdende

Bildlichkeit von ihrem Werden ausgehend zu betrachten, lässt Bilder als durch den Blick Werdende erscheinen. Die grundlegende Verquickung zwischen Bildlichkeit und Blick habe ich begonnen am Bildwerden aufzuzeigen und werde die Vertiefung in diesem Kapitel nun vorwiegend an einer Figur des *Blickwerdens*[2] vollziehen.

Wenn sich ein Ausgangspunkt der Bilddynamik als »eine Beunruhigung des Blicks«[3] artikuliert, so bezieht sich ein Blickwerden bildreflexiv auf blickende Subjekte und *ihre* (!) zurückblickenden Bilder. Ein Blickwerden will ich im Anschluss daran als implizite gewordene und werdende Weisen des Sehens betrachten, die sowohl die Zeitlichkeit eines Bildwerdens als auch dessen Ereignen als Grundlage der Argumentation heranziehen. Dabei steigt insbesondere ein Spannungsverhältnis zwischen einer selektierenden Aufmerksamkeit[4] im Blicken und einem fluktuierenden ikonischen Status empor. ←\-

←\-
Zwischen als Unentscheidbarkeit
S. 47

Konzeption des Kapitels

Zunächst entwickle ich anhand des Bei//spiels ›*zwischen Nichtssehen und Anderssehen*‹ eine in Anschluss an Bernhard Waldenfels herausgearbeitete Kontur eines sehenden Sehens, das in seiner radikalsten Form an einer *Umarbeitung des Blicks* beteiligt ist. Meine folgende Untersuchung umkreist die Dynamiken dieses Blickwerdens. Das Verhältnis zur Bilderfahrung wirft dabei einen spezifischen Blick auf, einen *ikonischen Blick*, den ich maßgeblich an Dieter Merschs bild- und medienphilosophischer Position diskutiere, um Anlässe und Ansprüche dieses spezifischen Bildblicks für bildreflexive Zugänge aufzuzeigen. Neben *Schwellenbildern* als Übergangsphänomene werde ich auch nach *Dehnungen und Wandlungen* eines ikonischen Blicks fragen, welche die Beziehung zwischen Bildwerden und Blickwerden betreffen. Ein weiteres Bei//spiel geht *Widerständen im Sehen* nach, nicht als Aussetzen eines Blicks, sondern als blicktransformatorische Geste qua Irritation. Folgend gehe ich auf eine *Reflexion von Blickbeziehungen* ein und werde zunächst ein *Blickzwischen* als eine eigensinnige Figur der verdeckten Entfaltung diskutieren. Mit einem Blickzwischen werde ich ausgehend von einer *Blickwende* das dialektische Verhältnis eines *Bildblicks* vor dem Bild und eines *Bilderblicks* aus dem Bild von ihrer Beziehung her denken. Abschließend stelle ich den Entwurf einer Figur des *Blickkollektivs* vor, der eine Erweiterung zu Ludwik Flecks Denkkollektiv darstellt, und den ich als Annäherung an ein soziales Werden von Blicken diskutiere.

Bei//spiel: zwischen Nichtssehen und Anderssehen

deiktischer Superlativ

»Today I saw nothing« – heute habe ich nichts gesehen. Darüber als Zeugnis dieser Unterstellung ein Rechteck, eine umgrenzte Fläche, eine vermeintliche Leere, die wie ein *deiktischer Superlativ* zur Darstellung einer gescheiterten Seherfahrung wird. Gescheitert ist das Sehen nicht an sich, denn hier wurde *nichts* gesehen, nicht aber *nicht* gesehen. Die Ironie des weißen Rechtecks, das in dieser Arbeit des Londoner Künstlers Michael Crowe[5] [#13] als ein leerer Bildgrund auftritt, mag wohl darin liegen, sein *Nichtssehen* medial zu übersetzen. Das Nichtssehen wird zur Darstellung gebracht und ihm damit eine Sichtbarkeit zugewiesen.

Eine weitere Lesart der Arbeit könnte auf einer impliziten Weiterführung des Satzes beruhen wie »Today I saw nothing *interesting*« oder »Today I saw nothing *that I could draw here*«. Damit verlagert sich die Deutung auf einen Anspruch gegenüber dem Gesehenen, gegenüber vielleicht Crowes künstlerischen Blick, der nichts einzufangen vermochte, was sein Begehren oder seine Aufmerksamkeit betraf.

Spiegel eines Blickakts

Als künstlerisch inszenierte Form eines *Bildwerdens* betrachtet, ließe sich Crowes Arbeit nicht nur auf das Bildhafte des Bildlichen beziehen, sondern könnte zugleich als ein Spiel wie auch ein Spiegel eines *Blickakts* fungieren. »Today I saw nothing« mag in-

Today I saw nothing.

13

sofern ein exemplarisches Beispiel dafür sein, wie die Kunst unseren pragmatisch, historisch oder ästhetisch vorgeprägten Bildblick befremden kann, was Waldenfels als eine Form der Entbildlichung und der Entrahmung bezeichnet.[6]

tacit art

Der künstlerische Mehrwert eines Bildes, so verdeutlicht Waldenfels, sei dessen implizite Kunstfertigkeit, die im Kunstwerk auch explizit hervortreten könne. Wird dieses explizite Hervortreten als ein Sich-Zeigen verstanden, wäre einer solchen Kunstfertigkeit ein oszillierender Status zuzuschreiben. Denn in Analogie zu Michael Polanyis Figur des *tacit knowledge*[7], spricht Waldenfels von einer »tacit art«.[8] In diesem Ausdruck kommt die Polarität der impliziten Kunstfertigkeit zum Tragen, indem Crowes Arbeit durch einen nahezu selbstreflexiven Kontrast eine ikonische Reflexion und eine Reflexion seiner künstlerischen Praxis im Bild inszeniert.

blicktheoretische Perspektive

Was Bildlichkeit ist und *wie* sie ist, forderte unter anderem die Bildanthropologie dazu heraus, nach dem Ort der Bilder zu fragen. Nicht als Ort, an dem die Bilder sind, sondern als Ort, an dem Bilder *werden*. So hatte ich mit Bezug auf Hans Belting unter *vom Zwischen aus* erläutert, wie der Blick die Bilder erzeugt, was ich nun vertiefen möchte. ←\- Belting zeigt wichtige Ansätze auf, um eine grundlegende Relevanz blicktheoretischer Überlegungen für die Reflexion von Bilderfahrung zu markieren.

abhängig

Denn Bilder, so Belting, werden erst im eigenen Blick zum Bild, weshalb der Blick *Handlung*, *Intervention*, *Ausdruck* und *Performanz* sei.[9] Der Blick wird darin beachtlich aufgeladen als einer, der pathisch wie zugleich performativ dazwischentritt. Für Belting bedeutet dies auch, dass sich Bilder von dem Blick, der auf sie trifft – und ich würde hier ergänzen, der sie konstituiert –, abhängig machen.[10] In einer engen Verschwisterung aus *Bildwerden* und *Blickwerden* wird diese Abhängigkeit möglicherweise zur Gefährdung des Bildes selbst: Betrachtet man die Arbeit Crowes als Modell dieser Abhängigkeit, so wäre die Resonanz des Nichtssehens Crowes in der Darstellung geronnen und der Kontur der leeren Fläche unterworfen.

Sehstile und Blickweisen

Wenn Maurice Merleau-Ponty feststellte, er »sehe eher dem Bild gemäß oder mit dem Bild [...]«[11], ist das Bildliche, wie es sich spezifisch einstellt, selbst daran beteiligt, Sehstile zu bilden oder zu entbilden. Entsprechende Muster von Sehstilen lassen sich mutmaßlich als Symptome von Bilderfahrung begreifen, wenn das, was *durch* ein Bildliches erfahren wird, sich in *Blickweisen* eingespielt hat. Deren Intensität und Wirkungsgrade sind divers: Manche Blickweisen können zu wertenden Haltungen führen, indem der Blick sich fast resistent gegen Neues und Fremdes verhält, während andere Blickweisen transformatorisch und potentiell bildend wirken können.[12]

Sehbegehren

In Anbetracht der Arbeit Crowes den Mangel eines Begehrens zu indizieren, würde Crowe statt einem *Nichts*sehen ein *Nicht*sehen unterstellen. So deklariert Waldenfels das Sehbegehren als etwas, das unser Sehen in Gang hält, sodass ein bloßes Sehen »in der Monotonie eines Nichtsehens enden«[13] müsste.[14] Über Crowes Sehbegehren kann ich nur spekulieren, doch ich möchte erneut Waldenfels' Gedanken anführen, die sich auf

Figurationen des Pathischen

Figurationen des Pathischen in Bildern beziehen. ←\≤ So veranlasste mich Waldenfels'

←\-
durch den Blick
S. 74

←\≤
Bildwerden – Implikationen für reflexive Bildbegegnungen
S. 223

Bemerkung, dass »es Widerfahrnisse sind, die sich in Bilder umsetzen«[15], anzunehmen, dass Bilder vielleicht als Symptome vergangener Widerfahrnisse betrachtet werden können, wenn man das *Um*setzen als indexikalische wie zugleich identifizierende Geste versteht.

Versucht man zu differenzieren, auf welche Weise ich CROWES Arbeit in meine Überlegungen einspiegele, so werden zwei unterschiedliche Bündnisse unterscheidbar: ersteres betrifft CROWES Anlässe und Ansprüche, die er in seiner künstlerischen Arbeit umgesetzt hat, die mich und uns als Betrachter*innen spekulativ zu möglichen Deutungen seiner Arbeit verführen. Bildreflexiv versucht diese Perspektive somit, an dem künstlerischen Blick CROWES anzusetzen. So ließe sich fragen, »auf welchem Terrain« uns CROWE damit situieren und die Erfahrung welches Sehens in Gang setzen wollte?[16]

bildreflexive Perspektive

Die zweite Weise, in der CROWES Arbeit bildreflexiv herangezogen wird, ist als modellhaftes Bild, welches etwas über die Blickbeziehung zur Darstellung bringt, im Sinne eines *Metabildes*. →\÷ Als solches bemühe *ich* es, bildlich etwas sichtbar zu machen, das für mich bisher ungesehen war. Im Begehren eines »Anderssehen«[17] motiviere ich so eine ikonische Evidenz, die potentiell bildreflexives Wissen hervorbringt. Dieser Anspruch könnte als ein Hervorlocken des *sehenden Sehens*[18] verstanden werden, das etwas Neues oder etwas auf neuartige Weise sehen lässt. Folgend setze ich CROWES Arbeit *zwischen* mein bildreflexives Erkenntnisinteresse und die von BERNHARD WALDENFELS entwickelten Facetten eines sehenden Sehens, um Weisen dieser Inanspruchnahme an CROWES Arbeit herauszuarbeiten.

WALDENFELS' Anlass, das *sehende Sehen* zu differenzieren, verortet sich innerhalb seiner Kontroverse über einen *Bilderblick*.[19] Sein Fokus liegt auf einem Blick, der im Bild auftauche »und gleichzeitig über den Bildrand hinausdringt«[20]. Dass WALDENFELS ein »Dringen« statt eines »Drängens« formuliert, erscheint bemerkenswert, insofern ein Dringen das Überwinden eines Hindernisses suggeriert. Auf charmante Weise konturiert WALDENFELS also ganz beiläufig einen Bilderblick, der als Blick des Bildes zugleich fordernd wie annähernd gewaltsam einen Übertritt vollzieht. Die Figur eines somit *immersiven Bilderblicks* umspielt das pathische Erleiden in der Bilderfahrung, sodass wir von etwas getroffen werden, das – möglicherweise – im Bild begann.

immersiver Bilderblick

Das »abweichende Sehen« ist WALDENFELS' erste Leseart eines *sehenden Sehens*, welches »neue Sichtmöglichkeiten« erprobe.[21] Die bloße Intention des Neuen würde ein solches Sehen aber schnell beruhigen, sodass die Abweichung nicht ausreiche, diesem Sehen »Gewicht zu verleihen«.[22] Nun wäre es allzu einfach, CROWE zu unterstellen, dass ihm an diesem Tag kein abweichendes Sehen gelang, nichts aus der Monotonie des Sehens hervorsprang, hinausragte. Doch auf die Seite der Rezeption seiner Arbeit gewendet, scheint die Abweichung kaum größer sein zu können, die ihn veranlasste, sein *Nichtssehen* zur Darstellung zu bringen. Eine weitere Abweichung artikuliert sich zudem an der Technik dieser Arbeit, in CROWES subversiver Nutzung der Schreibmaschine, mit der er mühevoll das Rechteck setzte. Die jeweils oben und unten in den linken Ecken

abweichendes Sehen

→\÷
bildreflexive Bilder über Bildlichkeit
S. 374

wahrnehmbaren, verirrten, aus dem Rahmen fallenden Striche sowie die in der rechten unteren Ecke minimale Ausbuchtung lassen meinen Blick innerhalb des Rechtecks hin- und herspringen. Diese Unebenheiten saugen den Blick nahezu an, so als würde dieser in der weitestgehenden Leere darin einen Anker finden. Zwischen Darstellung eines weißen Blatt Papiers und einem Fensterblick in CROWES Welt hinein oszilliert das Rechteck zwischen Rahmung und Fläche.

erweiterndes Sehen

Der zweite Anlauf und die zweite Weise, das sehende Sehen zu denken, bildet bei WALDENFELS ein »erweiterndes Sehen«, das als ein »Neusehen« vorstellbar wird.[23] Dieses beziehe sich auf das bereits Gesehene, das in eine Variation gewendet wird. Was verhinderte, dass CROWE einfach eine Variation dessen, was er einst gesehen hatte, modifiziert zur Darstellung brachte? WALDENFELS beschreibt, dass dieses Sehen eine »leibliche Dichte« gewinne, »in der sich Sehgewohnheiten herausbilden«.[24] Waren also CROWES Sehgewohnheiten schuld, dass er *nichts* sah, weil sie ihn veranlassten, auf eine bestimmte Weise zu sehen? Das Anderssehen eines erweiternden Sehens, so beschreibt WALDENFELS, verkörpere sich in einem Andersleben, sodass es Zeit brauche, die Perspektive, in der wir etwas sehen, wieder zu verändern.[25]

erste Kontur eines Begriffs des Blickwerdens

Gewendet betrachtet bedarf es demzufolge auch Zeit, um Sehgewohnheiten herauszubilden. So hatte ich bereits auf Sehstile und Blickweisen Bezug genommen und deren Intensität und Wirkungsgrade angesprochen. Dabei scheinen die Begriffe ›Sehgewohnheit‹, ›Sehstil‹ und ›Blickweise‹ Ähnliches zu umspielen. Sie sind gewordene und werdende Weisen der Betrachtung. Ihr dynamisches *Werden* betrifft das Sehen, den Blick. Blicken aber übertrifft oder übersteigt das Sehen, denn es umfasst auch den eigenen Habitus, kulturelle Prägungen, Bedürfnisse und Wünsche. Insofern scheint mir die Rede von einem *Blickwerden* naheliegend, das in einer ersten Kontur für so etwas wie implizite, gewordene und werdende Weisen des Sehens bzw. Blickens steht.

überbietendes Sehen

WALDENFELS' dritte Nuancierung des sehenden Sehens setzt daran unmittelbar an, insofern es das Movens eines Blickwerdens betrifft, das eine »Umarbeitung des Sichtbaren, eine Umstellung des Blicks in Gang setzt«.[26] Er spricht von einem »überbietenden Sehen«, das über bestimmte Grenzen hinaustreibe, die WALDENFELS jedoch nicht genauer expliziert. In Rekurs auf MAX IMDAHL deutet er aber an, dass ein Überbieten nur dann möglich sei, wenn man von irgendeinem Ganzen ausgeht. Ich möchte dieses Ganze als den *sich aktualisierenden Zustand* einer Weise zu Blicken verstehen, mit der etwas auf eine bestimmte Weise und nicht anders betrachtet wird. Als Zustand gedacht, sticht die temporäre wie dynamische Eigenart dieses »Ganzen« hervor. Eine Umstellung von CROWES Blick lässt sich natürlich nicht direkt beobachten, schon gar nicht an seiner Arbeit. Das *Nichtssehen* zur Darstellung zu bringen, ließe sich in Verweis auf ANDREA SABISCH als »Ersatzbildung angesichts des Visuellen«[27] einordnen. Dies deutet erneut darauf hin, dass Bilder als Symptome vergangener Widerfahrnisse betrachtet werden können. So verweisen Symptome laut SABISCH »auf visuelle Nachwirkungen wie auch auf konfligierende Sinn- und Affektbildungen« und seien somit an ein »Begehren im Antworten auf Bilder gekoppelt«.[28] Ich schließe mich der Sichtweise von Sabisch an, dass diese Symptome »Öffnungen« hervorbringen, die ein »dynamisch gedachtes ›Band‹ zwischen dem Widerfahrnis durch Bilder und dem antwortenden Subjekt« entstehen lassen.[29] Crowes Antwort verkörpert sein Nichtssehen möglicherweise in der Zeichnung. Dieses ließe sich mithin als überbietend verstehen, als dass die Zeichnung das leere Blatt, das in sich bereits eine Metapher des Nichtssehens hätte bilden können, in einem mimetischen Nachvollzug verdoppelt und in Gestalt des leeren Rechteckes erscheinen lässt. Eine bloße Verdopplung des Grundes liegt dennoch keineswegs vor, insofern Crowe eine Differenz inszeniert, die das Figur-Grundverhältnis herstellt und damit allererst die Bildung von Figurationen im Sehen initiiert. Die Indifferenz des von ihm gezogenen Rahmens führt ÷ dessen Vexierspiel vor Augen, das vielleicht meine unterschiedlichen Lesarten des Rechtecks (Blatt Papier oder Fenster) herausfordert. ←\≤

Sehen, das den Rahmen sprengt

Das Verhältnis, in dem Bilderfahrungen zu diesen Umarbeitungen des Blicks stehen, betrifft nicht nur den Blick, sondern auch das Bildwerden. So zeigt sich Waldenfels' letzte Entfaltung eines sehenden Sehens als radikalste Möglichkeit, als ein »Sehen, das den Rahmen sprengt«.[30] Er nimmt damit jene »Erweiterungen unseres Sehvermögens« in den Blick, die ich allerdings als nicht nur erweiternd, sondern grundlegend transformatorisch verstehe, insofern eine Erweiterung keine Negationen zulässt. Diese werden in der Bilderfahrung aber durchaus deutlich spürbar, wenn wir etwas z.B. nicht mehr so betrachten können, wie wir es einst getan haben, womit ich allgemein auf die notwendige Veränderung unseres Blicks auf Grund unseres jeweiligen Subjektwerdens anspiele. Waldenfels spricht von einem Sehen, das mit sich selbst in Widerstreit gerate. Darin sehe ich auch bei ihm die Dynamiken eines Blickwerdens durch Bilder angedeutet.

Wenn ich Reflexion als Geste der Umordnung beschrieben habe, mit der etwas aus seiner Gewissheit heraus spröde, rissig oder porös wird, so ließe sich die Erweiterung des Sehens als eine Umordnung oder Umarbeitung des Blicks und als eine Weise der Reflexion verstehen. ←\<

In Crowes Arbeit, so möchte ich vorschlagen, findet sich eine modellhafte Anbahnung eines Sehens, das den Rahmen sprengt. Denn Crowe gab sich nicht einer Variation von bereits Gesehenem hin, sondern vollzog eine Antwortbildung, die sich einer Variation gegenüber verweigerte und stattdessen an eine reflexive Ebene seiner künstlerischen Praxis anschloss. So könnte die Referenz zwischen dem Rechteck und den Worten am unteren Bildrand als eine aus dem Bild herausdringende Kon*text*ualisierung verstanden werden. Dass die beiden Elemente ›Zeichnung‹ und ›Worte‹ überhaupt miteinander in Beziehung gesetzt werden, bildet eine Spur, die bisher gleichsam unberührt blieb. Die Dramaturgie der Zeichnung Crowes erinnert mich dabei an René Magrittes *La trahison des images* (1929). W.J.T. Mitchell hat an *La trahison des images* herausgearbeitet, dass dessen pikturale Selbstreferenz erst durch das Zusammenspiel mit den Worten erzielt werde und dass die Worte einer semiotischen Ordnung des Bildes immer fremd bleiben würden.[31] Anders als bei Magrittes *La trahison des images*, das in vielfältiger Weise mit

←\≤
Kontrast und Rahmung: Schwellen zum Bildlichen
S. 209

←\<
als Denken und/oder Handeln?
S. 95

≥

dem Widerspruch zwischen Bild und Sprache spielte, verhält sich der Satz »Today I saw nothing« nahezu affirmativ gegenüber dem Rechteck.

Ausgehend von den am Bei//spiel mittels WALDENFELS' Entfaltung eines sehenden Sehens aufgezeigten Dimensionen einer Umarbeitung des Blicks werde ich folgend die erste Kontur einer Figur des Blickwerdens an blick- und bildtheoretischen Positionen entwickeln und ausdifferenzieren. Den Bezug auf die Bilderfahrung leite ich über DIETER MERSCHS Begriff des ikonischen Blicks[32] her.

ikonischer Blick – Anlässe und Ansprüche

Vor dem Hintergrund eines Bildwerdens habe ich begründet vorgeschlagen, Bildlichkeit als sinnliches Ereignen zu begreifen, als ein Einstellen und Einfallen von Phänomenen, die sich *als* ein Bildliches zeigen und erfahren werden. Dies berührt eine Verquickung zwischen Bildlichkeit und Blick, der ich am Bei//spiel ›*zwischen Nichtssehen und Anderssehen*‹ durch ein bildliches Reflektieren nachgespürt habe. Das dort in einer ersten Kontur umrissene *Blickwerden* habe ich als implizite, gewordene und werdende Weisen des Sehens bzw. Blickens umschrieben. BERNHARD WALDENFELS' Rede von der Umstellung des Blicks sowie die im Folgenden erläuterten Ansätze DIETER MERSCHS zu einem »*ikonischen Blick*«[33] bilden einen Einsatzpunkt meiner Überlegungen, wie das chiastische Verhältnis zwischen Bild und Blick reflektiert werden kann. Insofern will ich mich den Anlässen und Ansprüchen des ikonischen Blicks und seinem performativen Werden zuwenden.

Wie konstituiert sich ein Bildblick?

ikonischer Blick

Bildblick
Bilderblick

Bemerkenswerte Anschlüsse zum *Blickwerden* sehe ich in DIETER MERSCHS Verweis auf einen *spezifischen Blick* im Kontext von Bildlichkeit. Um etwas als Bild zu sehen und nicht als etwas Anderes, bedarf es eines bestimmten Blicks, eines *ikonischen Blicks,* den MERSCH als *Bildblick* bezeichnet.[34] Anders als WALDENFELS, der den *Bilder*blick als den Blick des Bildes gefasst hat, ist MERSCHS Begriffsverständnis des *Bild*blicks quasi ein gespiegeltes, insofern der Bildblick auf Seiten der Betrachter*innen verortet wird.

divergierende Setzungen

Die unterschiedlichen und auch unterschiedlich stark ausgeprägten blicktheoretischen Bezüge in bildtheoretischen Positionen führen häufiger zu begrifflichen Feinheiten, manchmal auch Asymmetrien in Bezug auf die Figur des Blicks, wie sich folgend immer wieder zeigen wird. Es braucht daher eine gewisse Präzision, immer wieder die Perspektiven zu benennen, ohne das jeweilige Vokabular zu vereinheitlichen, was ihre feinen Unterscheidungen verdecken würde. Gleichwohl mögen diese begrifflich umkreisenden Annäherungen ein Symptom der Auseinandersetzung mit chiastischen Blickbeziehungen der Bilderfahrung bilden, die im sprachlichen Zugriff zu divergierenden Setzungen von Begriffen führen.

vexierendes Wechselspiel

Bilder zu sehen, verdeutlicht MERSCH, setze den Blick voraus, während Blicke nicht notwendigerweise Bilder erzeugen.[35] Ihr chiastisches Verhältnis ist so gesehen eine temporäre Beziehung, eine Zweckgemeinschaft. Indem Blicke auch unabhängig von ihrer *Bildzeugung* möglich sind, bringen sie nicht nur Bilder hervor, sodass sich Blicke auch mehr und anders performieren können. Wie aber konstituiert sich ein Bildblick? MERSCH zeigt auf, dass ein ikonischer Blick nur dann und dort möglich sei, wo bereits Bilderfahrungen gemacht wurden.[36] Der Bildblick ist insofern Bedingung und Ergebnis zugleich, was eine paradoxale Spannung eröffnet. Entsprechend ließe sich entschieden behaupten, dass die Spannung eine vexierende These hervorbringt: Wenn wir einen ikonischen Blick entwickeln und dieser ikonische Blick zugleich auch ermöglicht, dass wir etwas als Bild sehen, also Bilderfahrungen machen, so entsteht ein Wechselspiel, dessen Ursprung fraglich bleibt. Wie ein Vexierbild, das abwechselnd zwischen Bedeutungsebenen springt, die einander bedingen und relational verwoben sind, so ließe sich das Verhältnis von Blick und Bilderfahrungen zueinander illustrieren. Dabei soll nicht der Eindruck entstehen, als wären beide statisch – vielmehr bedingt ihr dynamisches Verhältnis zueinander, ihre Anlässe und Ansprüche allererst zu befragen.

Dilemma des Ursprungs

Spitzt man MERSCHS Anmerkung zu, so gäbe es ohne Bilderfahrungen keinen ikonischen Blick und ohne ikonischen Blick könnte nichts als Bild erfahren werden – sprich Bilderfahrungen wären nicht möglich. Bild und Blick artikulieren so einen wechselseitigen Anspruch wie auch Anlass. Bilden Bild- und Blickakte demgemäß nur im *Konnex* jene Passagen, in denen sich Bilderfahrungen ereignen?

Bildgeste und Blickgabe

MERSCH spricht mit Bezug auf JACQUES LACAN von einer *Bildgeste* und einer *Blickgabe*.[37] Die *Geste des Bildes* beruhe darauf, uns etwas zu sehen zu geben und allererst einen Blick zu eröffnen.[38] Diese vom Bild aus gedachte Eröffnung könne wiederum als *Blickgabe* bezeichnet werden, »sodass etwas im Bild in seine Sichtbarkeit gelangt, wenn ein Blick auf es trifft und seiner Gabe antwortet«[39]. Diese Ergänzung bringt das Dilemma des Ursprungs zwar nicht zur Auflösung, wohl aber bestärkt sie den Gedanken einer unauflösbaren Chiastik, die sich in ihrer Dynamik schwerlich einholen lässt, sodass sie dazu zwingt, ein begehrtes Nacheinander der Ereignisse gegen eine diachrone Rhythmik einzutauschen. Eine solche hatte WALDENFELS für die pathisch-responsive Rhythmik der Erfahrung vorgeschlagen. ←\– Wenn nicht bereits längst die Perspektive einer Bild*erfahrung* und nicht die einer Bildwahrnehmung, eines Bildersehens usw. eingenommen wäre, könnte die vorangegangene Argumentation entscheidend darauf hinweisen, dass die Figur der Erfahrung in WALDENFELS' phänomenologischer Lesart einer chiastischen Blickbeziehung in Bildakten entgegenkommt.

diachrone Rhythmik als Antwort auf das Dilemma?

In MERSCHS Ausführungen zur *Zerzeigung* (2014), aus denen auch die Ansätze zur Bildgeste und Blickgabe hervorgingen, positioniert er sich im Vergleich zu der früheren

←\–
Erfahrung
S. 32

Schrift *Blick und Entzug* (2007) sehr eindeutig: »Nicht der Blick konstituiert das Bild, sondern das Bild den Blick […].«[40] Dennoch bleibt seine folgende Argumentation auf den Chiasmus der Blicke bezogen, sodass der beschriebenen Verwobenheit der Vorzug gegeben wird. Dieser mögliche Widerspruch löst sich für mich in MERSCHS Argumentation nicht auf; seine Ausführungen unterstreichen meiner Ansicht nach, die Komplexität und sprachliche Unzugänglichkeit in wissenschaftlichen Bilderfragen.

ikonischer Stachel

Eine performative und gestalterische Kraft des Bildlichen auf den Blick beschreibt auch EMMANUEL ALLOA. So setze das Bild als »Stachel im Wahrnehmungskontinuum« den Blick genuin »anders und neu in Bewegung«.[41] Den *ikonischen Stachel* verstehe ich als mögliches Movens einer Umarbeitung des Blicks, eines Blickwerdens. *Bildwerden* und *Blickwerden* zeigen sich darin als aufeinander bezogene Geschehnisse. Die Herausforderung, dieser Bezogenheit reflexiv nachzuspüren, bedingt Zugänge, die versuchen symptomatisch ins Zeigen zu bringen, was sich in ihrer verborgenen Dynamik abspielt. Einen gewichtigen Aspekt bilden dabei Übergänge, nicht nur in ihrer Funktion als Passagen, sondern weil sie ein Potential des Mit- oder Nachvollzugs andeuten, sich Bild- und Blickwerden in der Bilderfahrung reflexiv anzunähern. ←\≤

Schwellenbilder

ikonisches ›Als‹ hat Spiel

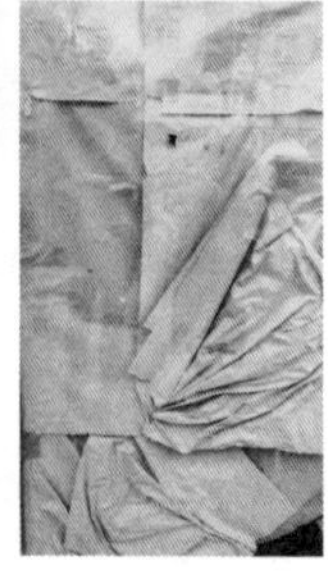

»Es gibt merkwürdige Schwellenbilder«, setzt BERNHARD WALDENFELS an und beschreibt folgend Bilder, die ihre Figurationen nahezu auflösen, sodass nur noch der Bildgrund zurückbleibe.[42] Dies ist eine bereits sehr eng geführte Verständnisweise des Schwellenbildes, die ich folgend erweitern möchte. Schwellenbilder verorte ich als Phänomene zwischen Bildern und Nicht-Bildern, sodass sie dem nahekommen, was sich als Noch-Nicht-Bild oder Nicht-Mehr-Bild beschreiben ließe. ←\- Dieses Unterfangen ist heikel, insofern es versucht eine umgekehrte Bildpraxis zu untersuchen, die sich nur im Entzug artikuliert, denn eine Noch-Nicht-Bilderfahrung erscheint utopisch. Es lässt sich aber darauf Bezug nehmen, dass Bilder im Feld ihres *ikonischen ›Als‹* Spiel haben, d. h. etwas sich als Bild zeigen oder nicht zeigen kann.[43]

fluktuierender ikonischen Status

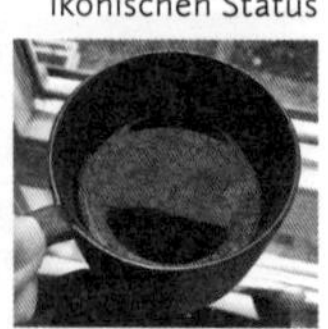

Um den Umarbeitungen des Blicks, die ich als Blickwerden verstehe, weiter nachzugehen, nehme ich an den Übergängen Spur auf, die sowohl die Blickverschränkung bzw. Blickbeziehung als auch das Dilemma des Ursprungs bedenken.

Dazu beziehe ich mich auf jene Kategorie von Bildern, die ihrem Bilderstatus allzu leicht entgleiten und nicht als Bilder, sondern als etwas anderes erfahren werden: Schwellenbilder. Diese könnten vorerst auch als Schwellenphänomene bezeichnet werden, um ihren fluktuierenden ikonischen Status anzuzeigen. ←\-

Schwellenphänomene setzen an den Übergängen zwischen Seh- und Bilderfahrungen an, sodass ihr Changieren einen Übertritt zwischen dem Visuellen und dem Bildlichen markiert. Ich gehe davon aus, dass die Schwellenphänomene in dieser Differenzbildung eine äußerst relevante Nahtstelle reflexiver Ansätze bilden. In-

←\≤
zur Medialität des Bildlichen
S. 200

←\-
Noch-Nicht-Bild?
S. 46

←\-
Über-
S. 45

dem DIETER MERSCH einen Bildblick bezogen auf einen Blick der gewöhnlichen Wahrnehmung denkt und zugleich davon differenziert[44], lassen sich seine Gedanken auf die Schwelle zwischen einem visuellen und einem bildlichen Erfahren beziehen. ←\≤ MERSCH spürt dazu unterschiedliche Phänomene auf, die ein *vexierendes* oder auch *invertierendes Sehen* betreffen, das dem Nahe kommt, was ich als fluktuierenden ikonischen Status bezeichnet habe. Es handelt sich um Phänomene, die *als* Bild erfahren werden können, aber sich diesem Status auch (wieder) entziehen können:

Übergänge

> » Die [...] Differenz ist nicht immer leicht auszumachen, zumal vieles, was nicht vordergründig als Bild auftritt, zu einem Bild werden kann, betrachtet man es durch die Brille des ikonischen Blicks [...]: bei der Ansicht einer Landschaft, dem Blick durch ein Fenster, im Spiegel, auf Fotografien, monochromen Leinwänden, Masken, Tapetenmustern oder geometrischen Figuren und einfachen, an die Wand genagelten Farblappen.«[45]

liminale Bildlichkeit

MERSCHS Beispiele sind mit ziemlicher Sicherheit nicht zufällig so gewählt, sondern umkreisen Phänomene, die aus Perspektive eines Bildwerdens bspw. an einer Rahmenfunktion wie auch einem Figur-Grundkontrast des Bildlichen ansetzen. Eine *liminale Bildlichkeit* habe ich im Zusammenhang des Bildwerdens als bildreflexives Movens diskutiert. Relevant erscheint mir auch im Kontext des ikonischen Blicks die dort untersuchte Schwelle zum Bildlichen. Die Rahmung hatte ich sowohl als *Spielball* einer liminalen Bildlichkeit als auch als *Wurf* bezeichnet. Beide Figuren konturieren die Rahmung als virtuelles, konstituierendes wie deiktisches Moment eines Bildwerdens. ←\≤

Reduktion und Konstruktion

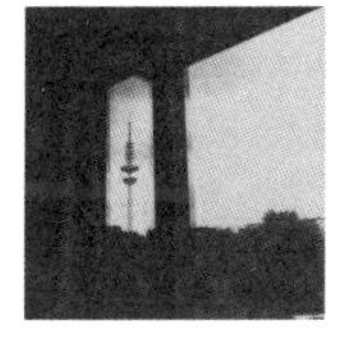

Ein fluktuierender ikonischer Status oder Bilderstatus begründet sich möglicherweise in einer gleichzeitigen Differenz und Relation. Das bedeutet, dass etwa der Blick durch ein Fenster nur dann zur Bilderfahrung wird, wenn sich ein ikonischer Blick einstellt, der sich in dieser Geste dann von einem Blick der gewöhnlichen Wahrnehmung differenziert. Die Differenz begründet sich jedoch nur im Verhältnis *zwischen* beiden Blickweisen, ist somit grundlegend relational. Mit Bezug auf das Bildliche und das Visuelle[46] könnte diese Differenz folgendermaßen verstanden werden: entweder als *Reduktion*, also als Verneinung des Visuellen zugunsten eines Bildlichen, oder als *Konstruktion*, also als Herausbildung eines Bildlichen auf dem Grund des Visuellen, als Feld des Sichtigen.

»Zwitterexistenz« des Ikonischen

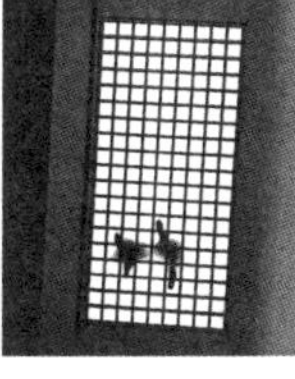

Dass wir etwas als Bild erfahren, beruht damit »auf einer vom Sehen realisierten ›Differenz‹«[47]. GOTTFRIED BOEHM setzt eine anders gewichtete Relation an, die sich jedoch nah an die von MERSCH aufgezeigten Beispiele heranspielt. Das Bild, so schreibt BOEHM, sei »ein Ding und ein Nicht-Ding zugleich, befindet sich in der Mitte zwischen schierer Tatsächlichkeit und luftigen Träumen: das Paradox einer realen Irrealität.«[48] Der unscharfe Status, die »Zwitterexistenz« des Ikonischen, gehöre zu dessen Grundzügen.[49] Eine solche Argumentation setzt an den Übergängen an, wenn sich etwas als

←\≤
das Andere des Bildes als Reflexionsfläche
S. 202

←\≤
Kontrast und Rahmung: Schwellen zum Bildlichen
S. 209

Bildliches zeigt, verstanden als ein Überschuss, der zwischen dem, was sich »ikonisch entzündet«,[50] und dem, *woran* es sich entzündet, eine Differenz errichtet. Bilder gehen entsprechend in Materie nicht auf: »Auf Oberflächen, im Schmutz der Farbe, in Stein, auf Holz oder Leinwand, auf lichtempfindlichen Trägern oder digitalen Schirmen zeigt sich stets auch etwas Anderes: eine Sicht, ein Anblick, ein Sinn – eben ein Bild.«[51]

Gegenständliches

In Bezug auf Gegenständliches und das Potential, daran etwas *als bildlich* zu erfahren, verweist BERND MAHR in seiner Auseinandersetzung mit visuellen Modellen auf die Notwendigkeit zweier Bedingungen:

> » Wenn sich ein Gegenstand als Bild ausweist, dann zeigt er sich als Bild und wir sehen ihn als Bild. Beides muss zusammenkommen, das Bild muss sich zeigen und wir müssen es sehen. [...] Wenn wir in [...] Gegenständen Bilder sehen, haben wir vor Augen, wodurch sie sich als Bilder ausweisen, und wir haben nicht vor Augen, was sie auch sonst noch sind. Wir haben also vor Augen, wodurch sie sich uns als Bilder zeigen und was wir sehen.«[52]

Mit MAHR lässt sich verdeutlichen, dass wir nie gleichzeitig etwas als Bild erfahren und es nicht als Bild erfahren können. Das Zwischen, zwischen Bild und Nicht-Bild, bleibt dynamisch, aber unbesetzbar.[53]

Bilderfahrung durch Rahmenwahrnehmung

MERSCH schreibt über seine angeführten Beispiele, die in ihrem ikonischen Status fluktuieren:

> » Was sie – nicht notwendig, denn sie können auch anders oder gar nicht gesehen werden – zu Bildern macht, ist ihre *Rahmung*. Entsprechend erweist sich als das, was zum Blick, zur Wahrnehmung hinzukommen muß, um aus ihr eine ikonische Erfahrung zu machen, die *Wahrnehmung* eines Rahmens.«[54]

im Kreis der zweifelsfreien Bilder

An den von MERSCH angeführten Beispielen von ikonischen Schwellenphänomenen wird noch etwas Weiteres deutlich: Neben den Phänomenen, die herausfordern, da sie in ihrem Bilderstatus changieren, scheint es Bilder zu geben, die sozusagen konkurrenzlos als Bilder auftreten. Ohne dieses Feld abstecken zu wollen und den Kreis dieser zweifelsfrei als Bilder auftretenden Entitäten zu bestimmen, weist dies auf eine *gewordene* Unterscheidung hin. Anders als ein Bildbegriff manifestiert sich hier ein von den Phänomenen ausgehender Radius des Bildlichen. Indem aber dieser Radius kein gesetzter ist, sondern, wie sich an den Schwellenphänomenen zeigt, ein variabler, können Dehnungen oder Wandlungen des ikonischen Blicks angenommen werden.

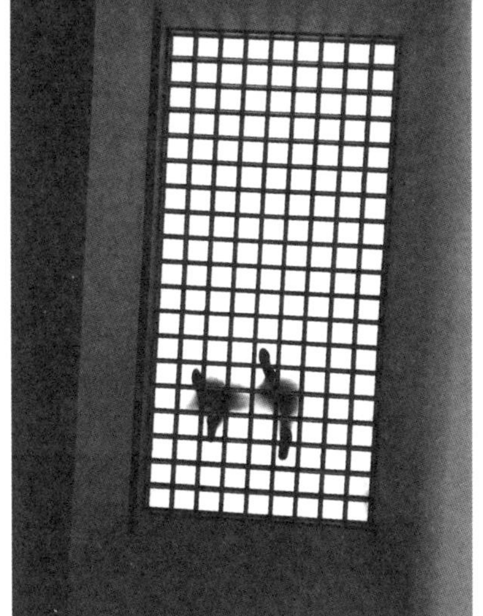

b1

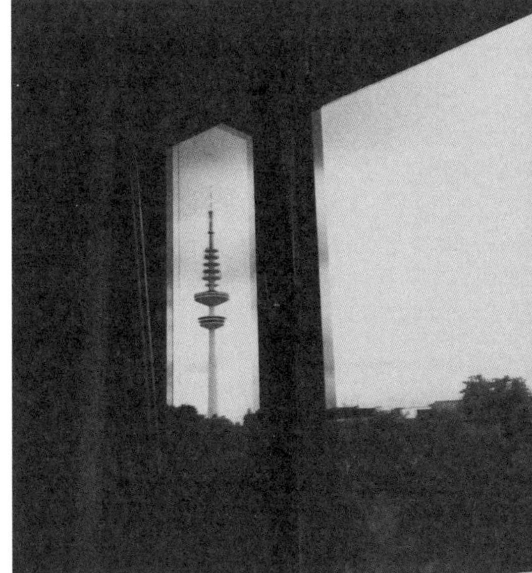

b4

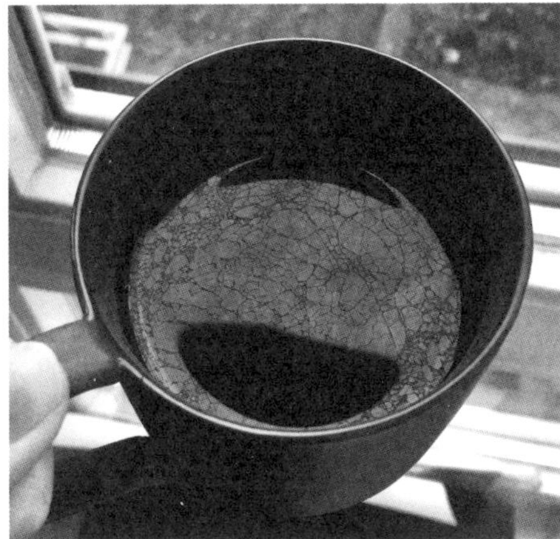

b2

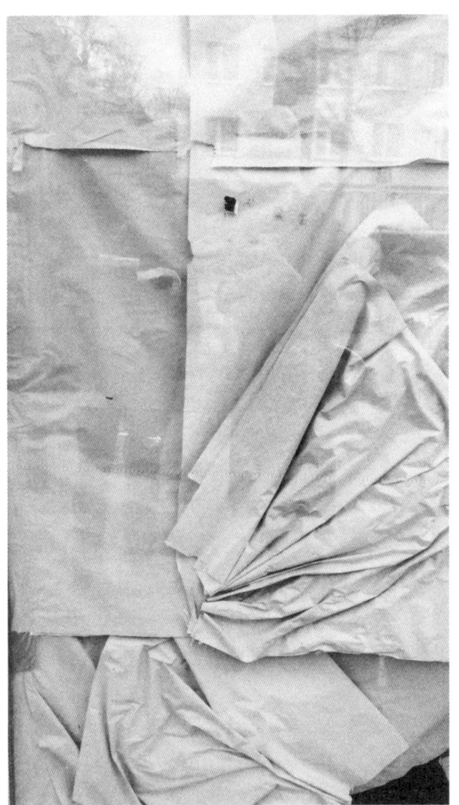

b3

bildreflexive Dehnungen und Wandlungen eines ikonischen Blicks?

dynamische Relation

Sich über Dehnungen und Wandlungen des ikonischen Blicks Gedanken zu machen, konturiert bereits eine intensive bildreflexive Auseinandersetzung, insofern dies unsere jeweiligen *ikonischen als-Strukturen* betrifft, die sich an den Übergängen zwischen Seh- und Bilderfahrungen entwickeln. Die Beziehung und gleichzeitige Differenz eines spezifischen Bildblicks springt auf der Schwelle zwischen einem visuellen und einem bildlichen Erfahren und steht, wie ich zeigen konnte, in einer dynamischen Relation zu den Bilderfahrungen. In Anbetracht ihrer Verwobenheit mag bereits angeklungen sein, dass Bilderfahrungen in diesem Sinne erstens den ikonischen Blick im Sinne eines Blickwerdens entwickeln können und zweitens diese Entwicklungen (verstanden als Umarbeitungen des Blicks) erst Bildliches im ikonischen Blick ins Ereignen bringen, sodass etwas als bildlich erfahren werden kann.

Dispositiv der Rahmung

Demgemäß habe ich in Rekurs auf Mersch am Übergang angesetzt, wenn etwas *aufgrund* und *in* einem ikonischen Blick als Bildliches erfahrbar wird. Dass die Rahmung, als Differenz oder Kontrastbildung, viele Gewänder hat, weist auf ein Potential hin: So sehe ich einen Zusammenhang zwischen der Rahmung und dem Feld des Ikonischen, sodass das Ikonische ein gedehntes Rahmenverständnis als Erweiterung seines eigenen Feldes beansprucht. Es ist hilfreich, dazu Merschs Rahmendefinition noch einmal genauer anzusehen. Die Rahmung sei, so Mersch, »nicht zwangsläufig jenes Ding, das ein Bild einfasst und sein Innen vom Außen trennt, sondern das *Dispositiv* […]«.[55] Er versteht das Dispositiv als ein System von materiellen und nicht-materiellen Bedingungen, die es uns ermöglichen, »durch einen tatsächlichen oder vorgestellten Rahmen, durch ein bestimmtes Format oder einen materiellen Träger wie eine Scheibe, die, was betrachtet wird, unweigerlich in eine Oberfläche verwandelt und dergleichen mehr, eine *Grenze* markieren«.[56] Der Bildblick ist durch das Dispositiv der Rahmung damit begründet different, indem dieser in unterschiedlichsten Weisen eine *ikonische Ansichtigkeit* hervorbringt.

ikonische Ansichtigkeit

ikonische Rahmungen

Ein Blickwerden meint nicht, dass der Blick selbst zur ständigen Rahmung mutiert, sondern dass sich *in* oder *durch* einen Bildblick ikonische Rahmungen herausbilden. Ein solches Entdecken von Rahmungen wäre aber viel zu passiv gedacht, da sich ikonische Rahmungen eher im Feld des Sichtbaren herausschälen und herausgebildet werden.

In Bezug auf Edmund Husserl und Jean-Paul Sartre stellt auch Emmanuel Alloa heraus, dass alles durch einen spezifischen Blick zum Bild werden könne, denn »durch den Vollzug eines bildlichen Aktes gelte es als Bild«.[57] »Bildlichkeit«, so Alloa, »zeitigt damit eine irrepressible, [eine nicht zu unterdrückende, SJ] Aufdringlichkeit.«[58] Warum aber erscheinen ikonische Blicke in ihren Extensitätsradien so unterschiedlich? ←\≤ Warum nehme ich einen Schattenwurf an der Wand als Bild wahr und ein*e Andere*r nicht? Oder warum erschließt sich mir nicht, dass ein*e Andere*r in einem Kaffeefleck die Konturen eines Kaninchens erkennt?

←\≤
Inter//vention:
inszeniertes Bildwerden
S. 194

Dazu möchte ich den Gedanken aufbringen, Bilderfahrung als grundlegend *elastisches* Geschehen zu denken. Eine Elastizität des Bildlichen geht von einem Ereignen des Bildlichen aus, was in seiner extremsten Form dessen ikonischen Status infrage stellen kann, nämlich wenn Bilder nichts mehr zeigen. Indem Bilder uns aber zunächst entgegentreten, uns blitzartig blenden[59], wie LUDGER SCHWARTE formuliert, weist eine Bilderfahrung ephemere und elastische Züge auf, insofern sich im Widerfahren jene Bildlichkeit aufspannt. Eine solche Elastizität ließe sich als ein reflexiver Sehvorgang deuten, den WALDENFELS als *Blickwende* aufgreift:

Elastizität des Bildlichen

> »Die Wende kommt nicht dadurch zustande, daß Sehende den Schauplatz wechseln, so daß sie Höheres, Geistiges zu sehen bekommen; sie besteht vielmehr darin, daß der Schauplatz selbst sich wandelt und Sehende sehend werden. Erst nun werden Bilder als Bilder erkenntlich, so wie erst im Wachen Träume als Träume zum Vorschein kommen.«[60]

Blickwende

÷

Eine Elastizität des Bildlichen weist demgemäß auf eine »ikonische Potentialität«[61] hin, sodass ich etwas *als bildlich* oder *als etwas anderes* erfahren kann. Als eine Transformation oszilliert die Elastizität des Bildlichen zwischen einem ikonischen Blick und einem Blick der gewöhnlichen Wahrnehmung. Auf eine andere Weise könnte die Elastizität des Bildlichen nicht nur als eine Blickwende zum Bild, sondern auch innerikonisch verstanden und damit als erneute Umschreibung eines Bildwerdens herangezogen werden. Dann verweist eine Elastizität des Bild*werdens* auf die performative Ebene eines Erfahrens von Bildern.

potentiell ikonisch

Im letzten Teil dieses Kapitels werde ich ein Bei//spiel aufwerfen, dass sich mit einem Widerstand im Sehen auseinandersetzt. Damit wende ich mich noch einmal den Ansprüchen des ikonischen Blicks zu.

Bei//spiel: Widerstand im Sehen

Mit einer Dauer von 2:47 min zeigt die Arbeit *Getting into bed* des portugiesischen Künstlerduos JOÃO MARIA GUSMÃO und PEDRO PAIVA in starker Verlangsamung, wie sich eine nackte Frau im schummrigen, aber dennoch harten Licht einem Bett annähert und sich unter ein weißes Betttuch in dieses hineinlegt. [#14] Ihr Gesicht ist der Kamera abgewandt, sodass sich die Aufnahme auf die Gesten der Frau, ihre gleitenden, sanften Bewegungen konzentriert. Als 16mm-Filmarbeit sind die Bewegungen von einem ruckartigen, hastigen Rattern des Projektors durchwoben, die sich flackernd in die Bewegungen einspiegeln. ←\~

Als ich ein Video[62] der Arbeit im Rahmen eines Seminars an der Universität Hamburg zeigte, beschrieb eine Studentin, dass sie es gänzlich »unaushaltbar« empfand, sie ihren Blick zwischendurch sogar abwenden musste. Sie schilderte ein erdrückendes wie

Erfahrungen Anderer

←\~
sinnlicher Auftakt
S. 11

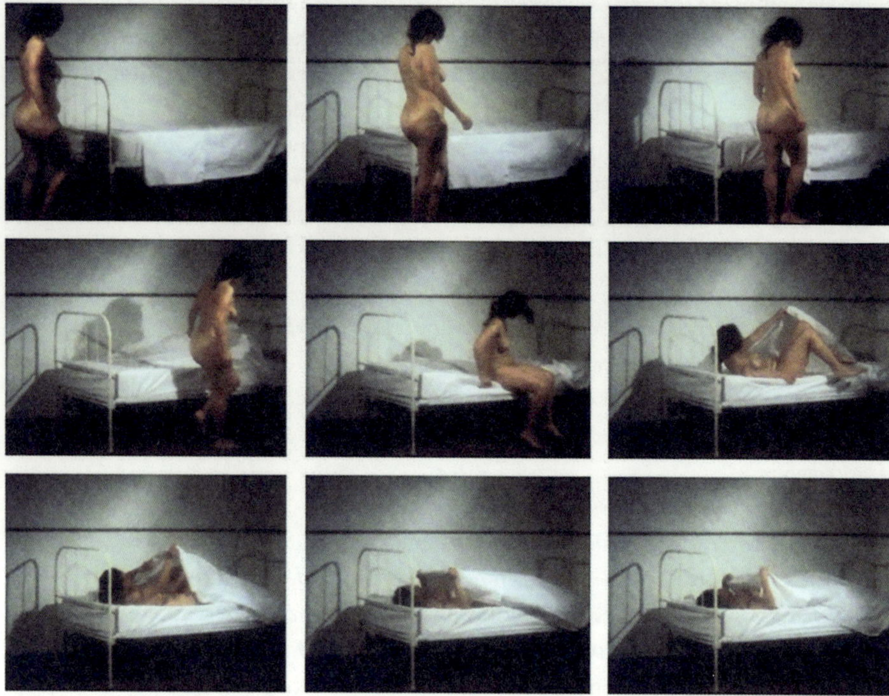

14

zugleich quälendes Gefühl, das beim Betrachten in ihr aufkam. Auf meine Frage, wie sie diese Erfahrung begründen würde, antwortete sie, dass man bereits wisse, was passieren werde. Auch weitere Studierende erklärten, dass sie die extreme Langsamkeit schwer ertragen konnten. Selbst im Verlauf des Semesters, wenn das Gespräch auf diese Arbeit Gusmãos und Paivas fiel, brachten einige Studierende unter erschöpftem Stöhnen ein ›Ach dieses unerträglich langsame Video‹ als Reaktion hervor, sodass die Affizierung durch das Video eine recht starke gewesen war – zumindest war das Gefühl, das sich während der Betrachtung eingestellt hatte, über diese Situation hinaus präsent.

antizipiertes Bildwerden

Die Reaktion der Studentin, die ihre Blickabwendung beschrieben hatte, weil sie bereits gewusst habe, was passieren werde, ist auf eine Weise nachvollziehbar wie zugleich paradox. Genauso gut hätte eine unvorhersehbare Wendung eintreten können. Als ein *antizipiertes Bildwerden* könnte man annehmen, dass ihr Blick ihr selbst vorauseilte. Die Kunsthistorikerin Elisabeth Oy-Marra spricht ähnlich von einer divinatorischen Fähigkeit des Blicks[63]. Dieser Begriff versucht ein solches *Vorausahnen* zu umschreiben. Wird die divinatorische Fähigkeit des Blicks als veränderbar verstanden, so kann ein ikonischer Blick von seiner vorausahnenden Fähigkeit profitieren, wenn es um ein Ermöglichen oder Verunmöglichen von Bilderfahrungen geht.

Vorausahnen des Blicks

Wie ein Blick, der sich selbst in einer eigens erzeugten Virtualität verhaftet, gerät durch das antizipierte Bildwerden das Blickwerden ins Stocken. Man könnte dies vor dem Hintergrund »attentionaler Horizonte« einordnen, sodass hier »sedimentierte und antizipierte Inhalte [...] qua Repräsentation und Antizipation«[64] zugänglich werden, wie Maren Wehrle und Thiemo Breyer herausgearbeitet haben.[65] Wie aber kann das Bildwerden in Gusmãos und Paivas Arbeit als Trigger einer *Einstülpung des Blicks* verstanden werden?

Der Kunsthistoriker und Medienwissenschaftler Thomas W. Kuhn hat über die Arbeiten Gusmãos und Paivas von einer »Anverwandlung des Sichtbaren« gesprochen.[66] Diese tritt für mich in der veränderten Geschwindigkeit der Aufnahme zutage, insofern sie unserer alltäglichen Wahrnehmung eine zweite Zeitlichkeit entgegensetzt. Diese entspricht nicht unseren Sehgewohnheiten und vermag damit etwas ins Zeigen zu bringen, was sich sonst entzieht. Die Verlangsamung setzt gleichermaßen einen Kontrast ein, der nur daher so augenfällig wird, weil unser Blick die gewohnte Geschwindigkeit im alltäglichen Sehen sozusagen verkörpert hat, sodass sie sein Gleichmaß nicht unterbricht, während der Zeitlupe dies gelingt.

andere Zeitlichkeit

Die Zeitlupe als der technische Begriff einer verlangsamten Darstellung beeinflusse die rationale, psychologische und emotionale Valenz eines Ereignisses.[67] Der Filmwissenschaftler Till Brockmann hat die Zeitlupe daher als ein bewährtes Mittel der Sichtbarmachung beschrieben, als visuelle Analyse oder Lenkung der Aufmerksamkeit.[68] Brockmann verquickt in seinen Überlegungen die Langsamkeit einer Zeitlupe mit einer dadurch hervorgerufenen Emotion: »Zeitlupe ist eine extreme Form von Langsamkeit, Langsamkeit schafft Bedeutung und Bedeutung ist eine Grundlage der Emotion.«[69] Für die starke Affizierung der Studentin durch das Video von Gusmãos und Paivas könnte dies eine Begründung sein, nicht aber für das als ›unaushaltbar‹ bezeichnete Gefühl während der Betrachtung und auch darüber hinaus.

entgegen der Sehgewohnheit

Brockmanns Analyseaspekt und Aufmerksamkeitslenkung kennt man von übertragenen Sportveranstaltungen im Fernsehen und den dort praktizierten ikonischen Evidenzversicherungen etwa durch den Videobeweis oder aus Naturdokumentationen, die z.B. einen Flügelschlag des Seeadlers als epische Inszenierung ermöglichen. So gestatten solche Verlangsamungen prinzipiell ein »Sehen, das den Rahmen sprengt«[70], um noch einmal auf Bernhard Waldenfels' Unterscheidungen eines sehenden Sehens zurückzukommen, indem sie sich von unserer gewohnten Wahrnehmung entrücken. ←\≥ Die Haltbarkeit dieser Faszination muss selbst nicht von größter Dauer sein, sodass auch Verlangsamungen wieder in eine Monotonie unseres Sehens zurückgleiten können.

Entrückungen

Bei der Arbeit von Gusmão und Paiva scheint sich die Wirkung der Zeitlupe zu verkehren. Was hier den Rahmen sprengt, so vermute ich, ist etwas Anderes. Weder dient die Zeitlupe im Film der Studentin als detaillierte Analyse, die sie das Ins-Bett-Gehen der nackten Frau genießen oder ihre Bewegungen präzise nachvollziehen lassen, noch wird ihre Aufmerksamkeit auf das Geschehen gelenkt. Ihr Blick wird vielmehr davon ab- oder

Verkehrung

←\≥
Bei//spiel: zwischen Nichtssehen und Anderssehen
S. 234

fortgelenkt, wenn sie beschreibt, dass das Video sie zwingt, ihren Blick zwischenzeitlich abzuwenden. Wie wird diese Verkehrung erklärbar?

asymmetrische Zeitlichkeiten

Einen Aspekt sehe ich in der Dauer des Videos begründet. Während Zeitlupen für gewöhnlich einen sehr kurzen Moment verlängern, dehnt der künstlerische Einsatz der Zeitlupe bei GUSMÃO und PAIVA einen beachtlich längeren Moment. Bildblick und Bilderblick gehören darin nicht derselben Zeitlichkeit an, was über die Dauer des Videos vielleicht eine gewisse Anstrengung initiierte. Einen zweiten Aspekt sehe ich in dem, was zu zeigen versucht wird. Dabei erscheint nahezu paradox, dass auch der Flügelschlag eines Seeadlers ein nicht weniger antizipierbares Bildwerden inszenieren würde als die ins Bett gehende Frau. Erst in Kopplung mit der verlängerten Dauer potenziert sich dies zu einem Unbehagen in der Bilderfahrung der Studentin.

Gedanken zur Vermittlung und Pädagogik

Was lässt sich aus dem Bei//spiel für einen ikonischen Blick ableiten? Zunächst eine Reihe an Fragen, wenn man das Zeigen der Videoarbeit als Bemühen in Vermittlung oder Pädagogik betrachtet, an künstlerischen Arbeiten neue (Bild)erfahrungen zu ermöglichen. Doch diese Perspektive bleibt eine prekäre, insofern sich etwa an der Reaktion der Studentin noch nichts darüber aussagen lässt, wie und ob die Arbeit GUSMÃOS und PAIVAS bildend wirkte. Denn Bildung könne zwar »Effekt intentional ausgerichtet Lehrens« sein, jedoch könne man sie nicht anzielen.[71] Die potentiell bildende Unterstellung aber trägt eine Fiktion des Blickwerdens, sodass die Bilderfahrung angesichts der Arbeit GUSMÃOS und PAIVAS als ein Beispiel radikaler Bilderfahrung betrachtet werden könnte, das subversiv versucht, Sehgewohnheiten zu unterlaufen.

subversiv

Verkörperung

In Hinblick auf einen ikonischen Blick ließe sich mutmaßen, dass die vorausahnende Fähigkeit des Blicks, die prinzipiell davon zeugt, dass sich unser Sehen durch Bilderfahrung entwickelt, die Bilderfahrung der Studentin zunächst eher verhinderte. Dass die mit der Arbeit GUSMÃOS und PAIVAS verbundenen Affekte jedoch auch in der zeitlichen Distanz wieder spürbar werden, spricht dafür, dass diese sich trotz des Wegsehens verkörperten, sodass auch das Wegsehen eine Form des Antwortens bildet. ANDREA SABISCH hat sehr treffend von einer »Vermeidung des vertiefenden Sehens«[72] gesprochen. So wird das Angebot der Videoarbeit, den Bewegungen der Frau genau zu folgen, zwar abgewehrt, jedoch ließe sich mit Verweis auf SABISCH fragen, ob diese »Fluchtbewegung« der Studentin ihren Blick nach innen kippen ließ. Die Verkörperungen lassen sich ebenso in Anschluss an SABISCH als Symptome beschreiben. Das Wegsehen der Studentin gleicht einer Ersatzbildung angesichts der Bilderfahrung, worin SABISCH Symptome jenseits der Pathologie betrachtet.[73]

Unruhe als Dynamik einer Umarbeitung des ikonischen Blicks

Um eine »fruchtbare Unruhe des Bilderblicks wachzuhalten«, so merkt WALDENFELS an, müsse man von einem fremden Blick ausgehen, »der uns aus der Ferne trifft«.[74] Diese Unruhe wäre im Sinne einer Entwicklung, einer Dehnung oder einem Werden des ikonischen Blicks jene Dynamik, die an einer Umarbeitung des Blicks beteiligt erscheint. Durch Bildblick und Bilderblick inszeniert sich ein *Blickzwischen* das dieser produktiven Unruhe allererst eine Sphäre eröffnet.

Dass die Arbeit GUSMÃOS und PAIVAS auch ganz andere Antwortbildungen ermöglicht, wird mir etwa an meiner eigenen Faszination für diese Arbeiten deutlich. In der Herangehensweise an das Bei//spiel und dem konträren Empfinden der Studentin hat sich ein Kontrast gebildet, an dem sich die Überlegungen zum Widerstand im Sehen geschärft und erweitert haben.

zur Reflexion von Blickbeziehungen

Sichtbarkeit und Unsichtbarkeit

Die chiastische Beziehung zwischen Bild und Blick manifestiert sich im Spiel zwischen Sichtbarkeit und Unsichtbarkeit. Dieses Spiel produziert Verhältnisse zu Bildern, durch die Blickbeziehungen eingegangen werden.

blicktheoretische Dynamisierung der Bilderfrage

Wer anfängt, sich in blicktheoretische Überlegungen, insbesondere im Kontext von Bildlichkeit, einzuarbeiten, merkt schnell zwei Dinge: erstens gehören JEAN-PAUL SARTRE[75] und JACQUES LACAN[76] zu wichtigen theoretischen Referenzen und zweitens, dass das Blicken und Angeblickt-Werden, als Form eines Blickverhältnisses, das Geschehen der Bilderfahrung komplex in Augenschein nimmt, um übergangene und überzeugende Prämissen infrage zu stellen. Bildtheoretisch erscheinen blicktheoretische Ansätze daher wie die notwendige Dynamisierung verkürzter Rezeptions- oder Wirkungspostulate, denn wer den Blick nicht mitdenkt, kann streng genommen nur bei einem Objektstatus des Bildes stehengeblieben sein. ←\-

... nochmal zum Chiasmus der Blicke

Der Chiasmus, etymologisch als Überkreuzung verstanden und als rhetorische Figur die Über-Kreuz-Stellung korrespondierender oder auch wiedersprechender Ausdrücke, findet sowohl bei EMMANUEL ALLOA, DIETER MERSCH und CHRISTOPH WULF in einem chiastischen Modell der Blickverschränkung bzw. einem Chiasmus der Blicke Eingang:

Während WULF mit einem chiastischen Modell der Blickverschränkung ein *Ineinander von Sicht und Ansicht* beschreibt[77], welches ich in dieser nominalen Wendung für wenig praktikabel erachte, um dynamische Prozesse wie Bildwerden und Blickwerden zu beschreiben, betont ALLOA mit einem Chiasmus der Blicke die gleichzeitige Inszenierung der Bilder als *Sichtbarkeitsangebote und -gebote*, die »den Blick kraft einer intrinsischen Zugkraft auf sich zu ziehen vermögen«.[78]

Angebot und Gebot

Als Angebot und Gebot bewegt sich das Bild-Blickverhältnis zwischen Anregung und Beeinflussung. Bilder sind als Angebote und Gebote so etwas wie Möglichkeitsmatrizen. Wenn Bilder in ihrer Inszenierung, in ihrem Ereignen, unseren Blick lenken können, dann könnte der Zugkraft des Bildlichen eine interventionale Kraft zugesprochen werden, die das Potential eines *Blickwerdens* intendiert. Auch MERSCH geht im Kontext eines Chiasmus der Blicke zwar von einer responsiven Struktur des Blickwechsels aus, jedoch stellt er heraus, dass wir nicht den Blick und damit das Bild

←\-
Blick
S. 72

beherrschen, sondern »nicht selten beherrscht das Bild uns, hält uns gefangen und zwingt und seine Richtung auf«[79]. Mersch bestärkt damit, dass Bilder als Sichtbarkeitsgebote agierend grundlegend von Macht- bzw. Kraftverhältnissen durchwobene Ereignisse bilden.

Erneut sei im Zusammenhang dieser Überlegungen zumindest in Kürze auf Sybille Krämers einschlägige Reflexionen über Blickakte[80] verwiesen. Nach Krämer bilde sich unser Verhältnis zu Bildern im Anblicken heraus, die dabei zurückblickend etwas ›mit uns machen‹. Das kann als Indiz des Blickwerdens verstanden werden. ←\≤

Unruhe im Blickgeschehen

Was aber bedeutet diese Blickverschränkung für unseren Umgang mit Bildern, für unsere Bilderfahrungen und den Versuch, darüber zu reflektieren? Das Potential im Blickgeschehen stelle sich jedenfalls nicht ein, wenn wir von einem ruhenden Ziel getrieben sind, so Waldenfels.[81] Diese Bemerkung wirft im Kontext jedweder Bildbetrachtung eine interessante Perspektive auf, denn im Ziel, das uns vorschwebt, sei die Antwort schon vorweggenommen und der Blick beruhigt.[82] Dies wäre vielleicht als ein Plädoyer zu lesen, Zugänge zu Bildern anders zu gestalten, Momente der Irritation zu provozieren, Sehgewohnheiten zu befragen und allenfalls zu befremden, um die Beunruhigung, die den Blick hervorbringt, hervorzulocken. Doch der nun kurz hoffnungsvoll aufkommende Gedanke, es ist alles ganz einfach, etwa für uns Forschende, für uns Vermittler*innen, Pädagog*innen oder Künstler*innen, zerstreut sich im erneuten Bezug auf Härtel und Pazzini, denn den Blick – hier als Bilderblick des Bildes verstanden – kennzeichnet zugleich eine uneinholbare Unverfügbarkeit, indem er »weder zeitlich noch räumlich planbar« sei.[83]

Blickzwischen – zu einer Figur der verdeckten Entfaltung

Blickzwischen

Die Blickbeziehung markiert, dass ein Bildblick (von Betrachter*innen) und ein Bilderblick (des Bildes) einen Chiasmus der Blicke bilden, der auch als Wechselblick bezeichnet werden kann. Ausgehend von einer Annäherung an Bilderfahrungen *vom Zwischen aus* habe ich vorgeschlagen, dass dieser Blickwechsel ein *Blickzwischen* initiiert. Die Figur des *Blickzwischens* als Moment dieses Wechselblicks bildet so etwas wie die Passage des Blickwerdens, die etwas mit der Umarbeitung des Blicks zu tun hat. Dies sagt noch wenig über die Weise dieser Umarbeitung aus, die in Anbetracht der Passage keinesfalls als bloße Wechselstube zu verstehen ist. Um bei der Metapher der Wechselstube zu bleiben: Zu welchen Kursen hier was und wie gehandelt wird, scheint im Ungewissen zu florieren. Die Figur des Blickzwischen ist als begriffliche Geste eine der verdeckten Entfaltung, die auf dieses Zwischen verweist, ohne dass es ihr gelingt offenzulegen, was und wie die Dynamiken sich vollziehen. Die dialektische Betrachtung dessen, was wir sehen, und dessen, was uns anblickt, hat Goerges Didi-Huberman für unausweichlich erklärt und von einer sich auftuenden Höhlung gesprochen, die im Chiasmus der Blicke entstehe.[84]

←\≤
Angeblicktwerden
S. 201

Um sich diese Verschränkung vorstellen zu können, beschreibt Didi-Huberman eine kleine Szenerie. Diese bezieht sich zunächst nicht auf Bilder, sondern versucht die von ihm grundlegend aufgezeigte Dialektik zwischen dem, was wir sehen, und dem, was uns anblickt, zu betrachten:

> » Wenn ein kleines, allein gelassenes Kind vor sich die paar Dinge betrachtet, die seine Einsamkeit bevölkern – eine Puppe zum Beispiel, eine Holzspule, ein Würfel oder einfach sein Bettlaken –, was genau sieht es dann, oder vielmehr: wie sieht es? [...] Ich stelle mir vor, wie es um sich blickt, noch weit entfernt von aller Gewißheit und allem Zynismus, noch weit entfernt, an irgend etwas zu glauben. Ich stelle mir vor, wie es sich abwartend verhält: sein Blick ist [...] erfüllt vom Stumpfsinn des Wartens. Bis zu dem Augenblick, in dem das, was es sieht, sich plötzlich öffnen wird, getroffen von etwas, das es im Grunde – oder vom Grunde her, ich meine vom selben Hintergrund der Abwesenheit her – anspricht, betrifft, es anblickt.«[85]

Was das Kind betrachtet, erscheint an sich variabel, worin sich die Szenerie auch modellhaft auf die Blickbeziehung zu Bildern übertragen ließe. Es geht um die Beschreibung, was um dieses Kind herum alles da ist, was potentiell in seinen Blick fallen könnte. Didi-Huberman stellt sich in der Figur des kleinen Kindes vielleicht eine Art unbedarfte Betrachter*in-Figur vor, denn er schließt bestimmte ›Prägungen‹ des Kindes aus (»noch weit entfernt von aller Gewißheit und allem Zynismus, noch weit entfernt, an irgendetwas zu glauben«). Er beschreibt in der Szenerie weiter eine Wende, die ich als eine Blickwende bezeichnen möchte (»sein Blick ist [...] erfüllt vom Stumpfsinn des Wartens. Bis zu dem Augenblick, in dem...«). Diese Wende könnte beschrieben werden als eine, in der sich von den Dingen, in der Wahrnehmung, genauer: im Umherblicken, etwas an das Kind wendet, ein Blick von außen, der es betrifft, also etwas herausfordert, was das Kind angeht (»Bis zu dem Augenblick, in dem das, was es sieht, sich plötzlich öffnen wird, getroffen von etwas, das es im Grunde – oder vom Grunde her, ich meine vom selben Hintergrund der Abwesenheit her – anspricht, betrifft, es anblickt.«). Blickwende

Das heißt, es geht hier nicht darum, dass plötzlich etwas hinzutritt, was vorher nicht da war, sondern etwas sich plötzlich an uns wendet, uns anblickt, weil es uns betrifft. Im Kontext des Wechselblicks habe ich Insa Härtels und Karl-Josef Pazzinis pointierte Beschreibung dieses Getroffen-Seins bereits aufgegriffen, die in ihrer invertieren Formulierung an dieser Stelle das Geschehen verdeutlicht: diejenigen, die nicht getroffen werden, geht daran nichts an.[86] In der Verneinung tritt schließlich deutlich hervor, dass der Blick von außen mich auch verfehlen kann – mehr noch, dass dieser Blick von außen erst durch mich in dieser spezifischen Situation konstituiert und gebildet wird. ←\-

←\-
Wechselblick
S. 73

zwischen beunruhigtem Blick und antwortendem Sehen

der beunruhigte Blick

Was ich soeben mit Didi-Huberman als Moment geschildert habe, in dem mich etwas anblickt, etwas angeht, greift Bernhard Waldenfels in ähnlicher Weise auf und konturiert das Blickgeschehen stets in einer Unterscheidung des *Eigenen* und des *Fremden*. Einen ersten Bezug auf seine Figur der Blickwende habe ich zuvor im Kontext einer *Elastizität des Bildlichen* aufgegriffen und erläutert. ←\≥ Um beunruhigende oder irritierende Momente einer Blickbeziehung zu reflektieren, möchte ich diesen Gedanken vertiefen.

Blick und Begehren

Aus phänomenologischer Perspektive schreibt Waldenfels in *Sinnesschwellen*, dem dritten Band in der Reihe seiner Studien zur Phänomenologie des Fremden, ein Kapitel über den beunruhigten Blick. Er erläutert darin die Wende, die Blickwende, mit Bezug auf die Kulturtheoretikern Iris Därmann als einen Moment des Andersseins, als Bruch, der sich als produktives Geschehen entfaltet: »Tritt etwas auf, das die gewohnte Monotonie durchbricht, so wird der Blick aufgestört, alarmiert, stimuliert, möglicherweise gefesselt durch einen ›Blickfang‹, dem wir in die Falle gehen.«[87] Dabei komme der Blick niemals aus heiterem Himmel, sondern erwache aus einer Beunruhigung, die das Gleichmaß des ruhigen Sehens durchbricht.[88] Der Blick habe folglich etwas mit Abwesendem zu tun, das ängstigt oder verlockt, anzieht oder abstößt und uns deshalb nicht zur Ruhe kommen lässt. Hierin sieht Waldenfels den verbindenden, gar unauflösbaren Moment zwischen Blick und Begehren.[89]

das Gleichmaß irritieren

Wie aber wird dieses Gleichmaß des ruhigen Sehens aufgescheucht und was lässt die Beunruhigung erwachsen? Im Kontext von Bildern sehe ich einen Teil der Antwort in Bilderfahrungen, denn sie erscheinen auf zwei Weisen als zentrales Movens dieser Überlegung: zum einen ließe sich an bereits gemachte Bilderfahrungen denken, die vielleicht die gewohnte Monotonie implizit oder bewusst konturieren, und zum anderen an die Bilderfahrungen, die sich zunächst im Gleichmaß des gewohnten Sehens einbetten, doch von dort heraus an der Beunruhigung beteiligt sind.

antwortendes Sehen

Waldenfels spricht von einer Figur des *antwortenden Sehens*[90]: So sei der Blick einem fremden Anblick ausgesetzt, der sogleich einen Anspruch erhebt. »Was unseren Blick beunruhigt, ist nicht etwas, das wir nach Belieben sehen können, sondern etwas, das uns zu sehen gibt.«[91] Er verweist infolgedessen auf ein dialogisches Geschehen – innerhalb seiner phänomenologischen Theorie genauer als responsives, also antwortendes Geschehen zu bezeichnen. So sei es der Anspruch, auf den wir antworten, indem uns der fremde Blick trifft. Der fremde Blick, so übertrage ich Waldenfels an dieser Stelle auf die Bilderfahrung, kann als Blick aus dem Bild begriffen werden.

Entzug

Es zeigt sich hierin auch eine Facette des Entzugs, denn der Blick unterliege einer Blickordnung, die bestimmte Sichtweisen ermögliche und andere verunmögliche, sodass sich das, was sich entzieht, nur als Außerordentliches gedacht werden könne, »als etwas, das die bestehende Ordnung stört, sprengt oder unterhöhlt.«[92] Versuchen wir an die Stelle des Außerordentlichen das Potential der Künste zu setzen, uns anders

←\≥
bildreflexive Dehnungen und Wandlungen eines ikonischen Blicks?
S. 246

oder neu auszurichten oder unsere Blickordnungen zu durchbrechen, zu stören, dann kämen wir zu so etwas wie einer Irritation des Blicks qua Künste (Plural!).

Blickaufdeckungen?

In seiner Schrift zu den Hyperphänomenen zeigt WALDENFELS in einem Kapitel über *Unsichtbares, das sich dem Blick entzieht* auf, wie dieser Entzug genauer gedacht werden kann. Dahinter stehen seine Überlegungen zur Sichtbarkeit und Unsichtbarkeit, die er an der Figur des Blicks ausrichtet: »Was nicht sichtbar ist, wartet auf den Blick, der es aufdeckt.«[93] WALDENFELS geht folglich von einer potentiellen Sichtbarkeit[94] aus, potentiell deswegen, weil eben durch Blicke oder in Blicken zur Sichtbarkeit gelangend.

indem sich etwas entzieht

Was WALDENFELS der Unsichtbarkeit an die Seite stellt, ist der Begriff des *Fremden*. Die Unsichtbarkeit des Fremden bestehe somit darin, dass sich etwas meinem Blick entziehe.[95]

In einem zweiten Schritt verdeutlicht er, dass es das Sich-Entziehende nicht ohne die Performanz des Entzugs gibt: »Strenggenommen gibt es nicht etwas, das sich entzieht, sondern es gibt nur etwas, indem es sich entzieht.«[96]

Die Figur des Entzugs scheint seine Kraft insbesondere hinsichtlich einer Abhängigkeit des Bildlichen vom Blick zu entfalten. In der vorsichtigen Vorstellung eines unausgeprägten, engen oder vielleicht auch verfestigten Bildblicks, der sich Neuem oder Fremden, Schwellenbildern oder den Noch-Nicht Bildern verschließt, könnte man fragen, wie etwa aus Perspektive der ästhetischen Bildung, der Kunstpädagogik oder der Kunstvermittlung einer Verunmöglichung im Entzug entgegengewirkt werden kann. Oder: Wie können zumindest potentiell Bilderfahrungen in neuen Registern oder Dimensionen ermöglicht werden? Doch zugleich wird in einer so relationalen, wertenden Formulierung eines ›unausgeprägten Bildblicks‹ die problematische Kompetenzdebatte befeuert, die von Bildkompetenz sprechend eine vermeintliche Könnerschaft des Bildlichen visioniert. →\...

zwischen Ansteckung und Aufmerksamkeit

Wie sich Blickverhältnisse vor Bildern initiieren und wie sich Blicke und Bilder im Sinne ihres Werdens dabei transformieren, weist auf miteinander korrespondierende Bildakte und Blickakte hin. Um diese Dynamiken zur Artikulation zu bringen, zieht SYBILLE KRÄMER im Kontext ihrer Blickakttheorie den Begriff der *ästhetischen Ansteckung* der Kulturtheoretikerin KATHRIN BUSCH heran. Die relationale und auch infizierende Geste des Begriffs suggeriert für mich sowohl eine pathisch-affektive Involviertheit als auch einen äußerst eindringlichen, nahezu infektiösen Moment des Übertritts oder Übergriffs.

ästhetische Ansteckung

BUSCH argumentiert mit dem Begriff der ästhetischen Ansteckung für eine Hinwendung zum Pathischen. Dabei meint Ansteckung für BUSCH Übertragung durch Berührung.[97] Dass man von Bildern oder Kunstwerken berührt, begeistert oder auch

→\...
kunstpädagogische Anschlüsse
S. 442

befremdet werden könne, findet in ihrem Entwurf der ästhetischen Ansteckung eine Zuspitzung: »Ansteckung stellt daher eine Berührung durch Fremdes oder Anderes dar, die eine Transformation des Eigenen, ein Anderswerden zur Folge hat.«[98] In Bezug auf Bilderfahrungen könnte das Fremde im Bilderblick verortet werden, in einem Blick, der uns von woanders her trifft.[99]

Busch geht davon aus, dass sich die Ansteckung oftmals unbemerkt, vor allem aber ungewollt und unbewusst vollziehe.[100] Für ein Blickwerden scheint mir dies eine grundlegend wichtige Annahme zu sein, um nicht fälschlicherweise darauf zu spekulieren, dass wir unser Blickwerden kontrollieren könnten. Das soll nicht heißen, dass nicht aus initiierten Bildbegegnungen in der Vermittlung oder im Pädagogischen Potentiale für ein ikonisches Blickwerden hervorgehen mögen, jedoch wäre die ästhetische Ansteckung eher als unbemerkter Katalysator eines Bild- und Blickwerdens zu verstehen, der im Ästhetischen einen vielleicht besonderen Resonanzraum erfährt.

Subjektivierung

Daran anschließend erscheint es mir notwendig, die Frage der Ansteckung noch einmal stärker auf die Subjektivierung zu verschieben. So zeigt Michaela Ott auf, dass menschliche Subjektivierung heutzutage stärker als früher mit technologischen Prozessen verbunden sei und sich daher auf der psychischen, affektiven und physischen Ebene anders gestalte. Bilderfahrungen scheinen davon unmittelbar betroffen zu sein, insofern etwa die medialen Spielarten der Technosphäre unsere Bilderfahrungen an immer wieder neuen medialen Hybriden ausrichten. Ott begründet die Veränderungen menschlicher Subjektivierung in »Affizierungs-, also psychophysische[n] Ansteckungsvorgänge[n]«[101]. Im Erfahren von Bildern ließen sich diese vielleicht als leiblich-mediale *Bildverwebungen* bezeichnen.

Bilder, so argumentiert Ott weiter, wie sie heute in unterschiedlichen Formen des Medialen und Formen von Medien vermittelt werden, haben Teil an unserem Subjektivierungsprozess und integrieren sich in unsere »Psychophysis«:

> » Wir lassen uns heute von kulturellen Techniken anders anstecken und stimulieren als früher. So formen wir unsere Affektivität u.a. nach Maßgabe unserer Teilhabe an digitalen Netzen und sozialen Medien; sinnliche Reize, Sprache und Bilder werden uns heute verstärkt durch technologische Medien vermittelt, was dazu führt, dass wir diese in unsere Psychophysis integrieren, dass wir sie zu Teilhabenden an unseren Subjektivierungsprozessen werden lassen, uns von ihnen steuern lassen, im Extremfall mit ihnen zusammenwachsen.«[102]

Statt von einem Zusammenwachsen spricht Karl-Josef Pazzini in Bezug auf Bilder ähnlich von einem Vernähen. »Bilder als Nähmaschinen« halten die Betrachtenden zusammen, was auf Ebene ihrer Subjektwerdung einem passiven Zugeschnitten-Werden durch Bilder entspreche.[103] Als Nabel der vorgeschlagenen Additionsweisen bei Ott und Pazzini möchte ich versuchsweise den Blick setzen (Bildblick), der sich an den Bildern ausrichtet, und passiv formuliert auch ausgerichtet wird. Der Blick erscheint als Pate jener unbewussten Einspiegelungen, die aus einer Teilhabe, wie OTT sie beschreibt, hervorgehen mögen. Den Blick verstehe ich daher als einen durch Bilder stimulierten (OTT) wie gewordenen Blick, einen von Blicken aus Bildern (Bilderblicken) transformierten, belagerten oder irritierten Blick, was sich als Ausdruck einer Umarbeitung des Blicks zeigen mag.

Wir als Personen seien OTT zufolge daher niemals eins und ungeteilt, »weil uns immer schon Sprachen und Blicke anderer bewohnen und unterteilen«.[104] OTT schlägt daher vor, nicht länger davon zu sprechen, dass wir Ungeteilte, also Individuen seien, sondern danach zu fragen, »inwiefern wir uns dividuieren und was das für unser Selbstverständnis bedeutet.«[105] Die Kulturwissenschaftlerin KARIN HARRASSER hat dies übersetzt als Prozesse »zwischen Wesen, zwischen Wesen und Milieus/Umwelten, zwischen Wesen und Techniken«.[106] Blickwerden könnte als Symptom einer Dividuation begriffen werden, insofern der Bildblick von Bilderblicken (als Blicke aus dem Bild) geteilt – man könnte auch sagen ›durchfasert‹ wird. Dividuation

Wie auch die Ansteckung zeigt die Figur der Aufmerksamkeit eine Analogie zur chiastischen Struktur der Blickbeziehung und zur pathisch-responsiven Dynamik der Erfahrung. Im Aufmerken und Auffallen, das ich an WALDENFELS' *Phänomenologie der Aufmerksamkeit* erläutern möchte, tritt das Doppelereignis der Aufmerksamkeit hervor: »etwas fällt mir auf – ich merke auf.«[107] WALDENFELS verortet seine Phänomenologie der Aufmerksamkeit in den *Antwortregistern* und in den *Bruchstellen der Erfahrung*, ausgehend von dem, was uns widerfahre und anspreche, hin zu dem, was wir zur Antwort geben.[108] Aufmerksamkeit

Aufmerksamkeit bildet für die Blickbeziehung zu Bildern eine gewichtige Größe, die eine performative und transformatorische Kraft des Bildlichen auf den Blick anzeigt. Aufmerksamkeit setzt im Kontext eines Blickwerdens an dem Bild-Blickverhältnis an und deutet auch abseits gezielter Beobachtungen auf Formen *unbemerkter Aufmerksamkeit* hin, die etwas in Blicke einspiegeln. WALDENFELS unterscheidet zwei Formen der Aufmerksamkeit: Eine, die ganz absichtlich vom Subjekt ausgehe als gezielte Beobachtung oder Untersuchung, die andere sei nahezu unbemerkt und zeichne sich durch das Ausbleiben einer besonderen »Reizstärke« aus, beziehe sich aber auf das, was uns affiziert.[109]

Bilderfahrungen berühren insofern die »Aufmerksamkeitsbildung«[110], die meiner Ansicht nach an der Umarbeitung des Blicks beteiligt ist. Die Bilderfahrung, so nehme ich an, initiiert durch die Blickbeziehung ein Resonanzverhältnis[111], wodurch sich Aufmerksamkeit als leibliches Phänomen auszeichne.[112]

MAREN WEHRLE und THIEMO BREYER gehen im Kontext der Aufmerksamkeit einer Unterscheidung von *noematischen* und *noetischen Horizonten* nach. Während mit den noematischen Horizonten die *Beziehungen* zwischen den Dingen, die uns auffallen, und den anderen Dingen in den Blick geraten, gehen die noetischen Horizonte den spezifischen Begründungen für Aufmerksamkeiten einzelner Subjekte nach und Formen der Aufmerksamkeit fragen nach möglichen »Aufmerksamkeitsstilen«.[113] So betreffen die noetischen Horizonte im Weiteren »die subjektiven Motivationen impliziter und expliziter Art wie Dispositionen, Habitualitäten und Interessen«.[114] Die Unterscheidung verdeutlicht, dass insbesondere die noetischen Horizonte so etwas wie *dividuelle*[115] Weisen der Verkörperung betreffen, die meines Erachtens nicht unwichtig sind, um sich einem Blickwerden reflexiv anzunähern. Ähnlich wie ich im Zusammenhang des Bildwerdens vorgeschlagen habe, an einem Einsetzen des Bildlichen und an den Übergängen anzusetzen, erscheint mir dies auch für die Reflexion eines Blickwerdens als kontrastbildende Weise der Hinwendung sinnvoll. Abschließend möchte ich daher fragen, inwiefern sich Blickwerden, verstanden als Symptom der Bilderfahrung, durch Momente der Irritation artikuliert, die ich an Praktiken der Kunst kopple. Irritationen begreife ich in diesem Sinne als starke Aufmerksamkeitsbildner, die eine Monotonie des gewohnten Sehens überbieten und zur Antwortbildung herausfordern, wie z.B. beim Bei//spiel ›*Widerstand im Sehen*‹. ←\≥

Irritation

Praktiken der Kunst seien fähig, den Blick einzutrüben oder zu irritieren, wie Dieter Mersch herausstellt.[116] Betrachten wir unter den Zugkräften der Künste auch jene Zugkräfte des Bildlichen, vermögen diese mit Emmanuel Alloa gesprochen »die Kreise der routinierten Umschau zu stören und den Blick aus den gewohnten Bahnen zu bringen«.[117] Die Umstülpung des Blicks als Verlassen seiner ›Komfortzone‹, als dessen Beanspruchung, als dessen Aushalten durch ein Offenhalten, konturiert eine Symptomatik von Bilderfahrungen, die ich als leibliche, mediale und auch soziale Fragmentierung erneut als Moment des dividuellen ›Einsprengselns‹ fremder Blicke bezeichnen möchte. Die Fragmentierung mag in die Irre führen, wenn diese als Zerteilung missverstanden wird. Sie ist hingegen als eine Zergliederung gemeint, die Michaela Otts Vorstellung nahezukommen versucht, dass wir immer schon medial (Sprache, Blicke) durch Andere bewohnt und unterteilt seien, wie ich bereits angeführt habe.[118]

»Wo etwas ins Auge springt, beansprucht es für sich Aufmerksamkeit,«[119] formuliert Alloa. So könnten wir Irritationen als produktive, potentielle Transformationskatalysatoren begreifen, die Blickwerden anzetteln und einen ikonischen Blick vielleicht nicht immer entwickeln, ihn aber anrufen, befragen, betören oder ihn unbewusst hintergehen und unseren Bildblick damit an Bilderfahrungen konstituieren. Auf die Kunst gewendet schließe ich mit einer Bemerkung Jacques Rancières: »Damit es Kunst gibt, bedarf es eines Blickes und eines Denkens, die sie identifizieren.«[120]

Blickkollektive. Entwurf eines sozialen Werdens von Blicken

Wechselwirkungen im Sozialen

Ludwik Flecks Begriff des Denkkollektivs habe ich unter *vom Zwischen aus* herangezogen, um ihn als wichtige Figur sozialer und alteritärer Dimensionen der Bilderfah-

←\≥
Bei//spiel:
Widerstand im Sehen
S. 247

rung einzuführen. ←\- FLECK hat eine soziale Bedingtheit von Erkenntnis postuliert, mit der er eine Verschiebung vom einzelnen Forschersubjekt zu kollektiven Subjekten anzeigt. Seine Theorie verdeutlicht, dass eine Bilderfahrung *vom Zwischen aus* diese Bedingtheit im Sozialen umspielt. So legte FLECK mit seinem Denken nahe, von Wechselwirkungen zwischen dem, was wir erkennen, und dem, was wir erkannt haben, auszugehen. Erkenntnis wird von FLECK daher nicht länger als individueller Prozess, sondern als Leistung eines Denkkollektivs verstanden.[121]

Ergänzung zum Denkkollektiv

Aufgrund des starken, im Zusammenhang der Bilderfahrung und einem Blickwerden entwickelten, Blick-Begriffs erscheint mir der Gedanke naheliegend, den Begriff des Denkkollektivs um einen des *Blickkollektivs* zu erweitern. Ähnlich wie Gedanken sind Blicke zunächst für *Andere* unverfügbar, wie auch für mich Gedanken und Blicke *Anderer* vor ihrer Mediatisierung in einer Sphäre gänzlicher Spekulation verbleiben. Dialogisch in geschriebener oder gesprochener Sprache artikulierte Gedanken können unsere Erkenntnis im Sinne FLECKS beeinflussen, erweitern und erneuern.[122] Doch so klar ein Gedanke auch sprachlich artikuliert wird, er wird immer vom Verständnis des Anderen abhängig sein. Denkkollektive mögen also davon leben, dass durch den Gedankenaustausch immer wieder neue dynamische Gedankengänge gemeinsam verhandelt werden.

im Blickkollektiv verbunden?

FLECKS Minimaldefinition des Denkkollektivs bezieht sich auf den Gedankenaustausch von zwei oder mehreren Menschen.[123] Übertragen auf eine Figur des Blickkollektivs möchte ich dieses auf gemeinsame Betrachtungen von Bildern beziehen. Im Dialog über das, was wir über unsere jeweiligen Bilderfahrungen zu sagen versuchen, initiiert sich meiner Ansicht nach nicht nur FLECKS Denkkollektiv, sondern auch ein die individuelle Erkenntnis übertreffendes Blickkollektiv.

vom Denkstil zum Blickstil

FLECK hat angemerkt, dass es wenig sinnvoll und auch unvollständig sei, wenn jemand sagt, dass er *etwas* erkenne. So fehle es an dieser Stelle an einem relationalen Bezug, der im Sinne FLECKS das Erkennen von etwas in einen *bestimmten Denkstil oder Denkkollektiv* bezeichnet.[124] Auch Sehen, so habe ich insbesondere in Bezug auf BERNHARD WALDENFELS herausgearbeitet, ist analog durch Blickstile als werdende und gewordene Sehgewohnheiten ausgerichtet. So wie unterschiedliche Denkstile der Grund waren, warum FLECK den Begriff des Denkkollektivs konstruierte,[125] so erscheinen analog auch unterschiedliche Seh- oder Blickstile einen Anlass zu bieten, über Blickkollektive nachzudenken.

Kollektivierung

In Situationen, in denen mehrere Menschen Bilder betrachten, können dialogisch oder auch deiktisch neue Verknüpfungen hervorgebracht werden, die Sichtverschiebungen zur Folge haben. FLECK hat in Bezug auf das Denkkollektiv davon gesprochen, dass Gedanken kreisen und wandern und durch Assoziationen Anderer umgeformt werden können.[126] Seine radikale Vorstellung eines sich so herausbildenden Kollektivgedankens, der keinem einzelnen Individuum mehr angehöre[127], würde für Blicke eine ebenso radikale Form des Blickwerdens bedeuten. Ähnlich, wie im Den-

←\-
Denkkollektive
S. 56

...

≥

ken von Widerständen dieser Kollektivierung ausgegangen werden kann (von Fleck wenig bis gar nicht reflektiert), so sehe ich solche Widerstände auch ausgehend von Bildern und in Blicken begründet. Wie ich etwa eine bestimmte Ideologie ablehnen kann, kann ich auch bestimmte Sichtweisen ablehnen. Beiden Dynamiken ist ähnlich, dass sie eine gewisse Vorgängigkeit aufweisen.[128]

Potentiale eines Blickkollektivs

Das Potential, das ich am Entwurf eines Blickkollektivs markieren möchte, lässt sich vielleicht als eine erhoffte Schärfung, Entschälung oder Bildung unseres individuellen Blickens benennen. Ein im Sozialen begründetes Wissen auf Blickkollektive zu übertragen, scheint aber nicht nur dialogische oder deiktische Gesten[129] zu gebrauchen, sondern auf diese angewiesen zu sein, weshalb ich das Blickkollektiv als ein das Denkkollektiv ergänzendes deklariert habe.

mit Anderen

In Blickkollektiven, so möchte ich die Vorstellung verstärken, können wir vor Bildern verbunden sein. Blickkollektive, wie auch das Denkkollektiv, rufen ein zwischen Individuen *Entstehendes* auf, das ich als ein *soziales Zwischen* in die Überlegungen zur Bilderfahrung einbeziehe. Hatte Fleck darauf verwiesen, dass sich ein Denkkollektiv zwischen zweien sofort ändere, wenn eine dritte Person hinzutritt, so betont die Vorstellung von Blickkollektiven, dass es einen Unterschied macht, ob wir etwas alleine betrachten oder mit Anderen. ←\-

transindividuelle Ansprüche

In Vermittlung und Pädagogik können diese Dynamiken auf Verbindungen von Individuen qua Bildern hindeuten, was mich erneut Karl-Josef Pazzinis *Plädoyer für das Transindividuelle* assoziieren lässt: »Wir sind im Medialen, etwa einer Stimmung, verbunden.«[130] Blickkollektive können sehr unterschiedliche Beziehungen stiften. Sie können Besonderung initiieren, vielleicht anstecken, Zwänge oder Widerstände einsetzen, die sich in Ansprüchen gemeinsamer Betrachtung artikulieren.[131]

Bildreflexiv zeigt sich die Figur des Blickkollektivs daher als eine Reibungsfläche transindividueller Bildbegegnungen, die versucht soziale und alteritäre Dimensionen zu befragen: Sie betrifft die Reflexion unterschiedlicher kultureller, geschlechtlicher und sozialer Habitualisierungen sowie gewordene, subjektive Selbst-, Anderen- und Weltverhältnisse in Anbetracht von Bildern.[132]

Pluralisierung statt Vereinheitlichung

Vor dem Hintergrund des Blickkollektivs ließe sich darüber reflektieren, wie sich mein Sehen verändert, meine Bilderfahrungen verändern, wenn bspw. Andere sagen, was sie sehen, worauf sie achten und ich dadurch etwas über ihre Strategien, Weisen oder Aufmerksamkeiten in ihrer Wahrnehmung erfahre. Anstelle einer gleichmachenden Vereinheitlichung dessen, was gesehen wird, geht es mir ausdrücklich um Ambiguitäten, plurale Sichten und Sichtweisen.

bildreflexiver Einsatzpunkt im Anderen

Im Weiteren kann sich also der Gedanke einer Pluralität von Assoziationen, Evokationen und Irritation der im Blickkollektiv Verbundenen als eine Erweiterung der eigenen Sicht durch Andere zeigen, sodass es gelingen mag, den eigenen Blick durch die Blicke von Anderen offenzuhalten. Blickkollektive inszenieren meiner Ansicht nach daher Leerstellen, die dazu herausfordern können, ins Sagen zu kommen. Die Un-

←\-
M/mit
S. 59

verfügbarkeit der Blicke der Anderen reizt mich zu erfahren, was sie angesichts eines Bildes erfahren. Diese Leerstelle, so möchte ich aufwerfen, wird so zu einem bildreflexiven Einsatzpunkt.

1 Vgl. dazu: Waldenfels, Bernhard: *Sinnesschwellen* (1999); Belting, Hans: *Zur Ikonologie des Blicks* (2005); Mersch, Dieter: *Blick und Entzug* (2007); Alloa, Emmanuel: *Das durchscheinende Bild* (2011).
2 Vgl. erste Ansätze zum Begriff des Blickwerdens: Johns, Stefanie: *Blickwerden*. 2018.
3 Waldenfels, Bernhard: *Von der Wirkmacht und Wirkkraft der Bilder*. 2008. S. 57.
4 »Die psychologische wie auch die philosophische Untersuchung der Aufmerksamkeit nimmt ihren Ausgang von der Problematisierung des Umstands, dass wir uns nicht allen wahrnehmbaren Dingen gleichermaßen bzw. mit der gleichen Bewusstseinsqualität zuwenden können.« Wehrle, Maren; Breyer Thiemo: *Attentionale Horizonte zwischen Phänomenologie und Psychologie*. 2015. S. 371.
5 Die ausgewählte Arbeit stammt aus der 2013 entstandenen Serie der Typewriter Drawings. Sie entspringen der kollaborativen Zusammenarbeit zwischen Michael Crowe und Lenka Clayton, die seit 2012 jeden November jeweils eine Zeichnung mit der Schreibmaschine pro Tag erstellen. »We will do this project for the rest of our lives until one of us dies.« http://www.lenkaclayton.com/typewriter-drawings-2012.
6 Vgl. Waldenfels, Bernhard: *Sinne und Künste im Wechselspiel*. 2010. S. 51.
7 Polanyi, Michael: *Implizites Wissen*. [1985] 2. Aufl. 2016.
8 Ebd. S. 52.
9 Vgl. Belting, Hans: *Zur Ikonologie des Blicks*. 2005. S. 50.
10 Vgl. ebd.
11 Merleau-Ponty, Maurice: *Das Auge und der Geist*. 1967. S. 19.
12 Vgl. Johns, Stefanie: *Oszillierende Bildkondensate*. 2017.
13 Waldenfels, Bernhard: *Sinnesschwellen*. [1999] 3. Aufl. 2013. S. 106.
14 Andrea Sabisch hat in ihrer Untersuchung »Bildwerdung« an einem konkreten Fall aufgezeigt, wie ein »Sehbegehren als Einfluss auf die Sicht« verstanden werden kann. Sabisch, Andrea: *Bildwerdung*. 2018. S. 355.
15 Waldenfels, Bernhard: *Sozialität und Alterität*. 2015. S. 144.
16 Georges Didi-Huberman entwickelt einige bemerkenswerte Fragen vor der Arbeit James Colemans, die ich hier auf Michael Crowes Arbeit übertrage. Vgl. Didi-Huberman, Georges: *Sagen versuchen*. 2017. S. 70.
17 Waldenfels, Bernhard: *Sinnesschwellen*. [1999] 3. Aufl. 2013. S. 138.
18 Vgl. Imdahl, Max: *Giotto, Arenafresken: Ikonographie – Ikonologie – Ikonik*. 1988. Ich beziehe mich auf Bernhard Waldenfels Überlegungen zum sehenden Sehen. Waldenfels, Bernhard: *Ordnungen des Sichtbaren*. 1994.
19 Vgl. Waldenfels, Bernhard: *Sinnesschwellen*. [1999] 3. Aufl. 2013. S. 137f.
20 Ebd. S. 137.
21 Ebd. S. 138.
22 Ebd.
23 Ebd.
24 Ebd.
25 Vgl. ebd.
26 Ebd. S. 139.
27 Sabisch, Andrea: *Bildwerdung*. 2018. S. 386.
28 Ebd.
29 Ebd.
30 Waldenfels, Bernhard: *Sinnesschwellen*. [1999] 3. Aufl. 2013. S. 139.
31 Vgl. Mitchell, W.J.T.: *Bildtheorie*. 2018. S. 210f.
32 Vgl. Mersch, Dieter: *Blick und Entzug*. 2007. S. 57.
33 Ebd.
34 Vgl. ebd.
35 Vgl. ebd. S. 55.
36 Vgl. ebd.
37 Vgl. Mersch, Dieter: *Zerzeigung*. 2014. S. 15.
38 Vgl. ebd.
39 Ebd.
40 Ebd.
41 Alloa, Emmanuel: *Zwischen Transparenz und Opazität – was das Bild zu denken gibt*. 2015. S. 44.
42 Waldenfels, Bernhard: *Phänomenologie der Aufmerksamkeit*. 2004. S. 223.
43 Ein Beispiel dafür bietet meines Erachtens das Bei//spiel ›*ein sich einspiegelndes Bildwerden reflektieren*‹, insofern es den Übergang bzw. die Ablösung der gewohnten Funktion des Bilderrahmens zu einem Bildwerdungsapparat beschreibt. S. 187.
44 Vgl. Mersch, Dieter: *Blick und Entzug*. 2007. S. 57.
45 Ebd.
46 Das Visuelle analogisiere ich hier mit der gewöhnlichen Wahrnehmung, wohl wissend, dass es streng genommen einer Differenzierung bedarf. Um jedoch Merschs Figur des ikonischen Blicks an dieser Stelle als Moment des spezifischen Blicks hinsichtlich eines Übergangs zur Bilderfahrung zu befragen, nehme ich diese Ungenauigkeit in Kauf.
47 Boehm, Gottfried: *Wie Bilder Sinn erzeugen*. [2007] 2. Aufl. 2008. S. 37.
48 Ebd.
49 Ebd. S. 35, 37.
50 Ebd. S. 37.
51 Ebd.
52 Mahr, Bernd: *Cargo. Zum Verhältnis von Bild und Modell*. 2008. S. 17f.
53 Nur Schrödingers Katze vermag dies zu gelingen.
54 Mersch, Dieter: *Blick und Entzug*. 2007. S. 57.
55 Ebd.
56 Ebd. S. 57f.
57 Alloa, Emmanuel: *Das durchscheinende Bild*. 2011. S. 196.
58 Ebd.
59 Vgl. Schwarte, Ludger: *Fulgurationen*. 2013. S. 71.
60 Waldenfels, Bernhard: *Platon*. 2017. S. 85.

61 Alloa, Emmanuel: *Das durchscheinende Bild*. 2011. S. 319.
62 Ein abgefilmtes Digitalisat der ursprünglichen Projektor-Projektion, das ich mit einer Audiospur eines 16mm-Filmprojektor unterlegte, um dem Flackern im Bild die zugehörige akustische Resonanz beizufügen.
63 Vgl. Oy-Marra, Elisabeth: *Intuition und Auge oder wie kommt Intuition in die Kunst*. 2012. S. 120.
64 Wehrle, Maren; Breyer Thiemo: *Attentionale Horizonte zwischen Phänomenologie und Psychologie*. 2015. S. 383.
65 »Im Rahmen einer dynamischen Sicht können nun verschiedene Stufen der Aufmerksamkeit unterschieden und in Anlehnung an den Begriff der Intentionalität als Ausprägungen einer Attentionalität verstanden werden, die einmal passiv-fungierend und einmal aktiv-orientierend bestimmt werden kann. Der Aufmerksamkeit wird die Funktion zugesprochen, auf beide Weisen eine Integration der zeitlichen und inhaltlichen Dimensionen der Erfahrung sowie zugleich eine selektive Strukturierung derselben zu leisten.« Ebd. S. 375.
66 Kuhn, Thomas W.: *It is only a state of mind. Andere Wirklichkeiten*. 2013. S. 268.
67 »Doch nichts macht Zeitfluss und Bewegung so sichtbar wie Zeitlupe, und durch diese Steigerung der Sichtbarkeit gewinnen sie an Bedeutung, erfahren sie eine semantische Aufladung. Als extremes Gestaltungsmittel verfremdet Zeitlupe das Geschehen in einer Weise, wie sie in der Natur, in der Realität nicht vorkommt.« Brockmann, Till: *Slow E-Motion*. 2005. S. 154f.
68 Vgl. ebd. S. 157.
69 Ebd. S. 156.
70 Waldenfels, Bernhard: *Sinnesschwellen*. [1999] 3. Aufl. 2013. S. 139.
71 Pazzini, Karl-Josef: *Überschreitung des Individuums durch Lehre*. 2010. S. 310.
72 Sabisch, Andrea: *Bildwerdung*. 2018. S. 336.
73 Vgl. ebd. S. 75.
74 Waldenfels, Bernhard: *Sinnesschwellen*. [1999] 3. Aufl. 2013. S. 146f.
75 Sartre, Jean-Paul: *Die Imagination (L'imagination)*. [1936] 1994.
76 Lacan, Jacques: *Das Seminar Buch XI: Die Grundbegriffe der Psychoanalyse*. [1964] 3. Aufl. 1987.
77 Vgl. Wulf, Christoph: *Anthropologie/Bild und Imagination*. 2004. S. 227.
78 Alloa, Emmanuel: *Das durchscheinende Bild*. 2011. S. 309.
79 Mersch, Dieter: *Blick und Entzug*. 2007. S. 57.
80 Krämer, Sybille: *Gibt es eine Performanz des Bildlichen?* 2011.
81 Vgl. Waldenfels, Bernhard: *Sinnesschwellen*. [1999] 3. Aufl. 2013. S. 131.
82 Ebd.
83 Härtel, Insa; Pazzini, Karl-Josef: *Blickfänger*. 2017. S. 103.
84 Vgl. Didi-Huberman, Georges: *Was wir sehen, blickt uns an*. 1999. S. 62.
85 Ebd. S. 63.
86 »Es trifft etwas, das die, die davon getroffen sind, etwas angeht.« Härtel, Insa; Pazzini, Karl-Josef: *Blickfänger*. 2017. S. 108.
87 Waldenfels, Bernhard: *Sinnesschwellen*. [1999] 3. Aufl. 2013. S. 125.
88 Vgl. ebd.
89 Vgl. ebd. S. 130.
90 »Im antwortenden Sehen verkörpert sich ein Blick, der hier stattfindet, indem er anderswo beginnt, der also nie völlig an einem Platz ist.« Ebd. S. 131.
91 Ebd.
92 Waldenfels, Bernhard: *Hyperphänomene*. 2012. S. 112.
93 Ebd. S. 108.
94 Vgl. ebd. S. 110.
95 Vgl. ebd.
96 Ebd. S. 111.
97 Vgl. Busch, Kathrin: *Ansteckung und Widerfahrnis*. 2007. S. 53.
98 Ebd. S. 54.
99 Vgl. Waldenfels, Bernhard: *Sinnesschwellen*. [1999] 3. Aufl. 2013. S. 131.
100 Vgl. Busch, Kathrin: *Ansteckung und Widerfahrnis*. 2007. S. 54.
101 Ott, Michaela: *Es lebe die Dividuation!* 2016. [Interview ohne Seitenangaben].
102 Ebd.
103 Pazzini, Karl-Josef: *Bildung vor Bildern*. 2015. S. 172.
104 Ott, Michaela: *Es lebe die Dividuation!* 2016. [Interview ohne Seitenangaben].
105 Ebd.
106 Harrasser, Karin: *Digitalität in der Kulturwissenschaft*. 2016. [Ohne Seitenangaben].
107 Aufmerksamkeit bezeichnet Waldenfels als einen nomadischen Begriff, worin er eine inter- und transdisziplinäre Wanderschaft des Aufmerksamkeitsbegriffs aufzeigt. Aufmerksamkeit sei demgemäß weniger ein Phänomen der Synthese, sondern ein heterogenes Syndrom, im Sinne einer komplexen Kombination unterschiedlichster Symptome in unterschiedlichen Diskursen und Forschungszusammenhängen. Waldenfels, Bernhard: *Von der Wirkmacht und Wirkkraft der Bilder*. 2008. S. 50.
108 Vgl. Waldenfels, Bernhard: *Phänomenologie der Aufmerksamkeit*. 2004. S. 9.
109 Ebd.
110 Zu den »Ordnungsweisen einer Aufmerksamkeitsbildung« zählt Andrea Sabisch »medial bedingte und kulturell geprägte Positionierung, Perspektivierung und Ausrichtung in Bezug auf [die Aufmerksamkeitsbildung, SJ]. Dazu gehört auch das Verhältnis von Medien und Verkörperung, wie beispielsweise die Perspektivierung als symbolische wie auch als mediale und als verkörperte Praxis.« Sabisch, Andrea: *Bildwerdung*. 2018. S. 34.
111 »Was die Bilder zeigen, tritt dann in ein Resonanzverhältnis zu dem, was ihre Betrachter tun [...].« Pichler, Wolfram: *Topologie des Bildes*. 2010. S. 117.
112 »Hier wird Aufmerksamkeit als subjektives Phänomen bestimmt, das sich durch seine passiven, zeitlichen und situativen Dimensionen sowie insbesondere durch seine leiblichen Aspekte auszeichnet.« Wehrle, Maren; Breyer Thiemo: *Attentionale Horizonte zwischen Phänomenologie und Psychologie*. 2015. S. 372.
113 Ebd. S. 383.
114 Ebd. S. 373.
115 Vgl. Ott, Michaela: *Es lebe die Dividuation!* 2016. [Interview ohne Seitenangaben].
116 Vgl. Mersch, Dieter: *Blick und Entzug*. 2007. S. 56.
117 Alloa, Emmanuel: *Das durchscheinende Bild*. 2011. S. 309.
118 Vgl. Ott, Michaela: *Es lebe die Dividuation!* 2016. [Interview ohne Seitenangaben].
119 Alloa, Emmanuel: *Das durchscheinende Bild*. 2011. S. 309.
120 Rancière, Jacques: *Das Unbehagen in der Ästhetik*. 2016. S. 15.
121 Vgl. Fleck, Ludwik: *Entstehung und Entwicklung einer wissenschaftlichen Tatsache*. [1935] 10. Aufl. 2015. S. 54.
122 Vgl. ebd.

123 »Ein Denkkollektiv ist immer dann vorhanden, wenn zwei oder mehrere Menschen Gedanken austauschen.« Ebd. S. 60.
124 Vgl. ebd. S. 54.
125 Vgl. ebd. S. 57.
126 »Gedanken kreisen vom Individuum zu Individuum, jedesmal etwas umgeformt, denn andere Individuen knüpfen andere Assoziationen an sie. [...] Nach einer Reihe solcher Wanderungen ist praktisch nichts mehr vom ursprünglichen Inhalt vorhanden.« Ebd. S. 58.
127 Vgl. ebd.
128 Denken Sie nicht an einen rosa Elefanten.
129 Deiktische Gesten verstehe ich als mimetisch leiblichen Nachvollzug, wenn ich etwa mit dem Finger auf eine Leinwand, ein Objekt, einen Schattenwurf an der Wand oder einen Kaffeefleck auf dem Tisch deute, um die Aufmerksamkeit Anderer darauf und daran auszurichten. Im Rahmen eines Seminars habe ich einmal versucht, über LUDWIK FLECKS Theorie des Denkkollektivs, in Piktogrammen zu diskutieren, um den Gedanken eines Blickkollektivs erfahrbar zu machen.
130 PAZZINI, KARL-JOSEF: *Stimmungen.* 2015. S. 96.
131 Sie scheinen daher auch etwas mit symbolischen Plätzen zu tun zu haben, die solche Ansprüche hervorbringen (z.B. Lehrende, die erfahren sind im Umgang mit Bildern). Nach PAZZINI erzeugen symbolische Plätze einen »Spielraum für Besonderheit in allgemeiner Hülle.« PAZZINI, KARL-JOSEF: *Überschreitung des Individuums durch Lehre.* 2010. S. 320.
132 Vgl. KOLLER, HANS-CHRISTOPH: *Bildung anders denken.* 2012. S. 58.

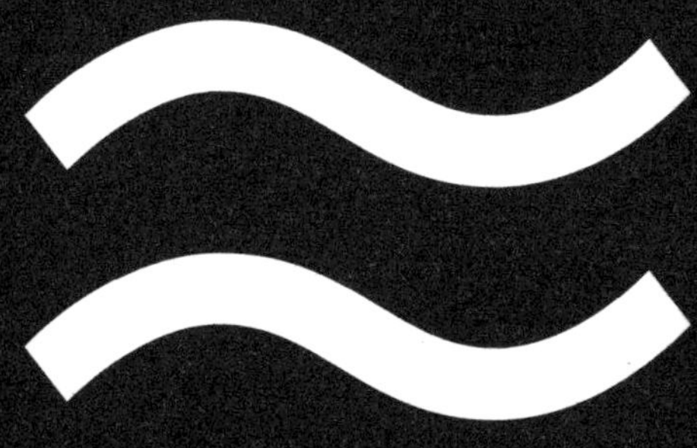

265 — 287

Bildlichkeit.
Zwischen Verstehen, Empfinden und Handeln

»

[…] IN DER TAT BERUHT LETZTLICH JEDE DEFINITION EINES WORTES, MIT DEM EIN ÄUSSERES DING BENANNT WERDEN SOLL, ZWANGSLÄUFIG DARAUF, EIN SOLCHES DING VORZUZEIGEN. EIN SOLCHES BENENNEN-DURCH-ZEIGEN HEISST ›DEIKTISCHE DEFINITION‹, UND DIESER PHILOSOPHISCHE TERMINUS VERDECKT EINE LÜCKE, DIE VON EINER INTELLIGENZLEISTUNG DERJENIGEN PERSON ÜBERBRÜCKT WERDEN MUSS, DER WIR SAGEN WOLLEN, WAS DAS WORT BEDEUTET.

« MICHAEL POLANYI, 2016: 15

»Wir leben in Bildern und verstehen die Welt in Bildern«[1], hebt der Bildanthropologe Hans Belting hervor und verweist damit nicht nur auf die Verwobenheit zwischen Menschen, Bildern und Welt, sondern deutet auch eine Allgegenwart des Bildlichen an, die wir in unser aller Alltag spüren: Bilder umgeben uns, sind Teil unserer Lebenswelt und Teil von uns. Dass wir *in* Bildern leben und nicht etwa *durch* sie, akzentuiert Bilder als Ort, nicht als Odem. Dass wir *in* Bildern verstehen und nicht *durch* sie, erscheint als primär lokal präpositionierte Sichtweise, die ich vorerst skeptisch beäuge.

Reibung

Während ein alltäglicher Umgang mit Bildern und die Verwendung des Wortes ›Bild‹ oberflächlich betrachtet wenig Fragwürdiges aufscheinen lässt, erzeugt ein wenig Reibung an der Oberfläche dieser anscheinenden Klarheit einen Ansatzpunkt bildreflexiver Hinwendungen zum Bildlichen. →\= Dann gerät die schöne Gewissheit, die bisher fraglos und damit auch reflexionslos blieb, in einen vibrierenden Radius ihrer Konstitution. Emmanuel Alloa pointiert diese paradoxe, nur scheinbare Vertrautheit gegenüber dem, was Bild heißt, wie folgt: »Zwar verfügen wir über ein intuitives Verstehen dessen, was uns als Bild gilt, kämen aber in Erklärungsnot, wenn wir benennen müssten, was das Bildhafte an Bildern ist.«[2] ←\-

Erklärungsnot

Unschärfe

Der Begriff des Bildes weist auch wissenschaftlich betrachtet in der Kontroverse über ihn immer wieder Unschärfen auf. Versteht man diese Unschärfe nicht als Defizit, sondern nimmt sie als diskursive Schattierung ernst, die als liminales Moment auf ein Noch-Nicht oder Nicht-Mehr des Bildlichen verweist, eröffnen sich Wege, jener Unschärfe des Begriffs als Potential eines Reflektierens über Bildlichkeit zu begegnen.

bildtheoretische Irritation

Bildtheoretische Forschungen suchen nach diesen Irritationen eines alltäglichen Verstehens von Bildlichkeit und verhandeln in diesem Sinne zirkulierend Fragen darüber, was Bildlichkeit ist, wie diese ist, oder auch, wo sie sich verortet. Bildtheoreti-

→\=
Antwortbildung/Fragenbildung.
Zwischen Besonderung und Ungewissheit
S. 289

←\-
anders Denken/
Neues denken
S. 55

sche Überlegungen tun dies, um sich bspw. der Wirkmacht oder Kommunikationsspezifik des Bildlichen anzunähern. Die Bildfrage zeigt sich als nahezu existentielle Größe aller anderen Fragen zum Bildlichen. Ihr Gewicht begründet sich in ihrer Kraft, das Feld zu dimensionieren, derer sich alle spezifischeren Fragen zur Bildlichkeit anscheinend unterordnen.

bedingt Reflektieren Erfahren?

Auch für ein Reflektieren von Bilderfahrungen setzt das, was wir unter einem Bild verstehen, eine gewichtige Perspektive ein: Wenn nur dann und dort Bildlichkeit erfahrbar wird, wo etwas als bildlich aufgefasst oder verstanden wird, dann dimensionieren und konstituieren unser jeweiliges Verstehen und Empfinden von Bildern und das Handeln mit Bildern das Erfahren von Bildlichkeit. Als Annahme formuliert könnte etwas nicht als bildlich erfahren werden, das nicht als bildlich aufgefasst wird. Als Frage gewendet: Bedingt Reflexion über Bildlichkeit ein Erfahren von Bildlichem?

Um die aufgezeigte Dynamik zu einem Reflektieren von Bilderfahrung in Bezug zu setzen, werde ich auf den *Bilddiskurs* eingehen und eine dort verhandelte *Pluralität von Bildbegriffen* in den Blick nehmen. Ich betrachte den Bilddiskurs, um Weisen des Reflektierens von Bilderfahrung *vom Begriff aus* aufzuzeigen und um danach zu fragen, ob die Pluralität des Bildbegriffs ein Reflexionspotential spiegelt, das an den unterschiedlichen Verstehensweisen von Bildlichkeit ansetzt. Anhand einer *Gedankenprobe*, die ich als Inter//vention heranziehe, entwickle ich einen bildreflexiven Zugang zwischen *Verstehen, Empfinden* und *Handeln*, deren Trennung und jeweilige Spezifik ich anschließend diskutieren werde. Abschließend möchte ich die Kategorie der *Gedankenprobe als Wie und Wodurch einer Reflexion* thematisieren und ihr bildreflexives Potential befragen.[3]

Pluralität von Bildbegriffen als Motor von Reflexion?

wissenschaftliches Streben nach dem Bild

Ist von *dem* Bilddiskurs die Rede, so nur als imaginierte Kontur eines fluktuierenden Feldes, das sich unterschiedlichsten Bildformen zuwendet, oder diese gegebenenfalls erst argumentativ in den Kreis des Bildlichen hineinholt. *Bildtheorie* und *Bildwissenschaft* weisen sich als zentrale Denominationen im Bilddiskurs aus, die Aufschluss darüber geben, *wie* und *von wo aus* Fragen im Bilddiskurs verhandelt werden. Insbesondere gegenüber der Sprachwissenschaft und ihren Logiken, zeigen Bildtheorie und Bildwissenschaft einem wissenschaftlichen Streben nach dem Bild und bildlichen Logiken einen gangbaren und würdigen Weg auf.

bildreflexives Scharnier

Bildbegriffe zeigen sich als gewichtige und existenzielle Referenz, insofern sie das sich stetig ändernde Feld der Bildforschungen grundieren. Als *heterogen, disparat* und *temporär* verstanden[4], deuten Bildbegriffe ein Scharnier für die Reflexion von Bilderfahrungen an.

Big Player: Bildtheorie und Bildwissenschaft

Wer sich wissenschaftlich mit ›Bild‹ auseinandersetzt, stößt schnell auf das interdisziplinäre Feld von Bildforschungen, die sich formal als Bildwissenschaft und Bildtheorie ausweisen. Die beiden diskursmarkierenden Begriffe ›Bildwissenschaft‹ und ›Bildtheorie‹ werden oft nicht trennscharf verwendet, wodurch deren Unterscheidung häufig strittig bleibt. Eine Differenzierung die JENS BONNEMANN und auch MARC A. HALAWA aus bildphilosophischer Sicht (beide mit Bezug auf LAMBERT WIESING[5]) herausstellen, besteht in den unterschiedlichen Forschungsfragen, -perspektiven und -gegenständen beider Felder. So ordnet BONNEMANN vor allem die Untersuchung einzelner Bilder oder Bildgruppen der Bildwissenschaft zu, während die Frage, was ein Bild zu einem Bild mache, in das Forschungsfeld der Bildtheorie falle.[6] HALAWA betont ergänzend die forschende Suche nach jenen Kriterien »die für alle Phänomene, die unter den Begriff des Bildes fallen, gültig sein sollen.«[7]

disparates Feld

Konturen einer Trennung

Eine so verstandene Bildtheorie erweist sich mit ihren Fragen nach Begriffen als höchst philosophisch, indem sie Begriffsradien zur Bildlichkeit und zugehöriger Phänomene erzeugt, formt oder demontiert. Eine *alles* umfassende Bildtheorie scheine aber obskur zu sein.[8] Vielmehr zeichnen sich bildtheoretische Positionen durch differente und teils konträre Ansichten auf Bild und Bildlichkeit aus, weshalb sich das, was ›Bild‹ heiße, in unterschiedlichen Dimensionen, Techniken und Materialien auffalte.[9]

vorsätzlich konträr

Darüber hinaus tauchen in einer Vielzahl unterschiedlichster wissenschaftlicher Einzeldisziplinen bildwissenschaftliche und -theoretische Perspektivierungen auf. Der gemeinsame Konnex ›Bild‹ wird sowohl methodisch als auch thematisch vielfältig beforscht und bringt weniger konsensuale Ergebnisse hervor als immer wieder neue Spektren von Bildlichkeit. Bildforschungen sind als ein konstitutiv interdisziplinäres Forschungsfeld zu verstehen, insofern am Diskurs partizipierende Disziplinen zu wechselnden Perspektiven und Fragehaltungen im Bezug zum Bildlichen führten und führen. Thematische Figuren, die oft im stetigen Aufkommen diverser Komposita mit dem Begriff ›Bild‹ hervortreten, zeigen sich als signifikantes Merkmal des Bilddiskurses. Ob HORST BREDEKAMPS *Bildakt*, EDMUND HUSSERLS Begriff des *Bildbewusstseins* oder ABY WARBURGS *Bilderfahrzeuge* – sie alle bilden Orientierungsmarker im Diskurs zum Bild, die dessen bildliche Dynamiken und Dimensionen zu entfalten suchen. Auf diese thematischen Figuren wird immer wieder rekurriert, um ihre Relevanz zu aktualisieren, sie werden adaptiert oder kritisiert, um neue oder andere Denkweisen des Bildlichen zu markieren.[10]

vielfältig statt konsensual

Bildbegriffe: heterogen, disparat und temporär

Begriffe erscheinen doch immer wieder notwendig, um auf etwas zu verweisen, das im Vorhinein mit dem Begriff assoziiert wurde. Paradox! Diverse Definitionen und heterogene Verstehensweisen von Begriffen koexistieren miteinander mehr oder weniger

heterogen

friedlich und werden herangezogen, abgegrenzt oder neu formuliert. Die aufgezeigte Heterogenität von Bildtheorien spiegelt sich auch in unterschiedlichen Bildbegriffen wider. Diese werden oft modellhaft dargelegt und manchmal an einzelnen Bildern erprobend vorgeführt und exemplifiziert oder es werden unterschiedliche Ansätze miteinander vernäht, um Bildbegriffe zu erweitern sowie zu präzisieren oder gänzlich neue Begriffskonturen zu entwickeln.

disparat

Ein einheitlicher Bildbegriff existiere dabei nicht.[11] Vielmehr erzeugt sich im Forschen über Bildlichkeit ein stetiges Austarieren und Abwägen des – oft auch vorläufig angenommenen – zugrunde gelegten Bildbegriffs. Die jeweilige Konturierung von dem, was in einer Forschung als ›Bild‹ bezeichnet wird, färbt die Perspektive auf Bildphänomene. Diese Perspektive mag sich im Verlauf des Forschens immer wieder neu färben oder verfärben. Diese Metapher verweist auf Wandlungen des eigenen Bildbegriffs, der sich entsprechend nur als temporär denken ließe.

temporär

Ein Bildbegriff, der jeder Forschung zur Bildlichkeit inhärent ist oder wird, erzeugt Handlungs- und Denkräume *durch* und *von* Bildlichkeit, indem er bspw. im Forschen Blickschneisen auf (empirisches) Material eröffnet. Zudem gehe ich davon aus, dass dieses eigene theoretische und erfahrungsbasierte Begriffsverstehen intuitive Aufmerksamkeiten bei Forschenden herausbildet, indem der Bildbegriff implizit in Handlungen und Praktiken symptomatisch werden kann. Das bedeutet auch, dass das eigene konzeptionelle Forschungsvorgehen von einer solchen Aufmerksamkeit geprägt ist.

Ausgehend von der Frage, wie sich Bilderfahrungen reflektieren lassen, zeigt sich die Ermöglichung und Verunmöglichung von Bilderfahrung durch unseren Bildbegriff als eine bemerkenswerte Spur. Die Pluralität von Bildbegriffen als heterogene Weisen eines Bildverstehens könnte ein bildreflexives Potential markieren, das sich zwischen unserer Bilderfahrung und auf sie verweisende Abstraktionen in Bildbegriffen artikuliert.

Inter//vention: zwischen Bildverstehen, Bildempfinden und Bildhandeln

Anhand einer kleinen Gedankenprobe[12], die ich in unterschiedlichen kunstpädagogischen Vermittlungssituationen in der Hochschullehre als versuchsweisen Anlass genommen habe, über Bildlichkeit zu reflektieren, will ich mich der Frage annähern, wie Bildlichkeit zwischen *Verstehen*, *Empfinden* und *Handeln* unsere Bilderfahrung ermöglicht oder verunmöglicht. Um die Perspektiven in ein Vokabular zu überführen, wähle ich ihre Komposita mit ›Bild‹: *Bildverstehen*, *Bildempfinden* und *Bildhandeln*. Ihre Lesart entspricht allerdings entgegen der geschmeidigen sprachlichen Komposition mit ›Bild‹ einem Verstehen, Empfinden und Handeln von und mit *Bildlichkeit*. Eine knappe Beschreibung soll vorläufig genügen, um mit den Begriffen arbeiten zu können. Auf ihre ausführliche theoretische Reflexion werde ich anschließend an die Gedankenprobe und vor deren Hintergrund eingehen.

Das Bildempfinden setzt an der Gefühlsebene an und artikuliert sich als Moment, der außerhalb des Bildverstehens und des Bildhandelns liegt. Im Bildverstehen wurde bereits etwas verstanden, haben wir bereits etwas herausgebildet, z.B. eine Regel, ein Konzept, nach dem wir etwas als Bild verstehen. Das Bildverstehen, so nehme ich an, wird von unserem Bildempfinden motiviert, setzt diesem aber eine Engführung entgegen, die besonders dann zum Tragen kommt, wenn das Bildverstehen herausgefordert wird. Dann, so meine Vermutung, wird eine Entscheidung darüber fällig, ob das, was wir als bildlich empfinden, sich mit unserem herausbildenden Bildverstehen einvernehmlich zeigt. Das Bildempfinden bezeichne ich zudem als eine Weise der *als-Struktur*, die gegenüber dem Bildverstehen *anderes* umfasst, das sinnlich, leiblich oder kognitiv in diesem nicht aufgehen kann. Das Bildhandeln als dritte *als-Struktur* betrifft ein Agieren *mit* und *durch* Bilder. Ein so verstandenes Bildhandeln setzt an unserem Gebrauch von Bildern an und konturiert eine entscheidende Frage der Zeitlichkeit, die uns im Rahmen dieses Kapitels noch dezidiert fordern wird.

Bildempfinden, Bildhandeln, Bildverstehen

zu Gunsten eines Spiels

Stellen wir uns vor, aufgefordert zu werden,
alle Bilder aus dem Raum,
in dem wir uns gerade zu dieser Zeit befinden,
herauszutragen.

Unweigerlich berührt diese Aufforderung unsere jeweiligen Vorstellungen, Auffassungen oder sagen wir vorläufig ›Konzepte‹ von Bildlichkeit, derer wir uns zunächst bewusstwerden müssen – vielleicht sogar mehr als das –, die wir erst heraus*bilden* müssen.

herausbilden

Wir versuchen im Rahmen der Gedankenprobe wahrzunehmen, zu erkennen, zu entscheiden, was wir *als* bildlich verstehen, empfinden und behandeln. Ich unterscheide diese drei Weisen der *als-Struktur* (Bildverstehen, Bildempfinden und Bildhandeln), da sie *Abstände inszenieren*, um die entstehenden Dynamiken in der Gedankenprobe reflektieren zu können. ←\- Zunächst genügt eine oberflächliche Unterscheidung dieser begrifflichen Blickschneisen. Sie alle umkreisen, was im Rahmen dieser Gedankenprobe als Bildliches erfahren wird. Dass ihre Trennung künstlich ist und nicht sofort eine kohärente Theorie liefert, soll nicht weiter stören, denn die Unterscheidung von Bildverstehen, Bildempfinden und Bildhandeln dient einer Annäherung, die eine Differenzierung erst ermöglicht.

als-Strukturen

←\-
Abstand
S. 43

Gesten der Suche

Umschau

Wie sich in den durchgeführten Gedankenproben mit Studierenden beobachten ließ, ist ein Umherblicken im Raum eine naheliegende erste Reaktion, um sich einen Überblick zu verschaffen. Diese Umschau zielt nicht auf eine reine Identifikation ab, sondern gleicht einem *Nachdenken durchs Sehen* und einer Geste der Orientierung, als Geste der Suche.[13] Dass wir unseren Sehsinn zur Bearbeitung der Gedankenprobe gebrauchen, ist augenscheinlich auch auf die Anlage der Gedankenprobe zurückzuführen. So frag ich nicht, was ein Bild ist, sondern die Bildfrage wird im Rahmen der Gedankenprobe in Relation zum Raum und Relation zu den Beteiligten gestellt. Der Raum, an dem die Situation hängt, kann als exemplarischer Ausschnitt von Welt verstanden werden, der das umgrenzte, aber variable Feld der Gedankenprobe darbietet. Die Aufgabe fordert auf, das Bildverstehen *an etwas* zu explizieren. Dass selbst der schier weiße Raum, so meine These, als Feld ein Display bietet, an dem die Bilderfrage verhandelbar wäre, verweist darauf, dass unsere Bilderfahrungen Mitspieler dieser Gedankenprobe sind und jeden Raum damit beleben können.

von jetzt aus

Was geschieht in der Umschau, in der wir etwas als Bild oder eben als etwas Anderes verstehen, empfinden oder behandeln? Erinnern wir uns an vergangene Bilderfahrungen und reflektieren, was wir bereits schon einmal als bildlich aufgefasst haben? Um der Aufgabe der Gedankenprobe nachzukommen, muss sich in irgendeiner Weise herausstellen, was *von jetzt aus und an als Bild* verstanden wird und was nicht. Das, was wir um uns als ein Bildliches erfahren, wird nicht einfach nur identifiziert, sondern durch unsere Bilderfahrung konstituiert sich ein komplexes, reflexives Blickgeschehen, welches sich derartig erst *durch* den gesetzten Impuls der Gedankenprobe ereignet. Indem man abwägt, entscheidet, zweifelt, was im Rahmen dieses Settings *als* bildlich verstanden wird, verbinden sich unterschiedliche Dimensionen von Bilderfahrungen, die unsere Entscheidungen wie ein Netz grundieren.

zeiträumliche Situiertheit

Neben den Erinnerungen an vergangene Bilderfahrungen, welche eigene Bildhandlungen, Betrachtungen, Ereignisse und »Eräugnisse«[14] mit Bildern betreffen, erzeugen aktuelle Bilderfahrungen innerhalb der Gedankenprobe weitere mögliche Entscheidungskriterien. Übergreifend ließe sich daher vermuten, dass die Bilderfahrungen zeitlich wie räumlich aus dem Setting herausragen. Dies bedeutet nicht, dass entgegen einem phänomenologischen Verständnis von Erfahrung deren zeiträumliche Situiertheit negiert wird, sondern vielmehr *im Sinne* einer phänomenologischen Betrachtungsweise die übersituative und achronische Bedingtheit von Erfahrungen betont wird. ←\-

relational

Die unterschiedlichen Bilderfahrungen, die in der Gedankenprobe zusammentreffen, erzeugen einen gemeinsamen Referenzrahmen, an dem ein Bildverstehen und folglich Handlungsregeln für die Ausführung der Gedankenprobe gesucht und tastend gebildet werden. Diese Bildungen können nicht anders als relational zur je eigenen Bilderfahrung entstehen.

←\-
Diastase: zur diachronen Rhythmik der Erfahrung
S. 33

(un)entscheidbar?

Über die Bilderfahrungen hinaus zeigt sich der Wissensbegriff in diesen Überlegungen zur Gedankenprobe als entscheidend, wenn auch zunächst hinsichtlich seines Verhältnisses zum Erfahrungsbegriff ungeklärt. Neben den eigenen Bilderfahrungen sind unterschiedlichste kulturelle und gesellschaftliche Vorstellungen von Bildlichkeit bedeutsam, von denen wir (implizit) wissen, oder die wir übernommen haben und die unseren Bildbegriff prägen. Gepräge

Indem ich Bilder im Wahrnehmungsfeld als solche erfahre, bringe ich zugleich deren Gegenspieler, das *Andere* des Bildes hervor, jene Gruppe von Nicht-Bildern. ←\≤ So verbleibt die zentrale Entscheidung der Gedankenprobe – Bild oder Nicht-Bild – stets relational aufeinander bezogen. Indem wir unterscheiden, erzeugt sich ein Wechselverhältnis zwischen dem, was wir in das eigene Bildverstehen einschließen, und dem, was wir entscheiden auszuschließen oder implizit ausschließen. Dies betrifft zumindest anteilig ein ikonisches Augenmaß.[15] ←\≥ Bild und Nicht-Bild

Insofern ist anzunehmen, dass sich im Verlauf der Gedankenprobe das Bildverstehen nicht nur bildet, sondern gleichsam auch wieder entbilden kann, indem Entscheidungen erweitert, revidiert oder versuchsweise erprobt werden, vielleicht auch weil aufgrund einer eintretenden Widersprüchlichkeit mit ihnen gehadert wird. Umgekehrt hat damit jede Entscheidung das Potential, die Reflexion über das Bildverstehen anzutreiben, insofern hinter jeder Entscheidung eine implizite Zuschreibung vermutet werden kann, die sich auf das jeweilige Verstehen von Bildlichkeit bezieht. bilden und entbilden

Miteinander konvergierende wie divergierende Bilderfahrungen bilden somit im Verlauf der Gedankenprobe die Geländer des eigenen Bildverstehens. Bilderfahrungen könnten sich in diesem Sinne gegenseitig überschreiben, ergänzen, bestätigen oder exponieren und diese Dynamik auf einer Begriffsebene spiegeln. Als *Reflexionspotential im Widerstreit* treten durch das Abwägen des eigenen Bildverstehens Momente der Klärung und Irritation hervor. So erscheinen an den einmal mehr, einmal weniger fragil konstituierten Grenzen zwischen Bild und Nicht-Bild durchaus auch unentscheidbare, mehrdeutige Phänomene. Jene Schwellenphänomene sind kraftvoll in der Wirkung, können gegebenenfalls in einer Krise oder Handlungsohnmacht enden, wenn sie uns die in der Gedankenprobe gestellte Aufgabe als unmöglich empfinden lassen. ←\≥ Reflexionspotential im Widerstreit

Alles als bildlich Verstandenes und Behandeltes soll aus dem Raum herausgetragen werden, während alles zurückbleibt, das sich dem eigenen Bildverstehen nicht zuordnen lässt oder sich diesem entzieht. Dieser Entzug kann sowohl außerhalb als auch innerhalb des eigenen Bildverstehens erfolgen. Innerhalb des Bildverstehens handelt es sich um einen *an* dem Verstehen begründeten Entzug. Ein Entzug außerhalb des Bildverstehens betrifft Bildliches, das sich dem Blick entzieht, aber im Bildverstehen aufgehen würde. Ein solcher Entzug konturiert sich nur dann, wenn ein*e Andere*r um das Bildverstehen weiß und diese Diskrepanz wahrnimmt. Entzug

←\≤
das Andere des Bildes
als Reflexionsfläche
S. 202

←\≥
ikonischer Blick –
Anlässe und Ansprüche
S. 240

←\≥
Schwellenbilder
S. 242

im Zweifel des Wo und Wie des Bildlichen

point of no return

Ausgehend vom Reflexionspotential im Widerstreit weisen insbesondere aufkommende Fragen nach einem Wo und Wie des Bildlichen ein irritierendes Potential auf. In allen Durchführungen der Gedankenprobe mit Studierenden kam früher oder später die Erkenntnis, dass es ja auch noch so etwas wie »Bilder im Kopf«, »Vorstellungsbilder«, die »inneren Bilder« gibt. Als markanter *point of no return* setzt diese Perspektive das Denken anders in Gang, entkoppelt die zuvor am Raum, an der Materialität, an der Aufgabe des ›Heraustragens der Bilder aus dem Raum‹ orientierten Konzepte und zwingt die Beteiligten dazu, sich als *homo pictor*[16] nicht mehr nur als Teilnehmende dieser Gedankenprobe zu begreifen. Sie sind durch diese Erkenntnis aufgefordert, sich als Bildgrund oder als Bilderzeuger in die Gleichung all ihrer bildreflexiven Überlegungen hineinzudenken. »Eigentlich müsste ich mich aus dem Raum tragen – oder besser gesagt, uns alle«, bündelt eine Studentin ihre Gedanken. Mir erscheint sie fast erschrocken über ihre eigene Aussage, die sie mit einem erschöpft wirkenden, lautlichen Ausatmen und einem seichten Lächeln untermalt. Als eine andere Studentin dann noch in den Raum stellt, »Vielleicht kann ja alles ein Bild sein?«, bewegen wir uns auf die bildtheoretisch meist verhinderte, zumindest abgewehrte Omnipräsenz des Bildlichen zu, um es selbst vor seiner Auflösung zu retten.[17]

homo pictor

Bilddiskurs miniature

So verlockend es erscheint, in diesem Moment die Frage nach den ›Nicht-Bildern‹ zu stellen, so bemerkenswert tritt das Potential des Dialogischen an diesem Ausschnitt der Gedankenprobe hervor. Die Gedankenprobe inszeniert gewissermaßen einen *Bilddiskurs miniature*, der einige bedeutende Fragen der Bildtheorie verhandelt, wie etwa das Verhältnis innerer und äußerer Bilder oder die Abbildfunktion der Bilder, um nur einige Beispiele zu nennen. Die diskursive Ebene hält nur dadurch Einzug, dass im Gespräch einzelne Verstehensweisen des Bildes durch die Beteiligten vorgebracht werden. Dies betrifft einerseits generell die Versprachlichung des Bildverstehens, die ich etwas später aufgreife, und andererseits den kollektiven Austausch über die Gedankenprobe, den ich folgend in den Blick nehme.

zur kollektiven Sicht der Gedankenprobe

Während die bisherigen Überlegungen zur Gedankenprobe vorwiegend an der Perspektive des Einzelnen verhaftet blieben, möchte ich nun die kollektive Situation hineinholen, in der die Gedankenprobe eingebracht wurde. Ich taste mich dazu zunächst an unterschiedliche Spielarten bildreflexiver Äußerungen heran, um anschließend mögliche Dynamiken zu diskutieren.[18]

der Dialog als Display

Da die Gedankenprobe nicht wirklich umgesetzt wird, sondern auf der Ebene einer Imagination verbleibt, lässt sich nicht beobachten, was *wir* noch was *die Anderen* als Bilder aus dem Raum heraustragen würden. Der Austausch mit anderen in dieser Gedankenprobe bedingt also eine dialogische Ebene, auf der imaginierte Entscheidungen z.B.

sprachlich verhandelt werden. Das Dialogische bildet somit ein Display, das zwischen die Gedanken der Einzelnen tritt und welches potentiell ermöglicht, die bildreflexiven Zugänge *mit-* und *durch*einander zu verhandeln.

Die Versprachlichung des Bildverstehens in Rekurs auf unser Bildempfinden wie auch unsere Erfahrungen im Agieren mit Bildern, erscheint als nicht verwunderliche Übersetzung des Bildverstehens, womit zunächst lediglich auf unsere Gewohnheit angespielt sei, unser Verstehen in Sprache zu artikulieren und zu kommunizieren.

Spielarten im bildreflexiven Dialog

Im Dialog tritt das Bildverstehen mehr und weniger explizit hervor: Während Aussagen wie »Ich würde das Poster an der Wand aus dem Raum tragen« darauf schließen lassen, dass das Poster *als* Bild verstanden wird und eine konkrete Entscheidung in der Gedankenprobe markiert, konturieren Äußerungen wie »Bilder sind ja alles, was etwas abbildend darstellt oder zeigt« ein Bildverstehen, dessen Umsetzung *Spiel hat*. Ob nämlich eine Tasse mit Hundemotiv im Rahmen dieses Verstehens als Bild verstanden wird, verbleibt zunächst unklar, motiviert aber gleichsam dazu, diese *Anwendung* der formulierten Verstehensweise zu befragen. Die Aussage, die das Poster betrifft, gibt hingegen nicht preis, *warum* das Poster als bildlich verstanden wird. Die beiden beispielhaften Äußerungen weisen demzufolge zwei *Spielarten* im bildreflexiven Dialog aus: eine *transitiv exemplarische* Annäherung und eine *intransitiv verallgemeinernde*.

transitiv exemplarisch

intransitiv verallgemeinernd

Durch eine *transitiv exemplarische* Annäherung wird etwas deiktisch explizit markiert, das als Bild betrachtet wird, ohne verallgemeinerbare Konzepte zu benennen.[19] Im *intransitiv verallgemeinernden* Zugang wird gewendet betrachtet, nicht etwas eindeutig markiert, das als bildlich verstanden wird, sondern die Annäherung geschieht über die Benennung eines Konzepts. Die Anwendung dieses Konzepts mag Indifferenzen erzeugen, insofern nicht jeder im Raum darunter dasselbe als bildlich versteht. So kann, um am Beispiel zu bleiben, für mich und für Andere der Begriff ›Poster‹ jeweils anderes umfassen.

bildreflexive Dynamiken des Denkkollektivs

Wird das gemeinsame Verhandeln der Aufgabe in der Gedankenprobe als Leistung eines Denkkollektivs (Fleck) verstanden, treten die sich jeweils herausbildenden Konzepte der Einzelnen aus ihren Schatten der singulären Hinwendung zum Bildlichen hervor und können als sozial bedingte Erkenntnisse dieser spezifischen Situation auch eine kollektive Facette gewinnen. ←\- Die bildreflexiven Dynamiken zwischen den Beteiligten basieren auf ihren unterschiedlichen Bilderfahrungen, die im gemeinsamen Dialog als Spuren symptomatisch hervortreten. Aufgrund dieses dialogischen Verhandelns möchte ich den bereits adaptierten Begriff des Blickkollektivs erneut als Folie bildreflexiver Überlegungen anführen. ←\≥ So sehe ich eine Besonderheit dieser Gedankenprobe in der Virtualität gemeinsamer Sehfelder, die sich durch das dialogische Verhandeln über das sich herausbildende Bildverstehen der Einzelnen als eine denk- und blickkollektive Anwendung der unterschiedlichen Konzepte zeigen kann.

... und Blickkollektivs

Unterschiedliche, mehrdeutige, intransitive Äußerungen scheinen die Reflexion zu dynamisieren, indem sie die Irritation als Chance inszenieren, um eigene Selbst-, Anderen- und Weltverhältnisse zu befragen, die das eigene Bildverstehen tangieren. Konträre Wei-

←\-
Denkkollektive
S. 56

←\≥
Blickkollektive. Entwurf eines sozialen Werdens von Blicken
S. 258

sen des Bildverstehens fordern entweder zum Argumentieren *für* oder *gegen* dieses auf oder motivieren dazu, diese Pluralität anzuerkennen. Beide Reaktionsweisen erscheinen bildreflexiv relevant: Während ein Argumentieren dazu anregt, sich reflexiv eigenen und fremden Weisen eines Bildverstehens zuzuwenden, mag ein Anerkennen ambivalenter und nebeneinander bestehender Verstehensweisen von Bildlichkeit auf eine Pluralität von Bildbegriffen deuten und diese ins Bewusstsein rücken.

intendierte bildtheoretische Provokation

Was in den bisherigen Überlegungen zur Gedankenprobe beabsichtigt umgangen wurde, ist die in ihrer Anlage bereits existente, bildtheoretische Kontur eines Bildbegriffs, der die Probe maßgeblich motiviert. Diesen möchte ich nun aufgreifen und versuchen, die Verwebungen zwischen dieser Inter//vention und ihren bildreflexiven Initiierungen zu umschreiben.

Objekthaftigkeit

Die eingeforderte Handlung, alles als Bild Verstandene aus dem Raum herauszutragen, bezieht ihre ›Machbarkeit‹ auf Basis unserer Erfahrungen ein. Indem die Gedankenprobe das Heraustragen einfordert und nicht ein Zeigen oder Benennen dessen, was wir als Bild verstehen, führt sie den Blick im Raum entlang von Sichtbarkeiten, die als Dinge identifizierbar erscheinen, um sie herauszutragen. Dies evoziert einen Bildbegriff, der an der Objekthaftigkeit des Bildlichen ansetzt. Zudem schließt die eingeforderte Handlung an unsere körperlichen Voraussetzungen an, setzt eine Relation ein, die das mögliche Bildverstehen auf etwas ausrichtet, das man fähig wäre zu tragen. Kaum verwunderlich erscheint vor dem Hintergrund dieser Beobachtung, dass niemand in Erwägung gezogen hat, den Boden, die Wände oder die Raumdecke aus dem Raum zu entfernen. Nicht nur, dass dies die Dekonstruktion des Raums und somit die Hinfälligkeit der Gedankenprobe herausfordern würde, auch ist der Gedanke, eine Wand herauszutragen, generell nicht besonders naheliegend.

Relation zum Raum und Körper

ikonische Sozialisation

Aus Sicht medienreflexiver Bildungstheorie, wie Andrea Sabisch sie vorschlägt, möchte ich von einer »Prägung und Formierung durch Medialität«[20] und einer damit einhergehenden »medialen Struktur der Selbst- und Weltverhältnisse«[21] sprechen, worin Sabisch sich auf Benjamin Jörissen und Winfried Marotzki bezieht. Die mediale Sozialisation wie auch unsere *ikonische Sozialisation* werden durch die Gedankenprobe berührt. Das bedeutet, dass etwa der bisherige Gebrauch und Umgang mit Bildern als Weise des Bildhandelns angesprochen wird. Die zeitliche Dimension, die eine Prägung und Formierung durch Medialität – insbesondere ikonischer Medialität – aufwirft, weist auf vergangene Bildbegegnungen zurück, das heißt Momente in denen wir etwas als bildlich verstanden, empfunden oder behandelt haben. Was wir im Rahmen der Gedankenprobe als gewichtige Erfahrung heranziehen, um daran unser Bildverstehen herauszubilden, erscheint als Weise unseres jeweilig habitualisierten Bildempfindens und Bildhandelns.

Absolutheit

Die Absolutheit, die in der Gedankenprobe herausgefordert wird, birgt eine weitere Kontur, die sich gegenüber den an der Schwelle zwischen Bild und Nicht-Bild befindenden Phänomenen als wenig pragmatisch zeigt. Was unentscheidbar oder nur in Relation zu anderen Annahmen entscheidbar ist, etwas, das ›so oder so‹ gesehen werden kann, entzieht sich der Entscheidung, welche die Gedankenprobe einfordert. Diese fragt auch nicht danach, *inwiefern* etwas als Bild verstanden wird, sondern nivelliert in ihrer Anlage jegliche Grauzonen des Bildseins: etwas kann nicht halb aus dem Raum getragen werden. Bevor ich eine mögliche Deutung dieses bildreflexiven Potentials erläutere, möchte ich einen weiteren Aspekt aufzeigen, der an die intendierte Objekthaftigkeit des Bildverstehens und die geforderte Absolutheit der Entscheidungen anknüpft.

performatives Bildwerden

Was ich in den Beschreibungen der Gedankenprobe als *point of no return* markiert habe, betrifft die Erkenntnis, dass wir selbst fähig sind, innere Bilder zu erzeugen. Ich habe diesen Moment als so machtvoll ausgewiesen, da er der intendierten Objekthaftigkeit ein performatives Bildwerden entgegensetzt. Dieses Bildverstehen führte in der Gedankenprobe zu einer Verschiebung im Dialog vom *Was* aufs *Wie*. Das bedeutet, dass nicht länger versucht wurde, etwas zu benennen, das ein Bild *ist*, sondern dass darüber verhandelt wurde, *wie* etwas als Bild verstanden werden kann. So äußert eine Studentin, dass sie den vor sich liegenden Bleistift *als* Bild betrachten könne. Ihre Sicht fußt vermutlich auf einer Ansicht, in welcher der Bleistift als Bildliches für sie erfahrbar wird.

vom Was aufs Wie

Ansicht

Als ein »Ineinandergleiten von Sicht und Ansicht«[22] kann an dieser Stelle in Rekurs auf Gottfried Boehm ein Moment *ikonischer Evidenz* markiert werden. Sicht und Ansicht seien dabei in einen Akt eingebettet, der auf unsere Lebenswelt und deren Orientierungen zurückverweise.[23] Die Gedankenprobe beabsichtigt Anlässe zu initiieren, um das eigene Bildverstehen zu befragen und setzt damit einen bildreflexiven Impuls. Während Boehm aufzeigt, dass unsere Sicht bereits grundlegend erheblich durch Intentionen gelenkt werde und »wahrgenommene Dinge auf einen Aspekt hin« erschlossen werden, so mag der durch die Inter//vention gesetzte Impuls eine einschneidende »Vor-sicht« und »Ab-sicht« erzeugen.[24] Die Inter//vention kann ein Beispiel dafür sein, wie sich Bildlichkeit in den zentralen Schein der Aufmerksamkeit rücken lässt, um ein Bildverstehen *Anderer* fraglich werden zu lassen.

Provokation im Denken und Sehen

Die in der Anlage der Gedankenprobe bildtheoretisch implizierte Engführung des Bildbegriffs möchte ich als eine *Provokation im Denken und Sehen* bezeichnen. Indem die Gedankenprobe dazu verlockt, an eine Objekthaftigkeit des Bildes zu glauben, zeichnet sie ein Bildverstehen vor, das einem Denken und Sehen eine Richtung anbietet, die auf Widerstände und Widersprüchliches ausgerichtet ist. Die Unschärfe des Bildbegriffs, die ich im Phänomen ›Bildlichkeit‹ begründet sehe, widerstrebt der Absolutheit der Aufgabe, die zu eindeutigen Grenzen oder Regeln in unserem Bildverstehen auffordert. Die Widerstände motivieren eine Verschiebung zur Art und Weise unserer Betrachtung, die ein Denken und Sehen in *als-Strukturen* befördert: ich kann etwas *als* Bild verstehen, empfinden, behandeln.

Übergang zwischen Fiktion und Raum

Treten die individuellen Gedanken in einem gemeinsamen Dialog zusammen, so habe ich dies als *Bilddiskurs miniature* betitelt, um aufzuzeigen, dass die Akteure der Gedankenprobe relevante Bildfragen stellen und entwickeln, deren Verhandeln diskursive Momente aufzeigt. Indem die Sehfelder der im Raum gemeinsam Anwesenden sich überschneiden können, ließe sich ein *chiastisches Mit* ←\- unterstellen, das die visuelle und ikonische Evidenz der Einzelnen in eine denk- und blickkollektive Zirkulation versetzt. Indem die Gedankenprobe Bildlichkeit thematisiert, motiviert sie zur Reflexion von Bilderfahrungen, die sowohl imaginativ als miniaturisierte Erfahrungen ←\× als auch im realen Umraum möglich werden können. Die Gedankenprobe bildet in diesem Sinne einen *Übergang* zwischen fiktivem Spiel und der realen Situation im Raum, den sie als Parameter der Probe vereinnahmt.

Verstehen. Empfinden. Handeln

Um die Überlegungen zu vertiefen, werde ich folgend die eingesetzten Figuren *Bildverstehen*, *Bildempfinden* und *Bildhandeln* bildtheoretisch reflektieren, um an ihnen bildreflexive Fragen und Annahmen zu entwickeln. Während die Gedankenprobe einen exemplifizierenden Zugang bildreflexiver Annäherung aufzeigt, bilden die Komposita feine Differenzierungen im Vokabular heraus, mit denen Momente einer Reflexion von Bilderfahrung präziser beschreibbar werden können.

Innerhalb der Gedankenprobe markieren *Bildverstehen*, *Bildempfinden* und *Bildhandeln* unterschiedliche *als-Strukturen*. Sie sind daher bildtheoretisch betrachtet auf die Konstitution des Bildlichen ausgerichtet, nicht etwa auf die semantische Ebene der Bilderfahrung. Als eingesetztes Vokabular versuchen sie, die bildreflexiven Momente näher zu beschreiben. So gesehen erlauben die Begriffe, das Geschehen aufzuspannen, um sich in die Dynamiken der Bilderfahrung hineinzu*zoom*en.

Diese begriffliche Trennung zeigt sich dabei auch als problematisch, denn die Bilderfahrung lässt sich schwerlich in ihren Einzelmomenten betrachten. Das Vokabular simuliert Grenzen im Geschehen, die sich eigentlich in ihrer Synthese erst artikulieren. Damit möchte ich verdeutlichen, dass Bildverstehen, Bildempfinden und Bildhandeln nur exkludierend betrachtet werden können, unter der Prämisse ihrer Verbundenheit.

Dass solche Begriffskomposita mit ›Bild‹ einen geläufigen Schachzug bildtheoretischer Annäherungen darstellen, legitimiert sich bereits über ihre vorhandene Fülle im Bilddiskurs. Um ein *Wie* des Reflektierens von Bilderfahrung zu befragen, möchte ich den beschriebenen Zoom durch das eingesetzte Vokabular (Bildverstehen, Bildempfinden, Bildhandeln) genauer betrachten. Dabei befrage ich mögliche Rollen dieser Begriffe und entfalte ihre Lesarten auch in Rückbindung an bildtheoretische Ansätze.

←\-
hin zum Gemeinsamen
S. 61

←\×
Bei//spiele zur Bilderfahrung
S. 154

Bildverstehen: Patin der Bilderfahrung?

Inwiefern unser jeweiliges Verstehen von Bildlichkeit unsere Bilderfahrungen prologisch grundiert und damit an deren Einsetzen rührt, beschäftigt diese bildreflexive Annäherung nach wie vor, auch in Anbetracht der Gedankenprobe.[25]

Verstehen … nicht Verständnis?

Zunächst mag einem längst die Frage auf der Zunge liegen, warum ich nicht von Bild*verständnis*, sondern von Bild*verstehen* spreche. Verstehen basiere auf einer zweistelligen Relation[26], die im Kontext des Bildverstehens bedeutet, wie jemand ›Bild‹ als Kategorie, als Phänomen oder als Medium versteht. Verstehen bezeichne ich in diesem Sinne als dynamisches Resultat einer Hinwendung zur Bildlichkeit. Dynamisch deshalb, da *das Verstehen* andauerndes *Verstehen* bedeutet, das momenthaft gültig ist, *indem* ich verstehe.

Verständnisse stellen bereits Gemeinsamkeiten her.[27] Dies betrifft die kollektiven Erfahrungen der Gedankenprobe, die vorwiegend im Dialog hervortreten. Da die bildreflexiven Spielarten zwischen Verstehen und Verständnis an anderer Stelle zum Tragen kommen, gehe ich im Rahmen dieses Kapitels nicht näher darauf ein. →\» Zwar habe ich exemplarisch auf die kollektive Sicht der Gedankenprobe Bezug genommen, jedoch genügen die Beobachtungen nicht, um an ihnen die Dynamiken der Verständigung zu thematisieren. Für den Moment verbleibe ich daher bei der Argumentation, dass die Gedankenprobe zunächst unser jeweiliges Verstehen einfordert.

Diskrepanzen

Dass ein Bildverstehen von unserer Bilderfahrung abweicht, wie zugleich zutiefst mit ihr verbunden ist, bemüht uns, ihr Verhältnis zu befragen. Mit Belting habe ich einleitend darauf verwiesen, dass wir mit Bildern verwoben sind, worin sich Beltings anthropologischer Bildbegriff akzentuiert. Seine Argumentation findet ihren Ursprung aber in einem für den Bilddiskurs symptomatischen Umstand: Die Diskrepanz, was als Bild verstanden wird und wie darüber gesprochen wird, ist enorm. Unschärfen des Bildbegriffs gehen auf die *Vielfalt bildlicher Erscheinungsformen* zurück, auf *unterschiedliche Ansprüche wie Sichtweisen* der ihn verwendenden Diskurse und nicht zuletzt auf die *Spezifik der Bilderfahrung*: Wir sprechen nie von denselben Bildern, »auch wenn man denselben Begriff, wie einen Anker in den Untiefen der Verständigung auswirft«, pointiert Belting.[28] Was Belting hier bemerkt, hat eine erstaunliche Tragweite – nicht nur für Forschung zum Bild, sondern für jegliche Situationen einer Reflexion über das Bildliche. Die Diskrepanz verweist auf einen Sprung zwischen der Sinnlichkeit einer Bilderfahrung und ihrer Übersetzung in Sprache und auf einen Sprung zwischen den Erfahrungen Einzelner und ihrer kollektiven, indirekten Verhandlung im Register der Sprache. Die Gedankenprobe inszeniert einen weiteren *Um*gang, indem sie das Bildverstehen »über Bande« spielt und an der fiktiven Handlung ausrichtet, die, wie ich zeigen konnte, zu unterschiedlichen Spielarten im bildreflexiven Dialog führt.

zwei Sprünge

Im Zusammenhang der intendierten bildtheoretischen Provokation habe ich auf überschneidende Sehfelder der Beteiligten verwiesen, worin ein potentiell geteilter

→\»
Verstehen, Verständnis und Verständigung – Momente der (De)Synchronisierung mit Anderen?
S. 356

diskursiv viskursiv

Erfahrungsraum gesehen werden kann. Ein gemeinsames Verhandeln über das Bildverstehen bezeichne ich als nicht nur diskursiv, sondern auch als viskursiv[29], worin ein Anschluss an das einleitend aufgezeigte *Nachdenken durchs Sehen* markiert werden kann. Der Gedanke des *Viskursiven* verdeutlicht, dass die bisherigen Überlegungen eine relevante Ebene noch allzu sehr vernachlässigt haben, die aber eklatante Setzungen impliziert. Sie betrifft die Frage nach dem *Wie* des Verstehens. →\÷

Konnex zwischen Verstehen und Sprache

Ohne an dieser Stelle eine sprachtheoretische und -philosophische Debatte zu entwickeln, tritt in der Reflexion der Gedankenprobe ein merklicher Konnex zwischen Verstehen und Sprache hervor. Verstehen, wenn wir es zwischen der Erfassung von Sinn und Sinnbildung verorten, fordert nicht notwendig das Medium Sprache ein. Für unser Nachdenken über die Gedankenprobe ist entscheidend, *wie* wir das Verhältnis zwischen Bildverstehen und seiner Versprachlichung denken wollen. Ähnlich, wie ich für die Medialität der Reflexion im Kontext der Forschungsfrage ←\< aufgezeigt habe, möchte ich vorschlagen, ein *Denken im Visuellen* auf ein *Verstehen im Visuellen* zu erweitern, insbesondere dann, wenn dieses Verstehen die Bildlichkeit betrifft.[30] Dass dieser Gedanke philosophiegeschichtlich nicht frei von Paradoxien ist, zeigt unter anderem David Ambuels Aufsatz *Platon: In Bildern Denken*, der Bild und Begriff gegenüberstellt und das Diskursive von der Anschauung trennt.[31] Ambuel setzt darin das »schrittweise Vorgehen des diskursiven Denkens« einer »anschaulichen Unmittelbarkeit« des Bildlichen gegenüber, worin er unterschwellig eine andere, durchaus vorteilhafte Weise eines Denkens durch Bildliches konturiert.[32]

Verstehen im Visuellen

bildreflexive Hinwendung

Verstehen und Denken im Visuellen als Weise bildreflexiver Hinwendung zur Bilderfahrung zu bezeichnen, markiert weder die Abkehr von einem diskursiven Denken noch von einer Versprachlichung und einem dialogischen Verhandeln im Register der Sprache. Vielmehr weist dieser Gedanke eine *Verwebung* zwischen bildlicher Erfahrung und einer medialen Varianz ihrer Reflexionsweisen aus. Mit einem erweiterten Übersetzungsbegriff nach Sigrid Adorf[33] tritt an dieser Stelle deutlich hervor, dass sich ein Verstehen des Mediums Bildlichkeit durch seine Übersetzung in das Medium der Sprache zu erkennen gibt. ←\- Der mediale Sprung ist also nicht defizitär, sondern konstituierend. Als *Übergang* verstanden weist Bernhard Waldenfels' Gedanke der *fungierenden Schwelle* in diesem Zusammenhang auf das welt-konstituierende Moment des Bildverstehens hin.[34] Die Herausbildung eines Bildverstehens basiert auf einer Differenzbildung, wenn unser gewohnter Umgang mit Bildlichkeit als Moment vor der Gedankenprobe zu einer Selbstbeschauung herausgefordert wird, indem die Gedankenprobe Schweigendes zum Sprechen bringen will.

verkörpertes Bildverstehen

Dies markiert einen wichtigen Aspekt der Versprachlichung, den ich abschließend exemplarisch herausstellen möchte. Denn auch ein Achselzucken oder Schweigen sind gestische, mimische, nonverbale Antwortweisen, die das eigene Bildverstehen tangieren, ohne das Register der Sprache zu erreichen. Ein *verkörpertes Bildverstehen* weist auf die Vorzüge jener Theorien hin, die Antworten nicht nur als sprachliches

→\÷
meta meta meta
S. 374

←\<
zwischen Medium und Selbstbildung
S. 96

←\-
Übersetzung als Über-Setzen
S. 47

Antworten verstehen, wie BERNHARD WALDENFELS mit den Spielarten der *Antwortregister* zeigt.[35] Die bildreflexiven Hinwendungen, die in unserem Bildverstehen möglich werden, können auch als »Überlagerung von Sagen und Zeigen« aufgefasst werden, worin ANDREA SABISCH im Kontext der Bildwerdung die Verwobenheiten von Antwortregistern markiert und ein »Antworten als Verkörperung zwischen sprachlicher und visueller Ordnung« erkennt.[36]

Im Weiteren will ich versuchen zu unterscheiden, wie sich die *als-Strukturen* von ›etwas als Bild zu verstehen‹ und ›etwas als Bild zu empfinden‹ hinsichtlich eines Nachdenkens über ihre bildreflexiven Momente trennen lassen.

Bildempfinden als Anderes?

Das Bildempfinden, so habe ich den Begriff zunächst oberflächlich beschrieben, setzt an der Gefühlsebene an. Als Moment außerhalb des Bildverstehens und des Bildhandelns artikuliert sich Bildempfinden so verstanden als deren *Anderes*. Worin aber begründet sich die Relevanz, unserem Empfinden an dieser Stelle Raum zu gewähren? Was kann durch die Figur des Bildempfindens bildreflexiv in den Blick genommen werden?

Ein erstes Argument setzt am Bildverstehen an, genauer gesagt an der betonten Annahme, dass sich dieses erst herausbildet. Das Bildempfinden setzt demgemäß an einer Vorgängigkeit des Bildverstehens an. Dieses wird damit als konstruktiver Akt begreiflich, als Kristallisation. Der metaphorische Vergleich erlaubt eine anschauliche Vergegenwärtigung des Gedankens: Das Bildempfinden wäre physikalisch betrachtet so etwas wie die chemische Lösung, die unter den künstlichen Bedingungen der Gedankenprobe zur Kristallisation eines Bildverstehens gebracht werden soll. Was wir als viskursive und diskursive Verdichtung des Bildverstehens bezeichnen könnten, analogisiert sich in der Übersättigung der Lösung, deren Ergebnis eine Kristallisation hervorbringt. Die Analogie von ›Lösung‹ und Bildempfinden ist die zwischen einem homogenen Gemisch und einer bisher annähernd mystisch umschriebenen Figur eines *Anderen* des Bildverstehens und Bildhandelns. Durch die Figur der ›Lösung‹ gelingt eine Annäherung an den schwerlich greifbaren Zustand des Bildempfindens, das als homogenes Gemisch etwas in sich vereint, das nur als gleichmäßiges Ganzes zu existieren scheint, dessen Zergliederung sich unserer sinnlichen Wahrnehmung verschließt. Bildempfinden scheint damit im Entzug zu regieren und ist dennoch präsent. Auch wenn sich die aufgestellte Analogie nicht als nahtlos, sondern eher als brüchig zeigt, gewinnt die Figur des Bildempfindens fürs Erste an Kontur.

Vorgängigkeit

Präsenz im Entzug

Um der oberflächlichen Beschreibung möglicherweise Tiefe zu verleihen, möchte ich den Begriff des Bildempfindens mit MICHAEL POLANYIS Figur des *impliziten Wissens* flirten lassen. Die von POLANYI vertretene prominente These, dass wir »mehr wissen, als wir zu sagen wissen«[37], bezeichnet ein schweigendes Erfahrungswissen. Ins-

implizites Wissen

besondere POLANYIS Sensibilität dafür, dass wir das *Wie* bspw. eines Erkennens nicht in Worte fassen können, spielt mit dem Gedanken eines Empfindens, eines Gespürs, das anteilig so etwas wie implizites Wissen berührt. Um eine vertiefende POLANYI-Rezeption geht es mir an dieser Stelle nicht; die Kontur eines Wissens aber, das nicht in Worte zu fassen ist, erscheint für dialogische Annäherungen an Bilderfahrungen eine relevante Facette bildreflexiver Bemühungen. Was als »phänomenale Struktur« des impliziten Wissens von POLANYI beschrieben wird, offenbart einen indirekten Zugang: »[W]ir wenden uns von etwas her etwas anderem zu und werden seiner im Lichte dieses anderen gewahr.«[38] Eine denkbare Übertragung dieser These wäre, dass im Bildverstehen unser Bildempfinden aufscheinen kann, sodass wir indirekt auch Bilderfahrungen im Lichte des Bildverstehens gewahr werden.

Empfinden, Empfundenes und Empfindene*r

Am Begriff des Empfindens können diese Gedanken möglicherweise ihre Verdichtung finden, insbesondere dann, wenn wir die Empfindenden stärker in die Überlegung hineinholen:

> » Empfinden und Empfundenes verhalten sich zueinander nicht wie Subjekt und Objekt, so daß ich dann danach fragen müßte, wie sie miteinander kommunizieren, nach welchen Regeln dies geschieht usw., sondern das Empfinden selber greift sozusagen auf das Empfundene über, im Empfinden erlebt der Empfindende sich selbst und die Welt, d.h. er erlebt sich in der Welt, mit der Welt.«[39]

Bildwerdung und Subjektwerdung

Was WALDENFELS mit gewohnt feinsinnigem Gespür aufzeigt, nuanciert ein relationales, resonierendes, responsives Geschehen des Empfindens, das übertragen auf ein Empfinden von Bildlichkeit eine gar wechselseitige Bildung von Bildlichkeit und Subjekt als *Bildwerdung* und *Subjektwerdung* umschreibt. *Das* Empfundene ist folglich nur als *ein* Empfundenes denkbar, worin sich erneut ein Moment der bildbegrifflichen Unschärfe nachzeichnen lässt, indem das jeweilige Bildempfinden wie auch das Bildverstehen in dieser Unschärfe *Spiel hat.* Das bildreflexive Potential setzt an diesem Punkt an und mag sich auf die Inszenierung eines Spielfeldes berufen. Damit treten performative Dimensionen der Bilderfahrung auf, die sich möglicherweise an einer Figur des Bildhandelns schärfen lassen.

zum doppelten Bildhandeln

zur Präsenz und Ambivalenz

Was ich unter Bildhandeln verstehe, ließe sich vorerst als »Agieren in und mit Bildern«[40] bezeichnen. Bildhandeln erscheint so als leibliche Dimension der Bilderfahrung. Dass die Lesarten des Begriffs unterschiedliche Konzepte von Bildhandeln hervorbringen, legt insbesondere SILVIA SEJA in ihren Arbeiten zur Handlungstheorie des Bildes eindrucksvoll dar. Die Philosophin zeichnet Momente von Präsenz und Ambivalenz eines Bildhandelns nach.[41]

pragmatistisch pragmatisch

Übergreifend zeigt Seja zwei Zugänge zum Verhältnis zwischen Bild und Handlung auf, die sie als »pragmatistisch-phänomenologisches Bildhandlungsverständnis« und als »pragmatisch-sprachphilosophisches Bildhandlungsverständnis« betitelt.[42] Seja zieht ersteres Verständnis vor, da es den »sichtbaren Eigenschaften von Bildern besser gerecht werden kann« und sich zudem von einem Zeichenbegriff, an dem sie sich abarbeitet, entkoppele.[43] Entgegen Sejas Präferenz erscheint mir ihre Argumentation zum pragmatisch-sprachphilosophischen Bildhandlungsverständnis aber als aufschlussreicher Anlass bildreflexiver Überlegungen. Diese ziehe ich heran, um den Begriff des Bildhandelns nicht nur terminologisch zu schärfen, sondern auch, um daran die bildreflexive Konstitution von Bildhandeln in seinen unterschiedlichen Dimensionen aufzugreifen und zu erläutern.

Versuch der Systematisierung

Seja identifiziert in ihrem Ansatz vier bildtheoretische Paradigmen, um eine systematische Eingrenzung des Konzepts ›Bildhandeln‹ vorzuschlagen: das Bildspiel, der Bildakt, das Werkzeug und die Probehandlung. Bildspiel und Bildakt ordnen sich dem pragmatischen Zugang zu, während Seja das Werkzeug und die Probehandlung als pragmatistische Zugänge versteht. Ich widme mich folgend einem Bildhandeln als Bildspiel und als Bildakt, um das Bildhandeln als Figur bildreflexiver Theoriebildung zu befragen.

… als Bildspiel

Bildhandeln als *Bildspiel* zu verstehen, beruhe auf einer Analogie zu Ludwig Wittgensteins Figur des Sprachspiels, dessen Modifikation unter anderem Oliver Scholz[44] erarbeitet habe. Wittgensteins Sprachspiel bezeichne »Verhaltensabläufe, in denen Sprechen und anderes Handeln miteinander ›verwoben‹«[45] seien. Analog bedeute dies für ein Bildspiel eine Einbettung von Bildzeichen, wie Seja mit Scholz ausführt.[46] Sejas durchaus kritische Reflexion dieses Konzepts bringt für meine Überlegungen zur Reflexion von Bildlichkeit zwei zentrale Gedanken hervor: Bildhandeln als Bildspiel zu verstehen, verweist erstens auf Verwebungen mit unserem Handeln im Allgemeinen, wenn wir *mit* Bildern und *in* ihnen oder *durch* sie agieren. Diese Verwebung legt nahe, wechselseitige Effekte zwischen Bildhandeln und Handeln anzunehmen, das Bildhandeln dennoch als ein spezifisches Handeln zu markieren. Zweitens spricht Seja mit Rekurs auf Scholz von einem Bildhandeln, nachdem »bestimmte Gegenstände nur aufgrund eines spezifischen Gebrauchs Bilder sind.«[47] Der Gebrauch von Bildern gegenüber anderen Dingen unterscheide sich aber nicht, wenn ein Bildspielbegriff nur Gebrauchsmöglichkeiten bezeichne, so Seja.[48] Sie zeigt anschließend auf, dass unterschiedliche Gebrauchsweisen in Abhängigkeit dazu stehen, ob wir etwas einen »Bildstatus« zuweisen.

Die beiden unterschiedlichen Dynamiken erscheinen zentral, wenn ich sie bildreflexiv diskutiere: Erfahre ich etwas als Bild, weil ich es als solches betrachte (Bildstatus) und *daher* so gebrauche, oder wird eine Bilderfahrung durch meinen Gebrauch von etwas *als* Bild möglich, ohne im Vorfeld den Bildstatus zugewiesen zu haben. Im einleitenden Theoriekapitel *vom Zwischen aus* habe ich für die Bildlichkeit des Bildes in einer ersten Kontur der *Bilderfahrung* bereits herausgearbeitet, dass sie nicht erst einer kognitiven Erkenntnis folgt. Mit Bernhard Waldenfels folge ich dessen Begründung, dass wir *im* Bild sehen, bevor wir *das* Bild sehen, womit Waldenfels den Gedanken bekräftigt, dass mich die Bilderfahrung trifft, noch ehe ich mir annähernd Gedanken über einen Bildstatus machen könnte. ←\- Seja umkreist diese Problematik, indem sie von einer »Nachträglichkeit des Bildgebrauchs« spricht: »Man kann eben nur dann mit einem Bild zeigen, wie eine reale oder fiktive Person aussieht, wenn man in dem betreffenden Bild die entsprechende Person sehen kann.«[49] Der Handlungsbegriff diene dann »dazu zu beschreiben, wie man Bilder verwenden kann, deren Bildstatus bei einer Verwendung bereits feststeht.«[50] Ein so verstandenes Bildhandeln sei eine Spielart der Sinnzuschreibung, weshalb sprachphilosophisch orientierte Bildtheorien von einer »Pragmatik des Bildes« sprechen.[51]

… als Bildakt

Das zweite Paradigma eines pragmatisch-sprachphilosophischen Bildhandlungsverständnis sieht Seja im Bildakt.[52] Die Verbindung zwischen Bildhandeln und Bildakt zeigt sich auch außerhalb Sejas Theorie als naheliegend, aufgrund der ähnlich performativen Grunddynamik von Handeln und Akt. Mit Schürmann markiert Seja die Verschiebung vom Bildhandeln zum »Handeln der Bilder« und gelangt damit zur Vorstellung eines *Vollzugs des Bildes*, worin Bilder-Sehen als Handlung zu verstehen sei.[53] Seja argumentiert gegen diesen auch für sie selbst reizvollen Gedanken, da zwar die »Darstellungsleistung des Bildes«[54] als Handlung beschreibbar wäre, nicht aber die Bildwahrnehmung – vor allem deshalb nicht, weil »das Sehen eines Bildes keinen Anfang und kein Ende« habe.[55] Bildhandeln als Handeln eines Bildes zu verstehen, ereignet sich für diejenigen, die das Bild in *seinem* Vollzug erfahren, annähernd als Entzug, so meine These. Damit versuche ich die pathische Dimension herauszustellen: Wenn das Bildhandeln nicht mein Agieren mit Bildern beschreibt, sondern ein Handeln des Bildes innerhalb meiner Wahrnehmung, so unterscheiden sich diese Bildhandlungsverständnisse grundlegend hinsichtlich des handelnden Subjekts, welches einmal beim Betrachtenden und einmal beim Bild selbst als Handlungssubjekt liegen würde. Auffällig wird daran eine Verschiebung der *agency*. Seja schlägt vor, von zwei parallelen Handlungen auszugehen: einer »bildeigenen Zeigehandlung« und einer Handlung, welche die Betrachter*innen vollziehen, *indem* diese die bildeigene Zeigehandlung anschauen.[56] Wir gelangen damit zu der Unterscheidung zwischen einem *Agieren mit Bildern* und sozusagen *agierenden Bildern*. Auf die zeitliche Struktur nimmt Seja keinen Bezug, worin ich aber eine relevante Größe in dieser Überlegung vermute. Die Rede vom Bildakt knüpft essentiell an die Frage nach dem Gebrauch der Bilder und ihrem Bildstatus an, die ich zuvor für das Bildspiel als relevantes Moment bildreflexiver Überlegungen bezeichnet habe. Wenn ein Bildhandeln *durch* das Bild und ein Bildhandeln *durch* diejenigen, die das Bild erfahren und damit in ihrem Sehakt hervorbringen, nicht nur parallel, sondern sich bedingend (*indem*) erfolgen, so gelangen wir meiner Ansicht nach über eine von Bernhard Waldenfels begründete dia-

←\-
Bilderfahrung
S. 38

chrone Rhythmik der Erfahrung zu einem annähernd plausiblen Nachvollzug dieses doppelten Bildhandelns. Fügen wir die Bilderfahrung in die Überlegungen zum Bildhandeln als Bildakt ein, so würde das Geschehen, wenn uns etwas als bildlich widerfährt und wir etwas als bildlich erfahren, eine ähnliche Performanz aufweisen, wie SEJAS Gedanke der parallelen Handlungen. Den entscheidenden Vorteil, den der Erfahrungsbegriff in dieser Argumentation einbringt, sehe ich darin, dass die kognitive Zuweisung eines Bildstatus durch die Bilderfahrung ersetzt wird: Wir *erfahren* etwas als etwas Bildliches.

Gedankenproben als Wie und Wodurch einer Reflexion

konvergierende Erfahrungs- und Denkräume

Sich Bilderfahrung durch eine Gedankenprobe reflexiv anzunähern, zeigt sich als Zugang, der seine Spielarten zwischen Erfahrungen und vorgestellten Erfahrungen entwickelt. Imaginiertes fordert erprobend ein, sich zu verhalten und zu positionieren. Die Gedankenprobe als eine Weise des Zugangs zeige ihre Unterschiede zum Gedankenexperiment im Übergang des Fiktiven zu einem Spiel mit dem Realen.[57] Dieser von MIRIAM SCHAUB herausgestellte Aspekt erlaubt, die Gedankenprobe als *Übergang* zu inszenieren, zwischen fiktivem gedanklichen Spiel und realen Situationen, auf die explizit Bezug genommen wird oder die sich implizit in unsere Erfahrung rück*spielen*. Die Inter//vention ›*zwischen Bildverstehen, Bildempfinden und Bildhandeln*‹ zeigt sich als ein Beispiel expliziter Bezugnahme, indem der Raum, in dem die Inter//vention stattfindet, zum Mitspieler des fiktiven Spiels wird.

Mitspieler des fiktiven Spiels

Den Raum habe ich als Ausschnitt von Welt bezeichnet, der eine gemeinsame, überschaubare Fläche umfasst. Ich möchte vorschlagen, an dieser Stelle den Raum als eine Projektionsfläche zu verstehen, die zum Display des Bildverstehens avanciert. Diese Übergänge bringen Erfahrungen zum Überkreuzen, sodass ich im Kontext der Gedankenprobe von einer chiastischen Dynamik sprechen möchte. Eine derartig angelegte Gedankenprobe gewinnt, indem sie *miniaturisierte Erfahrung* und *reale Erfahrung* miteinander resonierend zusammenbringt. So werden im Beispiel der aufgezeigten Gedankenprobe hypothetische Denkräume zu Paten der realen Erfahrung im Raum. Solche Übergänge sind meines Erachtens keine Seltenheit und oft visuell motiviert, indem bspw. in Gesprächen etwas zeigend beispielhaft herangezogen wird, um zu veranschaulichen, was man sagen will.

erweitertes Feld bildreflexiver Überlegungen

Durch die miteinander konvergierenden Erfahrungsdimensionen, so nehme ich an, entstehen in der Gedankenprobe Pluralisierungen von Sichten, die mit der Pluralisierung von Erfahrungen zu tun haben. So eröffnet die Gedankenprobe gewendet betrachtet ein erweitertes Feld bildreflexiver Überlegungen, was ihre Funktion als *Provokation im Denken und Handeln* auf diese Weise nur im Anschluss an die konkrete

Situation ihrer Durchführung entfaltet. Dies verweist auf die sozialen und alteritären Dimensionen der Gedankenprobe, die sich im Dialogischen artikulieren.

soziale Bedingtheit der Bildverstehen (Plural!)

Der in der Durchführung der Gedankenprobe hervortretende kollektive Gestus des Teilens inszeniert im sprachlichen Verhandeln über unterschiedliche Bildverstehen einen *Bilddiskurs miniature.* Aus dem Beispiel heraus ließe sich folgern, dass gemeinsame Gedankenproben durch die jeweiligen gedanklichen Abstände zwischen den Beteiligten die Legitimation und Adaption eigener *Sichten* dynamisieren. Darin sehe ich nicht nur ein Movens des Reflektierens, sondern auch dessen Potential zu vielfältigen und nebeneinander existierenden Hinwendungen zum Bildlichen markiert. Darüber hinaus können die dialogischen Annäherungen auch als Spiegel einer sozialen Bedingtheit der entstehenden *Bildverstehen* (Plural!) eingeordnet werden, worin die jeweiligen Bildverstehen nicht nebeneinander existieren, sondern sich genau genommen *durcheinander* konstituieren.

1 Belting, Hans: *Bild-Anthropologie.* 2001. S. 11.

2 Alloa, Emmanuel: *Das durscheinende Bild.* 2011. S. 9.

3 Um hier anderen theoretischen Zugängen Raum zu geben, werde ich nicht erneut etwa Dieter Mersch Figur des »ikonischen Blicks« thematisieren, wenngleich sich deutliche Anschlüsse markieren. ←\≥ S. 240

4 Bildtheorie ist ein Ausdruck, der »ein vielstimmiges, teilweise auch heterogenes, ja disparates Forschungsfeld bezeichnet.« Pichler, Wolfram; Ubl, Ralph: *Bildtheorie zur Einführung.* 2014. S. 11.

5 Zur Unterscheidung von Bildtheorie und Bildwissenschaft: Wiesing, Lambert: *Artifizielle Präsenz.* 2005. S. 14.

6 Die von Bonnemann vorgenommene Trennung der beiden Forschungsfelder weist durchaus auch Schwierigkeiten auf: Denn auch wenn bildwissenschaftliche Arbeiten verstärkt Bild(er) untersuchen, als nach den Konstitutionen des Bildlichen zu fragen, verweist schon jedes herangezogene Bild zumindest exemplarisch oder implizit darauf, was hier als ein Bild behandelt wird. Vgl. Bonnemann, Jens: *Bildphilosophie – Bildtheorie – Bildwissenschaften.* 2014. S. 17.

7 Halawa, Mark Ashraf: *Bildwissenschaft vs. Bildtheorie.* 2015. S. 63.

8 Vgl. Mersch, Dieter; Ruf, Oliver: *Bildbegriffe und ihre Etymologien.* 2014. S. 6.

9 Vgl. ebd.

10 Bspw. die Abgrenzung zwischen semiotischen und phänomenologischen Erklärungsansätzen weist auf konträre Pole in der Bildtheorie hin. So seien etwa aus Sicht der Bildphänomenologie die von der Sprache aus entwickelten Analysekriterien der Bildsemiotik kritisch zu sehen, insofern sich Wahrnehmung phänomenologisch betrachtet jenseits sprachlicher Kategorien vollziehe. Vgl. dazu Halawa, Mark Ashraf: *Wie sind Bilder möglich?* 2008. S. 88.

11 Vgl. Mersch, Dieter; Ruf, Oliver: *Bildbegriffe und ihre Etymologien.* 2014. S. 6.

12 »Dies ist präzise der Moment, wo die ›Gedankenprobe‹ ihre Unterschiede zum klassischen Gedankenexperiment vergrößert: Das Fiktive wird zugunsten eines Spiels mit dem Realen verlassen [...].« Schaub, Miriam: *Das Singuläre und das Exemplarische.* 2010. S. 148.

13 Die Umschau kann nicht als reine Umschau betrachtet werden, insofern sie mit einer Vielzahl anderer Wahrnehmungen, Erfahrungen und Denkleistungen verwoben ist. Daher verbleibt ein Nachdenken über die Umschau immer Konstruktion, eine künstlich errichtete Perspektive, die unser Nachdenken im Rahmen der Gedankenprobe auf einen Teilaspekt ausrichtet.

14 Vgl. Romano, Claude: *Eräugnis oder: Kann es eine Phänomenologie des Ereignisses geben?* 2013.

15 Gottfried Boehm befragt in seinem Aufsatz zur Bildevidenz die Verschiebung vom Augenschein zum Augenmaß, indem er die Zeugenschaft der Sinne reflektiert: Boehm, Gottfried: *Augenmaß. Zur Genese der ikonischen Evidenz.* 2008.

16 Vgl. zur bildanthropologischen Figur des ›homo pictor‹: Jonas, Hans: *Homo Pictor: Von der Freiheit des Bildens* (1994); Belting, Hans: *Bild-Anthropologie* (2001).

17 »Wenn alles Bild ist, was uns unter die Augen kommt, dann entzieht sich der Begriff einer sinnvollen Definition.« Belting, Hans: *Die Herausforderung der Bilder.* 2007. S. 11.

18 Der Fokus liegt dabei nicht auf der Rolle oder Funktion des/der Initiator*in der Gedankenprobe, insofern die bildreflexiven Dynamiken vom Begriff aus in den Blick genommen werden.

19 Dieses Vorgehen erinnert an Michael Polanyis Gedanken zur »deiktischen Definition« als ein »Benennen-durch-Zeigen«, insofern Polanyi die Überbrückung als notwendig beschreibt, die zwischen einem Sagenwollen und dessen Bedeutung bestehe. Polanyi, Michael: *Implizites Wissen.* [1985] 2. Aufl. 2016. S. 15.

20 Sabisch, Andrea: *Bildwerdung.* 2018. S. 44.

21 Jörissen, Benjamin; Marotzki, Winfried: *Medienbildung – Eine Einführung.* 2009. S. 240. zit. nach: Sabisch, Andrea: *Bildwerdung.* 2018. S. 46.

22 Boehm, Gottfried: *Augenmaß. Zur Genese der ikonischen Evidenz.* 2008. S. 23.

23 Vgl. ebd. S. 31.
24 Ebd. S. 20f.
25 Mutmaßungen darüber finden sich in unterschiedlichen Schattierungen in vielen bildtheoretischen Ansätzen, wie bspw. bei David Ambuel, der die Verquickung zwischen Bildbegriff und einem Denken in Bildern aufzeigt. Ambuel, David: *Platon: In Bildern denken.* 2010. S. 28.
26 Vgl. Waldenfels, Bernhard: *Der Spielraum des Verhaltens.* 1980. S. 212.
27 Vgl. Breyer, Thiemo; Pfänder, Stefan: *Resonanz, Rhythmus und Synchronisierung.* 2017. S. 15.
28 Belting, Hans: *Bild-Anthropologie.* 2001. S. 11.
29 In Anlehnung an den Begriff des Viskurses nach Karin Knorr-Cetina, der analog zum Diskurs im Viskurs einen Diskurs im Visuellen beschreibt, der das Zusammenwirken wie die Einbettung visueller Darstellungen betrifft. Knorr-Cetina, Karin: *Viskurse der Physik.* 1999. S. 248.
30 Der von Johannes Grave und Arno Schubach herausgegebene Band *Denken mit dem Bild* (2010) versucht diesen Brückenschlag zwischen der Philosophiegeschichte und der Bildfrage zu leisten.
31 »Dass man in Bildern denken kann, scheint eine paradoxe Vorstellung zu sein, jedenfalls wenn man Bilder innerhalb der Grenzen einer Theorie zu fassen versucht, die Begriff und Bild einander entgegensetzt. Angesichts der kantischen Unterscheidung zwischen dem Anschaulichen und dem Diskursiven […] erscheint die Entgegensetzung von Bild und Begriff naheliegend. Nur die Sinnlichkeit ist dann intuitiv; die Vernunft dagegen, das Vermögen also, durch das wir denken, ist unweigerlich diskursiv. Wenn ›Bild‹ darüber hinaus noch mehr ist, dann schließt es die physische Form ein, ein visuelles Phänomen, eine Erscheinung, die unserer sinnlichen Wahrnehmung präsent ist. Das Bild kann auch eine Vorstellung sein, ein Zeichen, eine Markierung oder ein Symbol, das für etwas anderes steht als sich selbst und darauf verweist. Vielleicht noch fundamentaler ist das Bild – ob mit den Augen oder auf andere Weise ›gesehen‹ – ein Gegenstand der Anschauung, das kantische ›Gegebene‹, das im Geist aufgenommen und ihm direkt gegenwärtig gehalten werden kann.« Ambuel, David: *Platon: In Bildern denken.* 2010. S. 13.
32 Ebd. S. 14.
33 Adorf, Sigrid: *Übersetzen.* 2015.
34 Vgl. Waldenfels, Bernhard: *Sozialität und Alterität.* 2015. S. 221.
35 Vgl. Waldenfels, Bernhard: *Antwortregister.* 2007.
36 Sabisch, Andrea: *Bildwerdung.* 2018. S. 291.
37 Polanyi, Michael: *Implizites Wissen.* [1985] 2. Aufl. 2016. S. 14.
38 Ebd. S. 20.
39 Waldenfels, Bernhard: *Das leibliche Selbst - Vorlesungen zur Phänomenologie des Leibes.* 2000. S. 87.
40 Beyer, Andreas; Lohoff, Markus: *Bildhandeln. Eine Einführung.* 2005. S. 11.
41 Vgl. Seja, Silvia: *Der Handlungsbegriff in der gegenwärtigen Bild- und Kunstphilosophie.* 2008. S. 97.
42 Seja, Silvia: *Handlungstheorien des Bildes.* 2009. S. 14.
43 Ebd.
44 Silvia Seja bezieht sich auf Oliver Scholz: *Bild, Darstellung, Zeichen. Philosophische Theorien bildhafter Darstellung.* 1991.
45 von Savigny, Eike: *Sprachspiele und Lebensformen: Woher kommt die Bedeutung?* [2011] 2. Aufl. 2012. S. 8.
46 Vgl. Seja, Silvia: *Der Handlungsbegriff in der gegenwärtigen Bild- und Kunstphilosophie.* 2008. S. 98.
47 Ebd. S. 100.
48 Vgl. ebd. S. 101.
49 Seja, Silvia: *Handlungstheorien des Bildes.* 2009. S. 14.
50 Ebd.
51 Ebd. S. 11.
52 Ob Silvia Seja die Bildakttheorie Horst Bredekamps nicht mehr rezipieren konnte in ihrer Untersuchung oder nicht wollte, bleibt fraglich. Ihr Bezug auf Eva Schürmanns Begriff des Bildakts ist jedoch nachvollziehbar, insofern Schürmann Bildlichkeit 2005 vorwiegend im Verhältnis zur Sprache formuliert. Sejas Ausgangspunkt scheint am Bild als Zeichen zu liegen. Schürmann, Eva: *Die Bildlichkeit des Bildes. Bildhandeln am Beispiel des Begriffs Weltbild.* 2005.
53 Seja, Silvia: *Der Handlungsbegriff in der gegenwärtigen Bild- und Kunstphilosophie.* 2008. S. 103; Schürmann, Eva: *Die Bildlichkeit des Bildes. Bildhandeln am Beispiel des Begriffs Weltbild.* 2005. S. 209.
54 Seja, Silvia: *Der Handlungsbegriff in der gegenwärtigen Bild- und Kunstphilosophie.* 2008. S. 103.
55 Ebd. S. 104.
56 Ebd. S. 103.
57 Vgl. Schaub, Miriam: *Das Singuläre und das Exemplarische.* 2010. S. 148.

289 — 315

Antwortbildung/Fragenbildung. Zwischen Besonderung und Ungewissheit

Eine Reihe an Wörtern ordnen wir sofort und zweifellos in den Bereich der Fremd- oder Fachworte ein, deren Bedeutung wir entweder nur erahnen oder auch gar nicht wissen. Was mit ›Bild‹ bezeichnet wird, mag sich zunächst wenig fremd anfühlen. Dies ist unter anderem durch vertraute Praktiken mit Bildern gegeben: Schon frühkindlich werden wir aufgefordert »Mal doch mal ein Bild« und merken, dass gelungene Werke den Weg an die heimische Kühlschranktür finden. Schnell werden wir auch dahingehend sozialisiert: Was an den Wänden des Elternhauses hängt, viereckig ist und vielleicht sogar durch einen Goldrahmen eingefasst ist: das sind Bilder. Gesteigert wird dieses Spektrum der exemplarischen Kontur unseres Bildbegriffs auch im Rahmen von Kunstpädagogik und -vermittlung, die rückblickend biografisch reflektiert, eine kaum mehr lösbare Verknüpfung zwischen Bildern und Kunst erzeugt. Auch die bewegtbildliche Vielfalt durch den Fernseher prägt unser Bildverstehen und dessen gesteigerte Form, unseren Bildbegriff. Auch zahlreiche Bilddigitalisate unserer Technosphäre oder unsere ständigen Bilderzeuger namens Smartphones prägen durch unser Handeln, Kommunizieren und Leben durch Bilder unser jeweiliges Verstehen des Wortes ›Bild‹.

fraglose Vertrautheit?

Annahmen

Wer nach dem Bild fragt, »fragt nach Bildern, einer unübersehbaren Vielzahl, die es fast aussichtslos erscheinen läßt, der wissenschaftlichen Neugier einen gangbaren Weg zu weisen.«[1] Was Gottfried Boehm für den Bilddiskurs bereits als nahezu unmögliches Wagnis ausweist, zeigt einmal mehr, wie obskur in Vermittlung manche Umgänge mit Bildern und Zugänge zu ihnen sind. In einem Interview legt Boehm dar, dass der »entscheidende Griff« noch nicht existiere und auch Bemühungen im Feld der Bild- und Medienkompetenz am entscheidenden Moment eines Reflektierens über das Bildliche versagen.[2] Was lässt sich als die so entscheidende Geste identifizieren?

gangbarer Weg?

=

bildreflexive Hinwendung

Faszination, um Brücken zu schlagen

Ein Erfahrungsbegriff, so meine Hoffnung, würde die auf Kompetenzerwerb aus- und abgerichtete Perspektive auf Bilder verschieben, indem sie sich dann Bildungspotentialen der Bilderfahrung widmet. Damit fordere ich entschieden dazu auf, davon abzusehen, *Andere* bildkompetent machen zu wollen, was im Übrigen eine sehr statische Angelegenheit ist. Bildreflexive Hinwendungen zu initiieren, die unserer Bilderfahrung dynamisch begegnen, sehe ich als einen der entscheidenden Griffe, um sich einem Reflektieren von Bilderfahrungen anzunähern. Boehm setzt sich im erwähnten Interview fast emphatisch für ein Reflektieren, Nachdenken und Verstehen von Bildlichem ein. Mögliche Einsatzpunkte markiert er fragend: Was geschieht in der Kommunikation mit Bildern, worin bestehen Differenzen zur Sprache und wie können Bilder als »tote Materie an der Wand« etwas vermitteln und uns zum Staunen bringen?[3] »Das ist unsere Herausforderung gewesen – ist es immer noch«, pointiert Boehm und fügt an, dass die Faszination jenes Movens sein könnte, die notwendigen »Brücken zu schlagen.«[4]

Besonderung initiieren

An Boehms Bemerkung wird deutlich, dass die Faszination am Bild ein Einsatzpunkt bildreflexiver Hinwendung sein kann – nicht nur für Wissenschaft. Faszination ist aber nicht einfach da, sondern entsteht. ←\× Aber wie, wenn im Gebrauch und Umgang mit Bildern eine ruhige Gewissheit besteht, die dem Phänomen ›Bild‹ kaum Fragliches, Verwunderndes oder Irritierendes beimisst? Zwei Annäherungen möchte ich in den Blick nehmen, die im Kern diesem Gedanken folgen und daran ansetzen, eine *Besonderung zu initiieren.* Das Kapitel stützt sich dazu vorwiegend auf zwei Inter//ventionen, die beide ein Reflektieren durch geschriebene Sprache betreffen. Ich werde aufzeigen, warum wir es dennoch indirekt mit einer Reflexion durch Bilder zu tun haben.

Inter//vention ›sprachliche Fassungsversuche – Notationen als Antwortbildung‹

Unter der Inter//vention ›*sprachliche Fassungsversuche – Notationen als Antwortbildung*‹ werden Vorstellungen von Bildlichkeit thematisch, die durch provozierte begriffliche Differenzierungen im semantischen Feld ›Bild‹ die Pluralität des Bildbegriffs aufgreifen. Dieser Zugang entwirft eine Weise bildreflexiver Annäherung, die verschiedene, nebeneinander existierende Perspektiven und Verständnisweisen von Bildlichkeit produktiv wendet. Hiermit schließe ich an die im Kapitel *Bildlichkeit. Zwischen Verstehen, Empfinden und Handeln* explizierten Ansätze einer Reflexion ausgehend vom Bildbegriff an. Ähnlich wie in der dort verhandelten Gedankenprobe inszeniert die Inter//vention ›*sprachliche Fassungsversuche*‹ eine Erklärungsnot, die ich als Initiierung von Besonderung verstehen möchte. Auch lassen sich Bezüge im Verhandeln über das eigene Bildverstehen zu der noch folgenden Inter//vention ›*Sagen (ver)suchen*‹ im gleichnamigen Kapitel herstellen, die sich allerdings in ihrem dialogischen und diakonischen Vorgehen von den hier aufgezeigten Inter//ventionen deutlich abgrenzen. →\»

Inter//vention ›Fragen bilden – Hervorlockung des Ungewissen‹

Mit der zweiten Inter//vention ›*Fragen bilden – Hervorlockung des Ungewissen*‹ wird anknüpfend eine Reflexion über Fragliches an Bildlichem initiiert. Anhand von herausgebildeten Fragen zum Bildlichen reflektiere ich deren Potential als Anlässe einer bildtheoretischen Reflexion. Indem die Inter//vention an einer *initiierten Besonde-*

←\×
und wieder dieses Staunen
S. 108

→\»
Inter//vention: Sagen (ver)suchen
S. 326

rung ansetzt, versuche ich ihre Geste eines Fraglich-Machens in den Blick zu nehmen und werde diskutieren, inwiefern Ungewissheit als Movens der Besonderung bildreflexiv wirksam werden kann. Abschließend werde ich eine experimentelle Annäherung an Fragen *Anderer* erproben, die zwischen visueller und sprachlicher Assoziation zu verorten ist. Ich versuche auf zwei Fragen einer Schülerin zu antworten, ohne sie zu *be*antworten, verstanden als Ansatz eines anderen *Sagen (ver)suchens.*

Besonderung initiieren – bildreflexive Nahtstellen einer invertierten Suche

paradoxale Spannung

Nehmen wir Bildtheorie als bewusst aufgespannte Sphäre, um »sich manches von dem, was man zwar im Grunde längst weiß, aber dennoch nie wirklich bedacht hat, denkend zu Bewusstsein [zu] bringen«[5], blicken wir einer paradoxalen Spannung bildtheoretischer Überlegungen ins Auge: Das Bildliche vermag vertraut im Umgang erscheinen, wie auch gewöhnlich als ein Aktant unserer Selbst-, Anderen- und Weltverhältnisse und zugleich in dieser Vertrautheit ein geheimnisvolles und von Unverfügbarem durchwobenes Phänomen bleiben.

didaktische Dramaturgie

Sich dem Bildlichen von Bildern anzunähern, kann auf unterschiedliche Weisen initiiert werden. Meine Bezüge und Anleihen in der Bildtheorie erlauben es, dort wahrnehmbare Dynamiken als Anlass eines Reflektierens über Bilderfahrungen zu nehmen. Betrachtet man bspw. bildtheoretische Literatur unter dem Blickwinkel ihrer didaktischen Dramaturgie, so beginnt diese oft damit, seinen Leser*innen zu sagen, was ein Bild ist, wie es ist, wann es ist, kurz: sie bestimmt den Radius des Bildlichen, bevor sie ein spezifisches Phänomen oder eine Frage entfaltet. Auch in Vermittlung mag es gängig sein, zunächst zu klären, womit man sich beschäftigen möchte. Kunstunterricht, Kunstvermittlung und Kunstpädagogik können in manchen Praxen ein Beispiel par excellence sein, sich über Jahre mit etwas zu beschäftigen, was man nie hinterfragt hat. Worauf ich anspiele, sind Bilder.

plurales Bildverstehen

Das im Rahmen der Arbeit schon angedeutete ›Schreckgespenst‹ der Bildkompetenz fordert etwa Kunstpädagog*innen dazu auf, die Subjekte ihrer Vermittlung *bildkompetent* zu machen.[6] Um so einen Schritt zu gehen, wenn man ihn denn gehen möchte, zeigt die Thematisierung eines Bildbegriffs eine unumgängliche Relevanz auf. Eine Weise, dies anzugehen, führt die Bildtheorie vor. Sie argumentiert dezidiert an einzelnen Phänomenen, was Bilder sind und liefert uns zahlreiche Bildbegriffe, deren Pluralität auch verdeutlicht, warum bildtheoretische Literatur den Radius des Bildlichen so oft voranstellt.[7] Was Bildtheorien in den zahlreichen unterschiedlichen heterogenen Bestimmungsgesuchen des Bildbegriffs fortwährend leisten, nivelliert sich in einer Bilddidaktik, die vorgibt, man könne den Bildbegriff mit einer Definition abhandeln. Natürlich ist das eine Möglichkeit Anderen näherzubringen, was sie unter

=

einem Bild verstehen können, worin aber »wahres Wissen«[8] statt verschiedenste Wissenskulturen tradiert wird.

relationaler, diskursiver Handlungs- und Denkraum

Ich möchte mit den beiden folgenden Inter//ventionen einen konträren Weg aufzeigen, der an den jeweiligen Verstehensweisen der Subjekte *(m)einer* Vermittlung ansetzt und damit einen relationalen, diskursiven Handlungs- und Denkraum initiiert, der auf unterschiedlichste Bildpraxen, Bilderfahrungen sowie damit verbundene Habitualisierungen, Selbst-, Anderen- und Weltverhältnisse versucht Bezug zu nehmen.

Inter//vention: sprachliche Fassungsversuche – Notationen als Antwortbildung

Was ist Bild?

Was ist (ein) Bild? – den Antworten auf diese Frage steht eine fast schon selbstverständliche Nähe zum Phänomen Bild gegenüber, die den alltäglichen Erfahrungsbereich betrifft und damit in eigene Selbst-, Anderen- und Weltverhältnisse eingelassen ist. Eine Ungewissheit über Bildlichkeit mag sich vergrößern, wenn wir oder Andere danach fragen, ›was es mit der Bildlichkeit auf sich hat‹. Sodann verlässt die Bilderfahrung für einen Moment, vielleicht gar fortwährend, den Pfad ruhiger Monotonie und gerät in eine Selbstbetrachtung, die sie vor dem Hintergrund eines phänomenologischen Erfahrungsbegriffs nicht einfach zu leisten im Stande ist. Bernhard Waldenfels zeigt auf, dass ein voll entwickeltes Bildwissen auch die Kritik an der Bilderfahrung einschließe, was ich als eine reflexive Geste verstehe.[9] An dieser Stelle setzen nicht nur theoretische, empirische, ästhetische, künstlerische und pädagogische Fragen sowie Fragen der Vermittlung ein, sondern auch methodologische. Sie alle betreffen zunächst die Weise einer Selbstbetrachtung eines sich erst herausbildenden Bildverstehens.

Annäherung an die Inter//vention

Um die Inter//vention *›sprachliche Fassungsversuche – Notationen als Antwortbildung‹* zu entfalten, werde ich zunächst auf ihre konzeptuellen Ansätze und Ansprüche eingehen und einige Thesen zu dieser bildreflexiven Annäherung aufstellen. Im Anschluss gehe ich auf die Inter//vention ein, indem ich mich exemplarisch unter am Material entwickelten Aspekten den dokumentierten Notationen widme. Im letzten Schritt werde ich die Inter//vention als symptomatische Annäherung an Bilderfahrungen durch Notationen reflektieren.

Konzeptuelle Ansätze und Ansprüche

Konzeption der Inter//vention

»Je näher man ein Wort ansieht, desto ferner sieht es zurück.«[10] Dieses auf den österreichischen Schriftsteller Karl Kraus zurückgehende Sprichwort pointiert die Hinwendung zum Bildlichen, die ich im Rahmen dieser Inter//vention aufzeigen und diskutieren möchte. Ich habe Schüler*innen einer 10. Klasse gebeten zu notieren, was für sie ›Bild‹ ist. Bewusst wurde an dieser Stelle der Artikel ausgelassen, um die Frage bildtheoretisch so neutral wie möglich zu formulieren. Die sprachlichen Fassungsversuche der Schü-ler*innen setzen an einer bestimmten bildreflexiven Annäherung an. Ich spreche von sprachlichen Fassungsversuchen, da ich sie nicht als Definitionen betrachte, sondern als sprachliche Umwerbungen dessen sehe, wie wir durch unsere Bilderfahrung sozialisiert wurden und werden.

»

Die Inter//vention zeigt sich als bildreflexive Hinwendung, die mit den sprachlichen Annäherungen *Anderer* arbeitet. Bevor ich darauf eingehe, möchte ich ein Beispiel aus der Bildtheorie anführen, um meine Perspektive zu erweitern und als Inszenierung eines weiteren Abstands.

sprachliche Annäherungen

So haben Wolfram Pichler und Ralph Ubl für ihre Einführung in die Bildtheorie ganz ähnlich den Dialog mit einem Kind über die Frage, *was denn ein Bild sei*, herangezogen.[11] Wie lässt sich diese bildreflexive Perspektive einordnen? Pichlers und Ubls Zugang könnte zunächst als einer der *Verschiebung* beschrieben werden, indem sie ihre wissenschaftliche Frage aufgreifen und *durch* den Dialog mit *Anderen* perspektivieren. Als initiierte Hinwendung zur Bilderfahrungen, welche die Befragten wie die Fragenden in ein *reflexives Wechselverhältnis* versetzt, erinnert mich dieses Vorgehen an die Figur des Abstands, die ich mit François Jullien unter *vom Zwischen aus* hergeleitet habe. Das reflexive Wechselverhältnis sehe ich darin begründet, dass nicht nur das befragte Kind, sondern auch Pichler und Ubl in einen dialogisch reflexiven Abstand geraten: Das Kind, das plötzlich zwei Erwachsenen erzählen soll, was es unter einem Bild versteht und Pichler und Ubl, die von ihrem wissenschaftlichen Interesse an der Bildfrage getrieben, den Weg einer Dekonstruktion von außen«[12] folgen. Ich habe ein solches Geschehen in Rekurs auf Jullien als Umweg über den Anderen bezeichnet. ←\– Man könnte Pichler und Ubl unterstellen, dass sie durch ihr Vorgehen versucht haben, ihre Sicht zu erweitern oder zu verschieben – obwohl (oder gerade weil) sie bereits studierte Bildtheoretiker sind. Das befragte Kind antwortet: »›Ein Bild ist, wo du etwas drin erkennen kannst – nicht wie bei dem Krixikraxi, das du mir neulich im Museum gezeigt hast‹.«[13]

inszenierte Verschiebung

reflexives Wechselverhältnis

An diesem sprachlichen Fassungsversuch scheinen unterschiedliche Dimensionen der Reflexion über Bilderfahrung auf. Zunächst wird formuliert, »Bild ist, wenn du etwas drin erkennen kannst«, womit das Kind interessanterweise den Überschuss des Sichtbaren im »etwas als etwas« aufgreift.[14] Waldenfels umschreibt den von ihm bezeichneten Überschuss des Sichtbaren mit seiner Formel »etwas als etwas sehen«. Der Überschuss trete im ›etwas‹ bereits hervor, denn in der Genese der Erfahrung sei immer schon von einem Überschuss zu sprechen. Das Kind referiert zudem auf eine vergangene Bildbegegnung in einem spezifischen Kontext (Museum), was in diesem Rückbeziehen möglicherweise einen Moment der Evidenzbildung in der Reflexion über Bildlichkeit markiert: ›Wir waren da zusammen – du hast es gesehen, ich habe es gesehen.‹ Das Wissen-Wollen von Pichler und Ubl veranlasst das Kind, eine spezifische Situation heranzuziehen, anhand derer es sein Bildverstehen legitimiert. Die von Pichler und Ubl erhoffte Annäherung an ein Bildverstehen durch den Anderen zeigt sich als empirischer Moment, der versucht

Annäherung

←\–
Umweg über den Anderen?
S. 54

=

im Alltäglichen über etwas Alltägliches eine alltägliche Einschätzung zu erhalten. Doch dass man danach gefragt wird, was man als Bild versteht, erweist sich, wie PICHLER und UBL aus ihren Erfahrungen berichten, weniger als willkommenes Sinnen, denn als lästige Anfrage. Ihre Frage nach dem Bildverstehen, stellen sie auch Erwachsenen. Sie vernehmen dabei einen Unterschied zwischen der Antwort des Kindes und den Antworten der Erwachsenen, die sie als wenig aufschlussreich empfanden.[15]

Widerstand

Diese Beobachtung ist nicht unwesentlich, insofern sie doch veranlasst zu fragen, wodurch sich ein solcher Widerstand artikuliert. Wird die Frage nach dem Bild abgewehrt, weil sie ins Ontologische zu kippen droht? Diese Beobachtung kann ich nicht näher einordnen. Was an ihr aber aufscheint, ist die bereits benannte Nähe und Selbstverständlichkeit unseres Bildumgangs, der gegenüber einer Versprachlichung dessen, was wir unter einem Bild verstehen, einen *reflexiven Riss* inszeniert. Darunter verstehe ich die provozierte Reflexion gegenüber einem Begriff oder Phänomen, die durch ihre Befragung aus einem eher impliziten Umgang in eine explizite Vergegenwärtigung gerissen wird. Was für uns ›Bild‹ ist, verkörpert sich zunächst in einem impliziten Wissen, einem stillen oder schweigenden Wissen, das sich jenseits oder zumindest am Rande seiner Versprachlichung figuriert.[16] Implizites Wissen in seiner sinnlichen Erscheinung weist auf Bilderfahrungen zurück. Fragen wir danach, was (ein) Bild ist, so wird dieses implizite Wissen zum Bild nicht unmittelbar oder direkt expliziert[17], sondern gleicht mehr einer Hinwendung. Es erscheint lohnenswert, diesen Widerstand gegenüber einer Versprachlichung des Bildempfindens, -handelns und -verstehens in den Blick zu nehmen, insofern implizites Wissen »immer auch implizites Vorurteil, implizite Ignoranz und implizite Blindheit« sei, wie HANS-GEORG NEUWEG anmerkt.[18] ←\≈

reflexiver Riss

implizites Wissen

Begriffe

Versteht man Begriffe als Konzepte, die – zumeist sprachlich – zur Darstellung gebracht werden, erscheinen Begriffsbildungen als determinologische Prozesse, die Begriffe temporär als das erscheinen lassen, wie etwas in Selbst-, Anderen-, und Weltverhältnisse eingeordnet wurde. Die Selbst-, Anderen- und Weltverhältnisse bleiben von der Verortung nicht unberührt, sondern dynamisieren sich vielmehr durch die Bedeutungen von Begriffen. Definitionen, als Bestimmungen von Begriffen gaukeln vor, dass jene temporär dynamischen Prozesse der Konzepte von Phänomenen in fertigen Zuständen münden, nicht aber in Zuständen einer transindividuellen Sphäre, eines stetig werdenden und sich verändernden Verstehens. Von Extensitätsradien anstatt von Definitionen oder Begriffen zu sprechen, ist der Versuch der Dynamik und Diskursivität von Begriffen gerecht zu werden: die Ausdehnung (Extensität) von Begriffen, die sich durch unscharfe, flexible, sich verändernde (z.B. temporäre) Grenzen (Radien) auszeichnen. Begriffe, verstanden als »Unterscheidungsgewohnheiten«, verweisen im Sinne des Philosophen MICHAEL HAMPE auf ein ihnen zugesprochenes Interaktions- und Handlungspotential.[19] Indem sich das Eine gegenüber einem Anderen unterscheide, entstehe eine Differenz. Über einen Begriff zu verfügen beeinflusse das Handeln, womit HAMPE auf ein Identifizieren von Unterscheidungsgewohnheiten anspielt. Interessant für ein Reflektieren über Bilderfahrung

←\≈
Verstehen. Empfinden. Handeln
S. 278

vom Begriff aus ist, dass HAMPE Sinneseindrücke als Ausgangspunkt von Begriffen betrachtet. Die Differenzierung sinnlicher Eindrücke ließe sich als Voraussetzung verstehen, die sinnlichen Segmente als Bezeichnetes (Signifikate) in Bezeichnendes (Signifikante) zu überführen und für eine diskursive Praxis zugänglich zu machen.. Während HAMPE die Verfügbarkeit eines Begriffs als obligatorisch für ein Handeln mit dem Bezeichnetem (oder deutlicher für ein Reagieren auf sprachliche Äußerungen, die ein Handeln mit dem Bezeichneten einfordern) ansieht, ließe sich konträr im Kontext von Bildern, nach einem Handeln abseits von Sprache fragen.[20]

Anmerkungen zum Vorgehen

Folgend möchte ich auf die im Rahmen des Kunstunterrichts einer 10. Klasse an einem Hamburger Gymnasium gestellte Frage nach (dem) ›Bild‹ eingehen. Mir geht es dabei nicht um sprachwissenschaftliche oder -didaktische Aspekte, sondern um Strategien der Annäherung in den sprachlichen Fassungsversuchen, um deren bildreflexives Potential zu diskutieren. Anders als bei den bisherigen Bei//spielen und Inter//ventionen in dieser Arbeit, nehme ich erstmalig Bezug auf Material Anderer. ANDREA SABISCH hat im Rahmen ihrer Arbeit zur *Inszenierung der Suche* darauf hingewiesen, dass die »Sichtweisen der Anderen«, die man versucht an einem Material zu rekonstruieren, das »Erkenntnisprinzip des Verstehens« voraussetzen.[21] Ich verstehe daher den Zugang zu den sprachlichen Fassungsversuchen der Anderen als ein Abtasten von Hinweisen und als die Inszenierung von Abständen (im Sinne JULLIENS) zwischen unterschiedlichen Weisen, ›Bild‹ zu fassen. Die Dramaturgie dieser Inter//vention ließe sich »als Hervorlockung des Antwortens« beschreiben, womit ich mich auf eine Formulierung von ANDREA SABISCH beziehe.[22]

Rekurs auf ein Displaying

Ein *Displaying* als methodische Annäherung an Bilderfahrungen habe ich als konfigurale und fulgurative Praxis beschrieben, insofern diese einer etablierten Vorgängigkeit der Erhebungs-, Analyse- und Auswertungsmethoden entsagen will und eine *Methode in actu* bildet. Als solche ist sie als Anwendung zu verstehen, womit ich vorgeschlagen habe, dass sich ein *Displaying* artikuliert, indem es angewandt wird und sich immer wieder singulär zu etwas hinwendet. Was hier im Sinne des Displayings dazwischentritt, sind die sprachlichen Fassungsversuche Anderer. ←\×

Das Vorgehen des Displayings ist an dieser Stelle auf die Erweiterung der eigenen Sicht aus. Die Perspektive dieser Sichterweiterung durch den Anderen, so habe ich mit einer bi-perspektivischen Konzeption markiert, kann nicht nur meine Sicht, sondern auch die der Beteiligten an der Inter//vention betreffen.

zur Darstellung

Die singulären Hinwendungen fordern auch zu spezifischen, am Material entwickelten Darstellungsweisen heraus. Gemäß eines Displayings werde ich daher zunächst die sprachlichen Fassungsversuche der Schüler*innen aufzeigen[23] und mich dann exemplarisch den bildreflexiven Strategien ihrer Annäherung widmen. Während solche Daten oft in Anhängen verschwinden, sehe ich ihr explizites Zeigen als wichtige Geste des Displayings.[24] Mag für Andere daran Anderes augenfällig oder fraglich werden.[25]

←\×
Displaying. Zugänge zur Bilderfahrung durch Bilderfahrung
S. 159

Was ist Bild? ⟶

»

Das Bild ist eine Veranschaulichung. Man kann sich ein Bild machen, was so viel bedeutet wie sich einen ersten Eindruck zu verschaffen. Bilder gibt es auch im Museum / in der Kunst, sei es Gemälde oder Fotos. Das Bild ist ein gesamt Kunstwerk.

»

Ein Bild ist oder kann vieles sein, zum Beispiel ein Foto oder etwas Gemaltes aber auch etwas, was man gerade sieht. Auf jeden Fall kann man kein Bild hören, sondern nur sehen!

»

Ein Bild ist für mich, wenn es gemalt wird oder mit einer Kamera geschossen worden ist. Bilder können gute und/oder schlechte Qualität haben, sowie bunt/farbig oder schwarz/weiß sein.

»

Ein Bild ist eine festgehaltene Szene oder eine irreführende, schöne oder unrealistische (etc.) Kunst aus Farben, Gegenständen und mehr.

»

Ein Bild ist eine Darstellung von etwas, egal ob auf Papier oder digital, etc. Es wird zweidimensional dargestellt.

»

Ein Bild ist eine Abbildung. Das kann ein Gemälde, ein Foto, etc. sein.

»

Ein Bild kann entweder etwas Gemaltes, eine Fotografie oder ein Gedankenbild, also eine Vorstellung sein. Ein Bild ist also eine Darstellung von etwas.

»

Ein Bild ist etwas Gemaltes oder Gezeichnetes. Es kann eine bestimmte Situation darstellen, oder bestimmte Gefühle zum Ausdruck bringen. Jedes Bild ist individuell gestaltet.

»

Ich würde ein Bild wie folgt definieren: Ein Bild ist etwas Gezeichnetes oder Gemaltes auf einer Leinwand, einem Zettel/Papier. Es handelt sich dabei aber nicht um etwas Fotografiertes, sondern von einem Künstler/Maler angefertigtes Bild.

»

Ein ›Bild‹ ist eine Darstellung von Geschehnissen oder Ereignissen, kann aber auch Informationen vermitteln oder Personen beschreiben, betiteln etc.

»

Ein Bild ist eine Ansicht, wo Emotionen und Situationen dargestellt werden. Durch ein Bild kann viel erzeugt werden. Es kann gemalt, gezeichnet oder fotografiert werden.

»

Ein Bild ist eine zeichnerische Ausdrucksweise von Begriffen, Emotionen etc., wobei Fantasie eine ganz große Rolle spielt. Um ein Bild zu malen braucht man Fantasie, denn es gibt unendlich viele Arten ein Bild zu malen.

»

Unter einem ›BILD‹ stelle ich mir eine grafische, zeichnerische Darstellung vor. Es kann ein Foto, Gemälde, Zeichnung oder auch nur ein ›Bild im Kopf‹ sein. Egal ob schwarz/weiß oder in Farbe, 3D oder 2D, Hauptsache eine visuelle Darstellung von etwas.

»

»
Ein Bild kann für mich alles sein: ein Foto, ein Gemälde. Man kann aber auch ein Bild vor Augen haben. Letztendlich ist ein Bild ein festgehaltener Moment – wie man den festhält, ist egal.

»
Ein Bild ist entweder etwas Gemaltes / Gezeichnetes oder was auch fotografiert werden kann. Bilder können farblich oder schwarz / weiß sein. Bilder können etwas Persönliches verbinden (Gefühle etc.).

»
Unter dem Wort ›Bild‹ definiere ich etwas Gemaltes, egal ob auf einer Leinwand oder einem Stück Papier. Außerdem verbinde ich damit eine Bildanalyse. Ein Bild kann farbig sein oder nur ganz schlicht in schwarz oder weiß.

»
Ein Bild entsteht per Hand, meist durch Farbe. Aber auch andere Materialien können verwendet werden. Es zeigt etwas, eine Landschaft, oder ein Portrait.

»
Unter dem Begriff ›Bild‹ verstehe ich eine materielle/ digitale Abbildung. Diese Abbildungen können real, vergangen oder auch Gedanken sein. Bilder können gemalt, gemeißelt, geschnitzt, fotografiert und geritzt sein. Das besondere an Bildern ist, dass sie auf Flächen gefertigt sind und somit 2D sind (also keine Skulpturen).

Bild ist/kann sein – analogisierende Zuordnungen

Viele der sprachlichen Fassungsversuche nähern sich über eine analogisierende Zuordnung an. Darunter verstehe ich, dem Bild eine begriffliche Entsprechung, ein Synonym geben zu wollen:

Veranschaulichung — gesamt Kunstwerk — Vorstellung — Abbildung
Gedankenbild — festgehaltene Szene — Ansicht — zeichnerische
Ausdrucksweise — festgehaltener Moment — Foto — Gemälde — Zeichnung
Darstellung — Gezeichnetes — Gemaltes — materielle / digitale Abbildung

Grad der Setzung

Betrachtet man die Art und Weise, wie diese Zuordnungen eingebracht werden, so unterscheiden sie sich zunächst im Grad ihrer Setzung. Es gibt starke Zuordnungen, die mit Formulierungen wie »das Bild ist« arbeiten, während andere einen Möglichkeitsraum des Bildlichen beschreiben und hingegen eher formulieren, »was ein Bild sein kann«. Diese möglichen Zuordnungen haben den Anschein von Beispielen, so als würden sie exemplarisch sein, was in Teilen auch explizit in den Notationen formuliert wird. Einer der sprachlichen Fassungsversuche, der dies benennt, fällt auch deshalb auf, da er eine starke und eine mögliche Zuordnung miteinander verschränkt:

=

»

Ein Bild ist oder kann vieles sein, zum Beispiel ein Foto oder etwas Gemaltes aber auch etwas, was man gerade sieht.

Grad der Performanz

Die exemplarische Benennung dessen, was Bild sein kann wird an dieser Notation sehr deutlich, insofern vorangestellt wird, dass *ein Bild vieles sein kann*, was dann exemplarisch ausgeführt wird. Auch lässt sich ausgehend von dieser Notation auf Zuordnungen verweisen, die nicht ein nominales Synonym für ›Bild‹ aufzeigen, sondern die Zuordnung auf eine Tätigkeit und somit stärker auf ein Ereignen von Bildern beziehen (*›was man gerade sieht‹*). Die analogisierenden Zuordnungen lassen sich daher in ihrem Grad der Performanz unterscheiden. Während ›Bild‹ als *›Zeichnung‹*, *›Gemaltes‹*, *›Foto‹* oder *›Abbildung‹* mehr als materiales Objekt erscheint, nehmen Zuordnungen wie *›Ansicht‹* oder *›festgehaltener Moment‹* auf eine temporale evtl. sogar technische Momentaufnahme des Bildes Bezug. Dies könnte auch unter dem Aspekt der Bildfunktion beschrieben werden, sodass die Annäherung über die »Darstellungsleistung des Bildes«[26] erfolgt.

von der Entstehung und den Bedingungen aus

Praxen der Bildherstellung

Andere Annäherungen, auf die Frage, was als ›Bild‹ aufgefasst wird, setzen an der Entstehung des Bildlichen und deren Bedingungen an. Sie weisen auf bekannte oder auch selbst vollzogene Praxen der Bildherstellung hin:

»

Ein Bild entsteht per Hand, meist durch Farbe.
Aber auch andere Materialien können verwendet werden. [...]

»

Ein Bild ist für mich, wenn es gemalt wird oder mit einer Kamera geschossen worden ist. [...]

Bei der Annäherung über die Bedingungen von ›Bild‹, fällt insbesondere eine Notation auf:

»

Ein Bild ist eine zeichnerische Ausdrucksweise von Begriffen, Emotionen etc., wobei Fantasie eine ganz große Rolle spielt. Um ein Bild zu malen braucht man Fantasie, denn es gibt unendlich viele Arten ein Bild zu malen.

zwischen Repräsentation und Ausdrucksweise

Zunächst lässt sich bzgl. des Aufbaus dieser Notation eine Zweiteilung erkennen. Der erste Teil führt an, was ein Bild ist, während der zweite Teil sich den Bedingungen von Bildern zuwendet. Damit verbunden wird auf Weisen der Bildherstellung Bezug genommen (*›es gibt unendlich viele Arten ein Bild zu malen‹).* Während im ersten Teil eine *›zeichnerische Ausdrucksweise‹* beschrieben wird, werden Bilder im zweiten Teil gemalt. Zeichnen und Malen werden annähernd analog gebraucht. Das Bild könnte möglichenfalls als Repräsentation *von etwas Anderem* verstanden werden (*›von Begriffen, Emotionen etc.‹).* Der Begriff der *›Ausdrucksweise‹* deutet vielleicht darauf hin, dass weniger eine bloß abbildende, sondern eine darstellende Ausdrucksweise gemeint ist.

Bedingungen der Bildentstehung

Als Bedingung, um Bilder *›zu malen‹*, wird schließlich die *›Fantasie‹* angeführt. Durch diese werden auch die unterschiedlichen Darstellungsweisen von Bildern begründet. Die Fantasie erscheint allerdings in der Notation auch auf eine Qualität im Sinne eines gelungenen Bildes zu verweisen. Dies begründet sich für mich an der zunächst aufgezeigten Ausdrucksweise, die abhängig von der Fantasie nur dann Begriffe oder Emotionen zum Ausdruck bringen kann, wenn das Bild – Unterstellung – eine qua Fantasie gelungene Weise dieses Ausdrucks ermöglicht. Implizit artikuliert sich ein Anspruch, dass Bilder nicht einfach so entstehen, was vielleicht auf die eigene bildnerische Praxis oder deren Bewertung zurückzuführen ist.

ausgehend von Bildwirkungen – was Bilder (mit uns) machen

kommunikative/ affektive Dimension

Bemerkenswert empfinde ich auch jene in den Notationen aufscheinende Hinweise auf Bildwirkungen, die ich auf Formulierungen beziehe, die beschreiben, was Bilder machen oder mit uns machen. So könne ein Bild bspw. *›Informationen vermitteln‹* oder *›Personen beschreiben‹*, was ihre kommunikative Dimension betrifft. Andererseits zeigen sich auch Hinweise auf affektive Dimensionen des Bildes, sodass Bilder bspw. etwas *›Persönliches verbinden‹* können oder *›bestimmte Gefühle zum Ausdruck bringen‹*. Eine Notation fällt besonders auf, da sie versucht, das Wirkgeschehen von Bildern als Anlass des sprachlichen Fassungsversuchs zu nehmen:

»

> Ein Bild ist eine Ansicht, wo Emotionen und Situationen dargestellt werden. Durch ein Bild kann viel erzeugt werden. Es kann gemalt, gezeichnet oder fotografiert werden.

Ansicht & Darstellung

Hier wird einerseits eine ikonische Ansichtigkeit ←\≥ von Bildern angeführt, sowie andererseits eine »Darstellungsleistung des Bildes«[27]. Man könnte vielleicht davon sprechen, dass im zweiten Satz eine responsive Differenz angezeigt wird, insofern hier der Ort der Bildwirkung markiert wird.[28] Was Bilder *›erzeugen‹*, ließe sich als deren Wirkkraft verstehen.[29]

Ein anderer sprachlicher Fassungsversuch nimmt ausgehend von der *ikonischen als-Struktur* des Bildlichen einen Anlauf, ein Bildverstehen zu artikulieren:

←\≥
bildreflexive Dehnungen und Wandlungen eines ikonischen Blicks?
S. 246

=

> »
> Es zeigt etwas, eine Landschaft, oder ein Portrait.

Zeigen

Während der erste Teil der Notation (›*Ein Bild entsteht per Hand, meist durch Farbe. Aber auch andere Materialien können verwendet werden.*‹), den ich hier weggelassen habe, sich der Entstehung des Bildes zuwendet, geht der zweite Teil auf das Zeigen von Bildern ein. Die Strategie der Versprachlichung bezieht sich folglich nicht auf das, was ein Bild ist, sondern findet einen Einsatzpunkt an der Grundfigur des Ikonischen (›*Es zeigt*‹). Bemerkenswert erscheint mir, dass dieses Zeigen nicht relational ausgerichtet wird, sodass das Bild etwas für jemanden zeigt, sondern die Formulierung ein nahezu objektives Zeigen suggeriert. Indem zunächst das Zeigen von »etwas« und dann spezifische Dinge des Zeigens angeführt werden (›*eine Landschaft, oder ein Portrait*‹), ließe sich vermuten, dass diese als Beispiele für das »etwas« eingebracht werden, worin auf zwei der größten Bildgenres (Landschaftsbilder, Portraits) Bezug genommen wird.[30] Während aber eine Landschaft noch offener ein Bildsujet bezeichnen mag, weist der Begriff des Portraits bereits eine fachbegriffliche Beschreibung für die Darstellung einer Person aus.[31] Ausgehend von der Fähigkeit etwas zu zeigen, wird ›Bild‹ in dieser Notation vielleicht als ein zu sehen Gebendes verstanden.

Explizieren qua Negation

Räumlichkeit

Eine weitere Strategie folgt einem Ausschlussprinzip, sodass in den Notationen formuliert wird, was ein Bild nicht ist bzw. was es nicht kann. Eine erste Negationsstrategie bezieht sich auf eine Eingrenzung bezüglich der Räumlichkeit von Bildern. So wird ausgeschlossen, dass Bilder plastisch sein können, um ihre »Flächigkeit« zu unterstreichen. Die Negation dient dazu, etwas zu konkretisieren, indem man anderes explizit ausschließt:

> »
> [...] Das besondere an Bildern ist, dass sie auf Flächen gefertigt sind und somit 2D sind (also keine Skulpturen).

sinnliche/leibliche Erfahrung

Andere Negationsstrategien setzen an der Art und Weise an, wie Bilder wahrgenommen bzw. erfahren werden können. Sie beziehen sich folglich auf die sinnliche Erfahrung:

> »
> [...] Auf jeden Fall kann man kein Bild hören, sondern nur sehen!

Die Verknüpfung zwischen Bildlichem und Sehen betrifft in diesem Fall nicht nur eine sinnliche, sondern eine leibliche Erfahrung, sodass Bilder bisher nicht hörend, sondern sehend erfahren wurden. Betrachtet man die gesamte Notation, so fällt auf, dass hier die Strategie der analogisierenden Zuordnung mit jener der Negation kombiniert wird. Während der erste Teil der Notation ein weites Bildverstehen suggeriert, scheint man mit der Negation darum bemüht zu sein, eine klare Eingrenzung zu erzeugen:

»

Ein Bild ist oder kann vieles sein, zum Beispiel ein Foto oder etwas Gemaltes aber auch etwas, was man gerade sieht. Auf jeden Fall kann man kein Bild hören, sondern nur sehen!

Eine dritte Weise der Negation bezieht sich weder auf die Räumlichkeit, noch auf die sinnliche bzw. leibliche Erfahrung von Bildern, sondern schließt eine bestimmte Herstellungstechnik, ein bestimmtes Medium aus:

Medium

»

[…] Es handelt sich dabei aber nicht um etwas Fotografiertes, sondern von einem Künstler/Maler angefertigtes Bild.

Ausgeschlossen wird hier aber nicht bloß ein Medium, sondern indirekt werden auch Fotografien der Kunst enthoben. Die Formulierung weist der Fotografie den Beigeschmack einer gewissen Einfachheit zu, während Bilder angefertigt werden. So wirkt die Unterscheidung qua Negation an dieser Stelle wie eine, die sich auf eine gewisse Mühe oder Anstrengung bezieht, die mit der Herstellung von Bildern verbunden sein müsse. Dieser Eindruck wird bestärkt, indem Bilder von Künstlern oder Malern angefertigt werden, nicht aber von jedermann/jederfrau. Man könnte hier von einer Hoheit der Bildner*innen sprechen.

Hoheit der Bildner*innen

… stell dir vor – Übergänge zur Einbildung

Um ›Bild‹ sprachlich zu fassen, weisen einige der Notationen eine Unterscheidung zwischen Bildern und imaginierten oder inneren Bildern auf:

»

[…]. Es kann ein Foto, Gemälde, Zeichnung oder auch nur ein ›Bild im Kopf‹ sein. […]

An diesem sprachlichen Fassungsversuch fällt auf, dass das *›Bild im Kopf‹* in Anführungszeichen gesetzt wird, sodass man annehmen könnte, dass Bilder im Kopf nicht zu den eigentlichen Bildern gehören, sich davon abgrenzen. Auch andere Notationen greifen die Unterscheidung auf und bezeichnen Bild als *›Vorstellung‹* oder *›Gedankenbild‹*, um

innere und äußere Bilder

=

so etwas wie imaginative Einbildungen zu umschreiben. Diese imaginativen, nicht material verstandenen Bilder changieren in den Notationen zwischen Bildern im Kopf bzw. in den Gedanken oder der Vorstellung einerseits und in ihrem Sehen andererseits (*›Man kann aber auch ein Bild vor Augen haben‹*). Die Strategie dieser Versprachlichungen setzt möglicherweise an dem empfundenen Erscheinen der Bilder an. Konträr dazu stehen Notationen, die diesen »Ort« eher als einen konkreten denken, wie etwa das Museum (*›Bilder gibt es auch im Museum‹*).

zu einer symptomatischen Annäherung an Bilderfahrungen durch Notationen

Die Weise, in der diese Inter//vention *›sprachliche Fassungsversuche – Notationen als Antwortbildung‹* auf Bilderfahrungen Bezug nimmt, folgt einer angenommen Indirektheit möglicher Hinwendungen zur Bilderfahrung. ←\× Wie ich herausgearbeitet habe, kann ich meine Erfahrungen mit Bildern nicht direkt versprachlichen, sondern gehe aufgrund eines medialen Sprungs zwischen Bild und Sprache immer einen Umweg. Die sprachlichen Fassungsversuche betrachte ich als eine Weise des sich bildenden indirekten Zugangs zur Bilderfahrung, der sich auf ein Herausbilden des jeweiligen Verstehens von ›Bild‹ bezieht.

heterogen

An den hier exemplarisch aufgezeigten Annäherungen an das jeweilige Bildverstehen Anderer wird deutlich, wie heterogen die sprachlichen Fassungsversuche des Bildlichen angegangen werden. Die exemplarisch herausgearbeiteten Strategien der Annäherung an ›Bild‹, zeigen sich als *analogisierende Zuordnungen, Reflexionen zur Entstehung von Bildern* oder *Reflexionen der Bedingungen von Bildern, Anschlüsse an Bildwirkungen,* eine *Explikation qua Negation* sowie *Übergänge zur Einbildung.*

Einspiegelungen

Übergeordnet deutet sich eine enge Verwobenheit zu eigenen Bildpraktiken und dem Bildkonsum wie auch zu Momenten eigener Bildherstellung und Erfahrungen in der Bildrezeption an, die sich in das Bildverstehen einspiegeln. Gottfried Boehm beschreibt, dass sich Bilder in unserer Einbildungskraft gleichermaßen einnisten wie auch kultivieren und »in unserer Imagination untergründig wirksam« bleiben.[32] Bilderfahrungen von ihrem Begriff ausgehend zu reflektieren, markiert daher eine symptomatische Rückwendung. Damit vermute ich, dass in den sprachlichen Fassungsversuchen die Sozialisation durch Bilder, wie auch Bilderfahrungen, einen Einsatzpunkt bilden, von dem aus Strategien der Annäherung gebildet werden. Wenn in den Notationen Hinweise erkennbar werden, die sich auf das eigene Bildhandeln wie auch eigene Bilderfahrungen beziehen, ließen sich diese sprachlichen Formulierungen als Symptome deuten, indem sie auf etwas verweisen »was sie selbst nicht sind.«[33] Mit Bezug auf Emmanuel Alloa habe ich im Rahmen der Methodologie aufgezeigt, dass Symptome indexikalisch als »indirekte Anzeiger« fungieren. Indem ich auf Bilder-

symptomatische Rückwendung

←\×
indirekt
S. 137

fahrung keinen Zugriff habe, können Symptombildungen eine indirekte Annäherung initiieren. ←\× Von einer symptomatischen Rückwendung spreche ich, um die These » zu wagen, dass die sprachlichen Fassungsversuche möglicherweise nicht ohne Folgen auf weitere Bilderfahrungen bleiben. An dieser Stelle sei auf die bildreflexiven *Dehnungen und Wandlungen des ikonischen Blicks* verwiesen, die ich maßgeblich mit Bezug auf Dieter Mersch im Rahmen des *Blickwerdens* diskutiert habe. ←\≥ So fordert die Inter//vention zu *Antwortbildungen* heraus, die sich in ihrer jeweiligen Kontur, auf ein Erfahren von Bildern zurückschlagen mögen.

Was Pichler und Ubl möglicherweise an dieser ›Dekonstruktion von außen‹ so reizte, kann ich aus meiner Perspektive als den Wunsch eines erneuten Fremdwerdens, einer Sichtverschiebung auf Bilderfahrungen beschreiben, wohl wissend, dass der eigene theoretische Vorsprung alles in einem bestimmten Licht sehen lässt, den Blick trübt oder färbt und zugleich eine Erwartung begründet, die sich daher auch in den Reflexionen am Material zeigen können. Als Zwischenbemerkung ließe sich darauf aufmerksam machen, dass sowohl methodisch wie didaktisch an dieser Stelle eine Verschränkung zwischen pädagogischen, vermittelnden wie forschenden Rollen möglich wird, die an sich bereits genügend Anlässe einer Reflexion aufzeigen. Dies betrifft einen doppelten Anspruch, wie ich ihn im Rahmen der Methodologie bereits in der Reflexion meiner Forscherinrolle aufgezeigt habe. Auch habe ich auf die bi-perspektivische Sichtweise der Inter//ventionen verwiesen. ←\× der Reiz?

In diesem Zusammenhang sehe ich einen Bezug zu François Julliens Überlegungen zum Ungedachten, die ich unter *vom Zwischen aus* ausgeführt habe. ←\- Sich dem Ungedachten anzunähern, bedeute, das »wovon wir beim Denken ausgehen, und was wir aus eben diesem Grund nicht denken«[34] in den Blick zu nehmen. Die Inter//vention ›*sprachliche Fassungsversuche*‹ umwirbt diese Leerstelle, indem sie auf die paradoxale Spannung zwischen einer anscheinenden Gewissheit gegenüber dem Bildlichen und einer Herausbildung des Bildverstehens eingeht. wovon wir ausgehen

Wie das Wort ›Bild‹ durch seine »primäre Sozialisation«[35] einverleibt wurde, verweist auch auf die jeweiligen Bilderfahrungen eines Subjekts. So habe ich im Kapitel *Bildlichkeit. Zwischen Verstehen, Empfinden und Handeln* die Verschränkungen dieser epistemologischen Momente diskutiert, die an der Herausbildung eigener Bildbegriffe beteiligt sind. Die primäre Sozialisation von Worten könne, wie Rainer Kokemohr in Rekurs auf Berger und Luckmann beschreibt, »zwar überformt, nicht aber so widerrufen werden, als hätte es dieses Wort nie gegeben«.[36] das Wort ›Bild‹

Die sprachlichen Fassungsversuche avancieren zu einem Display des Bildverstehens, das aber bspw. anders als die Inter//vention ›*zwischen Bildverstehen, Bildempfinden und Bildhandeln*‹, nicht *miniaturisierte Erfahrung* und *reale Erfahrung* miteinander resonierend zusammenbringt, sondern ihre Provokation als sprachliche Engführung initiiert, die in den Notationen aufscheint.[37] Ich bin gewissermaßen als Teilnehmer*in

←\× Phänomene und Symptome S. 119

←\≥ bildreflexive Dehnungen und Wandlungen eines ikonischen Blicks? S. 246

←\× Reflexion Forscherinrolle S. 162

←\- Ungedachtes S. 53

=

dazu herausgefordert, in wenigen Worten treffend zu beschreiben, was ich unter ›Bild‹ verstehe, während ich dies erst für mich gedanklich zu klären versuche.

dialogische Annäherung durch denkkollektive Zirkulationen

Worauf ich im Rahmen der Ausführungen nicht eingegangen bin, ist der zweite Teil dieser Inter//vention *›sprachliche Fassungsversuche‹*, der ein gemeinsames Gespräch mit den Schüler*innen über ihre Notationen darstellt. Das Gespräch, das ich im Rahmen meiner teilnehmenden Beobachtung protokolliert habe, betrachte ich als eine *dialogische Annäherung* durch *denkkollektive Zirkulationen*, worin ich mich erneut auf Flecks Begriff des Denkkollektivs beziehe. ←\- Dieser Schritt, auch wenn er an dieser Stelle nicht weiter ausgeführt wird, weist eine Ergänzung zu den einzelnen Notationen auf, insofern er im dialogischen Verhandeln sowohl die Pluralität der Bildbegriffe als auch die Verbindung zwischen unseren Bilderfahrungen und den daraus hervorgehenden Verstehensweisen von ›Bild‹ zur Sprache gebracht hat.

Inter//vention: Fragen bilden – Hervorlockung des Ungewissen

Welche Fragen zu Bildern und zur Bildlichkeit gestellt werden, spiegelt im Bilddiskurs nicht nur die unterschiedlichen disziplinären Perspektiven in der Bildtheorie, sondern auch historisch betrachtet immer wieder interdisziplinäre Bezüge zum Bildlichen wider. Welche Fragen sich Bildtheorie stellen sollte, ist immer wieder auch Gegenstand ihrer eigenen Texte: »Es zeigt sich, warum Fragen, die zu Bildern gestellt werden müssen, nicht lauten: ›Was bedeuten sie?‹ oder ›Was tun sie?‹, sondern ›Was ist das Geheimnis ihrer Vitalität? Und ›Was wollen sie‹?«[38]

Konzeption der Inter//vention

Während ich mit der ersten Inter//vention zu Notationen herausgefordert habe, die den eigenen Bildbegriff betreffen, setzt die zweite Inter//vention hingegen an einer Fragenbildung an: Was frage ich mich zu ›Bild‹? Auch hier wurde der Artikel in der Formulierung der Frage gezielt ausgelassen, um eine Engführung zu verhindern und um die Fragen auf die Bildlichkeit von Bildern zu lenken.

Vorgehen und Darstellung

Fragen bedeute »Wissen-wollen«[39], sodass die Intention dieser Inter//vention sich auf eine Initiierung eines solchen Wissen-wollens richtet. Durchgeführt habe ich diese ebenfalls in einer 10. Klasse eines Hamburger Gymnasiums. Wie auch bei der Inter//vention *›sprachliche Fassungsversuche‹* werde ich zunächst das Material in Gänze aufzeigen. Abweichend werde ich mich diesmal nicht dem gesamten Material zuwenden, sondern zunächst die Grunddynamik der Inter//vention in Augenschein nehmen. Dabei versuche ich den Zusammenhang zwischen einer Fragenbildung und einer initiierten Ungewissheit zu diskutieren, indem ich mich der These einer ›Verrätselung‹ von ›Bild‹ zuwende, die ich unter anderem bildungstheoretisch mit Bezug auf Andreas Gruschka reflektiere. Anschließend werde ich mich zwei Fragen einer Schülerin zuwenden, nicht um die Weise ihrer Fragenbildung nachzuzeichnen, sondern um diese als Anlass für eine forschende,

←\-
Denkkollektive
S. 56

assoziative Suche zu verstehen. Meines Erachtens liegt darin ein Potential, mit diesen Fragen weiterzuarbeiten, die ich als eine Weise der Reflexion über Bilderfahrungen ernst nehme. Ich rekonstruiere an dieser Stelle also nicht, sondern konstruiere, indem ich selbst antworte. Ich bezeichne dies als eine *bildreflexive Annäherung an Fragen Anderer.*

»
Welchen Kriterien muss ein Bild entsprechen?

»
Welches ist das teuerste Bild?

»
Wie ist das erste Bild entstanden?

»
Wie viele Gestaltungsmöglichkeiten gibt es?

»
Welches ist die meist genutzte Gestaltungsart?

»
Kann ein Bild sich bewegen?

»
Kann man ein Bild hören?

»
Ab wann ist etwas ein Bild?

»
Ist ein Bild nur eine visuelle Darstellung?

»
Aus welchem Material ist ein Bild?

»
Wann ist es ein Bild?

»
Welche Arten gibt es?

»
Kann ein Bild leben?

»
Wie erschafft man ein Bild?

»
Was darf/kann auf einem Bild zu sehen sein?

»
Kann es auch leer sein?

»
Waren Höhlenmalereien die ersten Formen von Bildern?

»
Wie können Bilder hergestellt werden (malen, meißeln,...)?

»
Wofür macht man Bilder?

»
Woher stammt der Name »Bild«?

»
Wie entsteht ein Bild?

»
Was sind Merkmale eines Bildes?

»
Aus welchen Gründen fertigt man Bilder an?

»
Was kann ein Bild alles sein?

»
Welche Materialien werden für die Anfertigung eines Bildes verwendet?

»
Wann ist das erste Foto entstanden?

»
Was ist das berühmteste Gemälde?

»
Wann und wie hat sich der Begriff ›Bild‹ gefestigt?

»
Wozu werden Bilder verwendet?

»
Wie hat man früher Bilder gemacht?

»
Wo findet man Bilder außer in der Kunst?

Fragen bilden – Geste eines Fraglich-Machens

die Frage steht am Anfang und nicht am Anfang

»Am Anfang steht die Frage«[40], postulierte Helga Kämpf-Jansen im Rahmen ihres Konzepts zur ästhetischen Forschung, um aufzuzeigen, dass eine Frage so etwas wie eine Grundbedingung eines Forschens darstelle. Andrea Sabisch aber vermutet, dass es nur rückblickend so scheine, »als wäre die Frage der eigentliche Anlass gewesen.«[41] Konträr zu Kämpf-Jansen heißt es bei Sabisch demgemäß: »Am Anfang steht nicht die Frage«[42]. Obwohl sich beide Positionen aus unterschiedlichen Anlässen und mit abweichenden Argumenten auf die ästhetische Forschung bzw. Erfahrung beziehen, sehe ich Anschlüsse an die Konzeption der Inter//vention *›Fragen bilden‹*. Zum einen steht am Anfang *nicht* die Frage, sondern Bilderfahrungen und die jeweilige Sozialisation mit Bildern, die im Rahmen eines spezifischen, institutionalisierten Kontexts durch meine Frage nach Fragen ins Visier geraten. Man könnte an dieser Stelle deutlicher formulieren: ins Visier geraten *sollen*, um den Anspruch von außen deutlich zu markieren.

fraglich vs. gewiss

Zum anderen steht am Anfang die Frage, insofern ich durch die Inter//vention versuche, eine Besonderung gegenüber ›Bild‹ zu initiieren. Wo also aufgrund der Gewissheit kaum Fragliches war, versucht die Inter//vention durch eine Fragenbildung hervorzulocken, was die Gewissheit stört und unterhöhlt. Eine Fragenbildung, so wenig innovativ oder ›sexy‹ diese als didaktisches Konzept oder methodisches Vorgehen erscheinen mag, so produktiv artikuliert sich ihre Geste.[43]

Besonderung

Bevor Fragen gestellt werden, werden sie gebildet. So lasse die Frage etwas fraglich werden.[44] Fragen zu bilden hat daher etwas mit einer Besonderung zu tun, die sich in der Fragenbildung aufwirft. »Die Frage setzt ein, indem sie auf etwas setzt, das sie befragt, und etwas erwartet, das sie erfragt – nämlich eine Antwort, die sich ergibt oder gegeben wird, die also ebenfalls geschieht.«[45]

Verrätselung – inszenierte Ungewissheit?

Erstaunen

Ein Erstaunen, so Bernhard Waldenfels, gehe über das Wissen hinaus – die Gewohnheit werde erschüttert und es erzeuge sich ein Widerstand gegen das Neue.[46] Diese Erschütterung sei aber nicht unausweichlich als negativ konnotierter, befremdlicher Zustand zu bezeichnen, denn Waldenfels kennzeichnet die Erschütterung als Voraussetzung und als Anlass für eine Transformation.[47] Erstaunen als Movens bildreflexiver Annäherungen zu begreifen, bildet einen wichtigen Grundgedanken initiierter Besonderungen.

Dynamisierung von Ordnungen

So befürwortet Andreas Gruschka, Momente von Ungewissheit bewusst herzustellen und zwar im Sinne eines »Rätselcharakter[s]«[48]. Er proklamiert damit die Extension von Themen, die wir selbsterklärend und selbstverständlich behandeln, um daran unser Wissen und Unwissen »provokativ ins Bewusstsein zu heben.«[49] Durch die Befragung von Grundbegriffen des Alltags können diese aus einer vermeintlichen Gewissheit wieder herausgelöst werden. Der Verwunderung wird somit ein Spielraum eröffnet.

Kontingenz provozieren

Die nicht hinterfragten Grundbegriffe, zu denen ich jenen des Bildes zähle, werden bezüglich ihrer Einordnung in unsere jeweiligen Selbst-, Anderen- und Weltverhältnisse befragt. Dieses Einordnen bildet sich jedoch erst im Antworten, denn was wir »ins Bewusstsein zu heben« versuchen, um GRUSCHKAS Formulierung aufzugreifen, ist keine bloße Vergegenwärtigung, sondern ein dynamisches Herausbilden.

GRUSCHKA spricht sich für die didaktische Perspektive von einer positiven Konnotierung der Ungewissheit aus, weshalb deren bewusster Einsatz »gehaltvolle« Bildungsprozesse fördere.[50] Dies bleibt zunächst eine Behauptung, auch dann, wenn GRUSCHKA damit zu einer Entdidaktisierung[51] auffordert, um Freiräume für ungewisse Annäherungen im Unterricht zu ermöglichen. So zeigt er in Bezug zur Praxis auf, dass die produktive Kommunikation eine gewichtige Voraussetzung sei und schlägt vor, auf einen »positiven Ausgang« ungewisser Situationen zu vertrauen. Auch wenn sich anderes ereigne, als zuvor antizipiert, komme es zu einer »Bereicherung des Themas«.[52] Bei meiner grundlegenden Sympathie für diesen Ansatz GRUSCHKAS zweifle ich dennoch an der damit verbundenen Haltung, aufgrund einer daran aufscheinenden Euphorie, die dazu neigt, in eine eigenartige Form der Beliebigkeit zu fallen – nicht einer, die mit Liebe zu tun hat. So schreibt GRUSCHKA:

> » Dass es für manches nicht die eine richtige Antwort gibt, sondern problematisierende Rückfragen, stiftet Neugier, Spannung und Erkenntnisinteresse. Es wird pädagogisch interessant gerade im Sinne der Ungewissheit, was dabei herauskommen wird. Nicht aber ist ungewiss, ob überhaupt etwas von dem, was ich als Lehrer vorstellte, dabei bewirkt wird. Nur für den instrumentell bereits stark verkürzten, entfremdeten Geist eines Schülers bedeutet diese Situation eine frustrierende Unbestimmtheit, will er doch möglichst eindeutig gesagt bekommen, was Sache ist.«[53]

Besonderung als Anfang

Dass bestimmte Schüler*innen nicht dazu fähig seien, sich produktiv auf eine Ungewissheit einzulassen, wenn sie doch aber wissen wollen, »was Sache ist«, scheint mir eine schwierige Schlussfolgerung. So befinden sich die damit angesprochenen Schüler*innen doch bereits auf dem Weg, etwas wissen zu wollen. Was GRUSCHKA andeutet, ist eine vorschnelle Schließung einer lohnenden Hinwendung, die von Seiten der Lehrenden antizipiert wird.

Es erscheint dringend, darauf einzugehen, dass die Initiierung einer Besonderung oder einer Verrätselung von anscheinend Gewissem nicht in dieser Geste endet, sondern *beginnt*. Wenn Verrätselungen des Bildverstehens angesichts einer Fragenbildung provoziert werden, so mag das bildreflexive Potential als Geste eines *Fraglich-Werdens* einen Blick auf das eigene Bildverstehen, Bildempfinden und Bildhandeln richten. ←\≈ Diese Geste bildet einen Anlass, ein reflexives Movens, das neue Denk- und Blickräume eröffnen kann.

←\≈
Verstehen. Empfinden. Handeln
S. 278

Bildreflexive Annäherungen an Fragen Anderer: Kann es auch leer sein? Ab wann ist etwas ein Bild?

Zwei der Fragen, die von den Schüler*innen formuliert wurden, nehme ich folgend als Anlass eigener bildreflexiver Annäherungen an diese Fragen Anderer:

Kann es auch leer sein?
Ab wann ist etwas ein Bild?

Beide Fragen umkreisen ein Ereignen des Bildes, nehmen das Entstehen, den Anfang eines Bildseins in den Blick. Ähnliche Fragen sind bspw. bereits in meinen Inter//ventionen und Bei//spielen zu einem Bildwerden und Blickwerden zur Sprache gekommen. Die folgende Annäherung an die Fragen werde ich nicht über die bisher oder noch folgenden Zugänge vornehmen, sondern eine Hinwendung durch Bilder und von Kunst aus inszenieren. Dies ist ein experimenteller Versuch im Sinne des Displayings. ←\× Das Vorgehen ließe sich als eines der visuellen Assoziation beschreiben, das sich aber an versprachlichten Fragen über ein visuelles Phänomen entzündet. Folgend werde ich also versuchen auf die Fragen zu antworten, ohne sie zu *be*antworten. Dies sind Ansätze eines anderen Sagens, eines *Sagen (ver)suchens*, um auf das folgende Kapitel hinzuweisen. →\»

ein Blick in die Kunst

In der Kunst ist das Nichts, die Leere immer wieder beliebtes Thema: Ein stetiger Wechsel zwischen Bildersturm und Bildzerstörung, die Auflösung gegenständlicher Bilder, Dominanz des Monochromen, nicht nur als Gedanke eines Widerstands gegenüber dem eigenen Bezugsystem Kunst, sondern auch als Moment, um den Status der Kunst zu befragen.

#15

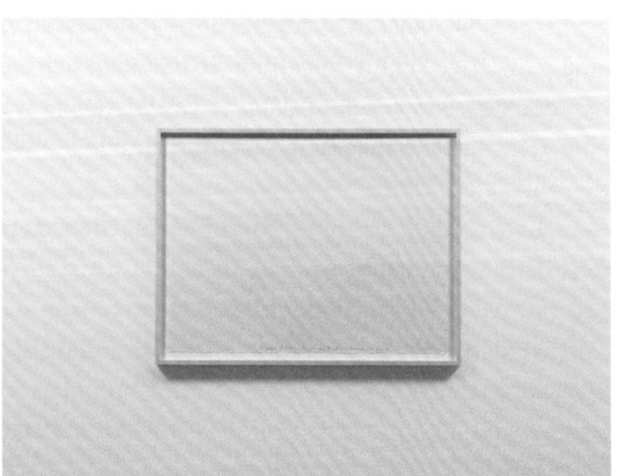

#16

←\×
Displays und Displaying
S. 145

→\»
Sagen (ver)suchen. Diaikonische und dialogische Reflexionen
S. 317

Unterstellung

In der Kunst lassen sich leere Bilder aufspüren – oder vorsichtiger formuliert, die allen Anschein nach erstmal sehr nah an einer Leere sind. So könnte man TOM FRIEDMANS *1000 Hours of Staring* (1992–97) [#15] nennen oder SPENCER FINCHS *Eleven Melting Snowflakes* (2008) [#16]. In diesen Arbeiten legitimiert sich eine Zuweisung von Bildlichkeit über eine Kontextualisierung des Bildes im System Kunst und der jeweiligen Bildunterschrift, welche die Leere zum Projektionsgrund werden lässt, oder auch Hinweise gibt, dass diese Leere konzeptuell besetzt ist, wie die Vorstellung von FRIEDMANS geduldigem Starren.

Die Kunsthistorikern ULRIKE GEHRING sagt über das weiße Nichts:

> » Das weiße Nichts bedeutet nicht die Entleerung der Kunst, sondern legt sich wie ein Schleier über die kognitiv nicht wahrnehmbaren Bilder. Es wird zum Projektionsgrund aller nur denkbaren und möglichen Bilder.«[54]

NAM JUNE PAIK lässt 1964 in seiner Performance *Zen for Film* [#17] einen Blankfilm, also einen belichteten, leeren und daher transparenten Filmstreifen, über die Dauer von einer Stunde auf eine Leinwand projizieren. GEHRING beschreibt diese Performance wie folgt:

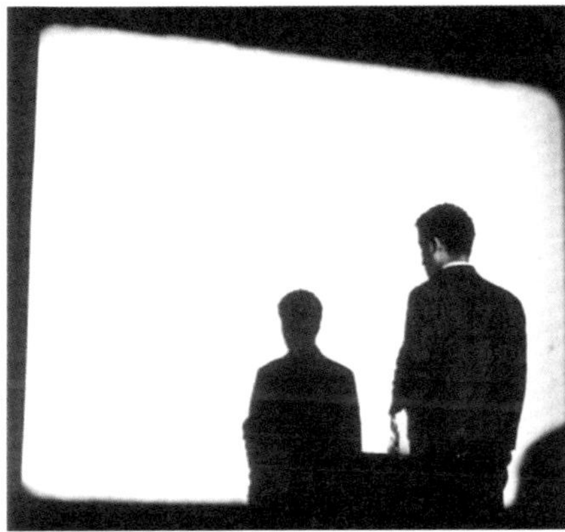

#17

> » Untermalt vom Rattern des Projektors erschien dort ein weißes, querrechteckiges Bild, das nichts zeigte als den Staub, der sich auf der Gelantineschicht des Celluloids und der Linse des Projektors festgesetzt hatte.«[55]

Der Staub zeigt sich als bildgenerierende Geste, indem die Staubpartikel Figurationen auf dem transparenten Filmstreifen inszenieren. Kurz vor Ende der Performance, so beschreibt GEHRING, stellte sich PAIK vor die Leinwand. Sein Schatten wurde sichtbar, sodass er damit die Figur-Grund-Relation wiederherstellte.[56]

Paiks Geste wirkt auf mich wie die performative Verbildlichung Jean-Paul Sartres Anmerkung zum Bildwerden:

> » Nichts ist per se Bild, sondern wird durch einen aktiven Einstellungswechsel zum Bild für ein Bewusstsein.«[57]

Zu dem Staub auf Paiks Filmstreifen assoziiere ich Nanne Meyers Staubkarten [#18]:

#18

> » Der Begriff der visuellen Assoziation umkreist für mich das Potenzial der vorbereiteten oder unerwarteten, oft sprunghaften Verknüpfung von zunächst Disparatem über das Sehen, aber auch das Hören (Sprache). […] Das Blatt Papier ist für mich Handlungs-, Spiel- und Unsicherheitsraum.«[58]

Wenn wir selbst nicht wissen, ob ein Bild leer sein kann oder wo es beginnt, dann können das vielleicht zukünftig KIs beantworten. Algorithmen zumindest, so zeigt die künstlerische Forschung zur Bildbeschreibung des britisch kolumbianischen Künstlers Matthew Plummer-Fernandez, versuchen bereits zu sagen, was ein Bild zeigt. *Novice Art Blogger*[59] ist ein auf sog. Deep Learning-Algorithmen basierender Tumblr-Bot, der von Wissenschaftler*innen an der Universität in Toronto entwickelt wurde, um Kunst analysieren und besprechen zu lassen.[60] Man hat das System zunächst mit einigen Bildern inklusive Beschreibungen gefüttert. Bietet man dem System neue Bilder an, dann werden diese mit den hinterlegten verglichen und daraufhin eine Beschreibung generiert. Der Algorithmus generiert nicht nur eine Beschreibung, sondern versucht auch eine Assoziation zu den Bildern zu formulieren.

Ich schließe meinen experimentellen Bild-Textversuch mit zwei Beispielen der *Novice Art Blogger*-Kommentierung von Bildern:

Abstract Painting by Ad Reinhardt, 1963

19

'A picture that is on in the background or I suppose a man that is on a shadow in the background. I'm reminded of a man, partially silhouetted and leaning against a dark object.'

The Tree by Agnes Martin, 1964

20

'A para-sailing can be seen on the beach, or then again a man standing next to a wave on top of the ocean. I once saw a person, wind sailing in the ocean.'

1 Boehm, Gottfried: *Die Wiederkehr der Bilder.* 1994. S. 11.

2 Vgl. Boehm, Gottfried: Interview mit Prof. Dr. Gottfried Boehm 2013. Videointerview vor Boehms Vortrag *Geteilte Aufmerksamkeit. Über die ikonische Differenz*, den er auf der ASIP Konferenz *Bilderwissen* 2013 an der Hochschule Luzern gehalten hat.

3 Ebd.

4 Ebd.

5 Pichler, Wolfram; Ubl, Ralph: *Bildtheorie zur Einführung.* 2014. S. 12.

6 Hubert Sowa und Bettina Uhlig differenzieren »hochkompetente und hochreflexive Autoren« gegenüber Autoren mit »geringer Bildkompetenz, etwa einem Schüler«. Vgl. Sowa, Hubert; Uhlig, Bettina: *Bildhandlungen und ihr Sinn.* 2006. S. 98.

7 Vgl. zur Pluralität des Bildbegriffs auch Dieter Mersch: »Die Sprache unterhält zu diesen, bloß heuristisch aufgezählten Termini komplexe Beziehungen, sodass wir eher mit einer losen Sammlung von Assoziationen, mit einem Gewebe aus Ambiguitäten und Überschneidungen mit ›unscharfen‹ Rändern konfrontiert sind als mit präzisen Grenzverläufen und eindeutigen ›De-finitionen‹.« Mersch, Dieter: *Materialität und Bildlichkeit.* 2011. S. 1.

8 Rainer Kokemohr hat in seinem Aufsatz ›Wahrheit, Gewissheit, Ungewissheit‹ eine kritische Prüfung angemahnt: »Was jedoch als wahres Wissen gilt, wie es weitergegeben und angeeignet wird, ist so verschieden, wie es Wissenskulturen und Gesellschaften sind. Die Verschiedenheit nötigt zur Prüfung epistemologischer Grundlagen von Lern- und Bildungsprozessen.« Kokemohr, Rainer: *Wahrheit, Gewissheit, Ungewissheit.* 2019. S. 41.

9 Vgl. Waldenfels, Bernhard: *Ein menschlicher Traum für Wachende.* 1995. S. 190.

10 Kraus, Karl: *Pro domo et mundo.* 1911. S. 44.

11 Vgl. Pichler, Wolfram; Ubl, Ralph: *Bildtheorie zur Einführung.* 2014. S. 18.

12 Jullien, François: *Der Weg zum Anderen.* 2014. S. 21.

13 Pichler, Wolfram; Ubl, Ralph: *Bildtheorie zur Einführung.* 2014. S. 18.

14 Vgl. Waldenfels, Bernhard: *Heterophänomene und Hyperphänomene.* Vortrag am 14.02.2014 an der Freien Universität Berlin im Rahmen der Abschlusstagung des Teilprojekts »Ästhetische Erfahrung als Schwellenerfahrung« im Sonderforschungsbereich 626.

15 In Bezug auf die Antwort des befragten Kindes: »Das ist immerhin wesentlich aufschlussreicher als alles, was uns unvorbereitet (wiewohl philosophisch geschulte) Erwachsene auf unsere lästige Frage geantwortet haben […].« Pichler, Wolfram; Ubl, Ralph: *Bildtheorie zur Einführung.* 2014. S. 19.

16 Hans-Georg Neuweg führt dies unter einer »Nichtverbalisierbarkeit« impliziten Wissens aus. Vgl. Neuweg, Hans-Georg: *Könnerschaft und implizites Wissen.* [1999] 3. Aufl. 2004. S. 16.

17 Dazu sei auf Ole Wollbergs Auseinandersetzung mit implizitem Wissen und ästhetischen Praktiken verwiesen. Wollberg geht darauf ein, dass weder die Vergegenwärtigung noch eine Reflexion von implizitem Wissen planbar oder gewollt sein könne: »Man kann sich zwar vornehmen, eine eigene ästhetische Praktik zu reflektieren, es lässt sich jedoch nicht initiieren, dass dabei unbedingt Spuren eines tatsächlich wirksamen impliziten Wissens ins Bewusstsein rücken. Ebenso wenig lassen sich die Wirkungen von Reflexion kontrollieren. Letztlich wird keine Zeit, Art oder Tragweite von Reflexion sich an so etwas wie die Gesamtheit der Inhalte impliziten Wissens, das an einem Prozess oder einer komplexen Praktik beteiligt ist, annähern können.« Wollberg, Ole: *Auf implizites Wissen setzen: zur Ungewissheit ästhetischer Praktiken.* 2019. S. 371.

18 Neuweg, Hans-Georg: *Lehrerhandeln und Lehrerbildung im Lichte des Konzepts des impliziten Wissens.* 2002. S. 22.

19 Vgl. Hampe, Michael: *Denken, Dichten, Machen und Handeln.* 2004. S. 4.

20 Vgl. ebd.

21 Andrea Sabisch zeigt auf, was Verstehen im Kontext der Rekonstruktion von Daten Anderer bedeuten kann. Sie verdeutlicht, dass diese Annäherungen erstens einer Indexikalität unterliegen – was uns auffällt sind allererst Hinweise. Zweitens sind wir auf eine bestimmte Weise bereits sozialisiert und habitualisiert, sodass unser Verstehen davon geprägt ist. In diesem Zusammenhang verweist sie sowohl auf einen »konjunktiven Erfahrungsraum« (Karl Mannheim) und ein »intuitives Verstehen« (Ralf Bohnsack), um auf Voraussetzungen und Setzungen im Verstehen zu verweisen. Drittens erläutert Sabisch das »Postulat der Fremdheit«, um zu verdeutlichen, dass Forschung das Fremde nicht verstehen kann, sodass es sich auflöst, womit sie auf die Gefahr des Gleichmachens (Reinhard Uhle) Bezug nimmt. Sabisch, Andrea: *Inszenierung der Suche.* 2007. S. 98f., 110f.

22 Andrea Sabisch bezieht das Hervorlocken von Antworten auf künstlerische Darstellungen von Simone Kesting und Barbara Yelin. Sabisch, Andrea: *Bildwerdung.* 2018. S. 244.

23 Ich verzichte darauf, die einzelnen Notationen durch Kurzformeln zu unterscheiden (wie z.B. Notation 1, Notation 2), da ich in der Annäherung die sprachlichen Formulierungen ausführe, um die Darstellung anschaulich zu gestalten und nicht in abstrakten Kurzformeln abzubilden.

24 Abweichend zeigt Andrea Sabisch sowohl in ›Inszenierung der Suche‹ als auch in ›Bildwerdung‹ auf, wie (Daten)Material innerhalb von Arbeiten visualisiert und verortet werden kann. Vgl. dazu Sabisch, Andrea: *Inszenierung der Suche.* 2007. S. 125–186; Sabisch, Andrea: *Bildwerdung.* 2018.

25 Die folgenden schriftlichen Notationen der Schüler*innen wurden weitestgehend orthografisch korrigiert.

26 Seja, Silvia: *Der Handlungsbegriff in der gegenwärtigen Bild- und Kunstphilosophie.* 2008. S. 103.

27 Ebd.

28 Vgl. Waldenfels, Bernhard: *Sinne und Künste im Wechselspiel.* 2010. S. 70.

29 Vgl. Waldenfels, Bernhard: *Von der Wirkmacht und Wirkkraft der Bilder.* 2008. S. 46.

30 Hier in Bezug auf Kunstunterricht und dort verhandelter Bildgenres.

31 Vgl. zum Portrait: *Etymologisches Wörterbuch des Deutschen.* [1995] 3. Aufl. 1997. S. 1029.

32 Boehm, Gottfried: *Wie Bilder Sinn erzeugen.* [2007] 2. Aufl. 2008. S. 10.

33 Moldzio, Andrea: *Philosophie der Psychosen - vom Symptom zum Phänomen.* 2004. S. 75.

34 Jullien, François: *Der Weg zum Anderen.* 2014. S. 20.

35 Vgl. Berger, Peter L.; Luckmann, Thomas: *Die gesellschaftliche Konstruktion der Wirklichkeit.* 1974. S. 139ff. zit. nach: Kokemohr, Rainer: *Wahrheit, Gewissheit, Ungewissheit.* 2019. S. 50.

36 Rainer Kokemohr zeigt in Rekurs auf Berger und Luckmann auf, dass »ein in primärer Sozialisation einver-

leibtes Wort in sekundärer Sozialisation zwar überformt, nicht aber so widerrufen werden [kann], als hätte es dieses Wort nie gegeben«. KOKEMOHR, RAINER: *Wahrheit, Gewissheit, Ungewissheit.* 2019. S. 50.

37 Während bspw. die Inter//vention ›*Sagen (ver)suchen*‹ ein dialogisches Verhandeln über das Bildverstehen aufzeigt. S. 326.

38 MITCHELL, W.J.T.: *Bildtheorie.* 2018. S. 336.

39 WALDENFELS, BERNHARD: *Vielstimmigkeit der Rede.* [1999] 2. Aufl. 2015. S. 75.

40 KÄMPF-JANSEN, HELGA: *Ästhetische Forschung.* [2001] 3. Aufl. 2012. S. 19.

41 SABISCH, ANDREA: *Inszenierung der Suche.* 2007. S. 84.

42 Ebd.

43 »Selbst wenn wir über die Fragen sprechen und uns fragen, was sie ist, wozu sie dient und wodurch sie ermöglicht wird, geschieht ein Fragen [...].« WALDENFELS, BERNHARD: *Antwortregister.* [2007] 2. Aufl. 2016. S. 22.

44 Vgl. ebd. S. 23.

45 Ebd. S. 22.

46 Vgl. WALDENFELS, BERNHARD: *Heterophänomene und Hyperphänomene.* Vortrag am 14.02.2014 an der Freien Universität Berlin im Rahmen der Abschlusstagung des Teilprojekts »Ästhetische Erfahrung als Schwellenerfahrung« im Sonderforschungsbereich 626.

47 Vgl. ebd.

48 GRUSCHKA, ANDREAS: *Ungewissheit, der innere Feind für unterrichtliches Handeln.* 2019. S. 172.

49 Ebd.

50 Ebd. S. 159.

51 Unter Entdidaktisierung beschreibt ANDREAS GRUSCHKA: »Besinnung auf den wörtlichen Sinn all der Operationen, die im Unterricht eingesetzt werden und die es dort verdienen, vertreten zu sein, weil sie mit der Erkenntnisgewinnung selbst begründet sind und nicht als didaktische Sonderspielformen gelten. Experimentieren sollte wirklich Experimentieren sein, mit der offenen Frage und der nach der Methode, wie sie gültig beantwortet werden kann.« GRUSCHKA, ANDREAS: *Ungewissheit, der innere Feind für unterrichtliches Handeln.* 2019. S. 172.

52 Ebd. S. 162.

53 Ebd.

54 GEHRING, ULRIKE: *Das weiße Rauschen.* 2006. S. 56.

55 Ebd. S. 62.

56 Vgl. ebd.

57 SARTRE, JEAN-PAUL: *Die Imagination.* 1994. S. 227.

58 MEYER, NANNE: *Sprungbretter, Zündfunken, Augenweide.* 2018. S. 161.

59 https://noviceartblogger.tumblr.com

60 Aufmerksam auf das Projekt *Novice Art Blogger* machte KATJA KWASTEKS Vortrag *Bilddiskurse im Netz: emergente (Hyper)archive und ihre Instrumentalisierung in Kunst und Forschung* im Rahmen der Tagung *ARCHIV MACHT GESELLSCHAFT* an der HBK Braunschweig 2015.

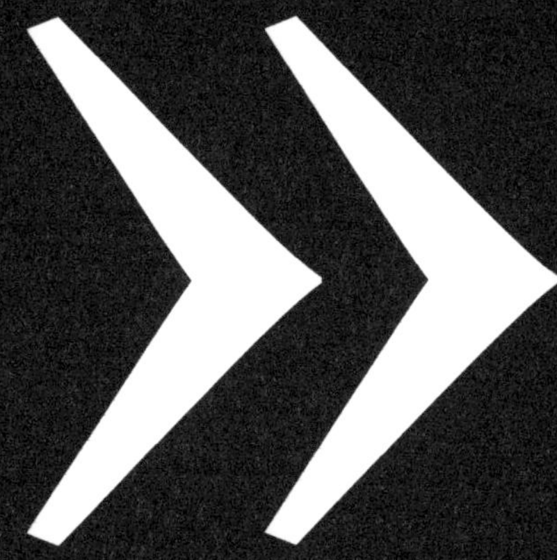

317 — 369

Sagen (ver)suchen.
Diaikonische und dialogische Reflexionen

»

DAS EIGENTLICHE ZIEL DES EXPERIMENTIERENS BESTEHT ABER DARIN, DIE UNTERSUCHTEN PHÄNOMENE IRGENDWIE ZUM SPRECHEN ZU BRINGEN. DAS EXPLORIERENDE EXPERIMENT MUSS SO ANGELEGT SEIN, DASS SICH DARIN NEUES EREIGNEN KANN.

« HANS-JÖRG RHEINBERGER. [2006] 2013: 146

Scheitern im Sagen

Wenn Fragen *Wissen-Wollen* bedeute[1], so besteht mein Wissen-Wollen gegenüber der Frage, wie wir Bilder erfahren und wie wir *Bildliches reflektieren und bildlich Reflektieren*. Auch wenn Bilderfahrungen in Sprache nicht aufgehen, stellt das Sagen ein häufiges und naheliegendes Medium dar, um über Bilderfahrungen zu kommunizieren. Die damit beschriebene mediale Asymmetrie von Bildlichkeit gegenüber Sprache bedingt ein Übersetzen. ←\- Ein Scheitern im Sagen zeigt sich als Anlass, um erstens *andere Weisen der Reflexion* von Bilderfahrungen in den Blick zu nehmen und darin die mediale Begrenzung der Sprache durch andere Medien zu erweitern. Auch der Versuch, auf Bilderfahrungen im Medium Bild zu antworten, um zweitens der medialen Asymmetrie etwas entgegenzusetzen, zählt zu den experimentellen Formen der Begegnung. Drittens – und darin beziehe ich mich auf Georges Didi-Huberman – eröffnet der Mangel im Sagen[2] die Chance, ein der Bildlichkeit und Bildwerken angemessenes Vokabular zu entwickeln, worin ich ein weiteres Moment bildreflexiver Hinwendung zur Bilderfahrung begründet sehe.

Didi-Hubermans Aufsatztitel *Sagen versuchen* übernehme ich als gelungene Versprachlichung jener Zuwendung in der Reflexion von Bilderfahrung, die sich in einem Suchen und Versuchen von Sagen aufgrund eines Mangels an Worten zeigt.[3]

Aufbau des Kapitels

Im Folgenden werde ich mich zunächst den Aspekten eines *Mangels der Sprache* und eines *Öffnens im Sehen* widmen. In Bezug darauf werde ich aufzeigen, wie *Bilder zur Sprache drängen* können. An der Inter//vention ›*Sagen (ver)suchen*‹ werde ich dann gewissermaßen eine Anwendung dieser theoretischen Perspektive aufwerfen, indem ich mit Schülerinnen über ihr Bildverstehen spreche. An diesem Gespräch lassen sich Momente eines Sagen (ver)suchens aufzeigen, die Dynamiken zwischen Sehen und Sagen betreffen. Dabei liegt ein besonderes Augenmerk auf den bildreflexiven Impulsen,

←\-
Übersetzung als Über-Setzen
S. 47

entlang derer das Gespräch mit den Schülerinnen erfolgt. Ich werde im Anschluss an meine Analysen am Material auf eine bildreflexive Annäherung durch ein gemeinsames Sagen (ver)suchen eingehen, um theoretische Reflexionen zu den *diaikonischen und dialogischen Dynamiken* aufzuzeigen. Auf die *bildreflexiven Impulse* werde ich erst abschließend eingehen, was ich mit einer Dramaturgie der Darstellung begründe und im Rahmen der Inter//vention erläutere.

Mangel der Sprache

Ohnmacht im Sagen

Wenn Bilder uns die Sprache verschlagen, uns nach Worten ringen lassen, indem sie uns zur Identifizierung, Abwehr, Be*deutung* oder Bewunderung einladen, auffordern oder zwingen, dann erfahren wir dies als einen »Mangel der Sprache«[4]. Wir sind sprachlos, oder angesichts der Bilder erscheinen uns die Worte unpassend oder ungenügend, sodass die Bilder einen Anspruch an unsere Sprache, an uns richten.

Das Bild als ein *Anderes* zu verstehen, das Ansprüche an uns richtet, setzt an einer phänomenologischen Perspektive an. Bernhard Waldenfels hat dies bzgl. einer pathisch-responsiven Dynamik an einem »Affiziertwerden« verdeutlicht. So beschreibt er, dass das, *Wovon* wir affiziert werden, kein sichtbares oder bildhaftes Etwas ist, sondern ein Widerfahrnis, ein »Etwas ohne als«.[5] Das Bild als *Anderes* kann mich also in Anspruch nehmen, mich affizieren. Dieses Geschehen ist jedoch kein einseitiges: Den Anspruch des Anderen versteht Waldenfels als fremden Anspruch im doppelten Sinne, indem mich etwas anspricht und darin einen Anspruch erhebt. Dieser doppelte Anspruch kennzeichne das, »worauf wir antworten, wenn wir etwas sagen und tun, wenn wir also einen Sinn intendieren«.[6]

Im Antworten[7] auf Fremdes sei ebenso *ich* beteiligt wie auch der *Andere*. Waldenfels beschreibt, dass ich im Antworten nicht bei mir beginne, sondern beim Anspruch des Anderen.[8] Ein Bild, das uns in Anspruch nimmt, indem es uns anspricht und als Widerfahrnis verstanden »den gewohnten Gang der Dinge durchbricht«, mag uns die Sprache verschlagen.[9] Wie Bilder diesen Anspruch artikulieren, betrifft daher zugleich das Rätsel ihrer Bildlichkeit wie auch uns als jene, die Bilder erfahren. Der Mangel der Sprache, um an dieser Stelle Didi-Huberman und Waldenfels aufeinander zu beziehen, entsteht meinem Verständnis nach durch den Anspruch, der sich angesichts der Bilder herausbildet, wobei Waldenfels aufzeigt, dass bereits unser Verstummen eine Weise des Antwortens sei.[10]

Virtualität im Sehen

Im Aufsatz *Sagen versuchen* beschreibt Didi-Huberman ausgehend von seiner Erfahrung mit einer Video-Installation des Künstlers James Coleman eine Virtualität im Sehen, die sich aus einer Ohnmacht im Sagen erzeugt.[11] Dass Didi-Huberman die Beschreibung *seiner* Bilderfahrung zentral setzt, anstelle einer in irgendeiner Weise verallgemeinerten Bildbeschreibung, sehe ich als wichtigen Aspekt seines Vorgehens, der kunsthistorisch betrachtet kein selbstverständliches Vorgehen darstellt.[12]

Die Arbeit COLEMANS, die DIDI-HUBERMAN sprachlos machte, sei ein Bild ohne jegliche »Denotation oder Konnotation« es fehle ihm an allem, was Sinn schaffen könne. Schließlich bleibe nur »unsere eigene Position als sehende Wesen vor diesem Bild zu befragen und [...] zugleich unsere Position als sprechende Wesen«.[13] Die in der Bilderfahrung symptomatisch hervortretende Sprachlosigkeit erscheint als Widerfahrnis, die sich nicht einordnen lässt und DIDI-HUBERMAN folglich zum Fragen auffordert – *ihn* befragt.[14] Er unterstellt COLEMAN, Formen erfunden zu haben, die unsere Sprache vor dem Bild bewusst indefinieren.[15] Als übergreifender Verweis auf die besonderen Fähigkeiten der Kunst[16] artikuliert sich an DIDI-HUBERMANS Unterstellung vielleicht das Potential künstlerischer Bilder, spezifische Formen einer *Versprachlosigkeit* zu initiieren, die dahin drängt Andere sprachlos zu machen. Wenn die spezifischen Formen einer Kunst Widerstände[17] inszenieren, so fordern diese dazu heraus, sich in die Kunst, bspw. Bilder, einzusehen oder einzuspielen.[18] Inwiefern dies ein Potential ist, werde ich im Folgenden noch genauer in den Blick nehmen.

Ausgehend von *seiner* sprachlichen Ohnmacht vor dem Bild fragt DIDI-HUBERMAN: »Ist nicht ein solcher Mangel an visuellem Wiedererkennen letztlich nur eine List, ein mäeutisches Mittel, angesichts des Bildes unseren Zugang zur Sprache in Frage zu stellen, insofern dieser [...] uns nicht gegeben ist?«[19]

Das Nicht-Gelingen eines visuellen Wiedererkennens in seiner Bilderfahrung verweist damit auf Momente eines sehenden Sehens. ←\≥ Die Arbeit COLEMANS forderte DIDI-HUBERMAN heraus, in *seiner* (DIDI-HUBERMANS) Weise zu sehen und rief zugleich *seine* (DIDI-HUBERMANS) Sprachlosigkeit hervor.

Bild als Movens einer Sprachlosigkeit

Auch DIDI-HUBERMAN vermutet in einer solchen Intention des Werks ein entscheidendes Movens seiner Sprachlosigkeit vor den Arbeiten COLEMANS. Ihm hat es das Werk COLEMANS angetan. Das Antun aber, wie WALDENFELS betont, sei nur bedingt intentional, insofern die Affektion keine persönliche Täterschaft aufweise.[20] Diese Passivität weist darauf hin, dass auch wenn COLEMAN es in seinem Werk gelungen ist, Formen der Indefinition unserer Sprache zu erfinden, sich diese Wirkung erst in der Bilderfahrung artikuliert.[21] Ein Bild ist also nicht per se dazu fähig, uns zu beanspruchen, noch uns in eine Ohnmacht des Sagens zu versetzen.

Reflexionsfläche

Entscheidend ist nun die Weise unseres Antwortens auf diesen fremden Anspruch. Anstatt sich angesichts des Mangels der Sprache von dem Bild abzuwenden, positioniert DIDI-HUBERMAN die Bilderfahrung vielmehr als eine *Reflexionsfläche der Sprache*. Er wendet den Mangel produktiv, indem er behauptet, dass dieser sich als Intensivierung im Betrachten zeige. So sei der Mangel keine endgültige Abwesenheit; vielmehr denotiere er eine bewegliche Unvollständigkeit, die DIDI-HUBERMAN als eine *Virtualität* oder *Potenz* beschreibt.[22] Wenn uns die Sprache fehlt, mag uns dies also auffordern, eine Sprache zu entfalten. Der Mangel bedeute demgemäß ein Begehren, »so

Begehren

←\≥
Bei//spiel: zwischen
Nichtssehen und Anderssehen
S. 234

daß Betrachten, sprachloses, darauf hinausläuft, der Sprache selbst eine Möglichkeit zu eröffnen.«[23] Eine Sprachlosigkeit in der Bilderfahrung wäre infolgedessen ein Mangel, der als Begehren verstanden, Möglichkeiten eines Antwortens auf Bilder hervorlockt, denn wo »in der Erfahrung des Bildes [...] die Worte fehlen, dort genau öffnet sich ein Horizont, um bis dahin unvorstellbare neue Worte, Sätze, Gedanken zu erfinden.«[24] ≥

bildungsrelevant

Betrachten bedeute, sich zu öffnen. Betrachten verändere alles.[25] Demgemäß fordert Didi-Huberman dazu auf, eine Sprachlosigkeit vor Bildern, als Sphäre intensiver Bilderfahrung anzuerkennen.[26] Man mag dies als einen bildungstheoretisch motivierten Appell verstehen, als Plädoyer, sich dieser Ungewissheit der Sprache, einer Leerstelle, geradewegs auszusetzen, sie zu provozieren. Den Übergang ins Sprechen, als Moment des Übersetzens vom Bild aus, deklariert Karl-Josef Pazzini als Moment eines Bildungsprozesses.[27] Ein »Sagen versuchen« konturiere sich mit Pazzini gesprochen als »Schritt auf dem Weg aus der Einmaligkeit zu einer Mitteilung.«[28] Unser Verstummen angesichts von Bildern weist daher ein bildreflexives Moment auf, denn es verweist auf zuvor Ungedachtes und Ungesehenes, an dem Neues entstehen mag. Bildungstheoretisch beschreibt Pazzini dies folgendermaßen:

> » Brisant und bildend wird die Sache dann, wenn das Zeigen genau an dem Punkt einsetzt, wo wir verstummen, nichts mehr zu sagen haben. Dann zwingt uns der notwendige Sprung, andere als die gewohnten Bedeutungen zu produzieren, Wechsel im Denken und Stil vorzunehmen.«[29]

Ein Mangel der Sprache, der herausfordert in ein Sagen überzugehen, das erst *aufgrund* dieses Mangels auf *diese* Weise entstehen kann, nimmt indirekt auf unsere Bilderfahrungen Bezug, indem unser Sagen auf einen Anspruch angesichts der Bilder antwortet. Diesen Anspruch gilt es nicht einzulösen oder aufzulösen, sondern auf seine Fremdheit zu antworten und darin allererst eine Annäherung an das zu ermöglich, wovon wir getroffen, angerührt, angesprochen oder angeblickt wurden. Das bildreflexive Potential artikuliert sich zwischen einer Virtualität im Sehen und einer Ohnmacht im Sagen. Ein Ringen um Worte[30] verstehe ich als Moment, in dem etwas fraglich wird, man ins Zweifeln gerät. Dies bildet Weisen des Reflektierens, die sich von einer Bekräftigung von Wissen entrücken, um Wissensbestände exploratorisch, entdeckungs- und intuitionsgeleitet[31] zu erweitern. ←\<

im Sehen öffnen

Ersatzbildungen

Wir haben es gewissermaßen mit einer Bewegung von einem Mangel hin zu einer Öffnung zu tun. Wie diese Öffnungen z.B. als »Symptombildung im Antworten«[32] ver-

←\<
als Denken und/oder Handeln?
S. 95

standen werden können, zeigt Andrea Sabisch in ihrer Theoriebildung zur Bildwerdung auf: »Die Symptome sind an das Begehren im Antworten auf Bilder gekoppelt. Sie stellen Öffnungen her, bringen Bewegung in das Geschehen.«[33] So seien solche Symptombildungen »als Spur der Erfahrungsarbeit« zu verstehen, als »Ersatzbildungen«, angesichts von Bildern.[34] In Form einer indirekten Empirie arbeitet Sabisch Beispiele solcher Symptome heraus:

> » Die Bandbreite der thematisierten Symptome erstreckt sich von diffusen oder spezifischen Abwehrmechanismen im und am Visuellen, über Prozesse des Versprechens und Versehens, über die Unterbrechung des Redeflusses, über den Stimmklang, hin zum Ringen um Worte und Wortverknüpfungen angesichts der Bilder, zu verkörperten Zeigegesten und widerständigen zeichnerischen Artikulationsweisen.«[35]

Symptome von Bilderfahrungen können folglich im Dialogischen aufscheinen, stimmlich, gestisch oder durch andere mediale Übergänge indirekt artikuliert werden. Doch wie entsteht ein solcher *Boden*, der ein Öffnen im Sehen ermöglicht?

damit Fragen entstehen

Karl-Josef Pazzini reflektiert im Rahmen der Dokumentation *Kultur. Koste es, was es wolle* über die Ausstellung *Parergon* der mexikanischen Künstlerin Mariana Castillo deBall im Berliner Museum *Hamburger Bahnhof.* Pazzini beschreibt dort eine Öffnung durch Betrachten, ähnlich wie Georges Didi-Huberman, als gesteigerte Form der Wahrnehmung.[36] Es sei als Geschenk, Anforderung und zugleich Herausforderung zu betrachten, den Prozess der Wahrnehmung mitzumachen, sich wartend zu verhalten und nicht sofort in eine ablehnende oder vorschnell identifizierende Haltung zu verfallen und die Wahrnehmung damit stillzulegen. Vielmehr müsse zunächst über das sinnliche Wahrnehmen ein Öffnen initiiert werden, damit Fragen entstünden. Pazzini spricht von einer *Selbstdisziplinierung*, sich auf der Ebene der Wahrnehmung zu halten, um zu bemerken, was ich sehe, was mich reizt. Insofern sei es wichtig, auf dieser Ebene zu verweilen, bevor wir uns den Zusammenhängen widmen, um dann aber auf einer deutlich breiteren Basis eine Art »Gehirnsinnlichkeit« zu ermöglichen.[37]

Ausgehend von Pazzinis Ausstellungserfahrung frage ich, was man Anderen zeigen kann und wie man es ihnen zeigen kann, sodass es sie anspricht, über das Bildliche an Bildern zu reflektieren. Zeigen als »Grundform von Didaktik«[38] stellt nicht nur Didaktiker*innen, sondern alle, die vermittelnd oder lehrend bildreflexive Ansprüche an Andere richten, vor die Herausforderung eines Nicht-Sehens *Anderer.* Sönke Ahrens hat dies aus bildungstheoretischer Sicht als annähernd paradoxal beschrieben:

> » Man kann lehren, indem man jemande[m] etwas zeigt. Und man kann lernen, indem man sich etwas anschaut. Und wie kann man sehen lernen, was jenseits der eigenen Wahrnehmungsfähigkeit liegt? Und wie kann man jemandem zeigen, was dieser nicht sehen kann?«[39]

Ahrens' Frage nach einer Weise, diese vom Zeigen ausgehende Paradoxie zu überbrücken, ließe sich mit Pazzini durch zwei Strategien begegnen: Erstens könne durch ein Zeigen die Aufmerksamkeit, das »Licht des Blicks«, gelenkt werden, und zwar auf etwas, das uns zu anderen Weisen der Sinnbildung herausfordert – z.B. qua Kunst.[40] In Rekurs auf Klaus Giel weist Pazzini zweitens darauf hin, dass jene Haltung der *Selbstdisziplinierung,* sich offen zu halten, um etwas Neues zu bemerken, ein wörtliches »Aufbrechen« gewohnter Sichtweisen bedeute.[41]

Medialität der Medien

Sich dem Bildlichen der Bilder reflexiv anzunähern heißt, ihre Medialität zu umspielen, vielleicht sogar erfahrbar zu machen. So erscheint mir Pazzinis Anregung zu einer Bildung, »die der gegenwärtigen Kunst nahe ist«[42], und der es gelingt, die »Medialität der Medien selber zu thematisieren«[43], als gewichtiger Einsatzpunkt bildreflexiver Hinwendungen zur Bilderfahrung. Denkt man Pazzinis Anstoß mit Didi-Hubermans Plädoyer für ein »Sagen versuchen« zusammen, konturiert sich ein Zugang, der sich im Sehen öffnet, um angesichts von Bildern ein Sagen zu (ver)suchen, das die Medialität der Medien umkreist.

Die Medialität der Medien, so möchte ich an meine unter einem Bildwerden und Blickwerden explizierten Überlegungen anschließen, kann bspw. an den *Übergängen zwischen Seh- und Bilderfahrung*, an *Schwellenbildern* oder an einem *fluktuierenden Feld des Ikonischen* in einen reflexiven Blick geraten. Dies werde ich im Rahmen der Inter//vention ›*Sagen (ver)suchen*‹ aufgreifen.

wie Bilder zur Sprache drängen

Drang assoziativer Verknüpfungen

Wenn also die Sprachlosigkeit zum Anlass wird, die Bilderfahrung zu intensivieren, so mag es gelingen, dass Bilder uns gleichermaßen zur Sprache drängen. Wie aber motivieren Bilder unser Sprechen, obwohl sie uns sprachlos machen? Georges Didi-Huberman beschreibt seine Bilderfahrung an der Arbeit James Colemans als »eine vor dem Werk verspürte Empfindung des Schwebens, irgendwie verwerflich, irgendwie angenehm« und verbunden mit dem Gedanken, dieses Werk mit anderen Bildern in den Dialog bringen zu müssen.[44] Seine Bilderfahrung verweist auf ein bei ihm aufkeimendes, assoziatives Potential, welches zu einer Imagination anderer Bilder führt und sich etwas zugespitzter formuliert als *Drang assoziativer Verknüpfungen* artikuliert. Dies erscheint als ein Indiz, dass in der Bilderfahrung andere Bilderfahrungen präsent werden können, in die aktuelle Bilderfahrung hineindrängen. ←\- So werde es möglich, Bezüge zum inneren »imaginären Museum«[45] herzustellen. Dessen *Ordnung in actu* und die sinnlich, fluktuierend, einfallende Dynamik eines Bildwerdens in der Imagination, bilden dabei eine *pathische Sphäre des Assoziativen.* Imaginierte, assoziative Verknüpfungen zu Bildern können als ein spezifisches Symptom

←\-
Zeit
S. 75

von Bilderfahrungen gefasst werden, wie ich unter *zum Begehren bildlicher Assoziation* noch genauer erläutern werde. →\;

aktuelle und vergangene Bilderfahrungen

Problematisch an der Formulierung einer vergangenen oder gemachten Bilderfahrung ist weiterhin eine mit WALDENFELS' Erfahrungsbegriff nur schwer zu vereinbarende Vorstellung, es gäbe so etwas wie einen inneren Bestand an Bilderfahrungen, die lediglich hervor- oder hinzutreten. Erfahrung kann nicht als Bestand gedacht werden, da dies eine feste Ordnung wie Verfügbarkeit über Erfahrungen bedingen würde. ←\- Angesicht eines Öffnens im Sehen und DIDI-HUBERMANS Anmerkungen zur Verknüpfung mit anderen Bildern interessiert mich an dieser Stelle, wie dieses Einfallen anderer Bilder auf Bahnungen bildreflexiver Annäherungen verweist. Erinnern wir uns an Bilder oder an Bilderfahrungen? Wie können wir dem Paradox der »gemachten Bilderfahrung« begegnen?

instabiles Betrachten

Der von DIDI-HUBERMAN assoziierte Dialog mit anderen Bildern kann vielleicht auch als Initiierung einer gewünschten oder auch erhofften Interpiktorialität[46] übersetzt werden, als eine visuelle Assoziation[47]. DIDI-HUBERMAN sieht schließlich die »neue Chance für die Rede« in der Akzeptanz eines gänzlich *instabilen Betrachtens*, die Erfahrung eines Sehens, das durch Ohnmacht, Desorientierung und Nichtwissen allererst Räume des Erkennens und Denkens eröffne:[48]

> » Und so gelingt es der stummen Erfahrung, die Möglichkeit eines Experimentierens mit unserem eigenen Blick und unserer eigenen Fähigkeit, darüber etwas zu sagen, zu eröffnen.«[49]

Sagen versuchen als Movens der Reflexion

An DIDI-HUBERMANS Überlegungen schließen sich für mich zwei zentrale Gedanken an: erstens die Versprachlichung von Bilderfahrungen in ihrer medialen Begrenztheit ernst zu nehmen und damit anzuerkennen, dass die Versprachlichung einem »Sagen versuchen« gleicht. Zweitens das Potential einer Annäherung im Sprechen zu betonen, sodass die Beschreibungen visueller Kunstwerke als »Anamnesen einer Stummheit des Blicks«[50] erscheinen können. Ein instabiles Betrachten verstehe ich als eine Bilderfahrung, die ihre Richtungen wechselt und die Fragliches nicht vorschnell schließt. Ein solches Betrachten braucht Raum und Zeit, um eine Instabilität spüren zu können und auch ein positives Verhältnis zu dieser einzugehen, das auf dem Fuße der Irritation eine Freude am Ambiguitären und an einem differenzenbildenden Betrachten zulässt.

methodologische Anknüpfungen

DIDI-HUBERMANS Aufsatz *Sagen versuchen* wirft darüber hinaus auch zur dialogischen Ebene eines *Displayings* methodologisch wichtige und weiterführende Argumentationspunkte auf. Mit Verweis auf SABISCH habe ich bereits auf die unterschiedlichen »Artikulationsweisen«[51] angesichts von Bildern Bezug genommen, die sich bei DIDI-HUBERMAN als ein literarisch-assoziatives Antworten auf die Arbeit JAMES COLEMANS zeigen:

→\;
zum Begehren bildlicher Assoziation
S. 404

←\-
Ordnung in actu
S. 35

> »Mein Versuch (meine Erfahrung, mein Experiment), vor dem stummen Werk James Colemans ›zu sehen‹, wird sich vorläufig also über die Montage hinaus [...] auf die Gebärde beschränken, bestimmte Sätze Samuel Becketts herbeizuzitieren, die nun als seherisches Schreiben [...] verstanden werden.«[52]

anderes Sagen

Wir haben es hier meines Erachtens mit einer Weise *anderen Sagens* zu tun, mit einem Versuch DIDI-HUBERMANS, die Reflexion seiner Bilderfahrung durch die Assoziation von BECKETT-Zitaten anzugehen. Dies kann sowohl als eine dekonstruierende Geste im Sinne JULLIENS verstanden werden, die einen Abstand bildet, als auch auf ein Aufbrechen gewohnter Sichtweisen nach PAZZINI[53] verweisen oder als eine indirekte Beunruhigung im Sehen aufgefasst werden. Darin nehme ich auf WALDENFELS' Umarbeitung des Blicks Bezug, insofern die Assoziation zu den BECKETT-Zitaten als etwas gesehen werden kann, das dazwischentritt und das nicht bloß eine Antwortbildung beschreibt, sondern sich quasi *postikonisch*, im Sinne einer Reflexion, auf vergangene Bilderfahrungen bezieht. Diese These bleibt weiterhin auf die Schwierigkeit bezogen, von einer vergangenen Bilderfahrung zu sprechen, da sie sich in unserer Imagination auch als eine neue Bilderfahrung artikuliert.

postikonisch

Inter//vention: Sagen (ver)suchen

> »Die meisten der ›Voraussetzungen für den glücklichen Verlauf‹ des Interviews werden freilich gar nicht wahrgenommen. Indem der Interviewer mit dem Befragten in eine vollkommen außergewöhnliche Kommunikationssituation eintritt, die von den – vor allem zeitlichen – Zwängen befreit ist, die auf den meisten Austauschbeziehungen des täglichen Lebens beruhen, und indem er ihm Alternativen eröffnet, die ihn dazu bringen oder es ihm erlauben, sein Unbehagen, seine unerfüllten Bedürfnisse und Wünsche zur Sprache zu bringen, die er manchmal erst durch dieses Zur-Sprache-Bringen entdeckt, trägt er dazu bei, die Bedingungen für das Zustandekommen eines außergewöhnlichen Diskurses zu schaffen, der sonst nie hätte gehalten werden können, aber dennoch bereits da war und nur auf günstige Umstände wartete, um sich zur Geltung zu bringen.«[54]

außerordentlich

Mit diesem Zitat aus PIERRE BOURDIEUS Aufsatz zum Verstehen in die folgende Inter//vention *›Sagen (ver)suchen‹* einzuführen, will auf jene von ihm bemerkte Verdeckung aufmerksam machen, Interviews als außergewöhnliche Situationen eines Zur-Sprache-Bringens zu betrachten. Das Außergewöhnliche tritt hervor, es ist ein Außerordentliches und grenzt sich damit gegenüber Anderem ab. Was aus der Ordnung entrinnt, was heraussticht, bewegt sich zwischen Irritation und Bewunderung. Als Störmoment vermag das Außerordentliche seinen Weg in die Isolation oder Auslassung finden, während es als Bewunderung ein besonderes Augenmerk erhält: Wird das Gemeine zum Außerordentlichen, so ist von einer individuellen und durchaus auch nicht konstanten Zuschreibung zu sprechen. Diese Zuschreibung ist reversibel, kann zurückgenommen werden, wenn sich etwas als außerordentlich Bezeichnetes in die vorhandene Ordnung, aus der es sich einst exkludierte, einfügt. »Ohne mögliche Abweichung, gäbe es keine Ordnung«[55], schreibt WALDENFELS und zeigt auf, dass das *Außer*ordentliche nicht einer anderen Welt angehöre, sondern unserer Welt vielmehr ein »anderes Licht, eine andere Tonlage«[56] gebe. Die Inter//vention ›*Sagen (ver)suchen*‹ inszeniert dies als Weise des Dazwischentretens.

zur Anlage der Inter//vention

In der Inter//vention wurde mit einer Gruppe von vier Schülerinnen einer 10. Klasse eines Gymnasiums in Hamburg ein Gespräch geführt, das entlang von bildreflexiven Impulsen wiederholt danach fragte, ob der jeweilige Impuls ein Bild ist. Als Anmerkung: Fragemöglichkeiten gibt es viele. Danach zu fragen, ob etwas als ein Bild aufgefasst wird, also innerhalb der eigenen Selbst-, Anderen- und Weltverhältnisse als ein solches wahrgenommen, behandelt oder verstanden wird, setzt an der Reflexion über Bildlichkeit an und initiiert ein außergewöhnliches Gespräch, das – um BOURDIEUS Formulierung aufzugreifen – »sonst nie hätte gehalten werden können, aber dennoch bereits da war.«[57] Die Inter//vention ›*Sagen ver(suchen)*‹, so schlage ich vor, inszeniert jene von BOURDIEU beschriebenen »günstige[n] Umstände«[58], die einen Anspruch artikulieren, sich der Frage zuzuwenden.

bildreflexive Impulse

In einem gemeinsamen Dialog über die leitende Fragestellung ›Ist das ein Bild?‹ werden nacheinander insgesamt fünf bildreflexive Impulse eingebracht, die den Dialog unterteilen. Ein neuer Impuls wurde jeweils intuitiv-situativ eingebracht und orientierte sich am Sagen der Beteiligten.[59] Im Fokus der Inter//vention steht eine gemeinsame bildreflexive Suchbewegung mit kontingentem Verlauf. Die wiederkehrende Fragestellung fokussiert die Verständigung und Aushandlung über ein Bild-Sein und ein Nicht-Bild-Sein der vorgelegten bildreflexiven Impulse und nimmt Bezug auf das Bildverstehen der Schülerinnen. Ich spreche im Zusammenhang mit dieser Inter//vention möglichst von einem Bildverstehen und nicht von einem Bildbegriff der Schüler*innen, um auf temporäre, versuchende und suchende Weisen, etwas zu verstehen, Bezug zu nehmen und weniger auf die Bildung von ausgeformten Begriffen. ←\≈ Wenn ich folgend von einem Sagen (ver)suchen spreche, spricht dies sowohl die versuchende wie suchende Dimensionen dieses Sagens an. Das Versuchen als eine probierende, herausbildende Geste im Sagen mit einem Suchen zusammenzudenken, verdeutlicht eine darin aufscheinende Facette des Fahndens nach Worten im Sagen, einem Sagen wollen.

versuchend und suchend

Dokumentation der Inter//vention

Als Dokumentation der Inter//vention wurde das Gespräch mit einem Audiogerät aufgezeichnet. Die anschließende Transkription des Gesprächs wurde an signifikanten Stellen um Handlungsbeschreibungen im Sinne einer »beteiligten Beobachtung«[60] ergänzt. ←\× Signifikante Stellen, die für die Analyse als potentiell relevant erschienen, zeigen sich z.B. in Interaktionen mit den vorliegenden Impulsen.[61]

←\≈
Bildverstehen: Patin der Bilderfahrung?
S. 279

←\×
beteiligt
S. 163

Zugang zum Material

Um die Inter//vention nicht nur hinsichtlich ihres bildreflexiven Potentials zu diskutieren, sondern sie auch zur Darstellung zu bringen, werde ich mich auf Basis des Transkripts auf das Gespräch beziehen und dies entlang der Impulse entfalten. Mein Fokus liegt auf retrospektiv herauszubildenden *Antwortweisen* aller Beteiligten. ←\× Die Dichte der Bezugnahme auf das Transkript werde ich dabei unterschiedlich gestalten. Den Gesprächsbeginn im Rahmen des ersten Impulses werde ich detailliert reflektieren, da er das Einsetzen der bildreflexiven Situation betrifft. Im weiteren Verlauf werde ich dann exemplarisch Dynamiken verdichtet vorstellen, um die Inter//vention fokussiert zu betrachten. So scheint an diesem Material mehr auf, als ich als Forschende daran folgend versuche zu reflektieren und auch mehr, als ich versuche zu sagen. Ergänzend werde ich danach noch einmal auf diaikonische und dialogische Dynamiken der Inter//vention eingehen, indem ich bildreflexive Annäherungen durch ein gemeinsames Sagen (versuchen) diskutiere. Mit Dynamiken meine ich folgend ein diaikonisch und dialogisch motiviertes Sagen ver(suchen) und deren Wechselwirkungen wie Strategien des Sagens sowie Sagen (ver)suchens.

Dramaturgie der Darstellung

Vorab möchte ich auf die Relation zwischen der Frage und den Impulsen eingehen. Ich erläutere dabei nicht die bildreflexiven Impulse an sich, sondern stelle diese im Aufbau des Kapitels bewusst nach hinten, um zunächst die Herangehensweise in den Blick zu nehmen. Darüber hinaus halte ich es textdramaturgisch für problematisch, vorwegzunehmen, wie die bildreflexiven Impulse etwa bildtheoretisch angeschlossen werden können, da eine solche Darstellung auf eine antizipierte, von den Impulsen ausgehende Lesart lenken würde. Ich werde daher die Impulse sukzessive in der Darstellung der Inter//vention einführen.[62]

Ist das ein Bild? Zum diaikonischen Einschub

Verstanden als ein experimentelles *Displaying* versucht die Inter//vention ›*Sagen (ver)suchen*‹ ein Display zu initiieren, an dem sich etwas über die Bilderfahrung Anderer für mich als Forschende zeigt (Forschungsperspektive) und das innerhalb dieses Settings für die Teilnehmenden eine bildreflexive Umgebung eröffnet.

Dies verstehe ich als *dialogische Hinwendung*[63] zum eigenen Bildverstehen, Bildempfinden und Bildhandeln. ←\≈ Die eingebrachten bildreflexiven Impulse in ihrer Geste des Zeigens bezeichne ich vor dem Hintergrund der gestellten Frage als *diaikonische Einschübe*.

diaikonischer Einschub

Die Frage »Ist das ein Bild?« zeichnet sich durch ein deiktisches Moment aus, das bildreflexiv relevant erscheint: Den Blick auf die jeweils vorgelegten bildreflexiven Impulse lenkend, bezeugt die Frage einen deiktischen Akt. Denn das ›Das‹, dem sich die Frage zuwendet, tritt auf einer Ebene des Zeigens auf und verbleibt in der Sprache zunächst weitestgehend imaginär. Insofern fordert diese Frageweise dazu auf, durch die Sprache hindurch auf das Gezeigte zu referieren, wie es die Frage bzw. das Wort ›Das‹ in seiner deiktischen Funktion vormacht. Der Dialog organisiert sich in diesem Fall durch

←\× indirekt S. 137

←\≈ Verstehen. Empfinden. Handeln S. 278

≥ < – – ≈ ×

den *diaikonischen Einschub*, denn die Impulse werden nicht versprachlicht in den Dialog eingebracht (Ist ein weißes Blatt Papier ein Bild?), sondern fordern zu Seh- und Bilderfahrungen auf, *dia/per* eines Ikonischen. ←\- Sie versuchen damit eine Sphäre zu initiieren, die *durch* Bilderfahrungen zur Reflexion *über* Bilderfahrungen anregt. Zugleich eröffnet sich ein virtueller gemeinsamer Erfahrungsraum, der allen Beteiligten die Begegnung mit dem Impuls ermöglicht, im Sinne sich überschneidender Sehfelder. ←\- Die implizite Zuschreibung, die in der suggestiven Anlage der Frage deutlich wird, mutiert zu einem Trigger, sich zu dieser Zuschreibung, die die Frage hervorbringt, zu verhalten.

Gewalt der Frage

Die Frage »Ist das ein Bild?« erscheint daher suggestiv, als dass sie auf eine Entscheidung ausgerichtet ist, nämlich eine Zustimmung oder Ablehnung. Die intentionale Absicht der Frage schimmert also nicht bloß durch, sondern bringt sich deutlich mit hervor. Andrea Sabisch hat im Rahmen ihrer wissenschaftskritischen Grafieforschung auf die »Gewalt der Frage« hingewiesen, die den Antwortspielraum durch die Form der Frage bereits nahelege.[64] Auch zeigt Sabisch auf, dass ein Fragen schnell zu einem *Befragen* werden kann, insbesondere dann, wenn sich das alltägliche dialogische Gespräch in einen Dialog verschiebt, in dem ich als Lehrende oder Forschende etwas durch das Gespräch mit *Anderen* erfahren will:

Antwortspielraum

> » Will ich im Forschungskontext hingegen mit den Studierenden ein Gespräch führen, um ihre Meinungen, Thesen, Erfahrungen usw. zu hören, dann nehme ich als gleichzeitig Lehrende und Forschende – vergleichbar mit der Rolle in der teilnehmenden Beobachtung – eine spezifische, nämlich eine Forscherinnenrolle ein. Aus dieser Rolle heraus wird das Gespräch sehr schnell zu einer Befragung, die bestimmte soziale, ethische und ästhetische Erwartungshorizonte impliziert und dadurch bestimmte thematische Antworten hervorruft, sowie die damit zusammenhängenden spezifischen Weisen der Beantwortung.«[65]

durch Dialoge

Im Sinne meiner Methodologie habe ich in Bezug auf Jörg Sommers *Dialogische Forschungsmethoden* aufgezeigt, dass sich ein *Forschen durch Dialoge* vom Interview darin unterscheide, dass nicht nur die Forschenden, sondern auch die Beforschten am Erkenntnisprozess beteiligt werden. ←\× In Anbetracht Sabischs Verweis auf die durch den rahmenden Forschungskontext aufgerufenen Ansprüche muss Sommers weiterhin gewichtiger Ansatz dieser bi-perspektivischen Denkweise vor dem Hintergrund der angemahnten Gewalt des Fragens betrachtet werden. Eine Frage zu stellen könne insofern, wie Eva Sturm beschreibt, als eine Hoheit betrachtet werden.[66]

←\-
Dia und Meta
S. 52

←\-
hin zum Gemeinsamen
S. 61

←\×
dialogisch
S. 139

Provokation durch Leere – diaikonischer Impuls eins: leeres weißes Blatt

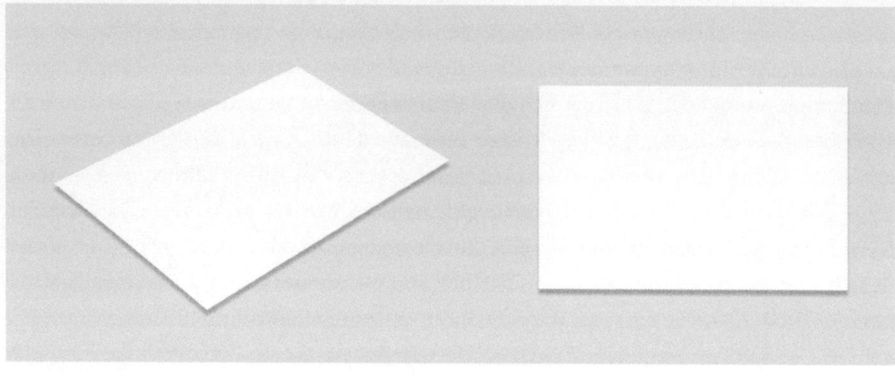

21

SJ: »
Ist das ein Bild? #00:01-7#

Doro: »
Ich würd ja sagen (P), weil es hat ja auch seine eigene Struktur und irgendwie (Livia: Ja) wirkt es ja auch auf jemanden. #00:12-2#

Wahrnehmung von Struktur

Das auf dem Tisch liegende weiße leere Blatt Papier wird als Bild aufgefasst. Mit dem Wort *›ich‹* wird betont, dass es sich um die eigene Sichtweise handelt. Diese wird möglicherweise nicht als verallgemeinerbar empfunden, denn im verwendeten Konjunktiv *(›ich würd ja sagen‹)* scheint ein Zögern oder eine Vorsicht auf, so als würde man probehalber versuchen, etwas zu sagen. Zudem scheint die angefügte Begründung *(›[...], weil‹)* infolgedessen als konditionale Bedingung für die unterstellte Bildlichkeit des leeren Blattes zu fungieren. Ob das leere weiße Blatt Papier eine bildliche Wirkung entfaltet hat, sodass *›es‹* auf Doro gewirkt hat, bleibt fraglich. Weil für sie darin eine Struktur sichtbar wurde *(›weil es hat ja auch seine eigene Struktur‹)*, könnte man ein eingetretenes Bildliches annehmen. Die *›eigene Struktur‹* wäre dann eine Figur oder Figuration, die sich Doro auf einem Grund gezeigt hat, als ein bildlich verstandenes *Etwas*, denn die Struktur wird hier wohl nicht als materiale Ebene wahrgenommen, insofern die Struktur die zugewiesene Bildlichkeit des Blattes bedingt.

Wirkung auf Andere

Auch wäre es möglich, dass die Begründung der Wirkung eine übernommene ist, denn die Wirkung wird nicht auf sich selbst bezogen, vielmehr wirke *›es‹* auf einen anonymen oder beliebigen Anderen *(›irgendwie wirkt es ja auch auf jemanden‹)*. Der verwendete Singular verdeutlicht, dass die Wirkung eher als singulärer Akt eines Einzelnen verstanden wird. Würde bspw. von einer Wirkung auf ›uns‹ gesprochen werden, dann würde die Wirkung als intersubjektiv begriffen werden. Zudem würde sich Doro mit einem ›uns‹ zum Kreis derer zählen, auf die das Bild wirkt, weshalb das, was Doro als mögliches Wirken beschreibt, sie selbst anscheinend verfehlt.

Asymmetrie zwischen Wahrnehmung und Wirkung

Bemerkenswert ist, dass die *›eigene Struktur‹* als zweifellos wahrgenommen wird, denn das Blatt *›hat‹* diese Struktur, während die Wirkung jemand Anderes erfährt. Dies weist dem Anschein nach trotz der verfehlten Wirkung auf ein Erfahren von Bildlichkeit hin, welches jedoch von der Wirkungsebene dieser Bildlichkeit getrennt wird. Die Struktur wäre demgemäß eine Metapher der Darstellungsebene, deren Affekte Doro nicht treffen.

Im Weiteren indiziert die zweimalige Verwendung der Konjunktion *›auch‹*, dass das weiße Blatt Papier *als Bild* und *nicht als Bild* aufgefasst werden kann, wenn wir das ›auch‹ als ein ›außerdem‹ oder ›überdies‹ verstehen. Der diaikonische Einschub, der sprachlich virtuell bleibt, wird als ›es‹ übersetzt, sodass Doro ihn selbst nicht versprachlicht (z.B. benennt, dass es ein Blatt Papier ist).

Hineinsehen eines zweiten Etwas

Indem Doro ihre Wahrnehmung von Strukturen beschreibt, vermute ich, dass sich ihr Bildverstehen auf etwas begründet, das sie am oder im Blatt Papier entdeckt hat. Das Blatt Papier scheint für Doro über seinen Status als Blatt Papier hinauszugehen, so als würde es sich von seiner eigentlichen Gegenständlichkeit ablösen und zu einem »zweiten Etwas werden«[67]. Die bereits bemerkte Asymmetrie zwischen Doros Wahrnehmung des Blattes und einem möglichen Wirken auf Andere zeigt eine eigenartige Distanz. Dass Doro grundsätzlich ihr Bildverstehen von einer Bildwirkung aus betrachtet, setzt meiner Ansicht nach an den Funktionen des Bildes an.

Livia: »
Wenn jemand das im Museum aufhängen würde und dann so hin schreiben würde ›Das Bild‹, dann wär es ja ein Bild. Also (Aletta: Ich glaube es ist...) ich finde alles kann ein Bild sein. #00:22-9#

institutioneller Kontext

Bei der zweiten Antwort auf meine Frage, die Livia einbringt, wird sehr deutlich mit der Perspektive eines Anderen begonnen (*›Wenn jemand‹*). Livia schließt damit an ihre Vorrednerin an. Ähnlich an ihrer Antwort im Vergleich zu Doro ist auch, dass Livia mit dem *›wenn‹* einen Konditionalsatz einleitet, der Umstände benennt, die eine Bildlichkeit des weißen Blattes bedingen könnten. Dazu werden zwei miteinander verbundene Dispositive herangezogen: der institutionelle Kontext des Museums und eine damit einhergehende Implikation, dass alles in einem Museum Platzierte als Bild gesehen werden kann (*›Wenn jemand das im Museum aufhängen würde‹*).

Zuschreibung durch Andere

Eine zweite Bedingung verstärkt eine mögliche Zuweisung von Bildlichkeit, dass das vorgelegte weiße Blatt Papier *als* Bild aufgefasst werden kann: wenn jemand durch einen Akt der eindeutigen Bezeichnung dieses Blatt Papier *als* Bild kennzeichnet (*›und*

»

dann so hin schreiben würde ›Das Bild‹, dann wär es ja ein Bild‹). Auch hier erfolgt die Zuschreibung über einen imaginierten Anderen.

persönliches Empfinden als Legitimation

Bemerkenswert erscheint mir an dieser Äußerung insbesondere der letzte Nachsatz, in dem Livia konträr zu den zunächst aufgestellten Bedingungen, unter denen für Andere das weiße Blatt Papier als Bild erscheinen könnte, ein Bild-sein von ihr als persönliches Empfinden deklariert und damit auch legitimiert wird. Ihr persönliches Empfinden zum vorgelegten bildreflexiven Impuls äußert sie demgemäß indirekt, denn Livia sagt nicht »Für mich ist das ein Bild«, sondern äußert vielmehr ein übergreifendes Verstehen von Bildlichkeit, das sich an ihrem persönlichen Empfinden festmacht und offen für *›alles‹* sei.

Anschlüsse an Kunst- und Ausstellungserfahrungen

Die Zuschreibung von Bildlichkeit gegenüber dem Blatt Papier wird also initial durch einen institutionellen Kontext legitimiert, was auf Livias Kunst- bzw. Ausstellungserfahrungen verweisen könnte, von denen ausgehend sie ihr Bildverstehen zu artikulieren beginnt. Dass die Zuschreibung Anderer für Livia eine wichtige Rolle zu spielen scheint, deutet darauf hin, dass es nicht unbedingt *ihrer* Ansicht entspricht, dass ein weißes Blatt Papier in einem Museum als Bild gilt. Diese Annahme wird verstärkt durch den Akt des Bezeichnens, auf den sie Bezug nimmt. Während sie dort von einem *›jemand‹* spricht, bringt sie abschließend eine für sie gültige Legitimation ein *(›ich finde alles kann ein Bild sein‹).* Dass alles Bild sein kann, bringt aber nicht zum Ausdruck, dass das weiße Blatt Papier für Livia ein Bild ist. Sie hält sich damit zunächst in ihrer Positionierung zurück. Im Weiteren scheint Livia ein Dispositiv der Kunst auf die Bilderfrage zu übertragen. So erinnert mich ihre Argumentation stark an den Satz »Kunst liegt im Auge des Betrachters«[68], der wohl auszudrücken versucht, dass die Kunstfrage nicht diskutierbar ist, sondern als eine rein subjektive Frage des Geschmacks gilt. Damit wehrt Livia den Dialog gewissermaßen ab, bzw. nivelliert in dieser Generalthese weitere Argumente. Was ANDREA SABISCH als »Vermeidung eines vertiefenden Sehens«[69] bezeichnet hat, könnte man an dieser Stelle anführen und ergänzend als *Vermeidung eines vertiefenden Sagens* benennen.

Dispositivübertragung

Vermeidung eines vertiefenden Sagens

Aletta »

Ich glaub das is liegt auch an der Umgebung also ich würd das halt
schon in der Umgebung sozusagen als Bild beschreiben,
ich weiß nicht ob jetzt ein Blatt Papier ein Bild an sich beschreiben
würde, aber... (unv.) hier sind ja trotzdem irgendwelche Flecken
oder sonst was drauf (unv.) (Kichern der Gruppe).
Ja, es ist nicht hundertprozentig weiß.
(unv. kichern, zustimmen, Gemurmel der Gruppe) #00:00:48-3#

Befragung der Materialität

Aletta, die schon einmal ansetzt, ihre Gedanken zu äußern während Livia spricht, greift zunächst die von Livia angeführte Kontextualisierung auf und verallgemeinert damit Livias Beispiel des Museums als *›Umgebung‹*. Aletta versprachlicht erstmalig das, was vorliegt: Sie bezeichnet den diaikonischen Einschub als *›Blatt Papier‹*. Daran knüpft sie eine indirekte Frage an sich selbst an, indem sie ihre Ungewissheit darüber benennt, ob *›ein Blatt Papier ein Bild an sich beschreiben würde‹*. Dabei distanziert sie sich gewissermaßen von dieser Frage, indem sie nämlich nicht sagt, ob sie *›an sich‹* ein Blatt Papier als bildlich verstehen würde, sondern sie formuliert dies explizit auf das Blatt Papier bezogen (*›ob jetzt ein Blatt Papier ein Bild an sich beschreiben würde‹*). Auffällig erscheint mir zudem, dass sie von *›beschreiben‹* spricht, so als wäre das Blatt Papier eine Beschreibung, eine ikonische Definition von »Bild«. Dass das Blatt nicht *›hundertprozentig weiß‹* ist, scheint ähnlich wie eingangs bei Doro ein Moment zu sein, indem sich das Blatt von seiner eigentlichen Gegenständlichkeit ablöst.

Figurationen, die sich bilden

Während die Zuschreibung über den Kontext und die daran anschließende Befragung des bildreflexiven Impulses außerhalb dieser *›Umgebung‹* aufeinander bezogen sind, wechselt ihre Argumentation nach einem *›aber...‹* schlagartig. Die kurze Pause und ein kurzes unverständliches Gemurmel weisen möglicherweise auf einen Moment hin, in dem Aletta angesichts des Blatt Papiers etwas Anderes in den Sinn kommt. Es ließe sich mutmaßen, dass sie etwas bemerkt hat, das sie zu einer anderen Weise der Argumentation veranlasst. Denn Aletta bemerkt *›hier sind ja trotzdem irgendwelche Flecken oder sonst was drauf‹*, was als Hinweis gedeutet werden könnte, dass sich ihr etwas zeigt, sich etwas figuriert, das sie nun zu beschreiben versucht. Die Anderen reagieren mit einem Kichern, das Aletta vielleicht auch zu der Bekundung der zweiten Begründung führte: *›Ja, es ist nicht hundertprozentig weiß.‹*

Geste des Zeigens

Die bemerkten Flecken scheinen eine *ikonische Differenz* zu erzeugen, stellen einen *Figur-Grund-Kontrast* her, indem sie für Aletta auf dem Blatt erscheinen. ←\- Vielleicht hat bereits Doros Hinweis auf die *›Struktur‹* des Blattes Aletta veranlasst, dieses genauer in den Blick zu nehmen. Man könnte dies als Prozess einer Figuration beschreiben. Die Leere des Blatt Papiers scheint ein Hineinsehen von etwas zu provozieren. Dies, so vermute ich, geschieht erst durch die Rahmung meiner Frage, indem diese vielleicht Bilderfahrungen assoziieren lässt und so abstrahierend die Geste des Bildes, etwas zu zeigen, auf das Blatt Papier übertragen wird.[70] Auch die bei Livia und Aletta formulierten Legitimationen durch den Kontext verweisen noch einmal auf meine Frage *›Ist das ein Bild‹*, insofern diese bereits nahelegen könnte, dass die Umgebung des gemeinsamen Gesprächs erlauben könnte, das vorgelegte Blatt Papier als Bild zu betrachten.

Kichern als fraglich werden?

Das Kichern der Anderen mag ein Hinweis darauf sein, dass sie überrascht sind von der Argumentation Alettas oder sie diese durch ihr Kichern befragen, so als würde das Kichern die Ernsthaftigkeit dieser Argumentation zur Disposition stellen. Andrea Sabisch hat ähnlich danach gefragt, ob ein solches Kichern einen Moment der Abwehr bildet.[71] Eine andere Lesart dieses Kicherns wäre, dass das Hineinsehen von etwas (Flecken) weit hergeholt, absurd oder grenzwertig scheint, was wiederum auf die Vorstellungen der Schülerinnen von Bildlichkeit verweisen könnte.

←\-
bildliche Differenz
S. 41

Doro »

Naja, wenn mans anfässt oder so,
dann kommt da ein kleiner Knick rein oder so,
das is ja auch schon (unv.; Livia unterbricht) #00:00:54-1#

Doro nimmt nach Alettas Beschreibung der ›*Flecken*‹ ihr Anfangsargument der ›*Struktur*‹ wieder auf, ergänzt dies aber um eine bemerkenswerte Ebene: Während zuvor ausgehend von der Rezeption etwas in das Blatt hineingesehen wurde, deutet Doro nun eine produktive, bildnerische Geste an, mit der sie etwas an dem Blatt Papier zum Vorschein bringen könnte (›*Naja, wenn mans anfässt oder so, dann kommt da ein kleiner Knick rein*‹). Anstatt aber von einem gezeichneten Strich oder einem anderen additiven Bearbeiten des Blattes auszugehen, setzt Doro an der Materialität des Papieres an, das man Knicken kann. Der Knick, der sich unwiderruflich in das Papier einschreiben würde, indem er einen Schatten wirft, der auch haptisch spürbar wäre, stellt eine andere Weise der Figuration dar. Damit assoziiere ich die Arbeit *The Photograph* von Luis Camnitzer [#22], in der dieser an einem Blatt Papier unterschiedliche Bildpraxen oder bildnerische Gestaltungsmittel zeigt. So kann Doros ›*Knick*‹, der ein imaginierter Knick bleibt, als Weise der Zeichnung betrachtet werden, die das Blatt Papier verändert, seine Materialität aufgreift. Da Doro hier eine Veränderung des Blattes in Betracht zieht, weist dies Übergänge zu einer Bildpraxis, einem Bildhandeln auf. Obwohl meine Frage nicht darauf ausgerichtet ist, was man mit dem vorliegenden Impuls machen kann, damit es ein Bild ist, wird die Vorstellung einer möglichen Bearbeitung (vllt. ähnlich wie bei Livia die Vorstellung, das Blatt Papier in ein Museum zu hängen) zum Ansatzpunkt, das Vorgelegte als Bild zu verstehen.

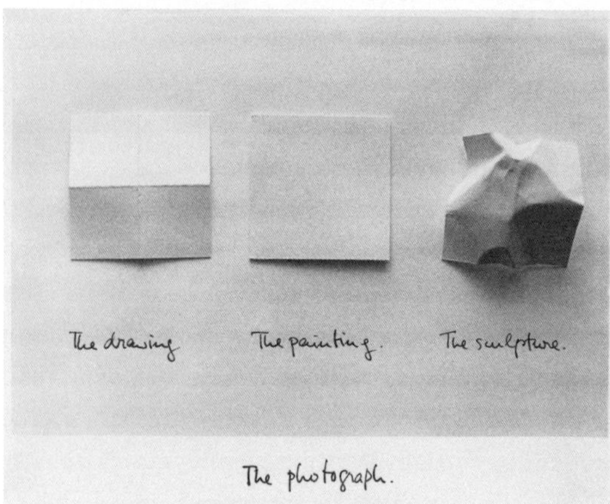

22

Darstellungsleistung des Bildes

Sie selbst versucht die imaginierte Veränderung durch den Knick einzuordnen und setzt an mit ›*das is ja auch schon*‹, wird aber unterbrochen, sodass sich lediglich mutmaßen lässt, dass sie vielleicht sagen wollte ›*das is ja auch schon [etwas]*‹. Ich könnte mir vorstellen, dass Doro auf eine ikonische Ansichtigkeit ←\≥ von Bildern Bezug nimmt sowie auf eine »Darstellungsleistung des Bildes«[72], indem ihrem Verstehen zufolge Bilder etwas zur Darstellung bringen, etwas ansichtig machen.

Livia »

Wobei man ja eigentlich auch sagen muss, dass für jeden da ne eigen
äh eine eigene Definition sozusagen, also es gibt für jeden eine eigene

←\≥
bildreflexive Dehnungen und Wandlungen eines ikonischen Blicks?
S. 246

Definition, für den einen wär das ein Bild für den anderen nich. Man kann ja jetzt nicht sagen ›Das ist ein Bild und das nicht‹, so find ich (Doro: Ja) #00:01:09-4#

Pluralität des Bildverstehens

Auch Livia nimmt noch einmal Bezug auf ihre anfängliche Argumentation, die ich in Anschluss an Sabisch, als Vermeiden eines vertiefenden Sagens betrachte, insofern Livia die argumentative Annäherung zu unterbinden versucht. Als wäre es eine Notwendigkeit, darauf zu verweisen (*›Wobei man ja eigentlich auch sagen muss‹*), sagt sie erneut, dass die Bilderfrage Ansichtssache sei und jede*r eine eigene Definition von Bild habe. Sie geht dabei soweit, dass sie indirekt meine Frage (*›Ist das ein Bild?‹*) als eine nicht zu beantwortende Frage ausweist. So könne man nicht sagen *›Das ist ein Bild und das nicht‹*. Das Vermeiden eines vertiefenden Sagens könnte gewendet betrachtet auch auf eine sehr geisteskluge Sichtweise hindeuten, als wäre Livia die Pluralität des Bildbegriffs bewusst. ←\≈ In Anbetracht ihres anfänglichen Bezugs zum Museum und einer damit angezeigten Übernahme des Dispositivs (Kunst/Bild liegt im Auge der Betrachter*innen) tendiere ich dazu, dass ihr Bildverstehen durchaus diese Pluralität des jeweiligen Bildbegriffs aufgreift, dieses aber maßgeblich von den eigenen Bild- und Kunsterfahrungen geprägt zu sein scheint.

abhängig von eigenen Erfahrungen

Sagen auf Probe

Doro, die bisher eine eigene, ganz andere Argumentation verfolgt hat, scheint sich dieser Generalthese anzuschließen, indem sie ein bestätigendes *›Ja‹* verlauten lässt. Vor dem Hintergrund ihrer bisherigen Argumentationsversuche erscheint diese Bestätigung von Livias Aussage als eine Relativierung, so als wäre Livias Sichtweise eine weitere denkbare Ansicht, wie man der Bilderfrage begegnen könnte. Meines Erachtens spricht dies für ein sehr tastendes Verhalten der Schülerin, unterschiedliche Begründungen oder Ansätze im Dialog versuchsweise auszuprobieren.

Pina: »
Mh, ich würd auch sagen das is n Bild ist, weil das ist ja was, das man irgendwie, man nimmt das ja wahr und man guckt es an…man kanns ausstellen (kichert). Also…für mich ist das schon ein Bild #00:01:20-5#

affirmative Geste

Pina, die sich zuletzt zu Wort meldet, fällt dadurch auf, dass sie an das zuvor Gesagte mit einem *›auch‹* anschließt – sie *›würd auch sagen das is n Bild ist‹*. Sie scheint im gesamten Dialog oder zumindest bei ihrer Vorrednerin Livia wahrzunehmen, dass diese das Blatt Papier als Bild verstanden hat. Ihre Sichtweise erscheint wie eine resümierende Zusammenfassung des Gesagten, indem sie sowohl das Argument der Wahrnehmung bzw. des Zeigens aufgreift (*›weil das ist ja was, dass man irgendwie, man nimmt das ja wahr und man guckt es an‹*) und auch das Argument des Kontextes (*›man kanns ausstellen‹*). Während ihre Antwort am Anfang und am Ende auf eine rahmende Weise ihr Bejahen beinhaltet (*›Mh, ich würd auch sagen das is n Bild ist, […] Also…für mich ist das*

←\≈
Pluralität von Bildbegriffen als Motor von Reflexion?
S. 268

schon ein Bild‹) formuliert sie den Mittelteil mit dem Adverb *›man‹*, so als wären das entweder Andere oder vielleicht die anderen Beteiligten, mit denen sie sich zusammen in der Inter//vention befindet. Für Letzteres würde sprechen, dass sie die Argumente der Anderen nachzeichnet, ohne eigene andere Aspekte einzubringen. Auch die Satzkonstruktion weist eine fast wiegende Rhythmik auf *(›man nimmt das ja war und man guckt es an…man kanns ausstellen‹)*, so als würde sie die Vielfalt der Sichtweisen sprachlich nebeneinander reihen.

SJ: »

Mhm. #00:01:21-3#

Inszenierung einer Differenz – diakonischer Impuls zwei: weißes Blatt mit schwarzem Rahmen

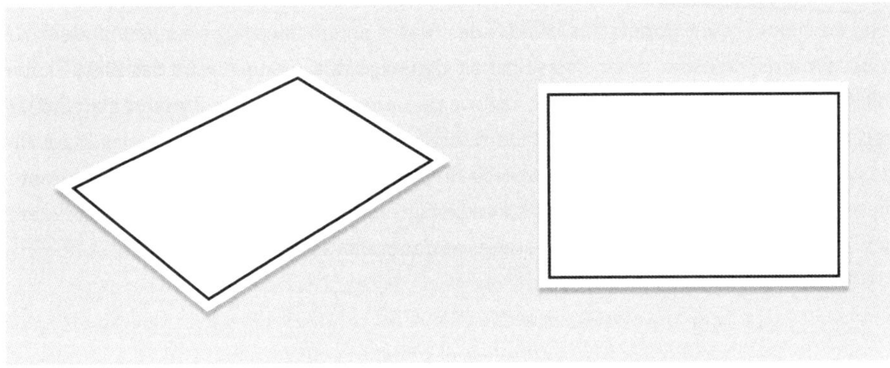

23

SJ: »
Und dieses hier? #00:01:36-8#

Livia: »
Ja! #00:01:38-0#

Doro: »
Is für mich auch ein Bild, muss ich sagen (Pina: Ja) (P). Is ja auch n... n Individuum, also auch wenns jetzt mit n Lineal gezeichnet wurde (Lachen der Gruppe), weil die Ecken zum Beispiel die sind ja sehr... verschieden (lacht) wenn man das mal so sagen kann. Und auch die Stiftbreite könnte man auch anders wählen oder die Stiftfarbe, Schwarz ist nicht immer Schwarz. (P) Und ja, ich find es wirkt ja auch irgendwie, wie das andere auch, es wirkt einfach auch auf einen. #00:02:07-5#

Virtualität als Movens eines Sagens

Der zweite Impuls wird von Livia sofort mit einem lauten *›Ja‹* als Bild bezeichnet. Auch Doro und Pina bestätigen dies. Doro bezeichnet das Vorgelegte als *›Individuum‹*. Sie registriert Unebenheiten am Rahmen und benennt auch direkt, dass dieser *›gezeichnet‹* sei. Sie markiert damit eine Virtualität dieses Rahmens als Zeichnung, der auch mit einer anderen *›Stiftbreite‹* oder *›Stiftfarbe‹* hätte anders sein können. Die Virtualität scheint für Doro ein Movens ihres Sagens zu sein.

gesteigerte Bildlichkeit?

Augenfällig wird auch, dass Doro diesen Impuls zu dem vorherigen Impuls ins Verhältnis setzt. Sie greift dazu erneut den Wirkungsaspekt auf und formuliert: *›Und ja, ich find es wirkt ja auch irgendwie, wie das andere auch, es wirkt einfach auch auf einen‹.* Während sie beim ersten Impuls das Wirken des Blatt Papiers allerdings nur ›jemanden‹ zuwies, nimmt sie diesmal auch sich selbst als diejenige mit hinzu, auf die das Blatt Papier mit schwarzem Rahmen wirke. Man könnte dies einerseits als eine Zunahme an Sicherheit in der Situation deuten, sodass Doro jetzt zum Ausdruck bringt, dass das Blatt auf sie wirkt. Andererseits – und das halte ich für einen eher gewagten Gedanken – könnte dieser Impuls vielleicht mehr Anhaltspunkte bieten, sich als Bild erfahren bzw. bezeichnen zu lassen. In der Inter//vention stelle ich daher etwas später die Frage:

SJ: »
Und ist das Bild mehr Bild
als das Bild davor? #00:03:14-8#

Livia: »
Ne. Würd ich nicht sagen. (Pina: Nein / Doro: Ich auch nicht / Pina: Ich würd das auch nicht sagen...) Dafür müsste man ja wissen, was sozusagen ein Bild ist, also als Definition aufgeschrieben haben um zu sagen ›Das ist näher dran...(Doro unterbricht) #00:03:24-4#

Abwehr

Meine Nachfrage, mit der ich versuche herauszufinden, ob der aufgezeichnete Rahmen etwas verändert hat und ob dieser vielleicht die Bildlichkeit des Blatt Papiers gesteigert hat, wird von Livia, Pina und Doro negiert. Wohl wissend, dass Bild keine gesteigerte Form zulässt, ←\- ist Livias Antwort auf meine Frage erstaunlich: So müsse man zur Beantwortung meiner Frage wissen *›was sozusagen ein Bild ist, also als Definition aufgeschrieben haben um zu sagen ›Das ist näher dran‹‹.* Livia versucht zum zweiten Mal eine meiner Fragen zu demontieren, indem sie aufdeckt, dass diese nur dann Sinn mache, wenn man eine Definition hätte. Ich vermute, dass im Anschluss an den Dialog über den ersten Impuls, der eine Pluralität der Sichtweisen aufgezeigt hat, Livia diese Pluralität bedenkt und daher meine provokative Frage nach einem *›mehr Bild sein als vorher‹* zurückweist. An Livias Antworten scheint ein Verständnis ihrerseits auf, dass die Bilderfrage eine subjektive ist und deshalb meine Nachfrage in diese Sichtweise nicht eingeordnet werden kann.

Abwehr zugunsten einer Stabilisierung?

An der Weise wie Livia formuliert, fällt noch etwas Anderes auf. So arbeitet sie eine indirekte Rede[73] in ihre Antwort ein *(›um zu sagen ›Das ist näher dran‹‹).* Noch deutlicher wird dies an zwei weiteren Aussagen von ihr zu dem Impuls:

Livia: »
Jaa, ich würd auch sagen, das n paar Leute vielleicht ähm sagen würden jetzt so ›Ne das ist kein Bild‹ aber, sobald das irgendwie von

←\-
Noch-Nicht-Bild?
S. 46

– ≈ × × ≈ – – × – ≥ ≈

irgendnem richtig berühmten Künstler so als Bild verkauft wird, dann würde jeder sagen ›Ja, ist n Bild‹. (Gruppe stimmt zu) Also ob man es für gut empfindet, is dann natürlich noch was anderes, aber...ja. #00:02:25-1#

Livia: »

Aber ich bin mir sicher, dass es irgendwelche Leute äh gibt, die sagen würden (verzerrt die Stimme) ›Ja, aber das, das zeigt doch überhaupt nichts‹ (Zustimmung durch die Gruppe: Ja. / Pina: Das würd ich auch sagen, aber... / Doro: Klar.) ›man erkennt doch überhaupt nichts‹, ja ›keine Botschaft drin« (lacht) So. #00:03:09-4#

Livia verstellt im zweiten Beispiel ihre Stimme, so als ob sie jemand Anderen spielen bzw. imitieren würde, vielleicht um die Sichtweise eines *imaginierten Anderen* einzunehmen, einer Person außerhalb dieser Inter//vention. Sie inszeniert darin gewissermaßen eine fremde Rede, sodass ihre Rede in einer fremden Rede wiederhallt, wie Bernhard Waldenfels ein solches »so tun, als ob« beschreibt.[74] Eine andere Lesart dieser *Imitation eines Anderen* könnte sein, dass sie sich selbst noch einmal *als Andere* in den Dialog einbringen möchte, um *Durchzuspielen,* wie man oder eben auch sie anders argumentieren könnte. Vielleicht entspricht dies auch ihrer Sichtweise, die sie aber in der dialogischen Situation dieser Inter//vention nicht direkt einnehmen möchte – vielleicht nicht wegen der Anderen, vielleicht nicht wegen mir, vielleicht um das Spiel dieser Inter//vention mitzuspielen. Ein Anhaltspunkt dafür könnten die bereits erwähnten Dekonstruktionen meiner Fragen darstellen.

imaginierter Anderer

anderes Ich oder ich als Anderer

durchspielen

SJ: »

Und welche Argumente hätten die Leute, die sagen ›Das ist kein Bild‹? #00:02:28-1#

Aletta: »

Naja, das is ja überall, aber ich finde nich, dass das ein gutes Argument ist, also ich glaube die würden dann halt sagen ›Ja, dass is ja nur ein schwarzer Rahmen oder n schwarzes Viereck, was auf dem weißen Blatt ist‹, aber ich glaube ein Bild, also für mich ist der Begriff Bild recht weit gefasst insofern (Pina: Genau. / Doro: Ja. Das stimmt.), also ein Bild ist auch ein Bild was entsteht sozusagen (P) was Raum für ein Bild schafft... also #00:02:54-6#

Ich greife Livias Spiel auf und frage nach den Argumenten jener Leute, die sagen, das ist kein Bild. Aletta antwortet auf diese Frage, indem sie die materiale Ebene des Blatt Papiers und der Zeichnung beschreibt und in einem zweiten Schritt von einem Bild

Bildentstehung

spricht, das entstehen könne. Mit W.J.T. MITCHELL ließe sich dies möglicherweise als Unterscheidung des »picture« von einem »image« bezeichnen.[75] →\÷ Aletta scheint meiner Ansicht nach darauf zu referieren, was sich angesichts einer Sache, eines Blatt Papiers oder etwas Anderem zeigt. Wörtlich sagt sie, *›was Raum für ein Bild schafft‹*[76], so als ginge es um einen Ort, an dem *›Bild‹* entstehen könne. Vor dem Hintergrund eines Bildwerdens und eines Blickwerdens bin ich versucht, dies als Andeutung eines Bildverstehens von Aletta zu begreifen, das einer Performanz des Bildlichen nahekommt und auch einem »ikonischen Blick«, der als spezifischer Blick ein Blick sei, indem etwas als Bild erscheine. ←\≥ Diese Lesart mache ich an der Zweiteilung von einem Bild als Objekt und einem Bild als etwas, das entstehen kann, fest, die Aletta meines Erachtens in ihrer Antwort leistet.

Inszenierung einer Differenz

Begriffsbildung?

Letztlich erscheint mir auffällig, dass Aletta in diesem Zusammenhang vom *›Begriff Bild‹* spricht und dass dieser für sie *›recht weit gefasst‹* sei. Vielleicht ist dies ein Hinweis darauf, wie Aletta die Situation oder auch den Sinn des Dialogs einordnet. So scheint es ihrer Ansicht nach um ein Verhandeln über den *›Begriff Bild‹* zu gehen, vielleicht eine Begriffsbildung im Dialog.

→\÷
bildreflexive Wendungen zwischen Bildlichem und Betrachter*innen
S. 376

←\≥
ikonischer Blick – Anlässe und Ansprüche
S. 240

Hervorlockung einer Bildfindung – diaikonischer Impuls drei: leerer Rahmen

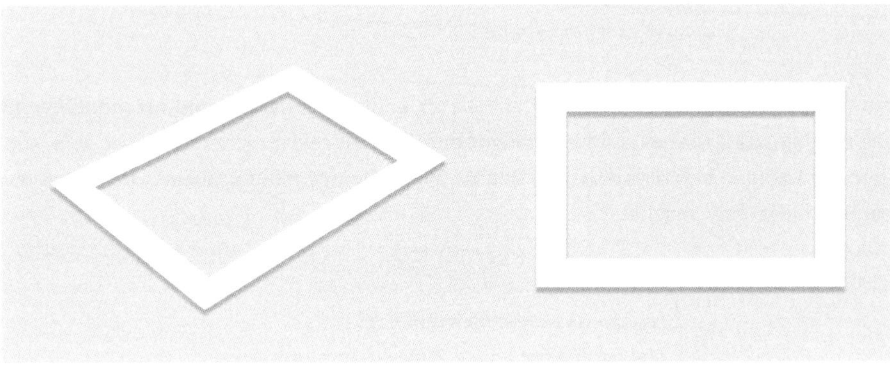

24

(Lachen) #00:04:06-2#

Im Folgenden lege ich einen weißen Rahmen vor, woraufhin die Gruppe zunächst lacht. Dieses gemeinsame Lachen könnte man mit Henri Bergson als eine Geste der Sozialität und Alterität begreifen. So bedürfe der Widerhall des Lachens, wie er schreibt, eines Echos.[77] Bernhard Waldenfels betrachtet das Lachen aus Sicht der Antwortweise. So sei Lachen auf eine Grenzsituation zurückzuführen, »die mit normalen Mitteln des Verhaltens nicht zu bewältigen« sei.[78] Doch was initiiert hier eine Grenzsituation? Das Lachen zeigt sich als etwas Unerwartetes[79], als ein leibliches Antworten. Da folgend alle Beteiligten der Inter//vention bejahen, dass es sich bei dem Rahmen um ein Bild handelt, bin ich mir unsicher, ob ihr Lachen wirklich auf eine Grenzsituation verweist oder Ausdruck dessen ist, dass sie überrascht sind. Ohne dass ich es an einem bestimmten Aspekt belegen könnte, wirkt ihr Lachen auf mich wie eine Antwort auf die Situation der Inter//vention. Damit will ich andeuten, dass sie das ›Spiel‹ meiner Provokation, Hervorlockung oder versuchten Irritation gewissermaßen durchschauen. Damit wäre ein Ansatz gegeben, auf welche Art Grenzsituation das Lachen verweist, nämlich die Grenzen dieser inszenierten Situation, innerhalb der die Schülerinnen, wie ich bereits zu Livias Antworten angemerkt habe, das Spiel erkennen und vermutlich meinetwegen mitspielen.

Lachen als soziale Geste

Lachen als Antwortweise

Antworten auf das ›Spiel‹ der Inter//vention

»

Doro: »
Weil, dass fängt ja auch das ehm ein sozusagen ...
also wenn man jetzt (Gemurmel) ja, es fängt ein Bild ein,
also es macht ein Bild #00:04:21-3#

Bildfänger

Doro bezeichnet den leeren Rahmen als Bildfänger, der ein Bild mache. Obwohl alle bejahen, dass dies ein Bild ist, scheint der Rahmen selbst nicht das Bild zu sein, sondern der Rahmen befähige dazu, ein Bild zu sehen. Demgemäß formuliert Doro, dass *›es‹* ein Bild fange bzw. mache.

Aletta: »
Du kannst es hochnehmen oder so
und dann irgendeinen Bildausschnitt betrachten.
(Doro: Ja.) [...] #00:04:33-0#

Bildfindung

Aletta greift diesen Impuls Doros auf und verstärkt in einer imaginierten Verwendung des Rahmens dessen Differenz gegenüber dem, was der Rahmen einfängt. Als Apparatur, mit der man *›irgendeinen Bildausschnitt betrachten‹* könne, avanciert der Rahmen zu einem Moment der Bildfindung. Mit Dieter Mersch könnte man dies als Differenzmoment des Ikonischen bezeichnen. Anders als beim zweiten Impuls, bei dem die aufgezeichnete Rahmung eher eine Figuration bildete, wird der Rahmen des dritten Impulses von dem eingefassten Bild differenziert. Bemerkenswert erscheint mir allerdings, dass die »reflexive Vexierung«, die »Indifferenz der Rahmung«, die Mersch benannt hat[80], hier keine größere Rolle zu spielen scheint, denn der Rahmen bleibt ›Rahmen‹, ohne dass er vom Blick besetzt wird. ←\≤ Wie Doro formuliert, *›mache‹* der Rahmen das Bild. In Rekurs auf Mersch und Horst Bredekamp habe ich herausgearbeitet, dass die Rahmung auch so etwas wie einen »Wurf« darstellt, der das Bild »ent-wirft«, ihm einen Radius gibt. Dies scheint mir im Handeln der Schüler*innen eine gestische Übersetzung zu finden.

Gesten der Rahmung

Aletta: »
[...] Ich glaub das gibt es in irgendwelchen Kunstgalerien öfter mal,
dass man immer...das man son Viereck, son Rahmen hat
(Livia: Was, wirklich?) und den dann genau (unv.) Kunst (unv.)
(Livia unterbricht) #00:04:33-0#

Aletta: »
Das gibt es auf jeden Fall im Barfußpark (Doro: Ich hab das aber auch schon mal gesehen) ... und da ist eine große, äh ein großer Rahmen aufgestellt und dann kann man sich da von verschiedenen Winkeln vorstellen und sich dann halt genau äh n andern Abschnitt denn

←\≤
Kontrast und Rahmung:
Schwellen zum Bildlichen
S. 209

(Livia: Achso.) zum Beispiel (unv.) (Pina: Ja). Aber, äh das ist eigentlich ganz spannend, wenn man das jetzt hochnehmen würde, dann könnt ich jetzt auch gucken...betrachte ich jetzt nur den Abschnitt oder den Abschnitt und kann sich dann genau auf dieses Bild was dann entsteht konzentrieren. #00:05:03-7#

einfallende Bilder

Aletta verknüpft den Rahmen assoziativ mit anderen Seh- bzw. Bilderfahrungen (›Kunstgalerie‹ ›Barfußpark‹). Mir scheint dies auf Didi-Hubermans Anmerkung zu verweisen, in der Bilderfahrung einen Dialog zu anderen Bildern herstellen zu wollen[81], oder wie Manfred Behr es benennt: zum inneren »imaginären Museum«[82].

Blickschleusen

Aletta erläutert im Weiteren welche Funktion die Rahmen *(›son Viereck, son Rahmen‹)* in Kunstgalerien oder im Barfußpark haben können und beschreibt, dass man sich in *›verschiedenen Winkeln‹* davorstellen und dann unterschiedliche *›Abschnitte‹* sehen könne. Sie bezieht sich auf die Relation ihres Betrachterinstandpunktes gegenüber dem, was der Rahmen einfasst, so als wäre dieser eine »Blickschleuse«[83]. Nimmt man das Motiv der Schleuse ernst, die unterschiedliche Höhen an Gewässern ausgleicht, indem sie in einem Zwischenraum den Wasserspiegel jeweils dem Außen anpasst, überbrückt die Schleuse etwas. Der Rahmen überbrückt an dieser Stelle vielleicht auch etwas, nämlich qua Differenzbildung und, wie Aletta es nennt, durch eine *›Abschnitt‹*-Bildung. Der Rahmen als bildgebende Apparatur löst in bestimmter Weise etwas aus der Visualität heraus, um es als Bild zu inszenieren.

Antworten durch Be-greifen

Die Schülerinnen beginnen die zunächst sprachlich imaginierten Handlungen am Rahmen tatsächlich zu vollziehen, indem sie den Rahmen liegend auf dem Tisch verschieben, drehen und wenden. Man könnte dies als eine Geste der Vergewisserung verstehen, als ein Antworten durch ein *Be-greifen*, denn im Gespräch beschreiben die Schülerinnen, wie sich das Bild immer wieder verändere, immer wieder ein anderes sei, wenn sie den Rahmen drehen oder verschieben.

SJ: »
Und wenn ich jetzt so mache? #00:05:52-7#
(ich halte den Rahmen in die Luft)

Livia: »
Ja, ich mein Bilder können ja auch aufgehängt werden. #00:05:57-5#

Sozialisation mit Bildern

Da keine der Schülerinnen den Rahmen hochhebt, ich aber bei mir den Impuls verspüre, greife ich den Rahmen[84], halte ihn in die Luft und versuche, ohne zu benennen, was ich tue oder womit ich dies tue (dem leeren Rahmen), mit meiner Frage zu erfahren, was dies für den Bildstatus des Rahmens bedeutet *(›Und wenn ich jetzt so mache?‹)*. Livias Antwort zeigt sich vor dem Hintergrund der bisherigen Diskussion auffällig, insofern sie meine Handlung nicht als Realisierung der zuvor von Aletta imaginierten Gesten

÷

»

auffasst, sondern als eine ihr geläufige Bildpraktik deutet, nämlich das Aufhängen von Bildern. Aletta aber nimmt meine Geste als Realisierung ihrer Beschreibung wahr und findet auch bei Doro und Pina darüber Zustimmung:

Aletta: »
[...] Das ist das, was ich eben meinte glaub ich, also (Doro: Ja.) das is das mit dem Bildausschnitt, was ich eben versucht hab (Pina: Ja) (Doro: Mhm) zu beschreiben. #00:06:00-3#

Ich frage ergänzend danach, wo sich das Bild jetzt befindet, um noch einmal zu einer bildreflexiven Annäherung herauszufordern:

Livia: »
Na das kann ja jeder selbst sehen. Ich würd sagen, manche sagen, das hier ist das Bild, wenn sie sagen das, was man sozusagen da drin sieht, also ähm (leise) was ausgeschnitten ist. #00:06:09#

Aletta: »
Also ich seh das jetzt auch so so so halb. #00:06:11-1#

Livia: »
Das stimmt ich kann auch so (unv.) sehen. #00:06:13-4#
(unv. Gemurmel in der Gruppe)

vom Sehen ausgehend

Livia und Aletta setzen am Sehen (*›Na das kann ja jeder selbst sehen‹*) bzw. ihrem Sehen an (*›ich seh das jetzt auch so so so halb‹*). Sie scheinen das Bild also abhängig von einem/ihrem Sehakt zu betrachten. Dass insbesondere Livia versucht, die Frage nicht nur auf sich bezogen, sondern auch allgemeingültiger zu beantworten, wird daran deutlich, dass sie erneut die Sichtweise von Anderen imaginiert (*›manche sagen das hier ist das Bild‹*). Sie lässt Andere sprechen oder mitsprechen.[85] Bemerkenswert erscheint daher auch, dass sie von einem Bild- bzw. Blickakt ausgeht, den jeder selbst vollziehe. Auf mich wirkt dies zunächst so, als würde Livia das Bildwerden als Akt verstehen und sich von einem Bildbegriff distanzieren, der das Bild als Objekt eindeutig identifizieren würde. Ich vermute allerdings, dass sie ein solches Bildwerden angesichts des Rahmens sehend erfährt, dieses aber vielleicht entgegen ihrer Auffassung von ›Bild‹ steht. Mein Eindruck stützt sich einerseits auf das, *was* Livia zu sagen (ver)sucht (z.B. Generalthese: Bild liegt im Auge der Betrachter*innen), und andererseits, *wie* sie zu sagen (ver)sucht. So fällt an ihrer Antwort erneut das Sagen bzw. Mitsprechenlassen Anderer auf (*›Ich würd sagen, manche sagen‹*).

Bildakt und Blickakt

Doro: »
Also ich würd sagen, es gehört beides dazu,
also der Rahmen sowie der Inhalt.
Also...(Livia: Ja.) (P4) #00:06:15-8#

Doro scheint aus den Antworten ihrer Vorrednerinnen zu schließen, dass diese nur das, *›was ausgeschnitten ist‹*, als Bild verstehen. In Anschluss an das Gespräch zeigt sich dies als kohärent, insofern die Schülerinnen den Rahmen als Bildfänger, quasi als Mittel, um Bilder zu sehen, beschrieben haben, als etwas, das einen *›Abschnitt‹* setzt. Doros Antwort könnte einerseits nun doch auf Merschs angemerkte »Indifferenz der Rahmung«[86] bezogen werden, sodass ihr Blick vexierend auf den Rahmen wie auch auf das Eingefasste (*›der Inhalt‹*) fällt und sie versucht, diesen Wechsel in ihrem Sehen zum Ausdruck zu bringen. Vielleicht fällt Doro auch auf, dass es ohne den Rahmen auch nicht den Bildausschnitt gibt, sodass der Rahmen als »Setzung eines Unterschieds« für die Bildlichkeit konstitutiv ist.[87]

Indifferenz der Rahmung

Rahmung als bildkonstituierend

Das Gespräch über den vorgelegten Impuls des leeren Rahmens zeigt eine Öffnung des Bildverstehens bzw. des eigenen Bildbegriffs, insofern Livia im Anschluss anmerkt, dass es auch bewegte Bilder gebe, die aus einzelnen Bildern bestünden:

Öffnung des Bildbegriffs

Livia: »
Es gibt ja auch bewegte Bilder (lacht). Filme (lachend) (andere kichern auch). Sind ja auch, bestehen ja auch aus einzelnen Bildern.
Äh Fotos, in dem Fall. #00:06:57-3#

Auch führt Livia kurz zuvor ein Beispiel an, indem sie eine künstlerische Performance beschreibt, die sie auch als eine *›Art Bild‹* bezeichnet. Sie weist darin eine Analogie aus und assoziiert ein Körperbild bzw. ein situatives Bild.

Livia: »
Weil es gibt ja auch, es gab ja auch mal ne Ausstellung, wo sich eine Frau einfach an nen Tisch gesetzt hat und man konnte sich auf die andere Seite des Tisches setzen und sie hat einfach nichts gemacht und einfach als... hat...(stockt) ssso wie eingefroren saß sie da die ganze Zeit. Also das is denn auch ein eine Art Bild. #00:06:40-2#

÷

»

Irritation des ikonischen Als – diaikonischer Impuls vier: Schwamm

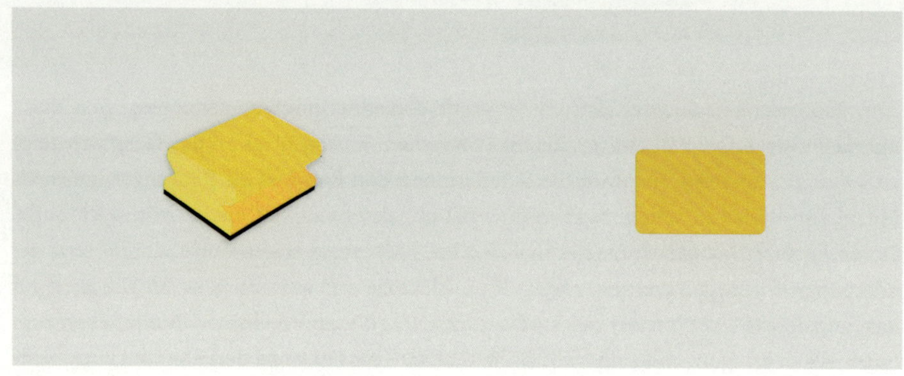

25

Als nächsten Impuls lege ich einen Schwamm auf den Tisch. Diesmal frage ich versehentlich direkt, ob das Vorgelegte auch ein Bild sei.

> Doro: »
> Ist schwer zu sagen (Pina kichernd: Jaa.),
> weil für mich wär das jetzt eher wieder son plastisches
> (Pina: Gegen-stand) 3D Gegenstand, ja (Pina: Ja, mehr son) (unv.) #00:07:25-4#

›schwer zu sagen‹

Doro merkt an, dass es *›schwer zu sagen‹* sei.[88] Ähnlich wie Dieter Mersch bestimmte Schwellenphänomene benannt hat, bei denen es nicht immer leicht sei zu entscheiden, ob sie als Bild betrachtet werden können oder auch nicht, scheint für Doro dieser Schwamm eine Ungewissheit zu initiieren. ←\≥ Sie formuliert im Konjunktiv, was *›das‹* (das Vorliegende) *›jetzt‹* (in diesem Moment, in dieser Situation) für sie *›wär‹* (was es sein könnte, wie sie es aktuell einordnet). Obwohl sie nicht direkt äußert, dass der Schwamm für sie kein Bild ist, beschreibt sie den Schwamm als *›eher wieder son plastisches* 3D *Gegenstand‹*. Dabei wirft Pina während Doro spricht das Wort *›Gegenstand‹* ein, was Doro zwar aufnimmt, jedoch anscheinend nicht beabsichtigt hatte, dies zu sagen, insofern *›plastisches‹* und *›3D Gegenstand‹* grammatikalisch nicht zusammenpassen. Ich nehme Doros Sagen daher als suchend wahr, das Pinas Vorschlag des Wortes *›Gegenstand‹* versuchsweise aufgreift und um den Zusatz ›3D‹ ergänzt.

(ver)suchendes Sagen

←\≥
Schwellenbilder
S. 242

Auffällig ist auch, dass Pina sich an Doros Sagen anzuheften scheint, indem sie ihr dreimal ins Wort fällt. Auf mich wirkt dies so, als würde bei Pina angesichts des Schwamms etwas zur Sprache drängen, etwas, das sie sagen möchte. Kurze Zeit später schließt sich Pina inhaltlich an Doros Argumentation an:

etwas drängt zur Sprache

Pina: »
Ich glaub das wär für mich eher son Gegenstand, also halt 3D
(Aletta: Skulptur), ja genau. #00:07:42-3#

Aletta bringt den Ansatzpunkt einer *›Definition‹* ein, unter der es möglich wäre, den Schwamm als Bild zu bezeichnen.

Sagen durch vorgängiges Definieren

Aletta: »
Man kann diese Gegenstände ja auch als Bild fassen
in einer Definition von Bild,
also Bild kann ja auch das Gesamte sein. [...]. #00:07:35-0#

Ein Sagen durch vorgängiges Definieren wäre für Aletta anscheinend eine Möglichkeit, den Schwamm als Bild zu verstehen. Auf mich wirkt ihre Bezugnahme auf eine Definition wie eine Strategie, um ihre eigene Unsicherheit umzulenken. Aletta möchte wohl nicht von sich aus festlegen, dass der Schwamm ein Bild ist, sondern diese Entscheidung durch die *›Definition‹* legitimieren. Prinzipiell wäre auch ihr möglich, den Schwamm als Bild zu definieren, doch sie formuliert eher distanzierend *›man kann diese Gegenstände ja auch als Bild fassen‹*.

Aletta gibt damit auch preis, als was sie das Vorliegende versteht, nämlich als *›Gegenstand‹*. Indem sie von *›diesen Gegenständen‹* spricht, scheint sie den Schwamm als Stellvertreter der Dingwelt zu begreifen, sodass in einer möglichen Bilddefinition von ihr nicht nur der Schwamm, sondern vielleicht grundsätzlich die Kategorie *›Gegenstände‹* als Bilder definiert würden.

Aletta: »
[...] schwer zu entscheiden ob es jetzt ein Bild ist oder nicht,
weil man selber gucken muss, wie man Bild definiert.
Bei den anderen war es für mich einfach zu entscheiden,
aber bei dem jetzt irgendwie nich ganz so.
Weil man es halt so ausm Alltag so öfter benutzt...
also täglich eigentlich, aber....ja. #00:08:26-8#

Der Schwamm als Vertreter der Dingwelt scheint Aletta aber gerade daran zu hindern, ihn als etwas Anderes zu verstehen – oder zu sehen (*›Weil man es halt so ausm All-*

Verhinderung eines »zweiten Etwas«

»

Sozialisation mit Bildgründen

tag so öfter benutzt … also täglich eigentlich‹). Warum aber fällt es Aletta bei den vorherigen Impulsen so viel leichter? Hat sie ein Blatt Papier weniger häufig *›benutzt‹* als einen Schwamm? Ich nehme an, dass es die mit dem Schwamm assoziierte Praxis ist, die Aletta davon abhält, diesen als »zweites Etwas«[89] zu deuten. Diese Beobachtung kann nicht nur als Ausdruck von Alettas Sozialisation mit dem Schwamm gesehen werden *(›so öfter benutzt‹)*, sondern gewendet betrachtet auch auf ihre Sozialisation mit Bildgründen verweisen: Wären Bilder häufig auf Schwämmen und nicht auf Papier gezeichnet oder gemalt, würde es Aletta vielleicht leichter fallen. So ist die mediale Sozialisation mit Bildern ein wichtiger Aspekt, der ein ermöglichen oder verunmöglichen von Bilderfahrungen unmittelbar betrifft. Die Herausforderung bildlicher Schwellenphänomene, jener zwischen Bild und Nicht-Bild changierenden Momente, könnte folglich nicht darin bestehen, was diese ins Zeigen bringen, sondern auf den jeweiligen Bildgrund Bezug nehmen, auf dem etwas ins Zeigen gelangt.

Doro: »

Also für mich wär das glaub ich ein Bild, wenn man darauf jetzt vielleicht was malen würde oder so, was denn…aus einer bestimmten Perspektive wieder passt, zum Beispiel hier mit den Rillen, da könnte man gut so eine 3D-Zeichnung mit machen.
(P3) (Pina: Ich glaub das ist schwer.) Die dann aus einer bestimmten Perspektive nicht mehr so wirkt, also, ich glaub theoretisch könnt es auch […] (unv. da Aletta beginnt zu sprechen) sein. #00:08:07-6#

Andersdenken des Bildgrundes

Sagen durch Sehen

Doro wagt ein solches Andersdenken des Bildgrundes, indem sie vorschlägt, auf dem Schwamm etwas zu *›malen‹* – dann wäre es für sie, glaubt sie, ein Bild. An der Weise wie Doro formuliert fällt auf, dass sie deiktisch spricht *(›wenn man darauf‹ / ›zum Beispiel hier mit den Rillen‹)*. Dies wirkt auf mich so, als würde es eine sehr enge Verschränkung zwischen ihrer Betrachtung des Schwamms *(›mit den Rillen‹)* und ihrer Beschreibung geben, die ich als eine Verschränkung aus Sehen und Sagen bezeichne, als ein Sagen durch Sehen. So scheint der Schwamm ihr nichts als sein Schwamm-Sein zu zeigen, sodass sich mutmaßen lässt, dass Doro das Bemalen vorschlägt, da für sie am Schwamm keine Bilderfahrung möglich wird.

SJ: »

Was ist denn das Bildliche an diesem Schwamm? (P5) #00:08:29-1#

Doro: »

Naja wenn man ihn jetzt so unbewegt dort liegen sieht oder stehend sehen, ich weiß nich (kichert, Livia kichert), und man sich ja selber vielleicht auch nur aus aus einem Blickwinkel dem betrachtet denn... ähm ist das ja eigentlich auch festgehalten wie in einem Bild, also. #00:08:53-0#

Spontan lasse ich mich durch den Gesprächsverlauf dazu verleiten, danach zu fragen, was das Bildliche am Schwamm sei.[90] Doro setzt an der Objekthaftigkeit des Schwamms an, scheint aber mit Beginn ihres Satzes selbst noch nicht zu ahnen, worauf ihr Versuch des Sagens hinausläuft. Diesen Eindruck mache ich daran fest, dass sie nach dem ersten Satzteil ein *›ich weiß nich‹* formuliert und das folgende Satzgefüge grammatikalisch nicht kohärent und dadurch zersetzt und additiv wirkt *(›und man sich ja selber vielleicht auch nur aus aus einem Blickwinkel dem betrachtet denn...ähm‹).* Ihre Suche im Sagen mündet schließlich bei der Annahme, dass ihr Blick auf den Schwamm ein Bild von dem Schwamm ermöglicht, das ihr ähnlich wie ein Bild erscheint, indem beide eine Sicht *›festhalten‹ (›ist das ja eigentlich auch festgehalten wie in einem Bild, also‹).* Was Doro beschreibt, mutet wie ein medialer Sprung an, so als würde ihr Sehen von einem visuellen in ein bildliches übergehen.

Ungewissheit im Sagen

medialer Sprung

Man könnte daher wagen, von einer ikonischen Ansichtigkeit ←\≥ zu sprechen, die sich für Doro einstellt oder die ihr einfällt.[91] Vielleicht ist es zu gewagt an dieser Stelle anzunehmen, dass Doros Blick durch ihr suchendes Sagen in einen »Blickwirbel«[92] gezogen wurde, wie Waldenfels formuliert, sodass etwas ihren »Blick umschlagen« ließ, wie Andrea Sabisch Momente beschreibt, die von einem »wiedererkennenden zum sehenden Sehen, vom Sehen zum Bilden«[93] übergehen. ←\≤

ikonische Ansichtigkeit

÷

←\≥
bildreflexive Dehnungen und Wandlungen eines ikonischen Blicks?
S. 246

←\≤
Bei//spiel: ein sich einspiegelndes Bildwerden reflektieren
S. 187

»

Harmonie einer ikonischen Geste – diaikonischer Impuls fünf: leerer Rahmen um Schwamm

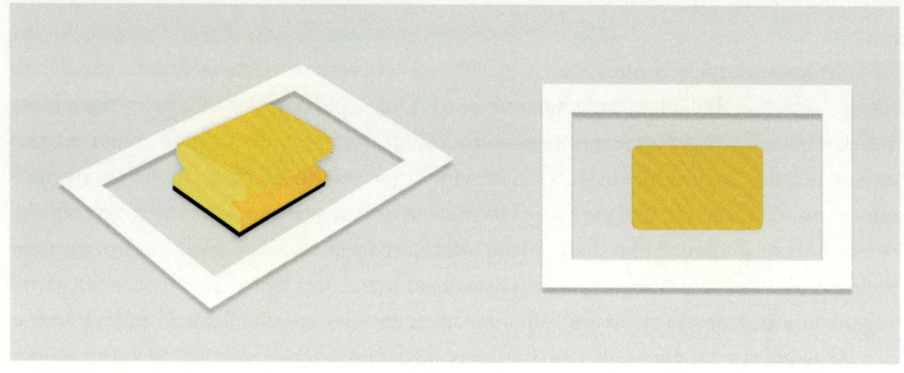

26

(ich lege den Rahmen um den Schwamm) #00:10:22-6#

(Kichern) #00:10:24-7#

SJ: »
Und wie is es jetzt? #00:10:29-2#

Aletta: »
Ist bildlicher geworden, glaub ich, weil das Bild einen Rahmen,
also das hört sich jetzt so an, als ob das jetzt (unv.) [...]
ich mein halt mit Rahmen so so Rahmenbedingungen sozusagen,
weil das ein (Livia setzt ein) Zusammenhang, Kontext, irgendwie so.
#00:10:44-2#

Der letzte Impuls der Inter//vention erfolgt ungeplant, indem ich den leeren Rahmen (Impuls 3) um den Schwamm lege. Die Gruppe reagiert mit einem Kichern, das ich ähnlich als ein Antworten auf das Spiel der Inter//vention deute, wie ihr Lachen beim dritten Impuls. Dass nur noch ein Kichern erfolgt, mag eine gewisse Gewöhnung andeuten.

Verbildlichung

Aletta antwortet, dass das Vorliegende (das Schwamm-Rahmen-Arrangement) *›bildlicher geworden‹* sei. Die im vorangegangenen Dialog über den Schwamm aufgezeigte Möglichkeit, den Schwamm als Bild zu sehen (ikonische Ansichtigkeit), wird durch den Rahmen anscheinend realisiert. So versucht Aletta zu sagen, vielleicht sich zu sagen, warum sie das Vorliegende als bildlicher empfindet und setzt dazu am Rahmen an. Auffällig ist erstens, dass sie den Schwamm nun als Bild bezeichnet (*›weil das Bild einen Rahmen‹*), und zweitens, dass sie überhaupt eine gesteigerte Bildlichkeit beschreibt. Das Vorliegende ist nämlich nicht Bild, sondern *›bildlicher‹* geworden. Der Rahmen scheint für Aletta eine Verbildlichung initiiert zu haben, so als würde der Rahmen als ikonische Geste harmonisierend wirken und ihr erleichtern, auf meine Frage zu antworten, das Vorliegende zu be*deuten*.

Harmonie einer ikonischen Geste

Ihre Antwort (*›ist bildlicher geworden‹*) scheint Aletta aber mit einem Fragezeichen zu versehen, indem sie ein *›glaube ich‹* anfügt. Man könnte dies als Ausdruck ihres Zweifelns verstehen. Alettas weitere Formulierung erscheint mir ähnlich, wie zuvor bei Doro, als ein versuchendes Sagen, das in seinem Satzgefüge zersetzt wirkt. Sie stellt die Verbildlichung fest, versucht diese durch das *›glaube ich‹* möglicherweise zu relativieren und scheint dann ihre Gedanken im Sagen zu verfertigen. Die Brüche nehme ich bspw. dort wahr, wo Aletta mit *›also das hört sich jetzt so an als ob das jetzt‹* ansetzt, ihre Rede dann unverständlich wird und sie fortführt mit *›ich mein halt mit Rahmen so so Rahmenbedingungen sozusagen‹*. Das Wort *›sozusagen‹* verstehe ich an dieser Stelle als ein ›wie sie es sagen könnte‹ oder ›so sage ich es ungefähr‹. Diese Weise ihres Antwortens erscheint mir folglich als eine äußerst suchende, vielleicht um Worte ringende. Während Livia sie bereits unterbricht, beendet Aletta ihre Antwort damit, annähernd assoziativ zu begründen, warum das Vorliegende bildlicher sei als der bloße Schwamm. Ich empfinde dies als assoziativ, da Aletta von der *›Rahmung‹* übergeht zu einer *›Rahmenbedingung‹* und dann von einem *›Zusammenhang‹* und *›Kontext‹* spricht. Ich schlage vor, Alettas Sagen angesichts des Impulses als ein assoziatives Sagen (ver)suchen zu verstehen, durch das sie sich zugleich suchend, wie auch probehalber versuchend an das Vorliegende annähert.

assoziatives Sagen (ver)suchen

Livia: »
Ja, n Bild kann ja auch aus mehreren Sachen bestehen. Aber es is immer noch so, dass für den einen das vielleicht das Bild is (verstellt die Stimme leicht) und für den anderen das oder beides oder gar nix davon. (Doro beginnt) Oder der Tisch (kichert) Ja. #00:10:52-9#

Livia deutet in ihrer Antwort zunächst auf Bilder hin, *›die auch aus mehreren Sachen bestehen‹*, womit sie auf Bilder mit solchen Kriterien referiert, die sie bereits schon einmal gesehen und als Bilder gedeutet hat. Viel auffälliger erscheint mir aber ihre folgende Argumentation: Sie kommt zunächst auf ihre Generalthese zurück (Bild liegt im Auge der Betrachter*innen) und beginnt ihre Antwort mit einem *›Aber es is immer noch so‹*. Auf mich wirkt ihr Sagen so, als hätten wir andere Beteiligten an dieser Inter//vention uns im Dialog seit ihrer These (Bild liegt im Auge der Betrachter*innen) mühevoll im Kreis gedreht, während Livia uns aber bereits die Antwort aller Antworten gegeben

Abwehr im Sehen durch ein Sagen (ver)suchen

»

hat. Sie deutet meiner Ansicht nach eine Beliebigkeit an, ob und worin jemand den vorliegenden Impuls als Bild verstehen könne (*›dass für den einen das vielleicht das Bild is für den anderen das oder beides oder gar nix davon‹*). Diese Sichtweise wird dadurch verstärkt, dass Livia am Ende ihrer Antwort auch den Tisch als mögliches Bild bezeichnet (*›Oder der Tisch‹*). Sie schließt ihre Antwort mit einem Kichern, welches ihre Antwort bekräftigen könnte, als dass es möglicherweise die Absurdität meiner Inter//vention zum Ausdruck bringt und es könnte ihre Antwort entkräften, indem ihr Kichern ihr Gesagtes in dessen Ernsthaftigkeit befragt.

Ich möchte vorschlagen, Livias Weise zu antworten als eine Abwehr im Sehen durch ein Sagen (ver)suchen zu verstehen. Diese Abwehr artikuliert sich meines Erachtens nicht unbedingt gegenüber der Inter//vention, sondern gegenüber einem Öffnen im Sehen. Auf mich wirkt Livias Generalthese im Vergleich zu den Antworten der Anderen als eine, die schnell be*schließt* und einordnet, ohne sich offen zu halten.

Bewegung

Doro: »

Also für mich, für mich ist das so wie ich das eben meinte, also wenn man immer nur den einen Sichtpunkt erstmal nur hat und sich das nur von da aus anguckt und sich nicht bewegt und das äh Objekt auch nicht, dann wär das für mich auch irgendwie n Bild, weil man das ja so auch irgendwie behält im Gedanken vielleicht auch. #00:11:11-6#

Gemeinsam nehmen die Schülerinnen den Aspekt der Bewegung in den Blick. Doro zeigt zunächst auf, dass wenn man das Vorliegende nur aus einem *›Sichtpunkt‹* betrachtet, ohne dass man sich selbst und auch das Objekt sich nicht bewegt, dann wäre es für sie ein Bild. Sie begründet dies damit, dass man das Gesehene *›auch irgendwie behält im Gedanken‹*.

Livia: »

[...] keine Ahnung wenn jetzt irgendein (langezogen) ...Künstler jetzt die ganze Zeit...im Kreis rum tanzen würde (kichern) (spricht kichernd weiter) dann wär das für mich irgendwie kein Bild mehr. (Doro: Mhm, seh ich genauso). Genau so, ja #00:11:45-8#

Livias nächste Äußerung zum vorgelegten Impuls überrascht mich. Während ich zunächst angenommen hatte, dass es Livia bei der Bewegung um Bewegtbilder geht (vermutlich da sie zuvor am dritten Impuls auf *›bewegte Bilder‹* und *›Filme‹* hingewiesen hat) beschreibt sie nun eine Art künstlerische Performance. Wenn ein Künstler *›im Kreis rum tanzen würde‹*, wäre das *›kein Bild mehr‹*. An zwei Aspekten erscheint mir Livias Sagen suchend und versuchend: Ich verstehe dies als Hinweis darauf, dass sie erstens Unterschiedliches zu sagen versucht und zweitens auch unterschiedlich zu sagen versucht.

Dass sie unterschiedlich zu sagen (ver)sucht, hat sich meines Erachtens zuvor im Dialog gezeigt, indem Livia ihre Stimme verstellt. Mit WALDENFELS ließe sich von einer »Pluralisierung von Stimmen«, einer »Vielstimmigkeit« sprechen.[94]

unterschiedlich sagen (ver)suchen

Dass Livia auch Unterschiedliches zu sagen (ver)sucht, sehe ich darin angedeutet, dass sie ihre Generalthese (Bild liegt im Auge der Betrachter*innen) nun eingrenzt, indem sie am Beispiel der Performance aufzeigt, dass hier für sie eine Grenze des Bild-Seins *›irgendwie‹* erreicht wäre (*›wenn jetzt irgendein (langezogen)...Künstler jetzt die ganze Zeit... im Kreis rum tanzen würde (kichern) (spricht kichernd weiter) dann wär das für mich irgendwie kein Bild mehr‹*).

Unterschiedliches zu sagen (ver)suchen

An dem Performance-Beispiel wird sowohl der Aspekt der Bewegung noch einmal deutlich, als auch ihr (Ver)Suchen, Unterschiedliches zu sagen: So hat Livia zuvor am dritten Impuls (dem leeren Rahmen) ebenfalls von einer Performance in einer Ausstellung berichtet, bei der eine Frau *›wie eingefroren‹* am Tisch saß und sich Besucher*innen der Ausstellung auf die andere Seite des Tisches setzen konnten (S. 345). Dies bezeichnet Livia als *›eine Art Bild‹*. Sie markiert damit bereits eine Abweichung, indem sie das Performance-Beispiel als *›eine Art Bild‹*, nicht als *›ein Bild‹* bezeichnet. Auch erscheint mir bemerkenswert, dass Livia ihr erstes Performance-Beispiel als *›eine Art Bild‹* bezeichnet, das zweite Performance-Beispiel aber anführt, um aufzuzeigen, was für sie kein Bild ist. Ein markanter Unterschied in den Narrativen der jeweiligen Performances zeigt sich in dem für Livia relevanten Aspekt der Bewegung. Während im ersten Beispiel die Situation als nahezu statisch beschrieben wird, zeugt im zweiten Beispiel das *›im Kreis rum tanzen‹* von einer dynamischen, bewegten Geste. Dass Livia die statische Performance eher als Bild versteht als die dynamische, mag darauf hinweisen, dass ihr Bildverstehen grundlegend auf einen unbewegten Bildbegriff ausgerichtet ist. Da sie aber, wie oben erwähnt, auch angibt, dass Filme für sie Bilder sind, sehe ich dies als weiteren Moment, indem sie Unterschiedliches zu sagen versucht.

Doro: »
Aber ich finds auch witzig, dass jetzt dadurch, dass da nen Rahmen drum ist, auf einmal viel mehr Leute sagen ›Ja das ist ein Bild‹ (Livia: kichert) Ist mir grade aufgefallen (Livia: Ja stimmt! Ja...), weil alle waren am Anfang erstmal so ›Hm. Für mich ist das nicht so wirklich n Bild‹ und denn kam da n Rahmen drum rum und auf einmal waren so (mit verstellter Stimme) ›Oh! Es ist ein Bild geworden‹ (Kichern) das find ich auch erstaunlich, (Livia spricht parallel zu Doro: Ja aber, weil die meisten Bilder so sind im Rahmen [unv.]) erstaunlich, weil der Rahmen, den Rahmen betrachtet man mit als Bild, also das is... und wenn man auf einmal überall n Rahmen drum macht... #00:12:11-8#

»

Livia: »

Und die meisten Bilder ja in Rahmen ausgestellt werden, so. #00:12:15-4#

Erstaunen

Verwunderung

Veränderung

Doro fällt zum Ende des Gesprächs auf, dass der Rahmen es erleichtere, dass das Vorliegende als Bild bezeichnet wird und äußert diese Beobachtung. Sie findet dies *›witzig‹*. Deutet man dieses *›witzig‹* als ein Komisches, so mag dies eher auf ihre Verwunderung als auf eine humoristische Geste verweisen, was sich meines Erachtens daran begründen ließe, dass Doro hinzufügt, dass es ihr *›gerade aufgefallen‹* sei und dass sie dies *›erstaunlich‹* finde. Eine interessante Frage ist, ob ihr dies durchs Sehen oder durchs Sagen – ihr eigenes und das der Anderen – aufgefallen ist oder gerade durch die spezifische Verwebung von Sehen und Sagen in der Inter//vention angesichts der vorgelegten Impulse. In ihrer Antwort tritt deutlich hervor, dass der Rahmen um den Schwamm ermöglicht, dieses Arrangement aus Schwamm und Rahmen als Bild zu bezeichnen. Doros Antwort gibt einen weiteren Hinweis darauf, dass sie dies verwundert, indem sie in verstellter Stimme sagt: *›Oh! Es ist ein Bild geworden‹*. Auf mich wirkt es so, als würde Doro nicht bloß erstaunt sein über das, was ihr nun auffällt, sondern auch darüber, dass es für sie durch die Inter//vention zu einer Veränderung ihrer Sicht kam. So könnte erstens ihr Ausruf *›Oh!‹* als ein Ausruf der Verwunderung, vielleicht die Veränderung ihrer Sicht anzeigen. Auch dass Doro im Weiteren ihr Erstaunen formuliert und dabei erläutert, was ihr Erstaunen auslöst, gibt einen zweiten Hinweis auf eine solche Deutung. Während sie den dritten Impuls, nur der leere Rahmen, als etwas bezeichnet, das ein Bild einfängt, das Bild *›mache‹*, aber nicht zum Bild gehöre, scheint Doro nun noch einmal die konstitutive Funktion des Rahmens zu beschreiben und zeigt auf, dass man den Rahmen *›mit als Bild‹* betrachte.

Bilder überall?

Bemerkenswert erscheint mir daher auch, dass Doro abschließend mit einem Konditionalsatz eine mögliche Verbildlichung qua Rahmen andeutet: *›und wenn man auf einmal überall n Rahmen drum macht‹*. Ich schließe daraus nicht, dass dies Doros einzige Strategie ist, um etwas als Bild zu betrachten, denn ihre Ansätze im Dialog sind, wie ich nachgezeichnet habe, deutlich vielfältiger. Wohl aber deutet ihre imaginierte Geste der Einrahmung auf eine mögliche Verbildlichung durch Rahmungen an.

dialogische Reflexion

Relation zwischen Gesagtem und Sagen

Auch empfinde ich Doros Zitation des eigenen Dialogs (*›weil alle waren am Anfang erstmal so‹*) noch einmal als eine besondere Weise des Sagen (ver)suchens. Während Livia *›manche‹* und *›andere‹* durch eine indirekte Rede oder den Wechsel ihrer Stimmlage in den Dialog hineinholt, welches Doro nun auch erprobt, scheint sie zusätzlich explizit auf den Dialog innerhalb der Inter//vention Bezug zu nehmen. Ich schlage vor, dies als eine besondere Weise ihrer dialogischen Reflexion zu betrachten, insofern sie rückbeziehend und abstrahierend versucht, das Gesagte mit ihrem Sagen gewissermaßen zueinander in Relation zu setzen.

Livia, die Doro bereits einmal unterbricht, begründet deren Erstaunen bzw. Erkenntnis über die Rahmenfunktion damit, dass Bilder zumeist im Rahmen seien (*›Ja aber,* *weil die meisten Bilder so sind im Rahmen [unv.]‹).* Sie wiederholt diese Antwort abschließend und sagt aber abweichend, dass ›*die meisten Bilder ja in Rahmen ausgestellt werden*‹. Sie erweitert demgemäß den Rahmen als Begründung um die Praxis des Ausstellens. Dies weist meines Erachtens auf das von ihr übertragene Dispositiv der Kunst zu Beginn der Inter//vention (beim ersten diaikonischen Impuls, dem weißen leeren Blatt) zurück. Ihrer Antwort fügt sie ein ›*so*‹ an, das in einer Weise schließend wie bestimmend wirkt. Man könnte dies angesichts Livias Tendenz zur Schließung im Sagen als ein ›*so ist es*‹ oder ›*so, nun ist alles gesagt*‹ ausformulieren. Vielleicht ist dieses ›*so*‹ aber auch eher ein ›*so in etwa*‹ und damit Ausdruck einer Ungewissheit, Ausdruck ihres Suchens im Sagen und der Annäherung an ihr eigenes Bildverstehen.

Schließung

... oder Ungewissheit?

bildreflexive Annäherungen durch ein gemeinsames Sagen (ver)suchen? Theoretische Reflexionen zu den diaikonischen und dialogischen Dynamiken

Die an der Inter//vention aufgezeigten diaikonischen und dialogischen Dynamiken möchte ich im Folgenden an fünf Aspekten vertiefend diskutieren. Die herausgearbeiteten Dynamiken sind ausdrücklich mögliche, denn es deuten sich eine Reihe an weiteren Aspekten am Material an, die ich aber vernachlässigt habe, um den Fokus auf das Sagen (ver)suchen zu legen. Ich werde mich folgend nicht mehr auf einzelne Ausschnitte aus dem Gespräch mit den Schülerinnen beziehen, um dieses Kapitel unabhängig von den Analysen lesbar darzustellen.

Um eine bildreflexive Annäherung durch ein *gemeinsames* Sagen (ver)suchen zu diskutieren und so den sozialen und alteritären Dynamiken zwischen den Beteiligten in der Inter//vention nachzuspüren, versuche ich eine Wir-Bildung, Momente der wechselseitigen Bezugnahme, des Gemeinsamen wie des Kollektiven in den Blick zu nehmen. Dabei werde ich sowohl auf die unter *vom Zwischen aus* entwickelten Perspektiven Bezug nehmen, die explizit eine Sozialität und Alterität betreffen (*Denkkollektive, M/mit, ich und die Anderen, Relationen, Resonanz, Dialog)*, als auch auf die im Rahmen der Methodologie aufgezeigten Ansätze zum *Dialogischen* ←\× sowie den im Kapitel *Bildwerden* verhandelten Übergang *vom ich zum Wir* ←\≤ und den im Kapitel *Blickwerden* vorgelegten Entwurf eines Blickkollektivs. ←\≥ Um dies explizit an meine Forschungsfrage rückzubinden (Wie lassen sich Bilderfahrungen reflektieren?), beziehe ich mich unter dem Fokus eines ›Sagen (ver)suchens‹ ausschließlich auf Momente, die ein Reflektieren betreffen. Mir geht es dabei nicht um eine möglichst vollständige erneute Analyse, sondern um die theoretische Reflexion und Perspektivierung, um im Sinne des Displayings eine Verquickung von theoretischen und empirischen Erkenntnissen zu initiieren.

←\×
dialogisch
S. 139

←\≤
vom Ich zum Wir in der Bilderfahrung – reflexive Übergänge?
S. 214

←\≥
Blickkollektive. Entwurf eines sozialen Werdens von Blicken
S. 258

Ich werde folgend zunächst auf die Unterscheidung von Verstehens- und Verständigungsakten in Rekurs auf Bernhard Waldenfels eingehen und im Weiteren eine Differenz zwischen Verstehen und Verständnis resonanztheoretisch mit Stefan Pfänder und Thiemo Breyer herleiten, um Momente der (De)Synchronisierung mit Anderen innerhalb der Inter//vention in den Blick zu nehmen. Dabei stelle ich noch einmal explizit die Frage nach den Bedingungen gemeinsamen Reflektierens anhand der Inter//vention.

Anschließend verschiebe ich die Perspektive minimal, um unter dem Fokus einer Wir-Bildung Anmerkungen zur Sozialität und Alterität vorzunehmen. Dazu beziehe ich mich auf herausgearbeitete Dynamiken im Sagen der Beteiligten, die ich versuche auf ihr Sehen zu beziehen. Unter »beredetes Zuhören«[95] (Eva Sturm) und »antwortendes Hören«[96] (Bernhard Waldenfels) gehe ich übergreifend auf das Stellen von Fragen ein, um die gestellte Frage in der Inter//vention (›*Ist das ein Bild*‹) nicht inhaltlich, sondern in ihrer Eröffnung und Ausrichtung eines Dialogs zu reflektieren. Anschließend diskutiere ich achronische und übersituative Momente des Dialogs, die das Zeigen um ein Verweisen ergänzen. Verweisen erscheint als gewichtiges bildreflexives Moment, indem dadurch Dialogpartner*innen auf Anderes gelenkt werden können, etwas außerhalb der Inter//vention. So können sich verweisend z. B. Bilderfahrungen *Anderer* in den Dialog einspiegeln. Abschließend gehe ich auf die bildreflexiven Impulse ein und frage nach einem *Sagen durch Sehen*. An dieser Stelle beziehe ich mich wie oben angekündigt auf meinen Entwurf des Blickkollektivs und versuche exemplarisch die Inter//vention als Konkretion der dort vorgeschlagenen Konzeption zu betrachten.

Verstehen, Verständnis und Verständigung – Momente der (De)Synchronisierung mit Anderen?

Die Inter//vention ›*Sagen (ver)suchen*‹ zielt nicht darauf ab, eine Wertung der jeweiligen Antworten, etwa hinsichtlich ihrer Gültigkeit vorzunehmen. Sie fußt vielmehr auf den Weisen des jeweiligen Sagens und eines möglicherweise gemeinsamen Sagens der Beteiligten, das ich folgend befrage. Dafür ist es hilfreich, sich die Unterscheidung von Verstehen, Verständnis und Verständigung zu vergegenwärtigen, um die jeweiligen Relationen der Dynamiken trennen zu können.

Verstehen und Verständigung – unterschiedliche Relationen

Bernhard Waldenfels widmet sich in *Der Spielraum des Verhaltens* der Unterscheidung von Verstehens- und Verständigungsakten. Verstehen basiere auf einer zweistelligen, die Verständigung hingegen auf einer dreistelligen Relation.[97] ←\≈ Wie zeigt sich diese Unterscheidung übertragen auf die Inter//vention ›*Sagen (ver)suchen*‹? Das Verstehen als zweistellige Relation bedeutet, wie die Einzelnen den jeweils vorliegenden Impuls (etwas) bzw. meine Frage oder die anderen Beteiligten (jemand) verstehen. Es handelt sich also um ein Geschehen, das noch keineswegs wechselseitig ist. Über eine Verständigung ließe sich sprechen, wenn sich die Schülerinnen miteinan-

←\≈
Bildverstehen: Patin der Bilderfahrung?
S. 279

der oder mit mir über den jeweils vorliegenden Impuls und meine Frage verständigen, sie etwas nachfragen oder Antworten der *Anderen* z.B. bejahen. Als Verständigung deklariert WALDENFELS folglich eher das soziale Handeln, den Akt der Interaktion im Sich-Verständigen.[98]

Verstehen ≠ Verständigung

Kommunikation

Kommunikative Situationen wie der Dialog folgen der Prämisse, dass jene, die daran beteiligt sind, sich verständigen wollen, was nicht immer ein Einander-Verstehen impliziert, denn Verständigung und Verstehen sind nicht gleichzusetzen. In Hinblick auf das Verstehen legt WALDENFELS daher unterschiedliche Kategorien dar z.B. implizites Verstehen innerhalb der Verständigung, Misslingen, einseitiges Verstehen.[99] Diese Unterscheidungen werden meiner Einschätzung nach relevant, wenn es um das ÷ *Wir* der Reflexion geht. So gelingt es vielleicht, sich dem Übergang zwischen einem *Mit* der Beteiligten (als Kopräsenz und Koaktivität) und einem gemeinsamen *Wir* der Reflexion zu widmen. ←\-

gemeinsames Reflektieren – Verständigung oder auch Verstehen?

zwei mediale Sphären des Verstehens

Dieser Gedanke ist komplexer als man zunächst annehmen mag, denn wenn sich die Schülerinnen, wie es auch in zahlreichen anderen pädagogischen oder vermittelnden Situationen der Fall ist, mit mir über das Vorliegende verständigen, so kann ich weder als Forschende noch als Lehrende auf ein Verstehen schließen. Daran entzündet sich die Frage, ob wir gemeinsam reflektieren, wenn wir uns gemeinsam über etwas verständigen oder ob ein gemeinsames Reflektieren bedeutet, dass wir uns bereits verstehen – vielleicht auch nur implizit oder einseitig, wie WALDENFELS aufzeigt. Da wir es in der Inter//vention ›*Sagen (ver)suchen*‹ nicht nur mit dialogischen, sondern auch mit diaikonischen Verständigungsakten zu tun haben, scheinen auch *zwei mediale Sphären des Verstehens* in der Verständigung möglich – wir verständigen uns nicht nur durch unser Sagen anhand der Impulse, sondern auch durch unser Betrachten der Impulse, wie ich vorschlagen möchte. →\÷ Um dies genauer zu beschreiben, bedarf es auch einer Unterscheidung von Verstehen und Verständnis, der ich mich resonanztheoretisch annähere.

Verstehen und Verständnis

intersubjektive Konstellationen

Synchronisierung

Den Dialog über eine gemeinsame Sache (im Fall der Inter//vention: über Bildlichkeit) resonanztheoretisch zu betrachten, eröffnet den Zugang zu einem Vokabular, das THIEMO BREYER und STEFAN PFÄNDER gelungen im Kontext zwischenleiblicher Interaktion hergeleitet haben. Auch greift ihr Zugang zu Prozessen eines Verstehens und eines Verständnisses vor dem Hintergrund »intersubjektiver Konstellationen«[100] die Perspektive von Sozialität und Alterität auf. BREYER und PFÄNDER gehen von Synchronisierungsprozessen[101] in gemeinsamen Situationen aus, die den Effekt des Verstehens einerseits und Verständnis andererseits ermöglichen können. Während sich Verstehen als das je eigene Erfassen beschreiben ließe, gehe es beim Verständnis um die Herstellung von Gemeinsamkeiten.[102] Insofern gehe das Verständnis für *den* oder *die* Anderen, über das Verstehen der Situation hinaus: Verständnis impliziere, dass die *Gemeinsamkeit* für die Teilnehmenden eigens thematisch werde, sodass ein *Zusammen* bewusst werde, das die reine Koinzidenz von Einzelhandlungen übersteige.[103]

←\-
hin zum Gemeinsamen
S. 61

→\÷
Bei//spiel: ikonosives Verhandeln
S. 390

»

Ich habe dies in meiner Analyse als *dialogische Reflexion* und als eine *Relation zwischen Gesagtem und Sagen* herausgearbeitet. ←\» Das Verständnis einer körperlichen Synchronisierung als die gemeinsame zeiträumliche Anwesenheit der Beteiligten leite in einem solchen Moment zu einer »Etablierung eines Gefühls von Gemeinschaft« über.[104] BREYER und PFÄNDER widmen sich an dieser Stelle unter anderem auch der habituellen Dimension und zeigen auf, wie Persönlichkeitsmerkmale, soziokulturelle Faktoren sowie leibliche und kommunikative Angewohnheiten die Möglichkeit resonanter Interaktionen beeinflussen. ≥ ≤

Zusammen unter Vorbehalt

Die von BREYER und PFÄNDER herausgearbeitete Differenz zwischen Verstehen und Verständnis erscheint mir anschlussfähig an die Perspektive WALDENFELS'. Für bedeutsam halte ich, dass WALDENFELS noch einen Sprung zwischen dem einseitigen Verstehen und einer wechselseitigen Verständigung deklariert, der auf eine immer vorhandene Ungewissheit[105] im Verständnis verweist. Das bedeutet, dass das Verständnis im Sinne BREYERS und PFÄNDERS als ein bewusst gewordenes Zusammen, in Rekurs auf WALDENFELS, nur ein *Zusammen unter Vorbehalt* sein kann. Auch wenn thematisch wird, was wir bspw. unter einem uns vorliegenden weißen Blatt verstehen und wir gemeinsam äußern, dass es für uns ein Bild ist, so verbleibt die Ungewissheit in einer nicht zu sagenden oder nicht gesagten Potentialität anderer Sichtweisen. ≥ ≥

der Anspruch mich und Andere zu verstehen

Die aufgeworfene Frage, ob gemeinsames Reflektieren mit einer Verständigung beginnt oder eines Verstehens bedarf, ließe sich folgend beantworten und der Frage damit ihre dichotome Ausrichtung nehmen: In der Verständigung, in der wir einer thematischen Sache (Bildlichkeit) zugewandt sind, werden wir in Anspruch genommen, ein Sagen zu (ver)suchen. Die spezifische Weise der bildreflexiven Annäherung in der Inter//vention ›*Sagen (ver)suchen*‹ weist darauf hin, dass diese Verständigung ein Bildverstehen *reflexiv* in Anspruch nimmt, auch abseits eines gelingenden wechselseitigen Verstehens. So ist noch einmal mit Abstand auf die Analysen am Transkript aufgezeigt, dass die Antworten der Schülerinnen »performative Äußerungen« und keine »Feststellungen über ihre Meinungen« sind.[106] Mir scheint WALDENFELS' Figur des »impliziten Verstehens«, die ich erwähnt habe, einen entscheidenden Hinweise für das bildreflexive Potential der Inter//vention aufzuzeigen: Im Anspruch, den anderen und auch mich selbst im Antworten verstehen zu wollen, wird eine Reflexion über das eigene Bildverstehen durch *Andere* und durch *anderes*, nämlich die bildreflexiven Impulse, hervorgelockt. ≤ × ≤ ≥

implizites Verstehen

Gemeinsames Reflektieren bedeutet also nicht, dass wir zum selben Entschluss kommen[107], sondern dass wir quasi durch Andere einen Anlass finden und mehr noch, eine mögliche Verschiebung unserer Sicht erfahren können. In Bezug auf die bildreflexiven Impulse können durch die Anderen, etwa durch deiktische Gesten oder ein Sagen (ver)suchen, über das, was sie sehen, die eigenen bildreflexiven Annäherungen dynamisiert werden. ←\- Das Sagen der Anderen kann in Rekurs auf ALFRED SCHÜTZ als Symptom ihres jeweiligen subjektiven Sinns betrachtet werden, den sie im Ge- ≈ –

←\»
Harmonie einer ikonischen Geste – diaikonischer Impuls fünf: leerer Rahmen um Schwamm
S. 350

←\-
Abstand
S. 43

spräch herausbilden.[108] So lässt sich an dieser Stelle mit dem Begriff des Symptoms und einer Indifferenz von Symptomen auf ein potentielles Missverstehen in der Verständigung hindeuten.

Wir/mit – Anmerkungen zur Sozialität und Alterität

mögliches ›Man‹, statt direktem ›Wir‹

An dem Gespräch der Inter//vention ›*Sagen (ver)suchen*‹ fällt auf, dass die Schülerinnen nicht von einem ›*Wir*‹ sprechen. Hingegen werden viele Antworten mit einem ›*Man*‹ formuliert. Dies verstehe ich als ein *mögliches Sagen*.[109] Keine der Schülerinnen scheint zu versuchen, für die Gesamtheit der Beteiligten an der Inter//vention zu sprechen.[110] Vielmehr zeigt sich eine bereits angedeutete Vielstimmigkeit.

Mit Bezug auf Alfred Schütz habe ich im Kontext des *Bildwerdens* herausgearbeitet, dass ein Gespräch prinzipiell bereits als eine »konkrete Wir-Beziehung« verstanden werden kann, insofern wir an der »schrittweisen Konstitution« des Sprechens des Anderen teilnehmen. ←\≤ Die »Wir-Beziehung« als eine Wir-*Bildung* zu verstehen, da sie wechselseitige »Du-Einstellungen« voraussetzt, wirft in Rückbezug auf die Inter//vention ›*Sagen (ver)suchen*‹ einige Herausforderungen auf: Wie können wir angesichts der Sprechwechsel erkennen, ob sich die Schülerinnen wechselseitig zuwenden und nicht bloß einseitig?

apologetisches Verhalten

In diesem Kontext fällt z.B. auf, dass die Schülerinnen ihre Ansichten wenig gegeneinander verteidigen oder rechtfertigen, obwohl eine dialogische Annäherung Ansatzpunkte für ein solch apologetisches Verhalten anbietet. Ich vermute, dass dies einerseits mit der philosophisch orientierten Frage und andererseits den bildreflexiven Impulsen begründet werden kann. Letztere bewegen sich in der Sphäre der Schwellenphänomene, das heißt sie können als Bilder betrachtet werden, aber auch als etwas Anderes. Diese Ungewissheit fordert dazu heraus, unterschiedliches Sagen zu (ver)suchen. Das Gespräch innerhalb der Inter//vention zeigt sich demgemäß als ein Dialog, der von einem »Nebeneinander oder Sowohl-als-auch«[111] der Antworten geprägt ist und weniger von einer Kontroverse[112]. ←\× Bildreflexiv ist dies interessant, insofern die Inter//vention die Pluralisierung von Sichten auf das Bildverstehen eröffnet. ←\≈ Sie macht damit zugleich einen wichtigen Aspekt von Bildforschungen erfahrbar, die ebenso von sehr unterschiedlichen Bildbegriffen gezeichnet sind.

Pluralisierung von Bildverstehen durch imaginierte Andere

In der Frage dialogischer Dynamiken und wechselseitiger Bezüge der Schülerinnen zueinander erscheint im Weiteren die Bezugnahme auf die *imaginierten Anderen* auffällig, die durch indirekte Rede in den Dialog eingeführt und teilweise durch veränderte Stimmlagen angezeigt werden. Man könnte annehmen, dass die imaginierten Anderen das Denkkollektiv jener an der Inter//vention Beteiligten erweitern. ←\- Als kritische Andere, die konträre Sichten in den Dialog einbringen, bilden die imaginierten Anderen einen Ersatzschauplatz für eine kontroverse Verständigung, die unter den Beteiligten der Inter//vention weniger deutlich wird. Imaginierte Andere finden sich

←\≤
bildreflexive Annäherungen – Symptome einer Sozialität und Alterität
S. 217

←\×
dialogisch
S. 139

←\≈
Pluralität von Bildbegriffen als Motor von Reflexion?
S. 268

←\-
Denkkollektive
S. 56

»

auch in den Dialog ein, wenn die Schülerinnen selbst als Andere sprechen, um eine Position versuchsweise einzunehmen und durchzuspielen. Beide Dynamiken führen andeutungsweise zu einer Pluralisierung von Bildverstehen, wodurch versucht wird, *Unterschiedliches und unterschiedlich zu sagen*.

Wiederaufnahme von Äußerungen

Während ich einerseits Momente herausgebildet habe, in denen Einzelne ihre Antworten oder Strategien der Annäherung wieder aufgreifen, konnte ich andererseits auch Anschlüsse zwischen den Antworten Einzelner verdeutlichen. Allerdings werden diese überwiegend durch eine bloße Bejahung versprachlicht und nur in seltenen Fällen wird ein Motiv oder ein Argument aufgegriffen. Dies gleicht einem Einverständnis, das weniger auf die Dynamiken einer aushandelnden Verständigung eingeht, sondern das so Verstandene bloß bestätigt.[113] Ich möchte angesichts der Reflexionen am Material vorschlagen, dass die Inter//vention im Sinne des Denkkollektivs eine soziale Bedingtheit von Erkenntnis[114] initiiert, dass sie ein »Experimentalsystem« eröffnet, in dem sich etwas verfängt[115] – nämlich das Sagen (ver)suchen der Beteiligten. ←\×

sich selbst Sagen (ver)suchen

Verfertigung des Bildverstehens im Sagen

Die dialogische Konzeption der Inter//vention zeigt sich als gewichtig, da sie das Verhandeln über das Bildverstehen eröffnet, indem die Sichten der Anderen und der imaginierten Anderen immer wieder die eigene Sicht und das eigene Denken umschlagen lassen können. Erst dadurch, dass die Beteiligten angesichts der bildreflexiven Impulse und durch die Rahmung der Inter//vention über ihr Bildverstehen sprechen, wird dieses Sagen (ver)suchen auch zu einem sich selbst Sagen (ver)suchen, einer Verfertigung des Bildverstehens im Sagen. ←\<

beredetes Zuhören[116] und antwortendes Hören[117]

Anspruch durch die Inter//vention und mich als Initiatorin

Meine in der Inter//vention gestellte Frage ›Ist das ein Bild‹, artikuliert einen Anspruch. Der Anspruch sei in einer Frage genau das, worauf die Antwort antwortet, beschreibt BERNHARD WALDENFELS.[118] Insofern bedeute Antworten »ein Eingehen auf einen Anspruch, der sich erhebt und von anderswoher kommt.«[119] WALDENFELS konzeptualisiert damit eine Richtung, Bewegung und folglich Dynamik des Antwortens, die auf Alterität gründet. Antworten sei möglich, »indem ich an das Gefragte anknüpfe und angebotene Möglichkeiten ergreife.«[120] Diese Möglichkeiten bedingen, dass für mich als Forschende und auch für die anderen Beteiligten der Inter//vention, etwas ins Sagen und Zeigen gelangt. Indem durch den diaikonischen Einschub in meiner Frage (›Ist das ein Bild‹) auf die jeweils vorgelegten Impulse gezeigt wird, beginnen die Impulse uns Beteiligten etwas zu zeigen. Während ich bisher meist von den Beteiligten gesprochen habe, spreche ich an dieser Stelle von uns Beteiligten, um auch darauf zu verweisen, dass ich innerhalb der Inter//vention angesichts der Impulse sowohl zu bestimmten Fragen als auch Handlungen (z.B. das Hochheben eines Impulses) ›angesprochen‹ wurde.

←\×
EXPERIMENT -ieren/-ell
S. 131

←\<
zwischen Medium und Selbstbildung
S. 96

Eine Frage kann einen Dialog eröffnen, indem sie ein Gespräch über eine gemeinsame thematische Sache (Bildlichkeit) initiiert, die den Dialog *im Sagen* und als *zu sagende* Sache beherrsche.[121] Dies kann als dynamisch sinnstiftende Funktion von Fragen verstanden werden, die mit Fokus auf das Dialogische einer Figur-Grund-Relation ähnlich sind. So errichtet eine Frage *als Frage* den Grund, den gemeinsamen Boden des Dialogs, während die Frage in ihrer spezifischen Formulierung eine zu sagende Sache intendiert.[122] Dass eine Frage damit eine Richtung aufzeigt und auch exkludiert, indem sie so und nicht anderes gestellt ist, bleibt unbestritten und vielmehr notwendiges Errichten eines dialogischen Bodens.[123]

im Sagen und als zu sagende Sache

exkludieren

Ein Fragen, wie in der Inter//vention ›*Sagen (ver)suchen*‹, initiiert im Sinne meiner methodologischen Konzeption nicht nur einen dialogischen Boden, sondern auch *Displays*, die sich performativ *durch* den Dialog errichten. An solchen Displays können Symptome von Bilderfahrung herausgebildet werden. Demgemäß fungieren Fragen als »Gelenke im interdiskursiven Raum«[124], die zugleich eine Methode des Findens wie Suchens aufzeigen.[125] Dieses Finden bzw. Suchen bezieht sich in der bi-perspektivischen Anlage der Inter//ventionen nicht nur auf mich im Forschen, sondern am Beispiel der Inter//vention ›*Sagen (ver)suchen*‹ auch auf das Finden bzw. Suchen der Beteiligten, als eine Geste der Orientierung, die ihr Bildverstehen betrifft.

Fragen an Andere

Wenn wir uns nicht selbst befragen, richtet sich ein Fragen wie im Fall der Inter//vention an Andere. Eva Sturm bildet in ihrem Buch *Im Engpass der Worte* eine Brücke zwischen dialogtheoretischen Überlegungen und Alterität: Sie bezeichnet eine Frage als die Anerkennung des Anderen[126]. Die Anerkennung setze sich fort im Versuch, sich gegenseitig zu antworten. Unter der Formulierung »beredetes Zuhören«[127] greift sie schließlich die Verquickung von Fragen und Hören auf: »Am Fragen hängt das Hören, wie an einem unsichtbaren Faden.«[128] Doch das *Wie* einer Relation zwischen Reden und Hören sei entscheidendes Moment solcher dialogtheoretischer Überlegungen, die Waldenfels als »neuralgische Punkte im Kommunikationsgeschehen«[129] bezeichnet. Wie auch bei Sturm ist die Anerkennung des Anderen zentral, die den Dialog maßgeblich präge:

Alterität

> » Die Annahme, Reden und Hören verhielten sich spiegelbildlich zueinander, das eigene Hören bestünde in einer bloßen Umkehrung des fremden Redens, die im Verstehen und im nachfolgenden Sprecherwechsel immer wieder rückgängig gemacht werde mit der Konsequenz, daß jeder im Dialog ständig zu sich selbst zurückkehrt, gehört zu den schwer auszurottenden Vorurteilen eines gewissen Dialogizismus. Das antwortende Hören auf einen fremden Anspruch, daß jedem Hören und Verstehen von etwas und jeder Verständigung mit anderen vorausgeht, kommt vielmehr aus einer uneinholbaren Ferne. Ich muss schon auf etwas gehört haben, um zu hören und zu verstehen, was gesagt wird.«[130]

»

Insofern sei die »Asymmetrie im Verhältnis zum Anderen […] als Spur des Anderen in den Dialog eingezeichnet.«[131] Diese Asymmetrie lässt mich auch noch einmal François Julliens Figur des Abstands assoziieren, denn nach Jullien sei ein Dialog umso reicher, »je mehr er Abstände ins Spiel bringt und die Konfrontation ermöglicht.«[132] In der Inter//vention bilden die Abstände Anlässe immer wieder neuen Sagens, sodass wieder neu konfigurierende Abstände[133] entstehen. Mit Jullien habe ich bereits erläutert, dass der Dialog vom Abstand lebe. ←\- Im aktivischen Zwischen des Dialogs entstehe ein Raum, in dem sich die unterschiedlichen Positionen aneinander und durcheinander reflektieren. ←\- Durch die Abstände werde eine »interne Spannung zwischen nun operierenden Abständen produziert«[134], die hier die unterschiedlichen Bild*verstehen* betreffen wie auch Strategien der Annäherung, etwas ins Sagen zu bringen. Indem von den Schüler*innen bspw. Kunst-, Ausstellungs-, Bild- und Alltagserfahrungen herangezogen werden, bilden sich Abstände gegenüber diesen erinnerten Erfahrungen und den Erfahrungen innerhalb der Inter//vention. Dies betrifft eine übersituative Dimension, die insbesondere angesichts der diaikonischen Einschübe hervorgelockt wird.

achronisch und übersituativ – Einfallstor von Bildern?

achronisch und übersituativ

Der Dialog erschöpfe sich nicht in der gemeinsamen Aktivität, betont Bernhard Waldenfels.[135] Vielmehr erscheint der Dialog als achronisch und übersituativ, insofern er sich zeitlich auf Vergangenes und Anderes beziehen kann, sodass im Sinne einer Vergegenwärtigung, eine Verweisung oder Aktualisierung in den Dialog eintritt. Für eine Reflexion über Bilderfahrungen innerhalb der Inter//vention ›*Sagen (ver)suchen*‹ kann dies Folgendes bedeuten: erstens, dass die Inter//vention über ihre spezifische Situation hinaus für die Beteiligten wirksam sein wird, nachträglich, irgendwann.[136] Zweitens, dass in der Inter//vention übersituative Aspekte thematisiert und herangezogen werden. Die Inter//vention ragt damit über ihre zeit-räumliche Situiertheit hinaus, wodurch potentiell z. B. vergangene Bilderfahrungen relevant oder präsent werden können. In diesem Zusammenhang (und in Hinblick auf die bildreflexiven Impulse, auf die ich gleich eingehe) erscheint mir Michael Renners Überlegung zur *zeichnerischen Geste* weiterführend.

›Zeigen und Verweisen‹

Renner legt dar, dass ein Zeigen durch die Blickbeziehung bedingt sei und begrenzt damit die Möglichkeit im Zeigen »räumlich und zeitlich entfernte Ereignisse zu benennen.«[137] Jedoch zeigt er mit Bezug auf Michael Tomasellos Figur der Iconic Gesture[138] (pantomimische Geste) eine Möglichkeit referenziellen Verweisens auf, die er als Form der Nachahmung deklariert. »[Die Iconic Gesture] ermöglicht es, Objekte und Ereignisse in die Kommunikation einzubeziehen, welche nicht im Umfeld der Kommunikation gegenwärtig sind und lenkt damit nicht nur die Aufmerksamkeit, sondern auch die Imagination der Dialogpartner.«[139]

←\- Abstand S. 43

←\- dialogisch reflexiver Abstand S. 70

≥ ≈ – » – ≤ × ≈ – × <

Zwischen Zeigen und Verweisen zu differenzieren, erachte ich im Kontext der Inter//ventionen als eine konstruierte, aber lohnende Perspektive, insofern sie einen Anhaltspunkt liefert, zwischen *inner-interventionistischen* und *außer-interventionistischen* Bilderfahrungen zu unterscheiden. Durch die Unterscheidung von Zeigen und Verweisen lassen sich so Unterschiede in den Antwortweisen der Beteiligten benennen: Wird etwas anhand des bildreflexiven Impulses gezeigt oder wird auf übersituative Erfahrungen mit Bildern, Kunst oder Alltag verwiesen. Auf diese Ebene der bildlichen Assoziation mit anderen Bildern bin ich eingangs bereits mit Rekurs auf DIDI-HUBERMAN eingegangen und habe auch in der Auseinandersetzung mit dem Transkript Momente einfallender Bilder markiert, die als Verweise ein erweitertes Zeigen ermöglichen. Dabei reizt mich der Gedanke, die *imaginierten Anderen* mit den *imaginierten anderen Bildern* ins Verhältnis zu setzen und zumindest vage anzudeuten, dass sich beide Verweisakte im Dialog der Inter//vention artikuliert haben.

inner-/außer-interventionistische Bilderfahrungen

diaikonische Blickkollektive? – ein Sagen durch Sehen

Die diaikonischen Einschübe, wie ich sie bereits einleitend zur Inter//vention beschrieben habe, bilden ein *Etwas*, gegenüber dem die Schülerinnen ihr Verstehen artikulieren. Diese Weise des Antwortens angesichts etwas Visuellem bzw. Bildlichem nimmt ihren Weg durch eine mediale Dimension. Es ist etwas anderes, danach zu fragen, was man als Bild bezeichnet oder betrachtet, als über einen bildreflexiven Impuls sein Verstehen zu suchen. ←\≈ Im Rahmen der Reflexion zur Inter//vention ›*Sagen (ver)suchen*‹ habe ich einerseits Momente aufgezeigt, in denen das Sagen durch das Sehen motiviert wurde sowie andererseits Momente, die durch das Sagen eher einer Abwehr im Sehen nahekommen, insofern die schnelle Schließung im Sagen verhindert, sich im Sehen offen zu halten. Dies werde ich folgend weiter differenzieren, wenn ich auf die diaikonischen Dynamiken zu sprechen komme.

So werde ich ausgehend von den Anmerkungen zu den übersituativen Dynamiken, die bereits auf ein Verweisen auf andere Bilder Bezug genommen haben, noch einmal näher auf die bildreflexiven Impulse als diaikonische Einschübe eingehen und diese ebenfalls in Hinblick auf ein Sagen (ver)suchen in den Blick nehmen.

In den Anmerkungen zur Anlage der Inter//vention habe ich aufgezeigt, dass die Impulse möglichst nicht versprachlicht in den Dialog eingebracht werden und dadurch zu Seh- und Bilderfahrungen *dia/per* eines Ikonischen auffordern können. ←\- Die Inter//vention versucht damit eine Sphäre zu initiieren, die *durch* Bilderfahrungen zur Reflexion *über* Bilderfahrungen anregt. Im Gesagten der Inter//vention zeigen sich Hinweise, dass die Beteiligten die Impulse betrachtet haben. Diese Momente bezeichne ich als Symptome von Blickakten. Folgend zeige ich exemplarisch auf, woran ich dies festmache. Dabei sind die genannten Beispiele immer einzelne Beobachtungen, die nicht unbedingt für die gesamte Gruppe gelten.

Symptome von Blickakten

←\≈
Gedankenproben als Wie und Wodurch einer Reflexion
S. 285

←\-
Dia und Meta
S. 52

Die Impulse werden erstens in ihrer Materialität beschrieben und dabei Strukturen wahrgenommen, oder etwas in das Material hineingesehen (z.B. Flecken). Zweitens wird eine Wirkung benannt, die von den Impulsen ausgeht und meiner Ansicht nach nicht einsetzen würde, wenn das Vorliegende nicht betrachtet wird. Drittens werden Relationen benannt zwischen den einzelnen Impulsen, was auf ein vergleichendes Sehen hinweist. Viertens werden Vorschläge zu einer Bearbeitung bzw. einem Handeln mit den Impulsen aufgezeigt, wodurch deutlich wird, dass die Beteiligten das vor ihnen Liegende ansehen, um diese Vorschläge zu entwickeln. Fünftens markiert ein deiktisches Sagen, dass ein *Sagen (ver)uchen durch Sehen* erfolgt, welches auf mich wie ein *Mitvollzug des Gesehenen im Sagen* wirkt.

zwischen Sehen und Sagen (ver)suchen

Versucht man zu abstrahieren, wie die bildreflexiven Impulse sich auf ein Sagen (ver)suchen auswirken, um daran Weisen ihres bildreflexiven Potentials zu beschreiben, so ließe sich übergreifend sowohl von einer Verstärkung als auch einer Verhinderung sprechen und zwar beidseitig. Ich habe Momente aufgezeigt, in denen Antworten auf Impulse ein vertiefendes Sehen verhindern, wie auch solche, die ein vertiefendes Sagen verhindern, indem das Antworten innerhalb der Inter//vention gänzlich in Frage gestellt wird. Hinweise auf ein Indefinieren der Sprache angesichts der bildreflexiven Impulse, so wie es Didi-Huberman an den Arbeiten James Colemans beschrieben hat, ←\» lassen sich ebenso finden: einerseits in direkten Äußerungen, dass es schwer zu sagen sei, ob das Vorliegende ein Bild ist und andererseits in assoziativen Antworten sowie Antworten, die grammatikalisch in sich nicht kohärent sind und dadurch zersetzt wirken.

Falten im Sagen

In solchen Antworten der Schülerinnen scheint ein Sagen gewissermaßen eingefaltet zu sein, sodass ich von Falten im Sagen spreche, um anzudeuten, dass sich die Sprache dort verwehrt. Im Weiteren finden sich auch Momente, in denen etwas angesichts der bildreflexiven Impulse zur Sprache drängt, also entfaltet wird. Wie spiegeln sich diese beiden Dynamiken in Hinblick auf ein gemeinsames Erleben in der Inter//vention ein?

(An)Wendungen des Blickkollektivs?

Versucht man die diaikonische und dialogische Dynamik zu beschreiben, so sehe ich Momente der Kollektivierung, wie ich sie im Kontext eines Blickkollektivs als Adaption von Ludwik Flecks Figur des Denkkollektivs aufgezeigt habe. ←\- Dieser Gedanke trägt theoretisch betrachtet wohl aber nur dann, wenn man sich bereits auf das Denkkollektiv als Figur der sozialen Bedingtheit im Erkennen eingelassen hat. Wer also der schnellen Verbundenheit, die Flecks Figur des Denkkollektivs aufzeigt[140], kritisch gegenübersteht, dem mag das Blickkollektiv noch weniger behagen. Während also das Denkkollektiv eine Gemeinschaft der Menschen bezeichne, die sich im Gedankenaustausch oder in gedanklicher Wechselwirkung befinden, habe ich vorgeschlagen, analog von Blickkollektiven als Wechselwirkung durch ein gemeinsames Blicken zu sprechen. ←\≥ So wird an der Inter//vention deutlich, was ich im theoretischen Entwurf des Blickkollektivs angenommen habe, dass nämlich in Situationen, in

←\»
Mangel der Sprache
S. 320

←\-
dynamisch produktiver Wechsel im Denkkollektiv
S. 57

←\≥
Blickkollektive. Entwurf eines sozialen Werdens von Blicken
S. 258

denen wir angesichts von z.B. Bildern ein *gemeinsames* Reflektieren unterstellen, etwas Anderes geschieht als in Bildbegegnungen, in denen wir Bildern alleine begegnen: transindividuelle Ansprüche, Pluralisierungen von Sichtweisen, die möglichenfalls eine Schärfung, Entschälung oder Bildung unseres individuellen Blickens motivieren.

Anamnese der bildreflexiven Impulse

Abschließend möchte ich einen kurzen Blick auf die bildreflexiven Impulse als Material werfen. Aus textdramaturgischen Gründen habe ich die Impulse nicht vorangestellt, sondern sukzessive in die Analyse der Inter//vention ›*Sagen (ver)suchen*‹ eingebracht. Die Beschreibung der Impulse auf ihrer bildlichen bzw. materialen Ebene ist daher noch ausstehend und schließt inhaltlich an die Konzeption der Inter//vention an.

Der erste Impuls, das rechteckige und weiße Blatt Papier, rekurriert auf Schwellenbilder, indem der Impuls am Übergang zwischen Bild und bloßem Grund, zwischen dem Objekt ›weißes Blatt Papier‹ und leeren Bildern bzw. monochromen Bildern ansetzt. ←\≥ In Ermangelung eigener Figurationen provoziert die Leere des Blatt Papiers diese zu be*deuten*. Als ›weißes Blatt Papier‹ hängen an diesem bildreflexiven Impuls implizit Praktiken, z.B. das Blatt als Schreib- oder Zeichengrund zu verwenden.

Der zweite Impuls ist ein gleichgroßes weißes Blatt Papier, das aber durch einen aufgezeichneten schmalen schwarzen Rahmen am Rand des Blattes ergänzt ist. Dieser Rahmen nimmt Bezug auf die Rahmung als Differenzmoment (Mersch), auf ein aktivisches Moment von Rahmung und auf eine Figur-Grund-Relation (Boehm), wie ich sie unter *Kontrast und Rahmung: Schwellen zum Bildlichen* erläutere. ←\≤ Dass die beiden Papiere gleichgroß sind, begünstigt diese im Sehen zu vergleichen bzw. aufeinander zu beziehen, sodass etwa der zweite Impuls als Adaption des ersten Impulses gesehen werden kann. Die Einordnung des zweiten Impulses nimmt so in gewisser Weise auf die Einordnung des erstens Impulses Bezug, da der schwarze Rahmen additiv hinzutritt. Ihre Ähnlichkeit führt meines Erachtens dazu, dass dieser zweite Impuls eine relationale Differenz inszeniert, die sich nicht nur auf die Figuration des Rahmens, sondern auch gegenüber dem vorangegangenen Impuls artikuliert.

Der dritte Impuls ist ebenso ein gleichgroßes weißes Blatt Papier aus dem mittig ein großes Rechteck ausgeschnitten wurde, wodurch sich ein weißer Rahmen aus Papier ergibt. Der vergleichende Aspekt ist auch an dieser Stelle mitgedacht, insofern der zweite und dritte Impuls somit Bearbeitungen des ersten Impulses sind. Der leere Rahmen schließt ebenfalls an die erwähnte Rahmenfunktion an und nimmt auch auf die Schwellenmomente des Bildlichen Bezug, insofern er mit dem Durchblick auf Dieter Merschs Figur des »ikonischen Blicks« verweist. ←\≥ Mersch hat verdeutlicht, dass es nicht immer leicht sei zu unterscheiden, ob etwas ein Bild ist oder nicht,

←\≥
Schwellenbilder
S. 242

←\≤
Kontrast und Rahmung: Schwellen zum Bildlichen
S. 209

←\≥
bildreflexive Dehnungen und Wandlungen eines ikonischen Blicks?
S. 246

und unter anderem auch den Blick durch ein Fenster als einen solchen Moment beschrieben. Meiner Ansicht nach verlockt der Rahmen zu einer Bildfindung, indem er vielleicht ähnlich wie das Display eines Smartphones in sich ein Bild einfasst und darin eine Grenze markiert. So hat Gernot Böhme dieses Moment der Verbildlichung bspw. am Einfassen einer Landschaft in einem Rückspiegel aufgezeigt.[141] Dies betrifft die Dynamik des Bildwerdens, die mit Jean-Luc Nancy formuliert folgendermaßen vorstellbar wird: »Der Ausschnitt bildet dort Ränder, wo sich das Bild einrahmt.«[142]

Der vierte Impuls ist ein handelsüblicher Topfschwamm. Er ist ein Gegenstand, dessen primäre Funktion wenig mit Bildern zu tun hat. Auf den zweiten Blick aber bringt er Eigenschaften mit, die nicht zufällig sind: Er weist in einer Draufsicht von oben oder unten eine ähnliche Flächigkeit auf wie das Blatt Papier. Zudem bietet er meiner Ansicht nach auch Übergänge zum leeren Rahmen: Während durch den Rahmen prinzipiell alles zu einem Bild eingefasst werden kann, so könnte auch der Schwamm in seiner ikonischen Ansichtigkeit betrachtet werden.

Im fünften Impuls wird der leere Rahmen aus Papier (Impuls 3) ergänzend um den Schwamm platziert. Dies fordert dazu heraus, die Einordnungen der Impulse drei und vier an diesem Arrangement erneut zu reflektieren, indem die Rahmung wie auch der Objektstatus des Schwamms zueinander ins Verhältnis gesetzt werden.

1 Vgl. Waldenfels, Bernhard: *Vielstimmigkeit der Rede.* [1999] 2. Aufl. 2015. S. 75.

2 »Die Betrachtung dieses Werkes versetzt mich in einen Mangel der Sprache […].« Didi-Huberman, Georges: *Sagen versuchen.* 2017. S. 63.

3 Georges Didi-Huberman bezieht sich dabei auf Samuel Beckett: »Wie sagen versuchen? (how try say?), fragt sich Beckett.« Didi-Huberman, Georges: *Sagen versuchen.* 2017. S. 64.

4 Ebd. S. 63.

5 Waldenfels, Bernhard: *Sinne und Künste im Wechselspiel.* 2010. S. 120.

6 Waldenfels, Bernhard: *Phänomenologie des Eigenen und des Fremden.* 1997. S. 79.

7 Antworten verstehe ich hier in Rekurs auf Waldenfels als »ein Eingehen auf einen Anspruch, der sich erhebt und von wo anderes her kommt.« Waldenfels, Bernhard: *Antwortregister.* [2007] 2. Aufl. 2016. S. 188.

8 Vgl. Waldenfels, Bernhard: *Topographie des Fremden.* [1997] 7. Aufl. 2016. S. 30.

9 Waldenfels, Bernhard: *Sinne und Künste im Wechselspiel.* 2010. S. 120.

10 Vgl. Waldenfels, Bernhard: *Das leibliche Selbst.* 2000. S. 366.

11 Didi-Huberman, Georges: *Sagen versuchen.* 2017. S. 63.

12 Goerges Didi-Huberman hat in seiner Einleitung von ›Vor einem Bild‹ eine kritische Perspektive auf die Kunstgeschichte aufgezeigt und ihren »Ton der Gewißheit« angemahnt. Er verdeutlicht, welche Konsequenzen daraus für den Bildumgang entstehen, die er mit Nachdruck ablehnt: »Den Blick auf einem künstlerischen Bild ruhen zu lassen, läuft dann darauf hinaus, alles, was man sieht – genauer: alles, was sich vom Sichtbaren ablesen läßt – benennen zu können.« (S. 11) Didi-Huberman, Georges: *Vor einem Bild.* 1990. S. 9f.

13 Didi-Huberman, Georges: *Sagen versuchen.* 2017. S. 68f.

14 Waldenfels verweist in seiner Auseinandersetzung mit der Wirkmacht und Wirkkraft des Bildlichen ähnlich auf eine Sprachlosigkeit: »Ein Widerfahrnis, das den gewohnten Gang der Dinge durchbricht, verschlägt uns nicht nur die Sprache, es übersteigt auch unsere Fassungskraft, es lässt sich nicht ausmalen wie eine ferne Vision.« Waldenfels, Bernhard: *Von der Wirkmacht und Wirkkraft der Bilder.* 2008. S. 55.

15 Vgl. Didi-Huberman, Georges: *Sagen versuchen.* 2017. S. 63.

16 Zugleich bietet das Werk James Colemans wie auch andere Bilder oder Kunstwerke keine Aufmerksamkeit per se. Bernhard Waldenfels findet dafür eine treffende Formulierung zum Verhältnis von Kunst und Aufmerksamkeit: »Die Aufmerksamkeit hat einen großen Verfallswert; sie läßt sich nicht ins Werk setzen, auch nicht auf Eis legen wie eine verderbliche Speise.« Waldenfels, Bernhard: *Phänomenologie der Aufmerksamkeit.* 2004. S. 131.

17 Einen solchen Widerstand beschreibt Waldenfels als ästhetisch: »Bild- Klang- und Wortformen, die man der Kunst zurechnet, zeichnen sich dadurch aus, daß sie dem drohenden Gleichmaß normaler Vorkommnisse einen ästhetischen Widerstand entgegensetzen […].« Waldenfels, Bernhard: *Phänomenologie der Aufmerksamkeit.* 2004. S. 132.

18 Vgl. Waldenfels, Bernhard: *Sinne und Künste im Wechselspiel.* 2010. S. 130.
19 Didi-Huberman, Georges: *Sagen versuchen.* 2017. S. 69.
20 »Genauso wie die Anrede kein Bestandteil des Gesagten ist, genau so ist der Anblick kein Bestandteil des Gesehenen. Anrede und Anblick, aber auch die Anrührung sind Formen einer Affektion, wörtlich: eines Antuns, das sich allerdings nur bedingt auf eine persönliche Täterschaft zurückführen lässt.« Waldenfels, Bernhard: *Von der Wirkmacht und Wirkkraft der Bilder.* 2008. S. 55.
21 Zudem ist immer auch die Möglichkeit des Scheiterns der Intention James Colemans mitzudenken.
22 Vgl. Didi-Huberman, Georges: *Sagen versuchen.* 2017. S. 63.
23 Ebd.
24 Ebd.
25 Vgl. ebd. S. 58.
26 Vgl. ebd. S. 59.
27 Vgl. Pazzini, Karl-Josef: *Bildung vor Bildern.* 2015. S. 72.
28 Ebd. S. 71.
29 Ebd. S. 164.
30 Ergänzend sei auch auf Birgit Engel verwiesen, die jenes Ringen um Worte, in der Begegnung mit etwas Fremden, das sich als unbestimmt ausweist, als »reflexive Annäherung« bezeichnet. Engel, Birgit: *Unbestimmtheit als (kunst)didaktisches Movens in professionsbezogenen Bildungsprozessen.* 2015. S. 68.
31 Vgl. Dubach, Selma; Badura, Jens: *Denken/Reflektieren.* 2015. S. 123.
32 Sabisch, Andrea: *Bildwerdung.* 2018. S. 386.
33 Ebd.
34 Ebd.
35 Ebd.
36 Vgl. Pazzini, Karl-Josef: Dokumentation *Kultur. Koste es, was es wolle* 2015. Minute 18:15-22:45. Ausstellung Mariana Castillo deball: *Die Biografie von Dingen.*
37 Vgl. ebd.
38 Pazzini, Karl-Josef: *Bildung vor Bildern.* 2015. S. 164.
39 Ahrens, Sönke: *Bildung jenseits des Sichtbaren.* [2013] 2014. S. 18.
40 Pazzini, Karl-Josef: *Bildung vor Bildern.* 2015. S. 164.
41 Ebd.
42 Ebd. S. 167.
43 Ebd.
44 Didi-Huberman, Georges: *Sagen versuchen.* 2017. S. 57.
45 Zum bildlichen Evidenzerleben der Bildverknüpfung schreibt Manfred Behr: »Mir als Betrachter fällt ein bildhafter Bezug auf [...]. Ich verknüpfe das Bild mit anderen Fundstücken meines imaginären Museums und leite daraus eine Rezeptionsmöglichkeit ab.« Die Metapher des »imaginären Museums« verweist auf etwas, auf das wir uns beziehen. Dessen Zustand zu beschreiben, ist problematisch; ich habe die statische Anmut des »Museums« abschwächend als Ordnung »in actu« dieses inneren musealen Raums beschrieben und eine einfallend fluktuierende Dynamik des Bildwerdens angeführt, um eine Latenz dieses inneren Museums zu markieren. Vgl. Behr, Manfred: *Argumentation durch Bilder: Ein Aspekt politischer Ikonographie.* 2005. S. 226.
46 Guido Isekenmeier hat den »dialogischen Charakter interpiktoraler Bezüge« herausgearbeitet, auf den ich mich an dieser Stelle beziehe: Isekenmeier, Guido: *In Richtung einer Theorie der Interpiktorialität.* 2013. S. 75.
47 Vgl. Sabisch, Andrea; Zahn, Manuel (Hgg.): *Visuelle Assoziationen.* 2018.
48 Didi-Huberman, Georges: *Sagen versuchen.* 2017. S. 64.
49 Ebd.
50 Ebd. S. 60.
51 Sabisch, Andrea: *Bildwerdung.* 2018. S. 386.
52 Didi-Huberman, Georges: *Sagen versuchen.* 2017. S. 105f.
53 Vgl. Pazzini, Karl-Josef: *Bildung vor Bildern.* 2015. S. 164.
54 Bourdieu, Pierre: *Verstehen.* 1997. S. 791f.
55 Waldenfels, Bernhard: *Vielstimmigkeit der Rede.* [1999] 2. Aufl. 2015. S. 172.
56 Waldenfels, Bernhard: *Sinnesschwellen.* [1999] 3. Aufl. 2013. S. 185.
57 Bourdieu, Pierre: *Verstehen.* 1997. S. 791f.
58 Ebd.
59 Dies mag dem Aushalten des Mangels der Sprache auf den ersten Blick widersprechen. Ich danke Nadia Bader für diese kritische und konstruktive Anmerkung.
60 Zinnecker, Jürgen: *Pädagogische Ethnographie.* 2000. S. 382.
61 Einige assoziative Gedanken: Ich habe Schülerinnen an die Uni eingeladen. Wir befinden uns an einem spezifischen Ort, der durch seine Bedingungen und seine institutionelle Rahmung auf Annahmen über diesen Ort verweist. Diese Annahmen der Schülerinnen wirken sich als Teil des Settings auf die Situation der Intervention aus (z.B. an der Universität sind wir (noch) nicht) / hier kann man nach dem Schulabschluss sein, wenn man studieren möchte / hier wird studiert/hier gibt es Studierende und es gibt hier Professor*innen, die etwas lehren). Im Weiteren ist die Relation zwischen diesem Ort und den Beteiligten von Interesse (z.B. Frau Johns arbeitet hier und sie forscht hier, wir sind Teil dieses Forschungsprojektes, wir sind hier in der Rolle von Schülerinnen, wir erzählen etwas, Frau Johns fragt uns etwas, sie nimmt es mit einem Aufnahmegerät auf, sie forscht über 'Kunstunterricht', es geht um Bilder). Letztlich spielt auch die räumliche Situation eine Rolle. Ich habe einen Raum reserviert, in dem wir gemeinsam an einem Tisch sitzen. Ich sitze mit am Tisch und sitze nicht am Kopfende. Auf dem Tisch liegt ein Aufnahmegerät. Ich kündige an, dass ich gerne eine kleine Übung machen möchte.
62 Vgl. dazu auch die im Rahmen der Inter//vention *›sprachliche Fassungsversuche‹* aufgezeigten Bezüge zum methodischen Vorgehen eines Displayings, in denen ich auf die Darstellung des Materials verwiesen habe und die Entwicklung der Auswertung entlang des Materials. Dies trifft auf die Inter//vention *›Sagen (ver)suchen‹* ebenso zu, allerdings ist das Transkript innerhalb der Arbeit nicht in Gänze abgebildet, wie ich im Text begründet habe.
63 »Über Fremdes und mit Fremden sprechen, bedeutet sich auf die Bahn der Aneignung zu begeben.« Bernhard Waldenfels im Vorwort von Vielstimmigkeit der Rede (1999) in seinen einleitenden Gedanken zur Indirekten Rede (S. 9). Ich spreche statt von Aneignungen von einer Hinwendung, um auszudrücken, dass es hier nicht um die Auflösung des Fremden geht. Ich danke Andrea Sabisch für diesen Hinweis.
64 Mit Bezug auf Derrida: »Wenn sich eine Frage an jemanden richtet [...], besteht immer das Risiko, dass die Antwort durch die Form der Frage selbst bereits nahegelegt wird. In diesem Sinne gibt es eine Gewalt der Frage, insofern sie schon im Vorhinein eine mögliche Antwort auferlegt.« Derrida, Jacques: *Eine gewisse unmögliche Möglichkeit, vom Ereignis zu sprechen.* 2003. S. 15. Zit. nach: Sabisch, Andrea: *Inszenierung der Suche.* 2007. S. 113.
65 Ebd.
66 »Nicht in jedem Fall ist jedem erlaubt, Fragen zu stellen.« Sturm, Eva: *Im Engpass der Worte.* 1996. S. 163.

67 »Das worin etwas als etwas erscheint, wird zu einem zweiten Etwas, wenn man es aus seiner Funktion herauslöst.« Waldenfels, Bernhard: *Bruchlinien der Erfahrung*. 2002. S. 36.

68 Was bereits eine Adaption des Aphorismus »Schönheit liegt im Auge des Betrachters« sein könnte, der auf Thukydides (um 455–396 v. Chr.), einen griechischen Flottenkommandant im Peloponnesischen Krieg und Historiker, zurückgehe. https://www.aphorismen.de/zitat/2404

69 Sabisch, Andrea: *Bildwerdung*. 2018. S. 336.

70 Eva Sturm stellt in *Im Engpass der Worte* die Dynamiken zwischen Worten und Bildern nahezu poetisch heraus: »Worte lösen Worte und Bilder aus. Bilder lösen Worte und Bilder aus.« Sturm, Eva: *Im Engpass der Worte*. 1996. S. 277.

71 Vgl. Sabisch, Andrea: *Bildwerdung*. 2018. 312.

72 Seja, Silvia: *Der Handlungsbegriff in der gegenwärtigen Bild- und Kunstphilosophie*. 2008. S. 103.

73 »Eine indirekte Rede wäre jene, in der eine Rede sich auf eine andere bezieht, und zwar derart, daß die zitierte Rede indirekt sagt, was die zitierte Rede direkt sagt.« Waldenfels, Bernhard: *Vielstimmigkeit der Rede*. [1999] 2. Aufl. 2015. S. 158.

74 Ebd. S. 164.

75 Vgl. Mitchell, W.J.T.: *Vier Grundbegriffe der Bildwissenschaft*. 2009. S. 322.

76 Was Doro dazu veranlasst, zu assoziieren: ›Ich find ein Raum kann auch ein Bild bilden, wenn ich das mal so sagen kann (kichert) (Gemurmel/ Pina: Ja.)‹ #00:02:59-7#

77 »Man würde für das Komische kein Organ haben, wenn man allein stünde. Das Lachen bedarf offenbar des Echos. Man höre nur genau hin: es ist kein artikulierter, scharfer, deutlich begrenzter Laut; sondern etwas, was, indem es überall widerhallt, immer weiter gehen möchte, etwas, was wie mit einer Explosion einsetzt, um dann, dem Donner in den Bergen gleich, langsam weiter zu rollen.« (in der Übersetzung von Walter Fränzel) Bergson, Henri: *Das Lachen*. 1914. S. 15.

78 Waldenfels, Bernhard: *Erfahrung, die zur Sprache drängt*. 2019. S. 269.

79 Vgl. Rath, Claus-Dieter: *Überraschung*. 2013. S. 70.

80 Mersch, Dieter: *Sichtbarkeit/Sichtbarmachung*. 2014. S. 26.

81 Vgl. Didi-Huberman, Georges: *Sagen versuchen*. 2017. S. 59.

82 Behr, Manfred: *Argumentation durch Bilder: Ein Aspekt politischer Ikonographie*. 2005. S. 226.

83 Den Begriff der Blickschleuse entnehme ich bei Ulrike Stutz. Diese bezieht sich in ihrem Aufsatz *Ästhetische Annäherungen an Bilder in der qualitativen empirischen Forschung* wiederum auf eine Intervention des Künstlers Christian Hasucha. In dessen Intervention Nr. 27 *Frau K. besucht Kirchheim unter Teck* geschah laut Hasucha Folgendes: »Auf Einladung von Christian Hasucha reist Susanne K. am 14. April 1997 nach Kirchheim unter Teck. Seit dem frühen Vormittag schlendert sie durch das verwinkelte Städtchen. Ihr Reisebegleiter notiert alles, was ihre Aufmerksamkeit fesselt. Perspektiven, die ihr besonders bemerkenswert erscheinen, werden vermessen und markiert. Einige Wochen später sind hier sieben Blickschleusen installiert, mit denen die flüchtigen Eindrücke der Ausflüglerin rekonstruiert werden können.« (http://hasucha.de/intervention_27/dokumentation.html). Ulrike Stutz zeigt zwei Deutungsversuche von Hasuchas Arbeit auf: »So können die Blickschleusen auch als selbstreflexive und paradoxe Umkehrung der ersten Konstruktionsapparate zur Gestaltung zentralperspektivischer Darstellungen von Brunelleschi oder Dürer gesehen werden. Es ist aber auch möglich, die ausgeschnittenen Formen als abstrakte Zeichen wahrzunehmen und die Blickschleuse als Subversion einer nicht eindeutig entzifferbaren Stadtbeschilderung zu deuten. Beide Auslegungen umspielen das Thema ›Erkennen‹, fokussieren aber unterschiedliche Aspekte und erschliessen (sic!) verschiedene Bedeutungsgefüge, die von den Betrachter/innen individuell entwickelt werden.« Stutz, Ulrike: *Ästhetische Annäherungen an Bilder in der qualitativen empirischen Forschung*. 2005. S. 9, 11.

84 Womöglich bin ich selbst davon getrieben, dies sehen zu wollen, sodass mich das Sagen der Schüler*innen dazu motiviert.

85 Bernhard Waldenfels verdeutlicht, dass die indirekte Rede dazu tauge »Fremdes zur Sprache zu bringen, ohne es in die jeweilige Sprache einzugemeinden.« Waldenfels, Bernhard: *Vielstimmigkeit der Rede*. [1999] 2. Aufl. 2015. S. 12.

86 Vgl. dazu Mersch, Dieter: *Sichtbarkeit/Sichtbarmachung*. 2014. S. 26.

87 Mersch, Dieter: *Posthermeneutik*. 2010. S. 214.

88 »Bildlichkeit lässt sich an keinem Gegenstand festmachen, sondern verdankt sich einer vorgängigen Setzung, sie ist damit keine Objekt-, sondern eine Aktqualität.« Alloa, Emmanuel: *Darstellen, was sich in der Darstellung allererst herstellt*. 2011. S. 39.

89 »Das worin etwas als etwas erscheint, wird zu einem zweiten Etwas, wenn man es aus seiner Funktion herauslöst.« Waldenfels, Bernhard: *Bruchlinien der Erfahrung*. 2002. S. 36.

90 Diese Frage erscheint fast hinterhältig: »Zwar verfügen wir über ein intuitives Verständnis dessen, was uns als Bild gilt, kämen aber in Erklärungsnot, wenn wir benennen müssten, was das Bildhafte an Bildern ist.« Alloa, Emmanuel: *Das durchscheinende Bild*. 2011. S. 9.

91 »Einfälle, ohne die alles beim Alten bliebe, gehören zur Dramatik der Erfahrung.« Waldenfels, Bernhard: *Gespür für die Dinge*. 2012. S. 209.

92 Waldenfels, Bernhard: *Phänomenologie der Aufmerksamkeit*. 2004. S. 223.

93 Sabisch, Andrea: *Bildwerdung*. 2018. S. 58.

94 Waldenfels, Bernhard: *Vielstimmigkeit der Rede*. [1999] 2. Aufl. 2015. S. 146.

95 Vgl. Sturm, Eva: *Im Engpass der Worte*. 1996 S. 191.

96 Waldenfels, Bernhard: *Vielstimmigkeit der Rede*. [1999] 2. Aufl. 2015. S. 31.

97 Vgl. Waldenfels, Bernhard: *Der Spielraum des Verhaltens*. 1980. S. 212.

98 Vgl. ebd.

99 Vgl. ebd. S. 213f.

100 Breyer, Thiemo; Pfänder, Stefan: *Resonanz, Rhythmus und Synchronisierung*. 2017. S. 15.

101 Synchronisierung wird bei Breyer und Pfänder nach Young Yun Kims (2015) Überlegungen für die Interaktionsforschung als nonverbal, situativ und unter anderem auf rhythmischen Grundlagen basierend verstanden. Vgl. ebd. S. 13.

102 Ebd. S. 15.

103 Vgl. ebd. S. 16

104 Ebd.

105 Arno Combe widmet sich einer Mikrologie unterrichtlicher Verstehensprozesse und verdeutlicht den Bezug zur Ungewissheit: »Verstehensprozesse haben immer eine ko-konstruktive Dimension, unabhängig davon, ob die anderen real oder nur in der Vorstellung präsent sind. Der

Austausch mit anderen über den Sinn und die Bedeutung einer Sache hat außerdem eine gegenüber der Gewissheit abgedunkelte Seite. Hierbei eröffnet sich mit Ungewissheit ein Raum von Unbestimmbarkeit und Unzugänglichkeit.« COMBE, ARNO: *Ungewissheit als Risiko der Anschlussverfehlung*. 2018. S. 82.

106 WALDENFELS, BERNHARD: *Der Spielraum des Verhaltens*. 1980. S. 213.

107 Entgegen »harmonisierenden Symmetrieunterstellungen«, die das Gesagte zu einem vereinheitlichenden Abschluss bringen wollen, bringe die Öffnung gegenüber einer »beständige[n] Unverständlichkeit inmitten von Verständnis« jenes Potential von Ungewissheit im Dialog erst zum Atmen. Insbesondere Dialoge über Bilderfahrungen, die durch diaikonische, bildreflexive Impulse einen gemeinsamen Erfahrungsraum unterstellen, zeigen eine »Differenzsensibilität« auf. ARNO COMBE bezeichnet Differenzsensibilität als den Umgang mit der produktiven Dimension des Unverständlichen. Vgl. dazu COMBE, ARNO: *Ungewissheit als Risiko der Anschlussverfehlung*. 2018. S. 84.

108 SCHÜTZ, ALFRED: *Strukturen der Lebenswelt*. 1979. S. 93.

109 Einerseits ist dies im Sprachgebrauch nicht untypisch, sodass auch ich z.B. in diesem Text eine solche Perspektive einnehme und zwar nicht, um mich von meinen Thesen zu distanzieren, sondern um anzudeuten, dass dies vielleicht eine verallgemeinerbare Sichtweise ist. Auch empfinde ich ein solches ›man‹ als eines, das einen dialogischen Anschluss anzeigt, indem es eine Möglichkeit benennt, ›wie man etwas betrachten, sagen, empfinden, deuten, usw.‹ könnte.

110 »Wenn die Beteiligten ›wir‹ sagen, so ist es nicht das Wir, das ›wir‹ sagt, sondern ein Einzelner, der für die Gesamtheit spricht und sich von ihr einnehmen läßt.« WALDENFELS, BERNHARD: *Erfahrung, die zur Sprache drängt*. 2019. S. 273.

111 Vgl. THÜRMER-ROHR, CHRISTINA; LECHLEITNER, INES: *Kontroverse und Dialog*. 2017. S. 151.

112 Ebd.

113 Vgl. BREDELLA, LOTHAR; CHRIST, HERBERT: *Didaktik des Fremdverstehens im Rahmen einer Theorie des Lehrens und Lernens fremder Sprachen*. 1995. S. 15.

114 Vgl. FLECK, LUDWIK: *Entstehung und Entwicklung einer wissenschaftlichen Tatsache*. [1935] 10. Aufl. 2015. S. 53f.

115 RHEINBERGER, HANS-JÖRG: *Über die Kunst, das Unbekannte zu erforschen*. [2006] 2013. S. 145.

116 EVA STURM zitiert ROLAND BARTHES: »Hör mir zu heißt: Berühre mich, wisse, daß ich existiere.« (BARTHES 1990, 255) STURM verdeutlicht daran eine sich durch das Dialogische erzeugende, indirekte Berührung durch den Anderen. Vgl. STURM, EVA: *Im Engpass der Worte*. 1996. S. 191.

117 WALDENFELS, BERNHARD: *Vielstimmigkeit der Rede*. [1999] 2. Aufl. 2015. S. 31.

118 Vgl. WALDENFELS, BERNHARD: *Antwortregister*. [2007] 2. Aufl. 2016. S. 241.

119 Ebd. S. 188.

120 Ebd. S. 241.

121 »Das Paradigma des Dialogs wird beherrscht vom Bezug auf die zu sagende und im Sagen zu teilende Sache.« WALDENFELS, BERNHARD: *Vielstimmigkeit der Rede*. [1999] 2. Aufl. 2015. S. 51.

122 Die Intention ist nicht zu verwechseln mit einer vorweggenommenen Beantwortung der Frage, sondern betont vielmehr die Absicht oder Ausrichtung der Frage.

123 Denn eine »Frage initiiert etwas, sie gibt eine Gesprächsrichtung an, indem sie andere ausschließt, und öffnet der möglichen Antwort zugleich einen Spielraum, in dem sie sich bewegen kann.« WALDENFELS, BERNHARD: *Der Spielraum des Verhaltens*. 1980. S. 128.

124 STURM, EVA: *Im Engpass der Worte*. 1996. S. 165.

125 WITTGENSTEIN, LUDWIG: *Philosophische Bemerkungen*. 1981. S. 77. Zit. Nach: STURM, EVA: *Im Engpass der Worte*. 1996. S. 168.

126 Vgl. STURM, EVA: *Im Engpass der Worte*. 1996. S. 172.

127 Ebd. S. 191.

128 Ebd.

129 WALDENFELS, BERNHARD: *Vielstimmigkeit der Rede*. [1999] 2. Aufl. 2015. S. 31.

130 Ebd.

131 Ebd. S. 32.

132 JULLIEN, FRANÇOIS: *Der Weg zum Anderen*. 2014. S. 47.

133 Ebd.

134 JULLIEN, FRANÇOIS: *Es gibt keine kulturelle Identität*. 2017. S. 90.

135 Vgl. WALDENFELS, BERNHARD: *Der Spielraum des Verhaltens*. 1980. S. 195.

136 Vgl. PAZZINI, KARL-JOSEF: *Überschreitung des Individuums durch Lehre*. 2010. S. 319.

137 RENNER, MICHAEL: *Die zeichnerische Geste*. 2014. S. 66.

138 TOMASELLO leitet dies aus dem Bedürfnis nach Narration in der menschlichen Kommunikation ab. Vgl. TOMASSELO, MICHAEL: *Origins of Human Communication*. 2008. S. 62. Zit nach RENNER, MICHAEL: *Die zeichnerische Geste*. 2014. S. 66.

139 RENNER, MICHAEL: *Die zeichnerische Geste*. 2014. S. 66.

140 »Ein Denkkollektiv ist immer dann vorhanden, wenn zwei oder mehrere Menschen Gedanken austauschen.« FLECK, LUDWIK: *Entstehung und Entwicklung einer wissenschaftlichen Tatsache*. [1935] 10. Aufl. 2015. S. 60.

141 Vgl. BÖHME, GERNOT: *Theorie des Bildes*. [1999] 2. Aufl. 2004. S. 92.

142 NANCY, JEAN-LUC: *Am Grund der Bilder*. [2006] 2. Aufl. 2012. S. 19.

Metabilder.
Ikonosive Reflexion durch Bildlichkeit über Bildlichkeit

371 — 395

»

METABILDER SIND KEINESFALLS BESONDERS SELTEN. [...] IN EINEM GEWISSEN SINN KANN AUCH JEDES BILD ZUM METABILD WERDEN, NÄMLICH DANN, WENN ES ALS MITTEL BENUTZT WIRD, UM ÜBER DAS WESEN VON BILDERN ZU REFLEKTIEREN.

« W.J.T. MITCHELL, 2009: 325

fraglose Metabildlichkeit

Alle Bilder können Metabilder sein – so pragmatisch ließe sich mit Verweis auf das einleitende Zitat W.J.T. MITCHELLS die Eigenart von Metabildern beschließen. So fraglos erscheinen mag, dass Bilder als Metabilder agieren können, so bemerkenswert zeigt sich die Frage danach, *wie* sie dies tun, und welche Potentiale eines *bildlichen Reflektierens* dies birgt. Ich verstehe Metabildlichkeit als ein Reflektieren über Bildliches mit den Mitteln der Bildlichkeit selbst.

bildreflexive Bilder über Bildlichkeit

Dieses Kapitel zu den Metabildern widmet sich zunächst deren bildtheoretischer Konturierung, um sich ihrer Eigenart, ihrem beanspruchten Antrieb und ihrer sinnlichen Dynamik anzunähern und in diesem Zuge ihr Potential als *bildreflexive Bilder über Bildlichkeit* zu befragen. Als Momente verwobenen Reflektierens *über* Bildliches *durch* Bildliches bilden Metabilder signifikante bildtheoretische Figuren, die sich in die Bildung ihrer eigenen Theorie auf produktive Weise einspielen, wenn sie als kritische Bilder ihre eigene Theoretisierung vorantreiben.

wenn Bilder unser Sehen kritisieren

In diesem Sinne spricht GEORGES DIDI-HUBERMAN vom kritischen Bild »als ein Bild in der Krise, als ein Bild, das das Bild kritisiert – also imstande ist, eine theoretische Wirkung zu zeitigen –, und dadurch als ein Bild, das unsere Weisen, es zu sehen, in dem Moment kritisiert, in dem es uns dadurch, daß es uns anblickt, dazu verpflichtet, es wirklich anzuschauen. Und dazu, diesen Blick zu (be)schreiben, nicht um ihn zu ›transkribieren‹, sondern um ihn zu konstituieren.«[1] Bezogen auf Metabilder weist DIDI-HUBERMANS Begriff vom kritischen Bild auf zwei Aspekte hin: erstens auf eine sich darin artikulierende Wirkmacht des Bildlichen und zweitens auf eine Blickbeziehung, wenn der Blick den DIDI-HUBERMAN hier meint, ein Blick aus dem Bild ist; ein Blick, der mich von woanders her trifft.[2] Dass wir diesen Blick konstituieren und nicht transkribieren, verdeutlicht die Potentialität von Metabildern, insofern diese erst durch etwa bildreflexive Blickbeziehungen beginnen, ihre ›bloße‹ Bildlichkeit für jemanden zu übersteigen.

Metabild-Promis

Manche Bilder erscheinen auffällig häufig die Rolle des Metabildes einzunehmen, womit sich spekulieren ließe, dass sie etwas ›an sich‹ haben, das sie prädestiniert als solches zu fungieren. Doch wie webt sich ein solches Gewand des Metabildes? Diskursiv? Viskursiv[3]? *Ikonosiv*[4]? Nicht selten steigen die ›Metabild-Promis‹ an der Schnittstelle zur Kunst empor, weshalb ich dieser Nähe zwischen Bildreflexivität und Kunst nachgehen will.

Konzeption des Kapitels

Demgemäß werde ich zunächst auf *bildreflexive Bilder über Bildlichkeit* eingehen, um mich einer Metabildlichkeit und ihren Dynamiken anzunähern. Anschließend stelle ich die Frage, inwiefern Metabilder als *diaikonische* (durch Bilder) *Bildtheoriebild(n)er* agieren. Um die erwähnte Nähe zur Kunst aufzugreifen widme ich mich folgend Metabildern als Bilder der Kunst, um Kunst auch als *metabildliches Blickmovens* zu befragen. Im letzten Teil nehme ich mich Weisen von Bildargumentationen an, die ich an Beispielen expliziere, um ihre Problematik und ihre Perspektiven für den wissenschaftlichen Diskurs aufzuzeigen.

bildreflexive Bilder über Bildlichkeit

Wie sind Metabilder meta?

Gerade dann, wenn sich die Sprache einer Hinwendung zum Bildlichen verschließt oder wenn uns Bilder als Mitspieler ihrer eigenen Theoretisierung begegnen, mag gar schillernd die Figur des Metabildes auftreten. Aber wie zeigen Metabilder einen gangbaren Weg auf, wenn wir versuchen ein Reflektieren nicht nur sprachlich, sondern auch bildlich zu verstehen? Bilder, die auf einer Metaebene agieren, scheinen in dieser herausgestellten Position ihr demgegenüber gewöhnlich wirkendes Bildwerden überstiegen zu haben. Dass Metabilder übergeordnete Funktionen annehmen, sagt allerdings noch wenig darüber aus, *wie* sie dies tun und was diesen *Spielraum* ausmacht. Die folgenden insbesondere auf die bildtheoretischen Positionen von W.J.T. Mitchell und Dieter Mersch bezogenen Annäherungen versuchen, diese Weisen des Metabildes explizit in den Blick zu nehmen, um ein bildreflexives Potential näher zu bestimmen.

meta meta meta

selbst-, fremd- und bildreflexiv

Metabilder, so Mitchell, seien Bilder, »die sich auf sich selbst oder auf andere Bilder beziehen, […] die gebraucht werden, um zu zeigen, was ein Bild ist.«[5] Mitchells bildtheoretische Überlegungen lassen damit unterschiedliche Weisen des Metabildlichen zu, die ich als *selbstreflexiv*, *fremdreflexiv* und *bildreflexiv* agierende und organisierte Metabilder beschreiben würde. Während sich selbstreflexive Bilder der Formulierung gemäß auf sich selbst beziehen, so verstehe ich diese Bezogenheit als eine *sich-in-sich* rückbeugende Bewegung, die darauf aus ist, etwas über das eigene Wirken oder auch die eigene Medialität deiktisch hervorzubringen. Fremdreflexive Metabilder schaffen es, sich zugleich auf andere Bilder zu beziehen und sind insofern *interpiktoral*[6].

Ein zeitgenössisches Beispiel bilden Memes, insofern diese fremdreflexiv auf bekannte Kunstwerke verweisen können (z.B. Memes zur Mona Lisa). Dabei bleiben diese Relationen stets davon abhängig, ob jemand diese Verbindung erkennt.

Bildreflexive Metabilder beziehen sich auf die Bildlichkeit des Bildlichen, worin sie sowohl selbstreflexiv sind, da sie zur Gruppe der Bilder gehören, als auch fremdreflexiv sind, indem sie versuchen exemplarisch etwas über Bilder (andere Bilder) aufzuzeigen. Dieter Mersch bezeichnet solche Bilder ebenso in Rekurs auf Mitchell als »philosophische Bilder«[7], was ihr Ziel andeutet, etwas ergründen oder begründen zu wollen.

Alle drei Weisen des Metabildlichen ließen sich übergreifend als eine *deiktisch-ikonische Artikulation* bezeichnen, die ich als bildreflexiv fungierend verstehe: *selbstreflexiv-bildreflexiv, fremdreflexiv-bildreflexiv* und *bildreflexiv.*

bildreflexive Funktion

Als eine der zentralen Fragen dieses Potentials zeigt sich, *wie* Bilder ihre bildreflexive Funktion ermöglichen. Um sich diesem blinden Fleck anzunähern nimmt Mitchell prüfend in den Blick, inwiefern Bilder eine *eigene Metasprache* mit sich führen:

Zeigen/Viskurs

> » Ich möchte mit dem Gedanken experimentieren, Bilder können zur Reflexion auf sich selbst fähig sein, könnten fähig sein, einen Diskurs zweiter Ordnung zu liefern, der uns etwas über Bilder erzählt oder zumindest zeigt.«[8]

Mitchell markiert für Metabilder damit nicht nur den Modus ihrer Tätigkeit (das Zeigen), sondern analogisiert indirekt neben einem sprachlichen Diskurs (den er vermutlich als Diskurs erster Ordnung bezeichnen würde) einen ikonischen Diskurs (Diskurs zweiter Ordnung). Gewiss erinnert diese Zuspitzung an den ›Viskurs‹-Begriff Karin Knorr-Cetinas; analog zum Diskurs markiert Knorr-Cetina den Viskurs als Diskurs im Visuellen, der das Zusammenwirken wie die Einbettung visueller Darstellungen betrifft.[9] Dies umkreist jene experimentellen Gedanken, wie Bilder zur Reflexion auf sich selbst fähig sind und wie Bilder einen ikonischen Diskurs eröffnen, der etwas über Bilder im Modus des Bildlichen zeigt.

viskursives (Ver)handeln

An ein *viskursives* (Ver-)Handeln von Bildlichkeit durch Bildliches schließen sich Gedanken zu Bildargumentationen an sowie Wechsel- und Widerreden in Bildern, die dann z.B. Bildbegriffe nicht sprachlich, sondern visuell artikulieren und sozusagen *vis*kutieren. Dass dabei diskursive Erkenntnisse durch Sprache keinesfalls außen vor bleiben müssen, sollte deutlich geworden sein, da diese Überlegungen nach bildreflexiven Weisen suchen, ohne bereits bestehende Reflexionsweisen zu negieren.

÷

Bildbeispiele als Passagen

Um einer Bildreflexivität von Bildern nachzuspüren, wird meist an Bildbeispielen untersucht, was diese jeweils über sich selbst sagen und was sich durch diese über andere Bilder vermuten lässt.[10] Solche *Bildbeispiele* avancieren in der Frage, was Metabilder sind, zu *Passagen*, um daran eine Phänomenologie des Metabildes zu formulieren. Auch wenn die Bildbeispiele zunächst so etwas wie *Proben* sind, eilt ihnen eine Ahnung voraus, sodass die versierte sprachliche Beleuchtung ihrer Metabildlichkeit bereits von der Hoffnung getragen wird, dieses Gespür zu bestätigen.

Entzug // Bezug

Mich beschäftigt folgend weniger, das Metabild möglichst dezidiert zu typologisieren[11], sondern entstehende Dynamiken und Relationen zu betrachten, um das bildreflexive Moment der Metabilder zu befragen. Dies erscheint ferner deshalb als der überzeugende Weg, als auch Mitchell eine »Wildheit« des Metabildes diagnostiziert, was einen Widerstand von Metabildlichkeit ausdrückt, sich definitorisch domestizieren zu lassen.[12] Der Grund für diese Wildheit drängt sich geradezu auf: Er betrifft die bereits oft herangezogene *als-Struktur* des Bildlichen, sodass Metabilder im ständigen *Entzug* eines festen Status und zugleich im potentiell endlosen *Bezug* entstehen. Das markiert eine Nahtstelle bildreflexiver Ansätze zwischen Bildlichkeit und Individuen, die ich im Weiteren herausarbeiten möchte.

bildreflexive Wendungen zwischen Bildlichem und Betrachter*innen

Metabilder können erklären, was Bilder sind, indem sie die Selbst*erkenntnis* von Bildern inszenieren.[13] Sie tun dies, indem sie das Selbst*verständnis* ihrer Betrachter*innen befragen.[14] Mitchells Gedanke, dass Metabilder eine eigene Sprache mit sich führen, nehme ich als Anlass, bildreflexiven Wendungen zwischen Bildlichem und Betrachter*innen nachzugehen.

»You can hang a picture, you can't hang an image.«

Dabei regt Mitchells Ansatz vor dem Hintergrund einer Bilderfahrung *vom Zwischen aus* zu einigen kritischen Gedanken an, denn sein prüfender Blick hinsichtlich einer eigenen ikonischen Metasprache von Bildern scheint ein bestimmtes Bildverständnis zu implizieren: Führen Bilder ihre Metasprache mit sich, dann läuft diese Vorstellung Gefahr, sich an Mitchells eigens entwickelter Unterscheidung von *picture* und *image* zu reiben – vielleicht sogar aufzureiben.[15] Denn während das *picture* ein materielles Objekt sei, »etwas das man verbrennen oder zerbrechen kann«, sei das *image* etwas, »das in einem *picture* erscheint und dessen Zerstörung überlebt«.[16]

Mitchells Unterscheidung von *picture* und *image* ermöglicht somit nicht nur die materielle und mentale Dimension des Bildlichen zu differenzieren, sondern legt ein Modell nahe, das sich als ein Aufscheinen des Bildlichen im Visuellen, als Wahrnehmung eines *image* im Rahmen eines *pictures*, beschreiben ließe. Die Problematik artikuliert sich angesichts einer vermuteten Metasprache folgendermaßen: Zu untersuchen, ob Bilder eine eigene Metasprache mit sich führen, läuft Gefahr, jenen *ikonischen Blick* ←\≥ zu negieren, der jedoch Bilderfahrung *als Ereignis* hervorbringt.[17] Er-

als Ereignis

←\≥
ikonischer Blick – Anlässe und Ansprüche
S. 240

scheint ein *image* in der Bilderfahrung, so erscheint auch eine Metasprache der Bilder erst dann und dort. Ein Twist in der Formulierung würde die kritischen Gedanken gegenüber der Frage, ob Bilder eine Metasprache *mit sich* führen, harmonisieren, denn mit Fokus auf ein *performatives Bildwerden* würde sich eine Metasprache erst deiktisch im Betrachten erzeugen.

Das Mitführen einer eigenen Metasprache anzunehmen, erscheint auf eine andere Weise sehr nachvollziehbar. Ich hatte bereits angemerkt, dass es sogenannte Metabild-Promis gibt, die gehäuft als Metabilder in der Theorie agieren (z.B. Kasimir Malewitschs *Schwarzes Quadrat*). Unterstellen wir bestimmten *pictures* (nicht *images*), dass sie fähig seien, immer wieder einen metabildlichen Status zugewiesen zu bekommen, so wäre vielleicht ein Umgang gefunden, der die Frage nach einer Metasprache vor dem Hintergrund eines Bildwerdens legitimiert.

Problematik einer Logik der Sprache

Ein anderer Aspekt, der kritisch beäugt werden kann, ist die Suche nach einer *Sprache*, wodurch sich eine semiotische Perspektive auf Bildlichkeit anzeigt, die das Bild »als eine les- oder deutbare, mehr oder minder konventionalisierte Zeichenkonstellation«[18] betrachtet. Die vornehmliche Kritik an einer Bildsemiotik, der ich mich anschließe, besteht in der Frage, »ob das Lesen oder Deuten von Zeichen wirklich den Kern der Bildwahrnehmung oder des Bilderverstehens ausmacht.«[19] Versucht man Metabilder von ihrer Sprache her zu denken, folgt dies meiner Ansicht nach einer sprachlichen Logik und nicht einer des Zeigens.

diaikonische Bildtheoriebild(n)er

metabildliche Reflexivität

Ausgehend von einem Reflektieren von Bilderfahrungen widme ich mich der Frage, ob und wie Metabilder nicht nur zeigen, *was* Bilder sind, sondern ob sie auch ihre medialen, leiblichen wie sozialen Bedingungen reflexiv verhandeln können. Damit wäre eine weitere Dimension metabildlicher Reflexivität aufgerufen, deren Ansätze dem Spektrum bildtheoretisch versierter Forschung und ihren heterogenen Fragedimensionen entgegenkäme.

bildreflexive Epistemologie im Mitvollzug

Ich möchte daher vorschlagen, Metabilder als eine bildreflexive Epistemologie *im Mitvollzug* zu beschreiben, die mimetisch *durch/per* ihr mediales Gefüge erfahrend etwas durch Bildlichkeit herausbilden. ←\- Sie zeigen einen Mitvollzug an, der nicht nur ein wechselseitig gekoppeltes Werden des Bildlichen und dessen Erfahren in der Bilderfahrung betrifft, sondern auf eigentümliche Weise an den Grenzen der Bilderfahrung selbst rührt, indem Metabilder ihre eigene Medialität befragen. Gottfried Boehm liefert ein einschlägiges Beispiel, das ich als bildreflexive Weise von Theoriebildung betrachten möchte. Mit dieser Vorgehensweise komme ich Mitchells These nach, dass Metabilder das Selbst*verständnis* ihrer Betrachter*innen befragen. Wo

←\-
Dia und Meta
S. 52

÷

BOEHM ein Bild metabildlich als ein Bildreflexiv verwendet, begründet *er* aus *seiner* bildtheoretischen Forscherperspektive eine metabildliche Bildbeziehung.

Bei//spiel: mimetischer Mitvollzug durch Metabildliches

BOEHM bringt in seinem Buch *Wie Bilder Sinn erzeugen* den mimetischen Mitvollzug durch Metabilder nahezu didaktisch ein. Um sich einem ikonischen Wissen anzunähern und ein Werden von Bildern zu veranschaulichen, fordert er seine Leser*innen auf, selbst den Zeichenstift zur Hand zu nehmen: »Wir zeichnen jetzt ein Haus, wobei wir uns an eine Abfolge einfachster Schritte halten [...].«[20] Sprachlich wird der erhoffte Mitvollzug im Zeichnen durch elliptische Unterteilungen des Textes in Abschnitte verdeutlicht:

»Was erscheint:«
»Dann:«
»Und tatsächlich:«.[21]

Diese Formulierungen umspielen BOEHMS Zeichnungs-Experiment dramaturgisch, so als würden wir sein ikonisches Wissen lautlich vernehmen können. BOEHM versucht mit diesem Beispiel somit im Sinne eines Bei//spiels etwas ins Zeigen zu bringen. Strich für Strich weist er die einzelnen Linien einer Hauszeichnung an.

Er folgert aus seinem Experiment, dass Bilder sich aufbauen, dass sie nicht Realität, sondern »Realisat« seien. Was *er* in diesem Setting methodisch aufbaut, verstehe ich als eine Weise des *Displayings*, insofern BOEHM versucht durch einen ikonischen Mitvollzug seiner Leser*innen erfahrbar zu machen, was er theoretisch zu entfalten versucht.

Indem BOEHM Beispiele solcher Schemazeichnungen zu seinem Experiment auf die Buchseite setzt [# 27], bietet er ein zusätzliches ikonisches Geländer für den Mitvollzug an. Er scheint aber zu ahnen, dass es etwas Anderes ist, selbst zu zeichnen oder an Zeichnungen Anderer etwas nachzuvollziehen.[22]

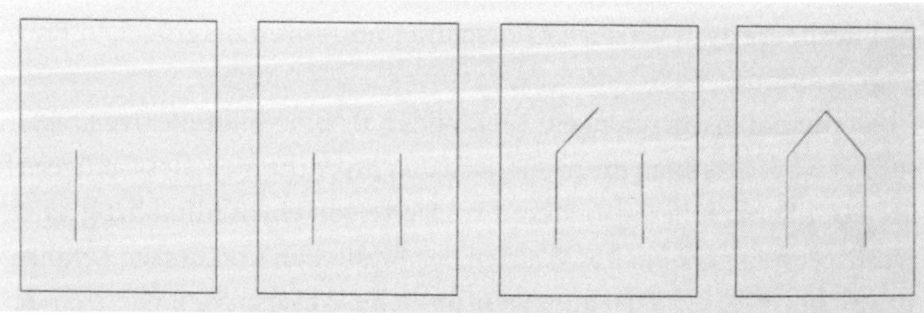

27

BOEHM inszeniert mit diesem Beispiel eine ikonische Begriffskonstruktion.[23] Um nämlich eine »unsichtbare Einheit des Begriffs [Haus]« zu verdeutlichen, führt er weitere Schemazeichnungen vor [# 28], welche »demonstrieren, wie wenig selbstverständlich es ist, zeichnend beim Anblick eines Hauses anzukommen. Nur ein Strich daneben, nur einer ausser [sic!] Kontrolle, und schon ist der Umkreis möglicher Häuser verlassen.«[24]

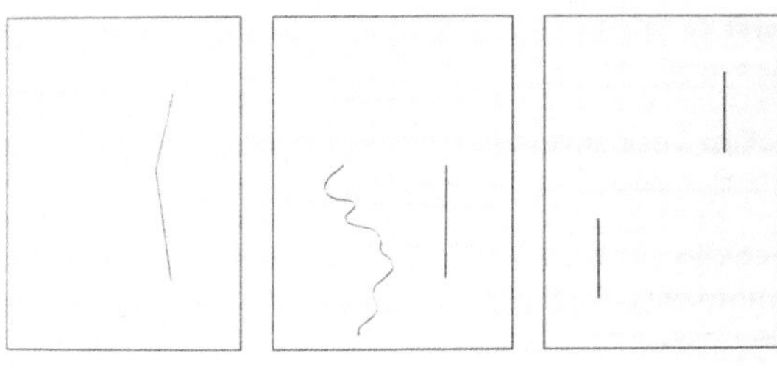

28

Boehms Vorgehen lässt sich meines Erachtens nicht als bloße Bild-Text-Relation abhandeln, auch wenn wir es semiotisch betrachtet mit Multimodalität zu tun haben. Als eine spezifische Weise des bildreflexiven Zugangs durch Metabildliches schlägt das, was die Zeichnungen veranschaulichen, auf sie selbst zurück, indem sie ein »Wissen über sich selbst« erzeugen.[25] Eine solch reflexive Einspiegelung würde bedeuten, dass Sinnbildung oder sogar Theoriebildung auf metabildlicher Ebene sich bereits auf ihre bildliche Ebene auswirken könnte, was am Beispiel von Boehms ›Nicht-Haus-Zeichnungen‹ anschaulich vorgeführt wird.

Theoriebildung durch Metabilder

Metabilder verstehe ich in Anschluss an die aufgezeigte Argumentation nicht als bloße Illustrationen von ›Wesenszügen‹ des Bildlichen oder von Momenten der Bilderfahrung, sondern als Produzenten von Wissen in ihrer sinnlichen Struktur, das heißt durch ihre Bildlichkeit. So werden Metabilder im Sinne einer »visuellen Epistemologie wirksam«[26], die fähig sind, selbst Theorie zu bilden, und zwar im Spiel zwischen ihren diskursiven und viskursiven Wendungen.[27] Indem Bilderfahrungen aber etwas anderes sind als visuelle Erfahrungen, müsste genauer formuliert von *ikonosiven* Wendungen als Weisen eines Verhandelns von Wissen im Ikonischen gesprochen werden. Den Neologismus *ikonosiv* verstehe ich als nicht im Visuellen (viskursiv), nicht durch Sprache (diskursiv), sondern durch Bilder verhandeltes Wissen – als ein bildliches Argumentieren. ikonosiv

Durch Bilder (diaikonisch) *ikonosiv* Theorie zu bilden, kann Unterschiedliches zum Gegenstand haben. Mich beschäftigen die Dynamiken. Dass etwas metabildlich betrachtet wird, zeigt sich in gewisser Weise als eine Spielart assoziativen Zu-Falls, was erneut durch Mitchells angedeutete »Wildheit« des Metabildes bekräftigt werden kann.

Hyperikons

Metabilder sind nicht gleich Metabilder, wenn man ihre jeweiligen Reflexionsweisen versucht präzise zu differenzieren. Ohne sich nun doch typologisierend diesen Unterscheidungen zu widmen, weist MITCHELLS Figur des »Hyperikons«[28] für eine Theoriebildung durch Metabilder einen relevanten Aspekt auf. Hyperikons[29], so MITCHELL, bilden »Modelle für unser Denken über alle Arten von Bildern [...] – seien es mentale, verbale, pikturale oder perzeptuelle.«[30] MITCHELL selbst markiert diesen Begriff einleitend sehr vorsichtig als eine Strategie, um »der Versuchung nachzugeben, Ideen als Bilder zu sehen, und zugleich ihr zu widerstehen.«[31] Er begründet diese Strategie damit, dass Ideen und Bilder nicht dasselbe sind, und beendet dies mit den Worten: »was immer Bilder auch sein mögen«.[32]

verbildlichte Theorie

MITCHELLS vages Umkreisen begründet sich meines Erachtens darin, Begriffe einzusetzen, die das Problem stetig mitmarkieren. Anders gesagt: Wie kann Metabildlichkeit unter den Bedingungen einer anhaltenden Skepsis gegenüber einer Theoriebildung, die sich aus dem Register der Sprache zu lösen versucht, anders als durch Sprache, beforscht werden? So weist MITCHELL zwar zukunftsweisend auf, dass Metabilder in ihrer stärksten Form einer »Verbildlichung von Theorie«[33] entsprechen, jedoch sind mir bisher keine Theorien bekannt, die ausschließlich von Metabildern hervorgebracht wurden. Dies soll keine Entwertung der Metabilder sein, vielmehr eine notwendige Vorsicht, Theoriebildung nicht unreflektiert einfach durch das Zeigen von Bildern abzudecken. *Ikonosive* Strategien von Metabildern führen vielmehr das Rätsel ihrer Theoriebildung vor Augen, als dass sie uns offenbaren, wie sie dieses Wissen hervorbringen.

ikonosive Theoriebildner

Der Kontext oder die Intention, mit der Metabilder etwas auf einer Metaebene verhandeln, bezieht sich auf das bildreflexive Moment von Metabildern. Ihre Stärke als verbildlichte Theorie oder *ikonosive Theoriebildner* entwickeln Metabilder auch für Vermittlung, wenn sich durch die Bildlichkeit der Metabilder anders und Anderes kommunizieren lässt als durch Sprache. Folgend versuche ich, diesen Aspekt erneut an einem Bei//spiel herauszuarbeiten.

Bei//spiel: Bildtheorie durch Metabilder vermitteln?

Konfigurationen bildreflexiver Praxen

Metabilder erweitern den Dialograum über Bildlichkeit durch ikonische Erkenntnis- und Reflexionsweisen. Ich bezeichne Metabilder folglich als Konfigurationen bildreflexiver Praxen der Erkenntnis. Dazu möchte ich zwei Nahtstellen diskutieren, die sich auf eine mögliche Vermittlung von Bildtheorie durch Metabilder beziehen: *Rahmungen* und *Übergänge*.

erfahrbare Theorie?

Beide Figuren bilden bild- und blicktheoretisch Einsatzpunkte für Bilderfahrungen, die ich sowohl unter dem Fokus des Bildwerdens ←\≤ als auch des Blickwerdens ←\≥ verhandelt habe. Die Rahmenfunktion als bildkonstituierendes Moment bildet kein bloß theoretisches Konstrukt, sondern ein ikonisch erfahrbares Phänomen. Darin weist

←\≤ Bildwerden S. 181

←\≥ Blickwerden S.231

sie ein Potential bildlicher Inszenierungen auf, das eine Vermittlung nicht nur *über* Bilder, sondern *durch* Bilder betrifft.

Mit Dieter Mersch habe ich auf Schwellenmomente ←\≥ verwiesen, die es nicht immer leicht machen zu unterscheiden, ob etwas ein Bild ist oder nicht. Dazu zähle auch der Blick durch ein Fenster.[34]

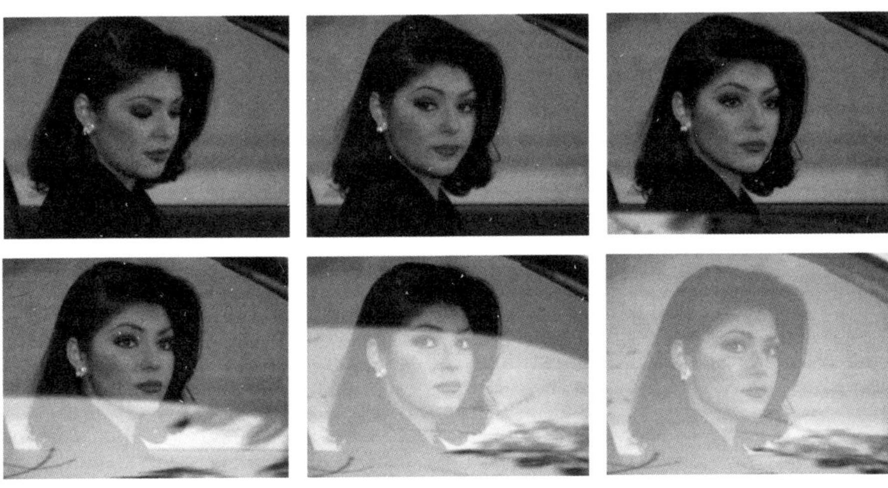

29

#29 zeigt sechs Stills aus einem GIF (Graphics Interchange Format), auf denen eine Frau in einem Auto sitzend zu sehen ist, die vor ihrem Gesicht die Fensterscheibe des Autos hochfahren lässt. Es tritt mit der Fensterscheibe etwas dazwischen, das den Übergang zur Bildlichkeit anzeigen könnte, was eine Ansicht produziert, die unseren ikonischen Blick herausfordert. Solche Bilder mögen als Metabilder an den Übergängen zum Bildlichen ansetzen, wie auch nach den Grenzen des Bildlichen fragen. Sie führen etwas vor, das zu Theoriebezügen und Theoriebildung herausfordern kann.

Aus einem praxeologischen Verständnis heraus könnte dies als Weise »situierten Theoretisierens«[35] beschrieben werden. Als epistemische Aktivität des Theoretisierens stellt Robert Schmidt am Beispiel des Schreibens heraus, dass sich ein Wissen bilde, indem und dadurch dass wir schreiben.[36] Schreiben weise folglich eine explorative Dimension auf.[37] Übertragen auf Metabilder möchte ich analog aufwerfen, dass sie im Wechselblick ←\- durch ein Zeigen epistemisch aktiv werden können, sodass auch Metabilder eine explorative Dimension aufweisen. ←\≥ Am Beispiel der Frau, vor deren Gesicht die Fensterscheibe des Autos hochfährt, mag sich ein Übergang ausweisen, den wir mitvollziehen. Das Beispiel könnte befragen, wie sich das ikonische Schwellenphänomen eines Blicks durch eine Fensterscheibe gegenüber einem Blick der gewöhnlichen Wahrnehmung verhält. Als Metabild agiert es in diesem Sinne als Modell einer theoretischen

situiertes Theoretisieren

explorative Metabilder

←\≥
Schwellenbilder
S. 242

←\-
Wechselblick
S. 73

←\≥
zur Reflexion von Blickbeziehungen
S. 251

Überlegung, die durch die Inszenierung eines Übergangs die Rahmenfunktion des Ikonischen ausgehend vom Ikonischen reflektieren lässt.

doing theory

Bildtheorie durch Metabilder zu vermitteln greift SCHMIDTS Ansatz eines »doing theory«[38] auf, insofern es ihm um ein Entschlüsseln der »mit dem Theoretisieren (doing theory) verknüpften Verhältnisse und Beziehungen zur sozialen Welt« gehe.[39]

mediale und relationale Dimension

Indem Metabilder grundlegend auf bildreflexiven Beziehungen beruhen, die ihnen jemand gewissermaßen *an*sieht oder in sie *hinein*sieht[40], sehe ich Anschlüsse, dass Metabilder nicht nur medial, sondern auch relational reflexiv tätig sind. *Medial* reflektieren Metabilder über eine Selbst*erkenntnis* von Bildern[41] und *relational* über ihre *Bildner*innen* und deren Beziehungen zur sozialen Welt, um an SCHMIDT anzuschließen.

bildreflexive Modellbilder

Abstraktion und Konkretion

Ausgehend von dem Gedanken eines Metabildes, das sich selbst bildreflexiv erkundet, scheint dieses etwas vorzuführen, das einer Abstraktion gleicht – einer Abstraktion von Bildlichkeit. So ließe sich danach fragen, ob Metabilder Modelle von Bildlichkeit entwerfen, die uns nicht nur abstrahierend, sondern ikonisch betrachtet auch konkretisierend vor Augen führen wollen, was das spezifisch Bildliche der Bilder betrifft.

ikonisches Wissen

Metabilder und Modellbilder können beide als Produzenten ikonischen Wissens gesehen werden, deren epistemologisches Potential vom Zeigen aus entsteht. Wie ein ikonisches Wissen modellhaft durch Metabilder entstehen kann, bedarf ergänzend einer differenzierten Überlegung, um die bisherige Kontur bildreflexiver Anbahnungen von Metabildern ggf. zu ergänzen.

Durchscheinen von Wissen

GOTTFRIED BOEHM widmet sich in seinem Buch *Wie Bilder Sinn erzeugen* dem Bild als Modell.[42] Er verweist auf eine visuelle Epistemologie von Modellbildern, die er charmant als ein *Durchscheinen* von Wissen umschreibt: »Die ihnen eigentümliche Reduktion von Komplexität erlaubt es, undurchschaubare Verhältnisse auf luzide Weise aufzuschliessen [sic!].«[43] Eine so konturierte bloße Simplifizierung tritt dabei einer intransitiven Zeigefunktion von Bildern gegenüber. Insofern hänge die visuelle Evidenz von der Reduktions*weise* ab, sodass die »richtige Vereinfachung« dafür verantwortlich sei, den »bildspezifischen Überblick« zu aktivieren, verstanden als eine »Lenkung des Blickes«.[44]

Akteure oder Dompteure des Wissens

Das Modellbild scheint demgemäß etwas stabilisieren zu wollen, eine visuelle Zuspitzung zu ermöglichen. Zugleich deutet BOEHM an, dass die Modellbilder als Akteure oder Dompteure des Wissens ein Selbstinteresse verfolgen. Um daher eine »enge Wechselwirkung zwischen Wissen und Machen«[45] zu reflektieren, wendet er sich heuristischen Modellen zu. Er verweist auf KANTS *Kritik der reinen Vernunft*: »Wir können uns keine Linie denken, ohne sie in Gedanken zu ziehen.«[46] Modelle verfügen somit über einen »Überschuss des Imaginären« und behaupten eine »Differenz gegenüber dem Realen«.[47] Modelle avancieren so gesehen zu ständigen »Spielräumen des Erprobens«[48]. Dies erscheint geradezu paradox, denn sie wären dann zugleich Bühne wie auch Akteur. Diese Zwittrigkeit signalisiert aber eine für Metabilder interessante Duplizität: Modellhafte Metabilder umspielen in ihrer spezifischen In-Betrachtnahme der Bilder immer wieder ihr eingegangenes Zweckbündnis[49], welches darin besteht, für jemanden bildreflexiv zu agieren.

Metabilder als Bilder der Kunst

»Wozu braucht man Kunst?«, fragt JEAN-LUC NANCY – »um über alle Gegebenheiten hinauszugehen« oder es zumindest zu versuchen.[50] NANCYS Kunstbegriff berührt ein generatives Moment als eine Weise, alles Mögliche zu übersteigen. Wissenschaft, die Wissen schafft, hat im besten Falle ein ähnliches Movens. Die Kunst als angewandte, als »Praxis des Antwortens«[51] und als »Hervorbringung einer anderen Oberfläche«[52], bietet wörtlich verstanden einen *Schauplatz* für die Entstehung von Metabildbeziehungen. Kunst operiert so gesehen als metabildliches Blickmovens, indem sie zeigend hervorbringt, was wir sagend nicht ohne dieses Zeigen hätten sagen können.

Kunst als metabildliches Blickmovens

BERNHARD WALDENFELS hält die Bildende Kunst für fähig, unseren vorgeprägten Bildblick verfremden zu können, was eine Form der Entbildlichung und der Entrahmung einschließe.[53] Weisen eines Blickwerdens habe ich bereits hinsichtlich einer Umarbeitung des Blicks diskutiert und nehme an dieser Stelle noch einmal den Bezug zur Kunst als metabildliches Blickmovens auf.

Modellcharakter

EVA SCHÜRMANN hat sich dazu äußerst eindrücklich in einem Aufsatz über *Ästhetik als exemplarisches Philosophieren mit Kunst* geäußert, weshalb ich ihre Argumentation bildreflexiv auf Metabilder beziehen möchte. SCHÜRMANN arbeitet heraus, dass Kunstwerken ein »Modellcharakter« zugesprochen werden könne, und zwar »indem man sie auf das hin befragt, was durch sie hindurch thematisch wird.«[54] Die Vermittlung bildtheoretischer Erkenntnisse, sei es in wissenschaftlichen Zusammenhängen oder in Vermittlung und Lehre, kann an dieser medialen wie leiblichen Ebene der Kunst ansetzen, indem sie – in Rückgriff auf NANCY – etwas durch unser Fragen hervorzubringen vermag, das zuvor für uns nicht möglich war – nicht möglich war zu denken.

durchspielen

Um Weisen eines Reflektierens von Bilderfahrungen zu finden und zu erfinden, stellt die Suche nach Modellen, an denen wir mögliche Erklärungen bilden können, eine Praxis oder »Inszenierung der Suche«[55] dar. ←\× Kunstwerke, die herangezogen werden, um etwas über Bildlichkeit und Bilder zu erfahren, avancieren zu »Experi-

←\×
suchen
S. 124

÷

mentalsystemen«[56]. ←\× SCHÜRMANN schreibt: »Man kann Kunstwerke als Gedankenexperimente auffassen, durch die etwas durchgespielt wird, auf das es ankommt.«[57] SCHÜRMANN verkettet hier die Grunddynamik dessen, was ich im Konzept des Displayings entworfen habe, mit einer durch die Kunst initiierten Weise des Zeigens. Wenn ein Kunstwerk als Gedankenexperiment etwas durchspiele, dann ist dies ein Spiel mit offenem Ausgang, was nicht bedeutet, dass dieses Spiel frei von Intentionen seiner Spieler*innen ist. So werden Kunstwerke in metaikonischer Funktion stets unter einem spezifischen Aspekt in den Status eines Metabildes eingelassen. ≥ – ≤

mediale Andersartigkeit

SCHÜRMANN verdeutlicht im Weiteren die generative Kraft des Kunstwerks und artikuliert die mediale Andersartigkeit dieser Reflexionsweise gegenüber einem sprachlichen Reflektieren: ≥

> » Im Kunstwerk – es sei sprachlich, performativ oder bildlich – wird etwas gezeigt und zeigt sich etwas, das zuweilen völlig unaussprechlich sein mag, immer jedoch unparaphrasierbar ist, weil erst das Wie der Darstellung das Dargestellte zu dem macht, was es ist. Die ästhetische Erfahrung hat es deswegen mit einem unersetzlichen Kunstwerk zu tun, das niemals überhaupt nur Beispiel sein kann, sondern Paradigma sui generis ist.«[58] ≥

»Verschränkung von Vollzügen«

Ich verstehe SCHÜRMANNS Einwand als eine Steigerung, sodass ein Kunstwerk als Metabild nicht nur etwas ist, was sich daneben zeigt[59], sondern eine grundsätzliche Denkweise herauszubilden vermag. Darin sehe ich auch die Übergänge angedeutet zwischen metabildlichen Anwendungen von Kunstwerken und etwa ihrer anschließenden Verwebung zur Theorie. SCHÜRMANN gelingt es, eine begriffliche, philosophische Wendung und eine vom Kunstwerk ausgehende Weise der Anschauungsbildung zusammenzudenken.[60] Begriff und Anschauung sollten sich einander nicht überbieten, sondern sich verschränken[61], und zwar als eine »Verschränkung von Vollzügen, die erst im Ineinander zu sich selbst kommen.«[62] – ≥ ×

… das Schwarze Quadrat

DIETER MERSCH liefert in seinen Arbeiten unterschiedliche Beispiele für Metabilder als Bilder der Kunst.[63] Eines davon ist ein wahrer Metabild-Promi, der in seiner Häufigkeit wohl nur noch vom *Hasen-Enten-Kopf*[64] oder RENÉ MAGRITTES *La trahison des images* (Der Verrat der Bilder) übertroffen wird: KASIMIR MALEWITSCHS *Schwarzes Quadrat* auf weißem Grund (1915).[65] MERSCH inszeniert das Kunstwerk zu einem Beispiel ikonischer Theoriebildung:

> » So zerlegt es mit den Mitteln des Bildes dessen Bildlichkeit, um durch es, über es hinaus, zu einer anderen Art von Bild zu gelangen. Es ist somit Metabild par excellence, weder ein Zeichen, das für etwas anderes steht, noch ein Symbol oder eine Allegorie, die auf eine Idee ›hinter‹ ihm verwiese, sondern es ist, was es ist: die reine ›Autarkie‹ des Ikonischen als Transzendenzerfahrung.«[66]

←\×
EXPERIMENT -ieren/-ell
S. 131

Und weiter: Das *Schwarze Quadrat* verweise auf nichts als auf seine Bildlichkeit selber, sei kein »Bild von etwas« und erweise sich als »Tautologie wie als ein Nicht-Bild«.[67] MERSCH stellt heraus, dass das *Schwarze Quadrat* sogar etwas anderes sei als ein Bild, worin er meines Erachtens versucht, dessen epistemische Reflexivität hervorzuheben. Er bezeichnet das *Schwarze Quadrat* als »Übergangsstelle« und als eine »Passage, die aus jeder bis dahin gültigen Vorstellung von Bildlichkeit ausbricht«.[68] MERSCHS Beschreibungen verweisen somit auf NANCYS Kunstbegriff, indem das *Schwarze Quadrat* etwas hervorbringt, was bisher nicht möglich war, und sie verweisen ferner auch auf SCHÜRMANNS Kontur eines »unparaphrasierbaren« Zeigens durch Kunstwerke. Für MERSCH formuliert das *Schwarze Quadrat* folglich »ein Wissen des Ikonischen selbst, seiner Medialität, die die Möglichkeit seiner Darstellung bereits überschritten hat.«[69]

Metabild als Passage

Die Spielarten von Metabildern als andauernde »Verwandlungsbilder«[70] können aber auch ganz anders ansetzen. Folgend möchte ich Bei//spiele eines Reflektierens über Bildbegegnungen aufzeigen, an denen sich auf unterschiedliche Weise metabildlich etwas über Blickbeziehungen reflektieren lässt.

Bei//spiel: Bildbegegnungen reflektieren

Zwei Bei//spiele für Metabilder möchte ich aufzeigen, die sich aus meiner theoretischen Perspektive auf die Begegnung mit Bildern beziehen und als bildreflexive Einsatzpunkte metabildlicher Reflexion gesehen werden können. Beide Bei//spiele weisen Bezüge zu räumlich-leiblichen Resonanzen zwischen Betrachter*innen und Bildern auf, verhandeln dies aber durch unterschiedliche ikonosive Strategien. Diese lassen sich nicht einfach ›ablesen‹, ohne dass jemand – in diesem Fall ich – ein metabildliches Zweckbündnis mit den Bei//spielen eingeht. Ich versuche daher durch einen eigenen metabildlichen Blick auf die Bei//spiele zunächst eine Anwendung zu inszenieren, die ich anschließend auf ihre ikonosiven Strategien hin befrage.

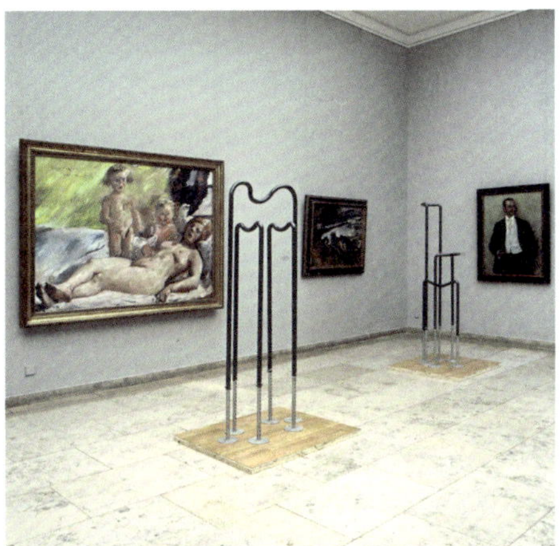

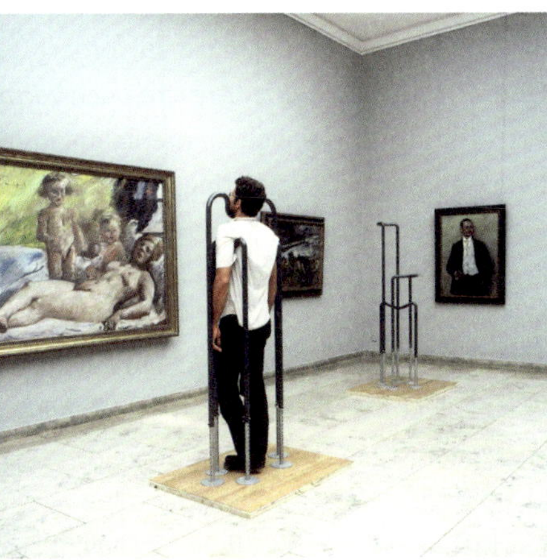

Bei//spiel eins: WOLFGANG STEHLE ›Bildbetrachtungshilfen‹

\# 30

Wolfgang Stehles *Bildbetrachtungshilfen*[71] stellen Haltungsapparaturen für Betrachter*innen dar, die vor einem Werk eingenommen werden können [#30]. Humoristisch kritisch wird eine über die körperliche Haltung einnehmbare Beziehungsebene zum Bildlichen angeboten, die bei der Betrachtung helfen soll. Als Metabild könnte Stehles Arbeit etwas über die Beziehung zwischen Betrachter*innen und Bildern aussagen, indem sie ein Spiel zwischen inneren und körperlichen Haltungen gegenüber Bildern verhandelt. So können Betrachter*innen in Stehles Apparatur eine Haltung einnehmen, die das Betrachten vermeintlich unterstützt. Welche Dimension an Hilfe ist aber gemeint? Die eines richtigen oder besseren Betrachtens, das sich gegenüber welchem anderen Betrachten versucht abzugrenzen? Oder versuchen die Apparaturen einen Blick zu verändern und dadurch für die Betrachter*innen etwas zum Vorschein zu bringen, das vorher nicht so gesehen werden konnte, sich nicht gezeigt hat?

normierend exkludierend

Die *Bildbetrachtungshilfen* erscheinen auf eine Weise als vermittelnde oder didaktische Konzeption, die an einer gelingenden Bilderfahrung interessiert ist. Bedeutet gelungen in diesem Zusammenhang nicht nur, dass es überhaupt zu einer Bilderfahrung kommt, sondern dass die Betrachtung durch die eingenommene Haltung einem bestimmten Blickwinkel folgt, so weisen Stehles *Bildbetrachtungshilfen* exkludierende wie auch stark normierende Züge auf. Zum einen sind die Apparaturen nicht für jede*n geeignet, indem sie bereits durch die Höhe der Gestänge für bestimmte Körpergrößen gebaut sind. Zum anderen bleibt fraglich, ob diese Ausrichtung vor Bildern gewünscht ist. Metaphorisch avanciert Stehles Konstruktion vielleicht zu einem Sinnbild einer engen Bilddidaktik, die versucht ihre Subjekte zu einem bestimmten Nachvollzug zu animieren.

bilddidaktische Bedeutungen

Mit Rekurs auf Karl-Josef Pazzini hatte ich im Kontext eines gemeinsamen Bilder-Erfahrens bereits darauf verwiesen, dass ein didaktisch antizipiertes Bildwerden tendenziell verhindere, eine »bildende Beziehung zu einem Bild aufzubauen« – als Nivellierung jeglicher Ankunft eines Fremden an sich oder am Bild.[72] ←\≤ Stehles *Bildbetrachtungshilfen* könnten auf diese Normierung anspielen, wenn man das Gestänge etwa als einen dieser in Schule verbreiteten, kunsthistorisch geprägten Leitfäden zur Betrachtung von Bildern ansieht, der z.B. dazu auffordert, zu erkennen, ob das Bild ein Hochformat oder Querformat hat. Meiner Ansicht nach vermögen solche Annäherung qua Leitfaden ›Bildbetrachtung‹ an leiblichen, medialen, individuellen wie transindividuellen Sphären der Bilderfahrung vorbeizuspringen. Sie sind dann keine Annäherungen, sondern Angleichungen. Zielvorstellungen im Kontext von schulischer, hochschulischer wie auch außerschulischer Bilddidaktik geraten damit in ein fragwürdiges Licht, wenn diese versuchen zu lenken und Strategien zu entwickeln, wie individuelle Verknüpfungen und Assoziationen auf einen homogenen Aspekt hin gelenkt werden können.[73]

An*halten*

Die kritische Lesart von Stehles Arbeit als Metabild für Bildbegegnungen könnte auch positiv gewendet als eine gewichtige Haltestelle gesehen werden. Die Apparatur als Moment einer Bilddidaktik, einer Vermittlung zu verstehen, die Betrachter*innen wörtlich an*hält*, verhilft ihnen vielleicht sich ihren Bilderfahrungen zu stellen, anstatt an

←\≤
miteinander Bildwerden erfahren
S. 215

den Bildern vorüberzugehen. Entlastet von der Schwere des Kopfes und/oder der Arme können Betrachter*innen von der Apparatur auch gehalten werden, worin sich gewissermaßen ein erster orientierender Zugang stiftet. Didaktisch oder vermittelnd entspricht dies vielleicht einer initiierten Besonderung.

Bei//spiel zwei: Tetsuo Kondo ›Mirror‹

31

Das zweite Bei//spiel zur metabildlichen Reflexion von Bildbegegnungen ist ein spezieller Spiegel des japanischen Architekten Tetsuo Kondo.[74] [# 31] Es handelt sich bei dem Spiegel um keine künstlerische Arbeit, sondern einen Einrichtungsgegenstand, ein Designobjekt. Unter dem mit Nancy dargelegten Kunstbegriff mag Kondos Spiegel aber durchaus als etwas verstanden werden, das über bisher mögliche Sichten hinausgeht.[75]

Kondos Spiegel ist in der frontalen Gegenüberstellung wie jeder andere Spiegel und reflektiert sein Gegenüber. Verändert man aber seinen Standpunkt und bewegt sich nach rechts oder links, trübt sich das klare Spiegelbild ein, sodass die Oberfläche des Spiegels nur noch abstrahiert, silbrig schimmernd das grobe Farbspektrum wiedergibt, das der Spiegel aus diesem Winkel einfängt. Durch eine Spezialfolie ist Kondo gelungen, diesen Effekt des Spiegels zu erreichen, der nur unter bestimmten Blickwinkeln ein klares Bild zeigt.

Kondos Spiegel weist eine Nähe zu Anamorphosen auf, die etwas nur aus bestimmten Blickwinkeln zeigen und somit, wie Gernot Böhme herausstellt, »am Blick des späteren Betrachters« orientiert seien.[76] Böhme verdeutlicht, dass wo immer es Perspektive gebe, es auch perspektivische Verzerrungen gebe.[77] Michael Polanyi hat in seinem Aufsatz ›Was ist ein Bild?‹ an einem Kirchengemälde Andrea Pozzos die Beziehung zwischen Betrachter*innenstandpunkt und Bildwerden vor dem Hintergrund einer solchen Verzerrung diskutiert und herausgearbeitet, dass Bilder dann vor der Verzerrung geschützt seien, wenn ihre »Tiefenwirkung« durch unser Bewusstsein abgeschwächt werde, dass sich das Bild auf einer Leinwand befinde.[78] Was aber passiert mit dieser Argumentation, wenn wir von dieser Vorstellung abrücken, wie es ein Ereignen der Bilder im ikonischen Blick durchaus nahelegt?

Die Veränderung der Perspektive[79] und folglich des Blickwinkels, in dem ein Bild gesehen wird, kann auf das ›Werden‹ des Bildes Einfluss nehmen. Kondos Spiegel zeigt sich als ein Modell dieser Verzerrung, indem der Spiegel diese in eine Trübung verkehrt und damit genau den Aspekt veranschaulicht, den man Verzerrungen metaphorisch zuordnen würde: In der Verzerrung ist unser Blick getrübt, sehen wir die Bilder auf andere Weise.[80]

Da es mir nicht darum geht, über Perspektive und Verzerrung von Bildern zu verhandeln, sondern Kondos Spiegel als mögliches bildreflexives Metabild zu verstehen, möchte ich abschließend beide Bei//spiele (Stehle und Kondo) in Bezug auf ihre ikonosiven Strategien befragen.

ikonosive Strategie

Um sich den ikonosiven Strategien der Bei//spiel anzunähern, liegt es nahe in den Blick zu nehmen, auf welche Weise sie auf Bildbegegnungen Bezug nehmen. Beide Bei//spiele weisen, wie ich bereits einleitend vorgeschlagen habe, auf räumlich-leibliche Resonanzen zwischen Betrachter*innen und Bildern hin: Ihr ikonosives Moment könnte folglich an einer imaginativen Vorstellung einer realen Begegnung vor einem Bild ansetzen. Die ikonosive Strategie dieser Metabilder könnte auf einen miniaturisierten Zugang zur Erfahrung zurückzuführen sein, wie ich ihn mit Miriam Schaub in der Methodologie hergeleitet habe. ←\× Schaub zeigt auf, wie das Beispiel beim Lesen Erfahrungen simulieren könne.[81] Analog dazu lassen sich vielleicht auch Stehles *Bildbetrachtungshilfen* oder Kondos *Mirror* beim Betrachten auf die Simulation einer Erfahrung ein. Während sich Stehles *Bildbetrachtungshilfen* konkret auf eine Bildbegegnung beziehen, bleibt Kondos *Mirror* zunächst auf eine Ebene der Seherfahrung bezogen. So bedarf der Spiegel als Metabild wohl eines zusätzlichen diskursiven Verhandelns. Da die Betrachtungshilfen wie auch der Spiegel hier ausdrücklich *als* Metabilder inszeniert werden, sei ebenfalls auf Andrea Sabischs Gedanken zur Beispielwerdung verwiesen, sodass Beispiele erst »im performativen Prozess ihrer Versprachlichung oder Verbildlichung« [82] herausgebildet werden. Als ikonische Epistemologie folgt ein ikonosives Verhandeln einer nach Schaub singulär verlaufenden[83] »Logik des Exemplarischen«[84], wie Cremonini und KLAMMER den beispielhaften Umgang mit Bildern als anschauliche Argumente einer anderen Erkenntnisbildung beschreiben.

Ausdrücklich sind dies erste Annäherungen oder Versuche, ikonosive Strategien sowohl theoretisch zu verorten als auch sprachlich zu fassen und die daher auch weiteren Vertiefungen und Ausführungen bedürfen. Ich werde mich folgend noch einmal explizit der Bildargumentation widmen und in diesem Zuge an zwei weiteren Bei//spielen ikonosives Verhandeln durch Bilder aufzeigen.

Bildargumentation

notwendige Verortung

Nur durch einen Fußnotenverweis erläutert beginnt das Kapitel *Reflektieren, um zu erfahren?* damit, dieser Frage eine Bildertafel[85] entgegenzusetzen. ←\< Sie fungiert an dieser Stelle als eigenständiger Teil der Arbeit, ist aber im Kapitel eingebettet und insofern mit diesem verbunden. *Nur* Bilder als Gegenstand eines Kapitels einzusetzen,

←\×
Bei//spiele zur Bilderfahrung
S. 154

←\<
Reflektieren, um zu erfahren?
S. 89

als eigenständige visuelle Episteme, als Produzenten von Wissen in ihrer sinnlichen Struktur[86], hegt wissenschaftshistorisch betrachtet Vorbehalte gegenüber der Wissenschaftlichkeit eines solchen Vorgehens.

Skepsis

Bilder als Beispiele oder Illustrationen, die ergänzend zum Text agieren und uns etwas veranschaulichen, sind hingegen verbreitete und etablierte Praxis. Formen der bloßen Bildargumentation erscheinen oft als befremdlich, da Bilder der Wissenschaft und der Sprache entgleiten.[87] Dies könnte man oberflächlich als Misstrauen in die Bilderfahrung ihrer Betrachter*innen werten oder als Misstrauen in die Bilder. Die Hürden setzen aber bereits viel früher an.

zwischen Sagen und Zeigen – wenn Bilder argumentieren wollen

Bildzitat

In erster Instanz scheitern Versuche von Bildargumentationen, wenn keine Bildlizenzen vorliegen, bereits auf rechtlicher Ebene – Ausweg bietet im wissenschaftlichen Werk meist das *Bildzitat*.[88] Formen von Bildargumentationen, die durch Bilder und nicht über Text den Gedankengang einer Arbeit *stützen*, bewegen sich im rechtssicheren Raum, solange der Text die Bilder kon*text*ualisiert. Bildern als visuelle Erkenntnisform in wissenschaftlichen Arbeiten wird damit analog zu zitierten Textquellen bereits durchaus eine größere Rolle zugewiesen. Ohne das, was Bilder auf einer Ebene des Zeigens vermitteln, in Sprache zu übersetzen, agieren sie als Bild(n)er von Gedanken in der Rezeption, wie auch Text dies leistet.

Bildner von Gedanken

Sagen und Zeigen

»Was gezeigt werden kann, kann nicht gesagt werden«[89], lautet die von Ludwig Wittgenstein formulierte These, die unter anderem in Dieter Merschs medien- und bildphilosophischer Reflexion über das *Was sich zeigt*, aufgegriffen wird. Mersch verweist darauf, dass das Zeigen im Sagen systematisch unbestimmt bleibe, weil man beide nie zur Deckung bringen könne.[90] Zeigen sei aber nicht als anderes Sagen zu verstehen, sondern als ein »Anderes des Sagens«[91]:

> » Nicht gemeint ist [...], daß das Zeigen auf keine Weise ausgesagt werden kann; wohl aber, daß es, wo es beschrieben wird, lediglich durch eine andere Aussage beschreibbar ist, der eine eigene Spaltung zwischen Sagen und Zeigen zukommt. Zwar kann die Rede in einer reflexiven Figur auf es zurückkommen, doch so, daß ihr ein weiteres Zeigen vorausgeht, das bestenfalls wiederum durch einen Satz reflektierbar wäre, der selbst zeigte, was er nicht sagte usw.«[92]

Ob Bildargumentationen berechtigte wissenschaftliche Weisen der Artikulation von Erkenntnissen darstellen und ob sie Formen bildlichen Reflektierens bilden, ruft eine Dichotomie zwischen Sagen und Zeigen auf. Sybille Krämer artikuliert Zweifel an reinem Zeigen und an reinem Sagen. Sie verweist auf deren künstliche Trennung und plädiert damit für hybride Weisen eines Sagens und Zeigens:

÷

> » Was aber, wenn ›Sprache‹ und ›Bild‹, somit das Sagen und das Zeigen nur die begrifflich stilisierten Pole einer Skala bilden, auf der alle konkreten, also raum-zeitlich situierten Phänomene nur in je unterschiedlich proportionierten Mischverhältnissen des Diskursiven und Ikonischen auftreten und erfahrbar sind? Was, wenn es die ›reine Sprache‹ und das ›reine Bild‹, die wir als Begriffe zweifellos klar akzentuieren und differenzieren können und vor allem: auch müssen – als raum-zeitlich situierte Phänomene – gar nicht gibt?«[93]

durch Bilder reflektieren

Dieser Blick auf Bildargumentationen beabsichtigt keinesfalls die Relevanz eines Sprechens über Bilderfahrungen anzuzweifeln oder zu schwächen – ganz im Gegenteil. Was bildreflexiv von Interesse ist, setzt am *Wie* der Argumentationsbildung durch Bilder an.[94] Manfred Behr hat in diesem Zusammenhang herausgearbeitet, dass sich Argumente in Bildern nicht diskursiv entwickeln. Behrs Blick scheint von und auf Sprache ausgerichtet zu sein, was unter anderem daran deutlich wird, dass er für das Erkennen impliziter Argumentationen in Bildern eine »Bildsprachenkompetenz« für notwendig hält. Diese Sicht würde ich bereits aus dem Grund problematisieren wollen, als dass die Rede von einer ›Bildsprache‹ nur einer Logik der *Visual Literacy*[95] folgen kann. Den Widerständen und Eigenlogiken bildlichen Argumentierens kommt man dadurch meines Erachtens nicht näher, insofern dadurch allenfalls sprachliche Prämissen an ikonischen Phänomenen vermessen werden.[96] So ist Behr im Weiteren der Ansicht, dass sich Argumente in Bildern auch nicht in einer »face-to-face-Kommunikation in Rede und Gegenrede« entwickeln, sondern zeigt sich überzeugt, dass uns Argumente in Bildern »als Fertige in präsentativem Symbolismus« gegenübertreten.[97]

face-to-face

Dieser Ansicht kann in mehrfacher Hinsicht widersprochen werden: Es spricht vieles dafür, Argumente in Bildern oder argumentierende Bilder als grundlegende face-to-face-Kommunikation zu betrachten, insofern sie durch Blick und Anblick in einer *Ikonosivierung* agieren und diese auch einfordern. Es fehlt zudem an einem Verständnis – und vielleicht auch Vertrauen – für die Übergänge vom Viskursiven oder *Ikonosiven* ins Diskursive.

Bei//spiel: ikonosives Verhandeln

Eine bemerkenswerte Dynamik bleibt, dass Bilder der Wissenschaft und der Sprache zwar entgleiten, sie aber gleichermaßen dorthin drängen.[98] Beispiele *ikonosiv* verhandelten Wissens können in wissenschaftlichen Publikationen auftreten, wie ich an zwei Fällen exemplarisch aufzeigen möchte.

Bei//spiel: Doris Ingrisch und Katharina Weinhuber

Das erste Beispiel ist ein Aufsatz von Doris Ingrisch und Katharina Weinhuber über *Wissenschaft, Kunst & Gender*[99] [#32]. In den Text sind Bildfragmente eingelassen, die den Lesefluss auf eigensinnige Weise brechen und meinem Empfinden nach *ikonosiv* eine eigene Argumentation führen, die keine sprachliche Erwähnung findet oder eine

Entsprechung auf der Textebene haben. Die Bilder illustrieren meinem Empfinden nach nicht, sie sind auch keine schmuckvollen Dekorationen, sondern versuchen fragmentarisch durch ihre Bildlichkeit zu argumentieren.

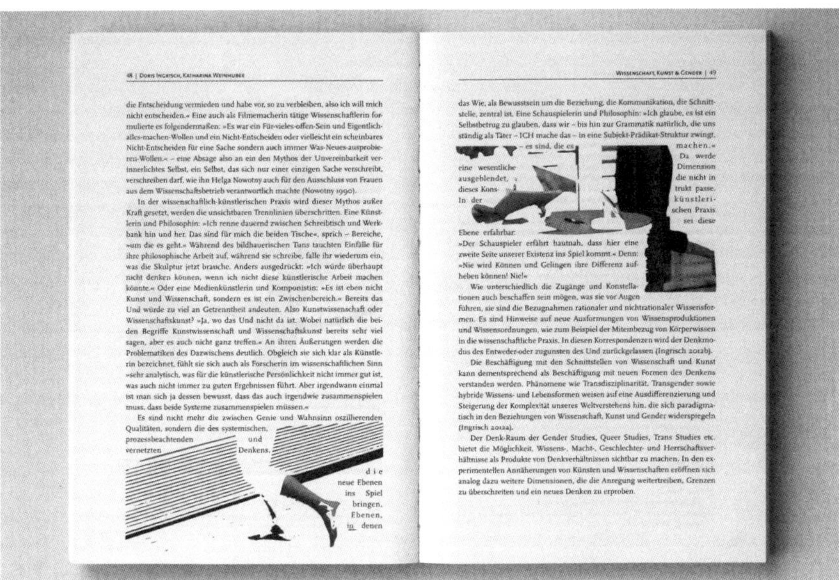

48 | Doris Ingrisch, Katharina Weinhuber

die Entscheidung vermieden und habe vor, so zu verbleiben, also ich will mich nicht entscheiden.« Eine auch als Filmemacherin tätige Wissenschaftlerin formulierte es folgendermaßen: »Es war ein Für-vieles-offen-Sein und Eigentlich-alles-machen-Wollen und ein Nicht-Entscheiden oder vielleicht ein scheinbares Nicht-Entscheiden für eine Sache sondern auch immer Was-Neues-ausprobieren-Wollen.« – eine Absage also an ein den Mythos der Unvereinbarkeit verinnerlichtes Selbst, ein Selbst, das sich nur einer einzigen Sache verschreibt, verschreiben darf, wie ihn Helga Nowotny auch für den Ausschluss von Frauen aus dem Wissenschaftsbetrieb verantwortlich machte (Nowotny 1990).

In der wissenschaftlich-künstlerischen Praxis wird dieser Mythos außer Kraft gesetzt, werden die unsichtbaren Trennlinien überschritten. Eine Künstlerin und Philosophin: »Ich renne dauernd zwischen Schreibtisch und Werkbank hin und her. Das sind für mich die beiden Tische«, sprich – Bereiche, »um die es geht.« Während des bildhauerischen Tuns tauchten Einfälle für ihre philosophische Arbeit auf, während sie schreibe, falle ihr wiederum ein, was die Skulptur jetzt brauche. Anders ausgedrückt: »Ich würde überhaupt nicht denken können, wenn ich nicht diese künstlerische Arbeit machen könnte.« Oder eine Medienkünstlerin und Komponistin: »Es ist eben nicht Kunst und Wissenschaft, sondern es ist ein Zwischenbereich.« Bereits das Und würde zu viel an Getrenntheit andeuten. Also Kunstwissenschaft oder Wissenschaftskunst? »Ja, wo das Und nicht da ist. Wobei natürlich die beiden Begriffe Kunstwissenschaft und Wissenschaftskunst bereits sehr viel sagen, aber es auch nicht ganz treffen.« An ihren Äußerungen werden die Problematiken des Dazwischens deutlich. Obgleich sie sich klar als Künstlerin bezeichnet, fühlt sie sich auch als Forscherin im wissenschaftlichen Sinn »sehr analytisch, was für die künstlerische Persönlichkeit nicht immer gut ist, was auch nicht immer zu guten Ergebnissen führt. Aber irgendwann einmal ist man sich ja dessen bewusst, dass das auch irgendwie zusammenspielen muss, dass beide Systeme zusammenspielen müssen.«

Es sind nicht mehr die zwischen Genie und Wahnsinn oszillierenden Qualitäten, sondern die des systemischen, prozessbeachtenden und vernetzten Denkens, die neue Ebenen ins Spiel bringen, Ebenen, in denen

Wissenschaft, Kunst & Gender | 49

das Wie, als Bewusstsein um die Beziehung, die Kommunikation, die Schnittstelle, zentral ist. Eine Schauspielerin und Philosophin: »Ich glaube, es ist ein Selbstbetrug zu glauben, dass wir – bis hin zur Grammatik natürlich, die uns ständig als Täter – ICH mache das – in eine Subjekt-Prädikat-Struktur zwingt – es sind, die es machen.« Da werde eine wesentliche Dimension ausgeblendet, die nicht in dieses Konstrukt passe. In der künstlerischen Praxis sei diese Ebene erfahrbar. »Der Schauspieler erfährt hautnah, dass hier eine zweite Seite unserer Existenz ins Spiel kommt.« Denn: »Nie wird Können und Gelingen ihre Differenz aufheben können! Nie!«

Wie unterschiedlich die Zugänge und Konstellationen auch beschaffen sein mögen, was sie vor Augen führen, sie sind die Bezugnahmen rationaler und nichtrationaler Wissensformen. Es sind Hinweise auf neue Ausformungen von Wissensproduktionen und Wissensordnungen, wie zum Beispiel der Miteinbezug von Körperwissen in die wissenschaftliche Praxis. In diesen Korrespondenzen wird der Denkmodus des Entweder-oder zugunsten des Und zurückgelassen (Ingrisch 2012b).

Die Beschäftigung mit den Schnittstellen von Wissenschaft und Kunst kann dementsprechend als Beschäftigung mit neuen Formen des Denkens verstanden werden. Phänomene wie Transdisziplinarität, Transgender sowie hybride Wissens- und Lebensformen weisen auf eine Ausdifferenzierung und Steigerung der Komplexität unseres Weltverstehens hin, die sich paradigmatisch in den Beziehungen von Wissenschaft, Kunst und Gender widerspiegeln (Ingrisch 2012a).

Der Denk-Raum der Gender Studies, Queer Studies, Trans Studies etc. bietet die Möglichkeit, Wissens-, Macht-, Geschlechter- und Herrschaftsverhältnisse als Produkte von Denkverhältnissen sichtbar zu machen. In den experimentellen Annäherungen von Künsten und Wissenschaften eröffnen sich analog dazu weitere Dimensionen, die die Anregung weitertreiben, Grenzen zu überschreiten und ein neues Denken zu erproben.

\# 32

Wir erfahren auf der Textebene nichts über die Herkunft, Entstehung oder den Zusammenhang der Bilder. Sie agieren gewissermaßen übergriffig, indem sie den Text zersetzen, dessen kohärenten Satzspiegel durchbrechen, sodass im Lesen Sprünge auf die Bildebene provoziert werden. Sie lassen dabei kein Transkribieren, aber ein Assoziieren zu, worin die Bildfragmente *durchs Bild* die Gedanken im Lesen des Textes durchqueren.

Bei//spiel: Karl-Josef Pazzini

Der Band *Übertrag*, herausgegeben von Torsten Meyer, Andrea Sabisch, Ole Wollberg und Manuel Zahn, der Beiträge zu einer Kunst und Pädagogik im Anschluss an Karl-Josef Pazzini zusammenbringt, bietet ein weiteres Bei//spiel. So ist der Band mit einer Serie von Bildern unter dem Titel ›Zufall‹ durchzogen, die Pazzini zusammengestellt hat [#33]. Es handle sich um Bilder, die ihm zugefallen und zu Fotos geworden seien.[100] Pazzini schreibt über diese Serie:

> » Oft entsteht der Eindruck, als sei der Zufall eines Bildes, das zum Foto wird, Resultat einer Suchanfrage, die dann vergnüglich konstruiert werden kann. Die aber schon irgendwie da war. Der Knipser handelt sich ein Symptom ein. Dieses griechische Wort kann wörtlich übersetzt werden: Zusammenfall. Auf zwei Seiten fällt etwas gleichzeitig und wird zur Fallgeschichte. Hier im Buch sind die Fotos Einsatz: Mögen die ehemaligen Zufälle noch einmal anders funktionieren! Auch eine Form von Didaktik.«[101]

÷

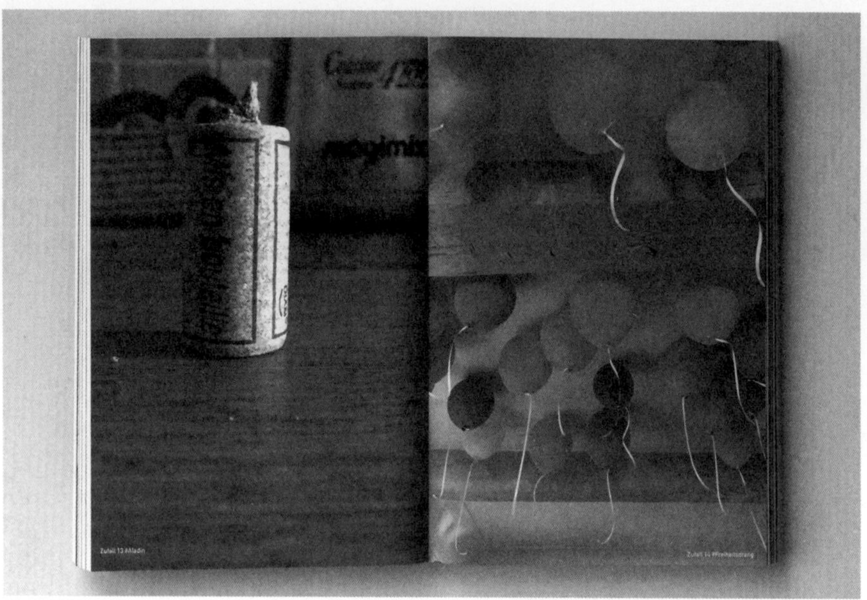

33

Indem Pazzini seine vergangenen Blickwechsel mit Welt und Kunst durch Fotografien bezeugt, inszeniert er diese als Fälle, als Symptome seiner Blickwechsel. Meines Erachtens zeigt sich darin ein Bei//spiel *ikonosiven Verhandelns*, das den Zufall der Bilder als einfallende Bilder durch Bilder initiiert.[102]

Die Bilder verkörpern Pazzinis Blickwechsel, ohne dass wir diese direkt sehen könnten. Doch vielleicht kann man ein Gespür dafür entwickeln, was Pazzini veranlasste, seine Bilderfahrung indexikalisch durch diese Fotos festzuhalten. So können uns aus den Bildern Blicke entgegenkommen, augenscheinlich Pazzinis. Selbst wenn dieses Gespür von den »ehemaligen Zufällen« abweicht, so sehe ich dies als Indiz ihrer argumentativen, ikonosiven Funktion innerhalb der Publikation. Was Pazzini mit der Suchanfrage beschreibt, rekurriert meinem Verständnis nach auf seinen gewordenen wie werdenden Blick, der durch Bilderfahrungen, Theorieerfahrungen, durch seine Selbst-, Anderen- und Weltverhältnisse eine derartige Anfrage – oder sagen wir: einen derartigen Anspruch – artikuliert.

1 Didi-Huberman, Georges: *Was wir sehen, blickt uns an.* 1999. S. 162.
2 Vgl. Waldenfels, Bernhard: *Sinnesschwellen.* [1999] 3. Aufl. 2013. S. 131.
3 Der Viskursbegriff geht auf Karin Knorr-Cetina zurück und wird im Folgenden noch genauer expliziert. Knorr-Cetina, Karin: *Viskurse der Physik.* 1999. S. 248.
4 Ich werde im Verlauf des Kapitels den Vorschlag machen, von einem ikonosiven Verhandeln von Bildern zu sprechen, um ihr argumentatives Agieren durch Bilder in Bildern als Aspekt des Metabildlichen herauszustellen.
5 Mitchell, W.J.T.: *Bildtheorie.* 2018. S. 172.
6 Mitchells Unterscheidung von image und picture bietet ein sprachliches Werkzeug, die Ordnung des Metabildes zu konturieren. So erscheinen Metabilder dann und dort, »wenn ein image innerhalb eines anderen image« erscheine, womit eine spezifische Weise des Metabildes in den Blick genommen ist. Mitchell, W.J.T.: *Vier Grundbegriffe der Bildwissenschaft.* 2009. S. 324.
7 Mersch, Dieter: *Metabilder und Avantgarde.* 2014. S. 235.

8 Mitchell, W.J.T.: *Bildtheorie*. 2018. S. 176.
9 Vgl. Knorr-Cetina, Karin: *Viskurse der Physik*. 1999. S. 248.
10 So wählt auch Mitchell für sein Gedankenexperiment zur Selbstreflexivität von Bildern den Weg der Ekphrasis. Dustin Breitenwischer pointiert Mitchells ekphratisches Vorgehen gelungen: Breitenwischer, Dustin: *Dazwischen. Spielräume ästhetischer Erfahrung in der US-amerikanischen Kunst*. 2018. S. 242ff.
11 W.J.T. Mitchell hat im Rahmen seiner Bildtheorie eine Reihe an Typen des Metabildes markiert und mit Beispielen herausgearbeitet; diesen Schritt sehe ich daher bereits als ausführlich und nachvollziehbar gegangen, wenngleich eine Reflexion der einzelnen Bilder sicher spannende wäre, aber nicht im Interesse meines Forschungsvorhabens liegt. Mitchell unterscheidet z.B. »Sprechende Metabilder« wie René Magrittes *La trahison des images* (1929), oder Meta-Metabilder, wie Diego Rodríguez de Silva Velázquez' *Las Meinais* (1656). Vgl. Mitchell, W.J.T.: *Bildtheorie*. 2018. S. 172–233.
12 Vgl. ebd. S. 200.
13 Vgl. ebd. S. 199.
14 »Diese Destabilisierung der Identität ist in gewissem Maß ein phänomenologisches Motiv, eine Transaktion zwischen Bild und Betrachter[in] [...].« Vgl. ebd. S. 200.
15 Vgl. Mitchell, W.J.T.: *Vier Grundbegriffe der Bildwissenschaft*. 2009. S. 322.
16 »You can hang a picture, you can't hang an image.« Ebd.
17 Zwar lässt sich schwer einholen, dass wir einen spezifischen Bildblick ausbilden, insofern eine solche sprachliche Konstruktion auch nur modellhaft behaupten kann, was sich im Sinnlichen entzieht, jedoch habe ich im Kontext des Blickwerdens aufgezeigt, worin dieser Ansatz Legitimation finden kann. ←\≥ S. 231.
18 Nordsieck, Viola: *Semiotik: Bilder als Zeichen*. 2014. S. 41.
19 Ebd.
20 Boehm, Gottfried: *Wie Bilder Sinn erzeugen*. [2007] 2. Aufl. 2008. S. 123.
21 Ebd. S. 123f.
22 Vgl. ebd. S. 125.
23 Bildtheoretisch geht es Boehm um die »Regel«, die unterschiedliche Darstellungsmodi bspw. des Hauses betrifft und das »Schema«, das auf untergründige Weise selbst kein Bild ist, aber etwas Darunterliegendes meint, das Boehm mit der Figur der ikonischen Differenz analogisiert, als Figur-Grundkontrast. Vgl. ebd. S. 122f.
24 Ebd. S. 124.
25 Ich beziehe mich erneut auf Dieter Mersch in Rekurs auf W.J.T. Mitchell und seine Überlegungen zu philosophischen Bildern: Mersch, Dieter: *Metabilder und Avantgarde*. 2014. S. 238.
26 Fliescher, Mira; Vogman, Elena: *Dekonstruktion: Bilder als Sinnverschiebung*. 2014. S. 86.
27 Metabilder »zeigen uns, was Sehen ist, und bilden selbst Theorie.« So verkehrt Mitchell die Suche nach einer Theorie der Bilder, »indem wir uns Bilder der Theorie ansehen.« Überraschend erscheint für mich, dass Mitchell sein Kapitel zu den Metabildern an genau dieser Stelle enden lässt. Seine programmatische Umkehrung entwickelt damit eine Kraft wie Nachgiebigkeit zugleich. Mitchell, W.J.T.: *Bildtheorie*. 2018. S. 200, 233.
28 Ebd. S. 16.
29 Beispiele für das Hyperikon sind bei Mitchell etwa die tabula rasa und die platonische Höhle. Ebd. S. 190.
30 Ebd. S. 16.
31 Ebd.
32 Ebd.
33 Ebd. S. 190.
34 Vgl. Mersch, Dieter: *Blick und Entzug*. 2007. S. 57.
35 Schmidt, Robert: *Theoretisieren*. 2016. S. 249.
36 Vgl. ebd. S. 252.
37 Vgl. ebd.
38 »Doing theory ist hier ein empirienaher und stets empirisch irritierbarer Prozess. Es fächert sich auf in ein Ensemble von Tätigkeiten, in deren Abfolge sich ein gradueller und stets reversibler Übergang von empirischen und analytisch-theoretischen Operationen vollzieht: sammeln, dokumentieren, following, mapping, lokalisieren, globalisieren, kartographieren, inventarisieren, ordnen, typisieren, unterscheiden, klassifizieren, abstrahieren, generalisieren, systematisieren, universalisieren, zeigen, beschreiben, revidieren und weiter schreiben - um den Kontingenzen, Widersprüchen, Inkommensurabilitäten, Instabilitäten, Unstimmigkeiten, Paradoxien und Zusammenbrüchen auf der Ebene der Vollzugswirklichkeit der Praktiken immer wieder neu und immer wieder anders gerecht zu werden.« Ebd. S. 259.
39 Ebd. S. 248.
40 ›Ansieht‹ oder ›hineinsieht‹ heißt in diesem Fall, Bilder als Metabilder zu betrachten, sodass sie etwas über Bilder zu zeigen vermögen.
41 Vgl. Mitchell, W.J.T.: *Bildtheorie*. 2018. S. 199.
42 Vgl. »Ikonisches Wissen. Das Bild als Modell.« In: Boehm, Gottfried: *Wie Bilder Sinn erzeugen*. [2007] 2. Aufl. 2008. S. 114–140.
43 Ebd. S. 117.
44 Ebd. S. 118.
45 Ebd.
46 Ebd.
47 Ebd. S. 119.
48 Ebd.
49 Vgl. Schaub, Miriam: *Das Singuläre und das Exemplarische*. 2010. S. 21.
50 Nancy, Jean-Luc: *Wozu braucht man Kunst?* 2019. S. 12f.
51 Sabisch, Andrea: *Inszenierung der Suche*. 2007. S. 27.
52 Pazzini, Karl-Josef: *Bildung vor Bildern*. 2015. S. 64.
53 Vgl. Waldenfels, Bernhard: *Sinne und Künste im Wechselspiel*. 2010. S. 51.
54 Schürmann, Eva: *Ästhetik als exemplarisches Philosophieren mit Kunst*. 2017. S. 4.
55 Sabisch, Andrea: *Inszenierung der Suche*. 2007.
56 »Experimentalsysteme verengen den Blick, sie erweitern ihn aber im gleichen Atemzug.« Rheinberger, Hans-Jörg: *Über die Kunst, das Unbekannte zu erforschen*. [2006] 2013. S. 145.
57 Damit setzen Schürmanns Überlegungen an der Partitur des Beispiels an, die ich an Miriam Schaubs Arbeit zum Singulären und Exemplarischen bereits bezüglich der Methodologie philosophisch reflektiert habe. Auch Andrea Sabischs Konzeption von »Beispielbildungen als Momente indirekten Zeigens« sehe ich in Beziehung zu Schürmanns Gedanken. Vgl. Schürmann, Eva: *Ästhetik als exemplarisches Philosophieren mit Kunst*. 2017. S. 4.
58 Ebd.
59 »Para-deigma« sei laut Agamben das, »was sich daneben zeigt«, und was »im deutschen Wort Bei-spiel ebenfalls anklingt«. Agamben, Giorgio: *Die kommende Gemeinschaft*. 2003. S. 15f. Ich danke Karl-Josef-Pazzini für diesen Hinweis auf Agamben.
60 Eva Schürmann führt in ihren Überlegungen zur Ästhetik als exemplarisches Philosophieren mit Kunst eine Dynamik zwischen ästhetischer Erfahrung und begriff-

licher Reflexion vor Augen, die ich auch für die Bilderfahrung als eine Weise ästhetischer Erfahrung sehe: »Das Dritte, das aus der Allianz von ästhetischer Erfahrung und begrifflicher Reflexion hervorgeht, ist [...] etwas, das sich zeigen muss, damit es sich sagen lässt.« Überträgt man SCHÜRMANNS theoretischen Ansatz auf die Bilderfahrung, setzt er an dem an, was ich als ikonische Reflexion durch Bilder verstehe, die Bilder von einem bloß illustrativen, kommentierenden, additiven Platz enthebt, um ihr reflexives Potential durch die Bildlichkeit des Bildlichen anzuerkennen. SCHÜRMANN, EVA: *Ästhetik als exemplarisches Philosophieren mit Kunst*. 2017. S. 6.

61 Vgl. ebd. S. 5.

62 Ebd. S. 6.

63 Vgl. DIETER MERSCH verweist auf den Avantgardismus, der »im Horizont von Kunst, eine ›Theorie‹ der Kunst als ›Metakunst‹« benenne. MERSCH, DIETER: *Epistemologien des Ästhetischen*. 2015. S. 141.

64 Bekannt wurde die Abbildung Hasen-Enten-Kopf durch LUDWIG WITTGENSTEIN, der dieses als Beispiel für ein Kippbild heranzog. Zuvor hatte der Psychologe JOSEPH JASTROW die Zeichnung bereits in seiner Arbeit Fact and Fable in Psychology (Boston/New York.1900. S. 295) eingebracht. Ursprünglich erschien die Zeichnung in der deutschen Zeitschrift *Fliegende Blätter* (Nr. 2465. 1892. S. 147).

65 DIETER MERSCH hatte das *Schwarze Quadrat* MALEWITSCHS' auch herangezogen, um auf die Indifferenz der Rahmung aufmerksam zu machen. Vgl. MERSCH, DIETER: *Sichtbarkeit/Sichtbarmachung*. 2014. S. 25.

66 MERSCH, DIETER: *Metabilder und Avantgarde*. 2014. S. 238.

67 MERSCH, DIETER: *Epistemologien des Ästhetischen*. 2015. S. 141.

68 Ebd.

69 Ebd. S. 142.

70 MERSCH, DIETER: *Metabilder und Avantgarde*. 2014. S. 240.

71 STEHLE, WOLFGANG: *Bildbetrachtungshilfe*. 2001. 170 cm x 100 cm x 80 cm (jeweils). Pulverbeschichteter Stahl, Eiche, Zink.

72 PAZZINI, KARL-JOSEF: *Bildung vor Bildern*. 2015. S. 38.

73 »Für die Bilddidaktik stellen sich damit folgende Fragen: Wie sieht und versteht eine aus 30 Individuen zusammengesetzte Lerngruppe die Fotografie, die ihnen gezeigt wird? Welche individuellen Verknüpfungen und Assoziationen finden statt, die mit dem Zeigen des Bildes nicht beabsichtigt sind, die nicht thematisiert werden sollen und die zu den didaktischen Zielvorstellungen möglicherweise quer liegen? Wie kann die Bildwahrnehmung und der Verstehensprozess in möglichst vielen Fällen auf den Aspekt gelenkt werden, auf den es im Zusammenhang mit den Zielvorstellungen ankommt?« HÖPEL, INGRID: *Bildkompetenz als pädagogische Schlüsselkompetenz*. 2008. S. 62.

74 http://www.tetsuokondo.jp/project/mirror.html.

75 TETSUO KONDO war 2010 auf der 12. Architekturbiennale in Venedig an der gewaltigen Installation der ›Cloudscapes‹ beteiligt. Es handelte sich um einen Nebel- oder Wolkenraum der deutschen Klima-Ingenieure von Transsolar, die zusammen mit KONDO ein Lichtkonzept inszeniert hatten, sodass man beim Aufstieg einer Treppe die »dichte Nebelschicht durchbricht und sich jener erhebende Moment einstellt, den man vom Fliegen oder, besser noch, von Bergtouren kennt«. ELSER, OLIVER: *Über das Staunen und eine Katze in den Arsenalen*. 2010. Ohne Seitenangabe.

76 GERNOT BÖHME nimmt an dieser Stelle eigentlich Bezug auf alte Trugbilder, erläutert im Text aber genau die Eigenart der Anamorphose, auf die ich hier eingehe. BÖHME, GERNOT: *Theorie des Bildes*. [1999] 2. Aufl. 2004. S. 23.

77 Vgl. ebd.

78 POLANYI legt dar, dass man bspw. in einer Galerie an Bildern vorübergehen könne, ohne dass sich diese verzerren. Er widmet sich infolgedessen der Frage, welcher Faktor gewöhnliche Bilder (im Verhältnis zu den Kirchenbildern ANDREA POZZOS) vor der Verzerrung bewahre. In Rekurs auf den belgischen Historiker HENRI PIRENNE weist POLANYI auf die Tatsache hin, dass wir darum wissen, dass sich Bilder für gewöhnlich auf einer flachen Leinwand befinden. Die Tiefenwirkung eines perspektivischen Bildes werde so gehemmt und »gegen den Verzerrungseffekt bei der Betrachtung aus einem seitlichen Winkel« geschützt. POLANYI folgert, dass die »Anfälligkeit eines Bildes in der Betrachtung aus einem Winkel verzerrt zu werden« an seine »Täuschungsqualität gebunden« sei; »ein begleitendes Wissen von der Leinwand schützt das Bild vor winkelbedingter Verzerrung«. POLANYI, MICHAEL: *Was ist ein Bild?* 1994. S. 149f.

79 Zur Perspektive und Verzerrung in Bildern vgl. auch: PAZZINI, KARL-JOSEF: *Bilder und Bildung*. 1992. S. 121f.

80 MICHAEL POLANYI stellte seinen Überlegungen voraus, das die Verzerrung zunächst keinen neuen, verwunderlichen Aspekt bildet: »Wir wissen, daß ein perspektivisches Bild seinen Gegenstand von einer zentralen Position aus darstellt; wenn es aus einem Winkel zu der so festgelegten Richtung betrachtet wird, muß es also verzerrt erscheinen.« POLANYI, MICHAEL: *Was ist ein Bild?* 1994. S. 149.

81 Vgl. SCHAUB, MIRIAM: *Das Singuläre und das Exemplarische*. 2010. S. 384.

82 SABISCH, ANDREA: *Bildwerdung*. 2018. S. 385.

83 »Ein Beispiel, aus dem jeder etwas anderes lernt (auch einander Ausschließendes), organisiert einen neuen Typus von Erkenntnis – eine Bekenntnis-Erkenntnis.« SCHAUB, MIRIAM: *Das Singuläre und das Exemplarische*. 2010. S. 19.

84 Aus dem Ankündigungstext: CREMONINI, ANDREAS; KLAMMER, MARKUS (Hg.): *Bild-Beispiele. Zu einer pikturalen Logik des Exemplarischen*. 2020.

85 Die Bildertafel liegt dem Buch als Faltblatt bei.

86 Vgl. FLIESCHER, MIRA; VOGMAN, ELENA: *Dekonstruktion: Bilder als Sinnverschiebung*. 2014. S. 86.

87 Vgl. PAZZINI, KARL-JOSEF: *Bildung vor Bildern*. 2015. S. 30.

88 »Wenn Sie nicht Urheber der Bilder sind, dürfen Sie diese nur mit Zustimmung des Rechtsinhabers abbilden, es sei denn Sie verwenden das Bild als Bildzitat und Sie verändern oder beschneiden das Bild nicht (zugelassen sind aber etwa Größenänderungen des Bildes), Sie geben die Quelle an, Sie wollen mit dem Bild Ihren Gedankengang stützen oder belegen, Sie verwenden es nicht bspw. nur zu illustrativen oder unterhaltenden Zwecken.« http://www.sub.uni-hamburg.de/service/publizieren/rechtsfragen/fallbeispiele-zum-urheberrecht.html. Laut Urheberrechtsgesetz darf ein Bildzitat zum »besonderen Zweck gerechtfertigt« sei, sodass »einzelne Werke nach der Veröffentlichung in ein selbständiges wissenschaftliches Werk zur Erläuterung des Inhalts aufgenommen werden« dürfen. Vgl. § 51 Zitate, Gesetz über Urheberrecht und verwandte Schutzrechte (Urheberrechtsgesetz).

89 WITTGENSTEIN, LUDWIG: *Tractatus logico-philosophicus*. (4.1212). [1963] 35. Aufl. 2014. S. 40.

90 Vgl. MERSCH, DIETER: *Was sich zeigt*. 2002. S. 245.

91 Ebd.
92 Ebd.
93 Krämer, Sybille: *Operative Bildlichkeit.* 2009. S. 95.
94 Vgl. Behr, Manfred: *Argumentation durch Bilder: Ein Aspekt politischer Ikonographie.* 2005. S. 214.
95 ›Visual Literacy‹, übersetzt als »visuelle Lesefähigkeit«, verstehe ich als den internationalen Begriff für ›Bildkompetenz‹ (manchmal auch als ›Visuelle Kompetenz‹ gefasst). Dietrich Grünewald versteht Bildkompetenz als eine Kompetenz, »[...] die zwar auf biologischen Anlagen basiert, aber gemessen an den Rezeptionsanforderungen der Vielfalt der Bilder verfeinert, erweitert, präzisiert werden muss, die vor allem bewusst und damit nicht rein konsumtiv, sondern kritisch-reflektierend als notwendige Kulturtechnik benutzt wird.« Aus: Grünewald, Dietrich: *Kunstunterricht oder Bildunterricht?* 2012. (Ohne Seitenzahlen). Vgl. im Weiteren exemplarisch zur Thematik der Bildkompetenz: Sachs-Hombach, Klaus (Hg.): *Was ist Bildkompetenz* (2003); Niehoff, Rolf: *Bildorientierung und Kunstpädagogik* (2007); Niehoff, Rolf: *Bildung. Bildkultur. Bildkompetenzen* (2008); Glas, Alexander. *Bildkompetenz im Medienzeitalter* (2008); Blohm, Manfred: *Bildkompetenzen und Kunstunterricht* (2009); Billmayer, Franz: *Die vielen Bilder als Herausforderung für die Bildkompetenz* (2009); Wagner, Ernst: *Bildkompetenz – Visual Literacy. Kunstpädagogische Theorie- und Lehrplanentwicklungen im deutschen und europäischen Diskurs* (2018). Ich gehe auf meine Kritik an der Bildkompetenz in den kunstpädagogischen Anschlüssen näher ein. →\... S. 439.
96 Ein Bild könne als Aggregat des Wissens fungieren, eröffne dem Betrachter dies aber auf andere Art als vergleichsweise die Literatur. Vgl. Pazzini, Karl-Josef: *Das Bild als Deponie und Falle für Einbildungen.* 2011. S. 49.
97 Zumindest: »Ihre Re-Diskursivierung bleibt unserer rationalen Analyse vorbehalten.« Behr, Manfred: *Argumentation durch Bilder: Ein Aspekt politischer Ikonographie.* 2005. S. 214.
98 Vgl. Pazzini, Karl-Josef: *Bildung vor Bildern.* 2015. S. 30.
99 Der Beitrag stammt aus dem Band *Wissenskulturen im Dialog*, herausgegeben von Doris Ingrisch, Marion Mangelsdorf und Gert Dressel (2017). Das Copyright für die Text- die Bildarrangements liegt bei Markus Hruska und Katharina Weinhuber.
100 Vgl. Meyer, Torsten; Sabisch, Andrea; Wollberg, Ole; Zahn, Manuel: *Einleitung.* 2017. S. 11.
101 Pazzini, Karl-Josef: *Zufall.* 2017. S. 21.
102 Dazu auch: Pazzini, Karl-Josef: *Einfallende Bilder.* In: *Bildung vor Bildern.* 2015. S. 225f.

397 — 421

Blickbegehren/Bildbelieben

Unser Blickwechsel mit Bildern zeigt sich als Gewebe des Bildwerdens. ←\≤ Doch was motiviert diese Blickwechsel und was errichtet eine derartige Aufmerksamkeit, die uns in diese Blickwechsel immer und immer wieder auf ein Neues eintauchen lässt, so als könnten wir nicht davon ablassen, ein Werden der Bilder wieder und wieder herbeizuführen? Ein zentraler Gedanke, der hier aufscheint: Was uns als bildlich widerfährt, ereignet sich im Blickgeschehen und entfaltet sich in einer responsiven Beziehung zum Bildlichen.

Intention und Aufbau des Kapitels

Während ich im Kapitel *Bildwerden* etwa am Bei//spiel eines sich einspiegelnden Bildwerdens ←\≤ sowie im Kapitel *Blickwerden* insbesondere *zur Reflexion von Blickbeziehungen* ←\≥ grundlegend auf den chiastischen Wechselblick mit Bildern eingegangen bin, möchte ich in diesem letzten Kapitel anhand der beiden miteinander in Beziehung stehenden Figuren *Blickbegehren* und *Bildbelieben* explizit nach affektiven Dimensionen der Bilderfahrung fragen. Dazu werde ich zunächst Konturen einer bildreflexiven Annäherung an ein Begehren und Belieben aufzeigen und diskutieren, um damit auch die beiden Komposita *Blickbegehren* und *Bildbelieben* als Dimensionen von Bilderfahrung vorzuschlagen. Um in diesem Zusammenhang Weisen einer bildreflexiven Annäherung in den Blick zu nehmen, werde ich im Anschluss daran auf *Bildantworten* als diaikonische Übergänge von Bildern zu Bildern eingehen und dabei auch Herausforderungen markieren. Unter *Bildliche Affizierungsfäden* werde ich abschließend einige Reflexionen zum Blickbegehren vorschlagen.

←\≤
liminale Bildperformanz
als relationaler Akt
S. 198

←\≤
Bei//spiel: ein sich einspiegelndes
Bildwerden reflektieren
S. 187

←\≥
zur Reflexion von
Blickbeziehungen
S. 251

Begehren und Belieben – Konturen einer bildreflexiven Annäherung

Belieben

An der Bilderfahrung faszinieren mich Momente, in denen ich an Bildern hängen bleibe, sie mich zum Verweilen und Eintauchen bringen, etwa in Ausstellungen, in Bildbänden, auf der Straße oder in Gedanken. Wie begründet sich ein solches *Bildbelieben* und wie kann man sich diesem reflexiv annähern? Ausgehend von einer eigenen Bildersammlung, die Bilder umfasst, über die mein Blick gestolpert ist, versuchte ich zunächst, meinem eigenen *Bildbelieben* und *Blickbegehren* nachzuspüren. Während eines Doktorandenkolloquiums nahm mein Beitrag die eigene Bildersammlung als Teilaspekt meiner Forschung zur Bilderfahrung in den Fokus. In meinem Beitrag formulierte ich:

> » Die Auswahl der Bilder für meine Bildersammlung ist intuitiv. Sie ist von meinem ersten Gefühl ›an dem Bild spricht mich etwas an‹ geleitet. Es kommt dabei durchaus vor, dass ich Bilder wieder uninteressant finde oder dass ich andere häufig betrachte. So zeigen sich auch innerhalb dieser Sammlungen noch einmal Bilder die hervorstechen. Derzeit gibt es noch keine Eingrenzung. Diese ist angedacht, aber aufgeschoben.«[1]

Geste der Zuneigung

Karl-Josef Pazzini erzählte im Kolloquium daraufhin von eigenen Bildersammlungen während seiner Schulzeit und verdeutlichte, dass sich im Anlegen eigener Bildsammlungen das eigene »Be-lieben« gegenüber Bildern manifestieren könne.[2] *Be*-lieben, sagte er.

Die Beliebigkeit, mit der man Bildern begegnet, von denen man sich angesprochen oder angeblickt fühlt, hat nicht nur mit einem Zufall zu tun, sondern auch damit, dass wir diese Bilder be*lieben*. Diese Geste der Zuneigung als ein Begehren zu verstehen, weist angesichts einer »Dialektik des Begehrens« auch auf einen Entzug hin.[3] Bei Jaques Lacan findet sich die Formulierung des »Appetit[s] der Augen«[4].

Absicht

Das Gegenteil von Beliebigkeit mag Absicht sein. Dass beide Begriffe aber doch eine Nähe haben und dadurch aufeinander abfärben, lässt sich ebenso mit Lacan verdeutlichen. Er beschreibt, dass der Blick in einer gewissen Absicht tätig sei, einer »Begehrensabsicht«[5]. Dieser Blick ist nicht unserer, sondern einer, der von woanders herkommt. Mit Bernhard Waldenfels habe ich diesen Blick im Kontext von Bildern als Bilderblick aus dem Bild bezeichnet. ←\≥ Das Begehren des Menschen sei allerdings eines »des Anderen« – »nach dem Anderen«, so Lacan.[6] Wenn wir Bilder erfahren, so ließe sich in Anschluss an Lacan formulieren, trifft unser »Appetit der Augen« auf eine »Begehrensabsicht« der Bilder: etwas, das aus den Bildern heraus einen Blick formuliert, der uns trifft und unser Belieben entstehen lässt. Dieser Blick heiße nicht, dass da »jemand zu sehen ist, der sieht«, auch nicht, »dass hier sehende Augen zu sehen sind, nicht einmal Augen müssten zu sehen sein«.[7] Insa Härtel und Karl-Josef Pazzini verdeutlichen mit dieser Beschreibung, dass der Blick aus dem Bild als etwas

←\≥
Bei//spiel: zwischen Nichtssehen und Anderssehen
S. 234

zu verstehen ist, das uns angeht, etwas, das wir vielleicht nicht einmal sehen, sondern etwas, das sich angesichts der Bilder artikuliert und uns qua Sehen involviert.[8]

Begehren

Gewissermaßen kann dies als ein performatives pathisch-responsives Geschehen verstanden werden zwischen Subjekten und Bildern, indem Bilderfahrungen das eigene Begehren und Belieben berühren. Vom Bildlichen aus entstehende Blicke, die unseren Blick anziehen und dazu einladen, auf diese zu antworten, bilden in diesem chiastischen Wechselblick so etwas wie die Dramatik der Bilderfahrung. Dies ist eine Dramatik zwischen Bildblick und Bilderblick. ←\≥

Bildgeste und Blickgabe

Das Blickbegehren, das ich auf Lacans »Appetit der Augen« beziehe, bringt ein Begehren gegenüber dem Blick »des Anderen« bzw. »nach dem Anderen« zum Ausdruck, so als wäre das Blickbegehren die Antwortbereitschaft jener »Begehrensabsicht« der Bilder.[9] Dieses Blickbegehren ist eines, das sich erst herausbildet. Mir erscheint diese Dynamik sehr nahe zu Bernhard Waldenfels' pathisch-responsiver Figur der Erfahrung. So würde im Blickbegehren als Antwort auf das, wovon wir getroffen werden, erst die pathische »Begehrensabsicht«[10] der Bilder aufscheinen.[11] An dieser Stelle sei noch einmal an Dieter Mersch erinnert, der in Rekurs auf Jacques Lacan von einer *Bildgeste* und einer *Blickgabe* gesprochen hat. Die *Geste des Bildes* einen Blick zu eröffnen[12], scheint an die Begehrensbereitschaft der Bilder anzuschließen. Diese *Blickgabe* des Bildes zeigt sich als eine Dimension von Bilderfahrung, die sich spüren, aber schwer reflektieren lässt, was sich dem Anschein nach mit den chiastischen Verwebungen der Blicke begründen ließe.

Dein Blick weckt mein Begehren, liebes Bild!

Das Blickverhältnis hat nicht bloß mit einem Bildwerden oder Blickwerden zu tun, sondern auch mit einem Subjektwerden. Unser Begehren gegenüber dem Blick ›des Anderen‹ oder ›nach dem Anderen‹ in Lacans Theorie hat Gunter Gebauer pointiert zusammengeführt:

> » Im Blick des Anderen kann ich zu einem Bild gemacht werden; aber dies geschieht nicht durch seinen Blick allein, sondern auch dadurch, daß ich seinen Blick erwidere, daß ich zurückblicke. Mein Rückblick ist, von meiner Seite aus, eine Bestätigung und ein Festhalten des von ihm gemachten Bildes. Darin gebe ich mich als die bestimmte Person zu erkennen, die er mit seinem Blick fixiert hat. Ich verhalte mich gemäß dem Blick des Anderen: Ich sehe mich, wie er mich sieht. Mit meinem Zurückblicken stelle ich ihm mein Bild zur Verfügung; meine Person ist, soweit sie mit dem Bild zusammenfällt, für den Anderen da.«[13]

Es geht um eine Beziehungsaufnahme etwa zwischen mir und dem Bild, die sich vielleicht auf folgende Formel bringen läßt: »Dein Blick weckt mein Begehren.«[14] Der Satz »Dein Blick weckt mein Begehren« ist für mich als poetische Wendung ans Bild zu verstehen, als Verweis auf jene vom Bildlichen aus und in der Bilderfahrung entstehenden Blicke und Blickbeziehungen vom und zum Bild.

←\≥
Wie konstituiert sich ein Bildblick?
S. 240

;

Härtel und Pazzini haben am Beispiel von Gerhard Richters *Betty* den Blick des Bildes versucht in Sprache zu übersetzen, was ich als einen gelungenen Moment der imaginierten Stimmgebung des Bildes bezeichne:

> »Was ist es, das ich (Mädchen, dargestelltes Mädchen, abgemaltes Mädchen, Tochter, fast Frau usw.) für dich (Maler, Fotograf, Vater, Betrachterin, Betrachter usw.) sein soll, sein kann? Als was bin ich (Betty, aber auch die Betrachterin) angeblickt, als wer betrachte ich, wozu bin ich oder werde ich im oder vor dem Bild? Wie werde ich gebildet, wenn das Bild schon ein Gebilde ist?«[15]

etwas, das sich bildet

Diese Hinwendungen Härtels und Pazzinis zu Richters *Betty*[16] sind Anläufe der Beziehungsaufnahme und somit auch methodisch interessant. An ihren Fragen keimt für mich das Potential eines Reflektierens über Blickbegehren und Bildbelieben auf, nämlich das Betrachten auch als ein *Bilden* zu verstehen. ←\-

Modifikation, Modalisation, Modulation

Unser Bildbelieben, so habe ich bisher aufgezeigt, scheint unserem Empfinden nach oft zufällig, hat aber auch mit unserer Zuneigung für bestimmte Bilder zu tun und berührt daher auch so etwas wie unser Geschmacksempfinden, das nicht einfach da ist, sondern sich herausbildet. Verstehen wir ›Wissen‹ als »einen Geschmack zu haben«[17], so verdeutlicht Jean-Luc Nancy ein darin angelegtes Doppelgeschehen, das sich auf die grundsätzliche Ermöglichung einerseits und das Urteil andererseits bezieht: »Eine Geschmacksempfindung zu haben und in der Lage zu sein, diese zu beurteilen.«[18] Die jeweiligen Ausformungen dieser Beziehungen deutet Nancy als die Beziehung der Welt zu sich selbst.[19] Bemerkenswert erscheint, dass er die Beziehung als Transitivität, Transit und Transport begreift.[20] Insofern bedeute Beziehung für Nancy »Modifikation, Modalisation, Modulation – viel eher als Substanz, Instanz oder Essenz.«[21] Nancy bringt darin zum Ausdruck, dass Beziehung nur als dynamisch und produktiv denkbar ist, als eine Weise, die sich im Zwischen konstituiert. Die Beziehung betreffe ein Subjekt, das erst durch die Beziehung Subjekt und eben nicht Substanz sei. Das Subjekt sei Kraft der Beziehung, »eine Fähigkeit zu betreffen und betroffen zu werden.«[22] Beziehung, so schließt sich dieser Gedankengang Nancys, sei folglich die Alterität, »die sich nicht zufällig mit dem Subjekt vollzieht, sondern die ihm wesentlich ist«.[23]

Beziehungen

Ein Anlauf meiner Beziehungsaufnahme wird im Folgenden sein, sich ausgehend von der visuellen Assoziation an ein bildreflexives Potential von Bildantworten anzunähern, um Blickbegehren und Bildbelieben als Dimensionen der Bilderfahrung genauer in den Blick zu nehmen.

←\-
Wechselblick
S. 73

Bildantworten – diaikonische Übergänge und Assoziationen

Über oder *zu* Bildern etwas in Sprache zu äußern erscheint geläufig, um etwa über den Inhalt von Bildern oder auch ihre Materialität zu kommunizieren und durch die Sprache das, was sich uns zeigt und *als was* es sich uns zeigt, zu benennen und vielleicht darin bereits zu reflektieren.

Bildantworten als andere Dialogform

Die Versprachlichung im Kontext von Bilderfahrung dient so gesehen einer Annäherung, um etwa eine »ästhetische Ansteckung«[24], unser Staunen, Zweifeln, Zaudern, Belieben oder unsere Ratlosigkeit zu übersetzen und in ein Außen zu überführen. Eine Praxis der Reflexion sei daher von jener des Antwortens nicht zu trennen, wie Andrea Sabisch beschreibt.[25] Die Antwortregister in einen Modus des Zeigens zu verschieben und damit *auf* Bilder *mit* Bildern zu antworten, eröffnet eine andere mediale Dialogform – einen diaikonischen Modus, der sich *durch das Bild* artikuliert. Bildantworten, verstanden als bildliche Assoziationen, Anknüpfungen, Fügungen oder Folgebilder, betreffen ein spezifisches Moment bildreflexiver Annäherung an Bilderfahrungen, auf das ich folgend eingehe. Zunächst in einer Annäherung an *bildliche Antwortregister*, um anschließend Gedanken *zum Begehren bildlicher Assoziation* zu formulieren. Mit diesem Blick zwischen Bildern erscheint es notwendig, auf das *Bild im Plural* einzugehen, da *sich im Plural erst ein Zwischen der Bilder errichtet*. Mit Bezug auf zwei Bei//spiele werde ich mich in diesem Zusammenhang *Bildfindungen* und einem *Antworten durch Bilder* zuwenden. Am Ende dieser Diskussion werde ich Grenzen dieser Annäherung aufzeigen und an einer Inter//vention verdeutlichen, wie dort erhoffte Zugänge zur Bilderfahrung im Forschen nicht einzulösen waren und welche Verschiebungen daher zu einer eher problematisierenden und fragenden Hinwendung zur Inter//vention ›*assoziative Bilderreihe*‹ führten.

diaikonisch – durch Bilder

bildliche Antwortregister

Auch wenn ein Antworten das Register der Sprache verlässt, um andere Medien als *dia* der Artikulation zu wählen, so bieten eine Reihe an Analogien zur Sprache Impulse für ein Nachdenken über Formen *bildlichen* Antwortens. Bernhard Waldenfels wendet sich im ersten Teil seiner *Antwortregister* unter ›Frage und Antwort‹ einer breiten für ihn durchaus auch problematischen Theorie (unter anderem der Linguistik und Sprachlogik) zu, um allererst ein Vokabular zu entwickeln, das der Überdeterminiertheit der Phänomene ›Frage und Antwort‹ wieder Raum gewährt. Im zweiten Teil ›Antwort und Anspruch‹ legt er eine Verdopplung des Antwortens nahe, um neue Perspektiven zu eröffnen. Von dort aus schärft er im dritten Teil ›Dimensionen der Antwort‹ die ›Antwortlogik‹, um »die Spuren der Responsivität über den Bereich des sprachlichen Antwortens hinaus zu verfolgen«.[26]

;

Fragilität des Worauf

Die Antwortregister zeigen sich als neuralgischer Punkt in der Theoretisierung jeglicher Formen ästhetischen, visuellen, bildlichen, leiblichen oder auch sinnlichen Antwortens. Die Figur des *Anspruchs*, die WALDENFELS im *Antwortregister* in den Blick nimmt, verweist auf das *Worauf* des Antwortens in der Erfahrung (responsive Differenz).[27] Wenn ich von bildlichem Antworten auf Bilder spreche, so ist das *Worauf des Antwortens* angezeigt, zumindest die Richtung. Die Herausforderung einer bildreflexiven Annäherung sehe ich in ihrer von WALDENFELS umschriebenen Nähe am Worauf. Das Worauf erscheint fragil, sodass im Versuch es zu umkreisen, es nicht selbst in etwas verwandelt werden dürfe, das sich beantworten ließe.[28]

zum Begehren bildlicher Assoziation

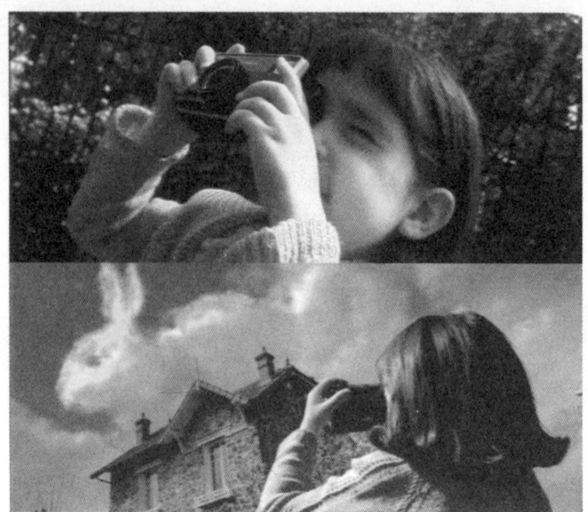

34

zwischen Wolken und Wattehasen

Ein Assoziieren und ein Antworten ähneln sich vielleicht darin, dass beide kaum vermeidbar erscheinen. Die Kraft der Assoziation lässt sich unter Umständen eindämmen oder nahezu unterbinden[29], wie sie sich gewendet betrachtet unter bestimmten Umständen exponiert. Manche dieser Umstände, bezogen auf bildliche Erfahrungen, tragen bereits einen Namen, wie z. B. die Pareidolie. Sie beschreibt das Phänomen, immer und überall vermeintliche Gesichter zu erkennen.[30] Sie wird neuropsychiatrisch als ein Spezialfall der Illusion betrachtet, die aber nicht durch einen Affektüberschwang begründet sei, sondern den prinzipiellen Nachvollzug ermögliche.[31] Pareidolien gaukeln gewissermaßen etwas vor, indem sie gewohnte oder bekannte Strukuren ergänzend vervollständigen. In JEAN-PIERRE JEUNETS Film *Die fabelhafte Welt der Amelie* etwa werden wir zu Beobachter*innen eines inszenierten Nachvollzugs eines Wattehasens aus Wolken der jungen Amelie Poulain [#34].

Bemerkenswert erscheint im Kontext der Pareidolie das Begehren, diese Ein*bildungen* nach- und mitvollziehbar werden zu lassen. Um den Nachvollzug zu ermöglichen, werden nicht nur deskriptive Strategien entwickelt, sondern es wird sich nicht selten haptisch-deiktischer Gesten bedient, wie etwa Umkreisungen dessen, was Andere *auch* sehen sollen. Amelie Poulain bedient sich ihres Fotoapparats, um ins Bild zu bringen, was sich ihr in den Wolken zeigt. Dieses Bemühen um einen Nachvollzug durch Andere mag dazu dienen, um sich eigener Assoziationen zu vergewissern. Das, was sich Amelie Poulain zeigt, lässt sich als ein Bildwerden beschreiben, als Figurationen, die sich bilden. ←\- Zugleich muss ihr ikonischer Blick in einer Weise *geworden* sein, sodass sie diese Bilder angesichts der Wolken erfährt. ←\≥ Das Beispiel der Pareidolie ist ein besonderes der visuellen Assoziation, das aber nahezu modellhaft aufzeigt, wie sich eine Differenz bildet, etwas auseinandertritt und uns *etwas als etwas* erfahren lässt. An der Dramaturgie der Pareidolie wird sowohl der erwünschte Nachvollzug der sich bildlich einspiegelnden Figurationen anschaulich, als auch Momente des Blickbegehrens. So scheint *etwas* Amelie Poulains Blick eröffnet, ihr Sehbegehren bewegt zu haben.

Strategien der Vergewisserung

etwas als etwas

Übertragen auf künstlerische Praxen finden sich auch dort eine Reihe von Arbeiten, die über ein Hineinsehen von Figurationen arbeiten. In Rekurs auf GOTTFRIED BOEHM habe ich dies als »hypnagogische Fähigkeit des Auges«[32] erläutert, etwas aus dem Ungeformten heraus- oder hineinzusehen. ←\≤ Ein Beispiel dafür sehe ich in den Arbeiten NANNE MEYERS [#35], die geradezu paradigmatisch MEYERS Blickbegehren simulieren, ihr Begehren des Anderssehens.

Hineinsehen

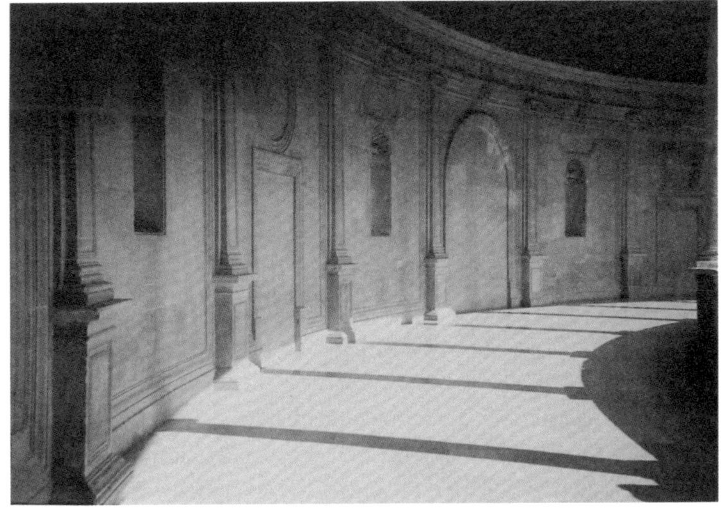

35

←\- pathisch initiierte Figurationen S. 36

←\≥ ikonischer Blick – Anlässe und Ansprüche S. 240

←\≤ Inter//vention: inszeniertes Bildwerden S. 194

;

»ICH SEHE WAS WAS DU NICHT SIEHST«, schreibt sie über eine Arbeit in ihrem Buch *Luftblicke* und führt uns vor Augen, was sie damit zu sagen versucht:

Stolpern

> » Stolpern, einen Moment lang aus dem Gleichgewicht kommen, eine kurze Erschütterung im Gleichtakt des Gehens. […] Wenn das Sehen über die Alltäglichkeiten stolpert, kann manches davon mitgenommen werden: Ansichts- oder Karteikarten, Schachteln, Schnipsel, Pappen, Worte. Sie liegen dann in realen und mentalen Räumen herum, brauchen Zeit, Aufmerksamkeit, Nichtbeachtung, damit sich zeigen kann was sie noch sind. Oft muss man nur wenig tun, hinzufügen oder wegnehmen, um sie mit ihren spezifischen Eigenheiten neu und anders sehen zu können. Stolpersteine sind unscheinbar. Wären sie es nicht, würde man sie umgehen. Umwege eröffnen neue Ausblicke, nur in der Pfütze haben wir den Himmel auf Erden. Stolpern irritiert die Gewohnheit, man kommt aus dem Tritt und landet auf dem Papier, ungewohnt und jenseits des ausgetretenen Pfads.«[33]

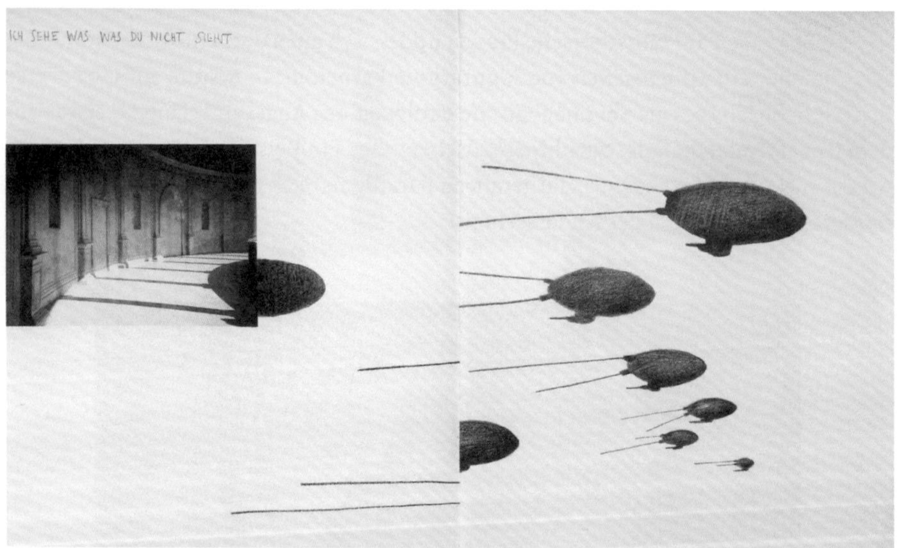

36

Nachvollzug

NANNE MEYER will uns auf dieser Buchseite [#36] vielleicht sagen: ›Angesichts dieses Fotos hat mich etwas angeblickt, und zwar diese seltsam schwebend schwimmenden Zeppelin-Vögel-Fische, die nun in einem ganzen Schwarm aus dem Foto gleiten.‹ MEYER scheint in der Text-Foto-Zeichnungs-Konstellation einen Nachvollzug ihres Blickwechsels zu inszenieren. »Sie muss sich gesagt haben, dass alles da ist. Die Erde alle Falten schon trägt«[34], schreibt MICHAELA OTT in einem Gedicht über MEYER. Dies erinnert mich erneut an BERNHARD WALDENFELS' Figur der Blickwende[35], so-

Falten

dann auch er beschreibt, dass die Dinge nicht Andere werden, sondern sich ausfalten. ↩\≥ Diese Faltungen werden durch Blicke dynamisiert, so als läge alles griffbereit bzw. blickbereit da.

Symptome von Blickwechseln

MEYERS Zeichnungen erscheinen als Symptome ihrer künstlerisch motivierten Blickwechsel. Ihr bildreflexives Potential ließe sich in einem Vor-Augen-Führen eines *anders Sehens* beschreiben, indem MEYER uns zeigt, was *ihre* Blicke aus den Falten der Welt hervorbringen. MEYERS Stolpern über Alltägliches, das sie mental oder haptisch in Bildern sammelt, festhält oder lagert, verstehe ich als Geste eines Bildbeliebens. Dieses wird von ihrer Hoffnung getragen, dass durch Aufmerksamkeit oder Nichtbeachtung ihr »Appetit der Augen«[36] gestillt wird und die gesammelten Bilder eine »Blickgabe«[37] eröffnen, um an LACANS und MERSCHS Gedanken anzuschließen.

Nachvollzug des Blickwechsels Anderer?

Für die Reflexion eigenen Blickbegehrens und Bildbeliebens erscheint die Frage interessant, wie Weisen dieses Nachvollzugs der Blickwechsel Anderer auf das eigene Blickbegehren und Bildbelieben abfärben können, so als wäre die Kunst an dieser Stelle eine Blickschule. Dies markiert den Übergang zu einem Verständnis von diaikonischen Übergängen, wie etwa Assoziationen dies zeigen. Assoziationen betreffen ein »anders sehen und anders denken«, wie ANDREA SABISCH für die Bilderfahrung herausgearbeitet hat.[38] SABISCH hat vorgeschlagen, visuelle Assoziationen als ein generatives Prinzip zu verstehen, welches Bildungs- und Denkprozesse motivieren und initiieren könne.[39] An eigenen Bilderfahrungen in einer Ausstellung JOCHEN LEMPERTS beschreibt SABISCH Einbildungen, die im »Visuellen angestiftet« werden und in ihrem »sinnlichen Spiel« das Visuelle aber übersteigen.[40] SABISCHS singuläre Hinwendungen zu den Bildern LEMPERTS artikulieren sich in einer genauen Beschreibung des Blickwechsels, den sie auch bezogen auf die Medialität des Bildlichen denkt: »Mit den Blicken bahnen wir eine Passage zwischen der ikonischen Figuration einerseits und zwischen den Bildern als medialen Formaten andererseits […].«[41] Mir erscheint SABISCHS Zugang und ihr gewähltes Beispiel deshalb so gewinnbringend, als dass sie LEMPERTS Arbeit als eine Versuchsanordnung beschreibt, die »durch einen simulierten Blickwechsel das umgestaltende Prozessieren des Sehens, Bedeutens, Begehrens erfahrbar macht und uns als Beobachtende unsere eigenen latenten und implizierten, gender- wie kultur- und medienüberformten Blickerfahrungen reflektieren lässt.«[42] Visuellen Assoziationen ein solches bildreflexives Potential zu gewähren, sehe ich insbesondere auch angesichts meiner Überlegungen zum *Blickwerden* ↩\≥ und dem *Blickkollektiv* ↩\≥ als Geste der Reflexion qua Assoziation. Um mich dem *Wie* dieses Reflektierens weiter zuzuwenden, versuche ich folgend die Figur der Assoziation und ihre Dynamiken näher zu beschreiben.

Reflexion qua Assoziation

als Performierendes

Die Assoziation sei keinesfalls unbestimmt, stellt KARL-JOSEF PAZZINI heraus, sondern verknüpfe etwas, »das so bisher nicht zugänglich war oder sein durfte, durchaus aber auf Erfahrungen und gebahnten Zusammenhängen zurückführbar sein kann.«[43] Als ein *noch nicht* Zugängliches wird das Assoziierte als ein in besonderer

↩\≥
bildreflexive Dehnungen und Wandlungen eines ikonischen Blicks?
S. 246

↩\≥
Blickwerden
S. 231

↩\≥
Blickkollektive. Entwurf eines sozialen Werdens von Blicken
S. 258

;

Weise Performierendes denkbar, indem es sich im Jetzt, im Assoziieren, konstituiert und zeigt, jedoch zugleich auch etwas aktualisiert, nämlich jene Erfahrungen und gebahnte Zusammenhänge. Dies weist subversive Momente eines Wieder(erkennens)[44] auf, insofern die Verknüpfungen eine Anziehung des sich Assoziierenden deutlich machen. Diese Anziehung eines sich Assoziierenden unterläuft aber immer eine gänzlich kongruente Angleichung. Das heißt zu einem Apfel *denselben* Apfel zu assoziieren, wäre eine Verdopplung und keine Assoziation. Zu einem roten Apfel einen grünen Apfel zu assoziieren schon. Dieses Beispiel wird den komplexen Verknüpfungsstrategien einer visuellen Assoziation nicht gerecht, verdeutlicht aber, dass visuelle Assoziationen von einer Differenz, einem Sprung leben.

Berührung

im Zwischen halten

Assoziationen sind demgemäß auch keine dauerhaften Bindungen, sondern bahnen etwas momenthaft. Eine solche Fragilität von Assoziationen betrifft ihr Bestehen als solches, denn sie wären eigenständige Einbildungen, wenn sie sich aus der assoziativen Verknüpfung lösen. Wie aber stabilisieren und verankern sich Assoziationen, ohne quasi ihr Assoziation-Sein aufzugeben? Dies betrifft den relationalen Status, den die Assoziation in einer Bilderfahrung ausleben kann und auch verteidigen muss, denn auf eigentümliche Weise muss sich die Assoziation *in einem Zwischen halten,* das sie selbst stiftet. Pazzini führt dies folgendermaßen aus:

> » Die Assoziation hält nicht und bewirkt nichts, wenn es nicht zu einer Art Kongruenz kommt. Aber nicht im einfachen Sinne einer Übereinstimmung, die man eher als Abbildung bezeichnen könnte, sondern im Sinne einer Korrespondenz, eines Zusammenfallens, so wie beim Fertigen einer Naht, bei der zwei Stoffbahnen oder etwas zuvor Auseinanderklaffendes zusammengefügt werden. Das mit der Nadel in den Stoff eingebrachte Loch wird Halterung. Es entsteht ein Rand, eine Führung für den Faden. Selbstredend sind verschiedene Nähte und Muster möglich. Abgebildet oder repräsentiert wird dabei erst einmal nichts.«[45]

Kongruenz und Korrespondenz

Pazzinis Rede von Kongruenz und Korrespondenz lässt mich an dieser Stelle dialogische Strukturen assoziieren: ein Dialog mit Bildern und zwischen Bildern. Um daran anzuschließen, richte ich den Blick nun auf Bilder im Plural, die ein solches Zwischen allererst ermöglichen.

im Plural errichtet sich ein Zwischen

zur Utopie des Einzelbildes und ihren Folgen

Das Einzelbild als *ein* Bild, das ich erfahre, wäre eine so großartige Utopie, dass sie insbesondere kunsthistorisch, aber auch innerhalb von Vermittlung, nur allzu gern und intensiv augenscheinlich verwirklicht wird. Von Bildbetrachtungen und -beschreibungen über detaillierte Bildanalysen ermöglicht das Einzelbild einen gebändigten Zugang, insofern er die Komplexität durch die Relation zu anderen Bildern in dieser künstlichen Perspektive des Einzelbildes nivelliert. Bilderfahrung im Singular sei SABISCH zufolge daher bereits Abstraktion[46], sodass sie versucht etwas außen vor zu lassen, was die Bilderfahrung ausmacht: sowohl die durch ein Bildwerden sich immer und immer wieder neu figurierenden Bilder, die eine Bilderfahrung als grundsätzlich plural grundieren, als auch die damit verbundene zeitliche Dimension des Bildlichen, die aktuelle und vergangene Bilderfahrungen relational zueinander bzw. *durcheinander* setzt. ←\–

... im Plural

Bilderfahrung plural zu denken betont ein *Zwischen* zwischen den Bildern. In *Das Bild im Plural* unterscheiden DAVID GANZ und FELIX THÜRLEMANN zwecks terminologischer Klärung drei Weisen von pluralen Bildern: *Bild-Ensembles, hyperimages* und *summierende Bilder.* Bildantworten betreffen meines Erachtens vorrangig die Spielarten des *hyperimages,* wenn nämlich das Zwischen von Bildern in den Blick genommen wird.

hyperimage

Von *hyperimages* kann gesprochen werden, wenn mehrere grundlegend autonome Bilder temporär zusammentreten, etwa in Anordnungen oder Arrangements.[47] Das *hyperimage* bestehe somit aus Bildern, »die in einem kreativen Prozess zu einem neuen Bildgefüge zusammengestellt werden und so einen Sinn generieren, der nicht als bloße Addition verstanden werden kann.«[48]

Bildpaar

Antworte ich auf ein Bild durch ein anderes Bild, entsteht ein minimales Bildgefüge, das durch diese spezifische Konstellation ein Bildpaar bildet. Paare sind etymologisch als zwei von gleicher Beschaffenheit[49] gefasst, womit sich das *Paarige* am Bildpaar in ihrer Relation begründet. GANZ und THÜRLEMANN zeigen mit HEINRICH WÖLFFLINS Bildpaaren und ANDRÉ MALRAUX' Manifest *Le musèe imaginaire* zwei einschlägige und konträre Beispiele von Bildpaaren auf, anhand derer sich die Varianz der jeweiligen Relationalität zueinander zeigt: Während WÖLFFLINS bildvergleichende Bildpaare auf Differenz aus sind, beabsichtigen MALRAUX' Gegenüberstellungen von Bildern Gemeinsamkeiten zu belegen.[50]

Bei//spiele: Bildfindungen – Antworten durch Bilder

PETER JENNY
›Bild sucht Bild‹

PETER JENNY bietet mit seinen Veröffentlichungen wie *Metaphern zur Wahrnehmungskunst, Anleitung zum falsch Zeichnen* oder *Bildrezepte* unterschiedlichste Anreize und Ideen für Bildfindungssettings und Bildsammlungsstrategien. Im Band *Bild sucht Bild* betrachtet JENNY Folgebilder zu Bildern, analog als Gegenreden zu einer Rede. JENNY analogisiert also die an Sprache ausgerichteten Begriffe von Rede und Gegenrede und überträgt sie aufs Bild. Folgebilder lassen sich in diesem Sinne als Antworten einer kommunikativen Situation betrachten: »Was mit Worten möglich ist, Rede und Gegenrede, ist auch für die Bildfindung fruchtbar. Gegenteilige Ansichten lassen es zu, Dialoge anzustreben, in denen sich Nuancen bilden lassen.«[51]

Sagen und Zeigen

Die hervortretende mediale Differenz von Sprache zu Bild nuanciert eine Verschiebung ins Intransitive eines Zeigens. Der kleine Band JENNYS fordert dazu auf, Bildbezüge

←\–
Zeit
S. 75

;

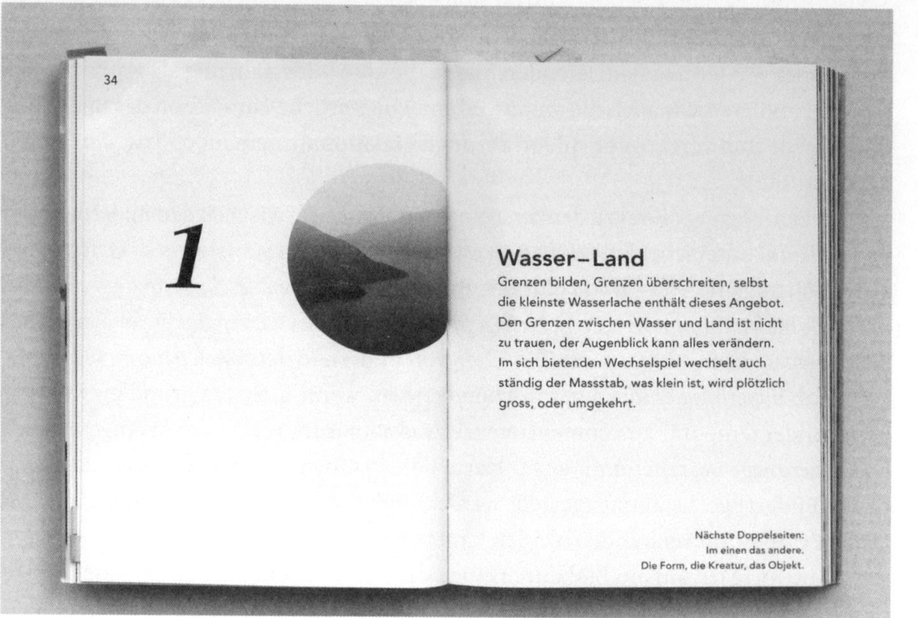
34
1
Wasser–Land
Grenzen bilden, Grenzen überschreiten, selbst die kleinste Wasserlache enthält dieses Angebot. Den Grenzen zwischen Wasser und Land ist nicht zu trauen, der Augenblick kann alles verändern. Im sich bietenden Wechselspiel wechselt auch ständig der Massstab, was klein ist, wird plötzlich gross, oder umgekehrt.
Nächste Doppelseiten:
Im einen das andere.
Die Form, die Kreatur, das Objekt.

37

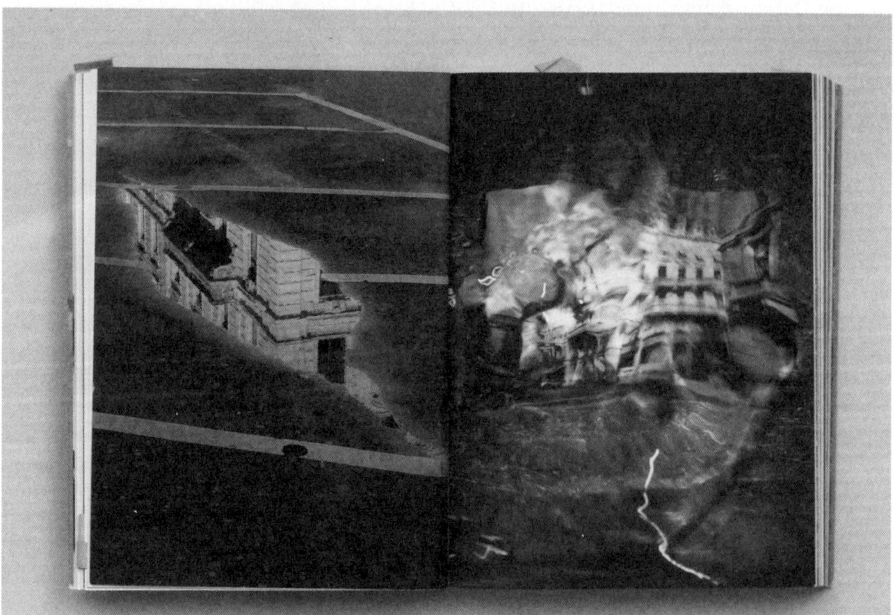

38

oder Motivbezüge herzustellen, die in der Differenz ihre Einheit finden sollen. Im begrifflichen Kontrast sollen JENNYS Anleitungen auf eine Bildgenerierung zwischen dem Fremden und Vertrauten und deren Wechselwirkungen zielen.[52] Indem Begriffspaare vorgegeben werden, die durch einen kurzen Text gerahmt sind, regt JENNY zunächst sprachlich zur bildlichen Assoziation an. [#37] Durch jeweils auf den anschließenden Seiten gezeigte Bildbeispiele erzeugt er bildbasiert einen Referenzrahmen. [#38] Die Beispiele können im Sinne des Buchkonzepts als Beginn einer Bildersammlung verstanden werden. Aus meiner Perspektive als Forschende weisen diese Bildbeispiele aber auch auf JENNYS Assoziationen hin, auf Bildfindungen, die er vorschlägt und die darin zu Fällen werden können.[53]

Bildfindungen

JENNYS Aufforderungen zur Bildfindung setzen an versprachlichten visuellen Erfahrungen an, indem sie nicht nur Begriffe einbringen, sondern in den kurzen Beschreibungen visuelle oder bildliche Erfahrungen in Sprache übersetzen, die ihrerseits zu neuen Bildfindungen anregen sollen. So gesehen haben wir es mit unterschiedlichen medialen Sprüngen zu tun, vom Visuellen in die Sprache und von dort aus ins Bild.

dialogischer Charakter

Dass JENNY von Dialogen spricht und im selben Zuge von einer Findung (vielleicht auch Erfindung) von Bildern sowie Richtungswechseln in dieser Bildfindung[54], verweist auf einen »dialogischen Charakter interpiktoraler Bezüge«[55], wie ihn GUIDO ISEKENMEIER im Rahmen seiner Interpiktorialitäts-Theorie vorgeschlagen hat. Auch CLAIRE REYMOND, die in ihrer Untersuchung über »zwischenbildliche Prozesse« nach unterschiedlichen »Bildverbindungsmechanismen« fragt, spricht von Interaktionsprozessen zwischen Bildern.[56] Indem REYMOND eine praktische Untersuchung zu Bildverbindungen vornimmt, gelingt es ihr, sprachliche Kategorien der Übergänge zwischen Bildern zu entwickeln, die sie anschließend in einer theoretischen Reflexion bspw. am »Kuleshov-Effekt«[57], Gestaltgesetzen und einem vergleichenden Sehen kontextualisiert.[58]

überpersonale Bildverbindungen?

REYMONDS Ansatz versucht dabei aufzuzeigen, dass Bildverbindungen nicht nur von Subjektivität geprägt seien, sondern auch überpersonale Gesetzmäßigkeiten festgestellt werden können.[59] Ihr Ansatz steht meines Erachtens im Gegensatz zu der im Kontext der visuellen Assoziation (SABISCH/ZAHN) formulierten Theorie zu Bildkonstellationen, denn wie ANDREA SABISCH verdeutlicht, sei die Assoziation nicht bloß ein ästhetischer Grundbegriff, wie ECKARD LOBSIEN 1972 vorschlug, sondern ein erkenntnistheoretischer, der »ein visuelles Denken allererst in Gang setzt«.[60] REYMONDS Versuch der Objektivierung von Bildbezügen leistet meinem Empfinden nach eben nicht den Übergang zu den Blicken, die uns aus Bildern treffen. Wie SABISCH in Rekurs auf JOCHEN LEMPERTS Ausstellung aber aufzeigt, kann ein Begehren erfahrbar gemacht werden.[61]

Weisen der Reflexion von Bildantworten

Ein Ansatz wie der REYMONDS führt von der Subjektwerdung im Kontext eines Blickbegehrens und Bildbeliebens weg, indem er nach Mechanismen fragt und nicht nach Bindungen, Beziehungen oder Aufmerksamkeiten. Ich habe REYMONDS Ansatz[62] hier als Kontrastierung eingebracht, um zu verdeutlichen, wie ein Antworten auf Bilder in einer Objektivierung der diagnostizierten Übergänge verpuffen mag und wie Ansätze SABISCHS oder PAZZINIS uns hingegen für das Bildungspotential von Bildantworten sensibilisieren.

;

Wenn Bilder *Bilder* suchen, wie Jenny mit seinem Band vorschlägt, dann bietet ein Ansatz wie der Reymonds durchaus das Potential, sich zwischenbildlicher Übergänge zu widmen, die jedoch um eine zwischenleibliche Dimension ergänzt werden sollten, wenn wir daran über unser Blickbegehren und Bildbelieben reflektieren wollen.

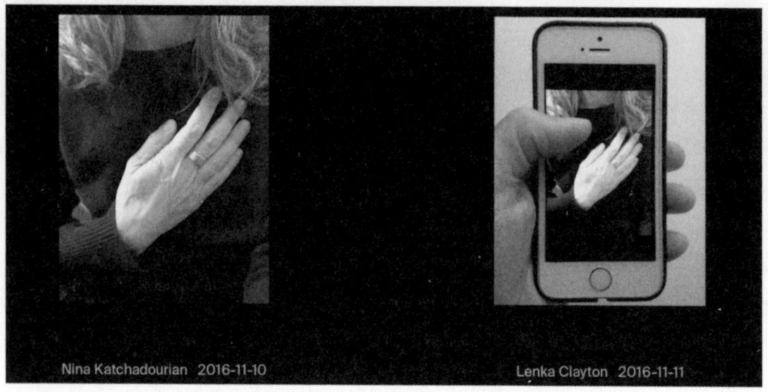

39

Antworten auf Bilder ›Talking pictures‹

Als ein Gespräch von Künstlerinnen durch Bilder zeigt das Projekt *Talking pictures* von Lenka Clayton und Nina Katchadourian, was Peter Jenny vielleicht als Bildfindung durch Gegenrede mit Bildern deklariert hat [#39]. Clayton und Katchadourian antworten sich nahezu täglich durch Bilder, was sich ebenso als spannendes empirisches Material zeigt, an dem visuelle Anschlüsse der Künstlerinnen als Weisen ihres Bildantwortens aufscheinen. Doch es werden auch Grenzen spürbar, wie ich an Reymonds Ansatz versucht habe anzudeuten, sich den Blickbegehren *Anderer* anzunähern. Das dies dennoch gelingen kann, ist meines Erachtens durch Verwebungen eigener Bilderfahrungen und ihrer konsequenten theoretischen Befragung möglich. Wie aber können wir ein Blickbegehren und ein Bildbelieben *Anderer* reflektieren am Bei//spiel von Bildantworten? Bewegen wir uns doch wieder im Sinne Reymonds in Richtung von Objektivierung, wenn wir zu sagen versuchen, wie diese Übergänge sprachlich zu fassen sind? Narrativ? Formassoziativ? Farbassoziativ? Hier besteht ein Desiderat, das sowohl die Entwicklung eines Vokabulars betrifft, als auch die theoretisch versierte Verquickung von Bildlichkeit und assoziativen Verknüpfungen im Visuellen.[63]

an den Grenzen

Vorbemerkung zum nächsten Teilkapitel

Im Rahmen meiner Annäherung an Bilderfahrung entstand die Inter//vention *›assoziative Bilderreihe‹* die sich Bildverknüpfungen, Bildfindungen und einem Antworten durch Bilder zuwendet. Diese Inter//vention fließt anders als geplant ein. So werde ich mich weniger den Bildern und ihren Verknüpfungen, sondern dem Dialog über die assoziative Bilderreihe widmen. Hier zeigen sich Grenzen meiner Herangehensweise, sodass ich auch einige Fragen aufzeigen werde. Diese zu markieren ist mir ein Anliegen, da Forschung so selten gescheiterte Zugänge widerspiegelt, zur Darstellung bringt und befragt. Dies erscheint als Symptom des Wissenschaftsbetriebs, in dem man Ergebnisse vorzubringen hat und vielleicht vergisst, dass es auch zu den Ergebnissen zählt, wenn sich etwas sperrt, etwas die Arbeit unförmig macht, es nicht passt, sich nicht entwickelt, wie man erhofft hat. Dann lassen wir es meist weg, nehmen es aus dem Text heraus, versuchen es vielleicht zu einer anderen Zeit noch einmal – sodann ist hiermit eine mögliche Fortsetzung dieser Forschung markiert, jedoch nicht ohne etwas davon aufscheinen zu lassen, was sich am Material dieser Inter//vention anders in meine Überlegungen eingespiegelt hat.

Inter//vention: assoziative Bilderreihe – Grenzen, Fragen, Ansätze

Konzeption und Durchführung

Im Rahmen der Inter//vention *›assoziative Bilderreihe‹* habe ich ähnlich wie Lenka Clayton und Nina Katchadourian in ihrem Projekt *Talking pictures* mit Schüler*innen einer 10 Klasse eine Bilderreihe erstellt, die auf visuellen Assoziationen beruht. Ausgehend von einem Startbild, das ich per Mail an eine*n Schüler*in schickte, antwortete diese*r mit einem Bild an mich. Diese Bildantwort habe ich dann weiter an den oder die nächste Schüler*in versandt. So wussten die Schüler*innen nicht, auf wessen Bild sie jeweils antworten, sodass wir später gemeinsam auf die Bilder blicken konnten, um über mögliche Reihenfolgen der Bilder und ihre Anschlüsse zu reflektieren – sprachlich wie auch durch die Betrachtung, also dialogisch wie diaikonisch.

Zugänge, die sich anders bilden

Die Beispiele Peter Jennys sowie Lenka Claytons und Nina Katchadourians deuten bereits an, wie komplex die Momente des Bildwerdens, Blickwerdens und der diaikonischen Anschlussbildung als Weisen des visuellen Assoziierens sein mögen. Ich bin an dieser Stelle an Grenzen des methodischen Vorgehens gestoßen, sodass sich andere Zugänge gebildet haben – andere, als ich als Forscherin antizipiert und vielleicht zunächst gesucht habe. In der Auseinandersetzung mit dem Material der Inter//vention *›assoziative Bilderreihe‹* hat sich der Zugang zu den Bildern, insbesondere den Bildübergängen, als herausfordernd gezeigt. Während die Inter//ventionen im Kontext ihrer Entstehung als andere Weise der Bildbegegnung, als Bilderfahrungen im Assoziativen und als Blickreflexionen imaginierter Bildfindungen erschien, lassen sich diese Aspekte zwar konzeptionell beschreiben, am Material aber schwer greifen.

Zugang bilden: vom Dialog aus

Neben den Bildantworten der Schüler*innen liegt im Weiteren eine Audioaufnahme zu der assoziativen Bilderreihe vor. Diese dokumentiert ein Gespräch, wie die Schüler*innen die Bilderreihe gemeinsam ordnen und versuchen, die Anschlüsse zwischen den einzelnen Bildern zu benennen. Auf dieses Gespräch der Schüler*innen beziehe ich mich folgend. Vorab sei bereits angemerkt, dass das Sprechen der Schüler*innen äußerst deiktisch ist. Im Nachgang bestand daher durchaus der Gedanke, dass eine Videografie hilfreich gewesen wäre, um die Gesten der Schüler*innen nachvollziehen zu können. Doch gerade in Ermangelung einer Videografie tritt die Vehemenz des deiktischen Sprechens massiv hervor. Sodann werde ich an Ausschnitten aus dem Transkript des Gesprächs exemplarisch darauf eingehen, *Wie* die Schüler*innen miteinander sprechen und was sie angesichts der Bilder sagen.

Reihung bilden

Während der Audioaufnahme haben die Schüler*innen die Bilder der assoziativen Reihe ungeordnet vor sich liegen und versuchen, diese in die Reihenfolge zu bringen, in der die Antworten ursprünglich von ihnen erfolgt sind, so als würde man Sätze eines Gesprächs sortieren. Doch mit den Bildern verhält es sich anderes als mit Worten, insofern ihre Mehrdeutigkeit unterschiedliche Verknüpfungen ermöglicht. Dies exponiert sich insbesondere dann, wenn mehrere Personen gleichzeitig diese Übergänge zu erkennen und zu artikulieren versuchen, wie es im beschriebenen Setting der Fall war. Erkennen heißt in diesem Fall zu erblicken – in einem zwar gemeinsamen Sehfeld, jedoch in Reflexion unterschiedlichster Blickerfahrungen.[64] Da die Schüler*innen nur wissen, an welches Bild sie mit ihrer Bildantwort jeweils angeschlossen haben, nicht aber an wessen Bild, umkreist ihre Suche diese Leerstellen. Am folgenden Ausschnitt aus dem Transkript wird dies im deiktischen Sprechen angesichts der Bilder deutlich:

Jona: »
(gleichzeitig zu Lisa)
Also ich weiß, dass meins an der falschen Stelle is. #07:40

Mohamed: »
Deins ist bestimmt das oder das oder das,
eins von denen dreien #07:43

Lisa: »
Sag mal, was deins ist. #07:45

Jona: »
Soll ich meins mal an die richtige Stelle tun?
Also meins war nach Magdalenas. #07:51

Mohamed: »
Also das ist deins? #07:52

Jona: »
Ne, das. #07:53

Mohamed »
Das? Und das kommt hier?

Jona: »
(kichert) Nein.

Mohamed: »
Ne.

Lisa: »
Nach Magdalena. #07:58

Mohamed: »
Das Ding is nur, ich war das hier und was ist Magdalenas? #08:02

Lisa: »
Daaaas!!! (hämmert hörbar mit dem Finger auf das Bild) #08:03

Mohamed: »
Das. Ja, dann is das richtig, das war doch eben so. #08:05

Mehrere gleichzeitig: »
Ne, eben grad war das andersrum. #08:07

Mohamed: »
Ach so. #08:07

Das dialogische Verhandeln über die Reihenfolge der Bilder fordert außerhalb des Sagens dazu auf, mit den Blicken zwischen den Bildern zu springen, Assoziationen zu bilden und sie wieder zu verwerfen. Dass die Schüler*innen sehr unterschiedlich in ihren Wahrnehmungen sind, scheint bspw. an Mohameds suchend kreisendem Sagen und Fragen auf, im Vergleich zu Lisas energischem ›*Daaaaas*‹, welches sie mit einem Hämmern ihres Fingers auf eines der Bilder verstärkt. Sie will Mohamed zeigen, was dieser nicht sehen kann, im Sehen nicht zu fassen bekommt.

Dass die Schüler*innen innerhalb dieser Inter//vention über die Anschlüsse zwischen den Bildern nachdenken ist *eine* Ebene. Eine andere tritt in der Sozialität hervor, da die Schüler*innen nicht nur die bildlichen Anschlüsse suchen, sondern auch, *wessen* Antwort es ist, indem sie mutmaßen, wer welches Bild in die Bilderreihe eingebracht hat oder direkt danach fragen (›*Deins ist bestimmt das*‹ / ›*Sag mal, was deins ist.*‹). Erfahren die Bildübergänge folglich in Abhängigkeit zu denjenigen, die diese Übergänge hergestellt haben, eine inszenierte Verrätselung? Sind es die Blicke der Anderen, die in diesen zwischenbildlichen Übergängen scheinbar nisten und die wir versuchen zu verstehen? Wird der Übergang zwischen Bildern damit zu einer Passage, in der wir versuchen, uns nachträglich ein *Mitsehen* zu ermöglichen, um zu verstehen, wie die Bilder aneinanderhängen?

Wessen Bild?

Momente der Verrätselung

Blicke Anderer?

Die Assoziation, so habe ich herausgearbeitet, ist prinzipiell äußerst fragil, sodass die Sozialität ihres Einsetzens durch *Andere* eine Art Band bildet, das die Bilder zusammenhält, miteinander assoziiert. Assoziationen werden gebildet, weshalb an ihnen grundlegend auch ihre *Bildner*innen* auf indirekte Weise aufscheinen.

Grenzen des Dialogischen

Ohne beim Lesen des Transkripts zu sehen, worauf die Schüler*innen zeigen, ist es nicht möglich nachzuvollziehen, wie das, was sie sagen, sich zu den vorliegenden Bildern verhält und worauf die Schüler*innen zeigen. Aber auch mit einer Videoaufnahme erschließt sich der Zugang zu einem Blickbegehren und Bildbelieben der Schüler*innen über ihr Antworten mit Bildern wohl kaum – vielleicht aber auch nur *mir* (noch) nicht. Als Forschende habe ich versucht, diese Inter//vention als etwas Bestimmtes zu sehen, das sich mir aber nicht gezeigt hat, auch nicht mit NANNE MEYERS Strategien der Aufmerksamkeit oder des Nichtbeachtens ←\; Was aber hat mich jahrelang motiviert, etwas an diesem Material ins Zeigen zu bringen? Vielleicht weil es Spuren gibt, an denen man hängen bleibt, die mich etwas angehen?

An einem anderen Ausschnitt aus dem Gespräch mit den Schüler*innen scheint der Aspekt des Nachvollzugs eines Antwortens *Anderer* möglicherweise auf. Dieser bezieht sich auf den Übergang zwischen dem von mir gewählten Startbild[65] [# 40] und der ersten Bildantwort [# 41]:

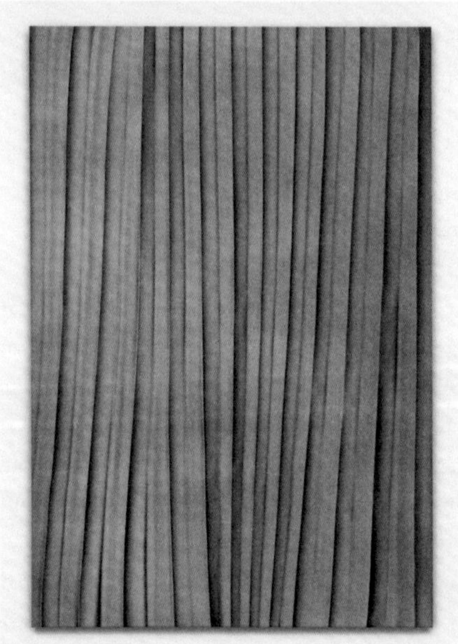

40

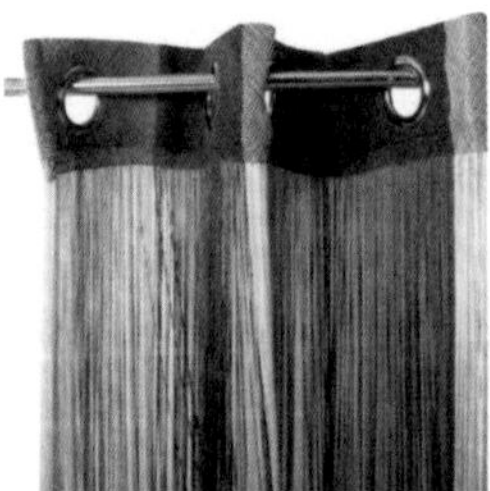

41

zum Begehren bildlicher Assoziation
S. 404

Mohamed: »
Ja aber, ich ich frag mich, wie man auf einen Badevorhang kommt, vielleicht wegen dem Muster? #08:27

Jona: »
Es hätte auch n Kleid oder so sein können oder es hätte ganz viel sein können. #08:31

begehrter Nachvollzug von Antwortbildungen

Während Mohamed darüber rätselt, wie jemand mit dem Bild eines ›Badevorhangs‹ antworten konnte, wirft er fragend auf, ob vielleicht das ›Muster‹ der Grund für diese Assoziation war. Jona hingegen beschreibt, dass auch mit einem ›Kleid‹ hätte geantwortet werden können, was sie vermutlich aufgrund der Stofflichkeit und der Falten assoziierte. Sie sagt aber auch, dass der Anschluss ein ähnlicher sein könnte (›oder so‹) und dass auch viele andere Antworten gefunden werden könnten (›es hätte ganz viel sein können‹). Während Mohamed versucht die Antwortbildung nachzuvollziehen, nähert sich Jona vielleicht bereits einer grundlegenden Logik des Assoziierens an. Bemerkenswert ist auch, dass Mohamed überhaupt einen ›Badevorhang‹ assoziiert. Zum einen, da es gebräuchlicher erscheint, von einem *Dusch*vorhang zu sprechen und zum anderen, da das Bild meines Erachtens weder das eine noch das andere zeigt, sondern einen *Faden*vorhang. Als *was* Mohamed das Bild betrachtet, scheint also nicht zur Disposition zu stehen.

Pluralität visuellen Assoziierens

Mohameds Frage nach den Anschlüssen in Bildern und zwischen Bildern, aber vor allem wie jemand diese Antworten ge*bildet* hat, interessiert auch mich vor dem Hintergrund von Bilderfahrungen. So scheinen bildliche Assoziationen wie auch andere zwischenbildliche Übergänge und Bildantworten potentiell *Displays* zu errichten, um diese Fragen zu stellen und um mögliche Anschlüsse *Anderer* als Ausgangspunkt zu nehmen und zu vernehmen. Sie regen so etwas wie einen Nachvollzug an, der gegenüber imaginierten eigenen Weisen des Antwortens eine Pluralität visuellen Assoziierens in den Blick nimmt.

Zwischenfazit an den Grenzen der Inter//vention

Was sich mit dieser Inter//vention angesichts der dialogischen Annäherungen zeigt, ist das Movens eines Reflektierens über die in den Assoziationen verkörperten Blicke *Anderer*, die sich durch die Verdeckung ihrer jeweiligen *Bildner*innen* verstärken ließ. Auch zeigt sich das gemeinsame Verhandeln über diese zwischenbildlichen Übergänge als Weise dialogischen und diaikonischen Ermittelns in einem gemeinsamen Sehfeld, in dem jeder durch das Wissen seiner eigenen Bildantwort einen graduellen Wissensvorsprung hat, an dem zugleich auch der Wunsch hängt, das Andere die Assoziation nachvollziehen können. So zeigt sich diese assoziative Bilderreihe im Fokus von Sozialitäts- und Alteritätsgedanken als ein gewichtiger Aufschlag, sich in weiteren Forschungen bspw. durch Videografien andere Zugänge zu erschließen. Die Verschiebung der ursprünglichen Intention der Inter//vention hat über den Umweg der Audioaufnahme aber doch Bezüge zum Blickbegehren und Bildbelieben herstellen können, auch wenn ich die spezifischen Bildübergänge nur exemplarisch thematisiert habe.

;

Bildliche Affizierungsfäden

Reflexion zum Blickbegehren

Die Reflexion über Bildbeziehungen, über ein Blickbegehren und Bildbelieben ist keine Reflexion zweiter Ordnung, sondern setzt unmittelbar an der Bilderfahrung an. Das bedeutet, dass diese Reflexion keine optionale Perspektive aufzeigt, unter der man sich Bilderfahrung *auch* noch annähern könnte, sondern sie betrifft elementare Aspekte eines Erfahrens von Bildern. Serge Tisseron weist in seinem psychoanalytischen Zugang zu Bildern darauf hin:

> » Der Grund, warum sich jeder von uns mit der Erzeugung oder dem Konsum von Bildern abgibt, liegt letztlich darin, dass wir selbst ein Dispositiv für Bilder sind. Die Beziehung zu den Bildern, die uns bewohnen, liefert das Modell für den Umgang mit den Bildern, die uns umgeben. Die beiden Fälle stehen in einem komplementären Verhältnis zueinander, und sie spielen beide eine Rolle unabhängig davon, ob wir uns nun in die Bilder versenken oder umgekehrt zu ihnen auf Distanz gehen.«[66]

uns einhüllende Bilder

Tisseron spricht folgend von einer »Einhüllung« oder »Umschließung« und zeigt auf, dass jedes Bild ein eigenes »Territorium« bilde, in das wir mit unserem Blick eindringen und zwar in der Erwartung, dass die Bilder uns selbst einschließen.[67] Indem ich vorgeschlagen habe, den Blick als bildkonstituierend zu verstehen, übersetze ich Tisserons Gedanken einer Einhüllung erweiternd als eine Einhüllung, die wir versuchen selbst zu erzeugen, wenn wir Beziehungen zu Bildern aufbauen, die wir durch ein Bildwerden allererst ins Erscheinen bringen. ↩\≥ Bei Tisseron wird dies als »Umwandlung« beschrieben, sodass er Bildern die Macht zuspricht, uns zu ihrer Transformation zu verlocken.[68] Quer dazu sei noch einmal auf Sybille Krämer verwiesen, die diese Macht der Bilder als eine Macht*beziehung* auswies.[69] Insofern kann die von Tisseron aufgezeigte Macht des Bildes als Erlebnis einer *Ent*mächtigung bezeichnet werden, das zu einer Beziehung avanciert, indem der Blickakt als einer der *Er*mächtigung über ein Bildliches verstanden wird.[70]

Tisseron gelingt es durch einen Vergleich diese wechselseitige Verlebendigung unserer Beziehungen zu Bildern zu beschreiben und sie mit einem Gefühl zu besetzen, das einer Geste der Verbundenheit nahekommt:

Mütter und Bilder

> » Bei den Bildern, wie bei den Müttern, brauchen wir niemals zu entscheiden, ob die Art und Weise, wie wir sie betrachten, von uns kommt oder ob sie von ihnen kommt. Es sind ja wir, welche sie (die Bilder und wohl auch die Mütter) hervorbringen ›denn ohne die lebendige Beziehung, die wir zu ihnen haben, wären sie nur leere Hüllen‹. Trotzdem können wir uns nicht von der Idee trennen, dass sie schon dort waren, bevor unsere Beziehung mit ihnen begann.«[71]

↩\≥
ikonischer Blick – Anlässe und Ansprüche
S. 240

Die Berührung durch Bilder ist eine, die übertritt. Sie ist gar übergriffig, indem Bilder zu Bewohner*innen unserer selbst werden: »Das Bild berührt mich und, durch es und in ihm berührt und gezogen, vermenge ich mich mit ihm.«[72] Die Sinnlichkeit in dieser Formulierung Jean-Luc Nancys lädt dazu ein, die bildliche Sprache im Kontext des Bildlichen als Symptom einer in die Sprache übertretenden Bildlichkeit zu verstehen, was mich abschließend noch einmal an die eingangs angeführte Formel eines Blickbegehrens und Bildbeliebens erinnert: Dein Blick weckt mein Begehren, liebes Bild.

berührt sein – berührt werden

1 Aus meinem Material zum Doktorandenkolloquium am 14. Juli 2014, Hamburg.
2 Hinweis von Karl-Josef Pazzini im Doktorandenkolloquium, 14. Juli 2014, Hamburg.
3 Didi-Huberman, Georges: *Was wir sehen, blickt uns an.* 1999. S. 85.
4 Lacan, Jacques: *Was ist ein Bild/Tableau.* 2006. S. 85.
5 Ebd.
6 Ebd.
7 Härtel, Insa; Pazzini, Karl-Josef: *Blickfänger.* 2017. S. 9.
8 Vgl. ebd.
9 Lacan, Jacques: *Was ist ein Bild/Tableau.* 2006. S. 85.
10 Ebd.
11 Vgl. Waldenfels, Bernhard: *Bruchlinien der Erfahrung.* 2002. S. 59.
12 Vgl. Mersch, Dieter: *Zerzeigung.* 2014. S. 15.
13 Gebauer, Gunter: *Bildbereitschaft und Bildverweigerung.* 2000. S. 57.
14 Der in der Reihe *Baccara – heiße Leidenschaft* erschienene gleichnamige Roman von Brenda Jackson inspirierte mich zu diesem Gedanken. Ein Zufallsfund.
15 Härtel, Insa; Pazzini, Karl-Josef: *Blickfänger.* 2017. S. 10.
16 Von sogenannten Blickfängern habe ich im Kontext des Wechselblicks mit Bildern bereits gesprochen. Am Beispiel von Gerhard Richters *Betty* entwickeln Insa Härtel und Karl-Josef Pazzini eine bemerkenswert detaillierte Analyse zu einem Blickfänger. Darin beschreiben sie eine doppelte Bewegung, die die Ablösung des Künstlers von seinem Werk sowie einen Blick des Anderen beschreibt. Richter male, wie er selbst sagt, so lange, bis er inkompetent werde, inkompetent für den Inhalt seiner Bilder. Diese Inkompetenz äußere sich in Richters Sprachlosigkeit gegenüber seinen eigenen Bildern, sodass sich die Bilder von ihm, Gerhard Richter, ablösen und es »nun ganz andere Berufe gebe, die darüber reden könnten.« Die Ablösung zeige auf, dass der im Bild involvierte Blick gerade auch von Anderen aufgefangen werden könne, die mit der konkreten Entstehungssituation nichts zu tun hatten. Für Bildbetrachtungen, Analyse und Forschungsarbeit, die sich dem Bildlichen widmen, ist dies eine entscheidende Grundannahme. Härtel, Insa; Pazzini, Karl-Josef: *Blickfänger.* 2017. S. 103.
17 Nancy, Jean-Luc: *Die Lust an der Zeichnung.* 2011. S. 93.
18 Ebd.
19 Vgl. ebd. S. 94.
20 Vgl. ebd.
21 Ebd.
22 Ebd.
23 Ebd.
24 Vgl. Busch, Kathrin: *Ansteckung und Widerfahrnis.* 2007. S. 53.
25 Vgl. Sabisch, Andrea: *Inszenierung der Suche.* 2007. S. 252.
26 Waldenfels, Bernhard: *Antwortregister.* [2007] 2. Aufl. 2016. S. 15f.
27 »Worauf antworten wir, wenn wir etwas erfahren, sagen und tun?« Waldenfels, Bernhard: *Antwortregister.* [2007] 2. Aufl. 2016. S. 188.
28 Vgl. ebd. S. 15.
29 »Wo jede Assoziation umgangen und jeder Fremdverweis streng vermieden werden soll, scheint keine andere Farbe geeigneter zu sein als die ›Nicht-Farbe‹ Grau.« Alloa, Emmanuel: *Das durchscheinende Bild.* 2011. S. 176.
30 Das Phänomen steht entwicklungspsychologisch in der Nähe eines »kindlichen Animismus«, den der Schweizer Entwicklungspsychologe Jean Piaget als eine »Beseelung der Umwelt« beschrieb (Anthropomorphismus). Piaget, Jean: *Das Weltbild des Kindes* [1926] 1994. S. 9f.
31 Vgl. Brinkers, Michael; Voigt, Anett; Pfau, Giselher: *Sinnestäuschungen in der Palliativmedizin.* 2013. S. 44.
32 Boehm, Gottfried: *Augenmaß.* 2008. S. 37.
33 Meyer, Nanne: *Vom Stolpern beim Zeichnen.* http://nanne-meyer.de/DE/Texte/von-Nanne-Meyer/zum-Zeichnen/.
34 Ott, Michaela: *Nan(n)o/e-Zeichen.* 2003. S. 46.
35 Vgl. Waldenfels, Bernhard: *Platon.* 2017. S. 85.
36 Lacan, Jacques: *Was ist ein Bild/Tableau.* 2006. S. 85.
37 Mersch, Dieter: *Zerzeigung.* 2014. S. 15.
38 Sabisch, Andrea: *Visuelle Assoziation als generatives Prinzip.* 2018. S. 406.
39 Vgl. ebd.
40 Ebd. S. 408.
41 Ebd. S. 409.
42 Ebd. S. 410.
43 Pazzini setzt an dieser Stelle an der freien Assoziation an; der Gedanke erscheint aber auf Assoziation im Allgemeinen wie auch bildliche Assoziationen übertragbar. Pazzini, Karl-Josef: *Assoziationen. Weisen von Bindung und Lockerung.* 2018. S. 328.
44 Pichler und Ubl gehen in ihrer Einführung in die Bildtheorie der Frage nach, »[...] wie weit das Konzept des (Wieder)erkennens in bildtheoretischer Beziehung trägt.« Pichler, Wolfram; Ubl, Ralph: *Bildtheorie zur Einführung.* 2014. S. 19.

45 PAZZINI, KARL-JOSEF: *Assoziationen*. 2018. S. 340.
46 Vgl. SABISCH, ANDREA: *Bildwerdung*. 2018. S. 9.
47 Vgl. GANZ, DAVID; THÜRLEMANN, FELIX: *Das Bild im Plural*. 2010. S. 14.
48 THÜRLEMANN, FELIX: *Mehr als ein Bild*. 2013. S. 8.
49 Vgl. *Etymologisches Wörterbuch des Deutschen*. 1997. S. 960.
50 Vgl. GANZ, DAVID; THÜRLEMANN, FELIX: *Das Bild im Plural*. 2010. S. 31.
51 JENNY, PETER: *Bild sucht Bild*. 2013. S. 28.
52 Vgl. ebd. S. 8.
53 Ich beziehe mich auf ANDREA SABISCHS Überlegungen zu einer »Fallforschung als Reflexion einer Praxis«. SABISCH ANDREA: *Bildwerdung*. 2018. S. 388.
54 Vgl. JENNY, PETER: *Bild sucht Bild*. 2013. S. 28.
55 ISEKENMEIER, GUIDO: *In Richtung einer Theorie der Interpiktorialität*. 2013. S. 75.
56 REYMOND, CLAIRE: *Bild und Bild*. 2013. S. 1.
57 »Um 1910 demonstrierte der sowjetische Filmemacher LEV KULESHOV, wie die Manipulation des Kontextes die Interpretation des mimischen Ausdruckes, der wahrgenommenen Gedanken und Emotionen eines Darstellers beeinflusst. Durch die Veränderung filmischer Sequenzen konnte er veranschaulichen, dass nicht der isolierte Inhalt einzelner Bilder von Bedeutung ist, sondern vielmehr deren Kombination. Die Gesichtsaufnahme des bewunderten russischen Schauspielers Ivan Mosjoukine wurde nacheinander mit der Darstellung eines gefüllten Suppentellers, einer attraktiven jungen Frau und der Aufnahme eines im Sarg liegenden Kindes verbunden.« REYMOND, CLAIRE: *Bild und Bild*. 2013. S. 13.
58 Ebd. S. 13f.
59 Vgl. ebd. S. 20.
60 SABISCH, ANDREA: *Visuelle Assoziation als generatives Prinzip*. 2018. S. 423.
61 Vgl. ebd. S.406.
62 REYMONDS Beitrag ist im Kontext bilddidaktischer Zugänge zur Fotografie erschienen und wird dort bereits als Antwort auf eine bildzentrierte Gesellschaft betrachtet. HERMANN, THOMAS; STIEGLER, BERND; SCHLACHETZKI, SARAH M.: *Visuelle Kompetenz.Bilddidaktische Zugänge zum Umgang mit Fotografie*. 2013.
63 Vgl. SABISCH, ANDREA; ZAHN, MANUEL (Hgg.): *Visuelle Assoziationen*. 2018.
64 Vgl. SABISCH, ANDREA: *Visuelle Assoziation als generatives Prinzip*. 2018. S. 410.
65 ANJA SCHWÖRER: *ohne Titel*, 2013. Denim gebleicht, 180x125cm. © ANJA SCHWÖRER. Foto: HANS-GEORG GAUL.
66 TISSERON, SERGE: *Unser Umgang mit Bildern*. 2007. S. 307.
67 »Mit dem Begriff ›Einhüllung‹ oder Umschließung erfassen wir verschiedene Aspekte, die sich gegenseitig bedingen. Jedes Bild ist, [...] ein eigenes Territorium, in das wir mit dem Blick eindringen können, und zwar in der Erwartung, dass uns die Bilder selbst ›einschließen‹. Sodann üben Bilder dadurch Macht aus, dass sie unsere Empathie mit emotionalen und sinnlichen Impulsen stimulieren und uns den Glauben an eine Realität im Bild suggerieren. [...] Auch wenn es nur um Vorgänge in unserer Imagination geht, sind Bilder ein wenig wie Transportmittel, von denen wir uns woanders hin befördern lassen.« Ebd. 2007. S. 308.
68 Ebd. S. 309.
69 »Etwas anzublicken, ist ein Akt der Ermächtigung; das Angeblicktwerden jedoch, vielleicht gar: diesem Blick auszuweichen, ist – nicht selten – das Erlebnis einer Entmächtigung. Das soziale Wechselspiel der Blickbeziehung birgt Macht und Ohnmacht, Herrschaft und Unterordnung – jeweils unterschiedlich verteilt.« KRÄMER, SYBILLE: *Gibt es eine Performanz des Bildlichen?* 2011. S. 69.
70 Vgl. ebd.
71 TISSERON nimmt hier Bezug auf den englischen Psychoanalytiker DONALD WOODS WINNICOTT. TISSERON, SERGE: *Unser Umgang mit Bildern*. 2007. S. 314.
72 NANCY, JEAN-LUC: *Am Grund der Bilder*. [2006] 2. Aufl. 2012. S. 18.

423 — 437

Symptomräume von Bilderfahrung

Wie lassen sich Bilderfahrungen reflektieren? Diese Frage rahmt und grundiert die Überlegungen dieses Buches, in dem ich mich Bilderfahrung *vom Zwischen aus* annähere, um unterschiedliche Weisen des Reflektierens von Bilderfahrung zu entwickeln. Die Frage war stets auf die Reflexion eigener Bilderfahrungen und die Reflexion von Bilderfahrungen *Anderer* gerichtet. Ich befrage nicht nur Potentiale eines gemeinsamen Reflektierens, sondern hinterfrage dies auch kritisch, um ausgehend von einer performativen und pathischen Dimension der Bilderfahrung allererst über Momente des Gemeinsamen, einer Kollektivierung und einer transindividuellen Verbundenheit angesichts von Bildern nachzudenken. Unter Berücksichtigung eines genuinen Ereignens des Bildlichen habe ich eine Perspektive gewählt, die nicht erst an den Bildern ansetzt, sondern bereits am fluktuierenden Feld des Ikonischen. Im Rahmen der Forschungsfrage habe ich zudem eine Umkehr von Reflektieren und Erfahren angezeigt, die in einem vorausgehenden Reflektieren, Potentiale für ein Erfahren deklariert. Ein *Reflektieren, um zu erfahren* weist auf eine Forschungshaltung wie auch Perspektive auf Bilderfahrungen hin, die versucht etwas initiiert zu verrücken, *anders* sehen zu lassen, zu assoziieren oder zu dissoziieren, eine Ungewissheit herauszufordern wo vorher Gewissheit herrschte, etwas unauffällig oder ungedacht war.

Erkenntnisinteresse

Die methodologische und auch methodische Konzeption eines *Reflektierens, um zu erfahren* zeichnet sich damit selbst als Gegenstand der Forschungsfrage aus. Daher habe ich mich Bilderfahrungen zum einen im Kapitel *Methodologische (An)Wendungen* durch den Entwurf einer methodologischen Konzeption angenähert. Zum anderen habe ich sieben *Bildreflexive* herausgearbeitet und damit durch ein *Displaying* Weisen eines Reflektierens von Bilderfahrungen aufgezeigt.

Entwicklung des Themas

:

Diskussion der Ergebnisse

Um die Ergebnisse zu diskutieren, werde ich anhand von *Symptomräumen* quer zu den bisherigen Kapiteln Bezüge, Nahtstellen, aber auch Unfügbares zueinander in Bezug setzen. Einführend werde ich dazu den Symptomraum als konzeptionelle Figur erläutern, indem ich diesen an meine methodologische Vorgehensweise anknüpfe (*konzeptionelle Überlegungen zu den Symptomräumen*). In diesem Zuge werde ich insbesondere auch den Zusammenhang zum Raumbegriff aufgreifen, durch den eine Verknüpfung zum Begriff des *Displays* möglich wird sowie zu der grundlegenden Konzeption der Arbeit, Bilderfahrung *vom Zwischen aus* zu betrachten.

Symptomräume

In drei Symptomräumen bilde ich Schwerpunkte heraus, die sich entlang des einführenden Theoriekapitels, der Methodologie und insbesondere an den *Bildreflexiven* gezeigt haben:

Reflexion durch Erfahren: Übergänge eines Ereignens
Reflexion durch Andere: Übergänge zum Gemeinsamen
Reflexion durch Ungewissheit: Übergänge zwischen Ambiguität und Irritation

Reflexion der Methodologie

Die Reflexion der Methodologie soll nicht ergänzend zu den Symptomräumen erfolgen, da die Methodologie ebenso Gegenstand der Forschungsfrage ist. Ihre reflexive Kommentierung werde ich daher in die Reflexion der Symptomräume einbeziehen.

Anschlüsse

Im Anschluss an dieses Kapitel folgen *visionierte Anwendungen*, die einerseits kunstpädagogische und andererseits bildungstheoretische Anschlüsse diskutieren. Diese sind als ein Ausblick auf weitere Forschungsperspektiven angesichts einer Bilderfahrung *vom Zwischen aus* und der aufgezeigten Weisen eines Reflektierens von Bilderfahrung zu verstehen.

konzeptionelle Überlegungen zu den Symptomräumen

vom Zwischen aus

Ich habe vorgeschlagen, Bilderfahrungen ausgehend vom Zwischen zu denken, um ihre pathischen und performativen Dimensionen reflektieren zu können. Damit verbunden sind die Blickbeziehungen zwischen Betrachter*innen und Bildern, die ein Bildwerden ermöglichen. Im Rahmen der Methodologie habe ich problematisiert, wie sich Bilderfahrungen beforschen lassen, wenn sich nicht die Erfahrungen selbst zeigen.

Symptome

Folglich argumentiere ich für eine Hinwendung zu Symptomen von Bilderfahrung, die auf indirekte, indexikalische, aber auch indifferente Weise auf Erfahrung Bezug nehmen. ←\× Indem Symptome in ihrer Performanz erst ge*bildet werden*, habe ich sie als latent und *re*konstruiert beschrieben. Symptome sind Erscheinungen von

←\×
Phänomene und Symptome
S. 119

Bilderfahrungen, indem sie auf etwas zeigen, was sich selbst nicht zeigt. Auf diese Annahmen habe ich den methodischen Entwurf eines *Displayings* gestützt, um dafür zu argumentieren, dass es *etwas* bedarf, *an dem* und *durch das etwas* ins Zeigen gebracht wird, *woran* und *wodurch* sich Symptome von Bilderfahrungen bilden lassen. In Anschluss an eine Figur des ›Displays‹ habe ich vorgeschlagen, von *methodischen Displays* zu sprechen, die einen Handlungs- und Denkraum in der Annäherung an Bilderfahrung ermöglichen. Displays als initiierte und simulierte, weniger oder stärker gestaltete Oberflächen, an denen sich Symptome bilden lassen, sind damit Möglichkeitsfelder, die versuchen etwas ins Zeigen zu bringen. ←\×

Displaying

Mit den Symptomräumen schließe ich an diese Überlegungen an und werde nun quer zu den bisherigen Kapiteln meine Ergebnisse diskutieren und dadurch vertiefen. Folgend möchte ich zunächst erläutern, was durch die Figur des Symptomraums gewonnen ist und warum ich so vorgehe. Wie ich eben noch einmal zusammengefasst habe, werden Symptome erst in ihrer Performanz gebildet. Eine Symptombildung, wie sie etwa ANDREA SABISCH im Rahmen ihrer Forschung zur Bilderfahrung aufzeigt, leistet einen entscheidenden Beitrag zur Theoriebildung, indem auf Basis von Fallkonstruktionen Reflexionen zur Bilderfahrung ermöglicht werden. SABISCHS »Symptombildung als Spur der Erfahrungsarbeit« stellt einen wichtigen empirischen wie theoretischen Ansatzpunkt dar, insofern die Symptome »Gelenkstellen zwischen Singulärem und Exemplarischen« bilden, eine »performative Theoriebildung« ermöglichen und aus Forschungsperspektive Übergänge zwischen »dem Widerfahrnis durch Bilder und dem antwortenden Subjekt« sind.[1]

Symptomräume

Die heterogenen Zugänge und Weisen des Reflektierens, die ich als Bildreflexive erarbeitet habe, können nicht bloß vergleichend betrachtet werden, sondern mir erscheint es notwendig Faltungen vorzunehmen, durch die Relationen gebildet werden. Diese Faltungen sind räumlich und inhaltlich zu verstehen, indem ich Aspekte, die derzeit in den Kapiteln fern voneinander liegen, zusammenbringe.

Bei den Symptomräumen von Bilderfahrung handelt es sich um eine begriffliche Konstruktion, mit der ich der Grundlogik eines phänomenologischen Erfahrungsbegriffs folge und eine indirekte Annäherung an Bilderfahrung aufzeige. Während die methodischen Displays einzelne singuläre Zeigefelder bilden, sind die Symptom*räume* quer zu den Displays weiter gefasste ›Orte‹ bildreflexiver Annäherungen an Bildlichkeit.[2]

Warum spreche ich von Räumen und nicht in Anschluss an das Display von Feldern, zumal das ›Feld‹ auch die Assoziation der Feldforschung aufrufen und damit auf die im Displaying angelegte, situative Erhebungsweise Bezug nehmen würde? Zwei Beispiele oder Vergleiche machen plausibel, warum man hier mit dem Raumbegriff etwas gewinnt.

Warum Raum und nicht Feld?

Als erstes Beispiel sei an eine Vitrine zu denken, der wir uns annähern, um in diese hineinzublicken. Auch wenn wir die Vitrine aus anderen Blickwinkeln betrachten können (vielleicht von der Seite oder von hinten), so ist sie meist darauf ausgerich-

Vitrine

←\×
Displays und Displaying
S. 145

tet, dass wir sie frontal anblicken, als Display. In einer Situation vor einer Vitrine stellt man sich aber gern auf die Zehenspitzen, beugt den Kopf nach unten oder bewegt ihn nahezu pendelnd von rechts nach links, um unterschiedliche Sichten auf und in diese Vitrine zu ermöglichen.

MRT

Das zweite Beispiel stammt aus der Medizintechnik. Um etwa einen Bandscheibenvorfall zu diagnostizieren, setzt die Medizin bildgebende Verfahren ein, wie die Magnetresonanztomographie (MRT). Dieses Verfahren arbeitet mit Schnittbildern[3], die den Körper damit in einzelnen Schichten abbilden können und Sichten ermöglichen, die sich mit dem bloßen Auge nicht erkennen lassen.

rahmende Sphären

Mit dem Beispiel der Vitrine wie mit dem des MRTs möchte ich verdeutlichen, dass Sichten durch Displays *innerhalb* von etwas gebildet werden. An diesem ›innerhalb‹ setzt der Begriff des Symptomraums an, denn die Displays sind *Zeigefelder*, an denen Bilderfahrungen symptomatisch ins Zeigen geraten können. Die Symptomräume schlagen gewissermaßen rahmende Sphären vor, in denen es lohnend erscheint, Displays zu bilden, ein *Displaying* zu betreiben. Die Symptomräume stellen ausdrücklich Möglichkeiten dar, dort hinzusehen und hinzuhören, dort etwas ins Zeigen zu bringen.[4] In der Entfaltung von Symptomräumen möchte ich eine übergreifende Ebene entwerfen, die Anschlüsse für folgende Forschung, für Theorie und Praxis bietet.

Raum ⟷ Zwischen

Ein zweiter gewichtiger Aspekt des Raumbegriffs bezieht sich auf die grundlegende Perspektive, die ich dieser Forschung zur Bilderfahrung einräume, denn der Raum ermöglicht Relationen, greift so das Zwischen auf. Während ein Feld die Assoziation zur Fläche bringt, weist der Raum eine Volumenqualität auf, die zur Displaybildung einlädt. Die Displays ermöglichen *Zooms* in die Symptomräume hinein, die im Forschen Sichten inszenieren können, an denen sich etwas zeigt.

Im Moment des Zeigens erweitert sich die räumliche um eine zeit-räumliche Verortung, die eine temporale Ebene in den Raumbegriff einspiegelt. So gesehen ist die Zeitlichkeit durch die pathisch-responsive und performative Sichtweise auf Bilderfahrungen in meinen Überlegungen grundlegend. Der Raumbegriff ermöglicht ein Kontinuum anzunehmen, innerhalb dessen sich Symptome von Bilderfahrungen bilden.

Reflexion durch Erfahren: Übergänge eines Ereignens

epistemologische Annäherung *durch* Erfahrung

Wird Bilderfahrung als ein performatives und pathisch-responsives Geschehen verstanden, so gewinnen wir für ihre Reflexion eine Perspektive, die am *Mitvollzug*[5] ansetzt. ←\× Dieses Potential kann als epistemologische Annäherung *durch* Erfahrung eingeordnet werden. Ein Phänomen wie die Bildlichkeit in ihrer Sinnlichkeit zu erfahren, ermöglicht die Geste eines Nachvollzugs zu einer des Mitvollzugs zu verschieben. Die daran aufscheinende Neuverhandlung sinnlichen und erfahrungsbasierten Wissens, das in initiierten und inszenierten Erfahrungsangeboten entstehen kann,

←\×
intuitiv
S. 135

verweist auf Bildbegegnungen und ein bildreflexives Infragestellen eigenen Bildverstehens, wie ich in den Inter//ventionen zur Bilderfahrung zeige.

Inszenierung von Übergängen

Bildlichkeit in ihrem Ereignen zu erfahren deutet auf die Inszenierung von Übergängen hin. Diese sind gewichtige Momente, um einen Nachvollzug wie auch Mitvollzug zu ermöglichen. Mir erscheint es notwendig den Nach- und Mitvollzug anzuführen, da eine Reflektierbarkeit nicht nur im Erfahren von Bildern (Mitvollzug), sondern auch in der reflexiven Distanzierung zu diesem Erfahren (Nachvollzug) ansetzt. Dies bedeutet für Pädagogik, Didaktik und Vermittlung nicht nur *über* Bilderfahrung zu sprechen, sondern diese *als Erfahrung* ernst zu nehmen und aufgrund dieser Erfahrbarkeit etwas *durch* Bilderfahrungen *über* sie zu erforschen und zu vermitteln.

mediale Faltungen

Der Mitvollzug der *Bildlichkeit,* wie ich in Rekurs auf Dieter Mersch zeigen konnte, stellt uns auch vor eine große Herausforderung, insofern in einer Geste der Faltung die Medialität stets im Entzug verbleibt. ←\≤ Was sich in Bilderfahrungen für uns ausfaltet, gelingt *aufgrund* einer sich einfaltenden Bildlichkeit.[6] Unter einem Mitvollzug der Bildlichkeit habe ich daher vorgeschlagen, sich den medialen Bedingungen der Bilderfahrung unter Vorbehalt ihres Entzugs zuzuwenden. Dies nimmt auf die Blickbeziehungen zwischen Bildlichem und Betrachter*innen Bezug, indem Bildlichkeit ausgehend von ihrem Ereignen gedacht wird.

ikonosives Verhandeln erfahren

ikonosiver Mitvollzug

In diesem Zusammenhang habe ich *Metabilder* und ihre Weisen *ikonosiver Reflexion durch Bildlichkeit über Bildlichkeit* in den Blick genommen und aufgezeigt, wie Bilder unser Sehen kritisieren und dadurch reflexive Momente initiieren können, wie Bilder *selbst-, fremd-* und *bildreflexiv* agieren können und so ihr eigenes Ereignen durch eine Metaebene subversiv oder affirmativ unterlaufen bzw. verstärken können. ←\÷ *Bildbeispielen*, wie sie vielleicht gewohnte Praxis in Wissenschaft, Pädagogik und Vermittlung sind, kommt in Anbetracht ihres ikonosiven Potentials als Weisen eines Verhandelns von Wissen *im* Ikonischen eine bedeutende Rolle zu. Indem Bildbeispiele erst gebildet werden, sind sie nicht nur »Zweckbündnisse auf Zeit«[7], sondern auch Symptome von Bilderfahrungen ihrer Bildner*innen, also der Wissenschaftler*innen, Künstler*innen, Pädagog*innen und Vermittler*innen, die diese Beispielbildung ermöglichen.

reflexives Potential von Bildbeispielen

In Rekurs auf Andrea Sabisch lässt sich die in der Methodologie aufgezeigte Verschiebung hin zu einer Beispiel*werdung* als eine »im performativen Prozess ihrer Versprachlichung oder Verbildlichung«[8] sich ereignende Beispielbildung fassen. Der über Beispiele ermöglichte miniaturisierte Zugang zur Erfahrung[9], den ich in Bezug auf Miriam Schaub aufgezeigt habe, setzt an einem Reflektieren von Bilderfahrung an, die durch *Andere* und *Anderes* etwas nachvollziehbar macht, indem die Beispiele simulierend dazwischentreten. ←\×

miniaturisierte Erfahrung

←\≤
zur Medialität des Bildlichen
S. 200

←\÷
Metabilder. Ikonosive Reflexion durch Bildlichkeit über Bildlichkeit
S. 371

←\×
Bei//spiele zur Bilderfahrung
S. 154

:

Bilder als Ko-Konstrukteure im Bildwerden

Bildwerden

Bilder als Ko-Konstrukteure unserer Bilderfahrungen

zeitliche Distanzen als Reflexionsmovens sequenziellen Bildwerdens

Im Kontext des *Bildwerdens* habe ich Implikationen herausgearbeitet, die an einer Reflexion durch einen Mitvollzug ansetzen. Bilder als Ko-Konstrukteure unserer Bilderfahrungen zu verstehen, verdeutlicht im gleichen Atemzug die Relevanz eines unhintergehbaren Bezugs zu den Subjekten eines Bildwerdens. Der Spielraum eines *ikonischen Als* verdeutlicht, dass wir etwas als Bild erfahren können und auch nicht als Bild erfahren können. Damit ist der Übergang eines Ereignens von Bilderfahrungen markiert, der somit auch auf die *Zeitlichkeit des Bildwerdens* deutet. ←\≤ Die Zeit, die Bilderfahrungen in Anspruch nehmen, betrifft sowohl den Akt des Bildwerdens als auch die sich dabei bildenden Beziehungen zu anderen Bilderfahrungen, Kunsterfahrungen, Ausstellungserfahrungen, Seherfahrungen usw.

In Anschluss an die Inter//vention ›*inszeniertes Bildwerden*‹ habe ich daher vorgeschlagen, mit *zeitlichen Distanzen als Reflexionsmovens sequenziellen Bildwerdens* zu experimentieren. ←\≤ Damit möchte ich ein bildreflexives Potential markieren, das sich auf zeitliche Distanzen gegenüber vergangenen Bilderfahrungen bezieht. Während ich immer wieder problematisiert habe, was es bedeutet, wenn wir von vergangenen Bilderfahrungen sprechen, habe ich versucht diesen Herausforderungen zu begegnen. Vergangene Bilderfahrungen hängen sequenziell an der aktuellen und auch einer potentiell zukünftigen Bilderfahrung. Versuchen wir diese in ein resonierendes Verhältnis zu bringen, um Relationen zu bilden, können ein *ikonisches Erinnern* wie auch eine *ikonische Virtualität* in die Ordnungen aktueller Bilderfahrung hineinspielen. Dies hat sich bspw. in der Inter//vention ›*Sagen (ver)suchen*‹ gezeigt, in der *einfallende Bilder* durch assoziierte vergangene Seh- und Bilderfahrungen in eine aktuelle Bilderfahrung eingeflossen sind. Auch an der Inter//vention ›*zwischen Bildverstehen, Bildempfinden und Bildhandeln*‹ ließ sich beobachten, wie Relationen zu anderen Bilderfahrungen (ein)gebildet werden.

Aktqualität
Generativität

Die relationale Aktqualität des Bildlichen wie auch ihre Generativität eröffnen ein solch bildreflexives Potential. Aufgrund ihrer Differenzbildung zeigen Momente des Übergangs ein essentielles Scharnier für den Mitvollzug eines Bildwerdens.

liminale Bildlichkeit – Schwellenphänomene als Movens der Reflexion

Ein Reflektieren durch Erfahren, das an einer möglichen Negation des Bildlichen ansetzt bzw. an Schwellenphänomenen, inszeniert eine Reflexion durch Differenzbildung. Mögliche Schwellenphänomene setzen am *fluktuierenden Feld des Ikonischen* an. Schwellenphänomene machen es uns schwer zu entscheiden, ob sie Bilder sind oder etwas Anderes. Sie springen daher zwischen bloßer Visualität, einem Objektstatus und ihrer Bildlichkeit.

das Visuelle

Das Visuelle als das Andere des Bildes zu verstehen, als dessen Gegen- und Mitspieler, lässt Bilder als Spezialfall des Visuellen erscheinen. Die Übergänge von visuell

←\≤
zur Zeitlichkeit eines Bildwerdens
S. 192

←\≤
Inter//vention: inszeniertes Bildwerden
S. 194

zu bildlich werden gerade dann bildreflexiv wirksam, wenn die Differenzen zwischen ihnen geringer werden. Diese Abstände habe ich als dynamisch bezeichnet, sodass Bildlichkeit in der *Hohlform des Visuellen* erscheinen mag. In diesem Zusammenhang habe ich allerdings verdeutlicht, dass auch Visualität keine konstante Größe ist, sondern sich an den veränderten Bedingungen unserer Welt aktualisiert oder reformuliert. Visualität bedingt sich daher ebenso durch singuläre Selbst-, Anderen- und Weltverhältnisse.

Blickarbeit

Wenn sich Bildlichkeit einspiegelt, wie ich am Bei//spiel ›*ein sich einspiegelndes Bildwerden reflektieren*‹ ←\≤ gezeigt habe, oder ein Umschlagen des Blicks durch mediale Sprünge zu einer Reflexion eines dialektischen Blickgeschehens herausfordert, wie ich es am Bei//spiel ›*zwischen Durchblick und Anblick*‹ ←\≤ herausgearbeitet habe, wird durch den Nach- und Mitvollzug dieser Übergänge ein Reflektieren durch Erfahren möglich. Angesichts des Visuellen bzw. des Bildlichen werden Blicke eröffnet, gefangen und unterliegen möglicherweise einer Umarbeitung. So habe ich am Bei//spiel ›*zwischen Nichtssehen und Anderssehen*‹ ←\≥ in Rekurs auf Bernhard Waldenfels an der Arbeit Michael Crowes Weisen des sehenden Sehens verdeutlicht, anhand derer ich nicht nur bildreflexive Perspektiven künstlerischer Arbeiten angedeutet habe, sondern auch eine erste Kontur der Figur des *Blickwerdens* vorgeschlagen habe.

Blickwerden und Blickzwischen – Reflexion durch Dehnungen und Wandlungen des ikonischen Blicks

Bildwerden und Blickwerden

Was wir als Bilder verstehen und was nicht, konturiert unser jeweiliges dynamisches Bildverstehen. Dieses bildet sich in Blickbeziehungen zu Bildern heraus, die in ihrer chiastischen Struktur *Bildwerden* und *Blickwerden* verweben. Initiierte Momente, in denen Blicke zu ikonischen Blicken werden, etwa indem Erfahrungsräume angeboten werden, die das Bildverstehen angesichts von Bildern befragen, fordern zu Dehnungen und Wandlungen des eigenen ikonischen Blicks heraus.

Blickwende

Blickbegehren/ Bildbelieben

Die Blickwende, in der die Blickgabe des Bildes ihr eigenes Bildwerden motiviert und so Bilderfahrungen ermöglicht, verdeutlicht ein Potential bildreflexiver Annäherungen, die das eigene *Blickbegehren* und *Bildbelieben* betreffen. ←\; Indem sich uns etwas in der Bilderfahrung entzieht, was uns aber zugleich etwas angeht, initiiert sich eine Spannung, die sich an ästhetischen Ansteckungen, Begründungen von Aufmerksamkeiten, aber auch konkret an einem Sammeln, Aufhängen oder anderen Manifestationen von Bildern zeigen mag. Welche Bilder uns wichtig sind und welche Bilder unseren Blick einsaugen oder abwehren, hat mit unseren Bildblicken und den Bilderblicken der Bilder zu tun.

Dazwischentreten

In den Bei//spielen ›*Bildfindungen – Antworten durch Bilder*‹, aber auch in der Inter//vention ›*assoziative Bilderreihe*‹ scheinen Momente auf, die in diesen Blickdialogen Bildantworten bilden. Bilderfahrung durch initiierte Blickwechsel mit Bildern zu

←\≤
Bei//spiel: ein sich einspiegelndes Bildwerden reflektieren
S. 187

←\≤
Bei//spiel: zwischen Durchblick und Anblick
S. 211

←\≥
Bei//spiel: zwischen Nichtssehen und Anderssehen
S. 234

←\;
Blickbegehren/ Bildbelieben
S. 397

reflektieren, die durch Bilderfahrung einen Mitvollzug ermöglichen, sind Weisen ikonischer Epistemologien, die im Dazwischentreten unsere Selbst-, Anderen- und Weltverhältnisse betreffen und dynamisieren können.

provozierte Einstellungswechsel

Als *provozierte Einstellungswechsel* kann die Reflexion von Bilderfahrung an einem *Anderssehen* und an einem *Sehen von Anderem* ansetzen, mit den hypnagogischen Fähigkeiten des Auges spielen, mit antizipiertem Bildwerden Blicke stören und durch initiierte, experimentelle oder künstlerisch motivierte Interaktionsverhältnisse zwischen Bildlichem und Betrachter*innen, bildreflexive Displays hervorbringen.

Reflexion durch Andere: Übergänge zum Gemeinsamen

Umweg über den Anderen

Der zweite Symptomraum zu Weisen einer Reflexion von Bilderfahrung setzt an einer Reflexion durch *Andere* an. So habe ich bereits in der Methodologie im Rahmen des Displayings auf den *Umweg über den Anderen* Bezug genommen, um eine soziale Bedingtheit von Erkenntnis aufzuzeigen. Darin verbinden sich insbesondere Ludwik Flecks Lehre vom Denkstil und Denkkollektiv ←\ - und François Julliens Gedanken einer Dekonstruktion von außen, die durch Abstände zu Anderen Werkzeuge des Denkens werden. ←\ - Die Perspektive dieser Sichterweiterung durch Andere kann die Sicht der Forschenden wie der Beforschten betreffen, sodass ich bezüglich der Inter//ventionen von einer bi-perspektivischen Konzeption dieses Vorgehens spreche. ←\ ×

Inter//ventionen – wenn Andere Dazwischentreten

dialogisch/ diaikonisch

In allen Inter//ventionen spielt das Verhältnis eigener Hinwendungen zum Bildlichen in Beziehung zu den Hinwendungen Anderer eine entscheidende Rolle. Durch gemeinsame dialogische Annäherungen werden eigene Vorstellungen, eigenes Bildverstehen und auch eigene Bilderfahrungen in eine Zirkulation mit Anderen versetzt. Der Dialog errichtet allererst einen Boden der Reflexion, sodass wir im Gespräch mit Anderen auch uns antworten. Bildreflexive Anlässe im Dialogischen im Konnex diaikonischer Annäherungen verweisen auf ein Potential, indem sich angesichts von Bildern Sagen und Zeigen verschränken.

intersubjektive und transindividuelle Konstellationen

Diese Bedingungen eines gemeinsamen Erfahrens und Reflektierens in den Inter//ventionen habe ich kritisch befragt, insofern Wir-Bildungen und Wir-Beziehungen performative Relationen darstellen, die von Unterstellungen des Gemeinsamen getragen werden. Insbesondere an der Inter//vention ›*Sagen (ver)suchen*‹ habe ich bildreflexive Annäherungen durch ein gemeinsames Sagen (ver)suchen vor dem Hintergrund diaikonischer und dialogischer Dynamiken theoretisch reflektiert. ←\ » Durch genaue Unterscheidungen zwischen *Verstehen, Verständnis* und *Verständigung* habe ich

←\ - Denkkollektive S. 56

←\ - Umweg über den Anderen? S. 54

←\ × Inter//ventionen zur Bilderfahrung S. 151

←\ » Inter//vention: Sagen (ver)suchen S. 326

deren Relationen differenziert und an den medialen Sphären eines Sagens und Zeigens intersubjektive und transindividuelle Konstellationen möglicher Synchronisierungen und De-Synchronisierungen eines *Zusammens unter Vorbehalt* diskutiert. Der Anspruch, mich und *Andere* zu verstehen, zeigt sich im Dialogischen auch durch *imaginierte Andere*, die weitere miniaturisierte Erfahrungen in den Dialog einbringen und daher ähnlich wie Beispiele fungieren. Im Dialogischen etwas probehalber zu sagen zu versuchen, um eine Verfertigung des eigenen Bildverstehens im Sagen zu initiieren, zeigt sich als eine Pluralisierung auch eigenen Bildverstehens, das durch ein Spiel mit unterschiedlichen Sichtweisen eigene Ungewissheiten umkreist.

Theoriebildung durch Bilderfahrungen Anderer

Bilderfahrungen als Movens der Reflexion

Bilder als diaikonische Theoriebildner zu verstehen, verweist auf ikonosives Argumentieren von Bildern und setzt an den Bilderfahrungen jener an, die Theoriebildung *über* Bilder *durch* Bilder ermöglichen. Ebenso als Geste des Mitvollzugs zu betrachten, werden theoretische Reflexionen allererst anhand eigener Bilderfahrungen und denen *Anderer* ermöglicht. So sind nicht nur die in den Bei//spielen und Inter//ventionen aufscheinenden Bilderfahrungen ein relevantes Display, um Symptome von Bilderfahrung herauszubilden, sondern auch Bilderfahrungen anderer Wissenschaftler*innen, die ausgehend von ihren (!) Bilderfahrungen Theoriebildung betreiben.

Das bedeutet, Bildakte und Blickakte sowie eigene Antwortbildungen angesichts von Bildern als gewichtiges Potential bildreflexiver Annäherungen zu verstehen, die in Rekurs auf Georges Didi-Huberman durch einen »Mangel der Sprache« ←\» möglich werden können. Diese bildreflexive Dynamik sehe ich für Wissenschaft (methodologisch wie theoretisch), für Kunst (in eigener Praxis wie auch in der Rezeption) und in Vermittlung als eine Reflexion *durch* Bilderfahrungen.

Das Fragen *Anderer* auch eigene Annäherungen motivieren können, habe ich im Zuge der Inter//vention ›*Fragen bilden*‹ ←\= aufgezeigt, in der ich mich Fragen *Anderer* angenähert habe und damit experimentelle Weisen eines Displayings erprobt habe. Auch in der Inter//vention ›*sprachliche Fassungsversuche*‹ ←\= werden eigene Weisen des Bildverstehens dynamisiert durch die Sichten *Anderer*. Kollektive Annäherungen gewinnen dadurch nicht in ihrer Vereinheitlichung oder Reduzierung in einer konvergierten Sicht, sondern in einer Pluralisierung und Mehrdeutigkeit vieler durcheinander und miteinander existierender Sichten.

Reflexion durch Denk- und Blickkollektive

Miteinander Bilder erfahren bedarf *Passagen*, die Wege ermöglichen, sodass sich ein Gemeinsames bilden kann. Dialogisch oder diaikonisch, leiblich, medial und sozial über Bilderfahrung zu reflektieren, setzt an einem Potential des Kollektiven und auch

←\» Mangel der Sprache S. 320

←\= Inter//vention: Fragen bilden – Hervorlockung des Ungewissen S. 306

←\= Inter//vention: sprachliche Fassungsversuche – Notationen als Antwortbildung S. 294

an dessen Herausforderungen an. Ludwik Flecks Figur des Denkkollektivs, die eine soziale Bedingtheit von Erkenntnis und sich sozial herausbildender Denkstile beschreibt, habe ich angesichts von Bildern um eine Ebene des Blicks erweitert. Ausgehend von Jean-Luc Nancys und Bernhard Waldenfels' genauen Unterscheidungen eines Miteinanders und auch Alfred Schütz' Ansätzen einer phänomenologischen Soziologie, habe ich ein *performierendes Wir* auch auf sich überschneidende Sehfelder übertragen. *Blickkollektive* in Analogie zu Denkkollektiven ermöglichen die Dynamiken des Gemeinsamen im Erfahren und Reflektieren von Bildern in den Blick zu nehmen. Als *Entwurf eines sozialen Werdens von Blicken* habe ich die Verbundenheit vor Bildern als die Bildung eines Blickkollektivs beschrieben. ←\≥ Ähnlich wie Fleck die Bildung von Denkstilen proklamiert, habe ich an einer Bildung von Blickstilen angesetzt, die vor dem Hintergrund eines Blickwerdens die kollektiv motivierten Wandlungen und Dehnungen unseres Blicks betreffen. Ein im Sozialen begründetes Erkennen mit Anderen umspielt die Sozialität und Alterität pädagogischer und vermittelnder Situationen, in denen sich auch transindividuelle Ansprüche bilden. So stiften Blickkollektive Beziehungen, die mit einem deiktischen Deuten beginnen und durch dialogische wie denkkollektive Interaktionen singuläre Blickweisen zu dynamisieren vermögen. Auf diese Weise pluralisieren sich nicht nur Sichten im Dialogischen, sondern auch diaikonisch in Blickkollektiven. Denkkollektive und blickkollektive Zirkulationen führen uns vor Augen, welches Potential gemeinsame Annäherungen an Bilder und Kunst haben können und erinnern vielleicht auch daran, dass Vermittlung von den Abständen zu *Anderen* lebt. ←\-

Reflexion durch Ungewissheit: Übergänge zwischen Ambiguität und Irritation

Martina Heßler und Dieter Mersch haben betont, dass sich die Ambiguität und Offenheit von Bildern »nicht als Mangel, sondern als deren besondere Fähigkeit« erweise.[10] Dies schließt für mich an die im Zuge des Kapitels *Sagen (ver)suchen* aufgezeigte Öffnung im Sehen an, die ich in Rekurs auf Didi-Huberman ausgehend von einem Mangel der Sprache in den Blick genommen habe. Eine Reflexion durch Ambiguität und Irritation, die Übergänge durch Ungewissheit initiiert, bildet den dritten Symptomraum von Bilderfahrung. Ich habe heterogene Nahtstellen aufgezeigt, welche die Motive der Ambiguität und Irritation aufgreifen und als Movens bildreflexiver Annäherungen ausweisen.

←\≥
Blickkollektive. Entwurf eines sozialen Werdens von Blicken
S. 258

←\-
Abstand
S. 43

bildreflexive Inszenierung von Besonderung

Die provozierte Reflexion durch die Befragung eigenen Bildverstehens, in der ein eher impliziter Umgang in eine explizite Vergegenwärtigung gerissen wird, beschreibe ich als einen *reflexiven Riss*. Ein implizites Wissen darüber, was wir unter einem ›Bild‹ verstehen, verbleibt meist jenseits seiner Versprachlichung. Die Inter//vention ›*sprachliche Fassungsversuche*‹ hat an dieser Versprachlichung angesetzt und versucht, die Gewissheit eines Bildumgangs in eine Besonderung zu führen. Dabei werden im sprachlichen Fassungsversuch des Begriffs ›Bild‹ Widerstände spürbar, die eigene Selbst-, Anderen-, und Weltverhältnisse betreffen. Im Sinne des Displayings tritt die Frage nach dem Bild, in den gewohnten Fluss eines impliziten Bildverstehens dazwischen. Bemerkenswert erscheint, dass die Notationen zum eigenen Bildverstehen zur Bildung von Strategien herausfordern, um Annäherungen in der Sprache zu (er)finden. Die Notationen unterscheiden sich im Grad ihrer Setzung wie Performanz und zeugen von einem Bedürfnis, die initiierte Ungewissheit schnell zu schließen. Auf diesen Aspekt werde ich noch einmal gesondert Bezug nehmen.

reflexiver Riss

Iris Laner hat für die ästhetische Bildung herausgestellt, dass es die irritierenden Erfahrungen seien, welche »die bestehende Sicht auf sich selbst, auf andere und die Dinge, das etablierte Selbst- und Weltverhältnis also, infrage stellen und hierin nach einer Transformation des Eigen- und Fremdbezugs verlangen.«[11] Werden neue Erfahrungsräume eröffnet, können »(Selbst-)Transformationsprozesse« initiiert werden, so Laner weiter.[12] In der Inter//vention ›*Fragen bilden*‹ zeigen sich Gesten des Fraglich-Machens, die auf ein Erstaunen wie eine Dynamisierung von Ordnungen einwirken und darin Kontingenz provozieren. In Rekurs auf Andreas Gruschka konnte ich zeigen, dass die Verrätselung eine Ungewissheit nicht nur initiiert, sondern darin herausfordert, sich der Reflexion von Bilderfahrungen zuzuwenden. ←\=

Irritation und Verrätselung

Im Rahmen der Methodologie habe ich Momente von Ungewissheit als Movens eines Displayings markiert, insofern durch eine Faszination ein Wissen-Wollen motiviert werden kann. Ein Displaying eröffnet methodische Spielräume, welche die Weisen der Annäherung als mögliche deklariert und als Methode *in actu* von ungewissen Geschehnissen im Forschen geprägt ist. So tritt ein Displaying auf kontingente Weise spielerisch dazwischen, um indexikalische, indifferente, indizierende Hinwendung zur Bilderfahrung zu ermöglichen, wie ich im Rahmen der Methodologie beschrieben habe. ←\×

zur Produktivität von Schließungen

Ein initiiertes Zweifeln, die Hervorlockung von eigenen Sichtweisen, Irritationen von Gewissheit und Inszenierungen von Differenzen fordern die Beteiligten im Rahmen der durchgeführten Inter//ventionen oftmals nahezu provokativ zur Antwortbildung heraus.

←\=
Antwortbildung/Fragenbildung.
Zwischen Besonderung und Ungewissheit
S. 289

←\×
Displays und Displaying
S. 145

Antwortbildung

An der Inter//vention ›*Sagen (ver)suchen*‹ habe ich durch bildreflexive Impulse, die zwischen ihrem Objekt- und Bildstatus changieren und mit Bezügen auf die Kunst spielen, Provokationen, Hervorlockungen und Irritationen gesetzt, die ein Display eigenen Sagens und Sehens wurden. ←\» An den Grenzen der Bildlichkeit wildernd, veranlasste die Inter//vention dazu, Strategien des Antwortens zu (er)finden, die achronische und übersituative Bezüge initiierten, zu Widerständen im Sehen und Sagen führten und die Ungewissheit bspw. durch imaginierte Antworten Anderer versuchten abzufangen. Ähnlich wie sich hier ein Sagen versuchen zeigen ließ, warf auch die Inter//vention ›*sprachliche Fassungsversuche*‹ Strategien der Ungewissheitsschließung auf. Die Sozialität dieser Inter//ventionen versucht jedoch, diese Schließungen immer wieder zu dynamisieren, indem sie stetig potentielle Sichtverschiebungen durch *Andere* anbietet.

Irritationen im Sehen

mediale Irritation

Um sich Bilderfahrung reflexiv anzunähern, habe ich im Rahmen der Inter//vention ›*inszeniertes Bildwerden*‹ mit einer *medialen Irritation* unter falschen Vorzeichen experimentiert. ←\≤ Indem es in der Inszenierung einer Bildbegegnung gelang, ein anderes Medium vorzutäuschen, konnte das Sehen irritiert werden. Eine Bildperformanz wurde modellhaft erfahrbar. Durch die Vorzeichen einer Bildsequenz wurde ein bewegtbildlicher Charakter vorgetäuscht und so im Sehen die mediale Sozialisation der Beteiligten genutzt, um sie spielerisch epistemologisch im Sehen zu verkehren. Die Ungewissheit über das Gesehene öffnete ein Sagen, sodass sich durch eine Irritation im Sehen eine Neugierde artikulierte.

Eine Irritation im Sehen zeigte sich auch am Bei//spiel ›*zwischen Durchblick und Anblick*‹. ←\≤ In einer Videoaufnahme einer Werbetafel, die zunächst scheinbar den Durchblick durch eine Scheibe bot, wurde der Blick plötzlich durch einen medialen Sprung abgefangen, sodass der Grund des Bildlichen fraglich wurde. Solche Differenzmomente bieten bildreflexiven Hinwendungen einen Anker, indem sie an einem unruhigen Blick die Bildlichkeit ausgehend von ihrer Medialität befragen.

Widerstände

Ein antizipiertes Bildwerden, das ein Vorausahnen des Blicks berührt, vermag Sehgewohnheiten herauszufordern. Dass darüber bildreflexive Differenzmomente erzeugt werden, ließ sich insbesondere am Bei//spiel ›*Widerstand im Sehen*‹ zeigen. ←\≥ Anhand der Filmarbeit *Getting into bed* des portugiesischen Künstlerduos João Maria Gusmão und Pedro Paiva entstehen durch starke Verlangsamungen Brüche, die einerseits Aufmerksamkeit anlocken und andererseits durch den künstlerischen Einsatz der Zeitlupe eine »Vermeidung des vertiefenden Sehens«[13] provozieren, wie Andrea Sabisch im Kontext von Bilderfahrung beschreibt. Diese Symptombildungen angesichts der Bilder scheinen aus einer fruchtbaren Unruhe[14] zu entstehen, wie ich in Rekurs auf Bernhard Waldenfels erläutert habe.

←\»
Inter//vention:
Sagen (ver)suchen
S. 326

←\≤
Inter//vention:
inszeniertes Bildwerden
S. 194

←\≤
Bei//spiel: zwischen
Durchblick und Anblick
S. 211

←\≥
Bei//spiel:
Widerstand im Sehen
S. 247

Die Figur des *Blickzwischens* als Moment des Wechselblicks zwischen uns und Bildern, avanciert zu einer Passage einer von Irritation und Ungewissheit geprägten Dynamik im Sehen. Das irritierte Gleichmaß setzt unser »antwortendes Sehen«[15] in Gang, welches ausgehend vom Fremden motiviert werde, sich unserem Blick jedoch entziehe, wie Waldenfels beschreibt.[16]

Entzug

Ungewissheit im Sagen von Forschenden

Ein adäquates Vokabular zu entwickeln, um über die Reflexion von Bilderfahrungen sprachlich zu verhandeln, ist meines Erachtens insbesondere im Konnex von Theorie und Bilderfahrung möglich, als ein wechselseitiges wie zirkuläres Übertreten beider Erkenntnisfelder. Im Rahmen meiner Forschung zur Bilderfahrung sind so eine Reihe an Neologismen entstanden, die mich als Forschende auf unsicheres Terrain nicht abgesicherter Begrifflichkeiten werfen. Dies betrifft auch jene, die diese Arbeit lesen und die Bedeutung der Neologismen erst im Text erfahren oder auch mit Fragen zurückbleiben. Ich habe so selbstverständlich wie möglich mit diesen Begriffen gearbeitet, von bildreflexiven Potentialen gesprochen, von einem ikonosiven Verhandeln und Argumentieren von Bildern, von diaikonischen Annäherungen, von einem Blickzwischen, von einem neoterischen Spalt, von metabildlicher Reflexivität, von einem Blickbegehren und Bildbelieben, von einem Displaying und einer Displaybildung, von Symptomräumen, von einer bi-perspektivischen Konzeption, von einem Blickwerden und von Blickkollektiven, um einige dieser Formulierungen aufzuzeigen. Sie sind Angebote wie Wagnisse zugleich und mögen das Denken anderer herausfordern.

wechselseitiges wie zirkuläres Übertreten beider Erkenntnisfelder

Vokabular entwickeln

1 Sabisch, Andrea: *Bildwerdung*. 2018. S. 386f.
2 Vgl. zu ähnlichen konzeptionellen Herangehensweisen etwa die bei Andrea Sabisch in ihrer Reflexion zur Bilderfahrung entwickelten Dimensionen einer Bildwerdung (»Bildwerdung als Wiederkehr des Verdrängten im Visuellen«; »Bildwerdung und Bildfindung als Öffnung auf die Darstellbarkeit«; »Bildwerdung als visuelles Übertragungsgeschehen«) in ihrem Buch *Bildwerdung* (2018). Ein weiteres Beispiel zeigen die bei Nadia Bader herausgearbeiteten Analyseperspektiven (»Zeitlichkeit, Situiertheit und Emergenz«; »Soziales, Individuelles, Kulturelles im Ästhetischen«; »Rationalität, Materialität, Medialität«; »Visualität, Öffentlichkeit, Beobachtbarkeit«) im Rahmen ihrer Dissertation *Zeichnen – Reden – Zeigen. Wechselwirkungen zwischen Lehr-Lern-Dialogen und Gestaltungsprozessen im Kunstunterricht* (2019).
3 Tomographie griech. für Schnittbild. Vgl. *Pschyrembel*. 2012. S. 1929.
4 Die Symptomräume haben sich durch ein Displaying gebildet, weshalb sie diesem Vorgehen nicht voranstanden.
5 Ich beziehe mich mit dem Begriff des Mitvollzugs im Kontext sinnlicher Erkenntnis auf Jens Badura. Badura, Jens: *Erkenntnis (Sinnliche)*. 2015. S. 47.
6 Vgl. ebd.
7 Schaub, Miriam: *Das Singuläre und das Exemplarische*. 2010. S. 21.
8 Sabisch, Andrea: *Bildwerdung*. 2018. S. 385.
9 Vgl. Schaub, Miriam: *Das Singuläre und das Exemplarische*. 2010. S. 384.
10 Heßler, Martina; Mersch, Dieter: *Einleitung: Bildlogik oder: Was heißt visuelles Denken?* 2009. S. 25.
11 Laner, Iris: *Ästhetische Bildung zur Einführung*. 2018. S. 21.
12 Vgl. ebd.
13 Sabisch, Andrea: *Bildwerdung*. 2018. S. 336.
14 Waldenfels, Bernhard: *Phänomenologie der Aufmerksamkeit*. 2004. S. 223.
15 Waldenfels, Bernhard: *Sinnesschwellen*. [1999] 3. Aufl. 2013. S. 131.
16 Vgl. Waldenfels, Bernhard: *Hyperphänomene*. 2012. S. 110.

visionierte Anwendungen

»

ALLE BILDUNG IST ÄSTHETISCH, WEIL SIE ÜBERGÄNGE VOM SINNLICHEN IN SINN PROVOZIERT, ABER DIESEN SINN AUCH IMMER WIEDER, VOM SINNLICHEN, PHYSISCHEN HER UNTERGRÄBT. UNFASSBAR.

« KARL-JOSEF PAZZINI, 2015: 23

Bilderfahrungen erscheinen als ein leiblicher, medialer und sozialer Phänomenbereich, dessen Potentiale für eine Reihe an Diskursen und Wissenschaften relevant sind. Die Relevanz von Bilderfragen[1] artikuliert sich bereits in der inter- und transdisziplinären Färbung des Bilddiskurses, der überwiegend von Akteur*innen bespielt wird, die ebenso zwischen Diskursen stehen. So sind Bildtheoretiker*innen z.B. oft auch Philosoph*innen und/oder Medientheoretiker*innen, Pädagog*innen, Sprachwissenschaftler*innen, Theolog*innen, Kunsthistoriker*innen, Kunstwissenschaftler*innen, Designtheoretiker*innen oder Kunstpädagog*innen. Die Anwendungen bildtheoretischer Ansätze sind mannigfaltig und mögen sich hoffentlich noch weiter ausdehnen, wenngleich jeder Funke der Inter- und Transdisziplinarität weitaus mehr benötigt als eine bloße Addition von Akteuer*innen unterschiedlicher Disziplinen. Das doppelte Spielbein von Bildtheoretiker*innen ist aber ein Gewinn, sodann es meist bereits dadurch zu einer pluralisierten Sichtweise auf Bilderfragen (Plural!) kommt.

In meinen visionierten Anwendungen werde ich zwei Anschlüsse herstellen, die für mich aufgrund meiner disziplinären Verortung naheliegen: einen kunstpädagogischen und einen bildungstheoretischen Anschluss. So sind beide Perspektiven in dieser Arbeit bereits angelegt, sodass es mir in den visionierten Anwendungen um Anschlüsse und Fragen geht, die sich ausgehend von meinen Ergebnissen herstellen lassen. Für mich liegen die beiden Anschlüsse nah beieinander, insofern durch die an der Universität Hamburg 2014 durch Karl-Josef Pazzini, Andrea Sabisch, Manuel Zahn und Evelyn May begründete Kontur eines Forschungsfeldes ›Visuelle Bildung‹ nicht nur Verwebungen zwischen Kunstpädagogik und Bildungstheorie angedacht wurden, sondern auch eine zukünftige, interdisziplinäre Perspektive beider Felder.[2] Es

...

gehe darum, Bildungsprozesse ausgehend von ihrer Medialität zu befragen, um etwa auch medienspezifische Strukturen von Selbst-, Anderen- und Weltverhältnissen in den Blick zu nehmen, wie ANDREA SABISCH in Rekurs auf einen *transformatorischen Bildungsbegriff*[3] aufgezeigt hat.[4]

kunstpädagogische Anschlüsse

»

KUNSTVERMITTLUNG UND
KUNSTPÄDAGOGIK BEFINDEN SICH
STRUKTURELL ZWISCHEN ZWEI POLEN.
SIE BRINGEN DEM BETRACHTER
EIN WERK NÄHER, ENTSPRECHEN SO
SEINER SEHNSUCHT ZU VERSTEHEN, SINN ZU
PRODUZIEREN, DAS HEIẞT SYMPTOME,
DIE ZUSAMMENHALTEN, MIT EIGENEN
HÄNDEN ZU BERÜHREN [...].
GLEICHZEITIG MÜSSEN SIE OFT ERST
DIE DISTANZ HERSTELLEN, DIE DAZU
FÜHREN KÖNNTE, EINEN SCHRÄGEN BLICK
AUF EIN BILD, AUF EINE ARBEIT, EIN WERK,
EINEN PROZESS ZU LENKEN, BZW.
DEN BLICK WAHRZUNEHMEN,
DER AUS DEM BILD KOMMT.

« KARL-JOSEF PAZZINI, 2011: 47

kunstpädagogische Ansprüche

(Die) Kunstpädagogik ist Ausgangspunkt meiner Forschung zur Bilderfahrung. Wenn ich von Kunstpädagogik spreche, dann nicht von *der* Kunstpädagogik, sondern von Kunstpädagogik als Ausdruck eines heterogenen Diskurses unterschiedlichster wissenschaftlicher Positionen wie auch fachpraktischer Anwendungen, deren inhaltliche Konstitutionen immer transformativ und daher temporär bleiben. Kunstpädagogik existiert nicht, es sei denn als angewandte.[5] Eine Potentialität wie auch Virtualität bilden meinem Verständnis nach die *anderen* Konstanten einer oftmals umworbenen Engführung in der Kunstpädagogik. Erst durch Spielräume, durch Ambiguität, durch Sprünge und Leerstellen sehe ich die notwendige Basis, die den Dynamiken von Bilderfahrung in ihren intransitiven, einspiegelnden und affektiven Weisen entgegenzukommen versucht. Eine Pluralität im Sehen, sich immer wieder anders artikulierende Assoziationen, Symptome eines Beliebens sowie der Irritation oder Aufmerksamkeit bilden Anlässe eines Antwortens, das in seinen Differenzen erst jene produktiven Abstände eigener Selbst-, Anderen- und Weltverhältnisse zur Darstellung bringt. So gehe es in der ästhetischen Bildung[6] »um die Ermöglichung und Erprobung von möglichst mannigfaltigen Weisen des intersubjektiven Antwortens, Anschließens und ferner darum, darüber im Gespräch zu bleiben.«[7] Die intersubjektive oder auch transindividuelle Perspektive habe ich mit einer *Reflexion durch Andere* als gewichtiges Moment einer Reflexion von Bilderfahrung herausgestellt. Was es heißt gemeinsam zu Antworten oder gemeinsam Bilder zu erfahren, stellt immer auch die Frage der Sozialität und Alterität.

Bilderfahrung als ungewisse Konstante

Pädagogisches, didaktisches oder vermittelndes Handeln, das Bilderfahrungen berührt, könne kein *tabula rasa* voraussetzen, sondern sitze immer etwas Unbekanntem auf, wie Karl-Josef Pazzini aufzeigt.[8] In Situationen der Vermittlung, die etwas mit Bilderfahrungen zu tun haben, begegnen uns die *Anderen* und die Bilderfahrungen *Anderer* sozusagen als *Black Boxen*, die, so gut wir auch meinen sie beleuchten zu können, eine ungewisse Konstante bleiben: Wir können die Bilderfahrungen *Anderer* nicht erfahren – dies ist eine nie aufzulösende Unbekannte, die den Zauber der Bilderfahrung betrifft.

Möglichkeitsräume eines Reflektierens über Bilderfahrungen initiieren

Worin aber die Aufgabe der Vermittlung anzusetzen scheint, ist Weisen zu finden und zu erfinden, die Möglichkeitsräume eines Reflektierens über Bilderfahrungen initiieren, die an der Fülle ihrer sich immer wieder anders und neu artikulierenden Dimensionen ansetzt und ein Spektrum medialer, leiblicher, visueller, taktiler und sozialer Erfahrungen betrifft. Reflexionsanlässe können dialogisch durchs Wort in Gesprächen oder Notationen sowie diaikonisch durch Bilder, in Bildantworten oder im Zeigen von Bildern zum Antworten herausfordern.

Denk- und Blickkollektive

Wenn wir Anderen Bilder zeigen, so treten wir in Denkkollektive ←\- und Blickkollektive ←\≥ ein. Eine Vermittlung, die sensibel für die Dynamiken von Bilderfahrung ist, versteht ein gemeinsames Erfahren von Bildern als einen gewichtigen Erkenntnis- und Reflexionsraum. Diese bilderfahrungssensible Sichtweise grenzt sich von einem Zugang ab, indem ich als Pädagog*in, Vermittler*in oder Zeiger*in darauf aus bin, das, was wir angesichts von Bildern jeweils erfahren, gegen eine imaginierte einheitliche Bildbetrachtung *eines* Bildes einzutauschen. Sozialitäts- und Alteritätsgedanken ermöglichen, sich den Prämissen der Bilderfahrung anzunähern, um zu reflektieren, dass diese auch sozial bedingt sind. Andere könne unsere Aufmerksamkeit lenken, Irritationen wie auch Assoziationen hervorrufen und sind beteiligt an den Sichten, die wir angesichts von Bildern bilden.

an den Grenzen der Erfahrung

Auch Bernhard Waldenfels, der in dieser Arbeit eine zentrale theoretische Position bildet, hat im Rahmen seiner Schrift *Sinne und Künste im Wechselspiel* bemerkenswerte Ansätze zur Kunstpädagogik formuliert. Seine Gedanken umkreisen die

←\-
Denkkollektive
S. 56

←\≥
Blickkollektive. Entwurf eines sozialen Werdens von Blicken
S. 258

experimentellen wie intuitiven Gesten eines von mir vorgeschlagenen Displayings, einer Methode in actu, die sich empfänglich für das Überraschende zeigt. ←\× Das Überraschende sei laut WALDENFELS als Unsichtbares oder Unhörbares, was uns an die Grenzen der Erfahrung treibe, zu verstehen.[9] So plädiert er dafür, dass »[e]twas davon« seine Spuren in der Kunstpädagogik hinterlassen solle.[10] In Rückgriff auf die Symptomräume, die ich entwickelt habe, sowie die *Bei//spiele* und *Inter//ventionen*, zeigen sich Momente des Fremden, die affektive Weisen der Sprachlosigkeit, des Erfindens, des Versuchens, des Betrachtens, des Verhandelns oder Umgehens initiieren. Verkörperungen von Bilderfahrungen vermögen Spuren zu hinterlassen, deren ästhetisches Potential in ein bildendes Potential umschlagen mag. Das Ungewisse, die Irritation, die Sichten Anderer und etwas, das sich ereignet, bezeichne ich als Übergänge, die das Fremde nicht auflösen, sondern die ein Antworten aufgrund des Fremden initiieren. WALDENFELS spricht von Schwierigem, in das man sich »ein-hört, ein-sieht, ein-liest, ein-spielt«, womit er ein Potential des Widerspenstigen, Ungewissen, des Irritierenden nicht des Eingängigen beschreibt.[11]

Verkörperungen

Fremdes

> » In einer Zeit, in der man gern alles zum Anfassen nahe haben möchte, sollten Kunsterzieher auf einer radikalen Fremdheit der Kunst bestehen. Das bedeutet nicht, einschüchternde Abwehrwälle zu errichten, die aus den Bausteinen klassischer Meisterwerke zusammengefügt sind, es bedeutet vielmehr, der Kunst ihre Ferne, ihre Widerstandskraft, ihre aus Erstaunlichem und Erschreckendem gemischte Zugkraft zu erhalten.[...] Man komme mir nicht mit dem Schulalltag, den jeder von uns am eigenen Leib erfahren hat.«[12]

turns, turns, turns – Bild als Phänomen der Kunst

Während sich die Gegenstands- und Phänomenbereiche von Kunst ein wenig wie das Universum verhalten, indem sie sich stetig ausdehnen und dabei unklar oder zumindest unüberschaubar ist, was sie alles umfassen, lassen sich auch Phänomene benennen, die prominent und unumstritten im Register der Kunst eine tragende Rolle spielen – Bilder. Sie sind jedoch, wie auch viele andere Phänomene, der Kunst nicht exklusiv zugeordnet. Bilder bewegen sich ständig auf den Grenzen unterschiedlichster Erscheinungs- und Gebrauchsfelder, zu denen etwa Werbung, Illustration, Veranschaulichung oder Kommunikation gehören.

künstlerische Praktiken

Bilder sehen

Künstlerische Praktiken seien, wie MICHAELA OTT beschreibt, »als symptomatischer Ausdruck dessen zu lesen, was sich heute in allen Bereichen des sich verkomplizierenden menschlichen Daseins vollzieht.«[13] Bildpraxen und -praktiken, Bildhandeln und Bildverstehen, die sich durch künstlerische Praktiken artikulieren, können infolgedessen als ebenso symptomatischer Ausdruck verstanden werden. Künstlerische Praktiken sind aber auch indirekter symptomatischer Ausdruck visueller und ästhetischer Bildung der sie hervorbringenden Individuen. Denn auch Künstler*innen werden in Schule und Hochschule etwa in ihrer Bilderfahrung sozialisiert. Die Refle-

←\×
Displays und Displaying
S. 145

xion ihrer Bilderfahrungen erscheint mir ein gewichtiger Einsatzpunkt ihrer künstlerischen Bildung. Ein ikonischer Blick von Künstler*innen, der einen Schattenwurf an der Wand, einen Farbfleck auf dem Boden oder eine Spiegelung in der Kaffeetasse als Bild erfahrbar macht, sieht anders und Anderes, als jener Blick, der nach den in Goldrahmen eingefassten Bildern Ausschau hält.

dynamische Bildhaltungen statt defizitäre Bildkompetenz

Historisch wie zeitgenössisch betrachtet wurden kunstpädagogische Positionen meist an unterschiedlichsten *turns* reflektiert, an denen sie sich weiterentwickelt oder diese um eine spezifische Perspektive ästhetischer Bildung erweitert haben. Die wissenschaftliche Wende zum Bild ←\~ bahnte sich auch in der Kunstpädagogik einen Weg. Bestehende kunstpädagogische Konzeptionen zur Bildorientierung und Bildkompetenz[14] haben den Bilddiskurs innerhalb der Kunstpädagogik gestärkt und bildtheoretische Fragestellungen aufgegriffen. Häufig richtet sich das Augenmerk dieser Positionen jedoch auf eine Legitimation des Faches und weniger auf eine an dem Phänomen Bild orientierte Reflexion. So wird etwa der auf das Bildliche angewandte Kompetenzbegriff vermehrt auf einer diagnostisch-bewertenden Ebene herangezogen, um den Bildumgang zu thematisieren. Problematisch wird es, wenn der Kompetenzbegriff zu defizitären Diagnosen über eine vermeintlich unausgeprägte oder geringe Bildkompetenz eines Bildproduzenten führt.[15] Geht Kunstpädagogik davon aus, unter dem Marker ›bildkompetent‹ Bildumgänge und -zugänge zu klassifizieren und die Bildkompetenz zugleich als Auftrags- und Zielbeschreibung von Bildproduktions- und Bildrezeptionskonstellationen zu verstehen, dann gehen Potentiale und Perspektiven von Bilderfahrungen im Sinne sinnlicher Erfahrungen durch Bildliches verloren. Es ist meines Erachtens ein Irrglaube, dass den sinnlichen und mit dem betrachtenden, bildgenerierenden Subjekt zutiefst verwobenen Beziehungen zum Bildlichen mit einer in Kompetenzen abgebundenen Reduktion begegnet werden kann. Anstelle einer segmentierten Bildkompetenz, die eine über Aneignung sich einstellende Könnerschaft im Umgang mit dem Bildlichen suggeriert, braucht es Reflexionsräume für Bilderfahrungen.

performative Kompetenz

Der Kompetenzbegriff kommt dort der Bilderfahrung näher, wo er im Lichte von Performanz verhandelt wird.[16] Ein Weg, der Kompetenzorientierung zu begegnen, wäre den Begriff neu auszurichten. Eine gelungene Alternative und damit einen wichtigen Gedankensprung in der Kontroverse eröffnet Ole Wollberg mit seinem Vorschlag einer performativen Kompetenz. Gegenüber einer starren, einübbaren Kompetenz meine die performative Kompetenz »eine handlungs- und situationsbezogene Interaktivität des Subjekts mit dem Gegenstand der jeweiligen Produktion und dessen Struktur.«[17] Kompetenz, die sich innerhalb oder anhand von subjektspezifischen Bildwerdungen zeigt oder manifestiert, ist mit Wollberg verstanden nicht auf ihre Eignung und Angemessenheit zu hinterfragen.[18]

Bilderfahrung ist keine Kompetenz

Im Kontext von Vermittlung ergibt sich daraus insofern ein herausforderndes Feld, als dass Bilderfahrung keine Kategorie bildet, die z.B. eine vergleichende Bewer-

←\~
dem Bildlichen begegnen
S. 14

tung, eine Einübung oder Definition von konkreten Zielen ermöglicht. Damit steht Bilderfahrung konträr zu aktuellen Tendenzen, von messbaren Kriterien und infolgedessen von erwerb-, verallgemeiner- und vergleichbaren Kompetenzen auszugehen. Insbesondere in schulischen Vermittlungszusammenhängen werden abprüfbare und damit legitimierbare Parameter als Gegenstand von Bewertungen gesetzt.

Argumentation für Bildhaltungen

Haltung, wie es in der kunstpädagogischen Position von SABINE LENK und TANJA WETZEL herausgestellt wird, »ist weniger ein fixierter Bestand, auf den in kritischen Situationen zurückgegriffen werden kann, als eine dynamische Struktur, mit der es möglich ist, nicht nur das eigene Handeln zu orientieren, sondern es auch an unterschiedliche Situationen anzupassen.«[19] Das Haltungs-Konzept von LENK und WETZEL richtet sich vorwiegend auf die Ausbildung und Bildung von Lehrpersonen, lässt sich jedoch auf mehreren Ebenen adaptieren und auf die Konzeption einer *Bildhaltung* übertragen, als Gegenentwurf zur Bildkompetenz. Bildhaltungen wären als subjektspezifische, dynamische Weisen unseres Verhältnisses zu Bildern zu verstehen, die sich an Bildpraktiken, dem Verständnis von Bildlichkeit, Betrachtungsweisen und eigenen Bildwerdungen artikulieren. So könnte der bei LENK und WETZEL thematisierte Aspekt des Sich-In-Beziehung-Setzens auf das Feld von Bilderfahrungen übertragen werden, sodass Haltungen ermöglichen, eigene Bilderfahrungen aufzugreifen und dynamisch in Abhängigkeit zum eigenen Bildblick zu entwickeln.

bildreflexive Potentiale in Wissenschaft, Kunst und Vermittlung

Eine Kunstpädagogik, die in ihrer theoretischen Fundierung eine Bilderfahrung stark macht, bietet perspektivisch eine Vermittlung, die visuelle Bildung zentral setzt. So zeigen bereits einige vielsprechende Forschungs- und Lehrkonzepte, dass die Reflexion von Bildlichkeit in ihrer Medialität, Sozialität und Alterität zu den relevanten Prämissen zeitgenössischer Kunstpädagogik gehört:

⟶ RAHEL ZIETHENS Forderung nach einer *medialen Mehrsprachigkeit*, womit sie Reflexionen eines medialen Bewusstseins nicht nur analytisch, sondern mittels ästhetischer Erfahrung zu initiieren versucht, verschränkt methodische Fragen mit sinnlichen Dimensionen des Medialen.[20]

⟶ NADIA BADERS qualitativ empirische Studie zum *Zeichnen – Reden – Zeigen*, die den dialogischen Austausch zwischen Lehrenden und Lernenden bezogen auf ihren Einfluss auf bildnerisches Denken und Handeln untersucht. Denn BADER zeigt mit ihren praxistheoretischen Bezügen zukünftige Formen von kunstpädagogischer Praxis und Theorie auf, indem sie durch ihre »Mikro-Fallstudien« Wechselwirkungen nicht nur visuell entfaltet, sondern in ihrer Grundlagenforschung eine kritische Reflexion von Verständigungsprozessen aufzeigt.[21]

⟶ EVELYN MAYS Analyse des Partizipationsbegriffs anhand von partizipatorischen Kunstprojekten, in der MAY auch ausgehend von *bildlichen Re-Präsentationen* dieser Projekte, Praktiken des Zeigens und Darstellens befragt. Bilder, die eigentlich ›nur‹ dokumentieren sollen, wie Kinder partizipieren, werden bei MAY zum empirischen Material, das sie auf Blickbeziehungen, polarisierende Momente der Bilder und deren Wirkkraft in der Beziehung zum *Anderen* hin befragt.[22]

methodische Anschüsse an das Displaying?

Um in kunstpädagogischer Forschung einen gangbaren Weg an ihren Phänomenen zu ermöglichen, habe ich mit dem Displaying den Entwurf einer Methode vorgeschlagen, die ich im Rahmen der methodologischen Konzeption als bi-perspektivisch beschrieben habe. Diese zeigt für kunstpädagogische Forschung ausgehend von Vermittlungsprozessen einen dynamischen, medialen und sozialen Zugang auf, der abseits etablierter Methoden in einer *Methode in actu* an den Gegenständen, Subjekten und Phänomenen der Vermittlung ansetzt. Displays zu bilden, an denen sich etwas zeigt, bietet einen methodischen Zugang, um Empirie in Kunstpädagogik anders zu denken. Zu suchen, zu erfinden, etwas zu initiieren, zu experimentieren, und zwar auf intuitive, indirekte, dialogische wie künstlerische Weise, scheint bereits an gängigen Praxen von Kunstpädagog*innen und Vermittler*innen anzusetzen, die von ästhetischen Phänomenen, Kunst oder Material angeblickt werden, wenn sie Weisen der Reflexion in Vermittlung initiieren wollen.

Künstlerische Bildung könne, so LENNART KRAUSS, als ein Feld betrachtet werden, in dem »ereignishaft das erfahren werden kann, was als möglich erscheint.«[23] Um diese Grenzen fluide zu halten und sie zu dynamisieren, argumentiere ich mit dem *Displaying* für einen Spielraum unseres Denkens, Vermittelns und Forschens. Kunstpädagog*innen sind oft auch Künstler*innen oder der Kunst sehr nahe, sind manchmal Kurator*innen, Lehrer*innen, sind Theoretiker*innen und Praktiker*innen in je spezifischen Konstellationen ihrer biographischen Wege und ihrer Bildungswege. So seien Kunst, Künstler*innen und Kunstpädagog*innen »darauf angewiesen, sich auch anders als nur künstlerisch zu artikulieren [...].«[24]

bildungstheoretische Anschlüsse

»

WIE WÄRE ES ALSO, WENN DIE ›EXCELLENCE‹ EINER LEHR- UND FORSCHUNGSANSTALT AN EINEM STAUNPEGEL GEMESSEN WÜRDE?

« BERNHARD WALDENFELS, 2010: 132

OHP → PPP

Bildung medial zu verstehen, mag auf den ersten Blick kaum verwundern, wird doch bei Lehrenden die Medienkompetenz und der Einsatz von Medien in ihrer Lehre qua Evaluation abgefragt, um sicherzugehen, dass sie sich erfolgreich vom OHP zur PPP

...

gewandt haben. Dass mediale Bildung aber einen viel grundlegenderen und gewichtigeren Ansatz bildet, der über den innovativen zeitgenössischen Einsatz von Technik hinausgeht, zeigen derzeit insbesondere kunstpädagogische Positionen mit Nähe zur Bildungstheorie auf. Was können wir unter »medial bedingten oder medial flankierten Bildungsprozesse[n]«[25] verstehen, die sich auf Bilderfahrungen beziehen, auf eine Bildung durch Bilder?

Mediale Bildung

Mediale Bildung, wie ANDREA SABISCH sie konturiert, bezieht sich auf eine Verschiebung: Bildung nicht länger nur sprachlich, sondern auch medial zu verstehen. So könnten nach SABISCH künftige Öffnungen darin bestehen, »die medienspezifischen Strukturen von Welt- und Selbstverhältnissen zu fokussieren«, wozu sie »intermediale Verflechtungen« und »medienbedingte Formierung des Sozialen« zählt, um sich Bildungsanlässen »im Horizont von Medialität« zu widmen.[26] »Prägungen und Formierungen durch Medialität«[27] sehe ich in der Frage der Bilder und in bildreflexiven Annäherungen aufscheinen. Eine implizite Gewissheit gegenüber Bildern, unserem Gebrauch und Umgang mit ihnen, gehört zu den Bedingungen wie Resultaten von Bildungsprozessen. Dehnungen und Wandlungen des ikonischen Blicks können an dieser Stelle als Bildungsanlässe wie -prozesse verstanden werden, insofern die Umarbeitungen des Blicks eine deutlich transformatorische Färbung aufweisen. Das *Wie* bleibt der entscheidende Aspekt: ›Wie Anderen etwas zeigen, was diese (noch) nicht sehen können‹, um noch einmal auf SÖNKE AHRENS pointierte Frage zurückzukommen, die er im Rahmen der Visuellen Bildung aufgeworfen hat.[28] AHRENS' bildungstheoretischer Anschluss markiert ein gewichtiges Anliegen des Bildreflexiven:

Erfahrung ermöglichen

> » Erst wenn man die Paradoxie, etwas zu sehen, was man nicht sehen kann, ernst nimmt, ist es überhaupt möglich, erstens, verschiedene Formen von Welterschließungsprozessen zu unterscheiden und zweitens sich mit dem zu beschäftigen, worum es bei Bildung grundsätzlich geht, nämlich: etwas in den Bereich der Erfahrung zu bringen, was zuvor gänzlich außerhalb desselben lag.«[29]

Im Rahmen ästhetischer Bildung weisen ästhetische Erfahrungen das Potential auf, Anlass von Subjektwerdung zu sein. Dies schließe eine »Neupositionierung und Infragestellung von bereits gemachten Erfahrungen«[30] ein, wie IRIS LANER beschreibt.

Fremdheit

So erscheint mir die *Reflexion durch ein Erfahren* als *Übergang eines Ereignens* an dieser Paradoxie anzusetzen. ←\: Denn es geht um Weisen der Welterschließung, indem eine Reflexion, die z. B. an den Grenzen der Bildlichkeit ansetzt, bisher Ungedachtes und Ungesehenes in den Blick nimmt und dabei ihre Fremdheit nicht auflöst, sondern in ein Movens unverfügbaren und ungewissen Staunens und Zweifelns versetzt.

Kalkül

Ungewissheit, wie ich im dritten Symptomraum herausgestellt und an den Inter//ventionen und Bei//spielen entlang der Arbeit empirisch entfaltet habe, floriert im Fremden. Bildungstheoretisch zeigt ein Spiel über Bande als Weise indirekter und

←\:
Reflexion durch Erfahren:
Übergänge eines Ereignens
S. 428

ungewisser Generativität im Pädagogischen möglicherweise die Facette eines Kalküls. Was ich an einer antizipierten Seherwartung und divinatorischen Fähigkeiten des Blicks aufgezeigt habe, berührt ein Kalkül in Seh- und Bilderfahrungen. ←\≥ Mein Vorschlag, diese gewordenen und werdenden Weisen des Sehens als Blickwerden zu bezeichnen, weist auf *Bildungen des Blicks* hin. Eine Reihe von Beobachtungen auch abseits meiner Inter//ventionen und Bei//spiele zeigen Ansätze dieser Bildungen des Blicks: Architekt*innen, die bspw. ständig Bildsynthesen durch *Renderings* von geplanten Bauvorhaben erstellen, haben oft ein anderes räumliches Vorstellungvermögen, was meines Erachtens auf ihre Bilderfahrungen in den Programmen für solche Renderings rückführbar ist. Bilderfluten im Online-Shopping, die uns auch bei 1378 Ergebnissen für »schwarze Hose« vielleicht 5–6 Ergebnisse auswählen lassen, die unseren Vorstellungen nahe kommen. Kurator*innen, Grafiker*innen oder Buchbinder*innen, die auf einen halben Millimeter genau sehen können, ob etwas ›gerade‹ bzw. rechtwinklig ist, weil sie täglich Objekte danach ausrichten und oft nur schwer ertragen können, wenn etwas in ihren Augen ›schief‹ erscheint. Künstler*innen, die in ihre Umwelt etwas hineinsehen oder auch heraussehen und in ihrer Kunst transformieren, was *Anderen* in ihren Blicken entgehen mag. ←\; Neben diesen Beispielen ließen sich weitere benennen, die uns durch kulturelle, gesellschaftliche, ästhetische, politische, ökonomische, ökologische oder andere Prägungen veranlassen, auf eine bestimmte Weise zu blicken, indem sie unseren Blick färben.[31] Blicke bleiben, um einem Trugschluss oder Missverständnis entgegenzuwirken, dynamisch und ereignend. Doch wie kann eine visuelle Bildung bspw. an einem Blickwerden ansetzen und dieses reflektieren? Gewendet betrachtet: Sind Blicke nicht hochgradig bildend?

Bildungen des Blicks

Der Ausgangspunkt visueller Bildung sei eine Virtualität des Bildhaften.[32] Indem pathische Dimensionen in den Blick genommen werden, gelinge es, Bildungsprozesse als »interaktives und relationales Geschehen« zu thematisieren, »das jedoch kaum in der Sprache aufgeht«.[33] Die Virtualität des Bildhaften vermag nicht bloß Lückenfüller sprachlicher Grenzen zu sein, vielmehr motiviert dies ein Sagen (ver)suchen, Weisen anderen Antwortens und weist darin auf Bildungsanlässe durch Bilder hin.

visuelle Bildung

Die Beziehungen zwischen Bildwerden, Blickwerden und Subjektwerden erscheinen mir als eine relevante Nahtstelle bildungstheoretischer Anschlüsse. Doch an welchen Subjektbegriff lässt sich dabei anschließen? Das Subjekt sei zunächst das, was sich unterlegt, schreibt Karl-Josef Pazzini.[34] Wie ist aber ein Subjektwerden angesichts von Bildern denkbar? Andrea Sabisch hat in Rekurs auf Bernhard Waldenfels am Widerfahrnis noch einmal verdeutlicht, dass im Doppelereignis aus *ich erfahre etwas* und *mir widerfährt etwas*, sich das Subjekt als dezentriert erfahre.[35] Deutet sich daran auch eine Verschiebung im Sinne der Alterität an?

Subjektbildung

Versteht man Subjektivität unter dem Vorzeichen einer Anderenvergessenheit als Autopraxis, impliziere dies eine Vorstellung von autonomen Bildungsprozessen als Subjektwerdungsprozesse, wie die Bildungstheoretikerin Elisabeth Sattler be-

(Ent-) Subjektivierung

←\≥
Bei//spiel:
Widerstand im Sehen
S. 247

←\;
zum Begehren bildlicher
Assoziation
S. 404

schreibt.[36] Die enge Verknüpfung zwischen Bildung und Subjektwerdung sei dafür verantwortlich, dass Bildung als zentrische und selbstzentrische Formation erscheine, die sich »gegen Fremdes und Andere(s) immunisiert.«[37] In kritischer Distanz dazu verweist Sattler auf die Herausforderung, in der bildungstheoretischen Subjektivitätsdebatte konträre Perspektiven zu erzeugen, um »Subjektivierung auch als Ent-Subjektivierung zu denken, die neben Zentrik auch De-Zentrik, neben dem Selbst auch das Andere, neben der eigenen Souveränität auch die Nicht-Souveränität des Menschen zu fassen vermag.«[38] Sattler versteht Bildung und Kunst als Movens einer Subjektivierung und Ent-Subjektivierung und verweist auf die Perspektive der Alterität: »In Bildung und Kunst zeigt sich das Andere, macht sich das Andere hörbar, fühlbar, kurz: wahrnehmbar und erfahrbar.«[39] Sattler konturiert damit für Bildung und Kunst einen Erfahrungsraum, wo *Andere(s)* zur Darstellung kommen kann, ein Ereignen von *Anderem* und *Anderen* möglich ist und Dialoge mit *Anderem* und *Anderen* eröffnet werden können. In ihrem Bildungsverständnis setzt Sattler den Begriff der »awareness« als zentrales Moment, eines vom *Anderen* her gedachten (Ent)Bildungsprozesses: »Bildung als Entbildung beschreibt eine Bewegung, die eine Überschreitung des eigenen Horizonts und einen (partikularen) Selbstverlust umfasst. Bildung bedeutet in dieser Perspektive, sich vom anderen her auf sich selbst zu beziehen und erfordert so eine wahrnehmende Achtsamkeit, awareness.«[40]

Sichten Anderer

Diese von Sattler betonte Achtsamkeit, die ich auch im Sinne einer Hinwendung zu Anderen und eines Umwegs über Andere verstehe, verdeutlicht ein Subjektwerden, das bezogen auf eine Reflexion von Bilderfahrungen, Sozialitäts- und Alteritätsgedanken deutlich bekräftigt. Die Herausforderungen sehe ich in den Weisen der Umsetzung, der Problematik einer idealisierten Intersubjektivität, ←\≤ einem vorschnell angenommenen Gemeinsamen und einer Kollektivierung, die nicht eine Pluralität, sondern Reduktion von Sichten erzeugt.[41] Sichtweisen und Sichten Anderer markieren bereits vom Wort ausgehend, dass für eine Subjektbildung nicht nur sprachliche *Passagen* in der ›Überschreitung des eigenen Horizonts‹ relevant sind. Das Blickkollektiv habe ich als Ergänzung zu Ludwik Flecks Denkkollektiv als ein soziales und alteritäres Werden des Blicks vorgeschlagen. ←\≥

bildende Bildbeziehungen

Angesichts *von* Bildern *durch* sie *mit* ihnen in Beziehung zu treten, bedarf einer ungewissheitsfreundlichen Haltung:

> » Es fällt schwer, eine bildende Beziehung zu einem Bild aufzubauen, wenn ein Betrachter schon genau weiß, was er sehen wird oder was er gesehen haben muss. Er spiegelt nur sich oder das Bild, das er meint abgeben zu müssen. Er lässt sich keine Chance, etwas noch nicht Bekanntes, Fremdes wahrzunehmen, an sich oder dem Bild.«[42]

←\≤
miteinander Bildwerden erfahren
S. 215

←\≥
Blickkollektive. Entwurf eines sozialen Werdens von Blicken
S. 258

Wie ich im Kontext des *Bildwerdens* bereits auf diesen Gedanken PAZZINIS Bezug genommen habe, ist hier eine Abwehr durch einen Anspruch angezeigt. Etwas »abgeben zu müssen« erscheint als Indiz, dass sich in der Begegnung mit dem Bild ein Anspruch eines Anderen einspiegelt. Diesem Anspruch von außen gerecht werdend, treibt es die Abwehr an, sich in eine bildende Beziehung mit Bildern zu begeben. Wie aber werden bildende Beziehungen möglich, sodass ein pathisches und affektives Getroffenwerden durch Bilder Raum bekommt, um die von PAZZINI beschriebenen »bloßen« Spiegelungen *vor* Bildern zu übersteigen?

pathisches und affektives Getroffenwerden

GEREON WULFTANGE hat im Rahmen seiner Annäherung an eine Theorie transformatorischer Bildungsprozesse die Rolle eines pathischen und affektiven Getroffenwerdens in Bildungsprozessen befragt. Darin hat WULFTANGE in Rekurs auf WALDENFELS insbesondere das Fremde als Herausforderung von Bildungsprozessen in den Blick genommen. Etwas, das störend und beunruhigend in bestehende Ordnungen einbreche, könne als Erfahrung des Fremden eine Öffnung auftun, »in der der Erfahrende sowohl untergehen als auch ein anderer werden könnte.«[43] So vermutet WULFTANGE, dass das Fremde Anlass »veränderte[r] Figuren des Welt- und Selbstentwurfs« sein könne.[44]

Bilderfahrungen erscheinen aus bildungstheoretischer Perspektive folglich insbesondere in Hinblick auf eine Differenzbildung zentral. Indem Bilder *durch uns* fähig sind uns etwas zu zeigen und dabei zugleich in ihrer Differenz zu uns uneinholbar fremd bleiben, artikuliert sich eine Bilderfahrung *vom Zwischen aus*. Die sozialen, medialen wie leiblichen Differenzen fordern im Pädagogischen zu Reflexionen dieser Zwischensphären auf, die dort inszeniert werden können – sich bilden. Das Primat der Indirektheit wird für mich an einer *Reflexion durch Erfahren*, *durch Andere* und *durch Ungewissheit* dabei zu einem zentralen Moment für Bildungsanlässe über Bande. So beende ich diesen Gedanken mit einem Zitat PAZZINIS, welches zugleich auch das Movens meiner Annäherung an Bilderfahrung spiegelt:

über Bande

> » Das, was getan werden muss, und Andere und Anderes mitnimmt, auch ohne, dass man es im Detail rechtfertigen kann oder die Wirkung vorwegnehmbar wäre, bewirkt Wunder, lässt Unverfügbares sich fügen. Pädagogik ist so auf unstillbares Wünschen, Neugier und Lust am Anderen (Person und Sache) angewiesen: pädagogischer Eros. Man spielt immer über Bande – oft auch ohne genau zu wissen, welche Bande wo ist, denn man generiert sie, indem man pädagogisch tätig ist.«[45]

...

1 Meist wird in der Bildtheorie von der Bildfrage gesprochen, oder die Frage nach dem Bild. Um an dieser Stelle die Pluralität des Fragens und die Utopie des Einzelbildes zu markieren, verwende ich den Plural ›Bilderfragen‹.
2 Vgl. Pazzini, Karl-Josef; Sabisch, Andrea; Zahn, Manuel; May, Evelyn: *Visuelle Bildung*. 2014.
3 Vgl. zum transformatorischen Bildungsbegriff Kokemohr, Rainer: *Bildung als Welt- und Selbstentwurf im Anspruch des Fremden*. 2007; Koller, Hans-Christoph: Bildung anders denken. 2012.
4 Vgl. Sabisch, Andrea: *Responsivität und Medialität in Bildungs- und Erfahrungsprozessen*. 2019. S. 208.
5 Vgl. Pazzini, Karl-Josef: *Kunst existiert nicht, es sei denn als angewandte*. 2000.
6 »Insofern zeichnet sich im Fach Kunst ein Spektrum von Irritationen zwischen den Polen ästhetischer und pädagogischer Phänomene und Praktiken ab – und zwar unabhängig davon, ob Kunst im weiteren Sinne als »Ästhetische Erziehung«, »Ästhetische Bildung«, als »Kulturelle Bildung«, im engeren Sinne von der Kunst her konzipiert wird oder sich als »Kunst-Pädagogik«, »Kunst-Vermittlung« oder auch als Zwischenreich genuiner Eigenlogiken von Kunst und Pädagogik ausweist. Sabisch, Andrea: *Antworten auf Bilder*. 2019. S. 263.
7 Sabisch, Andrea: *Bildwerdung*. 2018. S. 14.
8 Vgl. Pazzini, Karl-Josef: *Bildung vor Bildern*. 2015. S. 238.
9 Vgl. Waldenfels, Bernhard: *Sinne und Künste im Wechselspiel*. 2010. S. 129.
10 Ebd.
11 Ebd. S. 130.
12 Ebd. S. 132.
13 Ott, Michaela: *Utopie oder Uchronie?* 2006. S. 2.
14 Die Bildorientierung argumentiert für ein Umgehen mit allen Bildern. Ihre Vertreter*innen fordern damit ein, die in ihren Augen aus der elitären Hochkunst hervorgehenden Bilder durch Bildwelten des Alltags und der Werbung zu erweitern. Die sich im kunstpädagogischen Diskurs meist konträr gegenüberstehenden Sichtweisen der Bild- und Kunstorientierung zeigen die Perspektiven dieser Orientierungen auf. Doch die Bildorientierung scheint trotz Aufweitung des Bilderspektrums für die Kunstpädagogik an einen engen Bildbegriff gekoppelt, der bspw. die Bandbreite Bildender Kunst und Künste, wie ein Erfahren von Bildlichkeit an plastischen, performativen, literarischen oder auch musikalischen Phänomenen noch allzu sehr vernachlässigt. Die kritische und vorsichtige Haltung gegenüber einer im kunstpädagogischen Diskurs präsenten Einforderung von Bildkompetenz wird von der allgemeinen erziehungswissenschaftlichen Kontroverse um den Kompetenzbegriff genährt.
15 Hubert Sowa und Bettina Uhlig differenzieren »hochkompetente und hochreflexive Autoren« gegenüber Autoren mit »geringer Bildkompetenz, etwa einem Schüler«. Vgl. Sowa, Hubert; Uhlig, Bettina: *Bildhandlungen und ihr Sinn*. 2006. S. 98.
16 »Die Beobachtung von Bildern ist kein passiver Prozess des Aufnehmens, sondern eine aktive, selektierende, strukturierende und gestaltende Tätigkeit. Sie ist ebenfalls aktuelles Handeln, und ästhetische Performativität im weitesten Sinne. Der Beobachter tritt mit seiner spezifischen Beobachterkompetenz, die sehr unterschiedlich sein kann, an Bilder heran. Seine Kompetenz kann aber wiederum nur an seiner ästhetisch-diskursiven Performativität beobachtet und beurteilt werden.« Huber, Hans Dieter: *Visuelle Performativität*. 2004. S. 37.
17 Wollberg, Ole: *Performative Kompetenz*. 2015. S. 362.
18 Vgl. ebd.
19 Lenk, Sabine; Wetzel, Tanja: *Kunstpädagogische Kompetenz braucht eine Haltung*. 2016.
20 Vgl. Ziethen, Rahel: *Bildungsziel: Mediale Mehrsprachigkeit*. 2014. S. 370.
21 Vgl. Bader, Nadia: *Zeichen – Reden – Zeigen*. 2019.
22 Evelyn May promovierte 2020 an der Universität Hamburg mit ihrer Arbeit »Zur Partizipation. Re-Konstruktionen von visuellen und sprachlichen Darstellungen ›partizipatorischer‹ Kunstprojekte mit Kindern und Jugendlichen«.
23 Krauss, Lennart: *Quergreifen*. 2018. S. 54.
24 Pazzini, Karl-Josef: *Einleitung. Visuelle Bildung*. 2014. S. 13.
25 Sabisch, Andrea: *Responsivität und Medialität in Bildungs- und Erfahrungsprozessen*. 2019. S. 208.
26 Sabisch, Andrea: *Bildwerdung*. 2018. S. 46.
27 Ebd.
28 Vgl. Ahrens, Sönke: *Bildung jenseits des Sichtbaren*. [2013] 2014. S. 18.
29 Ebd. S. 19.
30 Laner, Iris: *Ästhetische Bildung zur Einführung*. 2018. S. 23.
31 Wie etwa auch Kaja Silverman in ihren Ansätzen zum Blickregime beschreibt. Silverman, Kaja: *Dem Blickregime begegnen*. 1997.
32 Vgl. Pazzini, Karl-Josef; Sabisch, Andrea; Zahn, Manuel; May, Evelyn: *Visuelle Bildung*. 2014. S. 8.
33 Sabisch, Andrea: *Theoriebildende Forschung zur visuellen Bildung*. 2014. S. 38.
34 Vgl. Pazzini, Karl-Josef: *Perspektiven für die Kunstpädagogik*. 2004. S. 2.
35 Vgl. Sabisch, Andrea: *Bildwerdung*. 2018. S. 24.
36 Vgl. Sattler, Elisabeth: *Kunst der (Ent-)Subjektivierung*. 2009. S. 89.
37 Ebd. S. 90.
38 Ebd. S. 89.
39 Ebd.
40 Ebd. S. 90.
41 Auch das Gespräch, also die Sichterweiterung durch Sprache, bedürfe vor dem Hintergrund (bildungs)theoretischer Ansätze zur Ungewissheit einer Neujustierung, wie Arno Combe beschreibt: »Entwickelt werden muss ein Sinn für die Produktivität des Unverständlichen.« Combe, Arno: *Ungewissheit als Risiko der Anschlussverfehlung*. 2018. S. 81.
42 Pazzini, Karl-Josef: *Bildung vor Bildern*. 2015. S. 38.
43 Wulftange, Gereon: *Fremdes – Angst – Begehren*. 2016. S. 65.
44 Ebd.
45 Pazzini, Karl-Josef: *Über die Herstellung von Wundern und den Zwang zu erzählen Francis Alÿs' ›When Faith Moves Mountains‹ (2002)*. 2013. S. 102.

Literatur

A

ADORF, SIGRID:
Übersetzen. In: Badura, Jens; Dubach, Selma; Haarmann, Anke (Hgg.): *Künstlerische Forschung. Ein Handbuch.* 1. Aufl. Diaphanes. Zürich/Berlin. 2015. S. 215–218.

AGAMBEN, GIORGIO:
Die kommende Gemeinschaft. Merve Verlag. Berlin. 2003.

AHRENS, SÖNKE:
Experiment und Exploration. Bildung als experimentelle Form der Welterschließung. transcript. Bielefeld. 2011.

AHRENS, SÖNKE:
Bildung jenseits des Sichtbaren. In: Pazzini, Karl-Josef; Sabisch, Andrea; Zahn, Manuel; May, Evelyn (Hgg.): *Visuelle Bildung. Kontur eines Forschungsfeldes.* Universitätsdruckerei. Hamburg. [2013] 2014. S. 16–17.

ALLOA, EMMANUEL:
Das durchscheinende Bild. Konturen einer medialen Phänomenologie. Diaphanes. Zürich. 2011.

ALLOA, EMMANUEL:
Darstellen, was sich in der Darstellung allererst herstellt. Bildperformanz als Sichtbarmachung. In: Schwarte, Ludger (Hg.): *Bild-Performanz. Die Kraft des Visuellen.* Wilhelm Fink Verlag. München. 2011. S. 33–62.

ALLOA, EMMANUEL:
Zwischen Transparenz und Opazität – was das Bild zu denken gibt. In: Steinbrügge, Bettina; Spindler, Gabriele (Hgg.): *VI und VI Positionen zur Zukunft der Fotografie.* Verlag für moderne Kunst. Wien. 2015. S. 37–44.

ALTRICHTER, HERBERT; POSCH, PETER:
Lehrerinnen und Lehrer erforschen ihren Unterricht. 4. Aufl. Klinkhardt. Bad Heilbrunn. 2007.

AMBUEL, DAVID:
Platon: In Bildern denken. In: Grave, Johannes; Schubach, Arno (Hgg.): *Denken mit dem Bild.* Wilhelm Fink Verlag. München. 2010. S. 13–41.

ASMUTH, CHRISTOPH:
Begriff. Begriffsoptimismus und Begriffsskepsis in der klassischen deutschen Philosophie. In: Hand, Annika; Bermes, Christian; Dierse, Ulrich (Hgg.): *Schlüsselbegriffe der Philosophie des 19. Jahrhunderts.* Felix Meiner Verlag. Hamburg. 2015. S. 7–38.

B

BADER, NADIA:
Zeichnen – Reden – Zeigen. Wechselwirkungen zwischen Lehr-Lern-Dialogen und Gestaltungsprozessen im Kunstunterricht. kopaed. München. 2019.

BADURA, JENS; DUBACH, SELMA; HAARMANN, ANKE (Hgg.):
Künstlerische Forschung. Ein Handbuch. 1. Aufl. Diaphanes. Zürich/Berlin. 2015.

BADURA, JENS:
Erkenntnis (Sinnliche). In: Badura, Jens; Dubach, Selma; Haarmann, Anke (Hgg.): *Künstlerische Forschung. Ein Handbuch.* 1. Aufl. Diaphanes. Zürich/Berlin. 2015. S. 43–48.

BARDMANN, THEODOR M.:
Die Kunst des Unterscheidens. Eine Einführung ins wissenschaftliche Denken und Arbeiten für soziale Berufe. Springer. Wiesbaden. 2015.

BEDORF, THOMAS; NANCY, JEAN-LUC:
Das Politische zwischen Gesellschaft und Gemeinschaft. In: Bröckling, Ulrich (Hg.): *Das Politische denken.* transcript. Bielefeld. 2010. S. 145–157.

BEER, BETTINA:
»Methode«, »Methodik« und »Methodologie« in der Ethnologie. In: EthnoScripts. Zeitschrift für aktuelle ethnologische Studien. Ausgabe 10/Nr. 2. Hamburg. 2008. S. 8–23.

BEHR, MANFRED:
Argumentation durch Bilder: Ein Aspekt politischer Ikonographie. In: Sachs-Hombach, Klaus (Hg.): *Bildwissenschaft zwischen Reflexion und Anwendung.* Herbert von Halem-Verlag. Köln. 2005. S. 212–229.

BELTING, HANS:
Bild-Anthropologie. Entwürfe für eine Bildwissenschaft. Wilhelm Fink Verlag. München. 2001.

BELTING, HANS:
Zur Ikonologie des Blicks. In: Wulf, Christoph; Zirfas, Jörg (Hg.): *Ikonologie des Performativen.* Wilhelm Fink Verlag. München. 2005. S. 50–58.

BELTING, HANS:
Die Herausforderung der Bilder. Ein Plädoyer und eine Einführung. In: Ders. (Hg.): *Bilderfragen. Die Bildwissenschaften im Aufbruch.* Wilhelm Fink Verlag. München. 2007. S. 11–27.

BELTING, HANS:
Blickwechsel mit Bildern. Die Bilderfrage als Körperfrage. In: Ders. (Hg.): *Bilderfragen. Die Bildwissenschaften im Aufbruch.* Wilhelm Fink Verlag. München. 2007. S. 49–75.

BEYER, ANDREAS; LOHOFF, MARKUS:
Bildhandeln. Eine Einführung. In: Dies. (Hgg.): *Bild und Erkenntnis. Formen und Funktionen des Bildes in Wissenschaft und Technik.* Deutscher Kunstverlag. München. 2005. S. 11–15.

BERGSON, HENRI:
Das Lachen. Eugen Diederichs. Jena. 1914.

BOEHM, GOTTFRIED:
Was ist ein Bild? Wilhelm Fink Verlag. München. 1994.

BOEHM, GOTTFRIED:
Die Wiederkehr der Bilder. In: Ders. (Hg.): *Was ist ein Bild?* Wilhelm Fink Verlag. München. 1994. S. 11–38.

BOEHM, GOTTFRIED:
Wie Bilder Sinn erzeugen. Die Macht des Zeigens. University Press. Berlin. [2007] 2. Aufl. 2008.

BOEHM, GOTTFRIED:
Augenmaß. Zur Genese der ikonischen Evidenz In: Boehm, Gottfried; Mersmann, Birgit; Spies, Christian (Hgg.): *Movens Bild. Zwischen Evidenz und Affekt.* Wilhelm Fink Verlag. München. 2008. S. 15–46.

Boehm, Gottfried:
Interview mit Prof. Dr. Gottfried Boehm. 2013. Videointerview vor Boehms Vortrag ›Geteilte Aufmerksamkeit. Über die ikonische Differenz‹ den er auf der ASIP Konferenz ›Bilderwissen‹ 2013 an der Hochschule Luzern gehalten hat. https://www.youtube.com/watch?v=un5rYYlNoy8. [abgerufen am 25.08.2015].

Boehm, Gottfried:
Die Sichtbarkeit der Zeit und die Logik des Bildes. In: Boehm, Gottfried; Ubl, Ralph (Hgg.): *Die Sichtbarkeit der Zeit. Studien zum Bild in der Moderne.* Wilhelm Fink Verlag. Paderborn. 2017. S. 273–288.

Böhme, Gernot:
Theorie des Bildes. Wilhelm Fink Verlag. München. [1999] 2. Aufl. 2004.

Bohnsack, Ralf:
Rekonstruktive Sozialforschung. Springer. Wiesbaden. 1999.

Böing, Ursula:
Ungewissheit – Implikationen einer nicht ausgrenzenden Pädagogik. In: Böing, Ursula; Köpfer, Andreas (Hgg.): *Be-Hinderung der Teilhabe – soziale, politische und institutionelle Herausforderungen inklusiver Bildungsräume.* Klinkhardt. Bad Heilbrunn. 2016. 95–114.

Bonnemann, Jens:
Bildphilosophie – Bildtheorie – Bildwissenschaften. In: Günzel, Stephan; Mersch, Dieter (Hgg.): *Bild. Ein interdisziplinäres Handbuch.* Metzler Verlag. Stuttgart/Weimar. 2014. S. 16–20.

von Borries, Friedrich; Hiller, Christian; Kerber, Daniel; Wegner, Friederike; Wenzel, Anna-Lena (Hgg.):
Glossar der Interventionen. Annäherungen an einen überverwendeten, aber unterbestimmten Begriff. Merve Verlag. Berlin. 2012.

Bourdieu, Pierre:
Verstehen. In: Bourdieu, Pierre et al. (Hg): *Das Elend der Welt Zeugnisse und Diagnosen alltäglichen Leidens an der Gesellschaft.* Universitätsverlag Konstanz. Konstanz. 1997. S. 779–822.

Bredekamp, Horst:
Der Bildakt. Verlag Klaus Wagenbach. Berlin. 2015.

Breitenwischer, Dustin:
Dazwischen. Spielräume ästhetischer Erfahrung in der US-amerikanischen Kunst. Wilhelm Fink Verlag. Paderborn. 2018.

Bredella, Lotha; Christ, Herbert:
Didaktik des Fremdverstehens im Rahmen einer Theorie des Lehrens und Lernens fremder Sprachen. In: Ders. (Hgg.): *Didaktik des Fremdverstehens.* Gunter Narr Verlag. Tübingen. 1995. S. 8–19.

Breyer, Thiemo; Pfänder, Stefan:
Resonanz, Rhythmus und Synchronisierung. Interdisziplinäre Perspektiven. In: Breyer, Thiemo; Buchholz, Michael B.; Hamburger, Andreas; Pfänder, Stefan; Schumann, Elke (Hgg.): *Resonanz, Rhythmus und Synchronisierung. Interaktionen in Alltag, Therapie und Kunst.* transcript. Bielefeld. 2017. S. 9–32.

Breyer, Thiemo; Gerner, Alexander:
Resonanz und Interaktion. In: Breyer, Thiemo; Buchholz, Michael B.; Hamburger, Andreas; Pfänder, Stefan; Schumann, Elke (Hgg.): *Resonanz, Rhythmus und Synchronisierung. Interaktionen in Alltag, Therapie und Kunst.* transcript. Bielefeld. 2017. S. 33–46.

Brinkers, Michael; Voigt, Anett; Pfau,Giselher:
Sinnestäuschungen in der Palliativmedizin. In: Zeitschrift für Palliativmedizin. Nr. 14(2). Georg Thieme Verlag KG. Stuttgart/New York. 2013. S. 44–46.

Brockmann, Till:
Slow E-Motion. Gefühlswelten der Zeitlupe. In: Brütsch, Matthias; Hediger, Vinzenz; Von Keitz, Ursula; Schneider, Alexandra; Tröhler, Margrit (Hgg.): *Kinogefühle. Emotionalität und Film.* Schüren Verlag. Marburg. 2005. S. 153–167.

Busch, Kathrin (Hg.):
Anderes Wissen. Wilhelm Fink Verlag. München. 2016.

Busch, Kathrin:
Wissenskünste. Künstlerische Forschung und ästhetisches Denken. In: Bippus, Elke (Hg.): *Kunst des Forschens. Praxis eines ästhetischen Denkens.* Diaphanes. Zürich/Berlin. [2009] 2. Aufl. 2012. S. 141–158.

Busch, Kathrin:
Ansteckung und Widerfahrnis. Für eine Ästhetik des Pathischen. In: Busch, Kathrin; Därmann, Iris (Hgg.): *»pathos«. Konturen eines kulturwissenschaftlichen Grundbegriffs.* transcript. Bielefeld. 2007. S. 51–74.

C

Cixous, Hélène:
Schriften zur Kunst. Matthes & Seitz. Berlin. 2018.

Combe, Arno:
Ungewissheit als Risiko der Anschlussverfehlung. In: Paseka, Angelika; Keller-Schneider, Manuela; Combe, Arno (Hgg.): *Ungewissheit als Herausforderung für pädagogisches Handeln.* Springer VS. Wiesbaden. 2018. S. 81–102.

Craig, Stephen:
Entwerfen/Entwurf. In: Badura, Jens; Dubach, Selma; Haarmann, Anke (Hgg.): *Künstlerische Forschung. Ein Handbuch.* 1. Aufl. Diaphanes. Zürich/Berlin. 2015. S. 131–133.

Cremonini, Andreas:
Was ins Auge sticht. Zur Homologie von Glanz und Blick. In: Boehm, Gottfried; Mersmann, Birgit; Spies, Christian (Hgg.): *Movens Bild. Zwischen Evidenz und Affekt.* Wilhelm Fink Verlag. München. 2008. S. 93–117.

Cremonini, Andreas; Klammer, Markus (Hgg.):
Bild-Beispiele. Zu einer pikturalen Logik des Exemplarischen. Wilhelm Fink Verlag. Paderborn. 2020.

D

Dewey, John:
Erfahrung und Natur. Suhrkamp. Frankfurt am Main. 1995.

Didi-Huberman, Georges:
Vor einem Bild. Carl Hanser Verlag. München/Wien. [1990] 2000.

Didi-Huberman, Georges:
Was wir sehen, blickt uns an. Zur Metapsychologie des Bildes. Wilhelm Fink Verlag. München. 1999.

Didi-Huberman, Georges:
Experimentieren, um zu sehen. In: Früchtl, Josef; Moog-Grünewald, Maria (Hgg.): Zeitschrift für Ästhetik und Allgemeine Kunstwissenschaft. Band 57. Heft 2. Felix Meiner Verlag. Hamburg. 2012. S. 197–213.

Didi-Huberman, Georges:
Sagen versuchen. In: Ders. (Hg.): *Sehen versuchen.* University Press. Konstanz. 2017. S. 57–109.

Dubach, Selma; Badura, Jens:
Denken/Reflektieren. In: Badura, Jens; Dubach, Selma; Haarmann, Anke (Hgg.): *Künstlerische Forschung. Ein Handbuch.* 1. Aufl. Diaphanes. Zürich/Berlin. 2015. S. 123–126.

E

Elser, Oliver:
Über das Staunen und eine Katze in den Arsenalen. Ohne Seitenangaben. https://www.stylepark.com de/news/ueb er-das-staunen-und-eine-katze-in-denarsenalen. [abgerufen am 12.04.2019].

Engel, Birgit:
Unbestimmtheit als (kunst)didaktisches Movens in professionsbezogenen Bildungsprozessen. In: Engel, Birgit; Böhme, Katja (Hgg.): *Didaktische Logiken des Unbestimmten.* kopaed. München. 2015. S. 60–85.

F

Fellmann, Ferdinand:
Symbolischer Pragmatismus. Hermeneutik nach Dilthey. Rowohlt Taschenbuch Verlag. Hamburg. 1991.

Feyerabend, Paul:
Wider den Methodenzwang. Suhrkamp. Frankfurt am Main. 1986.

Figal, Günter:
Bildpräsenz. Zum deiktischen Wesen des Sichtbaren des Sichtbaren. In: Boehm, Gottfried; Egenhofer, Sebastian; Spies, Christian (Hg.): *Zeigen. Die Rhetorik des Sichtbaren.* Wilhelm Fink Verlag. München. 2010. S. 55–72.

Fischer, Franz:
Proflexion. Logik der Menschlichkeit: Späte Schriften und letzte Entwürfe. 1960–1970. Hrsg. V. Michael Benedikt u. Wolfgang W. Priglinger, Nachgelassene Schriften Franz Fischers IV. Wien. 1985.

Fischer-Lichte, Erika:
Performativität. Eine Einführung. transcript. Bielefeld. 2012.

Fleck, Ludwik:
Entstehung und Entwicklung einer wissenschaftlichen Tatsache. Einführung in die Lehre vom Denkstil und Denkkollektiv. Suhrkamp. Frankfurt am Main. [1980] 10. Aufl. 2015.

Fliescher, Mira; Vogman, Elena:
Dekonstruktion: Bilder als Sinnverschiebung. In: Günzel, Stephan; Mersch, Dieter (Hg.): *Bild. Ein interdisziplinäres Handbuch.* Metzler Verlag. Stuttgart/Weimar. 2014. S. 81–88.

Forster, Edgar:
Reflexivität. In: Wulf, Christoph; Zirfas, Jörg (Hgg.): *Handbuch pädagogische Anthropologie.* Springer VS. Wiesbaden. 2014. S. 589–598.

Frohne, Ursula:
Situative Displays eines Kinos im ›erweiterten Feld‹. In: Frohne, Ursula; Haberer, Lilian; Urban, Annette (Hgg.): *Display | Dispositiv. Ästhetische Ordnungen.* Wilhelm Fink Verlag. Paderborn. 2019.

G

Gadamer, Hans-Georg:
Wahrheit und Methode. Grundzüge einer philosophischen Hermeneutik. Mohr Verlag. Tübingen. 1960.

Ganz, David; Thürlemann, Felix:
Zur Einführung. Singular und Plural der Bilder. In: Dies. (Hgg.): *Das Bild im Plural. Mehrteilige Bildformen zwischen Mittelalter und Gegenwart.* Reimer Verlag. Berlin. 2010. S. 7–38.

Gebauer, Gunter:
Bildbereitschaft und Bildverweigerung. In: Belting, Hans; Kamper, Dietmar (Hgg.): *Bildgeschichte und Bildreflexion.* Wilhelm Fink Verlag. München. S. 55–66.

Gehring, Ulrike:
Das weiße Rauschen. Bilder zwischen Selbstauflösung und Neukonstituierung. In: Weinhart, Martina; Hollein, Max (Hgg.): *Nichts.* Hatje Cantz Verlag. Ostfildern. 2006. S. 53–79.

Geimer, Peter:
Was ist kein Bild? Zur ›Störung der Verweisung‹. In: Ders. (Hg.): *Ordnungen der Sichtbarkeit. Fotografie in Wissenschaft, Kunst und Technologie.* Suhrkamp. Frankfurt am Main. 2002. S. 313–341.

Gudehus, Christian; Eichenberg, Ariane; Welzer, Harald:
Gedächtnis und Erinnerung. Ein interdisziplinäres Handbuch. J.B. Metzler Verlag. Stuttgart. 2010.

Gruschka, Andreas:
Ungewissheit, der innere Feind für unterrichtliches Handeln. In: Bähr, Ingrid; Gebhard, Ulrich; Krieger, Claus; Lübke, Britta; Pfeiffer, Malte; Regenbrecht, Tobias; Sabisch, Andrea; Sting, Wolfgang (Hgg.): *Irritation als Chance. Bildung fachdidaktisch denken.* Springer VS. Wiesbaden. 2019. S. 159–173.

H

Haas, Elena:
Künstlerische Forschung in der Kunstpädagogik. Performative Wissenspraxis im Zwischenraum von Kunst, Wissenschaft und Gesellschaft. fabrico Verlag. Hannover. 2018.

Halawa, Mark Ashraf:
Wie sind Bilder möglich? Argumente für eine semiotische Fundierung des Bildbegriffs. Herbert von Halem Verlag. Köln. 2008.

Halawa, Mark Ashraf:
Bildwissenschaft vs. Bildtheorie. In: Sachs-Hombach, Klaus; Schirra, Jörg R. J.; Schwan, Stephan; Wulff, Hans Jürgen (Hgg.): *IMAGE.* Zeitschrift für interdisziplinäre Bildwissenschaft. Ausgabe. 21. 2015. S. 61–67.

Hampe, Michael:
Denken, Dichten, Machen und Handeln. Zum Verhältnis von Philosophie, Wissenschaft und Technik. In: Betz, Georg; Koppelberg, Dirk; Löwenstein, David; Wehofsits, Anna (Hgg.): *Weiter denken – über Philosophie, Wissenschaft und Religion.* De Gruyter. Berlin/München/Boston. 2004. S. 3–22.

Haupt-Stummer, Christine:
Display – ein umstrittenes Feld. In: ARGE schnittpunkt (Hg.): *Handbuch Ausstellungspraxis.* Böhlau Verlag. Wien/Köln/Weimar. 2013. 93–102.

Harrasser, Karin:
Digitalität in der Kulturwissenschaft. 2016. https://digigeist.hypotheses.org/123 [abgerufen am 27.11.2017].

Härtel, Insa:
Übertragen – Übergreifen – Wünschen. Über Forschungsbeziehungen. In: Crommelin, Adrienne; Meyer, Torsten; Zahn, Manuel (Hgg.): *Sujet supposé savoir. Zum Moment der Übertragung in Kunst Pädagogik Psychoanalyse.* Kadmos. Berlin. 2010. S. 35–42.

Härtel, Insa; Pazzini, Karl-Josef:
Blickfänger. Textem Verlag. Hamburg. 2017.

Heßler, Martina; Mersch, Dieter:
Einleitung: Bildlogik oder Was heißt visuelles Denken? In: Dies. (Hgg.): *Logik des Bildlichen. Zur Kritik der ikonischen Vernunft.* transcript. Bielefeld. 2009. S. 8–49.

Hofstadler, Beate:
forschen – entdecken – erzählen. Zur Anwendung der Psychoanalyse für die Qualitative Sozialforschung. Löcker. Wien. 2012.

Höpel, Ingrid:
Bildkompetenz als pädagogische Schlüsselkompetenz. In: Lieber, Gabriele (Hg.): *Lehren und Lernen mit Bildern. Ein Handbuch zur Bilddidaktik.* Schneider Verlag Hohengehren. Baltmannsweiler. 2008. S. 60–71.

Huber, Hans Dieter:
Visuelle Performativität. In: Huber, Hans Dieter; Lockemann, Bettina; Scheibel, Michael (Hgg.): *Visuelle Netze. Wissensräume in der Kunst.* Hatje Cantz Verlag. Ostfildern. 2004. S. 31–38.

Humme, Mark:
Eine Diskursanalytik sozialpädagogischer Praxis. Soziale Arbeit als Wohlfahrtsproduktion. Springer Fachmedien. Wiesbaden. 2015.

I

Ingrisch, Doris; Mangelsdorf, Marion; Dressel, Gert (Hgg.):
Wissenskulturen im Dialog. Experimentalräume zwischen Wissenschaft und Kunst. transcript. Bielefeld. 2017.

Isekenmeier, Guido:
In Richtung einer Theorie der Interpiktorialität. In: Ders. (Hg.): *Interpiktorialität. Theorie und Geschichte der Bild-Bild-Bezüge.* transcript. Bielefeld. 2013. S. 11–86.

J

Jenny, Peter:
Bild sucht Bild. Weitere Ideen aus dem Atelier der Gegensätze. 1. Aufl. Verlag Hermann Schmidt Mainz. Mainz. 2013.

Johns, Stefanie:
Oszillierende Bildkondensate. In: Meyer, Torsten; Sabisch, Andrea Wollberg, Ole; Zahn, Manuel (Hgg.): *Übertrag. Kunst und Pädagogik im Anschluss an Karl-Josef Pazzini.* kopaed. München. 2017. S. 99–101.

Johns, Stefanie; Bader, Nadia:
do ~~not~~ touch. In: Eckes, Magdalena; Gernand, Daniela (Hgg.): *BEGRIFF.* Siegen. 2018. S. 3–16.

Johns, Stefanie:
Blickwerden. In: Rebentisch, Juliane (Hg.): *Kongress-Akten Band 4: Das ist Ästhetik!* 2018. S. 1–14.

Johns, Stefanie:
Über hybride Live-Bilder. Das Live-Bild als bild- und medientheoretische Reibungsfläche zwischen Ermächtigung und Entmächtigung. In: Grabbe, Lars Christian; Rupert-Kruse, Patrick; Schmitz, Norbert M. (Hgg.): *Technobilder. Medialität, Multimodalität und Materialität in der Technosphäre.* Büchner-Verlag. Darmstadt. 2019.

Jonas, Hans:
Homo Pictor: Von der Freiheit des Bildens. In: Boehm, Gottfried (Hg.): *Was ist ein Bild?* Wilhelm Fink Verlag. München. 1994. S. 105–124.

Jullien, François:
Der Weg zum Anderen: Alterität im Zeitalter der Globalisierung. Übers. Christian Leitner. 1. Aufl. Passagen Verlag. Wien. 2014.

Jullien, François:
Es gibt keine kulturelle Identität: Wir verteidigen die Ressourcen einer Kultur. Übers. Landrichter Erwin. Suhrkamp Verlag. Berlin. 2017.

K

Kämpf-Jansen, Helga:
Ästhetische Forschung. Wege durch Alltag, Kunst und Wissenschaft. Zu einem innovativen Konzept ästhetischer Bildung. Tectum Verlag. Marburg. [2001] 3. Aufl. 2012.

Kleining, Gerhard:
Das qualitative Experiment. In: Kölner Zeitschrift für Soziologie und Sozialpsychologie 38. 1986. S. 724–750.

Kleining, Gerhard:
Qualitative Heuristik. In: Mey, Günther; Mruck, Katja (Hgg.): *Handbuch Qualitative Forschung in der Psychologie.* VS Verlag für Sozialwissenschaften. Wiesbaden. 2010. S. 65–78.

Klein, Julian:
Was ist künstlerische Forschung? In: Kunsttexte.de. Auditive Perspektiven. Nr. 2. 2011. https://edoc.huberlin.de/bitstream/handle/18452/7501/klein.pdf. [abgerufen am 11.04.2014].

Kleist, Heinrich von:
Über die allmähliche Verfertigung der Gedanken im Reden. 1805–06. https://pure.mpg.de/rest/items/item_2352284/component/file_2352283/content. [abgerufen am 30.01.2017].

Knorr-Cetina, Karin:
Viskurse der Physik. Wie visuelle Darstellungen ein Wissenschaftsgebiet ordnen. In: Huber, Jörg; Heller, Martin (Hgg.): *Konstruktionen Sichtbarkeiten.* Springer. Wien/New York. 1999. S. 245–263.

Kokemohr, Rainer:
Bildung als Welt- und Selbstentwurf im Anspruch des Fremden. Eine theoretisch- empirische Annäherung an eine Bildungsprozesstheorie. In: Koller, Hans-Christoph; Marotzki, Winfried; Sanders, Olaf (Hgg.): *Bildungsprozesse und Fremdheitserfahrung: Beiträge zu einer Theorie transformatorischer Bildungsprozesse.* transcript. Bielefeld. 2007. S. 13–68.

Kokemohr, Rainer:
Wahrheit, Gewissheit, Ungewissheit. Eine Skizze systematisch und empirisch gehaltvoller Bildungsprozesstheorie und ihre didaktische Bedeutung. In: Bähr, Ingrid; Gebhard, Ulrich; Krieger, Claus; Lübke, Britta; Pfeiffer, Malte; Regenbrecht, Tobias; Sabisch, Andrea; Sting, Wolfgang (Hgg.): *Irritation als Chance. Bildung fachdidaktisch denken.* Springer VS. Wiesbaden. 2019. S. 41–103.

Koller, Hans-Christoph:
Bildung anders denken. Einführung in die Theorie transformatorischer Bildungsprozesse. Kohlhammer. Stuttgart. 2012.

Koller, Hans-Christoph:
Bildung und Biographie. Probleme und Perspektiven bildungstheoretisch orientierter Biografieforschung. In: Zeitschrift für Pädagogik. Nr. 62. 2016. S. 172–184.

Krämer, Sybille:
Operative Bildlichkeit. Von der ›Grammatologie‹ zu einer ›Diagrammatologie‹? Reflexionen über erkennendes ›Sehen‹. In: Heßler, Martina; Mersch, Dieter (*Hgg.*): *Logik des Bildlichen. Zur Kritik der ikonischen Vernunft.* transcript. Bielefeld. 2009. S. 94–122.

Krämer, Sybille:
Gibt es eine Performanz des Bildlichen? In: Schwarte, Ludger (Hg.): *Bild-Performanz. Die Kraft des Visuellen.* Wilhelm Fink Verlag. München. 2011. S. 63–90.

Kraus, Karl:
Pro domo et mundo. In: Die Fackel. Heft 326. 1911. http://www.welckeronline. de/Links/link_939.html [abgerufen am 27.11.2017].

Krauß, Lennart:
Quergreifen. In: Eckes, Magdalena; Gernand, Daniela (Hgg.): *BEGRIFF.* Siegen. 2018. S. 48–54.

Kuhn, Thomas W.:
It is only a state of mind. Andere Wirklichkeiten. In: *Kunstforum International.* Bd. 221. 2013. S. 268–269.

L

Lacan, Jacques:
Das Seminar Buch XI: Die Grundbegriffe der Psychoanalyse. Berlin. [1964] 3. Aufl. 1987.

Lacan, Jacques:
Was ist ein Bild/Tableau? In: Boehm, Gottfried (Hg.): *Was ist ein Bild?* Wilhelm Fink Verlag. München. 1994. S. 75–90.

Laing, Robert D.:
Phänomenologie der Erfahrung. Suhrkamp. Frankfurt am Main. [1969] 10. Aufl. 1979.

Laleg, Dominique; Boehm, Gottfried:
Bildkritik. Zur Konvergenz von Anschauung und Reflexion. Ein Interview mit Gottfried Boehm. In: All-Over. Nr. 1. 2011. S. 10–14. http://*allover-magazin*.com/?p=360. [abgerufen am 25.09.2015].

Laner, Iris:
Revision der Zeitlichkeit. Zur Phänomenologie des Bildes nach Husserl, Derrida und Merleau-Ponty. Wilhelm Fink Verlag. München. 2016.

Laner, Iris:
Ästhetische Bildung zur Einführung. Junius. Hamburg. 2018.

Lenk, Sabine; Wetzel, Tanja:
Kunstpädagogische Kompetenz braucht eine Haltung. 2016. In: online Zeitschrift Kunst Medien Bildung. http://*zkmb*.de/247. [abgerufen am 11.09.2016].

Locher, Thomas:
Künstlerische Forschung. Statement von Thomas Locher. 2011. https://www.textezurkunst.de/82/kunstle rische-forschung/. [abgerufen am 18.07.2017].

Loreck, Hanne:
Display. In: Mayer, Katrin (Hg.): *Memoiré et Doublir.* Katalog. KUBUS Sparda-Kunstpreis im Kunstmuseum Stuttgart. Kerber Verlag. Bielefeld/Berlin. 2013. S. 40–45.

M

Mahr, Bernd:
Cargo. Zum Verhältnis von Bild und Modell. In: Reichle, Ingeborg; Siegel, Steffen; Spelten, Achim (Hgg.): *Visuelle Modelle*. Wilhelm Fink Verlag. 2008. S. 17–40.

Meir, Ephraim:
Zu einer ›proflexiven Philosophie‹ und ›Proligion‹ – eine Inbeziehungsetzung der Philosohie Franz Fischers zum dialogischen Ansatz Martin Bubers. In: Grundmann, Regina; Kattan, Assaad Elias (Hgg.): *Jenseits der Tradition? Tradition und Traditionskritik in Judentum, Christentum und Islam*. De Gruyter. Boston/Berlin/München. 2015. S. 89–110.

Merleau-Ponty, Maurice:
Phänomenologie der Wahrnehmung. De Gruyter. Berlin. [1945] 6. Aufl. 1966.

Merleau-Ponty, Maurice:
Das Auge und der Geist. In: Arndt, Hans Werner (Hg. & übers.): *Das Auge und der Geist. Philosophische Essays.* Rowohlt. Reinbek bei Hamburg. 1967. S. 13–43.

Mersch, Dieter:
Was sich zeigt: Materialität, Präsenz, Ereignis. Wilhelm Fink Verlag. München. 2002.

Mersch, Dieter:
Blick und Entzug. Zur Logik ikonischer Strukturen. In: Boehm, Gottfried; Brandstetter, Gabriele; von Müller, Achatz (Hgg.): *Figur und Figuration. Studien zur Wahrnehmung und Wissen.* München. 2007. S. 55–70.

Mersch, Dieter:
Paradoxien, Brüche und Chiasmen. Strategien künstlerischen Forschens. In: Mersch, Dieter; Ott, Michaela (Hgg.): *Kunst und Wissenschaft*. Wilhelm Fink Verlag. München. 2007. S. 91–101.

Mersch, Dieter:
Tertium datur. Einleitung in eine negative Medientheorie. In: Münker, Stefan; Roesler, Alexander (Hgg.): *Was ist ein Medium?* Suhrkamp. Frankfurt am Main. 2008. S. 304–321.

Mersch, Dieter:
Meta/Dia. Zwei unterschiedliche Zugänge zum Medialen. In: Zeitschrift für Medien und Kulturforschung, Bd. 2. Meiner. Hamburg. 2010. S. 185–208.

Mersch, Dieter:
Posthermeneutik. Akademie Verlag. Berlin. 2010.

Mersch, Dieter:
Ikonizität. Theorien des Bildlichen nach Wittgenstein. In: Schwarte, Ludger (Hg.): *Bild-Performanz. Die Kraft des Visuellen.* Wilhelm Fink Verlag. München. 2011. S. 111–135.

Mersch, Dieter:
Materialität und Bildlichkeit. 2011. http://www.dietermersch.de/Texte/PDF-s/. [abgerufen am 18.12.2015].

Mersch, Dieter;
Waldenfels, Bernhard:
Erscheinen und Ereignis. In: Fliescher, Mira; Goppelsröder, Fabian; Mersch, Dieter (Hgg.): *Sichtbarkeiten 1: Erscheinen. Zur Praxis des Präsentativen.* Diaphanes. Berlin/Zürich. 2013. S. 173–183.

Mersch, Dieter:
Sichtbarkeit/Sichtbarmachung. Was heißt ›Denken im Visuellen‹? In: Beck, Martin; Goppelsröder, Fabian (Hgg.): *Sichtbarkeiten 2: Präsentifizieren. Zeigen zwischen Körper, Bild und Sprache.* Diaphanes. Berlin/Zürich. 2014. S. 19–71.

Mersch, Dieter; Ruf, Oliver:
Bildbegriffe und ihre Etymologien. In: Günzel, Stephan; Mersch, Dieter (Hgg.): *Bild. Ein interdisziplinäres Handbuch.* Metzler Verlag. Stuttgart/Weimar. 2014. S. 1–7.

Mersch, Dieter:
Metabilder und Avantgarde. In: Günzel, Stephan; Mersch, Dieter (Hg.): *Bild. Ein interdisziplinäres Handbuch.* Metzler Verlag. Stuttgart/Weimar. 2014. S. 234–241.

Mersch, Dieter:
Die Zerzeigung. Über die ›Geste‹ des Bildes und die ›Gabe‹ des Blicks. In: Richtmeyer, Ulrich; Goppelsröder, Fabian; Hildebrandt, Toni (Hgg.): *Bild und Geste. Figurationen des Denkens in Philosophie und Kunst.* transcript. Bielefeld. 2014. S. 15–44.

Mersch, Dieter:
Epistemologien des Ästhetischen. Diaphanes. Zürich/Berlin. 2015.

Mersch, Dieter:
Visuelles Denken. Konjunktionale versus propositionale Assoziierung. In: Sabisch, Andrea; Zahn, Manuel (Hgg.): *Visuelle Assoziationen. Bildkonstellationen und Denkbewegungen in Kunst, Philosophie und Wissenschaft.* Textem Verlag. Hamburg. 2018. S. 23–43.

Meyer, Petra Maria:
Intuition zwischen Begriff und Schöpfung. In: Dies. (Hg.): *Intuition*. Wilhelm Fink Verlag. München. 2012. S. 15–72.

Meyer, Nanne:
Vom Stolpern beim Zeichnen. Ohne Jahreszahl. http://nannemeyer.de/DE/Texte/von-Nanne-Meyer/zum-Zeichnen/. [abgerufen am 18.04.2018].

Meyer, Nanne:
Sprungbretter, Zündfunken, Augenweide. In: Sabisch, Andrea; Zahn, Manuel (Hgg.): *Visuelle Assoziationen. Bildkonstellationen und Denkbewegungen in Kunst, Philosophie und Wissenschaft.* Textem Verlag. Hamburg. 2018. S. 161–176.

Meyer, Torsten;
Sabisch, Andrea (Hg.):
Kunst Pädagogik Forschung. Aktuelle Zugänge und Perspektiven. transcript. Bielefeld. 2009.

Meyer, Torsten; Sabisch, Andrea;
Wollberg, Ole; Zahn, Manuel:
Einleitung. In: Dies. (Hgg.): *Übertrag. Kunst und Pädagogik im Anschluss an Karl-Josef Pazzini.* kopaed. München. 2017. S. 9–19.

Meyer-Drawe, Käte:
Spiegelbilder. Ein Beitrag zur Bilder-Skepsis. In: Erhardt, Matthias; Hörner, Frank; Uphoff, Ina Katharina; Witte, Egbert (Hgg.): *Der skeptische Blick. Unzeitgemäße Sichtweisen auf Schule und Bildung.* VS Verlag für Sozialwissenschaften. Wiesbaden. 2011. S. 157–169.

Minnameier, Gerhard:
Die Genese komplexer kognitiver Strukturen. In: Neuweg, Hans-Georg (Hg.): *Wissen – Können – Reflexion. Ausgewählte Verhältnisbestimmungen.* Studien-Verlag. Innsbruck/Wien/München. 2000. S. 131–154.

Mitchell, W.J.T.:
The Pictorial Turn. In: Artforum. Nr. 30. 1992. S. 89–94.

Mitchell, W.J.T.:
Vier Grundbegriffe der Bildwissenschaft. In: Sachs-Hombach, Klaus (Hg.): *Bildtheorien. Anthropologische und kulturelle Grundlagen des Visualistic Turn.* Suhrkamp. Frankfurt am Main. 2009. S. 319–327.

Mitchell, W.J.T.:
Bildtheorie. Gustav Frank (Hg.). Suhrkamp. Frankfurt am Main. 2018.

Moldzio, Andrea:
Philosophie der Psychosen – vom Symptom zum Phänomen. In: Bock, Thomas; Dörner, Klaus; Naber, Dieter (Hgg.): *Anstöße. Zu einer anthropologischen Psychiatrie.* Psychiatrie-Verlag. Bonn. 2004. S. 72–83.

Mühleis, Volkmar:
Kunst im Sehverlust. Wilhelm Fink Verlag. München. 2005.

Muth, Cornelia:
Der Gender-Dialog aus Sicht des Dialogischen Denkens. In: *Wissenskulturen im Dialog.* transcript. Bielefeld. 2017. S. 111–129.

N

Nancy, Jean-Luc:
Entstehung der Präsenz. In: Nibbrig, Christian (Hg.): *Was heißt ›Darstellen‹?* Suhrkamp. Frankfurt am Main. 1994. S. 102–106.

Nancy, Jean-Luc:
singulär plural sein. Diaphanes. Berlin. 2004.

Nancy, Jean-Luc:
Die Lust an der Zeichnung. Passagen Verlag. Wien. 2011.

Nancy, Jean-Luc:
Am Grund der Bilder. Diaphanes. Zürich/Berlin. [2006] 2. Aufl. 2012.

Nancy, Jean-Luc; Tyradellis, Daniel:
Was heißt uns Denken? Diaphanes. Zürich/Berlin. 2013.

Nancy, Jean-Luc:
Wozu braucht man Kunst? Carolin Meister (Hg.). Walther König. Köln. 2019.

Neuweg, Hans-Georg:
Lehrerhandeln und Lehrerbildung im Lichte des Konzepts des impliziten Wissens. In: Zeitschrift für Pädagogik. Ausg. 48. 2002. S. 10–29.

Neuweg, Hans-Georg:
Könnerschaft und implizites Wissen. Zur lehr-lerntheoretischen Bedeutung der Erkenntnis- und Wissenstheorie Michael Polanyis. Waxmann Verlag. Münster. [1999] 3. Aufl. 2004.

Nordsieck, Viola:
Semiotik. Bilder als Zeichen. In: Günzel, Stephan; Mersch, Dieter (Hgg.): *Bild. Ein interdisziplinäres Handbuch.* Metzler Verlag. Stuttgart/Weimar. 2014. S. 41–46.

O

Oeser, Erhard:
Popper, der Wiener Kreis und die Folgen. Die Grundlagendebatte der Wissenschaftstheorie. WUV. Wien. 2003.

Orlow, Uriel:
Recherchieren. Badura, Jens; Dubach, Selma; Haarmann, Anke (Hgg.): *Künstlerische Forschung. Ein Handbuch.* 1. Aufl. Diaphanes. Zürich/Berlin. 2015. S. 201–204.

Ott, Michaela:
Nan(n)o/e-Zeichen. In: von Velsen, Nicola (Hg.): *Lufttexte.* Gimlet Verlag. Köln. 2003. S. 46–47.

Ott, Michaela:
Es lebe die Dividuation! – Interview mit Prof. Dr. Michaela Ott. 2006. http://www.yeast-art-ofsharing. de/2016/05/es-lebe-diedividuation-interview-mit-prof-drmichaela-ott/ [abgerufen am 10.12.2018].

Ott, Michaela:
Utopie oder Uchronie? Divergierende künstlerische Bezugnahmen auf Wirklichkeit. 2006. S. 1–8. https://edoc.huberlin. de/bitstream/handle/18452/8144/ott.pdf?sequence=1&isAllowed=y. [abgerufen am 10.12.2018].

Ott, Michaela:
Zurück auf Anfang. Bildung als Verwunderung. Kunstpädagogische Positionen Band 31. REPRO LÜDKE Kopie + Druck. Hamburg. 2014.

Oy-Marra, Elisabeth:
Intuition und Auge oder wie kommt Intuition in die Kunst? In: Meyer, Petra Maria (Hg.): *Intuition.* Wilhelm Fink Verlag. München. 2012. S. 110–130.

P

Pazzini, Karl-Josef:
Bilder und Bildung. Vom Bild zum Abbild bis zum Wiederauftauchen der Bilder. Lit Verlag. Münster. 1992.

Pazzini, Karl-Josef:
Kunst existiert nicht, es sei denn als angewandte. In: BDK-Mitteilungen. Heft 2. 2000. S. 34–39.

Pazzini, Karl-Josef:
Bio muss erst grafiert werden. In: Blohm, Manfred (Hg.): *Berührungen & Verflechtungen. Biografische Spuren in ästhetischen Prozessen.* Salon Verlag. Köln. 2002. S. 307–320.

Pazzini, Karl-Josef:
Perspektiven für die Kunstpädagogik. In: BDK-Mitteilungen. Heft 1. 2004. S. 2–5.

Pazzini, Karl-Josef:
Einleitung. In: Sabisch, Andrea: *Inszenierung der Suche. Vom Sichtbarwerden ästhetischer Erfahrung im Tagebuch. Entwurf einer wissenschaftskritischen Grafieforschung.* transcript. Bielefeld. 2007. S. 11–14.

Pazzini, Karl-Josef:
Überschreitung des Individuums durch Lehre. Notizen zur Übertragung. In: Pazzini, Karl-Josef; Schuller, Marianne; Wimmer, Michael (Hgg.): *Lehren bildet? Vom Rätsel unserer Lehranstalten.* transcript. Bielefeld. 2010. S. 309–328.

Pazzini, Karl-Josef:
Das Bild als Deponie und Falle für Einbildungen. In: Schuhmacher-Chilla, Doris; Kania, Elke; Ismail, Nadia (Hgg.): *Image und Imagination.* Athena Verlag. Oberhausen. 2011. S. 43–57.

Pazzini, Karl-Josef; Sabisch, Andrea; Tyradellis, Daniel (Hgg.):
Das Unverfügbare. Wunder, Wissen, Bildung. Diaphanes. Zürich/Berlin. 2013.

Pazzini, Karl-Josef:
Über die Herstellung von Wundern und den Zwang zu erzählen Francis Alÿs' ›When Faith Moves Mountains' (2002). In: Pazzini Pazzini, Karl-Josef; Sabisch, Andrea; Tyradellis, Daniel (Hgg.): *Das Unverfügbare. Wunder, Wissen, Bildung.* Diaphanes. Zürich/Berlin. 2013. S. 93–104.

Pazzini, Karl-Josef; Sabisch, Andrea; Zahn, Manuel; May, Evelyn:
Visuelle Bildung. Kontur eines Forschungsfeldes. Universitätsdruckerei. Hamburg. 2014.

Pazzini, Karl-Josef:
Einleitung. Visuelle Bildung. In: Pazzini, Karl-Josef; Sabisch, Andrea; Zahn, Manuel; May, Evelyn (Hgg.): *Visuelle Bildung. Kontur eines Forschungsfeldes.* Universitätsdruckerei. Hamburg. 2014. S. 14–15.

Pazzini, Karl-Josef:
Stimmungen. Plädoyer für das Transindividuelle. In: Engel, Birgit; Böhme, Katja (Hgg.): *Didaktische Logiken des Unbestimmten.* kopaed. München. 2015. S. 86–108.

Pazzini, Karl-Josef:
Bildung vor Bildern. Kunst – Pädagogik – Psychoanalyse. transcript. Bielefeld. 2015.

Pazzini, Karl-Josef:
Dokumentation »Kultur. Koste es, was es wolle«. Minute 18:15–22:45. Kulturdokumentation von Reinhild Dettmer-Finke. 2015. 52 Min. Kobalt Productions, Berlin für ARTE/WDR/SRF.

Pazzini, Karl-Josef:
Zufall. In: Meyer, Torsten; Sabisch, Andrea; Wollberg, Ole; Zahn, Manuel (Hgg.): *Übertrag. Kunst und Pädagogik im Anschluss an Karl-Josef Pazzini.* kopaed. München. 2017. S. 21.

Pazzini, Karl-Josef:
Assoziationen. Weisen von Bindung und Lockerung. In: Sabisch, Andrea; Zahn, Manuel (Hgg.): *Visuelle Assoziationen. Bildkonstellationen und Denkbewegungen in Kunst, Philosophie und Wissenschaft.* Textem Verlag. Hamburg. 2018. S. 327–343.

Piaget, Jean:
Das Weltbild des Kindes [1926]. Klett-Cotta. Stuttgart. 1994.

Pichler, Wolfram:
Topologie des Bildes. Im Plural und im Singular. In: Ganz, David; Thürlemann, Felix (Hgg.): *Das Bild im Plural. Mehrteilige Bildformen zwischen Mittelalter und Gegenwart.* Reimer Verlag. Berlin. 2010. S. 111–132.

Pichler, Wolfram; Ubl, Ralph:
Bildtheorie zur Einführung. Junius. Hamburg. 2014.

Polanyi, Michael:
Was ist ein Bild? In: Boehm, Gottfried (Hg.): *Was ist ein Bild?* Wilhelm Fink Verlag. München. 1994. S. 148–162.

Polanyi, Michael:
Implizites Wissen. Suhrkamp. Frankfurt am Main. [1985] 2. Aufl. 2016.

Przyborski, Aglaja; Wohlrab-Sahr, Monika:
Qualitative Sozialforschung. Ein Arbeitsbuch. 4. erw. Aufl. Oldenbourg Verlag. München. 2014.

R

Rancière, Jacques:
Politik der Bilder. Diaphanes. Berlin. 2005.

Rancière, Jacques:
Das Unbehagen in der Ästhetik. Passagen Verlag. Wien. 2016.

Rath, Claus-Dieter:
Überraschung. In: Pazzini, Karl-Josef; Sabisch, Andrea; Tyradellis, Daniel (Hgg.): *Das Unverfügbare. Wunder, Wissen, Bildung.* Diaphanes. Zürich/Berlin. 2013. S. 59–74.

Rautzenberg, Markus:
Psychoanalytische Theorien des Bildes. In: Glossar der Bildphilosophie. Ausgabe 1. 2013. http://www.gib.unituebingen. de/netzwerk/glossar/index.ph p/Psychoanalytische_Theorien_des_Bild es. [abgerufen am 18.04.2019].

Renner, Michael:
Die zeichnerische Geste. Soziale Bedingungen und individuelle Ausprägungen in der Praxis des Zeichnens. In: Richtmeyer, Ulrich; Goppelsröder, Fabian; Hildebrandt, Toni (Hgg.): *Bild und Geste. Figurationen des Denkens in Philosophie und Kunst.* transcript. Bielefeld. 2014. S. 65–85.

Reymond, Claire:
Bild und Bild. Eine Untersuchung zwischenbildlicher Prozesse. In: Hermann, Thomas, Stiegler, Bernd; Schlachetzki, Sarah M. (Hgg.): *Visuelle Kompetenz: Bilddidaktische Zugänge zum Umgang mit Fotografie.* Zeitschrift für Theorie und Praxis der Medienbildung. Heft 23. 2013. S. 1–23.

Rheinberger, Hans-Jörg:
Experimentalsysteme als epistemische Dinge. Suhrkamp/Wallstein Verlag. Göttingen. 2006.

Rheinberger, Hans-Jörg:
experiment, forschung, kunst. In: Dramaturgie. Zeitschrift der Dramaturgischen Gesellschaft. 2012. S. 11–14.

Rheinberger, Hans-Jörg:
Über die Kunst, das Unbekannte zu erforschen [2006]. In: Pazzini, Karl-Josef; Sabisch, Andrea; Tyradellis, Daniel (Hgg.): *Das Unverfügbare. Wunder, Wissen, Bildung.* Diaphanes. Zürich/Berlin. 2013. S. 143–149.

Rosa, Hartmut:
Resonanz. Eine Soziologie der Weltbeziehung. Suhrkamp. Berlin. 2. Aufl. 2016.

Romano, Claude:
Eräugnis oder Kann es eine Phänomenologie des Ereignisses geben. In: Alloa, Emmanuel (Hg.): *Erscheinung und Ereignis. Zur Zeitlichkeit des Bildes.* Wilhelm Fink Verlag. München. 2013. S. 183–200.

S

Sabisch, Andrea:
Inszenierung der Suche. Vom Sichtbarwerden ästhetischer Erfahrung im Tagebuch. Entwurf einer wissenschaftskritischen Grafieforschung. transcript. Bielefeld. 2007.

Sabisch, Andrea:
Aufzeichnung und ästhetische Erfahrung. Kunstpädagogische Positionen 20. Pazzini, Karl-Josef; Sabisch, Andrea; Legler, Wolfgang; Meyer, Torsten (Hgg.). Hamburg University Press. Hamburg. 2009.

Sabisch, Andrea:
Visuelle Übertragungen. In: Meyer, Torsten; Crommelin, Adrienne; Zahn, Manuel (Hgg.): *Sujet supposé savoir. Zum Moment der Übertragung in Kunst Pädagogik Psychoanalyse.* Kadmos. Berlin. 2010. S. 319–329.

Sabisch, Andrea:
Theoriebildende Forschung zur visuellen Bildung In: Pazzini, Karl-Josef; Sabisch, Andrea; Zahn, Manuel; May, Evelyn (Hgg.): *Visuelle Bildung. Kontur eines Forschungsfeldes.* Universitätsdruckerei. Hamburg. 2014. S. 38–39.

Sabisch, Andrea; Wollberg, Ole; Zahn, Manuel:
Ästhetische Praxis und Schweigendes Wissen. In: Kraus, Anja; Budde, Jürgen; Hietzge, Maud; Wulf, Christoph (Hgg.): *Handbuch Schweigendes Wissen in Lernen, Erziehung, Bildung und Sozialisation.* Beltz Juventa. Weinheim. 2017. S. 79–91.

Sabisch, Andrea:
Bildwerdung. Reflexionen zur pathischen und performativen Dimension der Bilderfahrung. kopaed. München. 2018.

Sabisch, Andrea; Zahn, Manuel:
Visuelle Assoziationen. Zur Einleitung. In: (Dies.) (Hgg.): *Visuelle Assoziationen. Bildkonstellationen und Denkbewegungen in Kunst, Philosophie und Wissenschaft.* Textem Verlag. Hamburg. 2018. S. 7–16.

Sabisch, Andrea:
Visuelle Assoziation als generatives Prinzip. In: Sabisch, Andrea; Zahn, Manuel (Hgg.): *Visuelle Assoziationen. Bildkonstellationen und Denkbewegungen in Kunst, Philosophie und Wissenschaft.* Textem Verlag. Hamburg. 2018. S. 406–425.

Sabisch, Andrea:
Antworten auf Bilder. Zur Irritation im visuellen Bildungs- und Erfahrungsprozess. In: Bähr, Ingrid; Gebhard, Ulrich; Krieger, Claus; Lübke, Britta; Pfeiffer, Malte; Regenbrecht, Tobias; Sabisch, Andrea; Sting, Wolfgang (Hgg.): *Irritation als Chance. Bildung fachdidaktisch denken.* Springer VS. Wiesbaden. 2019. S. 259–290.

Sabisch, Andrea:
Responsivität und Medialität in Bildungs- und Erfahrungsprozessen. In: Bähr, Ingrid; Gebhard, Ulrich; Krieger, Claus; Lübke, Britta; Pfeiffer, Malte; Regenbrecht, Tobias; Sabisch, Andrea; Sting, Wolfgang (Hgg.): *Irritation als Chance. Bildung fachdidaktisch denken.* Springer VS. Wiesbaden. 2019. S. 105–132.

Sartre, Jean-Paul:
Die Imagination (L'imagination). (1936). In: *Die Transzendenz des Ego. Philosophische Essays. 1931–1939.* Rowohlt. Hamburg. 1994. S. 97–254.

Sattler, Elisabeth:
Kunst der (Ent)Subjektivierung. Über aktuelle (Trans-)Formationen von Bildung/Kunst und deren Beiträge zur (Ent)Subjektivierung. In: Westphal, Kristin; Liebert, Wolf-Andreas (Hgg.): *Gegenwärtigkeit und Fremdheit.* Juventa Verlag. Weinheim/München. 2009. S. 89–102.

von Savigny, Eike:
Sprachspiele und Lebensformen: Woher kommt die Bedeutung? In: Ders. (Hg.): *Ludwig Wittgenstein: Philosophische Untersuchungen.* Akademie Verlag. Berlin. [2011] 2. Aufl. 2012.

Schaub, Miriam:
Das Singuläre und das Exemplarische. Zum Beispiel in Philosophie und Ästhetik. Diaphanes. Zürich. 2010.

Schmidt, Robert:
Theoretisieren. Fragen und Überlegungen zu einem konzeptionellen und empirischen Desiderat der Soziologie der Praktiken. In: Schäfer, Hilmar (Hg.): *Praxistheorie. Ein soziologisches Forschungsprogramm.* transcript. Bielefeld. 2016. S. 245–263.

Schmitz, Sigrid:
Karen Barad: Agentieller Realismus als Rahmenwerk für die Science & Technology Studies. In: Lengersdorf, Diana; Wieser, Matthias (Hgg.): *Schlüsselwerke der Science & Technology Studies.* Springer VS. Wiesbaden. 2014. S. 279–291.

Schoppe, Andreas:
Bildzugänge. Methodische Impulse für den Unterricht in der Primar- und Sekundarstufe. Klett | Kallmeyer. Seelze. 2011.

Schürmann, Eva:
Die Bildlichkeit des Bildes. Bildhandeln am Beispiel des Begriffs Weltbild. In: Sachs-Hombach, Klaus (Hg.): *Bildwissenschaft zwischen Reflexion und Anwendung.* Köln. 2005. S. 195–211.

Schürmann, Eva:
Ästhetik als exemplarisches Philosophieren mit Kunst. In: Rebentisch, Juliane (Hg.): Denken und Disziplin. Workshop der Deutschen Gesellschaft für Ästhetik. 2017. www.dgae.de/kongresse/das-istaesthetik [abgerufen am 11.12.2018]. S. 1–7.

Schütz, Alfred:
Strukturen der Lebenswelt. Suhrkamp. Frankfurt am Main. 1979.

Schwarte, Ludger (Hg.):
Bild-Performanz. Die Kraft des Visuellen. Wilhelm Fink Verlag. München. 2011.

Schwarte, Ludger:
Fulgurationen. Zur Bildlichkeit der Zeit. In: Alloa, Emmanuel (Hg.): *Erscheinung und Ereignis. Zur Zeitlichkeit des Bildes.* Wilhelm Fink Verlag. München. 2013. S. 71–84.

Seel, Martin:
Inszenieren als Erscheinenlassen. Thesen über die Reichweite eines Begriffs. In: Früchtl, Josef; Zimmermann, Jörg (Hgg.): *Ästhetik der Inszenierung. Dimensionen eines künstlerischen, kulturellen und gesellschaftlichen Phänomens.* Suhrkamp. Frankfurt am Main. 2001. S. 49–62.

Seja, Silvia:
Der Handlungsbegriff in der gegenwärtigen Bild- und Kunstphilosophie. In: Reichle, Ingeborg; Siegel, Steffen; Spelten, Achim (Hgg.): *Verwandte Bilder. Die Fragen der Bildwissenschaft.* Kadmos. Berlin. [2007] 2. Aufl. 2008. S. 97–112.

Seja, Silvia:
Handlungstheorien des Bildes. Herbert von Halem Verlag. Köln. 2009.

Silverman, Kaja:
Dem Blickregime begegnen. In: Kravagna, Christian (Hg.): *Privileg Blick. Kritik der visuellen Kultur.* Edition ID-Archiv. Berlin. 1997. S. 42–64.

Singer, Wolf:
Das Bild in uns. Vom Bild zur Wahrnehmung. In: Sachs-Hombach, Klaus (Hg.): *Bildtheorien. Anthropologische und kulturelle Grundlagen des Visualistic Turn.* Suhrkamp. Frankfurt am Main. 2009. S. 104–126.

Sommer, Jörg:
Dialogische Forschungsmethoden. PVU. München/Weinheim. 1987.

Sommer, Manfred:
Suchen und Finden. Suhrkamp. Frankfurt am Main. 2002.

Sowa, Hubert; Uhlig, Bettina:
Bildhandlungen und ihr Sinn. Methodenfragen einer kunstpädagogischen Bildhermeneutik. In: Marotzki, Winfried; Niesyto, Horst (Hgg.): *Bildinterpretation und Bildverstehen. Methodische Ansätze aus sozialwissenschaftlicher, kunst- und medienpädagogischer Perspektive.* VS Verlag. Wiesbaden. 2006. S. 77–106.

Sternagel, Jörg:
Sichtbarkeit – Sichtbarmachung – Unsichtbarkeit. In: Günzel, Stephan; Mersch, Dieter (Hgg.): *Bild. Ein interdisziplinäres Handbuch.* Metzler Verlag. Stuttgart/Weimar. 2014. S. 297–302.

Stoellger, Philipp:
Die Aufmerksamkeit des Bildes. Intentionalität der Bildwahrnehmung – als Aspekte der Arbeit an einer ›Bildakttheorie‹. In: Sachs-Hombach, Klaus; Trotzke, Rainer (Hgg.): *Bilder – Sehen – Denken. Zum Verhältnis von begrifflich-philosophischen und empirisch-psychologischen Ansätzen in der bildwissenschaftlichen Forschung.* Herbert von Halem Verlag. Köln. 2011. S. 123–143.

Sturm, Eva:
Im Engpass der Worte. Sprechen über moderne und zeitgenössische Kunst. Reimer. Berlin. 1996.

Stutz, Ulrike:
Ästhetische Annäherungen an Bilder in der qualitativen empirischen Forschung. In: Niesyto, Horst; Marotzki, Winfried: *Visuelle Methoden in der Forschung. Medienpädagogik.* Zeitschrift für Theorie und Praxis der Medienbildung. Nr. 9. 2005. S. 1–19.

T

Thürlemann, Felix:
Mehr als ein Bild. Für eine Kunstgeschichte des hyperimage. Wilhelm Fink Verlag. München. 2013.

Thürmer-Rohr, Christina; Lechleitner, Ines:
Kontroverse und Dialog. In: *Wissenskulturen im Dialog.* transcript. Bielefeld. 2017. S. 147–157.

Tisseron, Serge:
Unser Umgang mit Bildern. Ein psychoanalytischer Zugang. In: Belting, Hans (Hg.): *Bilderfragen. Die Bildwissenschaften im Aufbruch.* Wilhelm Fink Verlag. München. 2007. S. 307–315.

V

Villinger, Rahel:
Der Übersetzer der Bilder. In: Boehm, Gottfried: *Die Sichtbarkeit der Zeit.* Ubl, Ralph (Hg.). Wilhelm Fink Verlag. Paderborn. 2017. S. 291–303.

W

Waldenfels, Bernhard:
Das Zwischenreich des Dialogs. Sozialphilosophische Untersuchungen in Anschluss an Edmund Husserl. Martinus Nijhoff. Den Haag. 1971.

Waldenfels, Bernhard:
Der Spielraum des Verhaltens. Suhrkamp. Frankfurt am Main. 1980.

Waldenfels, Bernhard:
Ordnungen des Sichtbaren. In: Boehm, Gottfried (Hg.): *Was ist ein Bild?* Wilhelm Fink Verlag. München. 1994. S. 233–253.

WALDENFELS, BERNHARD: Ein menschlicher Traum für Wachende. Zur Natürlichkeit und Künstlichkeit der Erfahrung. In: Lenk, Hans; Poser, Hans (Hgg.): *Neue Realitäten: Herausforderung der Philosophie. Vorträge und Kolloquium/XVI. Deutscher Kongress für Philosophie. 20.–24.* September 1993. Akademie Verlag. Berlin. 1995. S. 190–204.

WALDENFELS, BERNHARD: Phänomenologie des Eigenen und des Fremden. In: Münkler, Herfried (Hg.): *Furcht und Faszination. Facetten der Fremdheit.* Akademie Verlag. Berlin. 1997. S. 65–83.

WALDENFELS, BERNHARD: Antwort auf das Fremde. Grundzüge einer responsiven Phänomenologie. In: Waldenfels, Bernhard; Därmann, Iris (Hgg.): *Der Anspruch des Anderen. Perspektiven phänomenologischer Ethik.* Wilhelm Fink Verlag. München. 1998. S. 35–50.

WALDENFELS, BERNHARD: *Das leibliche Selbst - Vorlesungen zur Phänomenologie des Leibes.* Suhrkamp. Frankfurt am Main. 2000.

WALDENFELS, BERNHARD: Spiegel, Spur und Blick. Zur Genese des Bildes. In: Boehm, Gottfried; Hauser, Stephan E. (Hgg.): *Homo pictor.* KG Saur. München/Leipzig. 2001. S. 14–31.

WALDENFELS, BERNHARD: *Bruchlinien der Erfahrung. Phänomenologie – Psychoanalyse – Phänomenotechnik.* Suhrkamp. Frankfurt am Main. 2002.

WALDENFELS, BERNHARD: *Spiegel, Spur und Blick. Zur Genese des Bildes.* Salon Verlag. Köln. 2003.

WALDENFELS, BERNHARD: *Phänomenologie der Aufmerksamkeit.* Suhrkamp. Frankfurt am Main. 2004.

WALDENFELS, BERNHARD; GIULIANI, REGULA: Wirbel der Zeit. Zum Thema Zeit im Werk von Maurice Merleau-Ponty. In: Müller-Schöll, Nikolaus; Reither, Saskia (Hgg.): *Aisthesis. Zur Erfahrung von Zeit, Raum, Text und Kunst.* Verlag Ulrich Schmidt. Edition Argus. Schliengen. 2005. S. 125–140.

WALDENFELS, BERNHARD: Antworten. In: Sabisch, Andrea: *Inszenierung der Suche. Vom Sichtbarwerden ästhetischer Erfahrung im Tagebuch. Entwurf einer wissenschaftskritischen Grafieforschung.* transcript. Bielefeld. 2007. S. 9–10.

WALDENFELS, BERNHARD: Von der Wirkmacht und Wirkkraft der Bilder. In: Boehm, Gottfried; Mersmann, Birgit; Spies, Christian (Hgg.): *Movens Bild. Zwischen Evidenz und Affekt.* Wilhelm Fink Verlag. München. 2008. S. 47–64.

WALDENFELS, BERNHARD: *Grenzen der Normalisierung. Studien zur Phänomenologie des Fremden 2.* Suhrkamp. Frankfurt am Main. [1998] 2. erw. Ausg. 2008.

WALDENFELS, BERNHARD: Bildhaftes Sehen. Merleau-Ponty auf den Spuren der Malerei. In: Kapust, Antje; Waldenfels, Bernhard (Hgg.): *Kunst. Bild. Wahrnehmung. Blick. Merleau-Ponty zum Hundertsten.* Wilhelm Fink Verlag. München. 2010. S. 31–50.

WALDENFELS, BERNHARD: *Sinne und Künste im Wechselspiel. Modi ästhetischer Erfahrung.* Suhrkamp. Berlin. 2010.

WALDENFELS, BERNHARD: Gespür für die Dinge. In: Meyer, Petra Maria (Hg.): *Intuition.* Wilhelm Fink Verlag. München. 2012. S. 204–226.

WALDENFELS, BERNHARD: *Hyperphänomene. Modi hyperbolischer Erfahrung.* Suhrkamp. Frankfurt am Main. 2012.

WALDENFELS, BERNHARD: *Sinnesschwellen. Studien zur Phänomenologie des Fremden 3.* Suhrkamp. Frankfurt am Main. [1999] 3. Aufl. 2013.

WALDENFELS, BERNHARD: Die Anomalität von Kunstbildern und Patientenbildern. In: Frohoff, Sonja; Fuchs, Thomas; Micali, Stefano (Hgg.): *Bilderfahrung und Psychopathologie. Phänomenologische Annäherungen an die Sammlung Prinzhorn.* Wilhelm Fink Verlag. München. 2014. S. 32–50.

WALDENFELS, BERNHARD: *Sozialität und Alterität. Modi sozialer Erfahrung.* Suhrkamp. Berlin. 2015.

WALDENFELS, BERNHARD: *Vielstimmigkeit der Rede. Studien zur Phänomenologie des Fremden 4.* Suhrkamp. Frankfurt am Main. [1999] 2. Aufl. 2015.

WALDENFELS, BERNHARD: *Topographie des Fremden. Studien Zur Phänomenologie des Fremden 1.* Suhrkamp. Frankfurt am Main. [1997] 7. Aufl. 2016.

WALDENFELS, BERNHARD: *Grundmotive einer Phänomenologie des Fremden.* Suhrkamp. Frankfurt am Main. [2006] 5. Aufl. 2016.

WALDENFELS, BERNHARD: *Antwortregister.* Suhrkamp. Frankfurt am Main. [2007] 2. Aufl. 2016.

WALDENFELS, BERNHARD: *Platon. Zwischen Logos und Pathos.* Suhrkamp. Berlin. 2017.

WALDENFELS, BERNHARD: *Erfahrung, die zur Sprache drängt. Studien zur Psychoanalyse und Psychotherapie aus phänomenologischer Sicht.* Suhrkamp. Berlin. 2019.

WEHRLE, MAREN; BREYER THIEMO: Attentionale Horizonte zwischen Phänomenologie und Psychologie. In: Reh, Sabine; Berdelmann, Kathrin; Dinkelaker, Jörg (Hgg.): *Aufmerksamkeit. Geschichte – Theorie – Empirie.* Springer VS. Wiesbaden. 2015. S. 371–386.

WETZEL, MICHAEL: Das Bild und das Visuelle. Zwei Strategien der Medien. In: Naumann, Barbara; Pankow, Edgar (Hgg.): *Bilder-Denken. Bildlichkeit und Argumentation.* Wilhelm Fink Verlag. München. 2003. S. 173–186.

WIESING, LAMBERT:
Artifizielle Präsenz. Studien zur Philosophie des Bildes. Suhrkamp. Frankfurt am Main. 2005.

WIMMER, MICHAEL:
Übertragung – pädagogisch? In: Meyer, Torsten; Crommelin, Adrienne; Zahn, Manuel (Hgg.): *Sujet supposé savoir. Zum Moment der Übertragung in Kunst Pädagogik Psychoanalyse.* Kadmos. Berlin. 2010. S. 257–261.

WITTGENSTEIN, LUDWIG:
Tractatus logicophilosophicus. (4.1212). [1963] 35. Aufl. 2014.

WOLLBERG, OLE:
Performative Kompetenz. In: Meyer, Torsten; Kolb, Gila: *What's next? Art Education. Ein Reader II.* kopaed. München. 2015. S. 361–362.

WOLLBERG, OLE:
Auf implizites Wissen setzen: zur Ungewissheit ästhetischer Praktiken. In: Bähr, Ingrid; Gebhard, Ulrich; Krieger, Claus; Lübke, Britta; Pfeiffer, Malte; Regenbrecht, Tobias; Sabisch, Andrea; Sting, Wolfgang (Hgg.): *Irritation als Chance. Bildung fachdidaktisch denken.* Springer VS. Wiesbaden. 2019. S. 363–375.

WULF, CHRISTOPH:
Anthropologie. Geschichte. Kultur. Philosophie. Rowohlt Taschenbuch Verlag. Reinbek bei Hamburg. 2004.

WULFTANGE, GEREON:
Fremdes – Angst – Begehren. Annäherungen an eine Theorie transformatorischer Bildungsprozesse. transcript. Bielefeld. 2016.

Z

ZAHN, MANUEL:
Ästhetische Film-Bildung. transcript. Bielefeld. 2012.

ZIETHEN, RAHEL:
Bildungsziel: Mediale Mehrsprachigkeit. In: Meyer, Torsten; Kolb, Gila: *What's next? Art Education. Ein Reader II.* kopaed. München. [2014] 2015. S. 368–371.

ZINNECKER, JÜRGEN:
Pädagogische Ethnographie. In: Zeitschrift für Erziehungswissenschaft. Ausg. 3. Nr. 3. 2000. S. 381–400.

Nachschlagewerke

Friedrich Kluge: Etymologisches Wörterbuch der deutschen Sprache. 19. Aufl. Berlin. 1963.

Etymologisches Wörterbuch des Deutschen. Deutscher Taschenbuch Verlag. München. [1995] 3. Aufl. 1997.

Philosophisches Wörterbuch 16. Aufl. Brugger, Walter (Hg.). Herder. Freiburg/Basel/Wien.1981.

Duden. Das Synonymwörterbuch. 2010.

Duden. Redewendungen. Wörterbuch der deutschen Idiomatik. 2012.

Margraf, Jürgen; Maier, Wolfgang (Hgg.): Pschyrembel Psychiatrie. Klinische Psychologie. Psychotherapie. De Gruyter. 2. Aufl. 2012.

Wolfgang Pfeifer et al., Etymologisches Wörterbuch des Deutschen (1993), digitalisierte und von Wolfgang Pfeifer überarbeitete Version im Digitalen Wörterbuch der deutschen Sprache, https://www.dwds.de/wb/ [abgerufen am 20.10.2018.]

Abbildungen

Trotz intensiver Recherchen und Anfragen, ist es nicht gelungen, alle Inhaber*innen von Rechten ausfindig zu machen. Berechtigte werden gebeten, sich an den Verlag zu wenden.

1 ______ S. 13
João Maria Gusmão + Pedro Paiva: Glossolalia (›Good Morning‹). 16 mm Film, Farbe, ohne Ton, ca. 7 min. Sechs Filmstils (sj). 2014. Mit freundlicher Genehmigung von João Maria Gusmão.

2 ______ S. 20
Räumliche Struktur. 2017. Foto. sj.

3 ______ S. 43
Abstand. Bearbeitete Stils aus GIF (sj). # identity. Autor unbekannt.

4 ______ S. 78
Nadia Bader: Begriff Praxis: Visual 06. 2018. Zeichnung auf Papier. Genehmigung der Künstlerin ist erfolgt. © Nadia Bader

5 ______ S. 90
Reflektieren, um zu erfahren? Bildertafel. 2019. sj. → Siehe gesondertes Verzeichnis Bildertafel ›Reflektieren, um zu erfahren‹. Die Bildertafel liegt dem Buch als Faltblatt bei.

6 ______ S. 188
Ein sich einspiegelndes Bildwerden. 2018. Foto. sj.

7 ______ S. 194
Teo Treloar: Ohne Titel. Bleistift. Aquarell. Tusche. Lack. Papier. 10 × 14 cm. 2014. Mit freundlicher Genehmigung von Teo Treloar.

8 ______ S. 204
Übergang. 2018. Foto. sj.

9 ______ S. 209
Binnenereignisse. 2015. Foto. sj.

10 ______ S. 211
Zwischen Anblick und Durchblick. Videostil. 2015. sj.

11 ______ S. 213
Zwischen Anblick und Durchblick. 1–8 Videostils. 2015. sj.

12 ______ S. 219
Gego: Esfera No 5. Skulptur. Stahl und Kupfer. 90 × 80 × 90 cm. 1977. Foto: Anne and Thierry Benedetti, Fundación Gego Archives.

13 ______ S. 235
Michael Crowe: Typewriter Drawing. Schreibmaschine. Papier. 21 × 27,9 cm. 2013. Mit freundlicher Genehmigung von Michael Crowe.

14 ______ S. 248
João Maria Gusmão + Pedro Paiva: Getting into bed. 16 mm Film (2:47 min). Farbe. ohne Ton. Sechs Filmstils. 2014. Mit freundlicher Genehmigung von João Maria Gusmão.

15 ______ S. 310
Tom Friedman, ‘1000 Hours of Staring’, 1992-97. Stare on paper, 82.6 × 82.6 cm. © Tom Friedman. Courtesy Stephen Friedman Gallery, London.

16 ______ S. 310
Spencer Finch: Eleven Melting Snowflakes. Schneeflocken auf Papier. 2008. 64.1 × 82.9 cm. Mit freundlicher Genehmigung des Spencher Finch Studio.

17 ______ S. 311
Nam June Paik, Zen for Film (Fluxfilm n°1), 1964, Film, Collection Centre Pompidou, Dist. RMN/Image Centre Pompidou, Press Photograph, Photo by Peter Moore © Estate of Peter Moore/VAGA, NYC and Nam June Paik Estate.

18 ______ S. 312
Nanne Meyer: Staubkarte. Radierspuren auf Pappe. ca. 10 × 15 cm. 1997. Mit freundlicher Genehmigung von Nanne Meyer.

19 ______ S. 313
Ad Reinhardt: Abstract Painting. Öl auf Leinwand. 152,5 × 152,4 cm. 1963. © VG Bild-Kunst, Bonn 2021

Bildertafeln

Schwellenbilder

——— S. 245

b1
Above. Foto. 2018. sj.

b2
Polarcup. Foto. 2018. sj.

b3
Fensterfaltung. Foto. 2018. sj.

b4
Rahmung VI. Foto. 2019. sj.

Reflektieren, um zu erfahren

Die Bildertafel liegt dem Buch als Faltblatt bei.

A
Gerhard Richter: Kerze. Öl auf Leinwand. 95 cm × 90 cm. 1983. © Gerhard Richter 2021 (0071).

B
Luc Tuymans: Slide # 2, 2002, Oil on canvas, 179 × 133,9 cm. Private collection. Mit freundlicher Genehmigung des Studios Luc Tuymans.

C
Angela Svoronou: Ohne Titel. Aus der Serie »Landscapes behind«. Fotografie. 2009. Mit freundlicher Genehmigung von Angela Svoronou.

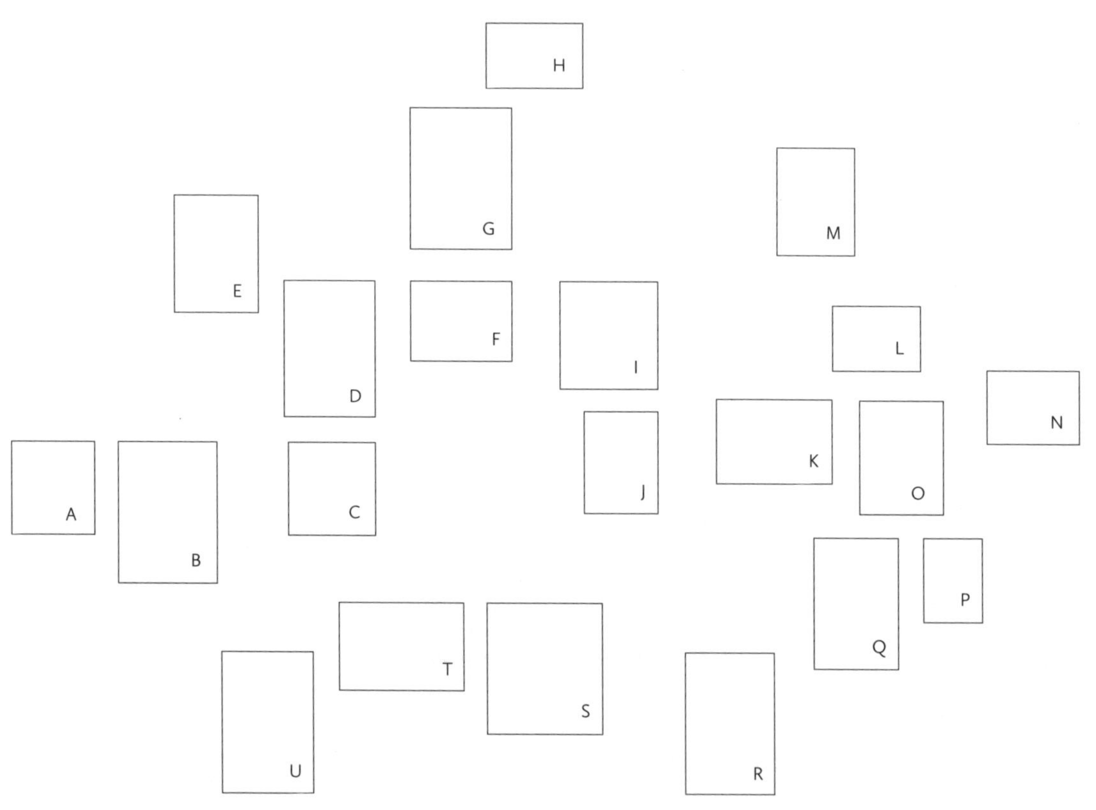

D
Daniel Arsham, Hiding Figure, 2011. Fiberglass, paint, joint compound, mannequin, fabric and shoe. 218 × 122 × 30 cm. Courtesy the artist and Perrotin. Photo by Curtis Buchanan.

E
Zdenek Trs: Ohne Titel. Öl und Acryl auf Leinwand. 110 × 85 cm. 2011. Mit freundlicher Genehmigung von Zdenek Trs.

F
Laurent Pernot: Window through the wind. Holz, Epoxidharx, Metall. 120 × 130 × 30 cm. 2013. Mit freundlicher Genehmigung von Laurent Pernot.

G
Daniel Sinsel: Ohne Titel. Seide. 182 × 58.5 × 9 cm. 2010. © Daniel Sinsel, courtesy Sadie Coles HQ, London.

H
Jac Leirner: Vago 48, 2008 Plastic bag, polyester blanket and acrylic. 67 × 72 × 5 cm. Photo: Eduardo Ortega | Courtesy Galeria Fortes Vilaça.

I
Fred Sandback: Untitled (Sculptural Study, Five-part Construction), 1987/2009. black acrylic yarn Situational: spatial relationships established by the artist; overall dimensions vary with each installation Installation view 6 Works, 6 Rooms, David Zwirner, New York. Summer–August 14, 2009. Photo courtesy David Zwirner, New York, London, Hong Kong, Paris Collection Museo Nacional de Arte Reina Sofia, Madrid.

J
Pennacchio Argentato: July 30, 2012, Silkscreen on methacrylate, 202 × 70 × 45 cm. Mit freundlicher Genehmigung von Marisa Argentato & Pasquale Pennacchio.

K
Pennacchio Argentato: Slab # 3, 2010. Concrete, polyurethane, steel handrail, 52 × 130 × 95 cm. Mit freundlicher Genehmigung von Marisa Argentato & Pasquale Pennacchio.

L
Emil Lukas: On Top # 1155. Gips und Holz. 24 × 20 × 11,5 cm. 2012. Foto von: Michele Alberto Sereni - Courtesy Studio la Città.

M
Chen Xi: Ohne Titel. Tusche auf Reispapier. 45 × 35 cm. 2012. Mi freundlicher Genehmigung von Chen Xi und der Galerie KOO.

N
Elmgreen & Dragset (Michael Elmgreen/Ingar Dragset): Boy Scout. Etagenbett aus Metall, Schaummatratze, Laken, Kissen, Wolldecken. 188 × 207 × 77 cm. 2008. © VG Bild-Kunst, Bonn 2021.

O
Alexandra Bircken: Elève. Draht, Gips, Kleidung, Lack, 88,9 × 36,8 × 34,3 cm, 2011. Foto: Thomas Müller, New York. Mit freundlicher Genehmigung von Alexandra Bircken.

P
Andrea Heller: Ohne Titel. Aquarell auf Papier. 31 × 23 cm. 2014. © VG Bild-Kunst, Bonn 2021.

Q
Ernesto Neto: Me Inside of the Drop. Polyamid und Perlen. 391 × 15 × 16 cm (Maße variable). 2007. Mit freundlicher Genehmigung der Galerie Max Hetzler.

R
Jeppe Hein: Geometric Mirror III. Aluminium, rostfreier Stahl, hochglanzpolierter Stahl. 200 × 100 × 100 cm. 2010. Courtesy KÖNIG GALERIE, Berlin, 303 Gallery, New York and Galleri Nicolai Wallner, Copenhagen. Name of Photographer: B.Huet Tutti.

S
Sabine Hornig: Ohne Titel. C-Print auf Plexiglas montiert. 287 × 260 cm. 2002. © VG Bild-Kunst, Bonn 2021.

T
Wolfgang Tillmans „paper drop (space)", 2006. Courtesy Galerie Buchholz, Berlin/Cologne.

U
Anja-Schwörer: Ohne Titel. Bleichmittel auf Denim. 180 × 125cm. 2013. Mit freundlicher Genehmigung von Anja Schwörer.

Dank

Ich bedanke mich bei allen, die mich auf dem Weg zu dieser Arbeit unterstützt haben. Besonders danke ich Andrea Sabisch für ihre stets anspruchsvolle und darin wegweisende Kritik, ihre Leidenschaft gegenüber bildphilosophischen Fragen, ihre Herzlichkeit in der Betreuung und die Erfahrungsräume, die sie durch ihr Vertrauen ermöglicht hat. Besonders danke ich auch Karl-Josef Pazzini, der mich ebenso wie Andrea bereits im Studium durch versierte wie innovative Blicke auf Fragen der visuellen Bildung, Kunstpädagogik und Fragen zur Bildlichkeit anregte, eigene Positionen und Fragen zu entwickeln. Seine Texte und *pazzinisch* geprägten Begriffe hallen in mir nach. Und auch danke ich Claus Krieger für seine Bereitschaft und interessierte Betreuung als mündlicher Gutachter.

Ich danke allen Kolleg*innen, die sich mit mir in Denk- und Blickkollektive begeben haben und damit diese Arbeit auf kritische wie positive Weise geprägt haben. Ganz herzlich bedanke ich mich bei meiner Familie und meinen Freunden, die mit Verständnis und Zuspruch für mich da waren, bei Achim Jöhnk für das Korrektorat und bei Larissa Völker für ihre professionelle und versierte Gestaltung des Buches.

Besonders danke ich dir, Stefan, für deine Liebe, Zuversicht und unvergleichliche Unterstützung.